北京大學中國語言學研究中心

早期北京話珍稀文獻集成
主編 劉雲

朝鮮日據時期漢語會話書匯編
分卷主編 〔韓〕朴在淵 〔韓〕金雅瑛

中語大全

〔韓〕李祖憲 著
〔韓〕朴在淵 〔韓〕金雅瑛 校注

（附《中語大全》影印本）

北京大學出版社

圖書在版編目（CIP）數據

中語大全.附《中語大全》影印本 / （韓）李祖憲著；（韓）朴在淵，（韓）金雅瑛校注. —北京：北京大學出版社，2017.11
（早期北京話珍本典籍校釋與研究）
ISBN 978-7-301-28094-2

Ⅰ.①中… Ⅱ.①李…②朴…③金… Ⅲ.①北京話—研究 Ⅳ.①H172.1

中國版本圖書館CIP數據核字（2017）第066361號

書　　　名	中語大全（附《中語大全》影印本） ZHONGYU DAQUAN
著作責任者	［韓］李祖憲　著　　［韓］朴在淵　［韓］金雅瑛　校注
責任編輯	宋思佳　何杰杰　宋立文
韓文編輯	劉暢　申明鈺　曹夢玥
標準書號	ISBN 978-7-301-28094-2
出版發行	北京大學出版社
地　　　址	北京市海淀區成府路205號　100871
網　　　址	http://www. pup. cn　　新浪微博：@北京大學出版社
電子信箱	zpup@ pup. cn
電　　　話	郵購部 62752015　發行部 62750672　編輯部 62753027
印刷者	北京虎彩文化傳播有限公司
經銷者	新華書店
	720毫米×1020毫米　16開本　46.75印張　471千字 2017年11月第1版　2018年12月第2次印刷
定　　　價	188.00元

未經許可，不得以任何方式複製或抄襲本書之部分或全部內容。
版權所有，侵權必究
舉報電話：010-62752024　電子信箱：fd@pup.pku.edu.cn
圖書如有印裝質量問題，請與出版部聯繫，電話：010-62756370

總　序

　　語言是文化的重要組成部分，也是文化的載體。語言中有歷史。

　　多元一體的中華文化，體現在我國豐富的民族文化和地域文化及其語言和方言之中。

　　北京是遼金元明清五代國都（遼時爲陪都），千餘年來，逐漸成爲中華民族所公認的政治中心。北方多個少數民族文化與漢文化在這裏碰撞、融合，產生出以漢文化爲主體的、帶有民族文化風味的特色文化。

　　現今的北京話是我國漢語方言和地域文化中極具特色的一支，它與遼金元明四代的北京話是否有直接繼承關係還不是十分清楚。但可以肯定的是，它與清代以來旗人語言文化與漢人語言文化的彼此交融有直接關係。再往前追溯，旗人與漢人語言文化的接觸與交融在入關前已經十分深刻。本叢書收集整理的這些語料直接反映了清代以來北京話、京味文化的發展變化。

　　早期北京話有獨特的歷史傳承和文化底蘊，於中華文化、歷史有特別的意義。

　　一者，這一時期的北京歷經滿漢雙語共存、雙語互協而新生出的漢語方言——北京話，她最終成爲我國民族共同語（普通話）的基礎方言。這一過程是中華多元一體文化自然形成的諸過程之一，對於了解形成中華文化多元一體關係的具體進程有重要的價值。

　　二者，清代以來，北京曾歷經數次重要的社會變動：清王朝的逐漸孱弱、八國聯軍的入侵、帝制覆滅和民國建立及其伴隨的滿漢關係變化、各路軍閥的來來往往、日本侵略者的占領，等等。在這些不同的社會環境下，北京人的構成有無重要變化？北京話和京味文化是否有變化？進一步地，地域方言和文化與自身的傳承性或發展性有着什麼樣的關係？與社會變遷有着什麼樣的關係？清代以至民國時期早期北京話的語料爲研究語言文化自身傳承性與社會的關係提供了很好的素材。

瞭解歷史才能更好地把握未來。新中國成立後，北京不僅是全國的政治中心，而且是全國的文化和科研中心，新的北京話和京味文化或正在形成。什麼是老北京京味文化的精華？如何傳承這些精華？爲把握新的地域文化形成的規律，爲傳承地域文化的精華，必須對過去的地域文化的特色及其形成過程進行細致的研究和理性的分析。而近幾十年來，各種新的傳媒形式不斷涌現，外來西方文化和國内其他地域文化的衝擊越來越强烈，北京地區人口流動日趨頻繁，老北京人逐漸分散，老北京話已幾近消失。清代以來各個重要歷史時期早期北京話語料的保護整理和研究迫在眉睫。

　　"早期北京話珍本典籍校釋與研究（暨早期北京話文獻數字化工程）"是北京大學中國語言學研究中心研究成果，由"早期北京話珍稀文獻集成""早期北京話數據庫"和"早期北京話研究書系"三部分組成。"集成"收録從清中葉到民國末年反映早期北京話面貌的珍稀文獻并對内容加以整理，"數據庫"爲研究者分析語料提供便利，"研究書系"是在上述文獻和數據庫基礎上對早期北京話的集中研究，反映了當前相關研究的最新進展。

　　本叢書可以爲語言學、歷史學、社會學、民俗學、文化學等多方面的研究提供素材。

　　願本叢書的出版爲中華優秀文化的傳承做出貢獻！

王洪君、郭鋭、劉雲
二〇一六年十月

"早期北京話珍稀文獻集成"序

清民兩代是北京話走向成熟的關鍵階段。從漢語史的角度看，這是一個承前啓後的重要時期，而成熟後的北京話又開始爲當代漢民族共同語——普通話源源不斷地提供着養分。蔣紹愚先生對此有着深刻的認識："特別是清初到19世紀末這一段的漢語，雖然按分期來説是屬於現代漢語而不屬於近代漢語，但這一段的語言（語法，尤其是詞彙）和'五四'以後的語言（通常所説的'現代漢語'就是指'五四'以後的語言）還有若干不同，研究這一段語言對於研究近代漢語是如何發展到'五四'以後的語言是很有價值的。"（《近代漢語研究概要》，北京大學出版社，2005年）然而國内的早期北京話研究并不盡如人意，在重視程度和材料發掘力度上都要落後於日本同行。自1876年至1945年間，日本漢語教學的目的語轉向當時的北京話，因此留下了大批的北京話教材，這爲其早期北京話研究提供了材料支撑。作爲日本北京話研究的奠基者，太田辰夫先生非常重視新語料的發掘，很早就利用了《小額》《北京》等京味兒小説材料。這種治學理念得到了很好的傳承，之後，日本陸續影印出版了《中國語學資料叢刊》《中國語教本類集成》《清民語料》等資料匯編，給研究帶來了便利。

新材料的發掘是學術研究的源頭活水。陳寅恪《〈敦煌劫餘録〉序》有云："一時代之學術，必有其新材料與新問題。取用此材料，以研求問題，則爲此時代學術之新潮流。"我們的研究要想取得突破，必須打破材料桎梏。在具體思路上，一方面要拓展視野，關注"異族之故書"，深度利用好朝鮮、日本、泰西諸國作者所主導編纂的早期北京話教本；另一方面，更要利用本土優勢，在"吾國之舊籍"中深入挖掘，官話正音教本、滿漢合璧教本、京味兒小説、曲藝劇本等新類型語料大有文章可做。在明確了思路之後，我們從2004年開始了前期的準備工作，在北京大學中國語言學研究中心的大力支持下，早期北京話的挖掘整理工作於2007年正式啓動。本次推出的"早期北京話珍稀文獻集成"是階段性成果之一,總體設計上"取異族之故書與吾國之舊籍互相補正",共分"日本北京話教科書匯編""朝鮮日據時期漢語會話書匯編""西人北京話教科書匯編""清代滿漢合璧文獻萃編""清代官話正音文獻""十全福""清末民初京味兒小說書系""清末民初京味兒時評書系"八個系列,臚列如下:

"日本北京話教科書匯編"於日本早期北京話會話書、綜合教科書、改編讀物和風俗紀聞讀物中精選出《燕京婦語》《四聲聯珠》《華語跬步》《官話指南》《改訂官話指南》《亞細亞言語集》《京華事略》《北京紀聞》《北京風土編》《北京風俗問答》《北京事情》《伊蘇普喻言》《搜奇新編》《今古奇觀》等二十餘部作品。這些教材是日本早期北京話教學活動的縮影,也是研究早期北京方言、民俗、史地問題的寶貴資料。本系列的編纂得到了日本學界的大力幫助。冰野善寬、内田慶市、太田齋、鱒澤彰夫諸先生在書影拍攝方面給予了諸多幫助。書中日語例言、日語小引的翻譯得到了竹越孝先生的悉心指導,在此深表謝忱。

"朝鮮日據時期漢語會話書匯編"由韓國著名漢學家朴在淵教授和金雅瑛博士校注,收入《改正增補漢語獨學》《修正獨習漢語指南》《高等官話華語精選》《官話華語教範》《速修漢語自通》《速修漢語大成》《無先生速修中國語自通》《官話標準:短期速修中國語自通》《中語大全》《"内鮮滿"最速成中國語自通》等十餘部日據時期(1910年至1945年)朝鮮教材。這批教材既是對《老乞大》《朴通事》的傳承,又深受日本早期北京話教學活動的影響。在中韓語言史、文化史研究中,日據時期是近現代過渡的重要時期,這些資料具有多方面的研究價值。

"西人北京話教科書匯編"收錄了《語言自邇集》《官話類編》等十餘部西人編纂教材。這些西方作者多受過語言學訓練,他們用印歐語的眼光考量漢語,解釋漢語語法現象,設計記音符號系統,對早期北京話語音、詞彙、語法面貌的描寫要比本土文獻更爲精準。感謝郭銳老師提供了《官話類編》《北京話語音讀本》和《漢語口語初級讀本》的底本,《尋津錄》、《語言自邇集》(第一版、第二版)、《漢英北京官話詞彙》、《華語入門》等底本由北京大學圖書館特藏部提供,謹致謝忱。《華英文義津逮》《言語聲片》爲筆者從海外購回,其中最爲珍貴的是老舍先生在倫敦東方學院執教期間，與英國學者共同編寫的教材——《言語聲片》。教材共分兩卷：第一卷爲英文卷，用英語講授漢語，用音標標注課文的讀音；第二卷爲漢字卷。《言語聲片》采用先用英語導入，再學習漢字的教學方法講授漢語口語，是世界上第一部有聲漢語教材。書中漢字均由老舍先生親筆書寫，全書由老舍先生錄音，共十六張唱片，京韻十足，殊爲珍貴。

上述三類"異族之故書"經江藍生、張衛東、汪維輝、張美蘭、李無未、王順洪、張西平、魯健驥、王澧華諸先生介紹，已經進入學界視野，對北京話研究和對外漢語教學史研究產生了很大的推動作用。我們希望將更多的域外經典北京話教本引入進來，考慮到日本卷和朝鮮卷中很多抄本字跡潦草，難以辨認，而刻本、印本中也存在着大量的異體字和俗字，重排點校注釋的出版形式更利於研究者利用，這也是前文"深度利用"的含義所在。

對"吾國之舊籍"挖掘整理的成果，則體現在下面五個系列中：

"清代滿漢合璧文獻萃編"收入《清文啓蒙》《清話問答四十條》《清文指要》《續編兼漢清文指要》《庸言知旨》《滿漢成語對待》《清文接字》《重刻清文虛字指南編》等十餘部經典滿漢合璧文獻。入關以後，在漢語這一強勢語言的影響下，熟習滿語的滿人越來越少，故雍正以降，出現了一批用當時的北京話注釋翻譯的滿語會話書和語法書。這批教科書的目的本是教授旗人學習滿語，却無意中成爲了早期北京話的珍貴記錄。"清代滿漢合璧文獻萃編"首次對這批文獻進行了大規模整理，不僅對北京話溯源和滿漢語言接觸研究具有重要意義，也將爲滿語研究和滿語教學創造極大便利。由於底本多爲善本古籍，研究者不易見到，在北京大學圖書館古籍部和日本神户外國語大學竹越孝教授的大力協助下，"萃編"將以重排點校加影印的形式出版。

"清代官話正音文獻"收入《正音撮要》（高静亭著）和《正音咀華》（莎彝尊著）兩種代表著作。雍正六年（1728），雍正諭令福建、廣東兩省推行官話，福建爲此還專門設立了正音書館。這一"正音"運動的直接影響就是以《正音撮要》和《正音咀華》爲代表的一批官話正音教材的問世。這些書的作者或爲旗人，或寓居京城多年，書中保留着大量北京話詞彙和口語材料，具有極高的研究價值。沈國威先生和侯興泉先生對底本搜集助力良多，特此致謝。

《十全福》是北京大學圖書館藏《程硯秋玉霜簃戲曲珍本》之一種,爲同治元年陳金雀抄本。陳曉博士發現該傳奇雖爲崑腔戲,念白却多爲京話,較爲罕見。

以上三個系列均爲古籍,且不乏善本,研究者不容易接觸到,因此我們提供了影印全文。

總體來説,由於言文不一,清代的本土北京話語料數量較少。而到了清末民初,風氣漸開,情況有了很大變化。彭翼仲、文實權、蔡友梅等一批北京愛國知識分子通過開辦白話報來"開啓民智""改良社會"。著名愛國報人彭翼仲在《京話日報》的發刊詞中這樣寫道:"本報爲輸進文明、改良風俗,以開通社會多數人之智識爲宗旨。故通幅概用京話,以淺顯之筆,達樸實之理,紀緊要之事,務令雅俗共賞,婦稚咸宜。"在當時北京白話報刊的諸多欄目中,最受市民歡迎的當屬京味兒小説連載和《益世餘譚》之類的評論欄目,語言極爲地道。

"清末民初京味兒小説書系"首次對以蔡友梅、冷佛、徐劍膽、儒丐、勖銳爲代表的晚清民國京味兒作家群及作品進行系統挖掘和整理,從千餘部京味兒小説中萃取代表作家的代表作品,并加以點校注釋。該作家群活躍於清末民初,以報紙爲陣地,以小説爲工具,開展了一場轟轟烈烈的底層啓蒙運動,爲新文化運動的興起打下了一定的群衆基礎,他們的作品對老舍等京味兒小説大家的創作産生了積極影響。本系列的問世亦將爲文學史和思想史研究提供議題。于潤琦、方梅、陳清茹、雷曉彤諸先生爲本系列提供了部分底本或館藏綫索,首都圖書館歷史文獻閲覽室、天津圖書館、國家圖書館提供了極大便利,謹致謝意!

"清末民初京味兒時評書系"則收入《益世餘譚》和《益世餘墨》,均係著名京味兒小説家蔡友梅在民初報章上發表的專欄時評,由日本岐阜聖德學園大學劉一之教授、矢野賀子教授校注。

這一時期存世的報載北京話語料口語化程度高,且總量龐大,但發掘和整理却殊爲不易,稱得上"珍稀"二字。一方面,由於報載小説等欄目的流行,外地作者也加入了京味兒小説創作行列,五花八門的筆名背後還需考證作者是否爲京籍,以蔡友梅爲例,其真名爲蔡松齡,查明的筆名還有損、損公、退化、亦我、梅蒐、老梅、今睿等。另一方面，這些作者的作品多爲急就章，文字錯訛很多，并且鮮有單行本存世，老報紙殘損老化的情况日益嚴重，整理的難度可想而知。

上述八個系列在某種程度上填補了相關領域的空白。由於各個系列在内容、體例、出版年代和出版形式上都存在較大的差異，我們在整理時借鑒《朝鮮時代漢語教科書叢刊續編》《〈清文指要〉匯校與語言研究》等語言類古籍的整理體例，結合各個系列自身特點和讀者需求，靈活制定體例。"清末民初京味兒小説書系"和"清末民初京味兒時評書系"年代較近，讀者群體更爲廣泛，經過多方調研和反復討論，我們决定在整理時使用簡體横排的形式，儘可能同時滿足專業研究者和普通讀者的需求。"清代滿漢合璧文獻萃編""清代官話正音文獻"等系列整理時則采用繁體。"早期北京話珍稀文獻集成"總計六十餘册，總字數近千萬字，稱得上是工程浩大，由於我們能力有限，體例和校注中難免會有疏漏，加之受客觀條件所限，一些擬定的重要書目本次無法收入，還望讀者多多諒解。

"早期北京話珍稀文獻集成"可以説是中日韓三國學者通力合作的結晶，得到了方方面面的幫助，我們還要感謝陸儉明、馬真、蔣紹愚、江藍生、崔希亮、方梅、張美蘭、陳前瑞、趙日新、陳躍紅、徐大軍、張世方、李明、鄧如冰、王强、陳保新諸先生的大力支持，感謝北京大學圖書館的協助以及蕭群書記的熱心協調。"集成"的編纂隊伍以青年學者爲主，經驗不足，兩位叢書總主編傾注了大量心血。王洪君老師不僅在經費和資料上提供保障，還積極扶掖新進，"我們搭臺，你們年輕人唱戲"的話語令人倍感温暖和鼓舞。郭鋭老師在經費和人員上也予以了大力支持，不僅對體例制定、底本選定等具體工作進行了細緻指導，還無私地將自己發現的新材料和新課題與大家分享，令人欽佩。"集成"能夠順利出版還要特别感謝國家出版基金規劃管理辦公室的支持以及北京大學出版社王明舟社長、張鳳珠副總編的精心策劃，感謝漢語編輯部杜若明、鄧曉霞、張弘泓、宋立文等老師所付出的辛勞。需要感謝的師友還有很多，在此一并致以誠摯的謝意。

"上窮碧落下黄泉，動手動脚找東西"，我們不奢望引領"時代學術之新潮流"，惟願能給研究者帶來一些便利，免去一些奔波之苦，這也是我們向所有關心幫助過"早期北京話珍稀文獻集成"的人士致以的最誠摯的謝意。

劉　雲
二〇一五年六月二十三日
於對外經貿大學求索樓
二〇一六年四月十九日
改定於潤澤公館

整理説明

　　本叢書收録的是20世紀前半葉韓國出版的漢語教材，反映了那個時期韓國漢語教學的基本情況。教材都是刻版印刷，質量略有參差，但總體上來説不錯。當然，錯誤難免，這也是此次整理所要解決的。

　　考慮到閱讀的方便，整理本不是原樣照録（如果那樣，僅影印原本已足够），而是將原本中用字不規範甚至錯誤之處加以訂正，作妥善的處理，方便讀者閱讀。

　　下面將整理情況作一簡要説明。

　　一、原本中錯字、漏字的處理。因刻寫者水平關係，錯字、漏字不少。整理時將正確的字用六角括號括起來置於錯字後面。如：

　　悠〔您〕、逌〔道〕、辨〔辦〕、兩〔雨〕、郡〔都〕、早〔旱〕、刪〔剛〕、往〔住〕、玖〔玫〕、牧〔牡〕、湖〔胡〕、衣〔做〕、長〔漲〕、痩〔瘦〕、敞〔敝〕、泌〔沏〕、臘〔臈〕、掛〔褂〕、榻〔褟〕、紛〔粉〕、宁〔廳〕、蠊〔蛔〕、叹〔哎〕、林〔材〕、醮〔瞧〕、到〔倒〕、仙〔他〕、設〔説〕、悟〔誤〕、嗜〔瞎〕、顙〔顡〕、壤〔讓〕、斫〔砍〕、抗〔亢〕、搜〔樓〕、遛〔溜〕、藝〔蘗〕、刃〔刀〕、歐〔毆〕、肯〔背〕、叔〔叙〕、坂〔坡〕、裹〔裏〕、炎〔災〕、正〔五〕、着〔看〕、呆〔茶〕、怜悧〔伶俐〕、邦〔那〕、尿〔屁〕、常〔當〕、師〔帥〕、撤〔撒〕、例〔倒〕、孼〔孳〕、眛〔眯〕

　　如果錯字具有系統性，即整部書全用該字形，整理本徑改。如：

　　"熱"誤作"熟"、"已"誤作"己"、"麽"誤作"麼"、"豐"誤作"豊"、"懂"誤作"憧/懂"、"聽"誤作"聼"、"緊"誤作"繄"

　　二、字跡漫漶或缺字處用尖括號在相應位置標出。如：
　　賞口〈罰〉、這口〈不〉是

　　三、異體字的處理。異體字的問題較爲複雜，它不僅反映了當時某一地域漢字使用的習慣，同時也可能提供別的信息，因此，對僅僅是寫法不同的異體字，整理本徑改爲通行字體。如：

呌—叫	伱、儞—你	煑—煮
馱、駄—馱	幇—幫	冐—冒
恠—怪	寃—冤	徃—往
胷—胸	樻—櫃	鴈—雁
決—决	牀—床	鏁—鎖
硑—碰	糚—裝	箇—個
閙—鬧	鑛—礦	牆—墙
舘—館	俻—備	晗、俗、暑—咱
膓—腸	葯—藥	寳—寶
菓—菓	賛—讚	蓆—席
盃—杯	砲、礮—炮	姪—侄
窻—窗	躭—耽	欵—款
荅—答	糡—糨	踈—疏
聡—聰	贓—贜	撘—攞
餽—饋	撢—撢	躰—體
醎—鹹	坭—泥	窨—窨
滙—匯	朶—朵	擡—抬
煙—烟	賸—剩	骸—腿

以上字形，整理本取後一字。

對有不同用法的異體字，整理時加以保留。如：

疋—匹　　　升—昇—陞

四、部分卷册目錄與正文不一致，整理本做了相應的處理，其中有標號舛誤之處因涉及全書的結構，整理本暫仍其舊。

自 序

나는 中國에서 學生 生活로 十數年을 지내고도 남 보기에 그러타 할 말한 그 무엇을 成就한 것이 없이 도라온 사람이다. 스사로 생각할 때에 그 慚愧함을 마지아니한다. 歸國한 지도 발서 여러 해에 오즉 鄕里의 蟄伏生活로써 光陰만 虛擲하면서 그 무엇에나 專力한 것이 없음을 터욱이 浩嘆하지 아니할 수 없엇다. 春谷元世勳兄은 내가 北京에서 만난 벗 가운데의 한 사람이다. 그를 朝鮮에서 다시 만나기는 意外이엇다. 意外로 만나진 春谷兄은 나에게 中國을 朝鮮 사람에게 紹介할 必要와 責任이 잇는 것을 力說하고 따라서 朝鮮사람에게는 中國語의 硏究가 그 어느 나라 말보다도 온갖 方面에서 가장 緊要한 것인데 아직도 우리에게 中國語를 學習하기에 相當한 著書가 없음을 嘆하면서 元城 張子一 兄과 그 밖에 몇 분으로 더브러 나에게 本書의 著作을 聳慂하며 强勸하엿다. 나도 이에 同感하야 本書의 著作에 著手하게 된 것은 實로 二年 以前의 事이다. 恒常 다른 일에 牽制되고 나의 게으른 性質로 말미암어 간신이 진난 冬期에서 完成하게 되엿다.

　　이제 本書를 世間에 發行하게 됨에 當하여 感謝한 것은 宮鶴汀先生의 原文校閱과 元世勳 張子一 兩兄의 編輯에 對한 指導와 共助力이라. 이러한 點에서 本書는 이 여러 문과의 共同的 著作이라고 생각한다. 둘제로 未洽하게 생각되는 바는 本書의 內容은 비록 豐富하다하겟지만 그 體裁에 至하여는 오히려 充分하지못하다는 點이다. 그러나 이 不充分한 點은 다른 날 本著보다 良好 且完

備한 著書가 有하여 補足하기를 바라며 따라 本著 發行 後에 實際로 斯學에 硏究하는 諸位의 批判을 기다리려 하고 아즉은 이만한 것으로써 發行하게 되엿다.

　　　　　　　　　　　　　一九三二年 月 日
　　　　　　　　　　　　英岩北岸에서 著者 識

序

　　友人 秀松 李祖憲兄은 일즉 燕京에서 十餘 星霜 間 遊學하면서 特히 言語風俗에 留神한 바 있어 當時 우리 北京留學生 中에서도 이에 가장 精通하다는 評을 받은 이다. 中國의 語文이 우리로 더부러 地理 經濟 政治等 모든 方面에서 密接한 關係가 至大한 것은 勿論이고 近來에는 時勢의 趨異로 因하야 朝鮮 內에서 中語의 向學熱이 愈往愈熾함을 보고서 그의 知友 몇 분은 中語 冊子를 하나 著述하라고 그에게 强勸하였다. 兄은 二年 有餘의 時日을 거기에 專費하면서 編纂한 것이 곳 이 中語大全이다. 그 內容의 豐富함과 熟語의 類聚된 바와 語句의 精選됨이 實로 巷間에서 販賣하는 類와는 同日而語할바가 아니다. 學者 이틀 善히 學習하면 中語에 精通할 것은 勿論이고 그 國情風習까지라도 잘 解得하리라고 思料하노라.

　　余 이에 不學을 무릅쓰고 數字로써 이에 쓰노라.

壬申正月中旬

元城　張子一

亡兄의 遺稿을 出版하면서

　나의 兄님이 至今 살아 계시다면 나는 오즉 그의 指導下에서 나의 앞길을 爲하야 工夫에나 專心致力할 것이지 그밖에 무엇을 걱정하며 恨嘆하랴! 福이 薄한 나는 兄님을 여인 지가 발서 一年이 不遠하다. 뼈에 삼으칫는 나의 이 깊은 恨은 歲月이 갈수록 더욱 甚하여 진다. 그가 在世할 時에 記錄하여 두신 遺稿가 적지 아니하다. 其中에서도 그가 여러 親友들의 勸告에 依하야 著作한 中國語大全은 當局의 出版評可까지 어더둔 지가 벌서 數年이다. 나의 兄님의 本意가 이 著作에 依하야 그 무슨 物質的 利益을 圖치 안이하신 것은 두말할 것도 없거니와 한 거름 더 나아가서 그는 中國을 배우며 硏究하고 서하는 여러분에게 對하야 實質的 便益을 들이고서하야 本著의 發行이 純全한 營利品으로 되기를 不肯하섯다. 그러므로 나는 本著의 發行을 그의 本志대로 貫徹되기를 願하엿다. 지난해 七月에 나의 兄님이 世上을 떠나시든 때로부터 이 遺稿의 出版이 나의 責任인 것을 覺悟하는 同時에 나의 손으로 發行하기를 決心하엿다.
　그러나 當時 東京에 學籍을 두고 몇 달이 아니면 卒業하게 된 나의 形便으로는 本著의 印刷와 其他의 모든 周旋을 春谷 兄님에게 依賴하고 나는 다시 東京으로 가게되엿든 것이다. 그 뒤에 春谷 兄님 혼자서 半年의 時日이나 本著의 印刷 校正 其他에 心血을 費盡하신 그 友誼와 愛護는 오즉 深刻히 銘心하여 둘 뿐이거니와 나는 이 機會에서 亡兄의 身後를 爲하여 여러 가지 愛護하여 주신 여러분에게 感謝를 드리는 바이다. 끄트로 내가 한 가지 바라고 願하는 바는 本著로 因하야 中國을 배우며 硏究하는 여러분에게 亡兄이 願한 대로 내가 便益이 된다면 도라가신 나의 兄님이나 살어 잇는 나의 몸까지 滿足을 늑이며 榮光이라 자랑코자 한다.

　내엇지 本著에다 이러한 글을 쓸 줄을 뜻 하얏으랴! 사람의 生이란 虛無하다하지만 살아 계시다고 하여도 아즉 三十五歲가 채 되지 못하시는 나의 兄님을 잃을 줄을 엇지 뜻하얏으랴! 오즉 呼天泣血할 뿐이노라.

甲戌五月 日
著者의 親弟
李祜憲 謹序

發音

一、 外國語를 學習함에는 무엇보담도 언저 發音에 留意함니可함은 누구나 다 是認하는 바이어니와 더구나 漢語에 있어서는 初學 時에 發音을 明確 淸楚하게 學習함이 매우 必要함。

一、漢語의 發音을 初學者는 往往複雜한 듯이 생각하지만 其實 註音과 또 아래에 說明한 方式에 依하여 熟讀하면 容易히 解得할 수 있음.

一、漢語의 發音을 여러 가지로 分類한 이도 있으나 著者는 初學者을 爲하야 下와 如히 簡單明瞭하게 分類하였으니 即 齒內音, 唇齒音, 舌上音, 齒根音, 半喉半舌音 等 六種인 바 齒內音, 唇齒音, 舌上音, 齒根音 等의 發音이 頗히 困難하고 互相各異함으로 그 各異한섯을 區別하기 爲하야 下記의 符號로써 列擧함.

發音表法

一、齒內音 "●"

1. 齒內音은 혀(舌)꽃을 입 친정에 대일락말락하고 音을 發하는 것이니 例컨대 即 "스"音을 發하자면 上記의 方式대로 스音을 發하면 그것이 곳 齒內音이 되나니(英文 SHIN 音과 恰似) 餘도 다 此에 倣함.
2. 齒內音 : 즈、츠、싸、자、쌓、좌、샹、장、창、쉭、쩍、쩍、서、저、선、천、성、전、청、산、찬、새、재、채

一、唇齒音 "○"

1. 唇齒音는 웅니를 아래입설웅에 대이고 音을 發하는 것이니 例컨대 即 쭈音을 發하자면 上記의 方式대로 푸音은 發하면 그 것이

곳 脣齒音이 되 나니 (英文에 F音과 恰似)餘도 다 此에 倣함.
2. 脣齒音: 봐、썅、뺜、뺜、뼌、뼤、뼈、뽜、뿌

一、舌上音 "▲"

1. 舌上音은 혀꽃을 아랫니 안에 밧삭대이고 옹니로 혀바닥을 긁으며 音을 發하는 것이니 例컨대 卽 "주" 音을 發하 자면 上記의 方式대로 주 음을 發하면 그것이 곳 舌上音이 되 나니 (英文에 TSU音과 恰似)餘도 다 此에 倣함.
2. 舌上音: 쭈、쫜、쫜、쯩、쭝、쭌、쮜、쮜、쭤、쮜

一、齒根音 "△"

1. 齒根音은 혀 꽃을 옹니 안에 대이고 强하게 音을 發하는 것이니 例컨 대 卽 "즈」 音을 發하자면 上記의 方式대로 즈음을 發하면 그것이 곳 齒根音이 되나니 (英文에 TNU音과 恰似)餘도 다 此에 倣함.
2. 齒根音: 쯔、자、차、재、쫘、쫘、쨩、쨩、짠、짠、졍、쳥、젼、쳔、졔、쳬、져、쳐、젹、쳑

一、半喉半舌音은 혀를 입천정에 대일락말락하고 强하게 "으리"의 音을 發하는 것이니 例컨대 卽샨셩시 等音도 "으라" "으러" "으리" 의音을 發 하고各字下를보아 "ㅗ" "ㅇ" 等을 加하면그것이곳 半喉半舌音이 되니 니 (英文에JIH音과 恰似)餘도 다 此에 倣함.
半喉半舌音: 시、샨、샹、셩、신、셔、슈、수、샨、숭、슌、쉬、쉬

一、喉舌音은 혀를 입천정 안에 대어서 "르리"의音을 發하는 것이니 例 컨대 卽 롼、렁、리等 音도 "르라" "르러" "르리" 의 音을 發하고 各 字下를 보아 "ㅗ" "ㅇ" 等을 加하면 그것이 곳 喉舌音이 되나니 (英文 에 LI音과 恰似)餘도 다 此에 倣함.
喉舌音: 리、랴、롼、량、라、롼、랑、렌、링、레、루、루、룽、룬、란、뤄

"시" 와 "리" 의 二字를 簡單하게 說明하면 "시" 는 "으리" 의 合成한 輕音이고 "리" 는 "르는" 르리의 合成한 重音으로 解得하여야 함.

一、本書에 註音한 한글의 二字合音法은 左와 如함 "꼬" 는 가오 "노" 는 나오 "도" 는 다오이며 "구" 는 거우 "더" 는 더우 "머" 는 머우 二字로

合成하는 것인 바 此詳細한 說明을 要치 아니하여도 學者가 自解하겟기 茲에 省略함.

一、兒字가 名詞下에 있을 때에 兒字옹의 字音이 우리 한글 字의 子音 ㅇ音을 發할時는 兒字가 原音얼그대로 發音이되나 不然할時는 兒字ㄹ音으로 變하야 그옹의字의 音과 合하야 發音하나니 例컨대

	原音	變音	
花兒	화얼	활	꽃
雞子兒	지ᄭ즈얼	지ᄉ즐	鷄卵
蝴蝶兒	후데얼	호뎰	나뷔
茶盤兒	차판얼	차팔	茶盤
小門兒	쏀먼	쏀멀	小門
小盒兒	쏀허얼	쏀헐	小盒
月芽兒	웨아얼	웨알	초사흘달
烟捲兒	앤줸얼	앤줼	捲烟
茶館兒	·차관얼	·차괄	喫茶店
牙籤兒	야챈얼	야쵤	니쑤시개

	原音	不變音	
山頂兒	산띵얼	산띵얼	山頂
杏兒	싱얼	싱얼	杏兒
屋頂兒	우띵얼	우띵얼	屋頂
肩膀兒	쟨방얼	쟨방얼	억개

等 따위니 學者모름적이 이에 注意할 진저.

一、其外의 各音은 註音한 우리한 글대로 똑똑하게 發音하면 錯誤가 없으리라고 생각함.

四聲

一、四聲이라는 것은 西洋語學에 "액쎈트"와 如하야 그 高低를 分別하는것인 바 漢語는 一層 더 複雜하야 長短強軟을 表示하는 四種의 區別이 各字마다 相異하야 學得하기 難하니 斯學의 研究者는 四聲에 注意함이 可함.

一、그러니 四聲이 漢語 初學者에게 가장 複雜하고 困難한즉 初學者로서 四聲을 배혼다고 聲의 高低強軟으로 因하야 도리혀 音의 本體를 誤錯케하는 事가 往往히 있으니 萬一聲의 拘束으로 音을 誤錯케한다면 그는 차라리 四聲보다 音에 置重함이 可함.

一、理論上으로 말하면 長聲을 短聲으로 軟聲을 強聲으로 混同하야 發音하면 語聲이 相錯되여 通話하기 不能하다. 하지만 外國語學이란 첫재로 音을 淸朗하게 熟習하며 둘재로 그 나라사람이나 또는 先學者와 자조만나서 通話하여 그 錯誤된 音句를 校正하는 것이 가장 좋다고 생각함.

一、著者는 四聲보다 發音을 注重하지만 每課의 新語(生字)를 選出하야 該頁頭에 四聲으로 表記하였으니 該新語(生字)의 四聲 符號를 注意하여야 함.

一、四聲은 우리 朝鮮에서 作詩의 叅考로 使用하는 奎章全韻에 揭載한 平聲, 上聲, 去聲, 入聲의 四聲을 指稱함이 아니오 漢語 "官話"에 獨有한 四種의 聲을 稱함이니 即 上平, 下平, 上聲, 去聲.①
의 區別인 바 圖面으로써 說明하자면 下圖와 如함.

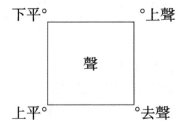

---

①爲了排版方便, 整理本在漢字右下角標注1、2、3、4來分別表示上平、下平、上聲、去聲.

四聲을 發하는 法

1. 上平(第一聲)은 聲을 平常으로 내되 長短強軟과 高低上下가 없이 그 音 그대로 順하게 發하는 것.
2. 下平(第二聲)은 聲을 上平과 같이 發하다가 끝을 強하게 擧하는 것.
3. 上聲(第三聲)은 聲을 길게 하되 初聲과 終聲은 同一로 順하게 發하나 中聲을 아조 細弱하게 發하는 것.
4. 去聲(第四聲)은 聲을 強促하게 發하는 것이니 初聲은 強하고 終音은 促하게 發하는 것 等을 稱함이니 上平, 下平, 上聲, 去聲 等의 聲을 上記圖面대로 注意하야 發하면 容易함으로 此에 省略함.

四聲變化法

一、四聲은 各 文字마다 있어서 一定 不變하는 것이라 하겠으나 그것도 音調에 따라 變하는 것이 있으니 例를 擧하면 上聲이 二字의 重疊하는 경우에는 二字의 聲을 發하면 듣기에 좋지 아니할 뿐 아니라 말이 잘 되지 아니함으로 웋의 上聲字는 下平聲으로 發하고 아래 上聲字는 上聲 그대로 發하며 三字로 重疊될 때에는 中間字의 上聲만을 下平聲으로 發하며 萬一四字가 重疊될 때에는 二字가 重疊으로 잇는 경우에 發하는 聲과 如히 第一 第三字를 下平聲으로 發하는 것이니, 例를 擧하면

    •我走°쩍   내가 간다.
    °你•給°我[늬께워]   당신이 나에게 주시오.
    •我°給•你°走[워께늬쩍] 내가 당신을 가게 하오.

右와 如히 "○" 圈의 原音符가 "●" 圈의 聲符로 變한다. 此外에도 文字를 따라 名詞를 形成하는 "子" "兒" "頭" 等의 文字가 上平과 같지 發音되고 或은 會話할 때에 音調에 依하야 固有할 聲이 變化하는 경우도 있으니 例를 擧하면

　　　　°法°子[빠‘즈]　　　　　　　方法
　　　　小°°孩°兒[쌷해얼]　　　　　어린 아희
　　　　°石°頭[ˋ스투]　　　　　　　石
　　　　鋪。子°[푸‘즈]　　　　　　商店
　　　　烟。捲°°兒[앤쥔얼]　　　　捲烟
　　　　碼°°頭[마투]　　　　　　　埠頭
　　等과 如히 各四聲을 달이하야 上平과 갗지하는 것임.
一、本書의 四聲은 新語(生字)만 選出하야 本聲대로 符號를 表記하였으니 變化되는 聲은 學者의 記憶과 理解에 一任함.

目　錄

第一部　單語 ………………………………………………………… 1

數目 ……………………………………………………………………… 1
年月日時 ………………………………………………………………… 1
天地，地理，方向 ……………………………………………………… 3
人事，身體 ……………………………………………………………… 4
房屋，像〔傢〕伙 ……………………………………………………… 7
衣裳，飲食，菜穀 ……………………………………………………… 8
走獸，飛禽，魚介，蟲子 ……………………………………………… 9
草木，金石 ……………………………………………………………… 11
城市各界 ………………………………………………………………… 12
陸軍，海軍 ……………………………………………………………… 13

中國語大典 ……………………………………………………………… 17

第一課　數字和個字的用法 …………………………………………… 17
第二課　人稱代名詞（一）…………………………………………… 18
第三課　指示形容詞及所有格 ………………………………………… 19
第四課　"兒"字的用法 ………………………………………………… 20
第五課　"了"字的用法 ………………………………………………… 21
第六課　"可以"兩字的用法 …………………………………………… 22
第七課　"是"字的用法 ………………………………………………… 23
第八課　貨幣、度、量、衡 …………………………………………… 24
第九課　副詞字的應用（一）………………………………………… 26
第十課　"的"字的用法 ………………………………………………… 28
第十一課　"不"字的用法 ……………………………………………… 30
第十二課　副詞字的應用（二）……………………………………… 32

第十三課　前置詞（一）……………………………………34
第十四課　疑問詞（一）……………………………………37
第十五課　副詞字的應用（三）……………………………39
第十六課　人稱代名詞（二）………………………………41
第十七課　接續詞（一）……………………………………44
第十八課　前置詞[쳰즈쓰](二)……………………………46
第十九課　副詞字的應用（四）……………………………49
第二十課　會話（一）………………………………………51
第二十一課　疑問詞（二）…………………………………53
第二十二課　副詞字的應用（五）…………………………55
第二十三課　助쭈動똥詞（一）……………………………58
第二十四課　數量字的應用（一）…………………………60
第二十五課　成對的形容詞（一）…………………………62
第二十六課　副詞子〔字〕的應用（六）…………………64
第二十七課　助動詞[쭈동쓰]、他빠-動詞………………67
第二十八課　會話（二）……………………………………69
第二十九課　"公""母"兩字的用法………………………71
第三十課　副詞字的應用（七）……………………………73
第三十一課　疑問詞（三）…………………………………76
第三十二課　數畫〔量〕字的用法（二）…………………78
第三十三課　"頭"字的用法………………………………81
第三十四課　數量字的用法（三）…………………………83
第三十五課　會話（三）……………………………………86
第三十六課　疑問詞（三）…………………………………89
第三十七課　副詞字的應用（八）…………………………92
第三十八課　"所""使"字的用法（三）…………………95
第三十九課　"的""得"兩字的用法………………………98
第四十課　副詞字的用詞（八）……………………………100
第四十一課　語助詞…………………………………………103
第四十二課　會話（四）……………………………………105
第四十三課　副詞字的用法（九）…………………………108

第四十四課	副詞字的應用法（十）	111
第四十五課	副詞字的應用（十一）	113
第四十六課	副詞字的應用（十二）	116
第四十七課	動詞	120
第四十八課	副詞字的應用（十三）	123
第四十九課	會話（五）	126
第五十課	副詞字的應用（十四）	129
第五十一課	副詞字的應用（十五）	132
第五十二課	"到"字和"打"字的用法	135
第五十三課	接續詞 [제쉭츠]（一）	139
第五十四課	副詞字的用法（十六）	142
第五十五課	副詞字的用法（十七）	145
第五十六課	副詞字的應用（十八）	149
第五十七課	會話（六）	152
第五十八課	副詞字的應用（十九）	155
第五十九課	接續詞（二）	158
第六十課	副詞字的應用（二十）	162
第六十一課	副詞字的應用（二一）	165
第六十二課	"以""其"兩字的應用	168
第六十三課	副詞字的應用（二二）	172
第六十四課	會話（七）	175
第六十五課	間投詞	178
第六十六課	擬似字的用法	182
第六十七課	副詞字的應用（二三）	185
第六十八課	格言	188
第六十九課	合成動詞（一）	191
第七十課	"開""住"兩字的用法	194
第七十一課	會話（八）	197
第七十二課	"要""正"兩字的應用	200
第七十三課	"發""當"兩字的用法	203
第七十四課	合成動詞（二）	206

第七十五課　副詞字的應用（二四）……………………210
第七十六課　副詞字的應用（二五）……………………213
第七十七課　副詞字的應用（二六）……………………216
第七十八課　副詞字的應用（二七）……………………219
第七十九課　副詞字的應用（二八）……………………223
第八十課　會話（九）……………………………………226
第八十一課　單叠字及重叠字……………………………229
第八十二課　願望字的用法………………………………232
第八十三課　副詞字的應用（二九）……………………235
第八十四課　比較詞（一）………………………………239
第八十五課　"家""法"兩字的用法………………………242
第八十六課　"處""死"兩字的用法………………………245
第八十七課　會話（十）…………………………………249
第八十八課　副詞字的應用（三〇）……………………252
第八十九課　比較詞（二）………………………………255
第九十課　副詞字的應用（三一）………………………259
第九十一課　副詞字的應用（三二）……………………263
第九十二課　副詞字的應用（三三）……………………267
第九十三課　副詞字的應用（三四）……………………270
第九十四課　副詞字的應用（三五）……………………274
第九十五課　接續詞（三）………………………………278
第九十六課　副詞字的應用（三六）……………………282
第九十七課　副詞字的應用（三七）……………………286
第九十八課　副詞字的應用（三八）……………………290
第九十九課　副詞字的應用（三九）……………………295
第一百課　副詞字的應用（四〇）………………………299
第百一課　形容詞和副詞（一）叠字……………………303
第百二課　形容詞和副詞（二）叠字……………………307
第百三課　"光景""至於"的類語…………………………310
第百四課　成語（一）……………………………………315
第百五課　成語（二）……………………………………318

第百六課　成語（三）……………………………………………322
第百七課　巧語（一）……………………………………………326
第百八課　巧語（二）……………………………………………329
第百九課　巧語（三）……………………………………………332
第百十課　猜謎……………………………………………………336

第三部　單　字……………………………………………………343

第一部 單語

數 目

一$_4$[이] 하나　　　　　　　一$_4$個$_4$ [이거] 한 개
二$_4$[얼] 둘　　　　　　　　兩$_3$個$_4$ [량거] 두 개
三$_1$[싼] 셋　　　　　　　　四$_4$個$_4$ [쓰거] 네 개
四$_4$[쓰] 넷　　　　　　　　五$_2$個$_4$ [우거] 다섯 개
五$_3$[우] 다섯　　　　　　　七$_1$個$_4$ [치거] 일곱 개
六$_4$[류] 여섯　　　　　　　九$_3$個$_4$ [쥬거] 아홉 개
七$_1$[치] 일곱　　　　　　　十$_2$二$_4$個$_4$ [쓰얼거] 열두 개
八$_1$[빠] 여듧　　　　　　　十$_2$六$_4$個$_4$ [쓰루거] 열여섯 개
九$_3$[쥬] 아홉　　　　　　　十$_2$八$_1$빠個$_4$거 열여듧 개
十$_2$[쓰] 열　　　　　　　　十$_2$來$_2$래個$_4$거 近十個
百$_3$[배] 백　　　　　　　　十$_2$多$_2$둬個$_4$거 十餘個
千$_1$[첸] 천　　　　　　　　一$_4$半$_4$빤兒$_3$얼 절반
萬$_4$[완] 만　　　　　　　　好$_3$些$_1$個$_4$ [환세거] 여러 개
第$_4$一$_4$[듸이] 데일　　　　　很$_3$多$_1$ [흔둬] 多大
第$_4$듸三$_1$ 데삼　　　　　　許$_3$多$_1$ [쉬둬] 許多
第$_4$二$_4$얼百$_3$ 데이백　　　多$_1$少$_3$ [둬샾] 얼마

年月日時

今$_1$年$_2$ [진녠] 今年　　　　正$_2$月$_4$ [정웨] 正月
去$_4$年$_2$ [취녠] 昨年　　　　一$_4$月$_4$ [이웨] 一月
明$_2$年$_4$ [망녠] 明年　　　　二$_4$月$_4$ [얼웨] 二月
春$_1$天$_1$ [춘텐] 봄　　　　　三$_1$月$_4$ [싼웨] 三月
夏$_4$天$_1$ [쌰텐] 여름　　　　四$_4$月$_4$ [쓰웨] 四月
秋$_1$天$_1$ [츄텐] 가을　　　　五$_3$月$_4$ [우웨] 五月
冬$_1$天$_1$ [뚱텐] 겨을　　　　六$_4$月$_4$ [루웨] 六月

七₁月₄ [치웨] 七月
八₁月₄ [빠웨] 八月
九₃月₄ [쥬웨] 九月
十₄月₄ [쓰웨] 十月
十₄一₄이月웨 十一月
冬₁月₄ [뚱웨] 冬至달
十₄二₄얼月₄웨 十二月
臘₄月₄ [라웨] 섯달
上₄禮₃拜₄ [쌍리배] 前週日
下₄禮₃拜₄ [쌰리배] 後週日
前₂星₄期₁ [첸싱치] 前週日
後₄星₄期₁ [휘리배] 後週日
禮₃拜₄日₄ [리배시] 日曜
禮₃拜₄一₄ [리배이] 月曜
禮₃拜₄二₄ [리배얼] 火曜
禮₃拜₄三₁ [리배싼] 水曜
禮₃拜₄四₄ [리배쓰] 木曜
禮₃拜₄五₃ [리배우] 金曜
禮₃拜₄六₄ [리배루] 土曜
星₄期₄幾₄ [싱치지] 무슨 曜日
星₄期₄四 [싱치쓰] 木曜
星₄期₄六₄ [싱치루] 土曜(禮₄拜₄日₄ 이나 星₄期₄日₄이 同一한 말임)
今₁天₁ [진텐] 오늘
昨₂天₁ [쥬텐] 어제
前₂天₁ [첸텐] 그제
大₄前₂天₁ [따첸텐] 再昨日
明₂天₁ [밀텐] 래일
後₄天₁ [휘텐] 모레
大₄後₄天₁ [따휘텐] 글피
每₃메天₁ 每日

見₄젠天₁ 每日
每₃日₄ [메시] 每日
初₁一₄ [추이] 초하루
初₁二₄ [출얼] 초잇를
初₁五₃ [추우] 초다새
初₁七₁ [추지] 초이레
初₁十₂ [초쓰] 초열흘
十₂一₄日₄ [쓰이시] 열하루
十₂一₄號₄ [쓰이환] 열하루
十₂二₄號₄ [쓰얼환] 열잇를
二₄十₂號₄ [얼쓰환] 二十日
三₁十₂號₃ [싼쓰환] 三十日
上₄半₄天₁ [쌍빤텐] 午前
下₄半₄天₄ [쌰빤텐] 午後
前₄半₄夜₄ [첸빤예] 子正前
後₄半₄夜₄ [휘빤예] 子正後
天₁亮₄ [텐량] 날 밝게
白₄天₁ [빼텐] 나제
黑₄下₄ [희쌰] 어두어
整₄天₁家₁ [정텐쟈]왼종일
晌₄午₃ [쌍우] 正午
晚₃上₃ [완쌍] 저녁
一₄秒₃鐘₁ [이먁중] 一秒
一₄分₁鐘₁ [이옌중] 一分
一₄點₃鐘₁ [이덴중] 한 時間
一₄刻₄鐘₁ [이커중] 十五分
現₄在₄ [쎈재] 現今
目₄下₄ [무쌰] 目今
立₄刻₄ [리커] 即刻
馬₄上₃ [마쌍] 方今
剛₁纔₂ [깡채] 앗가

已₃經₁ [이장] 발서　　　　　回₂頭₂ [휘투] 잇다가
上₄回₂ [썅휘] 前番　　　　　多₁咱₁ [둬잔] 언제
向₄來₂ [썅래] 在來　　　　　這₄時候₄ [저쓰훠] 이때
從₃來₂ [충래] 從來　　　　　這₄程子₃ [저청즈] 이즈음
將₁來₂ [장래] 將來　　　　　工₁夫兒₂ [꿍쭈얼] 동안
後₄來₂ [후래] 다음

天地, 地理, 方向

太₄陽₂ [태양] 太陽　　　　　鬧₄天₁氣₄ [낟톈치] 惡日氣
日₄頭₂ [시투] 해　　　　　　星₁星兒₂ [싱싱얼] 별
月₄亮₄ [웨량] 달　　　　　　地₄球₁ [디쳐] 地球
雲彩₃ [윈채] 구름　　　　　　世₁界₄ [쓰제] 世界
陰₁天₁ [인톈] 흐린 날　　　　大₄洋₁ [따양] 大洋
晴₂天₁ [칭톈] 밝은 날　　　　火₃山₁ [훠싼] 火山
天₁氣₄ [톈치] 日氣　　　　　旱₄地₄ [한디] 陸地
雨₃ [워] 비　　　　　　　　　海₃面₄ [해몐] 海面
霧₄ [우] 안개　　　　　　　　海₃島₃ [해도] 海島
霜₁ [쌍] 서리　　　　　　　　沙₁灘₁ [싸탄] 沙灘
雪₃ [쉐] 눈　　　　　　　　　砂₁子₃ [싸즈] 모래
風₁ [펑] 바람　　　　　　　　山₁峰₁ [싼펑] 山峰
大₄風₁ [따펑] 大風　　　　　山₁腰₁ [싼야오] 山腰
順₁風₁ [순펑] 順風　　　　　山₁嶺兒₃ [싼링얼] 고개
節₂季₄ [제지] 季節　　　　　山₁根兒₁ [싼껀얼] 山下
春₁分₁ [춘펀] 春分　　　　　土₃坡子₃ [투퍼즈] 언덕
秋₁分₁ [취펀] 秋〔秋〕分　　　石₂頭₂ [쓰투] 돌
夏₄至₄ [쌰쓰] 夏至　　　　　道₄兒₂ [달얼] 길
冬₁至₄ [뚱쓰] 冬至　　　　　旱₄〔旱₄〕路₄ [한루] 陸路
露₄水₃ [루쉐] 이슬　　　　　路₄上₄ [루썅] 길에서
雹₁子₃ [빠즈] 우박　　　　　街₄上₄ [제썅] 거리
好₃天₁氣₄ [하오톈치] 好日氣　海₃口₃ [해커우] 港口

碼₃頭₁ [마투] 埠頭
衚₂衕₂ [후퉁] 골목
池₂子₃ [츠쯔] 못
水₃田₂ [쉬텐] 논
地₄動₄ [디뚱] 地震
海₃嘯₄ [해쑈] 海溢
瀑₄布₄ [보부] 瀑布
井₂水₃ [징쉬] 움물
橋₂兒₃ [챠얼] 다리
木₄橋₂ [무챠] 木橋
浮₂橋₂ [약챠] 舟橋
鐵₂橋₂ [례챠] 鐵橋
棧₂橋₂ [잔챠] 棧橋
海₃潮₂ [해챠] 海潮
運₃河₂ [윈허]
東₁ [뚱] 東
西₁ [시] 西

南₃ [난] 南
北₃ [뻬] 北
上₄ [쌍] 上
中₁ [즁] 中
下₄ [쌰] 下
左₃ [줘] 左
右₄ [여] 右
前₁邊₁ [쳰볜] 앞
後₄邊₁ [후볜] 뒤
裏₃頭₂ [리투] 속
外₄頭₂ [왜투] 밖
傍₂邊₁ [팡뼨] 곁
對₄面₄ [뛰몐] 對面
這₄邊₁兒₂ [저뼨얼] 여기
那₄邊₁兒₂ [나뼨얼] 저기
那₄邊₁兒₂ [나ㅡ볜얼] 어듸
拐₃灣₁兒₂ [괘완얼] 모퉁이

人事, 身體

男₃人₄ [난신] 男子
女₃人₃ [뉘신] 女子
女₃子₃ [윙즈] 女子
姑₁娘₂ [꾸냥] 處女
父₄母₃ [쭈무] 父母
雙₁親₁ [쌍친] 兩親
父₄親₁ [쭈친] 父親
母₃親₁ [무친] 母親
媽₁媽₁ [마마] 엄마
祖₃父₄ [주쭈] 祖父
祖₃母₃ [주무] 祖母

兒₂子₃ [얼즈] 아들
孫₁子₃ [순쯔] 孫子
孫₁女₃ [쑨뉘] 弟兄 [孫女]
弟₄兄₁ [디슝] 兄弟
兄₄弟₁ [슝디] 아우
姐₄姐₄ [제제] 누님
妹₄妹₄ [메메] 누이
大₄爺₂ [다예] 伯父
叔₂叔₂ [우우] 叔父
侄₂兒₂ [직얼] 족하
侄₂女₃ [러뉘] 姪女

丈₄夫₁	[장푸]	남편	
夫₁人₁	[풍신]	夫人	
太₁太₄	[태태]	夫人	
乾₁爹₁	[간테]	養父	
乾₁爹₁媽₁	[간마]	養母	
媳₂婦₄	[시푸]	妻	
哥₁哥₁	[거거]	형님	
家₁兄₁	[쟈슘]	내 형	
舍₁弟₄	[셔듸]	내 아우	
令₄尊₁	[링쭌]	令父親	
令₄堂₂	[링탕]	令母親	
令₄兄₁	[링쓩]	令兄	
令₄弟₄	[링듸]	令弟	
令₄郞₁	[링랑]	令允	
令₄愛₄	[링애]	令愛	
男₂孩₁	[난해]	男兒	
女₂孩₁	[뉘해]	女兒	
小₃孩₁	[쌰해]	小兒	
孩₂子₃	[행즈]	小兒	
丫₃頭₂	[야투]	使喚女兒	
姨₂夫₁	[이푸]	姨叔	
姨₂媽₁	[이마]	姨母	
姨₂太₄太₄	[이태태]	妾	
姑₁姑₁	[꾸꾸]	伯叔母	
親₁戚₄	[친치]	親戚	
朋₂友₄	[풩유]	朋友	
文₂官₁	[원관]	文官	
武₃官₁	[우관]	武官	
大₄夫₁	[때푸]	醫士	
醫₄生₁	[이성]	醫生	
先₁生₁	[쎈성]	先生	
學₂生₁	[쒱성]	學生	
巡₂警₄	[쉰징]	巡查	
人₁民₃	[신민]	人民	
店₄東₁	[텐뚱]	店主	
伙₃計₃	[휘지]	동무	
和₂尙₄	[헝샹]	중	
道₄士₄	[딷스]	道士	
强₁盜₁	[챵땊]	强盜	
花₁子₃	[화쯔]	乞人	
苦₃力₄	[쿠리]	勞動者	
小₃綹₄	[쌰리]	竊盜	
馬₃夫₁	[마푸]	馬夫	
車₁夫₁	[쳐푸]	車夫	
站₄夫₁	[잔푸]	驛夫	
衙₂役₄	[야이]	廳丁	
工₁人₁	[꿍신]	勞動者	
匠₄人₁	[쟝신]	匠人	
律₁師₁	[리쓰]	辯護士	
厨₂子₄	[추쯔]	料理人	
做₄官₁的₁	[쮜관듸]	官吏	
唱₄戲₄的₁	[창시듸]	俳優	
剃₄頭₂的₁	[틔투듸]	理髮人	
掌₃櫃₂的₁	[쟝꿰듸]	掌財者	
拉₁車₄的₁	[라쳐듸]	車夫	
管₃車₄的₁	[관쳐듸]	車掌	
趕₃車₄的₁	[간쳐듸]	御者	
跟₁班₁的₁	[끈빤듸]	後從	
送₄信₄的₁	[쑹신듸]	遞夫	
買₃賣₄人₂	[매―매신]	商人	
念₄書₁人₂	[녠수신]	讀書人	
莊₁稼₄人₂	[장쟈신]	農夫	

鄉₁下₄人₂ [쌍쌰신] 農村人　　　鼻₁涕₁ [삐틔] 코물
身₁子₃ [션쯔] 몸　　　　　　　指甲₃ [즈쟈] 손톱
腦₃袋₁ [난대] 頭骨　　　　　　腦₃門₄子₃ [난먼쯔] 額
眼₃睛₁ [앤징] 눈　　　　　　　眼₃皮₁子₃ [앤피즈] 눈가죽
鼻₂子₃ [삔쯔] 코　　　　　　　顋₁幫₁子₃ [씨빵쯔] 顋
臉₃上₄ [렌쌍] 얼굴　　　　　　眼₃球兒₂ [앤추얼] 눈알
頭₂髮 [투아] 頭髮　　　　　　嘴₁唇兒 [추춘얼] 닙설
舌₄頭₄ [셔투] 舌　　　　　　　肩₁膀₄兒₂ [졘빵얼] 억개
耳₃朵₃ [얼둬] 귀　　　　　　　牙₃床₂兒₂ [야촹얼] 니몸
嗓₃子₃ [쌍쯔] 목　　　　　　　骨₁節₁兒₂ [꾸졔얼] 骨節
胳₄臂₄ [꺼베] 팔　　　　　　　脚₂掌₃兒₂ [쟈장얼] 발바당
骨₃頭₃ [꾸투] 뼈　　　　　　　波₁稜₂蓋₄兒₂ [뻐렁깨얼] 膝
拳₂頭₂ [촨투] 주먹　　　　　　咳₂嗽₄ [커쒀] 기침
指₃頭₂ [즈투] 손가락　　　　　唾₄沫₄ [퉈머] 춤
大₄腿₃ [따튀] 大腿　　　　　　大₄便₄ [따삔] 大便
肚₄子₃ [뚜쯔] 배　　　　　　　出₁恭₄ [추꿍] 大便
卵₂子₃ [란쯔] 囊丸　　　　　　小₃便₄ [쟌삔] 小便
脖₂子₃ [뻐쯔] 목뒤　　　　　　下₄溺₄ [쌰냐] 小便
腦₃子₃ [난쯔] 골　　　　　　　聾₂子₃ [룽쯔] 귀먹어리
奶₃子₃ [내쯔] 乳房　　　　　　瞎₄子₃ [샤쯔] 소경
牙₂齒₃ [야쯔] 니　　　　　　　瘤₂子₃ [춰쯔] 절농발
門₂牙₂ [먼야] 앞니　　　　　　呆₁子₃ [때쯔] 멍텅구리
槽₂牙₂ [짜오야] 억음니　　　　麻₂子₃ [마쯔] 얼금구이
眉₂毛₂ [메마오] 눈섭　　　　　啞₃吧₁ [야바] 병어리
鬍₂子₃ [훙즈] 슈염　　　　　　健₄壯₄ [졘좡] 健康
腮₁頰₄ [씨쟈] 뺨　　　　　　　虛₂弱₄ [쉬쉬] 虛弱
手₃背₄ [쎠베] 손등　　　　　　頭₂疼₂ [투텅] 頭痛
手₃掌₃ [쎠장] 손바닥　　　　　肚₄疼₂ [뚜텅] 腹痛
皮₂膚₄ [피얖] 皮膚　　　　　　感₃冒₄ [깐마오] 감긔
屁₄股₃ [피꾸] 臀　　　　　　　發₁燒₁ [야싸오] 發熱
眼₃淚₄ [앤레] 눈물　　　　　　發₁抖₃ [야떠] 寒戰

出₁汗₄ [추한] 出汗

房屋，像〔傢〕伙

房子₃ [얭쓰] 家屋　　　　　　凳₄子₃ [떵쓰] 등상
屋₄子₃ [우쓰] 방　　　　　　扇₄子₃ [샹쓰] 부채
院₄子₃ [웬쓰] 庭　　　　　　帳₁子₃ [잔쓰] 帳
大₄門₂ [따먼] 大門　　　　　簾₁子₃ [렌쓰] 발
後₄門₂ [훠먼] 後門　　　　　鏟₃子₃ [찬쓰] 火鏟
屋₄門₂ [우망] 房門　　　　　盤₂子₃ [판쓰] 소반
卧₄房₃ [워얭] 寢室　　　　　碟₂子₃ [데쓰] 접시
厨₁房₃ [추얭] 부억　　　　　筷₄子₃ [쾌쓰] 箸
書₁房₃ [쑤얭] 書齋　　　　　匙₂子₃ [스쓰] 匙
飯₄廳₁ [싼팅] 食堂　　　　　杓₂子₃ [싸쓰] 사시
客₄廳₁ [커팅] 客室　　　　　鍤₁子₃ [차쓰] 肉鏟
地₄板₃ [듸빤] 마루　　　　　刀₁子₃ [단쓰] 칼
樓₂梯₄ [루틔] 樓梯　　　　　榔₁[墩₁]子₃ [딴쓰] 도마
樓₂上₄ [루쌍] 樓上　　　　　揮₃子₃ [둔쓰] 터러개
窓₁戶₄ [창후] 窓　　　　　　剪₃子₃ [잰즈] 가위
隔₁扇₁ [꺼싼] 판장　　　　　胰₃子₃ [이쓰] 비누
毛₂舍₂(房₂) [맏셔(얭)] 뒷간　 褥₃子₃ [수쓰] 요
頂₃棚₂ [떵펑] 반자　　　　　毡₁子₃ [잔쓰] 깔담
澡₃堂₂ [쟈탕] 沐浴室　　　　鏡₄子₃ [징쓰] 거울
馬₃棚₂ [마펑] 馬廐　　　　　攏₃子₃ [룽쓰] 眞梳
游₂廊₂ [여랑] 행랑　　　　　刷₁子₃ [쌰쓰] 솔
籬₂笆₁ [리빠] 올탈이　　　　秤₁子₃ [청쓰] 저울
烟₁筒₃ [앤퉁] 굴둑　　　　　匣₂子₃ [쌰쓰] 匣
花₁園₂子₃ [화웬쓰] 花園　　　飯₂碗₃ [싼완] 飯碗
房₂頂₃兒₃ [얭딩얼] 屋根　　　海₂碗₃ [해완] 大碗
桌₁子₃ [줘쓰] 桌子　　　　　茶₂碗₃ [차완] 茶碗
椅₃子₃ [이쓰] 椅子　　　　　飯₂鍋₁ [싼궈] 가마

茶₂盅₁ [차중] 차종　　　　　酒₃瓶₂ [쥬핑] 술병
茶₂壺₂ [차후] 茶罐　　　　　菜₄刀₁ [채다] 식칼
木₄桶₃ [무퉁] 桶　　　　　　小₃刀₁ [쌰다] 小刀
吊₄桶₃ [댠퉁] 釣瓶　　　　　笤₂帚₃ [탸죠] 비
飯₂桶₃ [앤퉁] 밥통　　　　　手₃巾₁ [쑈진] 手巾
燈₁籠₂ [뎡룽] 灯籠　　　　　搌₃布₄ [잔부] 걸네
蠟₄燈₁ [라뎡] 燭臺　　　　　蚊₄帳₄ [원장] 蚊帳
洋₃燈₁ [양뎡] 란푸　　　　　臉₃盆₂ [롄편] 대야
燈₁火₃ [뎐훠] 灯火　　　　　臺₂布₄ [태부] 床보
洋₂火₃ [야훠] 성양　　　　　鋪₃蓋₄ [푸개] 이부자리
電₄燈₁ [뎐뎡] 電燈　　　　　枕₃頭₂ [젼투] 베개
鑰₄匙₁ [야쯔] 열쇠　　　　　尺₃頭₂ [츠투] 尺
眼₃鏡₄ [앤징] 眼鏡　　　　　包₁袱₂ [반푸] 보
硯₄臺₂ [앤태] 베루　　　　　口₃袋₄ [큐대] 부대
鋼₁筆₃ [깡삐] 鐵筆　　　　　飯₃桌₃子₂ [앤줘쯔] 食桌
鉛₁筆₃ [쓰삐] 鉛筆　　　　　脚₃踏₁子₃ [판타쯔] 발판
石₂筆₃ [신삐] 石筆　　　　　洋₃爐₄子₃ [양루쯔] 煖爐
信₄紙₃ [신즈] 편지지　　　　刷₄牙₄子₃ [쏴야쯔] 니솔
壓₁紙₃ [야즈] 압지　　　　　燈₁罩₄兒₂ [뎡쟈얼] 灯皮
油₃畫₄ [유화] 油畫　　　　　剃₄頭₂刀₁ [틔투다] 理髮刀
圖₂書₁ [투우] 圖章　　　　　寒₂暑₃表₃ [한우다] 寒暖計
水₃缸₁ [쉬캉] 水瓮　　　　　墨₄盒₂兒₂ [머허얼] 墨盒

衣裳, 飮食, 菜穀

褂₄子₂ [꽈쯔] 上衣　　　　　袖₄子₂ [슈쯔] 소매
褲₄子₂ [쿠쯔] 바지　　　　　鈕₃子₂ [뉴쯔] 단초
襪₄子₂ [와쯔] 버선　　　　　馬₃褂₄子₂ [마꽈쯔] 마과자
領₃子₂ [링쯔] 옷깃　　　　　手₃帕₄子₂ [쑈파쯔] 手巾
帽₄子₂ [만쯔] 모자　　　　　砍₃肩₁兒₂ [칸젠얼] 족기
靴₁子₂ [쉐쯔] 신　　　　　　汗₄褟兒₂ [한타얼] 땀받기
繼₁子₂ [탸쯔] 끈　　　　　　戒₄指₃兒₂ [졔쯔얼] 반지

早₃飯₄ [쟈앤] 朝飯
晌₃飯₄ [쌍앤] 午飯
晚₃飯₄ [완앤] 夕飯
牛₂肉₄ [뉴쉬] 牛肉
羊₂肉₄ [양쉬] 羊肉
猪₁肉₄ [주쉬] 猪肉
鷄₁肉₄ [지쉬] 鷄肉
醬₄油₂ [장유] 淸醬
黃₂油₂ [황유] 빠다
啤₂酒₄ [삐쥬] 麥酒
黃₂酒₄ [황쥬] 약주
白₂酒₄ [뻐쥬] 백알
點₃心₁ [뎬신] 菓子
麵₄包₁ [몐보] 빵
鷄₁蛋₄ [지단] 鷄卵
牛₂奶₃ [뉴내] 牛乳
挂₄麵₄ [꽈몐] 素麵
開₁水₃ [캐쉐] 끌[끌]은 물
白₂糖₂ [배탕] 설탕
白₂鹽₁ [배앤] 소금
芥₄末₄ [졔머] 芥子末
胡₂椒₁ [후쟈] 호초
三₁便₄酒₃ [싼뼨쥬] 산편주
荷₂蘭₂水₃ [허란쉐] 나무네
大₄米₃ [따미] 白米
小₂米₃ [쌰미] 小米
粳₄米₃ [징미] 맵쌀

糯(江₁)米₃ [수쟝미] 찹쌀
玉₄(包₁)米₃ [위보미] 강왕쌀
黃₃豆₄ [황떠] 大豆
紅₂豆₄ [홍떠] 팟
豌₂豆₄ [완떠] 돔부
豆₄子₃ [떠쯔] 콩
黍₃子₃ [우쯔] 지장
茄₂子₃ [체쯔] 가지
白₂菜₄ [배채] 배채
菠₁菜₄ [뻐채] 근대
芹₂菜₄ [친채] 미나리
韭₃菜₄ [쥬채] 정구지
黃₂瓜₁ [황꽈] 외
西₁瓜₁ [시꽈] 수박
甜₁瓜₁ [톈꽈] 참외
倭₁瓜₁ [워꽈] 호박
大₄麥₄ [따매] 보리
小₃麥₄ [쌰매] 매
麥₄子₃ [매쯔] 麥類
高₁粱₂ [꺄량] 강양
白₂薯₃ [배쮸] 감자
地₄瓜₁ 감자
辣₄椒₁ [라쟈] 고초
靑₁椒₁ [칭쟈] 풋고초
蘑₂菇₄ [머꾸] 버섯
芝₁麻₂ [쯔마] 참깨
蒜₄頭₂ [쏸터] 마눌

走獸, 飛禽, 魚介, 蟲子

牛₃ [뉴] 소   馬₃ [마] 말

象$_1$ [썅] 코기리
狗$_3$ [꺼] 개
狼$_2$ [랑] 이리
公$_1$牛$_2$ [꿍늬] 슝소
母$_3$牛$_3$ [무늬] 암소
小$_3$牛$_2$ [샤늬] 송아지
野$_3$猪$_1$ [예주] 묏도야지
野$_3$猫$_1$ [예만] 토기
騾$_2$子$_3$ [뤄쯔] 노새
駱$_4$駝$_2$ [뤄퉈] 락타
山$_1$羊$_2$ [산양] 山羊
綿$_3$羊$_2$ [몐양] 綿羊
獅$_1$子$_3$ [쓰쯔] 사자
老$_3$虎$_3$ [랸후] 범
狗$_1$熊$_4$ [꺼쓩] 곰
狐$_2$狸$_2$ [후리] 여호
猴$_2$兒$_2$ [훠얼] 원슝이
耗$_4$子$_3$ [환쯔] 쥐
老$_3$鼠$_4$ [랸우] 쥐
尾$_3$巴$_1$ [이빠] 꼬리
鷹$_3$ [잉] 매
雁$_4$ [얜] 그러이
鵝$_2$ [어] 게우
鴨$_4$子$_3$ [야쯔] 오리
鴿$_1$子$_3$ [꺼쯔] 비들기
燕$_4$子$_3$ [얜쯔] 제비
鳶$_2$鳥$_3$ [옌냐] 鳶
駝$_2$鳥$_3$ [퉈냐] 駝鳥
仙$_1$鶴$_2$ [쎈허] 鶴
鳳$_1$凰$_4$ [펑황] 鳳凰
孔$_3$雀$_4$ [꿍챤] 孔雀

老$_3$鵰$_1$ [랸댠] 鷲
老$_3$鴰$_1$ [랸꺼] 鴉
鸚$_1$哥$_1$ [잉꺼] 앵무
野$_3$鷄$_1$ [예지] 雉
火$_3$鷄$_1$ [훠지] 七面鳥
喜$_3$鵲$_3$ [시챤] 까치
杜$_4$鵑$_1$ [두젠] 杜鵑
黃$_2$鶯$_1$ [황잉] 黃鶯
羽$_3$毛$_2$ [위만] 羽
家$_1$雀$_3$兒$_2$ [쟈챤얼] 참새
夜$_4$猫$_4$子$_4$ [예만쯔] 올뱀이
翅$_4$膀$_3$兒$_4$ [쯔빵얼] 쭉지
金$_1$魚$_2$ [진위] 金鮒魚
鮫$_1$魚$_2$ [챤위] 鮫魚
鱸$_3$魚$_2$ [민위] 민어
鯉$_3$魚$_2$ [리위] 리어
鯽$_4$魚$_2$ [지위] 부어
銀$_2$魚$_2$ [인위] 은어
甲$_3$魚$_2$ [쟈위] 자라
鮑$_4$魚$_2$ [반위] 전복
烏$_1$龜$_1$ [우궤] 거북
海$_3$參$_1$ [해연] 해삼
螃$_2$蟹 [파쉐] 게
龍$_2$蝦$_1$ [룽쌰] 大蝦
蝦$_2$米$_3$ [쌰미] 새우
蛤$_2$蠣$_4$ [꺼리] 조개
撒$_3$蒙$_2$魚$_2$ [싸멍위] 고등어
大$_4$頭$_2$魚$_2$ [따퉈위] 도미
烏$_1$賊$_2$魚$_2$ [우제위] 오징어
蠶$_2$ [잔] 뉘에
蛆$_1$ [취] 구덕이

螞₃蜂₁ [마옝] 벌		蒼₁蠅₁ [챵잉] 파리	
蜜₄蜂₁ [미옝] 꿀벌		虼₄蚤₃ [꺼쌰오] 베록	
長₂蟲₂ [챵충] 배암		蛤₃蟆₃ [하머] 개고리	
臭₄蟲₂ [쳑충] 빈대		蛉₂蟆₃ [잉랑] 蛆蛉	
毛₃蟲₂ [마오충] 毛虫		蛐₁蟮₄ [쥐양] 지렁이	
虱₃子₃ [스쯔] 이		蜈₂蚣₁ [우꿍] 진에	
蚊₃子₃ [원쯔] 모기		蝸₃牛₂ [꽈누] 蝸牛	
螞₂蟻₃ [마이] 개아미		蝴₂蝶₃兒₂ [후데얼] 나븨	
螞₂蚱₄ [마자] 뫼뚜기		火₃蟲₂兒₂ [훠충얼] 螢	
蜘₁蛛₁ [즈주] 거미		蟋₁蟀₁兒₂ [쒸쒸얼] 蟋蟀	

草木, 金石

植₂物₄ [즈우] 植物		葉₄子₃ [예쯔] 잎	
水₃草₃ [쉬챠오] 水草		梨₂子₃ [리쯔] 배	
野₂草₃ [예챠오] 野草		橘₄子₃ [쥐쯔] 橘	
檀₂木₄ [탄무] 香나무		栗₄子₃ [리쯔] 밤	
樹₄木₄ [쑤무] 樹木		榛₁子₃ [쩐쯔] 개금	
小₃樹₄ [쌰오쑤] 小樹		李₃子₃ [리쯔] 오얏	
松₁樹₄ [쑹쑤] 솔		竹₂子₃ [주쯔] 대	
梅₁樹₄ [메우] 梅樹		梗₃(梃₃)兒₃ [껑(팅)얼] 葉幹	
櫻₁樹₄ [잉쑤] 櫻桃		葚₄兒₂ [썬얼] 實	
桑₁樹₄ [쌍쑤] 뽕나무		棗₃兒₂ [쨔오얼] 대조	
桃₂樹₄ [탸오쑤] 桃樹		桃₂兒₂ [탸오얼] 복사	
柳₃樹₄ [류우] 버들		杏₄兒₂ [싱얼] 살구	
槐₂樹₄ [홰우] 槐木		杉₄松₁ [싼쑹] 杉木	
楓₁樹₄ [옝우] 楓樹		扁₁松₁ [삔쑹] 檜木	
蘭₂花₁ [란화] 蘭花		梧₂桐₂ [우퉁] 오동	
草₃花₁ [챠오화] 草花		海₃棠₂ [해탕] 해당	
菊₂花₁ [쥐화] 국화		躑₂躅₂ [데주] 척죽	
桂₄花₁ [꿰화] 桂花		藤₂蘿₂ [텅뤄] 藤	

蘋₂果₃ [핀궈] 사과　　　　　　白₂果₃樹₄ [배궈쑤] 銀杏樹
芍₂藥₄ [쌰야] 작약　　　　　　黃₂銅₂ [황퉁] 황동
芭₁蕉₁ [빠쟈] 파초　　　　　　紫₃銅₂ [쯔퉁] 홍동
拂₃手₃ [에쑤] 拂手柑　　　　　白₂銅₂ [배퉁] 백동
柘₂〔石₂〕榴₂ [스류] 석유　　　鋼₁鐵₄ [깡테] 강철
胡桃₂ [후탸] 호도　　　　　　水₃銀₂ [쒜인] 수은
玫₂〔玫₂〕瑰₄ [메궤] 메궤화　　黑₂鉛₂ [헤첸] 黑鉛
蘆₂葦₃ [루웨] 갈　　　　　　硫₂黃₂ [류황] 류황
葡₂萄₃ [푸탸] 포도　　　　　　玻₁璃₂ [뻐리] 琉璃
菖₁蒲₃ [창푸] 창포　　　　　　寶₂石₂ [뱌쓰] 보석
水₃仙₁ [쒜쎈] 수선화　　　　　水₃晶₁ [쒜징] 수정
人₂參₄ [신언] 인삼　　　　　　真₁珠₂ [연주] 진주
蕨₂菜₄ [줴채] 고사리　　　　　琥₂珀₂ [후뻐] 호박
花₁朵₃兒₂ [화둬얼] 花蕊　　　珊₁瑚₂ [싼후] 산호
四₁季₄樹₄ [쏘지쑤] 사게수　　潮₂腦₃ [챠냐] 樟腦
爬₂蔓₂兒₂ [파만얼] 덤쿨　　　金₁子₃ [진쓰] 金
樹₄根₁兒₂ [쑤끈얼] 木根　　　銀₂子₃ [인쓰] 銀
樹₄枝₁兒₂ [쑤즈얼] 가지　　　雲₂石₃ [윈쓰] 花崗石
牡₃丹₁花₁ [무단화] 목단　　　大₄理₃石₂ [따리쓰] 대리석
落₄花₁生₁ [뤄화엉] 락화생　　金₁剛₁石₂ [진깡쓰] 금강석
無₂花₁果₃ [우화궈] 무화과　　吸₁鐵₃石₂ [시테쓰] 磁石

城市各界

鋪₄子₃ [푸쓰] 商店　　　　　　染₃坊₄ [산얭] 染色所
錢₃鋪₄ [첸푸] 전포　　　　　　油₃坊₁ [역얭] 製油店
書₁鋪₄ [쑤푸] 책사　　　　　　洋₂行₂ [양항] 百貨店
當₄鋪₄ [땅푸] 뎐당국　　　　　公₁司₁ [끙쏘] 會社
藥₄鋪₄ [야푸] 약국　　　　　　客₄店₄ [커뎬] 각주
煤₂鋪₄ [메푸] 石炭店　　　　　旅₃館₃ [뤼관] 旅館
磨₂坊₁ [머얭] 製粉所　　　　　醬₄園₂ [쟝왠] 醬店

雜₂貨₄鋪₄ [자훠푸] 잡화점   立₄法₄院₄ [리애왠] 리법원
綢₂緞₄鋪₄ [쳐돤푸] 주단포   監₄察₄院₄ [쟨차왠] 감찰원
洋₂鐵₃鋪₄ [양테푸] 양철포   內₄務₄部₄ [네우부] 내무부
洋₂貨₄鋪₄ [양화푸] 양화포   外₄交₁部₄ [왜쟈부] 외교부
靴₁子₃鋪₄ [쒀즈푸] 신롱   敎₁育₄部₄ [쟈위부] 교육부
磁₄器₄鋪₄ [쯔치푸] 사긔店   交₁通₁部₄ [쟈퉁부] 교통부
鐘₁表₃鋪₄ [즁뱌푸] 시계포   陸₄軍₁部₄ [루쥔부] 륙군부
文₂具₄鋪₄ [원쥐푸] 文房鋪   海₃軍₁部₄ [해쥔부] 해군부
茶₂館₃子₃ [차관쯔] 茶店   農₂商₁部₄ [눙샹부] 農商部
戲₄館₃子₃ [시관쯔] 연극장   司₄法₃部₄ [쓰애부] 사법부
飯₄館₄子₃ [앤관쯔] 料理店   法₃政₄局₂ [애졍쥐] 법정국
照₄像₄館₄ [쟈썅관] 사진관   公₁安₁局₂ [꿍안쥐] 공안국
銀₂行₂ [인항] 銀行   郵₂政₄局₂ [위징쥐] 우정국
學₂校₄ [쒜샤오] 학교   巡₂警₃局₂ [쉰징쥐] 순경국
病₄院₄ [삥왠] 병원   博₂物₄館₃ [뻐우관] 박물관
海₃關₁ [해꽌] 해관   動₄物₄園₂ [뚱우왠] 동물원
公₁園₂ [꿍왠] 공원   植₂物₄園₂ [쯔우왠] 식물원
衙₂門₂ [야먼] 관청   圖₂書₄館₂ [투쑤관] 도서관
宮₁殿₄ [꿍뗸] 궁전   公₂使₂館₄ [꿍쓰관] 공사과
城₂門₂ [쳥먼] 성문   領₃事₂館₂ [링쓰관] 령사관
行₄政₄院₄ [싱졍왠] 행정원   火₃車₁站₄ [훠처잔] 정거장

陸軍, 海軍

陸₂軍₁ [루쥔] 陸軍   一₄排₂ [이패] 一小隊
軍₁團₂ [쥔퇀] 군단   將₁校₄ [쟝쟈] 將校
師₁團₂ [쓰퇀] 사단   上₄將₂ [쌍쟝] 大將
旅₃團₂ [뤼퇀] 례단   中₁將₂ [즁쟝] 中將
一₄團₂ [이퇀] 一聯隊   小₃將₂ [쌰쟝] 小將
一₄營₂ [이잉] 一大隊   上₄校₄ [쌍쟈] 大佐
一₄連₃ [이롄] 一中隊   中₁校₄ [즁쟈] 中佐

小₃校₄ [쌰쟈오] 小佐
上₄尉₄ [쌍위] 大尉
中₁尉₁ [중위] 中尉
小₃尉₁ [쌰오위] 小尉
軍₁旗₂ [쥔치] 군기
官₁軍₁ [꽌쥔] 官軍
敵₂兵₁ [디삥] 敵兵
憲₄兵₁ [쎈삥] 헌병
本₃隊₄ [뻔뛰] 本陣
後₂隊₄ [부뛰] 後陣
步₄軍₁ [뿌쥔] 步兵
馬₃軍₄ [마잉] 騎兵
野₁營₄ [예잉] 野營
軍₁械₄ [쥔예] 軍器
軍₁糧₂ [쥔량] 군량
大₄炮₄ [따파오] 대포
快₄槍₄ [쾌챵] 속사포
飛₄艇₂ [페팅] 飛行船
飛₁機₁ [페치] 飛行機
彈₂子₃ [탄쯔] 彈子₃
炸₂彈₂ [자탄] 작탄
地₄雷₂ [디레] 地雷
野₃炮₄ [예파오] 野砲
山₁炮₄ [싼파오] 山砲
宣₁戰₄ [쒠쟌] 선전
開₁戰₄ [캐쟌] 개전
交₁戰₄ [쟈오쟌] 교전
惡₄戰₄ [어쟌] 악전
耐₄戰₄ [내쟌] 耐戰
決₂戰₄ [줴쟌] 決戰
停₂戰₄ [팅쟌] 停戰

打₃仗₄ [따장] 싸홈
打₃勝₄ [따성] 戰勝
打₃敗₄ [따빼] 戰敗
白₂旗₂ [배치] 降旗
投₂降₂ [투쌍] 投降
議₄和₂ [이허] 議和
猛₃攻₄ [멍꿍] 突擊
防₂守₃ [빵쑈우] 防守
隊₄伍₃ [뛰우] 行伍
正₄面₄ [정멘] 正面
傍₃面₄ [팡멘] 側面
左₃翼₄ [쮜이] 左翼
右₃翼₄ [유이] 右翼
先₁鋒₄ [쎈펑] 先鋒
險₃要₄ [쎈야오] 要塞
圍₂攻₁ [웨꿍] 圍攻
追₁打₃ [줴따] 追擊
陣₄亡₂ [전왕] 戰死
受₄傷₁ [쑈우샹] 負傷
戰₄鬪₄力₄ [잔떠우리] 전투력
工₁程₂隊₄ [꿍청뛰] 工兵隊
輜₁重₄隊₄ [쯔중뛰] 치중대
探₄捎₄隊₄ [탄쌰오뛰] 정탐대
軍₁樂₄隊₄ [쥔워뛰] 군악대
電₄信₄隊₄ [텐신뛰] 덴신대
現₄役₄兵₁ [쎈이삥] 현역병
常₂備₄兵₁ [창뻬삥] 상비병
豫₄備₄兵₁ [위뻬삥] 豫備兵
守₃備₄兵₄ [쑈우뻬삥] 수비병
志₄願₄兵₁ [쯔왠삥] 지원병
機₄關₁炮₄ [지꽌파오] 긔관포

攻₁城₂炮₄ [꿍청판] 공성포
戰₄勝₄國₁ [잔엉귀] 전승국
戰₄敗₄國₂ [잔빼귀] 전패국
海₃軍₁ [해쥔] 해군
兵₁船₂ [삥촨] 兵艦
軍₁艦₄ [쥔쎈] 軍艦
運₄船₂ [윈촨] 運送船
魚₂雷₂ [워레] 魚雷
水₃雷₂ [쉬레] 水雷
馬₃力₄ [마리] 馬力
吃₁水₃ [츙쉬] 咆水
速₂力₄ [수리] 速力
海₃里₃ [해리] 海浬
沉₂沒₄ [천머] 沈没
全₂滅₄ [촨메] 全滅
海₂戰₄ [해잔] 海戰
封₁(口₃)鎖₃ [펀(커우)숴] 封鎖
水₃兵₁ [쉬삥] 水軍
士₄官₁ [쓰관] 士官
軍₁港₃ [쥔장] 軍港
燈₁臺₂ [떵태] 등대

艦₄隊₃ [쎈뛰] 艦隊
炮₄擊₁ [파지] 砲擊
打₃沉₂ [따천] 擊沈
淹₄死₂ [앤쓰] 溺死
船₂首₃ [촨쑈] 船頭
船₂尾₃ [촨웨] 船尾
艙₁頂₃ [창띵] 甲板
信₄號₁ [신하] 信號
烟₁筒₃ [앤퉁] 烟筒
海₃防₂船₂ [해팡촨] 海防艦
水₃雷₂船₂ [쉬레촨] 水雷艇
報₄知₁艦₄ [바즈쎈] 랍보선
巡₂洋₂艦₄ [쉰양쎈] 순양艦
鐵₂甲₃船₂ [테쟈촨] 鐵甲船
司₁令₄官₄ [쓰링관] 사령관
戰₄鬪₄員₂ [잔떠왠] 전투원
鎭₄守₄府₃ [정쑈푸] 진수부
兵₁船₂旗₂ [삥촨치] 軍艦旗
開₁戰₄旗₂ [캐잔치] 戰鬪旗
舢₁板₃船₂ [싼빤촨] 산판선

中國語大典

第一課[디이커]① 數字和個字的用法

제일과 수자와 개자의 용법

1. 一個②國家[이거궈쟈]③。한 나라
2. 兩량④個民⑤族주⑤。두 民族
3. 三싼⑥個社예會휘⑦。세 社會
4. 四쓰⑧個姑꾸娘냥⑨。네 處女
5. 五우⑩個學쒜校쌰⑪。다섯 學校
6. 六뤼⑫個學쒜生성⑬。여섯 學生
7. 七치⑭個禮리拜배⑮。일곱 週日
8. 八빠⑯個銅통⑰子쯔(銅錢첀⑱)。銅錢 여들 닙
9. 九쥐⑲個小쌰⑳錢첀。葉錢 아홉 닙
10. 十쓰個學쒜堂탕㉒。學堂 열
11. 十쓰一이個孩해子쯔㉓。열한 名 兒童
12. 十二個月웨㉔是쓰㉕一年년㉖。열두 달은 一年이오.
13. 二얼百배㉗五우十쓰四쓰個軍쮠㉘人신㉙。軍人 二百五十四名.
14. 四쓰百배四十쓰四個莊좡稼쟈㉚人신。農夫 四百四十四名.
15. 一萬완㉛兩량千첸㉜三싼百배四쓰十쓰五우個工꿍㉝人。一萬二千三百四十五名 勞働者.
16. 三年년零링㉞九쥐個月웨。三年九個月.
17. 門먼口커㉟有유㊱好하些쎄㊲個汽치車쳐㊳。門 앞에 여덟 臺 自動車가 있소.
18. 學쒜堂탕有유好하些쎄個學生[성]。學堂에 많은 學生이 있소.
19. 王왕老라爺예㊴是個好하人신。王老爺는 좋은 사람이오.(老爺는 官人或尊稱에 쓰는 말인데 令監이라는 말과 恰似함. 以下仿此)

註:中語는 다른 어느 나라 말보담도 數量을 表示하는데 使用하는 字가 많은데 먼저 數字와 個字의 用例를 보임.

---
①第₄一₁課₄ ②個₄ ③國₂家₁ ④兩₃ ⑤民₂族₂ ⑥三₁ ⑦社₄會₁ ⑧四₄ ⑨姑₁娘₂
⑩五₃ ⑪學₂校₄ ⑫六₄ ⑬生₁ ⑭七₁ ⑮禮₃拜₄ ⑯八₁ ⑰銅₂ ⑱錢₂ ⑲九₃ ⑳小₃
㉑十₂ ㉒堂₂ ㉓孩₂子₂ ㉔月₄ ㉕是₄ ㉖年₂ ㉗百₃ ㉘軍₁ ㉙人₂ ㉚莊₁稼₁ ㉛萬₄
㉜千₁ ㉝工₁ ㉞零₂ ㉟門₂口₃ ㊱有₃ ㊲好₃些₁ ㊳汽₄車₁ ㊴王₄老₃爺₂

第二課 人稱代名詞(一)

제이과 인청대명사(一)

1. 我워①不부明밍白②배這저③個事스情칭④。 나는 이 일을 똑똑히 알지 못합니다.
2. 我워의⑤哥거⑥哥거上샹⑦德더⑧國궈留류⑨學去취⑩。 나의 형님은 獨逸에 留學을 간다.
3. 我워是스中즁⑪國궈人, 你늬⑫是스朝쨔鮮쎈⑬人。 나는 中國사람이오 당신은 朝鮮 사람이다.
4. 你늬不부能넝⑭不부去취。 당신은 가지 아니치 못하오.
5. 你的의家쟈, 在재⑮甚썬⑯麽마⑯胡후同퉁⑰? 당신의 집은 어느 골목에 있오?
6. 他타⑱吃츠⑲早쨔飯앤⑳。 그는 朝飯을 먹는다.
7. 他타的의老랄婆퍼㉑, 頂뎡⑳利리害해㉓。 그 사람의 마누라는 몹시 사납습니다.
8. 他타不부願웬意이㉔走쩌㉕。 그 女子는 가기를 願치 아니한다.
9. 我們먼㉖没메㉗有여地의方빵㉘坐워㉙。 우러[리]는 앉을 자러[리] 가 없오.
10. 我們먼是스没메有여倚이靠쾌㉚的 의人신。 우리는 依托할 끝이 없는 사람이다.
11. 你們可커以이㉛等덩㉜一이等덩。 우리는 조곰 기다리자.
12. 你們的府푸上샹都뚜㉝好한啊아㉟? 당신 댁은 모두 平安하시오
13. 你們是從쭝㊱那나-裏리㊲來래㊳的의? 당신들은 어대서 온 이들이오?
14. 他們不부會휘㊴關꽌㊵那나個거門먼。 저 이들은 그 門을 닫을 줄을 모르오.
15. 他們的村춘㊶莊좡, 實쓰㊸在째淸칭雅야㊹。 저이들의 農村은 참으로 淸雅하오.
16. 他們是不來래的。 그들은 오지 않이하는 것이오.
17. 他탕們正정㊺在째那나裏리唱챵歌거兒얼㊻。 그 女子들은 지금 저기에서 唱歌하오.
18. 她們的家쟈庭팅㊼, 狼〔很〕흔㊽有여規귀矩쥐㊾。 저 女子들의 家庭은 매우 規模가 있오.

---

①我₃ ②不₄明₂白₃ ③這₄ ④事₄情₂ ⑤的₄ ⑥哥₁ ⑦上₄ ⑧德₂ ⑨留₂ ⑩去₄ ⑪中₄ ⑫你₃ ⑬朝₂鮮₁ ⑭能₂ ⑮在₄ ⑯甚₂麽₁ ⑰胡₂同₂ ⑱他₁ ⑲吃₁ ⑳早₃飯₄ ㉑婆₂ ㉒頂₃ ㉓利₄害₄ ㉔願₄意₄ ㉕走₃ ㉖們₄ ㉗没₂ ㉘地₄方₁ ㉙坐₄ ㉚倚₃靠₄ ㉛可₃以₂ ㉜等₃ ㉝府₃ ㉞都₁ ㉟啊₁ ㊱從₂ ㊲那₃裏₃ ㊳來₂ ㊴會₄ ㊵關₁ ㊶那₄ ㊷村₁ ㊸實₂ ㊹淸雅₃ ㊺正₄ ㊻唱₄歌₁兒₂ ㊼庭₂ ㊽很₃ ㊾矩₂

19. 咱짠不必삐①去취，在째這여裏리等떵著저②。우리는 갈 것 없이 여기서 기다리자.
20. 俺안③的妹메④妹，去年년出추門먼(出嫁자)⑤了⑥。나의 누이는 昨年에 시집갔오.
21. 咱짠們먼出去逛꽝⑦逛！우리는 나가서 散步하자.

註：人你 [稱] 代名詞의 單複數를 보임.

第三課 指示形容詞及所有格

這個[저거]、那個[나거]、的의
제삼과 지시형용사와 소유격 (一)

1. 這저個東둥⑧西시⑨是쓰甚션⑩麽마? 이 물건은 무엇이오?
2. 這個人신會휘說숴⑩中중國궈語〔話〕화⑪。이 사람은 中國말 할 줄을 안다.
3. 這個字쯔實쓰在째難난⑬寫쎄⑭。이 글자는 참으로 쓰기 어렵오.
4. 請칭⑮先쎈⑯生셩寫쎄這個字쯔。先生님 이 글자를 쓰어 주십시요.
5. 這個地디方빵没메有우好하人신。이 地方에는 좋은 사람이 없오.
6. 這個地方没有個好人。이 地方에는 좋은 사람이 하나도 없오.
7. 這個地方没有一個好人。이 地方에는 한 사람도 좋은 이가 없오.
8. 那나個鉛첀筆삐⑰不부大따⑱好。그 鉛筆은 그리 좋지 못하오.
9. 那個人有⑲病삥⑲，不能넝吃츠飯 앤。그 사람은 病이 잇어 밥을 먹지 못하오.
10. 不要⑳開캐㉑那나個箱썅㉒子쯔。그 箱子를 열지 마시오.
11. 那個學쉐生셩會휘做줘㉓文원章쟝㉔。저 學生은 글 지을 줄 아오.
12. 那個人老랄說숴撒싸謊황㉕(謊話화)。저 사람은 늘 거짓말만 하오.
13. 他的力리量량㉖不夠꺼㉗。그의 힘이 자라지 못하오.
14. 陳쳔掌쟝櫃귀㉘的話不錯춰㉙。陳掌櫃(店主)의 말이 옳다.
15. 咱자們먼的學쉐問원㉚還해㉛不行싱㉜。우리의 學問은 아직 멀었오.
16. 我的妹메妹上쌍㉝學쉐去취。나의 누이는 글 배우러 갔오.

①必₄ ②着₂ [著₂] ③俺₁ ④妹₃ ⑤出₃嫁₂ ⑥了₁ ⑦逛₄ ⑧東₁ ⑨西₁ ⑩說₄ ⑪話₄ ⑫字₄
⑬難₄ ⑭寫₂ ⑮請₃ ⑯先₁ ⑰鉛₃筆₃ ⑱大₄ ⑲病₄ ⑳要₄ ㉑開₁ ㉒箱₁ ㉓做₄
㉔文₂章₄ ㉕撒₁謊₃ ㉖力₄量₂ ㉗夠₄ ㉘陳₂掌₃櫃₄ ㉙錯₄ ㉚問₄ ㉛還₂ ㉜行₂ ㉝上₄

17. 姨이太①태太的衣이裳②쌍實ㅆ在째漂퍄亮량③。작은 댁 마님 옷은 말쑥하다.
18. 你不該④説눠我的法빠⑤子ㅉ不對뒤⑥。나의 方法이 그르다고 당신 말해서는 아니 되오.
19. 誰눠⑦也예⑧不能넝⑨隨쉬他的便볜⑩。누구나 그의 便宜대로 따르기는 不能하오.
20. 請先生別⑪生氣⑫[칭쎈셩볘셩치], 這저是ㅆ我的錯춰。先生님 성내지 마십시오. 이것은 제의 잘못입니다.
註: "這個" "那個"는 指示代詞(或形容詞)로씨우 "的"는 所有格을 表示하는 "의" 字로 用함.

第四課 "兒"字的用法

제사과 아자용법

1. 這兒열有유三싼個工꿍人신。여기 勞働者 세 사람이 있소.
2. 那나兒얼有五個莊쨩稼쟈人。저기 農夫 다섯 사람이 있오.
3. 這邊⑬兒有一本⑭書⑮。여기 冊 한 권이 있소,
4. 那邊뼨兒얼没메有姑꾸娘냥。저기 處女가 없오.
5. 東둥邊兒有十ㅆ個孩해子ㅉ。東쪽에는 아히 열 명이 있오.
6. 南난⑯邊兒有八個學쒜生셩。南쪽에는 學生 여덜 명이 있오.
7. 西시邊兒没有人。西쪽에는 사람이 없오.
8. 北베⑰邊兒没有家쟈。北쪽에는 집이 없오.
9. 你把빠⑱這本번書ㆍ수好好兒看칸⑲。너는 이 册을 갖이고 잘 보아라.
10. 你往왕⑳後후㉑慢만㉒慢兒說눠! 너는 이다음에 천천히 말하여라.
11. 快쾌㉓快兒上샹學堂탕去취! 빨리 빨리 學校로 가거라!
12. 他一點뎬㉔兒也예没有空쿵㉕兒。그 사람은 조금도 틈이[이] 없오.
13. 這個花화㉖兒實ㅆ在째好看칸。이 꽃은 참으로 보기 좋소.
14. 有好些쎼個胡후蝶뎨㉗兒。나비가 여러 마리 있오.
15. 我要야오瓜과㉘子ㅉ兒, 不要那個。나는 수박씨를 願하고 그것은 싫[싫]습니다.
16. 他抽쳐(吸시)㉙一枝쯔㉚烟얜捲쥰㉛兒

①姨2太4 ②衣1裳5 ③漂4亮4 ④該1 ⑤法3 ⑥對4 ⑦誰2 ⑧也3 ⑨隨2 ⑩便4 ⑪別2 ⑫氣4 ⑬邊1 ⑭本3 ⑮書1 ⑯南2 ⑰北3 ⑱把3 ⑲看1 ⑳往3 ㉑後4 ㉒慢4 ㉓快4 ㉔點3 ㉕空1 ㉖花1 ㉗胡2蝶4 ㉘爪1[瓜1] ㉙抽1吸1 ㉚枝1 ㉛烟1捲3

(香상⁰烟)。그 사람이 卷烟 한 개를 피운다.
17. 你有幾지②個銅통子兒? 네게 銅錢 몇 닢이 잇느냐?
18. 那個老랴頭루③兒是個好人。저 늙은이는 좋은 사람이오.
19. 今진兒天텐④氣치很흔好。오는 日氣는 매우 좋소.
20. 昨쪄⁵兒颳과風웡⑥太태大따了라。어제는 바람이 너무 많이 불었오.

第五課 "了"字的用法

제오과 료자용법

1. 他已이經징⑦走쩌了라。그 사람은 발서 갔오.
2. 他的父뿌親친⑧昨쪄兒個來래了라。그의 父親은 어제 왔오.
3. 哥거哥上샹那나兒얼去쳐了라? 형님은 어대로 갔오?
4. 我把那個語〔話〕화早짜已이說쒀了。나는 그 말을 발서 말하였오.
5. 門먼口쿠有人신來래了。門 앞에 누가 왔다.
6. 他要야錢쳰, 不要飯완了。그는 돈을 달라하고 밥은 願치 아니한다.
7. 那封웡信신⑨我昨天텐發쌔給게⑩他送쑹⑪了。그 편지를 내가 어제 그에게 發送햇습니다.
8. 先쎈生성說쒀的話화都뚜⑫忘왕記지⑬了。先生이 말하던 말을 모도 잊어 버렸오.
9. 我的鉛쳰筆삐丟뚜⑭了。내 鉛筆을 잃어버렷다.
10. 她出추門, 不在째家쟈了。그 女子는 밖에 나가고 집에 없다.
11. 他和허⑮你怎쩐⑯麽마了? 그는 네게 어찌하드냐?
12. 你爲웨甚션麽마賣매⑰了? 당신이 어찌하여 팔았오?
13. 你幹깐⑱甚麽哭쿠⑲了? 너는 무슨 까닭에 울엇느냐?
14. 來래了라你的哥거哥了라. 당신의 형님이 오섯다.
15. 聽팅⑳了라她的話화了타。그 女子의 말을 들엇다.
16. 說쒀了라你的不是쓰了라。당신의 잘못을 말하였오.
17. 他在째家쟈裏리喝허了라酒쥬㉑了라。그는 집에서 술을 마섯다.
18. 學生在學쉐堂탕裏寫쎄了라字쓰了라。學生이 學校에서 글씨를 썻다.

---

①香₁ ②幾₁ ③頭₁ ④今₁天₁ ⑤昨₂ ⑥颳₁風₁ ⑦已₃經₁ ⑧父₄親₁ ⑨封₁信₄ ⑩發₁給₂ ⑪送₄
⑫都₁ ⑬忘₂記₄ ⑭丟₁ ⑮和₂ ⑯怎₃ ⑰賣₄ ⑱幹₄ ⑲哭₁ ⑳聽₁ ㉑喝₁酒₃

19. 五個工ᄀᆼ人做둬了라活훠①了라。勞   働者 다섯 명이 일을 하였오.

第六課 "可以"兩字的用法

제륙과 가 이 두 자의 용법

1. 你可커以이上썅學堂땅去춰。너는 學校에 가도 좋다.
2. 他一이個거人신可以來래。그는 혼자서 올 수 잇다.
3. 你可以叫쟈오②他來。너는 그 사람을 불러 올 수 있다.
4. 你可以拿나③這저個去。너는 이것을 갖어 가도 괜치 않다.
5. 一塊쾌④錢쳰可以買매⑤多둬少쌰오⑥? 一圓에 얼마나 살 수 잇을까요?
6. 你可以把빠那個挪눠⑦過궈來。너는 저것을 옴겨 올 수 있다.
7. 這些土투⑨可以撣딴⑩去。이 먼지들을 떨어도 좋다.
8. 先신生可以進진⑪去。先生은 들어가시지오.
9. 你可以請칭他來。너는 그 사람을 請하여 와도 좋다.
10. 他的生성活可以過궈得더⑫去。그 사람의 生活은 지내 갈 만하오.
11. 你一天톈可以寫쎄幾지張쟝⑬字쯔? 당신은 하루에 글씨를 몇 張이나 쓸 수 있소?
12. 他一天可以走줘多둬少쌰오里리路루⑭? 그 사람은 하루에 몇 里나 갈 수 잇는지오?
13. 你可以挑탸오⑮多少斤진⑯? 당신은 몇 斤이나 멜 수 있오?
14. 你可以給게他三塊쾌錢쳰。당신이 저 사람에게 三圓은 주어도 좋소.
15. 你可以拿나一張쟝椅이⑰子쯔來。너는 椅子 하나를 갖어오너라!
16. 你想썅那件쟨⑱事스情칭可以不可以? 당신 생각에는 그 일이될 터이요 안될 터이오?
17. 我想썅都뚜可以。나는 다 될 줄노 생각하오.
18. 我還해不知즈道따오⑳可以不可以。될는지 안 될는지 나는 아직 모르겠오.
19. 到따오㉑明명天톈來也예可以。來日 와도 괜치 안소.
20. 念녠㉒書수念得더清칭楚추㉓纔채㉔可以。글을 읽되 똑똑히 읽어야만 된다.

---

①活₂ ②叫₄ ③拿₂ ④塊₄ ⑤買₃ ⑥多₃少₃ ⑦挪₂ ⑧過₂ ⑨土₃ ⑩撣₃ ⑪進₂ ⑫得₂ ⑬張₁
⑭里₁路₂ ⑮挑₁ ⑯斤₁ ⑰椅₃ ⑱想₂ ⑲件₁ ⑳知₁道₄ ㉑到₄ ㉒念₄ ㉓楚₃ ㉔纔₂

第七課 "是"字的用法

제칠과 시자용법

1. 這저是쓰我的, 那나是你的。이것은 내 것이고 그것은 네 것이다.
2. 他是我的朋평友유①。그는 나의 친구요.
3. 你是쓰他的誰쉬②? 당신은 그 사람에게 어찌 되오?
4. 咱자們믄是相썅③好하的朋평友유。우리는 서로 좋은 친구오.
5. 他是我們的同퉁鄉썅④。그는 우리의 同鄉 사람이오.
6. 這本번書수是你給게我的。이 册은 당신이 내게 준 것이오.
7. 那個表뱌⑤是從충美메⑥國궈買매來的。그 時計(懷中)는 米國에서 사 온 것이오.
8. 那是你的錯춰。그것은 당신의 잘못이오.
9. 官관⑦話是北베平평⑧的話。官話는 北平 말이오.
10. 這個月웨是三十쓰一天텐。이 달은 三十一日이오.
11. 一年녠是三百배六뤄十五天텐。一年은 三百六十五日이오.
12. 今진天是那나一天? 오늘은 어느 날인가요?
13. 樸〔朴〕푸⑨大따哥거是多뒤咱쟌起치身션呢늬⑪? 朴大哥는 (大哥는 큰兄이란 말이오. 小哥는 적은 兄이란는 말인데, 以下仿此) 언제 떠나는가요?
14. 聽팅說숴他是下쌰⑫月웨初추四쓰動둥⑬身션。말을 들으니 오는 달 初四日에 떤[떠] 난다 하오.
15. 十쓰畝무⑭地디是쓰一晌썅⑮, 十晌地是一頃칭⑯。十畝(一畝略 一百八十坪)는 一晌이오, 十晌은 一頃이다.
16. 那塊쾌是木무⑰頭투, 不是石쓰⑱頭투。그것은 나무이오 돌은 아니다.
17. 那是我說的, 不是他說的。그것은 내가 말한 것이오. 그가 말한 것은 아니다.
18. 他是坐쭤火훠車처⑲來的, 不是坐輪룬船촨⑳的。그는 汽車를 타고 온 것이오, 汽船을 타고 온 이는 아니오.
19. 我要야的是這個, 不是邦〔那〕個。내가 要하는 것은 이것이오 그것은 않이다.
20. 他是上法叫國궈去취的, 不是上

①朋₂友₃ ②誰₂ ③相₁ ④同₂鄉₁ ⑤表₃ ⑥美₃ ⑦官₁ ⑧平₂ ⑨樸₂ ⑩起₃身₁ ⑪呢₁ ⑫下₃
⑬動₄ ⑭畝₃ ⑮晌₃ ⑯頃₃ ⑰木₄ ⑱石₂ ⑲火₃車₁ ⑳輪₂船₂

德더國去的。그는 佛國에 가는 것이오 獨乙에 가는 이는 아니다.
21. 聽팅說숴王三姐제①要出추嫁쟈, 是不是她真전要出嫁③麽마? 드른즉 王三姐(큰 處女를 大姐, 적은 處女를 小姐, 둘째를 二姐, 셋째를 三姐, 넷째를 四姐라 稱한다. 以下仿此)가 시집가려고 한다니 아 정말 그가 시집가려는 것이오?
22. 你說他說的話, 是不是啊아? 자! 당신 말을 하시오 저 사람이 하는 말이 옳은가요 안 옳은가요?
23. 是買매的啊아, 是借제④的呢늬? 산 것인가 빌린 것인가?
24. 是, 這是跟끈⑤老라宋쑹⑥借來的。네,이것은 老宋(老字를 姓字우에 加하야 부르연 우리말에 兄字나 英語에 이스르와 같음)에게서 빌어온 것이오.
25. 是罷바⑦, 大따概개⑧是他記지錯춰了라罷。아마 그렇지오. 대개 그 사람이 잘 못 記憶한 것이겠지오.
26. 是, 是。你說的真젼不錯。네, 네. 당신이 말하는 것이 참 옳소.

第八課　貨幣⑨、度、量、衡⑩

제팔과　화폐, 도, 랑, 형

1. 這是五毛마⑪(角쟈오)⑫大洋양⑬, 那是五毛小쌰⑭洋。이것은 大洋 五十錢이고 저것은 小洋 五十錢이다.(毛나 角은 總히 十錢이란 말이고 大洋이란 一元의 銀貨를 指함이오, 小洋은 小銀錢으로서 市勢를 따라 不一定하지만 略 十二角半이 一元이 됨).
2. 一塊퀘大洋(現쎈⑮洋)換환⑯銅퉁子兒 三싼十八빠吊댜오⑰七치。그 大洋 一元에 銅錢三十八吊七百文(小葉錢한 푼을 十文이라 하고 小葉錢 열 닢을 銅錢 한 푼 곳 百文이고 銅錢 十枚가 一吊가 됨)을 바꿉니다.
3. 你給께我三十쓰張쟝四쓰分⑱⑲郵워票퍄오。당신은 내게 四錢자리 郵票 三十 枚를 주시오.
4. 你拿八個小錢쳰去취買매開캐水쉐來。너는 葉錢 八分을 갖이고 갓어 끓은 물을 사 오너라.
5. 我借제給他三百八十五元⑳金진㉑票퍄오(老頭투兒票)了。나는 그 사람에게 日本 돈 三百八十五 元을 꾸어 주었오.
6. 這個松쑹樹수㉒可以有七七〔八〕

①姐₃　②真₁　③嫁₄　④借₄　⑤跟₁　⑥宋₁　⑦罷₁　⑧概₁　⑨貨₄幣₄　⑩度₄量₂衡₂　⑪毛₁　⑫角₁　⑬洋₂　⑭小₃　⑮現₄　⑯換₄　⑰吊₄　⑱分₁　⑲郵₂票₄　⑳元₁　㉑金₁　㉒松₁樹₄

丈짱①。 이 소나무는 아마 七八丈이 될 것이오.

7. 那疋피②布부③一共궁④有四쓰十쓰五尺츠⑤。 이 布木 한 疋은 都合 四十五尺이오.

8. 請칭你再째⑥扯쳐⑦(截제)⑧給我七寸춘⑨五。 未安하지만 다시 七寸五分만 끊어 주시오.

9. 你可以量량一量這疋紬쥬緞돤⑩, 到됴底듸⑪有多뒤少샤오尺츠? 당신은 이 紬緞疋을 재어 보시오. 대처 몇 자나 되는가요?

10. 你不曉쌰오⑫得터丈짱 尺츠寸춘分的分옌別볘麼마? 당신 이 丈과 尺과 寸과 分의 區別을 알지 못하는가요?

11. 十分爲웨⑬一寸춘, 十寸爲웨一尺츠, 十尺爲一丈짱。 十分이 一寸이 되고 十寸이 一尺이 되고 十尺이 一丈이 됩니다.

12. 這個大따米미⑭(白배미), 有多少(多뒤兒얼)錢첸一升셩⑮? 이 白米는 한 되(升)에 값이 얼마요?

13. 一個人每메⑯個月웨能능吃三斗두⑰米미。 한 사람이 한 달에 쌀서 말(斗)은 먹지요.

14. 他們家쟈去年녠賣매了一百五十石단⑱的高까오粱량⑲了。 저이들 집에서는 昨年에 옥수수 一百五十 섬(石)을 팔았오.

15. 一石단就쥬⑳是쓰兩량斛후㉑, 一斛就쥬是五斗무。 一石은 兩斛이고 一斛는 곳 五斗이다.

16. 到됴底듸一秉삥㉒有多少石단呢늬? 一秉이라는 것은 대처 몇 섬인가요?

17. 一秉삥就有八石。 一秉은 곳 八石이외다.

18. 她帶㉓的戒제指쯔㉔可以有七錢첸五分㉕。 저 女子가 갓인 반지가 일곱 돈 五分重은 될 것이오.

19. 他不要一斤진, 就要十二兩량。 그는 한 斤을 要하지 않고 곳 열두 兩重을 要함니다.

20. 你說숴我還해錯춰了麼마? 你要八빠兩량, 我就쥬給你半빤㉕斤진喇라㉖! 당신은 오히려 나를 잘못하엿다고 하시오. 당신이 여듧 兩重을 달내기에 내가 곳 당신에게 半斤을 주엇지오.

21. 那個飯옌桶퉁㉗, 一頓둔㉘能능吃츠三斤乾깐㉙麪몐㉚。 저 밥통(食虫이라는 意味)이 한 끼에 能히 밀가루 서 斤을 먹습니다.

22. 別볘管관㉛他有幾지百斤진, 請칭你給我稱청㉜一稱。 그것이 몇 百斤이 되던지 莫論하고 請컨대 당

①丈₄ ②疋₃ ③布₄ ④共₃ ⑤尺₃ ⑥再₄ ⑦扯₃ ⑧截₂ ⑨寸₄ ⑩紬緞₂ ⑪底₃ ⑫曉₂ ⑬爲₂ ⑭米₃ ⑮升₁
⑯每₃ ⑰斗₃ ⑱石₄ ⑲高₁粱₂ ⑳就₄ ㉑斛₄ ㉒秉₃ ㉓帶₄ ㉔戒₄指₃ ㉕半₄ ㉖喇₃ ㉗桶₃
㉘頓₄ ㉙乾₁ ㉚麪₃ ㉛管₃ ㉜稱₁

신은 달아 주시오.
23. 這七包㉠麵몐, 一共궁有七百三十五斤. 이 밀가루 일곱 包袋는 都合이 七百三十五斤이오.
24. 他說一噸둔②煤메③, 準쥰④有一千쳰六륙百배斤. 그가 말하기를 石炭 한 噸은 꼭 一千六百斤이 된다고 하오.
25. 八兩是半斤, 十六兩是一斤, 一百斤是爲웨一擔단(擔딴). 八兩은 半斤이고 十六兩이 一斤이오 一百斤이 一擔입니다.

第九課 副詞字的應用(一)

這裏[쪄], 那裏[나 리], 此地[츠 디], 裏리, 面몐, 頭투, 邊볜
제구과 부사자의 응용(一)

1. 這裏的事스情칭很흔麻마煩앤⑤. 이 곧의 일은 매우 시끄럽오.
2. 這裏是公궁館관⑥, 不是住주⑦家쟈. 여기는 官舍고 私家는 아니오.
3. 他在這裏說워了 랴半빤天톈的閑쏀⑧話화, 纔째走쩌了 라⑨. 그가 여기서 半나절이나 閑談을 하고 막 갔오.
4. 你們먼那裏的年녠成청⑩好嗎마⑪? 당신네 그곧 年事가 좋읍니까?
5. 木무匠쟝⑫師스傅푸⑬的傢쟈伙훠⑭不在那裏. 都木手의 器具는 거기 없오.
6. 在那裏找쟈⑮偏〔遍〕뗸⑯了, 我的墨머水쒀⑰實스在째找쟈不出추來了. 거기서 나의 잉크를 두루 찾아도 참으로 찾아낼 수 없오.
7. 老라爺예在這裏, 你們不好在째那裏說워話화. 老爺가 여기 계시니 너이들이 거기서 말하 [하는] 것이 좋지 못하다.
8. 這裏熱서⑱, 那裏冷렁⑲. 여기는 덥고 저기는 차다.
9. 這裏熱서鬧냐⑳, 那裏清칭静징㉑. 여기는 떠들고 저기는 조용하다.
10. 這裏的生성意이大따, 那裏的生意小쌴. 여기의 商業은 크고 저기의 商業은 적소.
11. 這個小쌴猫먀㉒害해了 랴怕파㉓, 這裏藏짱㉔, 那裏躱둬㉕. 이 적은 고양이가 무서웠어 여기 감취우고 저기 숨는다.
12. 此츠地띠是個安산㉖静징的地方팡. 이곧은 安靜한 地方이오.
13. 此㉗地的成청衣이鋪푸㉘没메有好手쒀藝이㉙. 이 곧 裁縫所에는 바

---

①包1 ②噸4 ③煤4 ④準3 ⑤麻2煩2 ⑥公1館3 ⑦住1 ⑧閑2 ⑨了3 ⑩成2 ⑪嗎1 ⑫匠3 ⑬師傅4 ⑭傢4伙3 ⑮找3 ⑯偏4〔遍〕4 ⑰墨4水3 ⑱熱4 ⑲冷3 ⑳鬧4 ㉑静4 ㉒猫1 ㉓怕4 ㉔藏2 ㉕躱3 ㉖安1 ㉗此3 ㉘鋪4 ㉙手3藝4

누질 잘하는 솜씨가 없오.
14. 此쯔地의 買매賣매太태不講쟝理리①. 이곧의 商業은 너무나 無理하오.
15. 她在裏面②照쨔鏡징③子쓰打따扮편(반)④. 그 女子는 안에서 거울을 보며 단장하오.
16. 他在裏邊兒睡쒸覺쨔⑤. 그는 안에서 잡니다.
17. 那件쩬衣이裳쌍可커以이叠데⑥在皮피⑦箱썅子裏頭투. 저 옷을 가죽 箱子 안에 개어 넣으시오.
18. 我在百배花화深쩐處추⑧巷썅⑨, 盡진⑩裏邊의 那個門먼 裏住쮸. 나는 百花深處巷 속에 막바지 그 門 안에서 사오.
19. 你們説숴話화, 他在外왜⑪面몐都뚜聽팅見쩬⑫了라. 당신들이 이야기한 것을 그가 밖에서 모두 들엇다.
20. 上썅面몐是쓰正정面, 下싸面是反앤⑬面. 上面은 正面이요 下面은 反面이다.
21. 前쳰⑭頭투走쩌的那位웨⑮, 不是張쟝先쎈生성嗎마? 앞에 가는 저 분이 張先生이 안인가요?
22. 這是我的座쭤⑯兒얼, 請칭你上썅頭坐쭤. 이것은 나의 자리니 請컨대 당신은 우에 앉으시오.

23. 後頭투有여人신跟끈着저(줘), 不要야大따聲성⑰説話. 뒤에 사람이 따르니 큰 소리로 이야기 하지 마오.
24. 先去취上邊開캐飯빤, 後후來래擦차燈떵罩⑱也예不遲⑲. 먼저 웃 房에 갓어 진지를 올린 뒤에 灯皮를 닦아도 늦지 않소.
25. 那條탸⑳狗꺼㉑常쌍在재外왜邊몐咬쨔鷄지㉓. 저 개는 늘 밖에서 닭을 무오.
26. 大따師스傅우在東뚱邊厨추房팡㉔裏做쭤菜채㉕. 밥 짓는 사람은 東便부역에서 菜를 만드오.
27. 你的手셔棍꾼㉖(文원明밍棍)兒在那門먼傍팡㉗邊. 당신의 短杖이 저 門 녚에 있소.

註: "這裏" "那裏" "此地"는 場所의 遠近을 表示하고 "裏面" "外頭" "上邊"等은 場所쁜만 아니라 事物에까지 그 所在를 좀 더 指示的으로 말하는 것인데, 裏, 外, 上, 下 等 字에다가 面 邊, 頭字 等를 加하야 代하나니라. "裏面" "裏頭" "裏邊"에 있어서 面, 頭, 邊 等 字의 用法의 差異를 證明할 要도 있겠지만 이는 學者의 精讀과 自解에 맛기노라.

①講₃理₃ ②面₄ ③照₃鏡₃ ④打₄扮₄ ⑤睡₄覺₃ ⑥叠₂ ⑦皮₂ ⑧深₃處₃ ⑨巷₃ ⑩盡₃ ⑪外₄ ⑫見₄ ⑬反₃ ⑭前₂ ⑮位₂ ⑯座₄ ⑰聲₁ ⑱擦₁燈罩₁ ⑲遲₂ ⑳條₂ ㉑狗₃ ㉒常₂ ㉓咬₃鷄₁ ㉔厨₁房₂ ㉕菜₄ ㉖棍₁ ㉗傍₂

第十課 "的"字的用法

제십과 적자용법

1. 他要야買매新쎈①鮮的, 不要壞해②的。그는 新鮮한 것을 사려 하고 썩은 것은 아니 갖이려 하오.
2. 細시③的, 粗추④的, 白배的, 黑헤⑤的, 不好合허⑥在一塊쾌兒。가는 것, 굵은 것, 힌 것, 검은 것을 한데 두는 것이 좋지 못하오.
3. 我原왠⑦來래嫌쎈⑧酒쥐凉량, 再쩨⑨給께我서熱的。나는 原來 찬 술을 싫어하니 다시 데웟어 내게 주오.
4. 那堆뒤⑩甜텐⑪瓜과不大好, 生셩的뒤多⑫, 熟쑤⑬的少솨。저 한 무덕이 참외는 좋지 못하오. 선 것이 많고 익은 것이 적소.
5. 高꼬⑭麗리⑮紅훙參썬⑯也에不一樣양, 有真젼的, 有假쟈⑰的。高麗의 紅蔘도 한 가지가 않이니 참 것도 잇고 거짓 것도 있오.
6. 天텐下싸的人不能넝一樣양⑱, 有여聽〔聰〕춍⑲明밍的, 糊후塗두(투)⑳的, 俊쥰㉑的, 醜추㉒的。天下의 사람이 같기가 不能하니 聰明한 것 糊塗한 것 잘 난것 못난 것이 있오.
7. 那個姨이太택太没메有一回훠㉓穿촨㉔過궈舊쥐㉕的, 净징穿新신的。저 小室(妾)은 낡은 것은 한 번도 입어 본 적이 없고 줄 것 새 것만 입소.
8. 公꿍的是쓰利리害해, 母무㉖的是老라實쓰。숭컷은 사납고 않컷은 順良하오.
9. 他一家쟈人, 老的老, 小쌰的小, 一個中쭝用융㉗的也에没有。저 집 사람들은 늙은이는 늙고 어린이는 어렷어 한 사람도 알맞은 사람이 없오.
10. 若쥐㉘有現쎈成쳥的餃쟈㉙子쯔, 請칭你不必삐再쩨做쭤。만일 만들어 둔 餃子(饅頭)가 잇으면 請컨대 당신은 다시 만들지 마오.
11. 公꿍園왠㉚裏리的樹쑤有高꼬的, 有矮애㉛的, 有大的, 有小的, 有活훠的, 有死쓰㉜的。公園안의 나무는 높은 것, 낮은 것, 큰 것, 적은 것, 산 것, 죽은 것이 있오.
12. 這郵위政정㉝局쥐㉞有二十쓰來個送쑹信신的。이 郵便局에는 配達夫가 二十餘 名이 있오.
13. 管관賬쟝㉟的就쪼是쓰净징管관各꺼㊱樣양賬쟝簿부㊲的人。管賬的는

---

①新₁ ②壞₄ ③細₁ ④粗₁ ⑤黑₂ ⑥合₂ ⑦原₂ ⑧嫌₄ ⑨再₄ ⑩堆₁ ⑪甜₂ ⑫熟₄ ⑬麗₂ ⑭紅₂ 參₁ ⑮假₃ ⑯樣₄ ⑰聰₁ ⑱糊₁塗₁ ⑲俊₂ ⑳醜₂ ㉑回₂ ㉒穿₁ ㉓舊₂ ㉔净₄ ㉕母₃ ㉖用₂ ㉗若₄ ㉘餃₃ ㉙園₂ ㉚矮₃ ㉛死₃ ㉜政₂ ㉝局₂ ㉞賬₄ ㉟各₄ ㊱簿₂

곳 各種 賬簿만을 맡은 사람이오.
14. 要^{와①}手^쑤藝이的比^{삐②}莊^쟝稼^쟈人挣^{정③}的錢^쳰多^뒤。手工業하는 사람은 農夫에 比하면 돈을 많이 법니다.
15. 你要^야買^매幾^지石^단白薯^{배 슈④}, 該^깨找^쟈官^관家的問^원一問。당신이 고구마 몇 섬을 사려거든 맞당이 살림 맡은 이를 찾어 물으시오.
16. 買^매米^미買菜^채都^뒤是當^{당⑤}家^쟈的事^쓰情^칭。쌀을 사며 반찬거리를 사는 것은 모도 살림 차지한 이의 일이오.
17. 做^쒀莊^쟝稼^쟈的出^추力^리不少^쌰, 挣^정錢^쳰不多。農事하는 사람이 힘은 적지 않게 들고 돈 버는 것은 많지 못하오.
18. 做^쒀飯^빤的叫^쟈厨^추子^쯔, 伺^쓰候^{후⑥}飯的叫擺^배桌^{줘⑦}子的。밥 짓는 이를 厨子라 부르고 밥상 심부럼하는 이를 擺桌子的라 부르오.
19. 客^커廳^{팅⑧}裏的鍾〔鐘〕^{쭝⑨}, 可^커以^이找^쟈個修^{쉬⑩}理^리鍾〔鐘〕表^뱌的來修^쉬一修。客室 안의 掛鍾을 時計 곳치는 사람에게 주어 修理하여 오시오.
20. 剛^{깡⑪}纔^채薙^{티⑫}頭^투的從^충南난街^{졔⑬}上^샹過^궈去^취了。方今 理髮匠이가 南街로 지나갔오.
21. 在^째東^둥四^쓰牌^{패⑭}樓^{루⑮}大街上, 跟^끈班^{반⑯}的和허趕^{간⑰}車^쳐的打^따起^치來。東四牌樓大街에서 後從軍과 車夫가 싸움하오.
22. 在這城^청裏頭, 算^쏸命^{밍⑱}的, 拉^{라⑲}車^쳐的, 挑^탸水^쉬的, 打^따更^{껑⑳}的, 趕^간驢^{뤼㉑}的, 挑擔^{단㉒}子的, 推^튀磨^{머㉓}的, 打糞^{뻔㉔}的, 打魚^{위㉕}的, 打圍^{웨㉖}的, 各^꺼樣^양各色^{재(써)㉗}人都^뚜有^여。이 城안에는 占치는 사람, 車 끄는 사람, 물 길는 사람, 夜警 도는 사람, 나귀 모는 사람, 짐 메는 사람, 맷돌 가는 사람, 똥 퍼 가는 사람, 고기 잡는 사람, 사냥 하는 사람 各種各色의 사람이 모도 있소.

註 : 原來 "的"字는 所有格을 表示하는 글자인데 여긔에는 名詞와 같은 作用을 하게 되엿음으로 "所有名詞"라 命名함. "形容詞+的"…이럴 때에는 그 形容詞의 品性이나 素質을 가진 物

①要₃ ②比₁ ③挣₂ ④薯₁ ⑤當₁ ⑥伺₄候₄ ⑦擺桌₁ ⑧客₄廳₂ ⑨鍾[鐘]₁ ⑩修₁ ⑪剛₁ ⑫薙₄ ⑬街₁ ⑭牌₁ ⑮樓₂ ⑯班₁ ⑰趕₂ ⑱算₃命₄ ⑲拉₁ ⑳更₄ ㉑驢₂ ㉒擔₁ ㉓推₁磨₂ ㉔糞₄ ㉕魚₂ ㉖圍₂ ㉗色₃

을 가라치나니 "白的" "眞的" "新的" 따위니라. "動詞+名詞+的" 이럴 때에는 그 名詞가 代表한 事物을 가지고 某動作을 行하는 者를 가라치게 되나니 "送信的" "算命的" "修理鐘表的" 따위니라.

第十一課 "不"字的用法

제십일과 불자용법

1. 請칭先쎈生성不要야生氣치, 這是我的錯춰. 先生님 怒여워하지 마시오. 이것은 나의 잘못이오.

2. 他不還환①錢첸, 又여②不부見젠面멘. 그는 돈도 갚지 않고 또는 얼굴도 보이지 아니하오.

3. 那個桌줘子擦차不幹간净징. 저 桌子는 깨끗하게 닦지 못하였오.

4. 你不可커跟끈他頑완③耍솨. 너는 그와 함께 놀지 말아라.

5. 那些쎄椅이子제不大結제④實스. 저 椅子들은 그렇게 튼튼하지 못하오.

6. 他不要這樣小쌰房양子쯔. 그는 이렇게 적은 집을 願치 아니하오.

7. 金진玉위山쌴⑤的媳시婦푸⑥不會휘過궈日시子. 金玉山의 며느리는 살림할 줄을 알지 못하오.

8. 你不用융該깨他的賭뚜⑦錢첸. 당신은 그의 놀음 빚을 갚지 마시오.

9. 請칭你往왕後후小쌰心신⑧他, 不好跟끈他說숴密〔秘〕미⑨密話화. 請컨대 당신은 이 뒤로 그를 注意하여 그와 함께 秘密한 말을 하지 마시오.

10. 你去춰告꼬訴수(숭)他, 禮리拜배五우我不能넝去. 당신이 갓어 그에게 말하되, 金曜日에게 내가 못한다고 하시오.

11. 他是個半빤呆대⑩子, 不必삐說他好. 그는 半머저러니 그를 말하지 않는 것이 좋소.

12. 若뤄有여不隨쉬心신的地띠方양, 也不예該打人. 만일 마음에 맞지 아니하는 곳이 잇드라도 사람을 때리지 마오.

13. 請你留류步부⑪, 不用송, 不用送. 자, 더 나오실 것 없음니다. 드리가서요.

①還2 ②又4 ③頑2 ④結1 ⑤玉4山1 ⑥媳1婦4 ⑦賭1 ⑧心4 ⑨秘4 ⑩呆1 ⑪留2步4

14. 這個手뭐表뱌, 値쯔①不了랴오多뒈少샤오錢。 이 時計는 몇 푼자리 안 될 것이다.

15. 他明밍天텐考콰오試쓰②去, 你留류也留不住주. 그는 明日에 試驗을 보러가니 당신이 挽留하여도 挽留하지 못할 것이오.

16. 他一個人去, 怕파他嘴쮀笨뻔③説不上來。 그가 혼자 가면 그의 口才가 鈍하여 아마 말하지 못할 것 갔오.

17. 這個水쉐斗무子太태大, 怕파你提띠溜류④不上쌍。 이 두래박은 너무 컷어 아마 당신이 끌어올이지 못할 것 갔오.

18. 這塊꽤-地띠净징有石스頭투, 再째挖와⑤不下去。 이 땅에는 맨 돌만 잇어서 더 파지 못하겟오.

19. 從충天津진(징)⑥到다오上海해-坐쮀輪룬船촨走쩌우的, 趕간不上坐火훠車쳐的快쾌-。 天津서 上海까지 가는 데는 汽船을 타고 가는 것이 汽車를 타고 가는 것만치 빠르지 못하오.

20. 你脱퉤着저鞋쎼⑦跑파오⑧, 也跟끈不上他去。 당신이 발을 벗고 달려도 그를 따르지 못하리다.

21. 人多뒈吃츠多, 一個人做쮀不下來쌰。 사람이 많으면 많이 먹는다. 한 사람으로는 만들어 낼 수 없다.

22. 你雖쒀-⑨然란説쎼些好話, 也是信신不得더。 당신이 비록 좋은 말을 많이 하드라도 믿을 수 없오.

23. 前첸天텐我不應잉⑩他(不依이⑪他), 到다오如쑤⑫今진覺쟈오着저下不去。 그저께 내가 그의 일에 應하지 못한 것이 지금껏 마음에 未安하오.

24. 中쭝國궈話真쩐難난學쒜, 怕파你一兩량年녠的工꿍夫우學不上來。 中國말은 참으로 배우기 어려우니 아마 당신이 한두 해 동안에 배웟 내지 못할 듯하오.

25. 我的眼얜睛징⑬已이經징花화了라, 細시密미針전綫쎈⑭, 做쮀不上來。 나의 눈은 발서 어두웟어 가는 바느질은 하여 낼 수 없오.

26. 費퉤⑮了랴오好些쎼日시子的工夫, 還해填톈⑯不起치那小池츠⑰子來。 여러 날 동안을 虛費하여도 그 조그마한 못을 메어내지 못하였오.

———

①値₂ ②考₃試₄ ③嘴₃笨₄ ④提₂溜₄ ⑤控₁[挖₁] ⑥津₁ ⑦脱₁鞋₂ ⑧跑₃ ⑨雖₁ ⑩應₁ ⑪依₄
⑫如₂ ⑬眼睛₁ ⑭針₁綫₄ ⑮費₄ ⑯填₂ ⑰池₁

27. 這個藥①太苦쿠②, 咽앤③也咽不下去。이 藥이 너무 써서 넘기려 해도 넘어가지 아니하오.
28. 我在八빠大따嶺링④上碰엉⑤見了랴一隻쯔⑥虎후⑦, 怕파的連렌⑧氣치也喘촨⑨不上來。내가 八大嶺上에서 범 한 마리를 만낫는데 무서웟어 숨까지 쉬지 못하였오.
29. 王왕有忍신⑩一身쩐的病삥, 胳꺼膊버⑪揚양⑫不起來, 腰야오⑬直쯔不起來, 頭抬태⑮不起來, 腿퉈⑯也站잔⑰不起來。王有忍의 全身病은 두 팔을 들지 못하고 허리도 펴지 못하고 머리도 들지 못하고 다리까지도 일어서지 못하오.

註 : "不"은 副詞字로서 動詞나 形容詞上에 씨워서 否定의 意味를 表示하나니 "不見" "不會" "不結實" "不乾淨" 따위니라. 그러나 合成動詞, 即 動詞가 副詞와 合하야 熟語로 된 것에는 動詞字와 副詞字間에 "不"字를 置하나니, "留(不)住" "學(不)上來" "站(不)起來" 따위니라.

第十二課 副詞字的應用(二)

去취、來래
上쌍、下쌰
제십이과 부사자의 응용(二)

1. 你的狗꺼搶챵⑱了랴一塊쾌肉쉬⑲跑파오去了라。당신의 개가 고기 한 덩이를 훔쳐 갖이고 달아났오.
2. 書수架쟈子上頭有土투, 可커以이拿나撣딴(탄)子撣딴去。그 冊欌 우에 먼지가 잇으니 털이개를 갖어다 털어 버려라.
3. 可以叫쟈오抬태轎쟈오⑳的抬轎去。轎軍군을 불러 가마를 메고 가게 하여라.
4. 你可以撒〔撤〕처㉑去零링碎쉬㉒東둥西시, 搬빤㉓一張쟝書桌줘子來。너는 허슨쓰레기 물건을 걷우고 書桌 한 개를 옴겨 오너라.
5. 他的薪신㉔水쉬已이經징支쯔㉕去了。그의 月給은 발서 支出하였오.
6. 他借졔了랴我的皮피襖야오㉖去, 當땅

---

①藥4 ②苦4 ③咽4 ④嶺3 ⑤碰4 ⑥隻4 ⑦虎4 ⑧連4 ⑨喘4 ⑩忍4 ⑪胳膊2 ⑫揚4 ⑬腰1
⑭直4 ⑮抬2 ⑯腿3 ⑰站4 ⑱搶4 ⑲肉4 ⑳轎4 ㉑撒4 ㉒碎4 ㉓搬1〔搬〕㉔薪1 ㉕支1 ㉖襖3

了十五塊쾌錢쳰了。그가 나의 털두루막이를 빌려다가 十五元에 典當 잡혔오.
7. 拿手쏘巾진①給게小孩해兒얼擦차去眼얜淚레②。手巾을 갖어다가 어린애의 눈물을 씻어 주어라.
8. 拿洋양火훠去，上客커堂탕點뎬燈 덩。성양을 갖이고 客室에 갖어 燈을 켜라.
9. 拿我的名밍片펜③兒去請칭他。나의 名함을 갖이고 갓어 그를 請하오.
10. 那墻창④上有灰휘⑤，可以拿笤탸帚추⑥掃쏘⑦去。저 壁 우에 먼지가 잇으니 비를 갖이고 쓸어 버리오.
11. 說숴來說去，還해是스不明밍白배。말이 오고가고 하여도 아직도 똑똑하지 못하오.
12. 那件졘棉몐⑧衣이裳쌍是從쭝我們鄕씨裏帶대來的。저 솜옷은 곳 우리 시골에서 갖이고 온 것이오.
13. 我送쑹給게他信신，他已經징寄지⑨了랴回훠信신來了라。내가 그에게 편지하엿드니 그가 발서 回答을 보냇오.

14. 這個小쌰姑꾸娘냥，在째花화園웬裏리跑파來跑去，實스在討탸厭얜⑩。이 적은 색시가 花園에서 뛰어 왓다갓다 하여서 참으로 성가시오.
15. 到댜了랴黑헤下，你可以拿燈덩籠룽⑪來接졔⑫我。저녁이 되거든 너는 燈籠을 갖이고 와서 나를 맞도록 하여라.
16. 你常창拿土투貨훠來，當땅洋양貨賣매。당신은 늘 土貨를 西洋物件으로 속여서 팔구려.
17. 請你給那孩해子提티上鞋쎼罷바。請컨대 당신은 저 아이에게 신을 신겨 주시오.
18. 筆삐頭투乾깐了라不好使스，該깨把빠筆帽마오⑬兒套탸오⑭上。붓촉이 말으면 쓰기가 좋지 못하니 반드시 붓두겁을 씨우시오.
19. 你自쓰己지不能넝上去，我給你推튀上去(拉라上去)。당신이 홀로 올라가지 못하면 내가 당신을 떠밀러 올려 주리라.
20. 那個孩子淹얜⑮水쉬衝충⑯去，你趕간緊진去撈라오⑰上來。저 애가 물에 빠졋어 떠가니 당신은 빨리 갓어 건저 내시오.
21. 在樓루底디下有我的鋪푸蓋개⑱，

①巾₁ ②淚₄ ③名₂片₄ ④墻₂ ⑤灰₁ ⑥笤₂帚₃ ⑦掃₃ ⑧棉₂ ⑨寄₄ ⑩討₃厭₄ ⑪籠₂ ⑫接₁
⑬帽₄ ⑭奪₄[套₄] ⑮淹₁ ⑯衝₁ ⑰撈₁ ⑱盖₄

叫쟈伙훠計지①送쏭上來。樓下에 나의 이불자리가 잇으니 下人을 시겨 올려 보내오.
22. 那個窗챵户후②破퍼③了랴三싼塊쾌玻버璃리④, 叫個玻璃匠쟝按안⑤上去。저들 창에 琉璃 세 쪽이 깨여젓으니 琉璃匠을 불러다가 끼우시오.
23. 我自쯔個兒搆꺼⑥不下來, 請칭你給께我搆下來。나 自手로는 나리지 못하겟으니 請컨대 당신이 나를 나려주오.
24. 他從쭝樓루梯틔⑦上掉땨⑧下來, 磕거⑨破퍼了랴腦노袋대⑩了。그 사람은 다락층대에서 떨어저서 머리가 깨여젓오.
25. 苹펑果궈⑪下來的早쫘⑫, 梨⑬子下來的晚완。林檎은 일즉 나고 배

는 늦게 나오.
26. 孟멍⑭老랴哥거的樹수林린⑮子和허田텐⑯地듸是쓰他祖쭈⑰宗쭝遺이⑱下(留루下)來的。孟老哥(尊兄)의 園林과 田地는 곳 그의 祖上으로붙어 물여 나려온 것이오.
27. 哎애喲웨⑲, 已經징到댜了랴秋츄⑳天텐了라, 院웬㉑裏的樹수葉에㉒子都떠落러(랴)㉓了來래哪나㉔! 아야! 발서 가을이 되엿어 뜰 안의 나무잎이 모도 떨어지는구나.

註:動詞(+)副詞. 動詞에 副詞用의 "去" "來" "上" "下" 等 字를 加하야 各其熟語를 作하나니, "掃去" "跑來" "提上" "掉下" 따위니이라.

第十三課 前置詞(一)

在쟤、把빠、將쟝、拿나
제십삼과 전치사(一)

1. 他的父푸親친在쟤客커廳팅裏和허客說줘話화。그의 아버지는 客室에서 손님과 이야기를 하오.
2. 我們在城청㉕裏住주, 他們在城外

왜住。우리는 城 안에 살고 그들은 城 밖에 사오.
3. 他在床촹㉖上躺탕㉗着저(줘), 我在炕캰㉘上看書수。그는 寢臺 우에 눕

①伙3計4 ②窗3户4 ③破4 ④玻1璃2 ⑤按4 ⑥搆4 ⑦梯1 ⑧掉4 ⑨磕1 ⑩腦4袋4 ⑪苹4果3
⑫早3 ⑬梨2 ⑭孟4 ⑮林2 ⑯田2 ⑰祖3宗1 ⑱遺2 ⑲哎1喲1 ⑳秋1 ㉑院4 ㉒葉4
㉓落4 ㉔哪3 ㉕城2 ㉖床2 ㉗躺3 ㉘炕4

고 나는 溫突 우에서 册을 보오.

4. 蔣㉠太태太在樓루上鋪푸床촹, 馮펑㉡老娘냥在樓底디下掃쏘地。蔣夫人은 樓上에서 자리를 펴고 馮夫人은 樓下에서 땅을 쓰오.

5. 姐졔姐在屋우㉢裏紡팡㉣綾쩬, 妹메妹在院왠子裏種쭝㉤花兒。누님은 집안에서 물레질을 하고 누나는 뜰 안에서 꽃을 심으오.

6. 閻얜財채主주㉥的帽마子放왕在地下。閻富者의 帽子가 땅에 놓였오.

7. 汪왕㉦老板반㉧的鋪푸子在前쳰門먼外왜。汪老板(老板은 掌櫃와 同一한데 南方에서 흔히 씀)의 商店은 正陽門 밖에 있오.

8. 那些쎼零팅碎쉬東둥西시, 你可커以이攔꺼在鍋궈臺태㉨上。저 허슴 쓰러기 家具들을 네가 부뚜막 우에 두어라.

9. 有一個瞎쌰㉩子, 在門口커要얘飯얜。소경 하나가 門 앞에서 밥을 달라고 하오.

10. 有人신在外頭敲쨔㉪門。누가 밖에 왔어 門을 두들이오.

11. 我在車처站쟌等덩了랴一會휘兒了。나는 停車場에서 한참 기다렸오.

12. 你的母무親친在那裏做쩌甚션麼마? 네 어머니가 거기서 무엇을 하느냐?

13. 叫쨔他在街졔上等덩一等, 我要야就쮸去見졘他。그로 하여금 街上에서 좀 기다리게 하오. 내가 곳 갓어 그를 보러 가오.

14. 他在學쉐校쌰裏當땅個英잉㉫文원教쨔師쓰(教員왠㉬)。그는 學校에서 英文教師 노릇을 하오.

15. 我昨쩌天在商샹務우㉭印인㉮書수舘관買了먀好하些書쎄。나는 어제 商務印書舘에서 册을 여러 가지 샀오.

16. 我告쨔你, 不要把빠火훠弄능滅몌㉯了。내가 네게 말하노니 불을 죽이지 말어라.

17. 那個人冷렁不防팡㉰的, 把我打따了랴一巴빠㉱掌쟝。저 사람이 별안간에 내 뺨을 한 번 때렸오.

18. 你纔채放왕槍챵㉲, 把兎투㉳子嚇쌰㉴跑파了。당신이 方今 銃을 놓아서 토끼를 놀래 달아나게 하였오.

19. 把那塊쾌羊양㉵腿튀吊댜㉶起치來。저 羊의 다리(고기)를 달아 매시오.

20. 他是個仗장㉷義이疏수㉸財채

①蔣3 ②馮2 ③屋1 ④紡4 ⑤種3 ⑥閻2財主3 ⑦汪1 ⑧板3 ⑨鍋臺2 ⑩瞎1 ⑪敲1 ⑫英1 ⑬員2 ⑭商1務4 ⑮印4 ⑯弄4滅4 ⑰防2 ⑱巴1 ⑲槍4 ⑳兎4 ㉑嚇4 ㉒羊2 ㉓吊4 ㉔仗4 ㉕疏1

的人，把家業에①踢틔②蹬덩了。그는 義를 지키고 돈을 모르는 사람으로서 家産을 蕩敗하였오.

21. 那個東洋양車처碰펑③我一下，把我跌데④倒됴了。저 人力車가 나를 한 번 부두첫어 나들 넘어트렸오.

22. 一拳줸⑤一脚쟈⑥將쟝人打死쓰。한 주먹 한 발길로 사람을 따려 죽인다.

23. 不要將쟝⑦心신腹푸⑧話告쨔訴수(숭)⑨人。心腹의 말을 남의게 말하지 마시오.

24. 叫쟈他快쾌走쩌우，將這個事쓰告訴他的丈쟝人신。그로 하여금 빨리 갓어 이 일을 그의 丈人의게 말하게 하시오.

25. 你們該깨將孫쑨⑩先生성的意이思쓰牢랴⑪記지在心裏。당신들은 맛당히 孫先生의 意思를 銘心하여 두는 것이 옳소.

26. 我要將那件쟨事쓰和他商샹議이⑫。나는 그 일을 갓이고 그와 함께 商議하려 하오.

27. 你別베嚷샹⑬，將他的説쒀話留류

神젼⑭聽팅罷바。너는 떠들지 말고 저이의 말하는 것을 注意하여 들어라.

28. 他拿나我的書수送쑹人，豈치⑮有此쓰理리呢늬! 그가 나의 册을 갓다 남을 주엇으니 이럴 경우가 어데 있오.

29. 拿棍꾼子쓰打人，還説不疼텅⑯嗎마? 몽치를 갖이고 사람을 따리고도 앞으지 않으리라고 말하는가?

30. 你拿他的話不當당話。당신은 그의 말을 갓이고 말로 여기지 아니하오.

註：이 "在" "把" "將" "拿" 等 字가 이 課에서는 前置詞로 使用되는 바 朝鮮語에 토 "씨"와 같음. "在" 場所를 表示할 때에 使用하는 字인데 朝鮮말 토의 "에" "에서"와 같음. "把" "將" "拿" 等은 目的語의 字句가 動詞上에 쓰이게 될 때 그 字句가 目的語 됨을 表示하기 爲하야 그 字句上에 加하는 것인데 朝鮮말 토의 "를" "을" 과 같음.

---

①業₄ ②踢₁ ③碰₄ ④跌₁ ⑤拳₂ ⑥脚₃ ⑦將₁ ⑧腹₃ ⑨訴₄ ⑩孫₁ ⑪牢₂ ⑫議₄ ⑬嚷₁ ⑭神₂ ⑮豈₃ ⑯疼₂

第十四課 疑問詞(一)

還해……嗎마
呢늬

제십사과 의문사(一)

1. 你還해不認신得더他的兄쏭弟듸①嗎마? 당신이 아직도 그의 아우를 알지 못하오?
2. 厨추房꽝裏還有火훠嗎? 부엌 안에 아직도 불이 있오?
3. 你弄능的(做쭤的)大米미飯빤, 還没메熟쓔嗎? 네가 짓는 白飯이 아직도 되지 아니하엿느냐?
4. 你看칸我怕파你嗎? 당신 보기에는 내가 당신을 무서워하는 줄 아오?
5. 撒싸謊황還不算쒼罪쮀②嗎? 거즛말 하는 것은 오히려 罪라고 치지 아니하오.
6. 前쳰天텐已經징給你算쒼賬쟝, 你還來要嗎? 그저께 발서 네게 會計를 하여 주엇는데 네가 또 왓어 달나느냐?
7. 你還敢칸③説쒀不該깨他那個錢嗎? 당신이 그래도 敢히 그에게 그 돈을 갚지 않겟다고 말하오?
8. 那個事쓰情칭早짜已이賠페④了랴不是쓰, 他還要告꼬嗎? 그 일은 발서 謝過하엿는데 그래도 그가 訴訟하려고 합니까?
9. 他念녠了랴好幾지年녠的書쓔, 還不會휘做쭤那個文원章쟝嗎? 그가 여러 해 동안 글을 읽고도 아직도 그 글 지울 줄을 알지 못합니까?
10. 你没親친眼앤看칸見쟌, 還敢간那樣양説嗎? 당신이 친히 눈으로 보지 못하고서 敢히 그렇게 말합니까?
11. 他們家쟈裏養양⑤了랴好些個牲성⑥口쿠呢늬, 還來這裏説個窮쳥嗎? 저이들 집에서 家畜을 많이 기른다오. 그래도 여기 와서 窮하다고 말함니까?
12. 人家説我賺쫜⑦錢, 可커是還差차⑧遠쟨着쥐呢! 남들은 말하되 내가 돈을 벌엇다 하나 아직도 差가 먼데요.
13. 請칭太태太放꽝心신罷바, 孩해子們都在這裏玩완⑨耍솨呢! 請컨대 마님은 마음을 놓으시오. 아이들이 모도 여기서 작난하고 논담

①兄₁弟₄ ②罪₄ ③敢₃ ④賠₂ ⑤養₃ ⑥牲₁ ⑦賺₄ ⑧差₁ ⑨玩₄

니다.
14. 他叫쟈甚전麽名밍字, 老랗想쌍也예想不起치來呢! 저 사람은 이름을 무엇이라고 부르든지 늘 생각하여도 생각이 나지 않는데요.
15. 他說家裏忙망①的開깨不了랗眼얜, 留류他也留不住주呢! 그는 말하되 집안일이 밥어서 눈을 뜰 수가 없다 하니 그를 挽留한대도 挽留할 수 없는데요.
16. 聽팅大대夫平說, 大따奶내奶②的這次츠③病뼝, 還是定딍④不住주喜시呢! 醫師의 말을 들으면 큰어머니의 이번 病이 오히려 胎氣가 아닌지도 모르겠다고 하는데요.
17. 有喜시⑤事스呢, 大家都慶칭賀허⑥。婚事가 잇으면은요 여러분이 다 慶賀할 것이고.
18. 有喪쌍⑦事呢, 大家都幫빵助주⑧。喪事가 잇으면은요 여러분이 모도 도와줄 것이다.
19. 可커不是呢, 當땅父平母무的爲着줘兒얼孫쑨說的話都是正정經的。웨 안 그렇겟오. 父母된 이가 子孫을 爲하야 하는 말이 모도 正當한 것이오.

20. 可是呢, 大嫂쌓⑨子常챵常爲웨我挂꽈⑩念녠, 我就쭈是趕깐不上他所쒀費페的心신。그렇고 말구요 큰 兄嫂께서는 늘 나를 爲하야 掛念하는데 나는 곳 그 어른의 마음 쓰는데 十分의 一도 따르지 못합니다.
21. 正정是呢, 看칸起치長쟝輩배子爲웨手쏘下人所쒀費페的心來, 勿우論룬⑪甚전麽時스候후(何허時、多뒤咱짠)手下人及지⑫不了랗的。옳고 말구요, 웃사람이 손아레 사람을 爲하여 쓰는 마음을 본다면 어느 때를 勿論하고 손아래 사람이 및지 못하는 것이오.
22. 你爲웨甚麽這樣憂우愁쳐⑬呢? 事情칭已經壞해了라, 憂愁也예趕깐不及지。당신이 무슨 까닭에 이렇게 근심 걱정을 하는가요? 일이 이미 글러젓으니 근심 걱정 히여도 및을 수 없오.
23. 他已經成청了랗大烟얜鬼귀⑭了라, 要他回휘過궈頭來, 比삐登덩⑮天還難난呢! 그는 발서 鴉片鬼神이 되엿으니 그를 回心케 하려면 하늘에 올라가기 보다도 어렵지오.

①忙² ②奶³ ③次⁴ ④定⁴ ⑤喜³ ⑥慶¹賀⁴ ⑦喪¹ ⑧幫¹助⁴ ⑨嫂³ ⑩挂⁴ ⑪勿⁴論² ⑫及²
⑬憂¹愁² ⑭鬼³ ⑮登⁴

24. 誰눠說눠做뭐生성意이比種쭝莊쫭
稼쟈容융易이呢? 依이我看칸做生
意還是難난的多뒤呢。 누가 말하
기를 장사하는 것이 農事짓는 것
보다 쉽다고 하든가요? 내 보기
에는 장사가 農事보다 참으로 흠
석 어려운데요.

25. 媽마媽, 新신來的姑꾸娘냥坐줘
不下呢, 你進진來叫쟈他坐줘坐罷
바! 어머니! 새로온 處女가 앉이
않는데요, 당신이 들어와서 그를
앉이시오.

26. 取취①燈덩兒呢, 在書桌줘子底
듸下小櫃귀裏頭呢! 성양 말이
오, 冊床 밑 작은 櫃속에 잇는
지요.

27. 飯앤已經징弄능好了라, 太태
太叫先生快쾌起치來洗시洗臉롄②
呢! 진지가 벌서 다 되엇습니
다. 아가씨가 先生을 얼른 일
어나서 세수하시라고 하시는데
요.

28. 你來的正정好呢, 我們正要上
館관子裏去呢! 당신이 마참 잘
왓는데요, 우리가 바로 料理店으
로 가랴고 하는 터이오.

29. 你要離리婚훈③她타, 再娶취④
一個也에是那麼個貌마⑤樣양,
那麼個性성⑥情칭, 只즈⑦怕파打
着저(줘)燈籠룽也沒處去找쟈
呢! 당신이 그 女子와 離婚
하고 다시 장가들려고 하지
만 그만한 모양과 그만한 性
情을 燈불을 켜 갖이고 다니
면서 찾아도 얻지 못할 터인
데요.

註: "還...嗎"는 應當 그렇지 않을
바에 그렇한 바를 보고서 反話的
으로 뭇는데 使用하고.呢는 그대
로 是認하면서도. 疑訝를 表示하
는 데 使用하나니라.

第十五課 副詞字的應用(三)

也예、必삐、就쥬
제십오과 부사자의 응용(三)

1. 你要야回휘去, 我也예回家쟈。당
신이 돌아가려면 나도 집으로 도
라가겠오.

2. 這位웨老랖太太眼앤睛징也花화了라
耳얼朵둬⑧也聾롱⑨了라。이 老婦人
께서는 눈도 어둡고 귀도 먹었오.

---
①取3 ②洗3臉3 ③離2婚4 ④娶3 ⑤貌4 ⑥性4 ⑦只3 ⑧耳3朵3 ⑨聾2

3. 要跟끈他說話, 也不過귀幾지句쥐①。 그로 더부러 말하려 하지만 또한 몇 마디에 지나지 못하오.

4. 這個孩해子真젼没有出추息시②, 老跟他。哄훙③也不聽팅, 説也不聽。 이 아이는 참으로 지각이 못 낫다. 늘 그로 더부러 달래도 듣지 않고 말하여도 듣지 아니하오.

5. 各께人有各人的意이思쓰, 勸췐他也是不聽。 저마다 제 意思가 잇으니 그를 勸하여도 듣지 아니하오.

6. 告訴他哥거哥, 和허告訴他兄쓩弟듸也是一樣양的。 그의 兄에게 말하나 그의 아우에게 말하나 亦是 한가지오.

7. 我劃훠④出(拼핀(뼁)⑤上, 出上)一夜不睡쉬, 趕간⑥天亮량也必삐送쏭他。 나는 하루 밤 잠 못 자는 것을 犧牲하여 날을 밝히드라도 반드시 그를 餞送하려 하오.

8. 我看칸這個法애子必不行싱。 내 보기에는 이 方法이 반드시 안 되오.

9. 你不聽팅我的話, 必有後후悔휘⑦的日시子。 네가 내 말을 듣지 아니하면 반드시 後悔할 날이 잇으리라.

10. 我看這個買賣不要吃츠虧퀴⑧。 자, 보시오. 이 商業은 반드시 밋질 것이오.

11. 我有頭疼텅的病삥, 必要見他。 나는 머리 앞은 病이 잇어 반드시 그를 보려 하오.

12. 要作쪄好事, 必要先쎈存춘⑨好心신。 좋은 일을 하려면 반드시 먼저 좋은 마음을 두어야 한다.

13. 已經颱꽈了랴兩량⑩天的東둥北베風펑, 我看必要下雨위。 발서 이틀이나 東北風이 불엇으니 내 보기에는 반드시 비가 올 것이오.

14. 我看他們的銀인行항⑪, 必要關판門먼。 내 보기에는 그들의 銀行이 반드시 破産할 것이오.

15. 請칭你等덩一等, 我就쥬發빠去。 請컨러 당신은 좀 기다리오. 내가 곳 發送하리다.

16. 天快쾌黑허了랴, 瓦와⑫匠쟝就要散싼⑬工궁。 날이 어둡게 되어 瓦匠이 곳 散工하려 하오.

17. 讓샹⑭他先走쩌, 我隨쉬後후就到땊。 그로 하여금 먼저 가게 하오. 내가 되 따라 곳 가리다.

18. 用융電뗀⑮綫쏀打信신, 立리刻커⑯就到。 電報로 기별하면 卽刻에 곳 가오.

19. 不用在這裏耽딴誤우工꿍夫푸, 起치來就走。 여기서 時間을 虛費하지 말고 일어서 곳 갑시다.

①句4 ②息1 ③哄1 ④劃1 ⑤拼2 ⑥趕3 ⑦悔3 ⑧虧1 ⑨存7 ⑩兩3 ⑪銀2行2 ⑫瓦1
⑬散3 ⑭讓4 ⑮電4 ⑯立4刻1

20. 他就不去, 也是不要緊진。 그는 곳 가지 아니하여도 관계치 않소.
21. 雖쉬没見젠過귀那種쫑腥싱臭쳑①的東西시, 聽說也就惡어②起치心신來。 비록 그런 비린내 나는 物件을 보지는 못하엿지만 말만 곳 들어도 嘔逆질이 나오.
22. 浄징顧구③自쯔己지的事情졍, 常쟝常撓뇨擾쇼④閣꺼⑤下, 就是冒모失스⑥。 다만 제 일만 생각하고 항상 閣下게 시끄럽게 하는 것이 곳 失禮올시다.
23. 他一看打起來, 就拿起腿퉤跑파了。 그는 싸움이 일어나는 것을 한번 보드니 고만두 다리를 들고 달아낫오.
24. 就是蠢춘⑦笨뻔的人藐먀視스⑧人家。 바루 어리석도 미욱한 사람이 남을 업수이 여기오.
25. 你何허必삐瞪뎡⑨眼앤張쟝聲셩, 我還환你的錢就是了。 당신이 눈을 부릅뜨고 소리를 지를 것이야 무엇이오. 내가 당신의 돈을 갚으면 고만이지오.
26. 我怕파你趕간不上送쑹他去, 就去就回휘來。 내 생각에는 당신이 그를 餞送하기에 不及할 듯하니 곳 갓다가 곳 돌아오시오.
27. 在那頭等車쳐裏頭, 看칸報的就是他。 저 一等客車 안에서 新聞 보는 이가 곳 그분이오.
28. 他看的那本번書不是英잉文원就是法빠文。 저이가 보는 그 冊은 英文이 아니면 佛文이오.
29. 我們老百빠性싱, 喫츠不愁쳐⑩、穿촨不愁就得더了라, 又여求쳐⑪甚麽呢? 우리네 百姓들이야 먹을 것 걱정 않고 입을 것 걱정 않으면 고만이지, 그 밖에 무엇을 또 求하겠오?
註: "也""必""就"는 모도 副詞로씨 쓰나니 其用法에 特히 留意할지니라.

第十六課 人稱代名詞(二)

自쯔己지
人신
제십륙과 인칭대명사(二)

1. 先正졍自己⑫後후正人。 먼저 自己를 바르게 한 뒤에 남을 바르

---

①腥1臭4 ②惡4 ③顧4 ④撓擾3 ⑤閣2 ⑥冒4失1 ⑦蠢3 ⑧藐3視4 ⑨瞪4 ⑩愁2 ⑪求2 ⑫己3

게 잡아라.
2. 他自己打自己的嘴^에巴^빠子。그는 自己로 自己의 뺨을 때린다.
3. 自己不知^즈道^따自己的毛^마病^삥。自己가 自己의 病통을 알지 못한다.
4. 請你拉^라倒^따罷^바,我知道^따我自己。請컨대 당신은 고만 두시오. 나는 나의 自我를 압니다.
5. 若^워是你没^메推倒他,怎^쩐能^넝他自己倒了^라呢? 만일 네가 그를 떠나 넘기지 아니하엿스면 그가 어찌하여 自己로 넘어지겟느냐?
6. 你不用^융來,在那裏歇^{쎄①}着罷。這個事情,我自己也可以做^쩌。당신은 올 것 없이 거기서 쉬시오. 이 일은 내 自己로도 할 수 잇오.
7. 明^밍明是他自己找着吃^즈虧^퀴的,還來埋^매怨^{웬②}你嗎^마? 分明히 그 自身이 損害를 보게 한 것인데 그래도 외오 당신을 怨망하는가요?
8. 天下最^{쩌③}可憐^{렌④}的就是自己欺^{치⑤}哄^훙自己的。天下에 가장 불상한 것은 自己가 自己를 속이는 것이다.
9. 自己不知^즈真^전確^{췌⑥},不好約^웨摸^{머⑦}着説。自己가 眞確한 것을 알지 못하고 어림치고 말하는 것은 좋지 못하다.
10. 不用^융你自己表^뱌明,大家^쟈早^쨘已曉^쌴得^더了。당신은 自己로 表明할 것이 없오. 여러분이 발서 다 알엿오.
11. 他自己覺^쟈着不好意^이思^쓰同^퉁他看^칸戲^{시⑧}(聽^팅戲)去。저 사람과 할게 演劇 보러 가는 것이 좋지 못한 것인 줄을 그는 自己로 알엿오.
12. 他没做^쩌正^정經^징事,净^징會^휘騙^{펜⑨}人。그는 正當한 일을 하지 아니하고 다만 남 속일 줄만 아오.
13. 你別^볘拿我的話支^즈吾^{우⑩}人。당신은 나의 말을 갖이고 남에게 핑게하지 마시오.
14. 他這樣氣^치人,我不能^넝饒^{쌰⑪}他。그가 이렇게 남을 골나게 하니 나는 그를 容恕할 수 없오.
15. 在家不敬^{징⑫}人,出^추門^먼没人敬。집에서 남을 공경하지 아니하면 밖에서 나를 공경할 사람이 없다.
16. 他净^징拿没有影^{잉⑬}兒的事來哄

①歇₁ ②埋₂怨₄ ③最₄ ④憐₂ ⑤欺₁ ⑥確₄ ⑦約₁摸₁ ⑧戲₄ ⑨騙₄ ⑩吾₂ ⑪饒₂ ⑫敬₄
⑬影₃

홍人。 그 사람은 아주 그림자도 없는 일을 갖이고서 사람을 속이오.

17. 你這樣欺치負뿌①人，有甚젼麽用융處추? 당신이 이렇게 남을 속이는 것이 무슨 用處가 있소?

18. 他自己也没有好的事情，光꽝②在那裏累래③人。그는 自己에게도 좋은 일이 없으면서 다만 거기서 남에게 성가스럽게만 하오.

19. 這個小孩해兒常챵常纏머④磨人，實在討따人嫌쎈。이 어린애는 줄곧 사람에게만 매달려서 참으로 남에게 싫음을 받는다.

20. 賈쟈(구)⑤波버⑥林린真젼會휘耍쌰笑쌰⑦人。쨔푸린은 참으로 사람 웃길 줄 아오.

21. 他那樣體톄諒량⑧人，人家還不樂러⑨(웨야)意이照쟈應잉他嗎? 그가 그렇게 남을 잘 생각하여주니 남들이 또한 그를 도와주기를 즐겨하지 아니하겠오?

22. 哄훙人和허恨흔⑩人，是一種쭝害해人傷쌍⑪己지的根끈⑫本번。남을 속이는 것과 남을 원수로 여기는 것이 곳 一種의 傷人損己하는 根本이오.

23. 他在床촹上净징哼헝哼⑬的躺탕着，没説出那裏疼텅，真젼正영懆쟈急지⑭人。그는 다만 寢臺우에서 흥흥거리고 누워서 어대가 앞으다는 말을 하지 아니하니. 참으로 사람을 燥急케 하오.

24. 像썅那狐후狸리精징⑮似쓰的巫우⑯婆퍼，光꽝會휘惑⑰弄눙人。저 여우같은 무당년이 오직 사람만 惑하게 할 줄 아오.

25. 熊쓩⑱先生最쮜喜시歡환⑲賙쩌⑳濟지人，人家都稱쳥他濟지公궁活훠佛예㉒。熊先生은 가장 남을 救濟하기를 좋아하므로 사람들이 모도 그를 濟公活佛이라하오.

註 : "自己"는 또한 代名詞로 意味를 强力있게 表示할 제使用하나니라. "人"字는 他動詞의 目的語로 씨울 때의 不定代名詞 作用함을 示한 것임.

---

①負4 ②光1 ③累2 ④纏2 ⑤賈3 ⑥波1 ⑦笑1 ⑧體諒4 ⑨樂1 ⑩恨4 ⑪傷1 ⑫根1 ⑬哼1 ⑭急2 ⑮狐2狸2精1 ⑯巫4 ⑰惑4 ⑱熊2 ⑲歡1 ⑳賙1 ㉑濟3 ㉒佛2

第十七課　接續詞(一)

和허、與워、連롄、同통、并삥
제십칠과 접속사(一)

1. 雖쉬説不合허式스①，也不可커和他打架쟈。비록 不合當하드라도 그로 더부러 싸움하지 마오.
2. 我已이經징和他説눠割꺼辯〔瓣〕삔③子，也是不聽。내가 발서 그에게 머리채를 베라고 하엿지만 亦是 듣지 아니하오.
3. 我和他作눠了랴一年녠多둬的街졔坊빵，還没來往왕。내가 그로 더부러 一年이나 넘어 이웃을 하엿지만 아직도 來往이 없오.
4. 善솬④人和惡어(우)人，天生是仇쳐敵디⑤。善人과 惡人은 天生의 원수오.
5. 你和他不是一路루人，不可交쟈⑥往왕。당신은 그와 길의 사람이 아니니 相從하지 마시오.
6. 先生和후學生，互후⑦相썅親친愛애纔채好。先生과 學生이 서로서로 親愛하여야만 좋다.
7. 和這種쭝人説到댜天亮량，也是無우益이⑧。이 種類의 사람과 날이 밝도록 말하여도 또한 無益하오.
8. 他的店뎬⑧鋪푸和貨훠物우⑩，也에不過꿔能넝值즈三千쳰塊콰錢。그의 塵房과 물건이 끽하여야 三千元의 價値에 不過하오.
9. 你和他不必삐相썅罵마⑪相争정⑫，依이我看還是早짜一刻커説和好。당신은 그로 더부러 반드시 서로 辱하며 다투지 마오. 내 보기에는 도리어 一刻이라도 일직이 和解함이 좋소.
10. 你別삐信신他的話，他的嘴눠和心신裏全쳰⑬然쌘不同통。당신은 그의 말을 믿지 마오. 그의 입과 마음은 아주 다르오.
11. 上回훼我和你説的，他們怎쩐麽先知즈道댜了라呢늬? 먼저번에 내가 당신으로 더부러 말한 것을 그들이 어떻게 먼저 알앗을가요?
12. 與워⑭你們没關꽌係시的，再쩨不用융管꽌了。당신들과 關係없는 것에 다시는 相關하지 마오.
13. 從쭝來素수⑮不相썅識스的人，爲웨何허與你結졔仇쳐了라呢? 以前

---

①式₄　②割₂　③瓣₄　④善₄　⑤仇₂敵₂　⑥交₂　⑦互₄　⑧無₂益₂　⑨店₄　⑩物₄　⑪罵₄　⑫争₂　⑬全₂
⑭與₂　⑮素₄

붙어서도 알지 못하는 사람이 무슨 까닭에 당신과 冤讐를 맺겟는가요?

14. 你別ᄪ生氣치, 不過ᄲ我與你玩ᄮ笑的話。 당신은 성내지 마오. 내가 당신의게 弄談한데 不過하오.

15. 你與那等ᄃᆼ匪ᅢᅦ①類레相交ᄍᅶ, 打ᄯᅡ算ᄮᅪᆫ將장來怎ᅎᅥᆫ樣ᅇᅣᆼ過活ᅯ呢? 당신이 그런 匪類로 더브러 서로 사귀면 將來에 어떻게 살아갈야고 생각하오.

16. 他與普ᅲ通ᄐᆼ②人不同ᄐᆼ, 平핑素ᅀᅮ不肯ᄏᆫ③說明밍自己的意ᅴ見。 그는 普通사람과 같지 아니하여 平素에는 自己의 意見을 說明하기를 즐기지 아니하오.

17. 他雖ᅀᅱ然ᅀᅡᆫ喝허的多둬, 因ᅵᆫ爲ᅰ連레喝帶대吃츠的緣ᅯᆫ故구④, 身ᅎᅥᆫ體틔倒ᄃᅶ没軟ᅀᅯᆫ弱ᅀᅯ⑤。 그는 비록 술을 많이 마시지만 술과 밥을 함께 먹는 까닭에 몸은 도리어 軟弱하지 않소.

18. 他的買賣倒(黃ᅘᅪᆼ)⑥了, 所ᅀᅮ以ᅵ連레我也吃츠的虧퀴不少ᄉᅶ。 그의 장사는 거판이 났오. 그 까닭에 나까지도 損害 본 것이 적지 아니하오.

19. 疼ᄐᆼ倒惱〔腦〕ᄂᅶ袋대疼, 就是連手ᅀᅮ脚ᄌᅶ也不用ᅲᆼ了。 앞으기는 곳 골머리가 앞은데 곳 手足까지도 잘 쓸 수가 없오.

20. 俗ᅀᅮ語ᅯ⑦説: "天也不怕파, 地也不怕, 連媳ᅀᅵ婦ᅮ也不怕。" 俗談에 말하되 하눌도 무섭지 않고 땅도 무섭지 않고 마누라까지도 무섭지 않다고 한다.

21. 在ᅎᅢ道ᄃᅶ兒上被ᅵᅦ⑧汽치車ᅔᅥ躱뒤避ᅵᅦ⑨不迭데⑩, 連我帶대牲ᅎᅥᆼ⑪口ᄏᆕ都跌데倒〔到〕溝ᄁᆕ⑫裏去了。 길에서 自動車를 맞어避하지 못하여 나와 牛馬까지 함께 개올에 빠젓다.

22. 我同他不但단同歲ᅀᅱ⑬(同甲자⑭)、同鄉ᅘᅣᆼ、同學, 也是同志ᅎᅳ⑮。 나는 그 이와 다만 同甲, 同鄉, 同學뿐만 아니라 亦是 同志오.

23. 你若ᅀᅯ有事同我商샹量량, 不然ᅀᅡᆫ恐ᄏᆕᆼ⑯怕你以ᅵ後ᅘᆕ弄ᄂᆕᆼ出差차錯춰來。 당신이 만일 일이 잇거든 나와 함께 商議하시오. 그렇게 않으면 以後에 당신이 잘못하여 틀림이 생길가 걱정이 되오.

24. 你也往ᅇᅪᆼ那裏去ᅕᅴ, 那麽同我走

---

①匪₃ ②普通₁ ③肯₃ ④緣₂故₄ ⑤軟₃弱₄ ⑥黃₂ ⑦俗₂語₃ ⑧被₄ ⑨避₄ ⑩迭₂ ⑪牲₁ ⑫溝₁
⑬歲₄ ⑭甲₃ ⑮志₄ ⑯恐₃

好不好? 당신도 그리로 간다니 그러면 나와 함께 가면 어떠하오?

25. 他的家裏失了辣大火휘, 把빠房양子財째産짠①大小牲성口커, 都燒쏘②得더馨칭③净징了. 저 사람의 집에는 큰 불이 낫어 家屋과 財産과 아울러 大小家畜까지 모도 타워 버렸오.

26. 敬징請칭先生大따人, 并삥合허家福푸④安안(淸칭吉지⑤、金진安). 先生大人과 아울러 宅内가 淸福하시가를 敬請합니다.

27. 原웬來래賭뚜博버場장⑥并娼창妓지⑦園웬, 是無우賴⑧래漢한⑨(光꽝棍꾼子)所숴出추入수的地方양(地處추). 原來 賭博場과 아울러 娼妓집은 곳 無賴輩가 出入하는 곧이오.

28. 今진天, 你把客커堂탕裏的圓웬⑩桌줘, 書桌幷大小傢쟈具쮜⑪, 都搬빤出去打掃쏘. 너는 오늘 客室 안의 둥근 桌子와 冊床과 兼하여 大小家具까지 모도 옴겨 내여다가 掃除하여라!

註: "和" "與" "連" "同" "并" 等字가 接續詞로 씨울 때의 用例를 示한 것이니, 留意할지니라.

第十八課 前置詞 [첸즈츠] (二)

給께、替티、敎쟈、使쓰
令링、被베、叫쟈
제십팔과 전치사

1. 暫쟌且체没有錢, 你賒서①給께我行성不行? 아직은 돈이 없으니 당신이 내게 외상으로 주는 것이 어떠하오?

2. 請你給我打個九쥬個字쯔一行항的仿앙②格거⑭子. 請컨대 당신은 내게 아홉 字 한 줄의 정간을 거어 주시오.

3. 我有最뛰熱서鬧나오的故구事쓰, 你坐쭤下, 我說給你聽. 내가 아주 야단법석으로 웃을 만한 녯말이 잇으니 네가 엎 [앉] 아라. 내가 네게 들려주마.

4. 你打算쑨倆⑮不着, 我不能넝換환

①産3 ②燒1 ③馨4 ④福2 ⑤吉1 ⑥博˙場3 ⑦娼˙妓4 ⑧賴4 ⑨漢1 ⑩圓2 ⑪具4 ⑫賒1 ⑬仿3 ⑭格2 ⑮倆3

給你。당신의 생각에는 막 바꾸려 하니 나는 당신에게 바꿔 줄 수 없오.
5. 我在大家面뗀前, 把他的醜쭈事(醜行싱)——說破퍼, 給他害해臊쏘①了。 내가 여러분 앞에서 그의 醜行을 갖이고 낱낱이 說破하여 그에게 부끄럽게 하였오.
6. 傳촨②道됴的說: "耶예穌수③替띠④萬완人贖쑤⑤罪쭤。" 傳道師의 말에는 예수가 萬人을 代身하여 贖罪하엿다 하오.
7. 你替我衲나⑥鞋쎄底듸, 我替你繰쟈⑦褂과⑧子。 너는 내게 신바닥을 꿰어매어 주면, 나는 네게 웃옷을 꿰매어 주마.
8. 你自各거兒辨〔辦〕빤不到, 我替你幫빵個忙망。 당신이 自己로 할 수 없으면 내가 당신을 도오리다.
9. 你這樣不會휘安안分펀守우⑨己지的人, 實在敎쟈我丢뜌臉렌。 너 이렇게 安分守己할 줄을 알지 못하는 사람아! 참으로 나로 하여금 낯을 깎이게 한다.
10. 那種쭝事敎我看, 不如수由유⑩他好。 그런 일은 나로서 보기에는 그 사람에게 맡게 두니 만치 좋지 못하오.

11. 不但단他自己過不了랴活훠, 敎我們也受쑤⑪苦쿠了。 그는 自己가 살지 못할 뿐 아니라 우리로 하여금 또한 고생을 받게 하오.
12. 依이着他的方양法파做줘, 敎쟈你沒有甚麼難난辦빤的。 그 사람의 方法대로 하여 가면 너로 하여금 무슨 하기 어려울 것이 없을 터이다.
13. 那麽些쎄人去, 恐쿵怕파敎他一時스不能安안排패⑫。 그렇게 많은 사람이 가면 아마도 그로 하여금 한거번에 收容하기 불능할 듯하오.
14. 蕭쏴⑬蕭的秋츄風엉, 把樹葉예子都掉뜨下去, 實스在使스人傷샹心신哪나! 쓸쓸한 가을 바람이 나무닢을 모도 흔들어 떨어트리니 참말 사람으로 하여금 傷心케 하는구나.
15. 我常챵使你受쑤了랴幾지多的苦쿠, 實在對뒤不起치得더很훈。 내가 늘 당신으로 하여금 많은 苦痛을 받게 하여서 참으로 몹시 未安하오.
16. 張쟝麻마子那個混훈髒쟝⑭東西시, 無우故구的對뒤人說我的長쟝短돤⑮, 眞쩐令링我可恨흔。 張곰보 그 더러운 것이 까닭 없이 사

①臊1 ②傳2 ③耶2穌1 ④替4 ⑤贖1 ⑥衲1 ⑦繰1 ⑧褂4 ⑨守3 ⑩由2 ⑪受4 ⑫排2 ⑬蕭1 ⑭髒1 ⑮短3

람을 對하여 나의 是非을 말하니 참말 나로 하여금 忿恨을 품게 하오.

17. 她타没有甚麽美메麗리, 就是那臉롄上常챵帶대着一團퇀和氣치, 真令人歡환喜시。 그 女子는 別로 히어여뿔 것은 없으나 곳 얼굴에 恒常一團의 和氣를 띠여서 참말 사람으로 하여금 반갑게 한다.

18. 他在門먼口쿠被베門軍퀀擋땅①住주了。 그는 門 앞에서 門직이에게 拒絶을 當하였오.

19. 不用융跟끈他玩완, 怕你被他慣콴②壞해了。 그와 함께 놀지 말아라. 네가 그를 닮어 못쓰게 될가 무섭다.

20. 他在南난長챵街졔上, 被베狗쿠咬쟈了랴腿퉤了랴。 그는 南長街에서 개에게 다리를 물였오.

21. 他不會휘眼얜色재, 常説得더被人嗤츠③笑쌰。 그는 눈치를 알지 못하고 恒常 말하는 것이 남의 웃김만 받읍니다.

22. 那個出醋추瓶핑④, 被他打破퍼了。 그 醋瓶이 그 사람에게서 때려 부서젓다.

23. 人善싼被人欺치, 馬마善被人騎치⑤。 사람이 착하면 남어게 속이우고 말이 순하면 사람을 태운

다.

24. 被長챵蟲충⑥咬쟈了랴的, 見了랴黑헤索숴⑦也害해怕파。 배암에게 물린 사람은 검은 줄만 보아도 놀란다.

25. 他正엉在説長챵説短돤的時쓰候후, 被我一場얭攻궁擊지⑧, 叫쟈他閉삐⑨口쿠無우言얜⑩了。 그가 한참 是非를 論難하고 잇을 적에 나에게 한마당 攻擊을 當하고 그만 閉口無言하였오.

26. 我叫他打了랴一拳췬, 他叫我踢틔了랴一脚쟈。 내가 그에게 한 주먹을 맞고 그는 내게 한 발길 채엿다.

27. 我正在逃퇴⑪跑파的時候, 叫哥거哥拿住주了。 내가 바루 逃亡하여 달아나는 때에 兄님게 그만 붓잡혔오.

28. 你們的貍리⑫猫마, 常常來偸투⑬嘴줴, 實在叫人討퇘厭옌。 당신내 알룩고양이가 줄곳 와서 도적질하여서 참말 얄밉게 귀오.

29. 他真쩐叫人信신不得더, 他説的没有一句쥐實話화。 그는 참말 남이 믿지 못하게 하오. 그가 말하는 것이 한 마디도 참이 없오.

①擋3 ②慣4 ③嗤1 ④錯4 [醋4] 瓶2 ⑤騎1 ⑥蟲2 ⑦索3 ⑧攻1 擊1 ⑨閉4 ⑩言2 ⑪逃2 ⑫貍2 ⑬偸1

註:"給""替"가 이 課가에서는 前置로 使用되엿고 "教" "使" "令" 등 字도 前置詞도 使用하엿으나, 各其字下에 쓰인 名詞(+)動詞를 連絡하여 解釋하여보면 使役動詞의 作用을 한다 할 수 잇나니, 곳 "하게 한다"는 뜻임. "被"字도 쏘한 前置詞라 말 할 수밖에 없으나 쏘한 其下에 쓰인 名詞+動詞를 連絡하여 解釋하여보면 被動의 作用을 하는 것으로 看做됨.

第十九課 副詞字的應用(四)

那麼、怎麼、這麼
제십구과 부사자의 응용 (四)

1. 那麼大따的孩해子, 還不會講장這句쥐文원章쨔嗎마? 저렇게 큰 애가 아직도 이 글 句를 解釋하지 못합니까?

2. 若쉬是他那麼樣양的欺치負우明〔朋〕평友유, 那不算싼個人了. 만일 그가 그렇게 親友들 속인다면 그것은 사람이라 할 수 없오.

3. 你那麼説的, 都是信신不得더. 당신이 그렇게 말하는 것은 모두 믿을 수 없오.

4. 那麼小쎄的孩子쯔, 真會寫쎄字쯔? 저렇게 적은 애가 참으로 글씨를 잘 쓰니?

5. 那麼滑화①的道따不能不打따趔레趄쥐(체)②. 그렇게 미끄러운 길에서는 빗틀거리지 아니할 수 없오.

6. 那個孩子直쯔哭쿠, 這麼哄흥也不好, 那麼哄흥也不好, 到따底듸怎麼辦好呢? 저 애는 줄곳 울기만 하여 이렇게 달래도 안되고 저렇게 달래도 안되니 結局 어떻게 하여야 좋겠오?

7. 我這麼教쨔他, 那麼幫빵助주他, 到底没有出추息시的希시③望왕. 내가 그를 이렇게 가르치고 저렇게 도와주어도 結局은 出世할 希望이 없오.

8. 他這麼糟쨔蹋타④你, 你還能讓샹他嗎? 그가 당신을 이렇게 결단내여 주어도 당신은 그를 그냥 둘 수 잇겠오?

9. 任신⑤誰쉬也想썅不到, 他講장的這麼痛통⑥快쾌. 누구든지 그가 말하는 것이 이렇게 痛快할 줄은 생각지 못하였오.

---

①滑₂ ②趔₄趄₁ ③希₁ ④糟₁蹋₁ ⑤任₂ ⑥痛₄

10. 依이你這麼說, 那隻ㅈ小驢뤼不能借제來. 당신의 이렇게 말하는 대로 하면 그 나귀를 빌어올 수가 없오.
11. 請你出一點덴神션, 再不要這麼呆대着저. 請컨대 당신은 精神을 좀 차려서 다시 이렇게 눈만 멀거니 뜨고 잇지 마오.
12. 我怕他排퍄這麼重쭝①的擔단子, 壓야②壞해了돠他的肩쟨膀방③兒. 나는 저이가 이렇게 무거운 짐을 메니, 저이의 어깨가 놀려서 결단날까 무섭오.
13. 你怎麼不去做쮀禮리拜배? 당신은 어찌하여 禮拜 보러 가지 아니하오?
14. 你爺예爺的身쎤子ㅈ, 怎麼樣呢? 당신 할아바지의 몸이 어떠하시오?
15. 他怎麼送쏭給她一副우④鐲줘⑤子了呢? 그는 어찌하여 그 女子에게 팔둑가락지 한 雙을 보내주엇습니까?
16. 我早쫘已告訴你, 往왕後再不要上他家推튀磨머去, 你怎麼又去了? 내가 발서 네게 말하되 이후에는 그 사람의 집에 맷돌질하러 가지 말라 하엿는데 네가 어찌하여 또 갓드냐!

17. 我們在張家口(口外왜)發빠送的皮피貨훠, 怎麼還해没到呢? 우리가 張家口에서 보낸 皮物이 어찌하여 아직도 오지 아니하엿는가?
18. 他這程청⑥子, 怎麼那樣瘦쒸(쒀)⑦了呢? 저 사람은 이즘에 어떻게 저렇게 파리하엿는가?
19. 他是個眼얜明手쑈快쾌的人, 怎麼這點事上這樣迂워滯ㅈ⑧呢? 저이는 눈 밝고 손 빠른 사람인데 어찌하여 이만 한 일에 저렇게 遲滯하는가요?
20. 她怎麼這麼不快樂러呢, 你可以給她開캐開心兒. 저 女子는 어찌하여 이렇게 喜色이 없는가? 당신이 저이에게 마음을 풀어 주시오.
21. 不知道他在學堂탕裏, 品편⑨行怎麼樣? 그 女子가 學校에서 品行이 어떠한 모양인지 알 수 없오.
22. 你不願왠意이念녠書, 也不願意做買賣, 到底怎麼辨〔辦〕好呀아⑩? 네가 글 읽기도 願치 않고 장사하기도 願치 아니하니 대처 어떻게 하여야 좋겟너냐?
23. 他光꽝説去去, 一到開會的時候훠一回也没來, 到底디怎麼個會〔回〕事ㅈ兒呢? 그가 온다온

---

①重4 ②壓1 ③肩1膀3 ④副4 ⑤鐲2 ⑥程2 ⑦瘦4 ⑧迂1滯4 ⑨品3 ⑩呀1

다 말만 하고 開會만 되면 한 번도 오지 아니하니, 대처 무슨 일 속인가요?

24. 叫你洗시這雙洋양襪와①子, 還沒洗出來, 到底怎麽個緣웬故구呢? 너다려 이 洋襪을 씻으라고 하엿드니 아직도 씻지 아니하엿으니 結局 무슨 緣故냐?

註: 耶 [那] 麽, 這麽, 怎麽는 副詞 或은 疑問詞로 用하는 것인데 麽字는 (러면, 러한, 렇게) 等의 뜻으로 用하나이라.

第二十課 會話 (一)

學習②中國話
제이십과 회화 (一)
中語 배우는 이야기

1. 請問원, 你學中중國話的目무③的在那處추(那나-邊벤兒、那나-兒)? 뭇나옵나니 당신이 中國말을 배호는 目的이 어데 있오?
2. 暫잔④不用용說遠웬大的目的, 就爲웨着저人수⑤學的預워備베⑥。아즉 遠大한 目的은 말할 것 없고 곳 入學의 預備를 爲함이외다.
3. 你的口쿠音인淸칭亮량, 并삥且체⑧說的話也예不錯。 당신의 口音이 똑똑하고 또한 하는 말도 괜치 아니하오.
4. 好說好說, 因인⑨爲四聲성的關콴係시⑩, 說也間젠或훠⑪有人家聽띵不出來的。 천만에 말슴이외다. 四聲의 關係로 因하야 말은 하여도 남들이 알어듯지 못할 데가 間或 있음니다.
5. 四聲是中國人也都不能知道的, 就在發빠音인上用용工好。 四聲은 中國사람도 저마다 알기 不能한 것이니 곳 發音에 힘써 工夫하는 것이 좋소.
6. 然산而얼⑫有人勸콴⑬我說, 比삐發音이先把四쓰聲學好, 這是甚麽意思⑭呢? 그러나 어떠한 분은 내게 勸하기를 發音보다 먼저 四聲을 배호는 것이 좋다 하니 이 것은 어찌된 말일가요?
7. 那也예有理리。 可是叫쨔초初추學쌴的人, 先把四聲學好, 不但단⑮學的困쿤⑯難난, 并삥且체因인着저四聲反왠壞홰了랴說쉐話, 所⑰以이先把發音學쌴好, 說出話來, 自쯔⑱

①襪4 ②習2 ③目4 ④暫4 ⑤入4 ⑥預4備4 ⑦音1 ⑧并4且3 ⑨因1 ⑩係1 ⑪間1或4 ⑫然2而2 ⑬勸1 ⑭思1 ⑮但4 ⑯困4 ⑰所3 ⑱自4

然산而얼然的四聲也分得出來了。 그것도 有理하지만, 처음 배호는 사람으로 하여곰 먼저 四聲을 잘 배호라면 다만 배호기 困難할 쑨 아니라 兼하야 四聲으로 因하야 도로혀 말을 버릴 터이오 그러므로 먼저 發音을 잘 배와서 말을 하게 되면 自然히 四聲도 분간이 되오.

8. 若워要知쯔道따中國話的發音인, 甚麼書수好呢? 中國말의 發音을 알여고 하면 무슨 冊이 좋음잇가?

9. 對뒤於워發音是《京징①音字彙휘②》, 對뒤於워官관話是《官話類레編볜③》好. 發音에 對하야는 京音字彙이고 官話에 對하야는 官話類編이 좋으오.

10. 謝쎼謝, 往왕後후準준行싱先生的指쯔敎쟈④, 要用工. 고맙음나다. 이 뒤로는 先生의 指敎를 準行하여 공부할여 함니다.

11. 你現在拿나怎쩐樣양的方빵法애來用웡工呢? 당신이 至今에 어떠한 方法으로 工夫하시오?

12. 在白天單단聘핑⑤一位웨⑥官話先生, 學兩個鐘쭝頭투. 在晚완⑦上往平핑民민夜예校쌰去, 學三個鐘頭. 낮에는 官話先生 한 분을 따로 招聘하야 두 時間을 배호고 저녁에는 平民夜學校에 가서 세 時間을 배움니다.

13. 那很흔好。但是쓰學官話, 時常챵跟끈中國人談탄談⑧, 就見쟨長쟝⑨進진. 你有中國人認신識쓰⑩的嗎마? 그것은 매우 좋소. 다만 官話를 배호는 데는 때때로 中國 사람과 談話하면 곳 進步되는데 당신이 中國人 아는 이가 있소?

14. 我也想썅倒쌰⑪那麼想, 却쳬⑫没有那樣的朋펑友우. 나도 생각하기는 그렇게 생각하지만 그런 친구가 없오.

15. 我在每메-天下쌰午우⑬三點뎬鐘以이後没有公꿍事쓰, 請你天天到敝삐寓위⑭來, 隨쉬便볜談탄談罷바! 내가 每日 午後 三時 以後에는 公事가 없으니, 請컨대 당신은 날마다 내 집에 와서 마음대로 談話하시오.

16. 那麼着, 於워⑮我倒따很好。但是耽당誤우⑯先生的工궁夫우⑰不少罷? 그렇게 하면 내게는 매우 좋지만 다만 先生의 時間을 虛費식힘이 不少할가 봅니다.

17. 你學中國話, 從충甚麼時쓰候후起치的呢? 당신이 中國말 배

①哀₁ [京]₁ ②彙₄ ③類₄編₁ ④敎₁ ⑤單₁聘₄ ⑥位₄ ⑦晚₃ ⑧談₂ ⑨長₂ [長]₃ ⑩認₄識₄ ⑪倒₄ ⑫却₃ ⑬午₂ ⑭敝₄寓₄ ⑮於₂ ⑯耽₁誤₄ ⑰夫₁

호기를 어느 때부터 始作하였오?
18. 已이經징過궈了一年。但딴是説話，覺쟌着저很흔難난了。벌서 一年이나 지낫지만 會話하는 것은 매우 어렵게 생각되오.
19. 在學校能聽띵得더出先生們的講쟝話來嗎마? 學校에서 先生의 講話를 能히 알아듣는 가요?
20. 那裏都聽得出來呢，不過略뤠①略的聽出三分之즈②一來! 어데요, 모도 알아들을 수 잇음니까. 간신히 三分의 一이나 알아든는 데 不過하오.
21. 那麽看칸書和허看칸報뽀③倒딴都뚜行싱④罷바? 그러면 册보고 新聞 보는 것은 모도 能하겟지오?
22. 講쟝義이⑤和報뽀紙즈倒可以，就쥬在小説書上有許쉬⑥多看칸不下去的。講義와 新聞에는 그래도 괜치않지만 곳 小說에는 잘 알어 볼 수 없는 것이 많이 있소.
23. 你聽過上海해⑦和廣꽝⑧東둥話了麽? 당신이 上海와 廣東말을 들어 보았오?
24. 聽띵過귀倒聽過了，却췌是好像쌍⑨外왜國語워似쓰⑩的，一句쥐也예聽不出來喇라! 들어보기는 들어 보앗지만 맞치 外國말 같어서 한 마듸도 알어들을 수가 없어요!
25. 那倒不要緊진⑪，就會휘説官話화，甚麼地方也都可以使쓰⑫得 더 的。그것은 관게치 않으오 官話만 할 줄 알면 어느 地方에던지 모도 쓸 수 잇오.

第二十一課 疑問詞(二)

誰쉬
那一나이
제이십일과 의문사(二)

1. 外왜頭誰쉬來叫쟈門먼(敲챠門、打門)? 밖에 누가 와서 門을 두드린다?
2. 你來叫쟈誰? 당신이 와서 누구를 찾으시우?
3. 誰在客커堂탕裏拉라胡후琴친⑬? 누가 客室에서 奚琴 타오?
4. 剛깡纔쉬在那屋우裏坐쩌的那個麻마⑭子是誰? 방금 저 房안에 앉앗든 그 곰보는 누구요?

①略4 ②之1 ③報4 ④行2 ⑤義4 ⑥許3 ⑦海3 ⑧廣3 ⑨像4 ⑩似4 ⑪緊3 ⑫使3 ⑬胡2琴2 ⑭麻2

5. 這些玩완藝이兒(玩物우), 是誰買給께你的? 이 작난감들은 누가 네게 사다 준 것이냐?

6. 誰在家裏看칸門(看家)? 누가 집에서 집을 보느냐?

7. 那個小孩兒一點뗀出息시也没有, 任신誰也不怕파. 저 어린 애는 조금도 싹수가 없어 누구든지 두려워하지 아니하오.

8. 他的大襖와, 不知道뫄誰拿나去了. 저 사람의 두루막을 누가 갖어 갓는지 알 수 없오.

9. 誰肯큰説自己지的爪〔瓜〕과兒苦쿠? 누가 自己의 외(爪〔瓜〕)가 쓰다고 말하겠오?

10. 誰的門口能넝挂꽈個無우事牌패呢? 누 집 門앞에 能히 無事하다는 牌를 걸 수 잇겟오?

11. 同통在一個城청裏住주, 誰쉬也不認신得더誰! 한 城 안에 함게 잇어도 누구인지 알지 못하오.

12. 我們在這裏説的密〔秘〕미密話, 管관誰也不要説。우리가 여기서 秘密히 말한 것을 누구에게나 말하지 맙시다.

13. 他們먼夫우妻치倆랴的脾피①氣치, 誰也不肯큰讓샨誰! 그들 夫妻 두 사람의 性票은 누구든지 누구에게 지지 아니하오.

14. 你看不中쭝這一個, 還해看中那一個呢? 당신이 이것을 쓰지 못할 것이라 하면 또한 어느 것을 쓸 것이라고 봅니까?

15. 這裏有好些書수, 你説那一本번書呢? 여기 册들이 많이 잇습니다. 당신이 말슴하시는 것은 어느 册인가요?

16. 還有兩량件쩬公궁案안②, 先辨[辨]빤那③一件쩬好呢? 아직도 두 가지 公事案件이 잇는데 어느 것을 먼저 處理하는 것이 좋을가요?

17. 孫순先生是那一位웨? 有人電뗀話! 孫先生이 어느 분인가요? 電話가 왓습이다.

18. 請你隨쉬便뼌挑탸, 不管관那一個都뚜不要와緊진。請컨대 당신은 마음대로 고르시오. 어떤 것을 勿論하고 모도 관게치 아니하오.

19. 剛깡纔채在你那裏, 説的那位女뉘學生是那一個學堂탕? 방금 당신 집에서 이야기하든 그 女學生은 어느 學校에 다니느가요?

20. 我聽팅説他們早짜已이換환過庚경帖톄④, 到底那一天娶취親친呢? 내가 들으니 저 이들이 발서 四柱單子를 받엇다니 結局은 어느 날에 장가를 드는가요?

───────────

①脾₂ ②案₄ ③那₃ ④帖₁

21. 今진天是陽양曆리①五우月웨十스五日, 陰인②曆是四쓰月那一天? 오늘이 陽曆 五月十五日인데 陰曆으로는 四月 어느 날인가요?
22. 大家的意思쓰, 贊짠③成청那一頭두? 여러분의 意思에는 어느 쪽을 贊成하시는가요?
23. 這裏有三疋피庫쿠④緞돤, 你要那一疋? 여기에 모본緞 三疋이 잇는데 당신은 어느 疋을 쓰려 하오?
24. 今天送你螃팡蟹쎄⑤的人是那一位? 오늘 당신에게 게(蟹)를 보내 사람이 어느 분이신가요?
25. 你看那一塊괘好, 就用융那一塊。 당신이 보기에 어느 덩이가 좋거든 곳 그 덩이를 쓰시오.
26. 獅스⑥子쯔、老라虎후、狗꾸熊슝這三싼種쭝野예獸쓔⑦, 不論룬那一種都是最쮀凶숑猛멍⑧。 獅子와 범과 곰, 이 세 가지 野獸는 어느 것을 莫論하고 모도가 가장 凶猛한 것이오.
27. 這裏有葡푸萄타오⑨、橘쥐⑩子、棗짜오⑪兒、香썅蕉쟈오⑫、小梨리、栗리⑬子、胡허(후)桃타오⑭、杏싱⑮子、桃타오兒等떵等, 你願意吃那一樣呢? 여기에 葡萄와 橘과 大棗와 빠나나와 밤과 胡桃와 살구와 복사等이잇으니, 당신이 어느 것을 자시기를 願하시오?

註: "誰"나 "那一"가 共히 疑問詞로서, "誰"는 사람을 믓는 데는 쓰고"那一"는 選擇的疑問을 表示하는 데 使用하나니라.

第二十二課 副詞字的應用(五)

頂띵、最쮀、很헌、至쯔
太태、忒터、過궈
제이십이과 부사자의 응용(五)

1. 老虎후是頂띵利리害해的。 범은 第一 사나운것이오.
2. 這個玻버璃리瓶펑頂貴귀重쭝, 你得데⑯小心用융牠타。 이 玻璃瓶은 第一 貴重한 것이니, 조심히 쓰야만 된다.
3. 那個漂퍄오⑰布부頂띵好, 可以做被베單단兒。 그 玉洋木은 第一 좋

---
①陽2曆4 ②陰1 ③贊 ④庫4 ⑤螃2蟹4 ⑥獅1 ⑦野3獸4 ⑧猛3 ⑨葡2萄2 ⑩橘4 ⑪棗3 ⑫蕉1
⑬栗4 ⑭核2[胡2] 桃2 ⑮杏4 ⑯得3 ⑰漂1

소. 홋이불도 할 만하오.
4. 葉예玉워泉촨①的心眼兒最詭궤詐자②。葉玉泉의 心보는 가장 詭計하오.
5. 這些藥야最利害, 至쯔多둬一天吃으三싼回휘。이 藥들은 가장 毒한 것이니, 至極히 많아도 하루에 세 번만 자시오.
6. 這裏的水붜田톈, 一畝무地디最多値쯔三十多塊錢첸。여기의 논은 一畝地에 가장 많아도 三十餘元밖에 아니 되오.
7. 你定띵了랴親친的那位웨姑꾸娘냥, 我看칸她心신裏最喜시歡환的樣子。당신이 定婚한 處女는 내 보기에 그이의 마음이 가장 기뻐하는 모양이오.
8. 西洋양人的身션量량很高까。西洋사람의 키는 매우 크오.
9. 我看他辦〔辦〕빤事很有良량③心。내가 그의 하는 일을 보건대 매우 良心이 있오.
10. 我們먼走쩌우大路루好, 小路拐꽈彎완④得很。우리는 큰길로 가는 것이 좋다. 적은 길은 매우 돌아가게 되오.
11. 像썅他那樣的天分옌, 當個外왜交쟈部부的差채使스, 也很可以。그이와 같은 그러한 재조로서는

外交部의 벼슬을 하는 것도 또한 可하오.
12. 這本번書수至쯔⑥早짜오四月初抄⑥完완, 至晩완也不過四月底디。이 册은 至極히 빨라도 四月初요. 至極히 늦어도 四月末에는 謄書가 될 터이오.
13. 前兒偸투去了랴的那個賊쩨⑦, 至少샤오也坐쪄우一年녠的牢라오獄위⑧(監쟨⑨獄)。그적게 훔처간 그 盜賊은 至極히 적어도 一年 동안 監獄살이를 할 것이오.
14. 你那個瘡창⑩該常챵用藥야水붜洗시, 至쯔少一天兩량回휘。당신의 그 헌 데는 맞당히 藥物을 갖이고 씻되 적어도 하루에 두 번씩은 하시오.
15. 梁량財채東送쑹來的那件쟨禮리物우, 至쯔少也値五百배塊錢。梁錢主가 보낸 그 禮物은 적어도 五百元의 價値는 되오.
16. 夏쌰⑪天太熱서, 天也太長챵。여름은 너무 덥고, 해도 너무 기오.
17. 他做的那篇펜⑫論룬文원太煩판絮쉬⑬了。그 사람이 지은 論文은 너무 煩多하오.

①泉2 ②詭3詐4 ③良2 ④拐3彎1 ⑤至4 ⑥抄1 ⑦賊2 ⑧牢2獄4 ⑨監1 ⑩瘡1 ⑪夏4 ⑫篇1 ⑬絮4

18. 你泡파①的茶차②太厚후(濃농③), 往後要輕칭一點뎬兒。당신이 만든 차(茶)는 너무 진하니, 이 다음에는 좀 묽게 하오.

19. 宋쑹家出殯빈④的那一天, 街졔上太熱러鬧냐오了。宋氏 집에서 出殯하든 그날은 市街가 흠썩 버적하였오.

20. 因인爲웨我的嘴줴太直즈, 人家多둬半반是厭얜煩팬我。나는 입이 너무 발라서 사람들이 거진 나를 싫어하오.

21. 我今진天走쩌우了 랴오七치十리路루, 太乏애⑤了。내가 오늘 七十里 길을 걸엇드니 너무 疲困하오.

22. 我看你譏지誚챠오⑥他, 太過궈逾위⑦了。내 보기에는 당신이 그 사람을 譏弄한 것이 너무 지나쳤오.

23. 那溝꺼우裏的水쉐이忒터⑧骯앙⑨髒쌍了。제 개울의 물은 흠썩 더럽오.

24. 秦친⑩德더三的心힌眼얜兒忒毒두⑪了。蔡〔秦〕德三의 마음보는 흠썩 毒하오.

25. 雖쉐然란做줘的忒快, 不大仔쯔⑫細시。비록 하기는 빨리 하지만 그렇게 조밀하지 못하오.

26. 他錯춰的是不差차的, 你也說的忒利害了。그 사람이 잘못한 것은 틀리지 아니하지만 당신이 말한 것도 흠썩 毒하였오.

27. 你雖然過了 랴오七十多歲쉐이, 辨〔辦〕빤公궁的過於위精징明밍。당신이 비록 七十餘歲를 지냇으나 公事를 處理하는 대는 너무 精明합니다.

28. 教쟈오養양孩子不可過귀鬆쑹⑬, 也不可過嚴얜。아이들을 敎養하는 데에 너무 내버려 두는 것도 옳지 못하고 너무 嚴한 것도 옳지 못하오.

29. 几〔凡〕얜⑭事으不可不打算싼, 也不可過於위打算。几〔凡〕事를 打算하지 아니치 못하겟지만 너무 打算하는 것도 亦是 옳지 못하오.

30. 講쟝究쪄우⑮嫖〔漂〕퍄오亮량的人, 沒有像썅你這樣過分뻔的。맵씨를 내려는 사람이 당신처럼 이렇게 過分한 이가 없오.

31. 和熟슈人交쟈오往왕, 不可過於위拘쥐謹진。익숙한 사람과 相從하는 대는 너무 禮節을 차림도 옳지 못하오.

註:"頂""最""很""至""太""忒""過"等 字는 總히 本課에서 副詞의 最高級을 表하는 것이다.

---

①泡4 ②茶2 ③濃2 ④殯4 ⑤乏2 ⑥譏1誚4 ⑦逾2 ⑧忒4 ⑨骯1 ⑩秦2 ⑪毒2 ⑫仔3 ⑬鬆1 ⑭凡2 ⑮究1

第二十三課 助ㅈ動동詞(一)

得더、不得
不動동、倒도、不倒도
제이십삼과 조동사(一)

1. 忍신①得②一時ㅅ③氣치, 免면④得百배年년憂우⑤。 한때의 忿을 참으면 百年의 근심을 免하다.
2. 兩량脚쟈站쟈得牢롸, 不怕大風영搖요⑥。 두 다리로 서기를 튼튼히 하면 큰 바람에도 흔들릴까 무섭지 않다.
3. 他説的那句쮜話也説눠得過去。 그가 말한 그 말은 말하염즉 하오.
4. 生셩得太醜쳐, 羞⑦見쟨父우親。 생기기를 너무 醜하면 아버지 보기도 부끄럽다.
5. 欺치得別볘人, 欺不得良량心。 다른 사람은 속일 수 잇지만 良心은 속일 수 없다.
6. 瞞만得過人, 瞞⑧不過神션。 사람은 欺瞞할 수 잇지만 神은 欺瞞할 수 없다.
7. 你的房얭子邪셰⑨, 住주不得, 趕간快搬빤去罷。 당신의 집은 凶家라 살 수가 없으니 어서 빨리 옴기시오.
8. 遠웬水눠救주⑩不得近진渴커⑪。 먼 대 물은 가까운 대 목마른 것을 救하지 못한다.
9. 逃돠了랴王왕法예, 逃不得鬼귀⑫神션。 國法은 逃亡할 수 잇어도 鬼神은 逃亡할 수 없다.
10. 你把那個事弄능到這個地步부, 怪쾌⑬不得他生氣치。 당신이 그 일을 이 지경까지 만들어 놓앗으니 그 사람이 성낸다고 異常히 여길 것이었오.
11. 了랴不得了랴, 那個小孩子跌뎨倒돠水裏去了。 큰일이 낫다. 저 어린애가 미끄러저 물에 빠졌오.
12. 教쟈育위⑭是總중⑮得데少不得的。 教育은 어떻든지 없지 못할 것이다.
13. 你製ㅈ⑯不得我, 我愛애怎麼樣, 就쮸怎麼樣。 당신이 나를 抑制하지 못하오. 내가 어떻게 하고 싶으면 곳 그렇게 하겠오.
14. 眞젼的假쟈不得, 假的眞不得。 참것은 거즛이 될 수 없고, 거즛 것은 참 것이 될 수 없다.

①忍3 ②得4 ③時2 ④免2 ⑤憂1 ⑥搖2 ⑦羞1 ⑧瞞2 ⑨邪2 ⑩救4 ⑪近4渴3 ⑫鬼3 ⑬怪4
⑭育4 ⑮總2 ⑯製4

15. 我和你作뛔了랴六륙年的同學，到如수今진分앤離리，實서在捨①不得。 내가 당신으로 더부러 六年 동안이나 同窓으로 지내왓는데 지금에 와서 離別하게 되니 참으로 섭섭하오.

16. 要走嗎, 脚쟈下起치泡꽈, 走不動뚱。雇구輛량轎쟈子嗎, 滿만②路루都滑화, 轎夫우也抬태不動。 걸어가려 하니 발이 부릍어서 걸을 수 없고 가마를 얻어 타려 하니 오는 길이 미끄러워어 轎軍군도 메고 갈 수 없오.

17. 這把빠錐줴③子錐不動，可以拿個鑽쫜④子來鑽一鑽。 이 송곳으로는 뚫을 수가 없으니 활비비를 갖어다 뚫으오.

18. 牲성 口走乏빠了라, 趕간也趕不動。牛馬가 疲困하여 몰아도 가지 아니합니다.

19. 在那輪룬推튀車쳐, 坐了쟈八빠個人, 他要推也推不動。 저 외바퀴 밀차에 여들 사람이 앉아서 저 사람이 밀려 하지만 밀지 못하오.

20. 我的牙야⑤不好, 硬잉⑥的東西一點댄也嚼줴⑦不動。 나의 이가 좋지 못하여 굳은 것은 조금도 씹지 못하오.

21. 拿主주意이堅쟨⑧定뎡的人，誰쒀來引인誘여⑨也誘不動。 主意를 굳게 定한 사람은 누가 와서 꾀이더라도 조금도 꾀일 수가 없오.

22. 他不願웬意이來，我給他拉라也拉不動了。 그는 오기를 願치 아니하여 내가 그를 끌어도 끌리지 아니하오.

23. 上回휘土투匪에來，搶챵的時스候후那些쎄跑꽈不動的人都被베他們抓좌⑩住了。 먼저번에 土匪가 와서 掠奪할 때에 뛰지 못한 그 사람은 모도 土匪에게 붙잪였오.

24. 那個大肚뚜⑪子쯔, 胖팡⑫的實在遛류⑬不動。 저 배 뚱뚱이는 살이 쩌서 참으로 걷지 못하오.

25. 這是自쯔然싼的理리, 誰能駁벼⑭倒了라呢? 이것은 自然한 理致니 누가 能히 反駁하겠오?

26. 眞전討토厭앤的孩子們, 在道따路루上扔성⑮了랴一塊大石쓰頭빤[튀], 夜에⑯裏走쭤的把我絆빤⑰倒도了。 참으로 밉살스려운 아이들이 길에다 큰 돌멩이를 놓아서 밤에다가 걸엿어 나를 넘어지게 하였오.

27. 明밍明白배白的你推튀倒了랴他, 到這裏來還해說他自個兒跌

①捨₃ ②滿₁ ③錐₁ ④鑽₁ ⑤牙₂ ⑥硬₄ ⑦嚼₂ ⑧堅₁ ⑨引₃誘₄ ⑩抓₁ ⑪肚₃ ⑫胖₄ ⑬遛₂
⑭駁₂ ⑮扔₁ ⑯夜₄ ⑰絆₁

떼倒了라嗎? 分明히 네가 저 이를 밀어 넘어뜨리고 여기 와서는 도리어 저이가 혼자 넘어졌다고 말하느냐?

28. 你雖쉬然얀跟끈他拐꽤個脚쟈, 也摔솨①不倒他。 네가 비록 그에게 다리는 걸엇지만 그를 넘겨트리지 못한다.

29. 在年녠輕칭的時스候ᅟᅮᆯ, 失스點兒脚, 也跌不倒的, 可是스現在差차一點就跌倒了。 나이 젊엇을 때에는 발을 좀 잘못 되어도 넘어지지 아니 하엿지만 지금은 조금만 틀려도 고만 넘어짐니다.

註:"得"字는 本課에서 助動詞의 作用을 하는 째의 例를 示한 것이며"動"字나"倒"字도 그 우의 動詞와 合하야 그 動作의 結果를 强意잇게 表示하는 例를 示한 것임.

第二十四課 數量字的應用(一)

把빠、塊꽤、件쟨
本번、部부、套탄、句쟨、張쟝
제이십사과 수량자의 응용(二)

1. 那把빠錐줘子不知쓰道따오誰눠拿나去了。 그 손곳을 누가 갖어갓는지 알 수 없오.

2. 那把壺후的水눠, 開캐了라没有? 그 차(茶)罐의 물이 끓었오 안 끓었오?

3. 我在東安얀市스場쟝買了랴오一把洋양剪쟨②子了。 나는 東安市場에서 西洋 가우 한 개를 샀오.

4. 這裏有九쪄把匙츠③子, 七치把鍬차④子, 五우把刀따오⑤子, 不知쓰 够꺼우不够? 여기 숟가락 아홉 개와 三枝鎗 일곱 개와 칼 다쓰 개가 잇는데 자랄는지 모자랄는지 알 수 없오.

5. 厨추房ᄫᅡᆼ裏有一把刷솨⑥子, 兩량把勾[勺]샤오⑦子, 三쟌把鏟챈⑧子, 一把菜刀, 一把斧푸⑨子。 부엌 안에 솔 한 개와 주걱 두 개와 鏟子(부침질하는 대뒤집는 鐵片) 세 개와 식칼 한 개와 똑기 한 개가 있오.

6. 上回휘買的那塊꽤胰이⑩子不下쌰

---
①摔1 ②剪3 ③匙4 ④鍬2 ⑤刀1 ⑥刷1 ⑦勺2 ⑧鏟3 ⑨斧3 ⑩胰2

泥ㄋ①。 먼저번에 산 그 비누는 때가 지지않소.

7. 我渴ㅋ了라, 切체一塊西瓜과來。 내가 목이 마르니 수박 한 쪽을 베어 오나라!

8. 在廣광東買來的那塊쾌洋布부, 太퉈薄바②了。 廣東에서 사온 저 洋布(玉洋木種類의 總稱)는 너무 엷습니다.

9. 這塊쾌地ㄸ正정好作줘菜園왠。 이 땅은 菜田을 만들기에 참으로 좋을 것이오.

10. 結제婚훈③是終중③身션的一件젠大事, 不能녕不愼션⑤重중考콰慮뤼⑥。 婚姻은 一生에 큰일이니 愼重히 考慮하지 않으면 안 되오.

11. 不可爲웨一件小事, 斷돤割거了롸我們的交쟈情칭。 한 가지 조그만한 일을 갖이고 우리들의 交情을 斷絕하는 것은 옳지 못하오.

12. 你說那件大氅창⑦太貴귀, 我看很흔便펜宜이。 당신은 저 外套가 흠썩 비싸다고 말하나 내 보기에는 매우 싸오.

13. 我那本번《歐우洲쪽⑧文원明史ㅅ》, 不知ㅈ誰눠偸투去了。 나의歐洲文明史그 册은 누 훔쳐 갓는지 알 수가 없오.

14. 這쩌一本벤⑨小說是周⑩先生編的, 很有趣취味웨⑪。 이 小說 한 卷은 周先生이 지은 것인데 매우 趣味가 있오.

15. 這本書大概개他拿錯춰了라, 我沒有這類레書ㅅ。 이 册은 大概그가 잘못 갖어왔오. 내게는 이런 册이 없오.

16. 你把那部부講쟝義이給訂띵⑫本的, 打個套놔不好嗎? 당신은 저 講義錄을 册 매는 사람에게 주어 한 秩 매는 것이 좋지 아니하오?

17. 先生叫你把那部부《莊쟝子ㅉ哲저⑬學》套놔起치來。 先生이 너다려莊子哲學한 部를 册匣에 넣으라고 하신다.

18. 胡후先生釋ㅅ⑭義이的那部《紅홍⑮樓뤄夢멍⑯》是六뤼套。 胡先生이 註釋한 그紅樓夢한 部는 六卷이오.

19. 兩套衣이服뿌⑰還不好換환着줘出門먼嗎? 옷 두 벌이 그래도 밖에 나갈제 가라 잎기에 좋지 아니하오?

20. 今진天我在商샹務우印인書ㅅ館관買了롸一部《儒ㅅ⑱林린外왜史ㅅ》、兩套《辭ㅉ源왠⑲》、三張歷리史地圖투⑳了。 오늘 나는 商務印書舘에서 儒林外史한 秩과辭源두 벌과 歷史地圖 三張을 샀오.

①泥₂ ②薄₂ ③結₁婚₁ ④終₁ ⑤愼₄ ⑥慮₄ ⑦氅₃ ⑧歐₁洲₁ ⑨皮₂[本₃] ⑩周₁ ⑪趣₄味₄ ⑫訂₄ ⑬哲₂ ⑭釋₄ ⑮紅₁ ⑯夢₁ ⑰服₂ ⑱儒₂ ⑲源₂ ⑳圖₂

21. 李리老師ㅅ今天没講쟝幾지句쮜話, 就走쩌了。 李老師가 오늘은 몇 마디 講演을 하지 않고 곳 갔오.
22. 你不用융躁짜急지, 慢만慢的我給你幾句話聽팅一聽。 당신은 너무 急히 굴지 마시오. 천천히 내가 당신에게 몇 마디 말을 하여 들이리다.
23. 這本書難난懂둥①, 請先生給我每메句點뎐起치來。 이 册은 알기 어려우니 請컨대 先生은 마디 마디 句點을 첫어내게 주시오.
24. 這張쟝鐵테②床촹是在上海해四川촨③路루買的。 이 鐵寢臺는 上海 四川路에서 샀오.
25. 那張桌쮜子腿튀短돤了一이點, 可以拿小磚쥔④頭墊뎐⑤起來。 저 桌子의 발이 조금 짧으니 조그마한 벽돌을 갖어다 괴여 놓으시오.
26. 我上木무器치⑥傢쟈具쮜鋪푸去, 定띵做쭤了랴一張쟝八仙쎈⑦圓웬桌, 兩張籘팅⑧床촹了。 나는 木器家具店에 가서 八仙圓桌 한 個 와 藤寢臺 두 個를 마추었오.

註: "把" "塊" "件" "本" "部" "套" "句" "張" 等 字가 本課에서는 名詞의 數量을 表示하는 陪伴字로 使用하엿나니 各字의 用法에 注意할지니라.

第二十五課 成對的形容詞(一)

제이십오과 대구의 형용사(一)

1. 這塊쾌鐵테, 這頭寬콴⑨, 那頭窄재⑩。 이 鐵板은 이쪽이 넓고 저쪽이 좁소.
2. 這頭大, 那頭小。 이쪽이 크고 저쪽은 적소.
3. 這頭粗추, 那頭細시。 이쪽은 굵고 저쪽은 가느오.
4. 你上衙아⑪門먼去, 不要護후⑫着這頭, 説那頭。 당신이 官廳에 갓어 이쪽을 保護하고 저쪽을 쳐서 말하지 마오.
5. 你釘띵⑬的那個擱꺼⑭板반, 這頭高까, 那頭低디⑮。 당신이 맨 저 선반은 이쪽이 높고 저쪽이 낮소.
6. 是男난人這頭告了랴呢, 是女뉴⑯人那頭告了랴呢? 男子 이편에서

---

①懂3 ②鐵3 ③川1 ④磚1 ⑤墊4 ⑥器4 ⑦仙1 ⑧藤2 ⑨寬1 ⑩窄3 ⑪衙2 ⑫護4 ⑬釘1 ⑭擱4 ⑮低1 ⑯女3

訴訟하엿는가 女子 저편에서 訴訟하엿는가?

7. 炕캉這頭怪괘熱서, 那頭冰삥①冷렁. 溫突 이쪽은 몹시 덥고 저쪽은 몹시 차오.

8. 那塊木무板반子, 這邊厚휘②, 那邊薄봐. 이 널반지는 이쪽이 두텁고 저쪽이 엷소.

9. 向썅③陽양的這邊兒亮량, 背베④陰인的那邊兒黑헤. 向陽한 이 쪽은 밝고 그늘진 저 쪽은 어둡소.

10. 我看你是向着저那邊兒的, 爲웨甚션麼어又우上這邊兒來呢늬? 내가 보니 당신이 저기로 붙엇드니 무슨 까닭에 다시 여기로 오는가요?

11. 這面멘朝챠上, 那面朝下. 이쪽은 떠들리고 저쪽은 나려갓다.

12. 這正정面是平핑, 那反앤面是窊와⑤. 이 正面은 바르고 저 反面은 들어갓오.

13. 我聽팅見젠他們兩량方빵面的話, 就是一正一反. 내가 그들 두 쪽의 말을 들으니 곳 一正一反이다.

14. 他們倆랴互후相썅一來一往왕, 幾지乎후沒分앤離리的時候후. 저들 둘이 서로 一來一往하여 거의 分離할 때가 없오.

15. 近진來天氣치一冷렁一熱서, 最줴容숭易이生病삥. 이지음에 日氣가 춥엇다 덥엇다 하여 病나기가 가장 쉽다.

16. 現쎈今진世쓰界제多半반是一夫우一妻치. 現今 世界는 거진 一夫一妻다.

17. 目무下軍쥔閥예⑥和허政정客커一起치一倒듀的, 不可逆늬料랴오⑦. 目下의 軍閥과 政客은 서로 일어낫다 거꾸러젓다 하여 料量할 수 없오.

18. 海해潮쨔오⑧是一漲쟝⑨一退튀⑩的. 潮水는 밀엇다 쎳다 하는 것이다.

19. 那些쎄花화兒一紅훙一白배的, 實在好看. 저 꽃들은 히고 붉고 하여 참으로 보기 좋소.

20. 一勝성⑪一敗배[배]⑫是兵삥⑬家的常쟝事. 一贏〔贏〕잉⑭一輸수⑮是賭두家쟈的常事. 一勝一敗는 兵家의 常事요, 따고 잃는 것은 노름군의 常事다.

21. 他們一强챵⑯一弱쉬, 總츙不是個對뒤-頭. 그들은 하나는 强하고 하나는 弱하여 어떻든지 적수가 아니오.

22. 她타一聽那個話一喜시一悲베⑰

---

①冰₁ ②厚₄ ③向₄ ④背₁ ⑤窊₂ ⑥閥₂ ⑦逆₄料₄ ⑧潮₂ ⑨漲₄ ⑩退₄ ⑪勝₁ ⑫敗₄ ⑬兵₁ ⑭贏〔贏〕₂ ⑮輸₁ ⑯强₂ ⑰悲₁

的，把身쉰子不知怎쩐樣好。그 女子는 그 말을 듣드니만 一喜一 悲하여서 몸을 어떻게 갖일 줄을 모른다.

23. 那些寶바貝빼①，不是專쫜②門먼家，品핀不出來一眞쩐一假쟈。저런 보배들은 專門家가 아니면 眞인지 假인지를 가려내지 못한다.

24. 在城쩡根끈下一哭쿠一笑쌰的那個人，好像썅發빠瘋엉③似쓰的。城 밑에서 울엇다 우섯다 하는 저 사람은 지랄하는 것 같소.

25. 那些苹핀④果궈樹수，一高꺄一矮애的，一科〔棵〕커⑤也没有齊치整쩡⑥。저 잉금나무들은 높고 낮고 하여서 한 나무도 一致하지 않소.

26. 這些傢쟈具쮜一大一小，叫쨔人没法빠兒弄눙。이 家具들은 크고 적고 하여서 사람으로 하여금 收拾할 수 없오.

27. 這條탸路루實在不好，一平핑一窊와的，叫人怪꽤難난(誠쩡⑦難)走。이 길은 참으로 좋지 못하오. 울퉁불퉁하여 사람으로 하여금 걸어가기에 참말 어렵게 하오.

28. 那個人的一動둥一静쩡，真叫人模무範빤⑧的。그 사람의 一動一靜은 참말 사람으로 하여금 模範 하게 하오.

註：本課에서 形容詞의 互相反對되는 語句를 類聚한 것인데 더욱 十三節 以下의 "一"字를 加하야 使用한 것에 注意할지나라.

第二十六課　副詞子[字]的應用(六)

已이經징……了
不了랴

제이십륙과 부사자의 응용(六)

1. 你還不知즈道따嗎？ 齊치家的錢쳰鋪푸已經징開캐市쓰⑨了라. 당신이 아직도 알지 못하오. 齊氏의 錢鋪(돈 바귀는 집)는 발서 營業을 始作하였오.

2. 那個輪룬船촨公司쓰的内네容융，我已經징説明白了。그 汽船會社의 内容을 내가 발서 明白히 말하였오.

3. 他已經等了땨半반個多뒤月웨了。그는 발서 半달이나 더 기다렷소.

①寶3貝4 ②專1 ③瘋1 ④苹2 ⑤科1 [棵]1 ⑥齊2整3 ⑦誠2 ⑧模2範4 ⑨市4

4. 張장先生的父부母무已經死쓰了。張先生의 父母는 발서 죽었오.

5. 那個百배貨훠公궁司的買賣, 已經賠페本번了。그 百貨店의 商業은 발서 밋졋오.

6. 上回, 他在交쟈易이①公司쓰贏〔贏〕잉的錢, 已經花화净징了。그는 지난번에 取引所에서 딴 돈을 발서 모도 써 버렸오.

7. 這一本書, 我們已經學透투②了라, 還해念녠那一本? 이 한 册을 우리가 발서 通讀하였오. 또 어느 册을 읽으랴오?

8. 城쳉裏頭的各꺼種쭝學校쌰, 已經放얗了라學쒸了라. 城안에 여러 學校는 발서 放學하였오.

9. 已經징到了暑슈暇〔假〕쟈③, 學쒸生們都뚜回家去了。발서 夏期放學이 되여 學生들이 모두 집으로 돌아갓오.

10. 已經開了라飯, 他們都吃츠過了。발서 진지를 차럿어 그들이 모도 먹었오.

11. 他已經説숴過了事, 我們都明밍白了, 請你不用융多費페話。그가 발서 말한 일은 우리가 모도 알앗으니 請컨대 당신은 여러 말을 더 말하지 마시오.

12. 你別볘説那個法애子好, 我們已經使쓰過궈了。당신은 그 方法이 좋다고 말하지 마오. 그러한 方法은 우리가 발서 썻오.

13. 客커來了라没有? 菜재已經做줘好了。손임이 오시지 아니하였오? 飮食은 발서 다 되였오.

14. 錯줘不了랴, 和他商썅議이一定띵有了랴好結제果궈。틀림없오. 그이와 相議하면 一定코 좋은 結果가 잇을 터이오.

15. 你輸슈不了랴, 難난道作줘個東是由여你罷。당신은 잃지 아니할 것이오. 어쨌든 한 턱 내는 것은 당신에게 맡기겠오.

16. 這件事做不了랴, 又做줘那件, 我問원你到底怎麼辨〔辦〕? 이 일을 마추지 못하고 또한 그 일을 하면 내가 당신게 묻노니 結局 어떻게 하겠오?

17. 怎能了랴了라呢? 若워交쟈不出底듸根끈兒來, 那永유遠왠了랴不了랴了라? 어떻게 能히 맞후엇겠오? 만일 根底를 찾아내지 못하연 그것은 언제까지든지 맞후지 못할 것이오.

18. 請你放얗心罷바, 不管꽈怎麼樣, 總쭝得더反왠悔훠不了랴。請컨대 당신은 마음을 놓으시오.

─────────
①易₄ ②透₄ ③暇₂〔假₄〕

勿論 어떻게든지 도모지 도루 뉘우치지 아니하리다.

19. 勿우論론拿多少쌰去不碍애①事，就是誤우不了랴我的使스唤환就得더了라。勿論 얼마를 갓이고 가든지 관게치 않소. 바루 내가 쓸 제 그릇되지 않게 하면 고만이오.

20. 他用융不了랴就扔성我這裏，實在可커惡우②得더很흔。그는 쓰지 못하겠으므로 고만 여기 내게 다 던지고 갓으니 참으로 매우 고약하오.

21. 貧편③苦쿠的時侯〔候〕휘交쟈的朋펑友웊，一輩베④子也忘웡不了랴。가난하고 고생스러울 때에 사귀운 친구는 一生에 잇지 못하오.

22. 可惜시⑤了랴兒的，那張裸뤄⑥體티畫화⑦兒，目무下買不了랴。아까운 일이오. 그 裸體畵는 지금 살 수 없오.

23. 來不了랴，就派패⑧個人送쏭得더了라。何허必삐這樣親친自過귀來呢？오시지 못하겠거든 고만 사람을 식혀 보내시면 그만이지오. 반드시 이렇게 自己로 親히 보내

주실 것이야 무엇이오.

24. 那盆편⑨裏盛쳥⑩不了랴，這些乾깐麵몐再拿來幾지個好不好？저 양푼에 이 밀가루를 담지 못하겠으니 다시 몇 개를 갖어오는 것이 좋지 아니한가요?

25. 罷바了랴罷了，我的腿퉤已經酸솬⑪疼텅的，一步也走不부了랴。할 수 없오. 할 수 없오. 나의 다리는 발서 앞앗어 한 걸음도 걸을 수 없오.

26. 你願웬意이去只즈管관去罷，依이我看怕파他聽不了랴。당신이 가려거든 마음대로 가보시오만 내 보기에는 아마 그가 듣지 아니할 것 같소.

27. 你無우論론説他好話，總쭝得더聽不了랴。당신이 아무리 그에게 좋은 말을 하드라도 도모지 안 들을 것이오.

註："已經"은 過去를 表示한 副詞로서 그 下에는 "了"字가 반듯이 때라 다니니니라. "不了" 라는 熟語의 上에 動詞字를 加하야 作用하는 類例를 示한 것임.

---

①碍4．②惡1．③貧2．④輩3．⑤惜1．⑥裸3．⑦畫1．⑧派4．⑨盆2．⑩盛2．⑪酸1．

第二十七課 助動詞 [주동쓰]、他배-動詞

着저、挨애、蒙멍、遭짜、吃츠
제이십칠과 조동사와 타동사

1. 他那樣出추風엉頭, 都是仗장着쩌他哥哥的權￼①力리。 그가 저렇게 껏덕대는 것은 모두 그 兄의 權力을 믿는 것이다.
2. 他的家靠콰着저山싼, 挨애②着水쒀住주。그의 집은 山을 의지하고 물을 끼고 사오.
3. 不用鎖쒀③着那個後허門, 還有搬빤東西。그 뒷門을 잠그지 마오. 아직도 물건을 옮길 것이 있오.
4. 他是個指즈着저這個說着那個的人。그는 이것을 가르치며 저것을 말하는 사람이오.
5. 舊쪄代대的木무船촨, 都是順쑨④着風엉走。 녯날의 木船은 모두 바람을 맞후어 단였오.
6. 我想썅他不認신得더路루, 可以找쟈個人來領링着他。내 생각에는 그이가 길을 알지 못할 듯하니 한 사람을 불러다 그를 引導하시오.
7. 我在上海해英잉大馬마路, 碰펑着他幾지回了。내가 上海英大馬路에서 그를 여러 번 만났오.
8. 他留뤄着行싱李리, 光꽝着身썬子上奉엉⑤天去了。 그는 行李를 두고 맨몸만이 奉天으로 갔오.
9. 他穿촨着大禮리服푸上美메國궈公使쓰館관赴푸席씨⑥(赴宴얜⑦)去了。 그는 大禮服을 입고 米國 公使館 宴會에 갔오.
10. 守셔着甚麼做甚麼。직히는 대로 그대로 하오.
11. 好生看孩子, 不要跌뎨着저他。어린 애를 注意하여 보앗어. 그를 넘어지지 않게 하여라.
12. 一面몐躺탕着, 一面說着。한쪽으로는 누워서 한쪽으로는 말한다.
11. 他대帶着孩子往公園웬裏去了。 그는 어린애를 더리고 公園으로 갔오.
14. 若숴是他不願웬意이去, 就拉라着他走罷。 만일 그가 가기를 願하지 아니하거든 고만 그를 끌고 갑시다.

---

①權2 ②挨1 ③鎖3 ④順4 ⑤奉4 ⑥赴4 席2 ⑦宴4

15. 他的享ᄊᆞᆼ福ᄫᅮ都是挨ᅢ着祖주宗중的遺이産ᅕᅡᆫ。그 사람의 누리는 福은 모두 祖上의 遺産을 의지할 뿐이오.
16. 古구語어說："打了다不罰ᄫᅡᆯ①, 罰了不打다." 我還能又우挨ᅢ打, 又受쓥罰嗎? 녯말에 말하대 때리거든 罰하지 말고 罰하거든 때리지 말라 하엿는데 나는 그래도 얻어맞고 또한 罰까지 받겠오?
17. 董동②家的童동③養양媳시婦ᄫᅮ, 每ᄆᆡ天挨打挨罵마。董氏 집 밑며누리는 날마다 얻어맞고 辱먹는다.
18. 你挨了라多少打다, 還能偸투嘴쉬嗎? 네가 그렇게 많이 얻어맞고도 또한 훔처 먹으려느냐?
19. 自古蒙몽恩언④不報보的不少, 可커是像샹你這樣負ᄫᅮ義이的人是沒見잰過궈。自古로 恩惠를 잊고 갚지 아니하는 사람이 적지 않지만 너처럼 이렇게 義를 등지는 사람은 보지 못하였다.
20. 他淨징蒙了라人家的憐렌恤쉬⑤。저이는 다만 남의 憐恤만 잎는다.
21. 他就蒙면了恩赦저⑥纔채出了監잰了。그는 곳 恩赦를 입어서 方今 出獄하였오.
22. 蒙恩和蒙情칭有個分ᅋᅵᆫ別볘。得了在上的好處추, 就說蒙밍恩。得了라朋평友우的好處, 就說숴蒙情。蒙恩과 蒙情이 分別이 잇으니 웋사람에게 신세를 짐을 蒙恩이라 하고 친구에게 신세를 짐을 蒙情이라고 한다.
23. 他不聽我的話, 就遭짜우⑦了라這場쟝禍⑧了라。그 사람이 내 말을 듣지 아니하다가 고만 이번 禍를 내엇슴니다.
24. 遭짜우了許쉬多的危웨險ᄻᅣᆫ⑨, 把錢幾지乎후搶챵丟뷰了。許多한 危險을 만나서 하마터면 돈을 빼앗길 번하였오.
25. 打官관司쓰不是個好事, 黃황家遭짜우了라那場쟝官司, 把家産ᄻᅡᆫ都踢틔⑩蹬덩了。訴訟은 좋은 일이 아니오. 黃氏 집은 그 訴訟을 만나서 家産을 모두 탕패하였오.
26. 做了生성意이就虧퀴本, 交了朋평友우就遭口쿼舌서⑪。장사를 하면 本錢을 밎지고 친구를 사귀면 口說을 듯는다.
27. 你們倆라弄능壞ᅢ了라的事情都推퉤到我身上, 實在吃不住ᅮ。당신들 두 사람이 결단 낸 일을 모 내 한 몸에 밀어 버리니 참으

---

①罰2. ②董2. ③童2. ④蒙1恩1. ⑤恤4. ⑥赦4. ⑦遭1. ⑧禍4. ⑨危1險3. ⑩踢1. ⑪舌2.

中國語大典 69

로 받을 수 없오.
28. 接정坊빵①走了水(失ᄯ了火훠)叫我們渾훈②家(全췐家)都吃ᄎ了大驚징③了。이웃집에서 불이 나서 우리는 온 집안이 모두 한번 크게 놀났오.
註：助動詞"着"字와 動詞"挨" "蒙" "遭"等 字의 用例를 示한 것임.

第二十八課 會話(二)

初次相會 [추ᄎ쌍휘]
제이십팔과 初面人事

1. 没領링④教쟈오, 尊쭌⑤姓싱(貴귀⑥姓)? (答따⑦)豈치敢간, 賤쟨⑧姓孫쑨。처음 뵙(初面입)니다. 尊姓이 누십잇가? (答)황송합이다. 제 姓은 孫가입이다.
2. 大名밍(官印인⑨、尊쭌諱휘⑩)呢? (答)賤名璋양⑪。尊啣은 누구십잇가? (答)제일 흠은 璋이외다.
3. 臺태甫푸⑫(大號한⑬)呢? (答)玉워章양⑭。字는 무엇이라 불으십잇가? (答)玉章이라 불읍니다.
4. 貴處추(貴府푸)(貴縣쎈⑮) (答)弊삐處(敝縣)河허⑯南난開캐封펑。댁은 어데십잇가? (答)제 집은 河南省 開封이외다.
5. 貴庚겅? (答)今年痴ᄎ⑱長양(虛쥐⑲度두)三十一。春秋는 얼마나 되십잇가? (答)賤한 나이 三十一 歲이외다.
6. 貴校呢? (答)前쳰年在北베京징大따學쉐畢삐⑳了라業예喇라。어느 學校에 단이십잇가? (答)再昨年에 北京大學을 卒業하엿읍이다.
7. 甚麼系시㉑? (答)經징濟지系。무슨 科입잇가? (答)經濟科입이다.
8. 您닌納나㉒尊姓大名? (答)賤姓金진, 名字叫쟈오一俊쭌。당신은 尊姓과 尊啣이 누구십잇가? (答)제 姓은 金가요 名은 一俊이라 불읍이다.
9. 臺甫呢? (答)豈敢, 草차오㉓字萬완享썅㉔。字는 무엇이라 불으십잇가? (答)황송합이다. 제 字는 萬

①坊1 ②渾ᅟᅠ ③驚1 ④領3 ⑤尊1 ⑥貴2 ⑦答2 ⑧賤4 ⑨印1 ⑩諱4 ⑪璋1 ⑫臺2甫3 ⑬號2 ⑭章1 ⑮縣4 ⑯河2 ⑰庚1 ⑱痴1 ⑲虛1 ⑳畢4 ㉑系1 ㉒您2納4 ㉓草3 ㉔享3

享이라 불음이다.
10. 您貴庚?（答）二十三歲쉬。年歲가 몇이십잇가?（答）二十三歲입이다.
11. 貴處?（答）弊處是朝좌鮮쎈(高꼬麗리)京징城청。댁은 어데십잇가?（答）제집은 朝鮮京城입이다.
12. 啊아, 是麽? 原왠來口쿠音差차一點뎬①, 諒량來當땅個外왜省성②的先生喇! 아, 그렀읍잇가? 原來 口音이 좀 틀이기로 아마 他省의 先生이라고 생각하였읍이다.
13. 您來到弊國多少年喇?（答）已經징有三年了。당신이 弊國에 오신 지가 몃 해나 됩잇가?（答）발서 三年이나 되었읍이다.
14. 貴寓원在那나裏리?（答）就在北京大學第三寄지宿쑤③舍서④裏住주。사관은 어데십잇가?（答）바루 北京大學第三寄宿舍안에 잇읍이다.
15. 那麽着, 您在學校念書(用工)嗎?（答）是的。그러면 당신은 學校에서 工夫하십잇가?（答）네. 그렀습이다.
16. 敢깐問원先生在京有何허貴幹깐(公꿍事)?（答）混훈⑤在外交쫘部부⑥。失禮함이다만 先生은 서울에서 무슨 公事가 게십잇가?（答）外交部에서 지냄이다.
17. 剛깡纔째在這裏出去的那位是誰쒀?（答）他就是兄쓩弟의的第二胞파⑦弟, 他也是在北大念년書쑤。方今 여긔 잇다가 나간 분이 누구십잇가?（答）그는 곳 나의 둘재 아우인데 그 애도 또한 北京大學에서 工夫하오.
18. 是麽? 那麽着, 請臺태兄給兄弟們介제紹쫘⑧如수何허?（答）那是自즈然산的, 盻판望왕⑨老兄多給께他開導따⑩纔好。그렀십잇가? 그렇다면 兄長게서 弟等에게 紹介하여 주심이 엇더합잇가?（答）그것은 勿論이지오. 바라건대 老兄게서 그 애를 많이 敎導하여 주시오.
19. 豈敢豈敢, 我倒受쌰一切쳬⑪的指즈教쨔哪나! 황송함이다. 제가 도로혀 一切의 指導를 받어야 하겠읍이다.
20. 金진先生府포上(家中)都뚜有甚麽人?（答）有家父뿌(家嚴앤⑫)、家쟈母무(家慈·츠⑬), 還有一個舍弟、舍妹메、荊시妻치⑭(拙쮜⑮荊、家內레⑯)。金先生 宅에는 누구누구가 있읍잇가?（答）父

①點3 ②省4 ③寄4宿4 ④舍4 ⑤混4 ⑥部4 ⑦胞4 ⑧介4紹4 ⑨盻4望4 ⑩導3 ⑪切1 ⑫嚴2 ⑬慈2 ⑭荊1妻1 ⑮拙1 ⑯內1

親과 母親이 게시고 또는 아우 하나와 누이와 안해가 잇읍이다.

21. 令郞正(令郞①)令愛②呢? (答)還年輕③輕的, 那-有孩子? (問)您納나? (答)有一個小犬④(犬子、男⑤孩), 一個小女⑥(女孩兒)。子弟와 딸님은요? (答)아즉 아조 젊은 것이 어데 兒孩를 두겟읍잇가? (問)당신게서는요? (答)산애자식 한아와 게집애 한아가 있읍이다.

22. 兄弟有點事, 再不能多談, 要告辭⑦, 失陪失陪。(答)是麽? 那麽着, 改日再見(再會)。弟는 일이 좀 잇어 다시 더 談話하지 못하고 告別하오니

失禮莫甚이외다. (答)네, 그럿읍잇가? 그러면 다음날 다시 뵈이겟읍이다.

23. 咱們往後不要拘謹⑧, 有工夫彼此相訪⑨罷! (答)謝謝, 雖然於兄弟更好, 但不知於老兄耽誤公事。우리는 이 뒤로붙어 서름서름하지 말고 時間 잇는 대로 彼此에 서로 찾읍세다.(答)고맙읍이다. 비록 弟에게는 더욱 좋읍이다만 다만 兄長게 公事의 防害가 될넌지 알 수 없읍이다.

24. 這就够了, 不用送不用送 (留步, 留步)。(答)好好, 不送不送。이만하면 넉넉합이다. 더 나오지 마시오.(答)네, 네, 더 나가지 아니합이다.

第二十九課 "公""母"兩字的用法

제이십구과 "곰""모" 두 자의 용법

1. 在於人的二性叫男女, 在於禽⑩獸叫公母。사람의 二性에 對하여 男女라 稱하고 禽獸에 對하연 公母라 稱한다.

2. 獸類的公母, 從生下來的時候, 也就分得出來。獸類의 숫놈 않놈은 날 때붙어 곳 분별할 수 잇다.

3. 禽類的公母, 從抱窩⑪下來的時候, 那就不容易分得出來。禽類의 숫놈 않놈은 보금자리에서 나릴 때붙어 分別하기 容易치 못하다.

①令₄郞₂ ②愛₄ ③輕₁ ④犬₃ ⑤男₂ ⑥女₃ ⑦辭₂ ⑧拘₁謹₃ ⑨訪₂ ⑩禽₂ ⑪抱₄窩₁

4. 小公猪주①叫豵웅②, 小母猪叫좌豚
   툰③。大公猪叫秧양④猪(脚좌猪),
   滋ㅈ⑤生(蕃앤⑥生)小猪的, 叫老라
   母猪。작은 숫돝은 豵이라 稱하
   고 적은 암돝은 豚이라 稱하고
   큰 숫놈은 秧豬라 稱하고 새끼
   낳는 것을 老母豬라 稱한다.

5. 別人説看家(看門)母狗꺼(草좌⑦
   狗)和허公狗(牙야狗)一樣, 却졔
   其치力리量량和利害, 母的那나-
   能趕간上公的呢? 다른 사람은
   말하되 집 보는 대는 않개나
   숫개가 한가지라 하지만 그 힘과
   사나운 것이 않것이 어찌 숫것을
   따르겟오.

6. 你們城市ㅈ的人, 有鐘쭝表빠就
   知ㅈ道됴時辰천⑧。我們莊쟝稼쟈
   人, 若워没有公鷄ㅈ打鳴밍⑨, 怎
   能知道時辰的早짜晩완兒呢? 당
   신네 城市의 사람들은 時計가 잇
   어 때를 알지만 우리 農村 사람
   들이야 만일 숫닭의 울음이 아니
   면 어찌 能히 때의 早晩을 알겠
   오.

7. 我再쌔-不要養양活워這種쭝公猫
   마(郎랑猫), 叫라牠抓좌老鼠누⑩
   倒不抓좌, 整쩡天家净징趕간上母
   猫, 一時也没在家。내가 다시
   는 이러한 숫고양이를 기르지 아

니하려 하오. 저더려 쥐를 잡으
라면 쥐는 아니 잡고 왼終日 앓
고양이만 쫓아다니면서 一時도
집에 잇지 아니하오.

8. 俗쑤語워説: "人多亂롼⑪龍룽⑫
   多旱한⑬; 媳시婦뿌多了라, 婆
   퍼婆做(弄)飯; 木무匠쟝多了,
   蓋깨歪왜⑭房얭; 公鷄지多了, 不
   打鳴밍(啼듸⑮鳴); 母鷄多了,
   不下蛋단。" 俗語에 말하되 사
   람이 많으면 亂하고 龍이 많
   으면 감을고 며느리가 많으면
   시어머니가 밥을 짓고 木手가
   많으면 비뚜러진 집을 짓고
   숫닭이 많으면 울지 않고 앓
   닭이 많으면 알을 아니 낳는
   다고 한다.

9. 人家都喜歡養양活훠男孩兒, 就
   不喜歡養活女뉘孩兒。爲웨父母
   的無우論룬男女都是自ㅈ家的子ㅈ
   孫쑨, 若워是人人都有要養活男
   孩兒, 不要養活女孩兒, 這麽一
   來, 將쟝來豈치不絶졔⑯了랴後후代
   대麽? 남들은 모두 男兒 기르기
   를 기뻐하고 곳 女兒 기르기를
   기뻐하지 아니하니 父母된 이에
   게 男女를 勿論하고 모두 自己의
   子孫인데 만일 사람사람이 男兒
   만 길으고 女兒는 기르지 아니하

①猪1 ②豵4 ③豚2 ④秧1 ⑤滋2 ⑥蕃2 ⑦草1 ⑧辰2 ⑨鳴2 ⑩鼠3 ⑪亂4 ⑫龍3 ⑬旱4 ⑭歪1
⑮啼2 ⑯絶2

면, 將來에 어찌 後代를 絶하지 아니하리요?
10. 飛예①禽친的公母叫雌ㅆ雄쓍②, 走獸的公母叫牝핀牡무③。雖쉬然산書수中常챵見的分阣別볘, 究쥬其치④實ㅆ也不必삐盡진⑤然산。在詩ㅆ經징上有雄쓍狐후的注쥬⑥説, 又在書經上有牝핀鷄司ㅆ晨천⑦的話。飛禽의 公母를 雌雄이라 稱하고 走獸의 公母를 牝牡이라 稱하는 것은 비록 書中에서 늘 보는 分別이지만 其實은 다 그런 것도 아니다. 詩傳에 雄狐라는 註說이 잇고 또 書傳에 牝鷄司晨이라는 말이 잇오.
11. 所쒀有유的活워物우, 有的不分大小都一樣的叫法예, 就쥬像쌍小狗쩌還是叫小牙야狗、小母狗, 小猫毌還是叫小牙猫、小女부猫; 但是也예有大小不一樣叫法예的, 就像小牛부叫犉

메⑧子、小羊양叫羔쬬⑨子, 小驢뤼、小馬마、小騾뤄⑩子都叫駒쥐⑪子, 小鼈삐⑫和小兎투子有叫羔쬬子的, 也有叫崽쌔⑬子的。모든 生物에 大小를 不分하고 모두 한가지로 부르는 法이 잇으니 곳 小狗를 통트러 小牙狗, 小母狗라 稱하며 小猫를 통트러 小牙猫, 小女猫라 稱하는 따위며 다만 大小에 稱法이 한가지가 아님도 잇으니 곳 小牛를 犉子라 稱하며 小羊을 羔子라 稱하며 小驢, 小馬, 小騾子를 駒子라 稱하며 小鼈과 小兎子는 羔子라 稱하는 것도 잇고 崽子라 稱하는 것도 또한 잇다.

註: 動物의 男女性을 區分하기 爲하야 公母의 字를 用하며 大小에 相隨하는 別稱이例를 示한 것임.

第三十課 副詞字的應用(七)

相쌍
彼삐此ㅊ
제삼십과 부사자의 응용(七)

1. 他們倆人, 互후相安안慰웨⑭。 그들 두 사람은 서로 安慰하오.

---

①飛₁ ②雌₂雄₂ ③牝₃牡₃ ④其₂ ⑤盡₄ ⑥注₄ ⑦晨₂ ⑧牛₂犉₁ ⑨羔₁ ⑩騾₂ ⑪駒₁ ⑫鼈₁ ⑬崽₃ ⑭慰₄

2. 照좌着各끼人的相貌모不相似쓰, 心裏也不相同퉁。 각인의 얼굴이 서로 같지 아니함과 같이 마음도 서로 같지 아니하다.

3. 他們夫우妻치倆很相得더。 그이들 夫妻 두 사람은 매우 相得하오.

4. 我來的没甚麽重쭝要야的事, 不過跟끈你相求처一點。 내가 온 것은 무슨 重要한 일이 없고 당신에게 한 가지 請하려는 대 不過하오.

5. 明天下쎄半반天(下午우)在北뻬海해公궁園왠相會휘。 내일 저녁 나절에 北海公園에서 서로 만납시다.

6. 從杭항①州쭈到寧닁②波버相隔不很흔遠왠。 杭州에서 寧波까지 相隔이 그리 멀지 아니하오.

7. 照좌着那個方法去做쭤, 怕파不相合허。 그 方法대로 하여 간다면 아마도 相合하지 못할 듯 하오.

8. 你們本번來好感깐③情칭的, 到如수今진爲웨怎麽怒누④目무相看칸呢? 당신들이 本來 좋은 감정이드니 지금 와어 어찌하여 反目相對함잇가?

9. 應잉該쩨在苦쿠難난處추互후相幫빵助주, 才채算쏸是個知즈己지的朋펑友유。 困難한 곧에서 應當 서로 도와주어야 그것을 知己의 벗이라 할 것이다.

10. 騎치着那匹피⑤瘦〔痩〕쏘驢뤼比삐步부行싱兒快쾌慢만相差차不多。 파리한 저 나귀를 타는 것이 步行하는 것보다 빠르고 더딘 것이 서로 얼마 틀리지 아니하오.

11. 人生在世쓰, 和人辦빤事, 不可相欺치。 사람이 世上에서 남과 함께 일하는데 서로 속이는 것은 옳지 못하다.

12. 狗꿔和猫모兒, 不論룬多咱짠, 不能相親친相愛애的。 개와 고양이는 어느 때를 莫論하고 서로 친하며 서로 사랑하기는 不能하다.

13. 你們的生씽活, 雖쉬然싼困쿤苦쿠, 可不要因인着苦處추相爭정, 應該相讓샹纔째好。 당신들의 生活이 비록 困難하드라도 苦生을 因하여 서로 다투지 말고 應當 서로 사양하여야 좋소.

14. 那兩량個政정黨당⑥, 在表뺘面몐上好像샹相反왠似쓰的, 可在裏面仍싱⑦有相通퉁的。 저 두 政黨은 表面에서는 마치 相反되는 듯하지만 裡面에서는 如前히 相通

---

①杭2 ②寧2 ③感3 ④怒4 ⑤匹3 ⑥黨3 ⑦仍2

하오.

15. 相敬ᄀᆼ相信ᄭᆫ的朋ᄑᆼ友ᄋᆕ, 不可커相拘ᄀᆕ相迎ᄋᆫ①相送的虛ᄉᆕ禮리. 서로 공경하며 서로 믿는 朋友가 서로 맞으며 서로 보내는 虛禮에 서로 拘碍됨은 옳지 못하다.

16. 咱짜們是原ᄋᆐ來不分ᄋᆑᆫ彼ᅋᅵ此ᄎᆮ的朋友. 우리들은 本來 네 것 내 것을 가리지 아니하는 벗이오.

17. 你們不必遞②呈③子, 彼此 説和都好哪. 당신들은 告訴狀을 드릴 것 없고 彼此에 和解하면 좋을 것이오.

18. 一個東ᄃᆼ西시, 你們彼此都要, 讓샹我怎ᄌᆫ麼辦빤呢? 한 물건을 가지고 너이가 彼此에 서로 갖이려 하니 나로 하여금 어떻게 하라느냐?

19. 剩ᄉᆼ④下的那兩량件쟌事情ᄎᆼ改개⑤日시彼此談ᄐᆞᆫ論룬罷. 남어지의 두 가지 일은 다른 날 彼此에 이아기합시다.

20. 我們這莊쟝人, 像個一家쌰人似ᄯᅳ的, 彼此都是照ᄌᅶ應ᄋᆼ. 우리 이 農村사람은 한 집안 사람 같앗서 彼此에 서로 돌보아 줍니다.

21. 你們二ᅌᅥᆯ位웨彼此賠ᅟᅢ禮리和好, 我很佩⑥服부. 당신들 두

분이 彼此에 謝過하고 좋게 지내니 내가 매우 欽慕합니다.

22. 那兩隻ᄎᆮ公鷄지, 在土투坡퍼⑦上彼此對되看鬥무⑧起來. 저 숫닭 두 마리가 언덕 우에서 彼此에 마주보드니 싸움이 일어낫오.

23. 請칭衆ᄌᆼ⑨位웨都坐쭤下, 不要彼此推튀讓샹. 請컨대 여러분은 모두 앉[앉]으시오. 彼此에 謙讓할 것이 아니외다.

24. 不用ᄋᆼ再째多疑이⑩惑훠, 把事情的內네容ᄉᆼ, 如此如彼都告訴他罷. 다시 더 疑惑하지 말고 일의 內容을 이러저러한 것을 모두 그 사람에게 일러주시오.

25. 一莊쟝上的人, 若뤄有錯춰處추, 不可爭ᄌᆼ嘴쮜, 彼此包ᄇᅶ⑪容忍ᄉᆫ耐내纔好. 한 農村사람으로 만일 잘못된 곧이 잇드라도 말다툼하는 것은 옳지 못하고 彼此에 包容하고 忍耐하여야만 좋슴니다.

26. 我看他們彼此懷ᅘᅢ⑫恨흔得去, 將來必ᅋᅵ不能彼此相安ᅡᆫ. 내 보기에는 그들이 彼此에 恨을 품고 지내니 將來에 반드시 彼此에 서로 便하지 못할 것이오.

27. 你還説ᄉᆑ他們彼此有仇춰, 若뤄

①迎2 ②遞4 ③呈2 ④剩3 ⑤改3 ⑥佩2 ⑦坡1 ⑧鬥4 ⑨衆4 ⑩疑2 ⑪包1 ⑫懷2

有仇, 那能녕彼此結계親친呢! 당신이 아직도 그들이 彼此에 仇讎가 잇다고 말하오. 만일 仇讎가 잇으면 어떻게 彼此에 結婚하엿 겟오!

第三十一課 疑問詞(三)

幾지、多少[뒤솨]、若干[쉐깐]
甚麽……呢
……甚麽

제삼십일과 의문사(三)

1. 先生有幾지位웨슈令링郞랑, 幾位令愛애? 先生은 아들이 몇 분이 잇으며 딸은 몇 분이나 잇는가요?

2. 昨줘天你在火훠車쳐站잔卸셰①了幾지噸둔煤메? 어제 당신은 停車場에서 石炭을 몇 噸이나 부리웟오?

3. 他們八個弟듸兄쓩裏頭, 他是스行항幾? 저의들 八兄弟 中에서 저 사람이 몇 제인가요?

4. 你們家쟈口一共궁有웨幾個人신? 당신들 食口가 몇 사람이나 되오?

5. 他們幾個人, 净징顧구自쯔己지, 不顧別볘人. 저이들 몇 사람은 다만 自己만 돌보고 남을 돌보지 아니하오.

6. 没메有別的事, 就쥬是跟끈你説줘

幾句쮜話화, 要商샹量량一件졘事. 다른 일은 없고 곳 당신과 몇 마디 말을 하고 한 가지 일을 좀 商議하자는 것이오.

7. 從충南난京징到따朝쨔鮮쎈京城청, 花多뒤少쌰盤판②費페可以到呢늬? 南京서 朝鮮京城까지 旅費를 얼마나 쓰면 갈까요?

8. 你買來的那疋피愛애國궈布부, 給께多少錢了? 당신이 사온 그 愛國布 한 疋에 얼마나 주엇오?

9. 乾챈隆룽皇황帝띄③問원劉류墉융④説: "你看街졔市스上有多少人呢?" 劉墉説: "也예不過궈是名밍利리兩個人." 乾隆皇帝가 劉墉더러 물어 말하대, "街市 우에 몇 사람이나 잇는가?" 한즉 劉墉이

①卸₄ ②盤₂ ③乾₂隆₂皇₂帝₄ ④劉₂墉₁

말하기를 "名과 利의 두 사람에 지나지 못하오." 하엿다.

10. 從北京징到天津진(신)①, 一共궁有多少里리? 北平서 天津까지 모두 몃 里나 되는가요?

11. 賬쟝頭上若쉬有多少錢, 我就還환你多少。文薄上에 만일 얼마가 잇다면 내가 곳 얼마를 당신에게 갚으리다.

12. 他雖쉬然쇼有年녠紀지②, 辦事還해不知多少。그이는 비록 나이 많엇으나 아직도 일하는대 셈을 알지 못하오.

13. 你看蓋깨這間쟨房양, 費예了료若쉬干간日시字[子]쯔能넝蓋完완呢? 당신 보기에 이 집을 짓는데 몃 날이나 虛費하면 能히 完成하겟오?

14. 你想쌍編볜這本번書수費了료若干心신血쉐③。당신 생각하여 보시오. 이 册을 짓는데 心血을 얼마나 虛費하엿겟오.

15. 我費了若干日字[子], 纔種쫑了료一畝무地的菜채。나는 若干의 날을 虛費하여 겨우 一畝地의 菜蔬를 심었오.

16. 我到此쯔地, 不過要買若干的貨훠。내가 이 곧에 온 것은 若干 物件을 사려는대 不過하오.

17. 我們的糧량食스④還해有若쉬干간不够꺼。우리의 粮食은 아직도 얼마가 못자라오.

18. 在那裏做져針젼綫쪤的姑구娘냥, 是你的甚젼麽人? 저기서 바느질하는 處女는 당신에게 어찌 되는 사람이오?

19. 你們這裏娶취媳시行싱甚麽禮리呢? 당신들 여기서 장가드는 대 무슨 禮를 行하오?

20. 弄눙壞홰了人家的東西, 你不賠페他, 這是甚麽意이思쓰呢늬? 남의 물건을 못 쓰게 만들고 네가 그에게 물어 주지 아니하니 이것이 무슨 意思냐?

21. 我纔홰見쟨你在那裏争정鬧냐, 是甚麽原웬故구라呢? 내가 방금 당신이 거기서 다투는 것을 보앗는데 그 무슨 까닭이었오?

22. 上靑칭島따去的輪룬船촨, 爲웨什麽不能開캐呢? 靑島로 가는 汽船이 무엇 때문에 떠나지 못하는가요?

23. 你那心口疼텅的病삥, 爲甚麽不早짜오調땨오(땨오)治[治]쯔⑤呢? 당신이 그가 가슴앓이 病을 어찌하여 일즉이 治療하지 아니하오?

24. 從충前쳰, 大模무大樣양的那個

---

①津₁ ②紀₃ ③血₄ ④糧₂食₂ ⑤調₂治₂

人，爲甚麽這樣垂춰①頭傷샹氣치呢？以前에는 제법 뽑내든 그 사람이 무슨 까닭에 이렇게 垂頭傷氣하는가요？

25. 你不留류心신你的病삥，爲甚麽偏펜②要動둥身션(起치身)呢늬？ 당신이 당신의 病을 돌보지 않고 무슨 까닭에 굳이 떠나려고만 하오？

26. 你爲甚麽這樣快活훠呢？ 大概개是交쟈易이所쒀的行향市스好了라罷！ 네가 무슨 까닭에 이러케 좋아하느냐？ 아마도 取引所의 市勢가 좋은 것이지！

27. 尊쭌敬징長쟝③上샹，不是甚麽難난事쓰。 長上을 尊敬하는 것이 무슨 難事가 아니오．

28. 英잉國和허美메國的海해軍퀀不

差차甚麽！ 英國과 米國의 海軍 얼마 틀리지 아니하오．

29. 他的本븨事没甚麽好，我爲他提醒싱④了랴好些쎄話，就當당個耳얼傍팡風엥了。 그의 才能이 別로 좋을 것 없오. 내가 그를 爲하여 좋은 말로써 깨치 주어도 고만 귀 뒤로 듣소．

30. 你們那屋우裏常쌍冒마烟얜，不知道甚麽毛마病。 당신들 그 방안에 늘 연기가 끼니 무슨 병통인지 알 수 없오．

註：" 幾 " " 多少 " " 若干 " " 甚麽 " 等은 總히 疑問語이며, 此를 使用하야 疑問句을 作하되 " 甚麽 " 의 下에 " 呢 " 字가 달일 때는 强意의 質問을 發하게 하나니라．

第三十二課　數畫〔量〕字的用法(二)

趟탕、次쯔、下子〔싸쯔〕、頓둔、遭쟈、回훠、番완、遍볜、程청子、程、氣兒、陣젼、會훠、圈퀜、齣추、場쟝

家、輩베樣、宗쯩、黨群당췬、例起리치、體틔、種쭁、路루、伙훠兒類레、對뒤、家、族쭈

제삼십이과　수양자의용법(二)

1. 他쨔早已이起치(動)身션了라，叫쨔我白배跑파了랴一趟탕⑤喇라！ 그 사람이 발서 떠난 것을 나는 쓸대없이 한번 허탕을 하였오．

2. 我勸퀜他戒졔烟얜，不止쓰⑥一次

①垂2　②偏1　③長2　④醒1　⑤趟4　⑥止3

쓰喇라。 내가 그에게 鴉片을 끊으라고 勸한 것이 한 번만이 아니오.

3. 我買的那個玻_뻐璃_리管_관子, 在街_제上跌_떼倒_닻了_랐一下, 就砸_짜① 壞_홰了。 내가 산 그 유리 管은 거리에서 한번 넘어젓어 고만 바사젔오.

4. 他一喝_허酒_주, 就醉_줘②的鬧_냐起來, 所以_이我把他飽_빠③打了_랐一頓_둔了。 그 사람은 술만 마시면 고만 醉하여 떠들어 내므로 내가 한바탕 흠썩 때렸오.

5. 一遭_짠生, 兩遭熟_수, 三遭就是老_랴主_주顧_구。 한 번 보면 生面이오 두 번재는 熟面이오 세 번재는 곳 단골이오.

6. 過_궈了一回的失_스敗_배, 長_쨩了一回的經_징驗_얜④。 한 번의 失敗를 지내면 곳 한번의 經驗이 늡니다.

7. 他很_흔聰_충明_밍, 勿_우論_룬那一類_레的書_수, 看了_랐一遍_벤⑤就記_지得더。 그는 매우 聰明하여 勿論 무슨 글이나 한 번만 보면 곳 記憶하오.

8. 這一程_청⑥子老没見面_멘, 到底_디你往_왕那裏去來着_져? 이 한동안은 볼 수가 없으니 結局 당신이 어대 갓다 왔오?

9. 我想_썅這一程_청, 一定_띵要遇_위見他, 請_청你再_째走_쩌一程罷。 나는 이 지음에 一定코 그를 만나 보려고 생각하니 請컨대 당신은 다시 한 번 더 갑시다.

10. 他在這裏一氣_치兒喝_허了半_빤斤_진酒_주, 一溜_류烟_얜的跑_파去了。 그 사람은 여기서 한 숨에 술 半斤을 마시고 뒤도 돌아보지 않고 달려갔오.

11. 不但_단他一回也没有來往, 連_롄信_신也没有接_졔着。 그가 다만 한번도 來往하지 아니할 뿐만 아니라 편지까지도 받지 못하였오.

12. 昨_줘夜_예颳_꽈了_랐一陣_전⑦暴_바⑧風_펑, 把院_왠裏的花_화兒都謝_셰⑨了。 어제 밤에 暴風이 한 바탕 불드니 花園안의 꽃을 모드 떨어트렸오.

13. 這樣做_쭤了一會_휘歇_셰一會, 不如_수一氣兒做完_완好。 이렇게 조금 하고 조금 쉬는 것은 한숨에 모두 한 이 만큼 좋지 못하오.

14. 打了_랐一圈_쵄⑩牌_패, 看了_랐一齣_추⑪戱_시, 請了_랐一桌_줘客_커, 喝了_허了_랐一盅_중⑫酒_주, 打了_랐一場_장架

───────────────
①砸2 ②醉4 ③飽3 ④驗4 ⑤遍4 ⑥程2 ⑦陣4 ⑧暴4 ⑨謝4 ⑩圈1 ⑪齣1 ⑫盅1

쟈。마작(麻雀)한 바퀴 놀고 演劇 한 幕 구경하고 한 턱 내어 손 대접하고 술 한 잔 마시고 싸움 한 바탕 하였다.

15. 我和他一家, 并㗹且체一輩배。 나는 그로 더부려 한집안이며 아울러 한 行列이오.

16. 一樣的米미麵몐, 各꺼人的手쒼段탄①。 한 가지 쌀과 가루에도 각 사람의 手段이다.

17. 這一宗쫑鞋쎄子, 不但딴一樣的材쌔②料랴, 而얼且쳬尺츠寸춘也예一般반③兒大。 이 신발들은 다만 한 가지의 材料일 뿐만 아니라 치수도 또한 一般으로 큼이다.

18. 他們一流류④人結졔成엉了랴一黨당, 把黨務우一心一意的辦빤去。 그들 一流의 사람은 一黨이 되었어 一心과 一意로 黨務를 處理하여 가오.

19. 這一群牛、馬、羊都是我們的, 没有别人的。 이 한 무리의 소, 말, 도야지, 羊은 모두 우리의 것이오. 다른 사람의 것은 없오.

20. 你把家쟈務우和公궁務不可那樣一例리⑤講쟝。 당신이 집안일과 公務를 一例로 이야기하는 것은 옳지 못하오.

21. 這一起치的女뉘人, 都是一體틔的精졍神쩐。 이 한 떼의 女人들은 모두 一體의 精神이오.

22. 萬완牲셩園왠裏的一種쭁象썅⑥, 是從印인度두來的。 萬性 [牲] 園 안의 그 一種의 코끼리는 印度에서 온 것이오.

23. 請你别說那一樣的好歹대⑦, 這都是一路루的貨훠。 請컨대 당신은 그 어떤 것의 好否를 말하지 마시오. 이것이 모두 한 類의 物品이외다.

24. 這一伙훠兒, 趕간駱뤄駝퉈⑧的都是從口外왜來的。 이 한 떼의 駱駝 몰이군은 모두 張家口에서 온 것들이오.

25. 這一等덩人好像썅毒뚜蛇셔⑨一類레, 常챵給께人類社셔會莫머(무)⑩大的害해毒。 이 한 類의 사람들은 毒蛇와 같은 一類로서 항상 人類社會에 莫大한 害毒을 줍니다.

26. 在他們家裏遇워見졘了一對뒤雙썅⑪生셩(雙抱바⑫)孩해子쯔, 身션量량和面몐貌마, 都是一貌 [模] 마一樣。 그들 집에서 한 雙의 雙童이를 만나 보앗는데 키와 얼굴이 모두 한 貌樣입듸다.

---

①段₄ ②材₂ ③般₁ ④流₂ ⑤例₄ ⑥衆₄ [象₄] ⑦歹₃ ⑧駱₄駝₂ ⑨蛇₂ ⑩莫₄ ⑪雙₁ ⑫抱₁

27. 你們都是一宗쫑一族쭈的人, 不可互후罵마相썅爭졍. 당신들이 모도 한 宗族의 사람들이니, 서로 辱하며 서로 다투는 것이 옳지 못합니다.

註 : 本課에서 特히 注意할 바는 一字가 數量을 表示하는 陪伴字와 合하야 種種의 熟語를 作하는 것이니라.

第三十三課 "頭"字的用法

제삼십삼과 두자의 용법

1. 他拿拳췐頭투, 打我的指ㅆ頭. 저 사람이 주먹을 갖이고 나의 손가락을 때렸오.

2. 日시頭快要落랖了, 快快的回휘去罷! 해가 未久에 떨어지려고 하니 어서 빨리 돌아가시오.

3. 那雙쐉鞋쎼不用융加쟈①楦쏀②頭排패一排. 저 신 한 雙은 신골을 끼엿어 골을 켜지 마시오.

4. 有一隻ㅈ輪룬船촨在碼마③頭, 净징裝쫭載재④石ㅅ頭. 汽船 한 隻이 埠頭에서 단지 돌만 실소.

5. 這兩個丫야⑤頭, 一個伺ㅆ候후老太太, 一個伺候老爺예. 이 두 게집애는 하나는 老마님을 모시고 하나는 老영감을 모시오.

6. 中중國人愛애吃ㅊ蒜쏸⑥頭, 西시洋양人愛吃芋워⑦頭. 中國사람은 마눌을 잘 먹고 西洋사람은 감자를 잘 먹소.

7. 他的病삥很重즁, 連렌舌셔頭也發빠黃황了. 그의 病은 매우 重하여 혀까지 곱이 끼엿오.

8. 波버稜렁⑧蓋깨兒, 是腿퉤中間쟨的骨구⑨頭節제⑩兒. 무릎은 다리 中間의 뼈마디오.

9. 他家裏有個碓뒈臼⑪, 就是没有碓뒈頭뒤. 저 사람 집에는 절구만 잇고 절구꽁이는 없오.

10. 他在銀인行항借졔了三千쳰塊콰錢, 把家産짠都做줘了押야⑫頭了. 그는 銀行에서 三千元를 빗내고 家産을 모두 抵當하였오.

11. 高까麗리的馬마雖쉬小, 不帶대轡페⑬頭, 没法빠兒騎치牠타. 高麗의 말은 비록 작아도 자갈을 물리지 않고는 그 것을 탈 수 없오.

①加₁ ②楦₄ ③碼₃ ④装₁載₃ ⑤丫₁ ⑥蒜₄ ⑦芋₄ ⑧稜₂ ⑨骨₃ ⑩節₂ ⑪碓₄臼₄ ⑫押₁ ⑬轡₄

12. 回頭天氣一定晴쟁①，請你可以放양心。좀 잇다가는 날이 一定코 갤 터이니 請컨대 당신은 마음을 놓으시오.
13. 這木무頭太長쟝，你可以拿鋸쥐②子來截졔③一半반兒。이 나무는 너무 기니 당신은 톱을 갖이고 왓어 절반을 잘나 주오.
14. 他做쮀弓궁倒도有手쒀頭，拉라弓④(射 셔(쓰이)箭젼⑤)倒没準쥰頭。저이가 활 맨드는 대는 좋은 手巧가 잇지만 활을 쏘는 대는 標準이 없오.
15. 此츠地的景징緻즈⑥，雖쉬説有看칸頭，依이我看没甚麽戀롄(롼)⑦頭。이 곧의 景致를 보암 즉한 것이 잇다고 말하지만 내 보기에는 무슨 戀慕함 즉한 것이 없오.
16. 他的口쿠頭話화，雖然산帶대着許쉬多뒤笑쌰頭，却췌没聽팅頭。저이의 口癖이 비록 많은 웃음거리를 갖엇지만 들음 즉한 것이 없오.
17. 你説這件쟨事的來頭難난辨，叫我有甚麽去頭呢? 당신이 말하되 이 일의 來頭가 處理하기 어렵다 하면서 나로 하여금 무슨 감 즉한 것이 잇겠오?
18. 在這裏也没甚麽靠캬頭，往왕那裏去也没大住쥬頭，真젼是一個孤구⑧苦쿠的人。여기서도 무슨 依支함 즉한 대가 없고, 저기 가도 크게 잇을 만한 대가 없으니, 참으로 一個 狐 [孤] 獨한 사람이오.
19. 那没有望왕頭(盼판頭)除추⑨了除得더些쎄工꿍錢以外왜，没有一點甜톈⑩頭(外왜出息시)。그것은 바람 즉한 것이 없고, 工錢 조금 얻는 것을 除한 外에는 조금도 감빨엄 즉한 것이 없오.
20. 俗수語유説：″要價쟈不嫌쎈⑪多，還환價不嫌少쌰。″所숴以이買東西的時候혀，不好一口커到了랴數수，總쭝要留류添톈⑫頭。俗説에 말하되 갑을 달나는 대는 많은 것이 싫지 않고 값을 깎는 대는 적은 것이 싫지 않다 하였오. 그러므로 물건 살 때에 한 마디로 얼마라 부르는 것이 좋지 못하고 도무지 좀 더 부를 것을 남겨 두어야 한다.
21. 做쮀這路루買賣，没有甚麽大賺쫜頭，却췌好懶란⑬閒쎈手쒀有甚麽活훠頭呢? 이런 장사를 하는 것이 무슨 크게 돈 모을 거이는 없지만 손(手) 놓고 놀기만 좋아

①晴2 ②鋸4 ③截2 ④弓1 ⑤射4箭4 ⑥緻4 ⑦戀4 ⑧孤1 ⑨除2 ⑩甜2 ⑪嫌2 ⑫添1 ⑬懶3

한다면 무슨 살아 갈 거리가 잇겟오.
22. 凡앤事ㅆ失ㅅ了랴敗배也不能넝不做到盡진頭, 又여成功궁也不可做到댜盡頭。凡事를 失敗하엿드라도 盡頭까지 아니하지 못 할 것이며 成功하여도 또한 盡頭까지 하여서는 않된다.
23. 他的嘴줘頭頂뎡利리害해。心頭有甚麽, 就説甚麽。저 사람의 입은 第一 무섭다. 마음에 무엇이 잇으면 고만 그것을 말한다.
24. 這些没有打趣취的話, 有什麽説줘頭! 이러한 滋味 없는 말들은 무슨 말할 것리가 되겟오.
25. 今진年녠這個年頭也不過궈是平핑平兒的, 没甚麽大進진頭。今

年의 이 年事도 平作에 不過하여 무슨 큰 收入거리가 없오.
26. 我們要辦빤一個俱쥐①樂러部부, 可擺배些那種즁玩완頭好呢? 우리가 俱樂部 하나를 設立하려는데 어떠한 遊戲거리를 차려 놓는 것이 좋겟오?
27. 我在去쥐年, 從충威웨②海해衛웨③去烟앤臺태, 風웡頭實在順슌當당。雖쉬坐줘木무船, 比삐坐輪船還有滋ㅅ味웨。내가 昨年에 威海衛로부터 烟台에오는데 風勢가 참으로 順하여 비록 木船을 탓지만 輪船 탄 것보다 도리어 滋味가 잇엇오.

註: 本課에서는 "頭"字의 引伸意로 活用된마를 示함이니 學者－特히 留意할 곳이니라.

第三十四課 數量字的用法(三)

條랴、隻즈、匹피、頭투、雙솽、口커우、劑지、間쟨、棵커、副유、科커
제삼십사과 수양자의 용법(三)

1. 史ㅅ家的大哥거, 真젼是一條탸好漢한子。史氏집 大兄은 참으로 한 好漢이다.
2. 這條路루是往通통縣쩬去的, 那條路是往豐윙④臺태去的大道다오.

이 길은 通州로 가는 것이오 저 길은 豐臺로 가는 큰 길이오.
3. 捆쿤⑤這些行싱李리, 一條繩셩⑥子不够再拿나兩條。이 여러 行李를 묶으려면 바 한 오리가 못

①俱₁ ②威₁ ③衛₄ ④豐₁ ⑤捆₃ ⑥繩₂

자라겟으니 다시 두 오리를 갖어 오너라.

4. 你可以上街제, 買五條新신鮮쎈鯉리魚워①來. 당신은 거리에 갓어 新鮮한 鯉魚 다섯 마리만 사오시오.

5. 她的兩隻ㅈ鞋쎄, 紬츄緞돤面몐繡②上花兒了. 저 女子의 신 두 짝은 비단 바탕에 꽃을 繡놓았오.

6. 他走不到三十里리路, 兩隻脚쟈磨머起泡표③來了. 그는 三十里를 채 못갓어 두발이 모두 부룬었오.

7. 有一隻船촨, 在河허裏打따魚워. 배 한 隻이 河水에서 고기를 잡소.

8. 我們家裏養양了랴七隻鴨야④子, 八隻鵝어⑤, 二十隻小鷄지, 三隻公꿍的, 十七隻母的. 우리 집에서는 오리 일곱 마리와 게우 여듧 마리와 병아리 스무 마리를 養하는데 세 마리는 숫놈이오 열일곱 마리는 않놈이외다.

9. 他那匹驢뤼子走的快쾌, 一天能走쭝二百里地. 저 사람의 그 나귀는 매우 빨랏어 하루에 二百餘里를 갈 수 있오.

10. 這匹馬마, 在쎄賽쌔馬大會휘賽⑥的真쩐好. 이 말은 競馬大會에서 競走를 참 잘하오.

11. 那一匹哈하⑦巴바狗꼬우, 一天能吃多少肉쑤呢? 저 한 마리 발바리는 하루에 고기를 얼마나 먹을 수 있는가요?

12. 一頭駱뤼駝뒤能馱뒤⑧好幾百斤진. 駱駝 한 마리에 몇 百斤이나 실을 수 있을가?

13. 馬隆룽福뿌他有幾頭牲썽口呢? 馬隆福 그 이는 牛馬를 몇 마리나 갖었오?

14. 他家過的很寬콴綽춰⑨, 養양着十頭駱駝, 十二頭牛뉴, 八頭騾뤄子, 七頭驢뤼子, 一百來頭羊양, 九十多頭猪주. 그 집은 지내가 매우 너그리워어 駱駝 열 마리와 소 열두 마리와 노새 여듧 마리와 나귀 일곱과 羊 百餘 마리와 도야지 九十餘 마리를 養하오.

15. 一年我穿촨一雙皮피靴쉐⑩, 他穿五雙布부鞋쎄. 나는 一年에 가죽신 한 켜리를 신고 저 사람은 헝겊신 다섯으 켜리를 신소.

16. 他們家裏有爹데⑪娘냥, 媳시婦뿌, 小孩해兒, 妹메妹, 連롄他一共꿍六루口커우人. 저 이들 집안에는 아버지 어머니와 안해와 어린

---
①鯉3魚2 ②繡4 ③磨2泡4 ④鴨1 ⑤鵝2 ⑥賽4 ⑦哈1 ⑧馱4 ⑨綽1 ⑩靴1 ⑪爹1

애와 누이와 저 사람까지 모두 여섯 食口가 있오.

17. 這七치劑지①(包바)散싼藥야②多少錢一劑지(包)? 이 가루 藥 일곱 첩에 한 첩에 돈이 얼마식이오?

18. 這衕후衕통③裏頭, 有八間젠瓦와房양招쨔④租쭈的. 이 골목 안에 여듧 間 瓦家가 貰주는 것이 있오.

19. 十根끈草챠오有十根草⑤的露루⑥水숴養. 열 포기 풀에는 열 포기의 이슬이 잇어 養하오.

20. 果궈圜푸⑦裏有五十棵커⑧葡푸萄탸오树수, 一百六十棵蘋핑果궈树, 二百八十多棵커的梨리树. 果圜 안에는 포도나무 五十株와 사과나무 一百六十株와 배나무 二百八十餘 株가 있오.

21. 那匣쌰⑨子裏, 有四쓰十스五副푸釦〔鈕〕뉴⑩子. 저 匣 안에는 단추 마흔다섯 벌이 있오.

22. 花화園웬裏有十科〔棵〕커玫메瑰귀⑪, 三十科〔棵〕收〔牡〕무丹단, 八科〔棵〕月웨季지⑫(月季紅홍), 六科〔棵〕金진銀인花. 花園 안에는 薔薇花 열 포기와 牡丹 서른 포기와 月季花 여듧 포기와 金銀花 여섯 포기가 있오.

23. 從口外왜來了랴오三十多乘청⑬駝

뒤轎쟈오. 張家口에서 駱駝轎子 三十餘 채가 왔오.

24. 王왕二山싼雇구三匹驢뤼子, 馱뒤了랴오好幾十疋絹젼⑭緞돤布부帛버⑮, 往新신疆쟝⑯做生意이去了. 王二山은 나귀 세 疋을 얻어 絹緞布帛 몇 十疋을 실고 新疆으로 장사하러 갔오.

25. 山東娶취親친有用兩頂명(乘청)轎쟈오的, 有用四頂(乘)轎的. 山東에서 婚姻하는데 兩乘轎를 쓰는 이도 잇고 四乘轎를 쓰는 이도 있오.

26. 那個車쳐行항裏有三輛량⑰汽치車, 五輛馬車, 十五輛東둥洋車. 저 車行 안에서 自動車 세 臺와 馬車 다섯 臺와 人力車 十五臺가 있오.

27. 福푸成청棧잔⑱是個大米미行항, 大米, 高粱량, 豆뚜餅빙⑲, 小米, 白배麵몐一共有二白多個堆뒤(·줴-)子. 福成棧은 큰 米店이오, 白米와 玉수수와 豆餅과 小米와 밀가루가 都合 二百餘 가리가 있오.

28. 定딩親的時候, 定禮리陪페送쏭的可不一樣. 大概개說起치來, 有三疋피紅홍紗샤⑳, 五疋庫쿠緞돤, 一疋洋布부, 一副푸鐲줘子즈,

①劑쥐 ②藥야오 ③衕통 ④招쨔 ⑤草챠오 ⑥露루 ⑦圜푸 ⑧棵커 ⑨匣쌰 ⑩鈕뉴 ⑪玫瑰메귀 ⑫季지
⑬乘청 ⑭緞돤 ⑮帛버 ⑯疆쟝 ⑰輛량 ⑱棧잔 ⑲豆餅뚜빙 ⑳紗샤

兩副戒계指, 四副耳얼墜취①子, 三根끈耳얼控와子, 五根簪잔②子, 鍾〔鐘〕종表뵤, 燈명臺태, 床샹, 大鏡깅子, 大櫃귀, 皮피箱썅, 被베擱거子, 鋪푸蓋깨, 枕젼頭등類레不可一一細시說눠。定婚할 때에 禮物로 納幣하는 것이 같지 않으나, 大概 말하자면 紅甲紗 三疋, 모본緞 五疋, 布木 한 疋, 팔둑가락지 한 켜리, 귀거리 네 벌, 귀우개 세 개, 비녀 다섯 개, 時計, 燈臺, 큰 거울, 큰 櫃, 皮箱, 이부자리 넣는 衣거리, 이불자리, 베개 等類로서 一一히 모두 말할 수 없오.

註 : 本課에서도 數量을 表示하는데 使用하는 陪伴字들을 示함인데 外國人에게 가장 頭痛거리 되는 것이다. 다시 말하자면 類似한 動物에 或은 "匹"字로, 或은 "頭"字로, 或은 "隻"字로, 其數量을 表示하는 따위니라. 中語의 精通 與否를 이런 곳에서 보게 됨으로 特히 學者는 留意하고 努할 바이니라.

第三十五課 會話(三)

久違閑話
제삼십오과 회화(三)
오래만에 만난 이야기

1. 啊, 你回훼來喇? (答)回來喇, 久쥬違웨③久違。(應)少솨見少見 (彼삐④此츠彼此)。아, 당신이 도라왓구려? (答)네, 도라왔오. 오래 동안 隔阻하얐오.(答)彼此에 그렇습니다.

2. 府上(家中)老世쓰伯버⑤, 老伯버母和令링昆쿤仲중⑥都納나福우啊? (答)托튀⑦福托福(托尊준駕쟈的福), 都平安안。宅에 아재씨와 아즈머니와 兄弟분들이 모도 安寧하심잇가? (答)당신 德澤에 모도 平安함이다.

3. 我這幾個月, 沒到府上來, 現在令堂, 還康캉健잰⑧麼? (答)承청⑨問承問, 現在家母還好。나는 이 몟 달 동안에 宅에 오지 못하엿는데 至今 萱堂게서 一向 健康하심잇가? (答)네, 고맙음이다. 어머니게서 아즉 健康하심이다.

4. 你離리京以이後후, 中央양飯館관的那項썅⑩錢單단, 我給他們還환

---

①墜4 ②簪1 ③久3遞2[違2] ④波3[彼3] ⑤世4伯2 ⑥昆1仲4 ⑦托1 ⑧康1健4 ⑨承2 ⑩項4

請칭了。(答)那나兒的話呢！我吃喝허的還해能叫你開錢嗎？당신이 서울 써난 뒤에 中央飯舘의 그 會計賬은 내가 그들에게 淸算하여 주었오. (答)이게, 무슨 말이오？ 내가 먹고 내가 마신 것을 당신다려 돈 치르게 할 수 있음니까？

5. 那不要緊긴, 你我之즈間잰, 還能分出你喝我吃的呢？若是我沒在家，你也應當那樣的，還關〔管〕那麼點事嗎？ (答)啊, 算쏸了罷！明白了, 再多講쟝就是廢폐①話咯레②。그것은 상관없오. 당신과 나 사이에 어찌 能히 네가 마시고 내가 먹은 것을 分別하여 낼 터이오. 만일 내가 집에 없엇다면 당신도 應當 그렇게 할 것인데. 그래, 고만한 일을 관계하겠오？ (答)아, 고만 두시오. 다 알었오. 다시 더 말한 대야 곳 쓸데없는 말이오구려！

6. 姓싱陳쳔③的上月娶췌了一個媳시婦우, 不像썅受쑤窮쳥④的樣子。你聽見了沒有, 她帶대了四千多元왠的體듸己(私쓰⑤房왱)來, 還不够他的花消쏴⑥(嚼췌(쟈)過)嗎？ 陳哥가 前月에 마누라 한나를 얻엇는데 困窮한 모양 갓지 안이하오. 당신은 그 女子가 四千餘元의 제 돈을 갖이고 왔다는 말을 듣지 못하였오？ 그런데 그 사람의 消費가 못자랄 것야 있오？

7. 我這兩天, 請了大伙훠吃了一頓둔, 要組주⑦成청一個有限쎈⑧公궁司쓰⑨, 托퉈你助주我一膀빵之즈力리。(答)那何用說(講), 咱們都是一身一體, 不幫助你, 還幫助誰呢？ 내가 이 二三日 안에 여러분을 請하여 밥이나 한 끼 먹고 株式會社 한아를 組織할여 하는데 당신이 네게 一臂의 力을 도아 주기를 부탁하오. (答)그것이야 무슨 말할 것 있오？ 우리가 모도 一身一體인데 당신을 돕지 아니하고 누구를 돕겠오？

8. 離리別볘以後, 咱們一見面, 覺쟈着지不知즈有多少話要說。及至果궈⑩眞젼見젼了面몐, 反앤覺着無우話可說, 你看奇치⑪不奇？ (答)可不是嗎, 我也那麼樣了。離別한 뒤에 우리가 한번 만나기만 하면 할 말이 얼마나 잇는지 알 수 없는 듯하더니 及其 정말로 얼골을 보고 나니 도로혀 할 만한 말이 없는 듯한 즉, 자, 여보, 이것이 이상치 아니하오？ (答)왜 안 그렇겠오, 나도 또한 그

---
①廢4 ②咯4 ③陳2 ④窮2 ⑤私1 ⑥消1 ⑦組4 ⑧限4 ⑨司1 ⑩果3 ⑪奇2

렀오.

9. 啊, 忘왕了一件젠, 這咱잔子, 你得(生)了一個男난孩해兒, 我們總쯩要吃你的喜시麪몐(喜蛋단①). 這一回, 你躲둬②不了랴了라. (答)那有甚麼難난呢? 아, 한 가지를 잊었오. 이즘에 당신이 得男하엿다는데 우리는 어떻든지 당신의 得男禮를 먹을여 하오. 이번은 당신이 避하지 못할 것이오.(答)그것이야 무슨 어렵을 것이 잇겟오?

10. 你在上海給了永융③安안公司쓰的那項쌍錢了嗎? (答)俗쑤語위説, "不見兔투子不撒싸鷹잉④", 我没看見他們的東西, 還能給錢嗎? (答)那是一定딩. 당신이 上海에서 永安公司에 그 돈을 주엇오? (答)俗談에 말하되 "토끼를 보지 않고 코는 매를 놓지 아니한다."는데 그들의 물건을 내가 보지 못하고 오히려 能히 돈을 줄 터이오?

11. 我回來的時候허우, 在火훠車처上遇위⑤見了邢싱老哥거, 帶대着兒孫쑨們往青칭島따오避삐署〔暑〕슈⑥去的, 大有享쌍福的樣子. (答)趕깐自的(自然是)他的大兒子在輪룬船촨公司, 每메月挣정二百元. 第二個在美메國公使쓰館관, 每月挣一百五十元. 第三個在先쎈施쓰⑨公司, 每年挣一千五六百元. 有這麽三個好兒子, 還能不享福麽? 내가 도라올 때에 汽車에서 邢老哥를 만나 보앗는데 孫子들을 다리고 青島로 避暑를 간다니 매우 幸福스럽은 모양이오.(答)自然이지오. 그의 큰 아들은 汽船會社에서 每月 二百元을 벌고 돌재 아들은 米國公使舘에서 每月一百五十元을 벌고 셋재아들은 先施公司에서 每年 一千五百元을 버니 이렇게 좋은 아들 三兄弟를 두고야 어찌 能히 享福하지 아니하겟오?

12. 過幾지天, 我要往口外왜(張장家口)去, 買皮피貨훠來, 不知你想着如수何허? (答)那不必. 依이着現在的情칭況쾅⑩, 過不了랴今年冬둥⑪天, 又여우打起치仗장來, 若뤄是交쨔通퉁遮저斷똰⑫的説, 那不是白白兒的吃虧麽? 몟날을 지나서 나는 張家口에 갓어 皮物을 사 올여고 하는데 당신 생각에는 어떠하오? (答)그리하지 마시오. 내 보기에는 現在의 情形이 今年 冬節을 지내지 아니하여 또한 싸홈이 일어날 터이니

①蛋4〔蛋4〕 ②躱3 ③永3 ④鷹4 ⑤遇4 ⑥邢2 ⑦青島3 ⑧暑3 ⑨施4 ⑩況4 ⑪冬2 ⑫遮1斷3

만일 交通이 杜絕되면 그것은 떨
정하게 보는 損害가 안이겠오?
13. 上回往上海去的, 也不過賺환
些錢的意이思쓰。那個也又不成
청了, 將來怎麽辦[辦]①好呢?
지난번에 上海에 간 것도 또한
돈을 좀 벌야는 意思에 不過하
얏는데 그것도 또한 되지 아니
한즉 將來에 어떻게하면 좋을가
요?
14. 按안着現今的光광景징②看起
來, 甚麽也都不好做。不如수
等到다오明밍年再째辦〔辦〕好。
(答)那是不錯, 很有經〔精〕
鍊랜③的高見。現今의 光景으
로 보면 무엇이던지 모도하
기가 좋지 못하니 明年이나
기달여서 다시 하여 보는 이

만 갓지 못하오. (答)그것은
옳은 말이오. 매우 經驗이 잇
는 高見이지오.
15. 還有一種중本來在外省성做商상
業예, 掙兩塊錢的利리, 不如在
本地掙一塊錢的好。(答)是啊,
不用説損쑨④益이的關관係시, 并
且家下也不願意跑파外(出外)做
生意。또 한 가지가 있으니, 本
是 他省에서 장사를 하여 二元
의 利들 남기는 것이 本地方에
서 一元을 남기는 것만 갓지 못
함니다. (答)그렀읍니다. 損益의
關係만 갖이고 말할 것이 아니라
兼하야 집안 사람들도 또한 밖에
나갓어 장사하는 것을 願하지 아
니하오.

第三十六課 疑問詞(三)

……了没有
……不……
答話
제삼십륙과 의문사(三)

1. 請청的客커, 來齊치了라没有? 請
한 손임들이 모두 오섯읍니까 아
니 오섯읍니까?
2. 你們那裏糧량行항(糧食쓰行市쓰)

長쨩了라没有? 당신네 거기의 米
穀市勢는 올렀오 아니 올렀오?
3. 他們要設서⑤立리一個墾큰⑥牧무
公司쓰, 到底辦了라没有? 그들

①辦4. ②景3. ③鍊4. ④損3. ⑤設4. ⑥墾3.

이 墾牧會社 하나을 設立하려 하
드니 結局만들었오 아니 만들었
오?

4. 這程子你要娶一個小奶奶
的話, 到底説了没有? 이지음
에 당신이 小室 하나를 얻는다는
말이 있으니 정말 그런 말을 하
였오 아니하였오?

5. 這樣冷的天, 在外頭做活,
手凍①了没有? 이렇게 추운
날에 밖에서 일을 하니 손이 얼
지 아니하겠오?

6. 你想家不想家? 당신은 집을
생각하오 아니 생각하오?

7. 你在中國服水土不服? 당
신이 中國에서 水土가 맞는가요
아니 맞는가요?

8. 你看我穿的馬褂②子(馬褂
兒), 合式不合式? 당신 보기
에 내가 입은 馬褂子가 맞오 아
니 맞오?

9. 在你們館子裏, 我要請客, 方
便不方便? 당신네 料理店에
서 내가 손님을 請하려하는데 方
便하오 아니하오?

10. 你若不放心, 我找個保③人
來, 行不行(信不信)? 당신
이 만일 아음을 놓지 못한다면
내가 保證人 하나를 얻어 올 터

이니 되겠오 안 되겠오?

11. 大後天是我父親的壽
辰(花甲), 你能來幫忙不
能? 글피는 내 아버지의 回甲날
인데 당신이 와서 도와줄 수 있
오?

12. 趕落太陽, 能到不能?
해가 질 때까지 到着되겠오 못
되겠소?

13. 請先生借給我仿本兒, 好不
好? (答)那好啊! 請컨대 先生
은 體貼을 내게 빌려 주면 어떠
하오? (答)좋소.

14. 咱們上靑年會館去
看電影好不好? (答)好極
了④。 우리가 靑年會館에 갓
어 活動寫眞을 구경하는 것
이 어떠하오? (答)매우 좋
으오.

15. 王老哥現在窮了到頭, 我
們幾個朋友給他幫個助,
好不好? (答)對對, 那纔禍
亂相救的. 王老哥가 지금
窮한 것이 絶頂에 이르럿으니 우
리들 몇 친구가 그를 도와주는
것이 어떠할가요? (答)그렇소
그렇소. 그렇게 하여야 患亂相救
하는 것이지오.

16. 今年陪着老太太到海沿⑤

①凍₄ ②褂₄ ③保₃ ④極₃ ⑤沿₂

來避삐暑슈, 可以不可以? (答) 怎麽不可以呢? 今年에는 老마님을 모시고 海邊에 오서서 避暑하기가 되겠오 안 되겠오? (答)웨 안되겠오?

17. 我看他太瞧쵸不起치人, 打他一頓둔可以不可以? (答)那不可以。내가 보건대 그가 남을 너무 업수이 여기니 그를 한바탕 때려 줄까요? (答) 그것은 안 됩니다。

18. 請老爺에再째限쩬我一個禮리拜배的期치①, 行不行? (答) 再不行。請컨대 老爺게서 다시 한 週日만 期限 주시는 것이 어떠합니까? (答) 다 시는안 된 다.

19. 我聽팅説, 她的婆피婆苦쿠待대新신來的媳시婦푸, 是對不對? (答)不對, 那真·전正·정没有的話。내가 말을 들으니 그 女子의 시어머니가 새로 온 며느리를 虐待한다니 옳은가요? (答)안 그렇소. 그것은 참으로 없는 말이오.

20. 你要娶취親, 我媒메②給你丁뎡③大姐제, 中不中? (答)不中, 她不能做村춘莊쟝的生活。당신이 婚姻하려면 내가 丁大姐(丁氏집 맛處女)를 仲媒할 터이니 마음에 드오? (答)안 드오. 그 女子는 農村生活을 못할 것이오.

21. 早좌睡쉬早起치, 那不是齊치家的本嗎? (答)是了。일즉 자고 일즉 일어나는 것이 齊家하는 본이 아닌가요? (答)옳습니다.

22. 這一向썅你不辦公事, 净쟝在外邊뻰打牌패, 是真的嗎? (答)不是, 没有那回훠事。당신이 이지음에 公務는 보지 아니하고 다만 밖에서 麻雀만 한다니 참말인지요? (答)아니오. 그런 일이 없습니다.

23. 你到了랴長쟝春춘, 找쟈你堂탕妹메妹家去, 給我捎쌰④個信진罷! (答)是罷。당신이 長春 가거든 당신의 從妹의 집을 찾아갓어 내 편지 한 張을 傳하여 주시오.(答)그리하지오.

24. 我説他不要定了랴早婚훈的話, 那不是爲朋友勸촨的嗎? (答)可不是呢! 내가 그에게 早婚하지 말나고 말한 것이 친구를 爲하여 勸한 것이 아닌가요? (答)그렇고 말구요.

25. 他有個反얜覆푸⑤的毛뫄病, 若쉬不和허他立리下合허同퉁, 以이後후必삐不應잉的。(答)對喇라. 그는 反覆하는 病통이 잇으니 만일 그와 契約書를 써 두지 아니하면 以後에 반드시 應하지 아니할 것

────────
①期₄. ②媒₂. ③丁₁. ④捎₁. ⑤覆₂.

이오. (答)그렇습니다.
26. 你來一趟탕也是不容숑易이的, 談탄談幾天톈再走不好嗎? (答)不啊아, 非페得데不去不可。 당신은 한번 오기도 容易하지 못하니 몇을 동안 이야기나 하다가 가는 것이 좋지 않소? (答)아니오. 가지 않으면 안되겠오.
27. 我要在此츠地開個汽치車公司쓰, 你想怎麼樣? (答)不錯춰, 一定是賺쩬錢的。 내가 이 곳에서 自動會社 하나를 하려고 하는데 당신 생각에는 어떠한가요?

(答)좋지요. 一定코 돈을 벌 것이오.
註: 疑問句를 作함에는 四種의 方法을 用할 수 있나니, 一, 動詞에 (+)了没有. 二, 肯定字에 (+)否定字. 三, 句末에 (+) 嗎, 呢 等字. 四, 句初或中間에 疑問語 甚麽 等 字를 置하는 等인데 本課에서는 第一, 二 兩種의 方法을 使用한 것임. 第十三節 以下에는 問答體로 된 것인데 特히 對答하는 데 用하는 普通用語를 示한 것이니라.

第三十七課 副詞字的應用(八)

別볘、休싀、不、隨쉬、管憑 [관핑]
제三十七과 부사자의응용

1. 請你別生氣치, 也別揪쥬①着我。 請컨대 당신은 성도 내지 말고 나를 붙잡지도 아오.
2. 你別笑쌰人家的錯춰, 自己顧구自己지。 당신은 남의 잘못을 웃지 말고 自己가 自己를 돌아보시오.
3. 那碗완湯탕②, 要小心提티溜류着, 別洸황(광)蕩탕③出來。 그 그릇의 국을 조심하여 드러서 업지르지 말아라!
4. 別客氣치, 來來來, 別住주筷쾌④子, 好歹대吃츠飽바爲웨止즈。 體面 차리지 말고 어서 오시오. 저까락을 놓지 말고 좋으나 궂으나 배부를 때까지 먹읍시다.
5. 他也別嫌쎈你, 你也別嫌他。 這麼你們倆랴將쟝來必成個好朋友。 그도 너를 싫어하지 말고 너도 그를 싫어지 말아라! 이리하

①揪1 ②湯1 ③洸1 [洸1] 蕩1 ④筷4

면 너 이 두 사람이 將來에 반드시 좋은 친구가 될 것이다.

6. 別別別，別叫他們進진來。一進來直ㅈ嚷샹嚷的，真討人嫌！ 아니다!그들을 드러오지 못하게 하여라! 드러오기만 하면 곳 떠들어서 참으로 밉게 군다.

7. 俗쏘語說：" 醜쥑婦푸是我妻치，休슈①想썅美메貌모。"俗語에 말하되 醜한 게집이라야 내 안해다. 아름다운 얼굴을 생각지 말라 하였다.

8. 又여說：" 聞원名밍休見面멘，見面大有限쎈。"또 말하되 이름만 듣고 얼굴은 보지 말아라. 얼굴을 보면 큰 게 限度가 잇다 하엿다.

9. 又說：" 只ㅈ管관自己門前雪쉐②，休管別人瓦와上썅霜썅③。"또 말하되 다만 自己집 門 앞의 눈을 相關하고 남의 집 기와 우의 서리를 相關하지 말라 하엿다.

10. 又說：" 休入수奸징④邪쎄人的道땨，莫머走凶슝⑤惡어人的路루。" 또 말하되 奸邪한 사람의 길에 들지 말며 凶惡한 사람의 길을 가지 말라 하엿다.

11. 這裏是陸루⑥軍퀸部부辦빤公處추的重쭝地진，請你休進來。여기는 陸軍部 辦 [辦] 公處의 禁地니 請컨대 드러오지 마시오.

12. 這個孩해子還不懂둥什麼規귀矩쥐，冒마犯앤⑦了랴先生的話，請您닌休怪쾌他。이 애는 아직 철을 몰라서 先生의 말을 거슬렷으니 請컨대 어찌 생각 마시오.

13. 要擤싱鼻삐涕티⑧或是吐투痰탄⑨，可以到痰桶퉁去唾투(퉤)⑩，不準준⑪弄눙在地板반上。코를 풀거나 혹은 침을 뱉으려거든 唾器에 갓어 뱉고 마루바닥에 풀어 붓 침을 不許한다.

14. 你上成천衣이鋪푸去告쯔訴수他們說："剛깡纔拿去的那伴 [件] 챈衣이裳썅，要倒針전縫엥⑫，不要跑파針縫엥。"너는 裁縫所에 갓어 그들에게 말하되 方今 갓어간 그 옷은 바누질을 박어 짓고 성글게 하지 말나고 하여라!

15. 在我們的情分엔上，不可强챵嘴쥐，也不可生氣치，只ㅈ可商썅議이纔好。우리들 情分으로 말다틈하는 것이 옳지 않고 성내는 것도 옳지 않고 다만 서로 商議하여야만 좋음이다.

16. 你們在學쉐堂탕裏，不許쉬⑬亂롼坐쥐，也不許쉬隨口亂嚷썅。네이들은 學堂 안에서 함부로 앉이도

①休₁ ②雪₃ ③霜₁ ④奸₁ ⑤凶₁ ⑥陸₄ ⑦犯₄ ⑧擤₃鼻₂涕₄ ⑨吐₃痰₂ ⑩唾₄ ⑪準₃ ⑫縫₂
⑬許₃

17. 你不用쓩理리他, 和那種즁下流류東西爭즹嘴, 反돤不好先生的體톄統통①. 당신은 그를 相關하지 마시오. 그리한 下流의 놈들과 말다툼을 하면 도리어 先生의 體統에 좋지 못하오.

18. 你若쟝不認신得더道路, 隨쉰着他走, 可以順着到。당신이 만일 길을 알지 못하거든 저 사람을 따라가면 順路로 갈 것이오.

19. 衆즁位웨到兄슝弟띄家來, 不要拘귀禮리, 隨隨便삔便的談탄談話。여러분이 제 집에 오시서 禮節을 차리지 말고 마음대로 말슴하시오.

20. 或훠做用工, 或做生意, 都得더任신意辨〔辦〕去, 我到現쎈今總즁不管都隨你了。혹은 工夫를 하거나 혹은 장사를 하거나 모두 네 마음대로 하여라. 이제 와서 나는 總히 不關하고 모두 네게 맡긴다.

21. 不管大小事, 都要謙쳰②讓샹, 不可自쯔是. 큰일이나 작은 일이나 不關하고 모두 謙讓하시오. 저만 안다고 하는 것은 옳지 못하오.

22. 盧루③桂귀④山싼真젼是寬콴仁신⑤大度두, 不管人家怎쩐樣毁훼謗방⑥, 他總得더安안然샨受쑈着。盧桂山은 참으로 寬仁大度하오. 남들이 아무리 毁譽하든지 不關하고 그는 도무지 安然하게 받읍니다.

23. 他只즈管自個兒的便삔宜이, 不管父母弟디兄슝的餓어⑦死쓰。그는 다만 自己의 便宜만 相關하고 父母兄弟의 굶어죽는 것은 不關한다.

24. 推튀拖퉈⑧話家家有, 別管怎麽樣, 可得더給我錢。핑게 할 말은 집집마다 잇다오. 어떻든지 내 돈을 안 주면 안되겠오.

25. 任신管怎樣勸쮄他, 就不聽팅了。아무리 그 사람을 勸하여도 고만 듣지 아니한다.

26. 若説漂퍄亮량也不很漂亮, 就是管那裏(看那裏)長쟝的不錯。만일 말숙하다면 말숙할 것은 없고 곳 어디로 보든지 생긴 것은 그럴듯하오.

27. 若辦到那件事, 除추了랴你, 没有別人, 管怎麽的請你走一趟탕⑨。만일 그 일을 處理하자면 당신을 除하고는 다른 사람이 없으니 어떻든지 請컨대 한 번 가시오.

①統₃ ②謙₁ ③盧₂ ④桂₄ ⑤仁₂ ⑥毁₃謗₂ ⑦餓₂ ⑧拖₁ ⑨趟₄

28. 憑평你去辦, 公私쓰兩方양面都好, 所쒀以我不得더不派패你去。 네 마음대로 處理하면 公私兩方面에 모두 좋겟으므로 내가 不得不 너를 派送하는 것이다.

29. 你上那裏去, 不要作쭤聲성, 净聽着, 任신憑평①他説的話來。 너는 거기 갓어 아무 소리도 하지 말고 다만 그가 제 멋대로 하는 말만 듣고 오너라.

30. 你告訴他, 要來就來, 憑他來多少回, 我就쮸不理리他。 당신은 그에게 말하되 오려거든 곳 오되 그가 몇 번을 오드라도 나는 그를 相關하지 아니할 터이라고 하시오.

31. 我們不要多費에話, 你要憑着良량心신想썅, 也能知道自己的錯쭤。 우리들이 여러 말할 것은 없오. 당신이 만일 良心대로 생각한다면 또한 자기의 잘못을 能히 알 것이오.

註 : 命令文에 主語가 없는 것은 語學에 共通性이다. "別" "休"는 禁止的 命令文으로 使用하며 "不"字도 "准" "許" "可"等 字와 合하야 禁止의 意思를 表顯하나니라. 十八節 以下의 "隨" "管" "憑" 等 字는 放任的 意思로 會話中에 많이 씨우는 것으로 玆에 活用을 함게 보이노라.

第三十八課 "所" "使"字的用法(三)

所쒀……的、使쓰、用용
제삼십팔과 "소" "사" 량자의 용법

1. 他所쒀提듸的東西, 不過궈家常챵用용的。 그가 말하는 바의 물건은 살림살이에 쓸 것에 不過하오.

2. 雖쉬説쒀他是年녠輕칭人在外왜洋양所쒀經징驗앤的, 所見짼聞원②的, 實在不少쌰。 그는 비록 나이 어린 사람이지만 外國에서 經驗한 바와 보고 들은 바가 참으로 적지 아니하오.

3. 依이你所説的, 他將장來一定띵出추洋。 당신의 말하는 대로 하면 그가 將來에 一定코 外國으로 나아갈 터이지오.

4. 他所學的有限쎈, 却줴到辦事上很有伶링俐리③。 그가 배운 바는

①憑₂ ②聞₂ ③伶₂俐₄

限度가 잇지만 일을 處理하는 데 는 매우 恰悧하오.

5. 他要搬去哈하爾얼濱빈①, 把所有 的東西, 都뚜變볜②賣了. 그는 哈 爾賓으로 移寓하려고 갖엇든 바 의 물건을 모두 競賣하였오.

6. 你不做你所辦的事情칭, 又여來 幹깐甚麼? 너는 너가 할 바의 일 은 하지 않고 또 와서 무엇하려 느냐?

7. 剛깡纔你所說的那位 웨령孃냥③ 是她嗎? 방금 당신이 말한 바의 그 색씨는 저 女子인가요?

8. 他所쉬應잉許쉬的, 不過看你的 面멘子. 그가 許諾한 바는 당신 의 顏面을 보는대 지나지 못하오.

9. 他們所說的, 所見證찡④的, 就 是那時的光꽝景징. 저이들의 말 하는 바와 證據서는 바는 곳 그 때의 光景이외다.

10. 你們家所入쑤的少, 所出的 多, 那能不欠챈債재⑤呢? 당신들 집에 들어오는 것은 적고 나아가 는 바가 많으니 어찌 能히 빗을 지지 아니하겠오?

11. 我所算솬的數수和你所쉬算솬的 有甚麼差차頭呢! 내가 따진 바 의 數와 당신이 따진 바의 數가 무슨 틀림이 있오?

12. 他所쉬失스敗배的就是不看實스 地, 浄징講쟝理리論룬的緣웬故구. 그가 失敗한 바는 實地를 보지 않고 다만 理論만을 캐든 緣故이 지요.

13. 他所積지攢잔⑥的, 不過僅진⑦僅 的够꺼花화. 그가 貯蓄한 바는 근근히 쓰는데 足할 뿐이지오.

14. 天下沒有無우所不知的聖셩賢 쎈⑧, 也沒有無所不能的英잉雄 숑. 天下에 無所不知한 聖賢이 없고 無所不能할 英雄도 없다.

15. 你所做的事, 又여快쾌當당又仔 쯔細시, 所以人家都信신服뿌你. 당신이 한 바의 일은 快하기도 하고 또는 仔細도 하다. 그러므 로 남들이 모두 당신에게 信服하 오.

16. 捨서不得더使好筆삐, 怎能寫셰 好字쯔呢? 좋은 붓 쓰기를 아까 와 하면 어찌 能히 글씨를 좋게 쓰겠오?

17. 種쭝莊쫭稼쟈的不使스糞펀, 怎 能長쟝出好莊쫭稼쟈呢? 農事하 는 사람이 걸음을 쓰지 않고 어 찌 能히 좋은 곡식을 길러 내겠 오?

18. 我愛애使打字機지⑨寫셰信신, 她 不愛使那個. 나는 타이부라이

---

①爾3濱2 ②變4 ③孃2 ④證4 ⑤欠4債4 ⑥積5攢3 ⑦僅3 ⑧聖2賢4 ⑨機1

트로 편지 쓰기를 좋아하고 그 女子는 그것 쓰기를 좋아하지 아니하오.

19. 不用使ᄉ推튀刨빠①(刨子)推튀一推(刨一刨), 用斧ᄲ子砍칸②一砍. 대패를 갖이고 밀지 말고 도끼를 갖이고 깎으시오.

20. 學쉐校쌰裏使鉛첸筆, 没用毛마筆. 學校에서는 鉛筆을 쓰고 毛筆은 쓰지 아니하오.

21. 我要使竹주③笤〔笤〕따帚추, 不用木무锹쎈④. 나는 대비 쓰기를 願하고 넉가래는 쓰지 않겠오.

22. 現쎈在中國的政정治띄家和軍쮠閥에鬧노出事來, 用慣관了랴報바上通통電뎬. 現在 中國의 政治家와 軍閥은 일을 어지럽게 하려면 新聞紙上에 通電하는 것이 버릇이 되엇다.

23. 南난京징城청裏리的房빵子, 大概깨用石ᄉ頭蓋깨的多. 南京城의 집은 大概 돌로 지은 것이 많읍니다.

24. 我想有病삥的人, 外科커該깨用西藥야, 内네科該服ᅋ中國藥好. 내 생각에는 병든 사람들이 外科에는 맛당히 西洋藥을 쓰고 內科에는 맛당히 中國藥을 쓰는 것이 좋소.

25. 她的父親一看她, 一面説話, 一面用手쎠摩머搓쒀⑤她的頭. 저 女子의 아버지가 저 女子를 보드니만 一面으로는 이야기하고 一面은 손으로 그의 머리를 쓰다듬어 준다.

26. 北베平的人, 用劈피柴쩨⑥的少, 用煤메球춰⑦兒的多. 北平 사람은 장작을 쓰는 이가 적고 石炭(炭球)을 쓰는 이가 많소.

27. 北平的生活훠比삐上海해便펜宜이, 一個月用不着五十元왠. 北平의 生活은 上海에 비하면 싸서 한 달에 五十元을 쓰지 않소.

28. 從前的先生, 打學生多用戒제尺ᄎ, 現在多用訓쉰⑧話. 以前의 先生은 學生을 때리는데 戒尺을 많이 쓰드니 지금은 訓戒하는 말을 많이 쓰오.

29. 如ᅀ今的人, 有錢就有功궁⑨名밍, 你看他用了랴些錢, 捐쮄⑩了랴一個縣쎈知事. 이지음 사람은 돈만 잇으면 곳 功名이 있오. 당신은 보시오. 저 사람이 돈을 좀 쓰드니만 縣知事 하나를 벌었오.

註:所字는 關係代名詞로 其下에 動詞와 的字를 加入하야 名詞句를 作하나니라. 곳 "所(+)動

―――――――――
①刨4 ②砍3 ③竹2 ④锹1 ⑤摩1搓1 ⑥劈1柴2 ⑦球2 ⑧訓4 ⑨功1 ⑩捐1

詞(＋)的"의 公式이다."使""用" 兩字는 動詞字로서 그 用例를 示한 것이다.

第三十九課 "的" "得" 兩字的用法

……的디、……得더
的/得慌황、的/得布부刺라拉라、的/得布부潰쓰
제사십구과 "덕" "득" 양자의 용법

1. 夏쌰天下的雨위很大。 여름에 오는 비는 매우 많읍니다.
2. 那把菜쩨刀따, 磨머的不快。 저 식칼은 잘 갈지 못하였오.
3. 林린風영眠몐①先生的那個裸뤄體티畫화兒, 畫的好不好？ 林風眠先生의 저 裸體西洋畫는 그린 것이 어떡하오?
4. 俄어②國的文원學쉐, 翻뻰③的不容숭易이。 露國의 文學은 繙譯하기가 容易하지 아니하오.
5. 小學生們學的多, 自쯔然싼是溫원④習시的不熟。 小學生들은 배우는 것이 많으면 自然複習을 잘 못하오.
6. 從師쓰範뺀學校來的那位웨女뉴教쟈員웬, 如쑤意이不如쑤意。 師範學校에서 온 그 女教師는 合意한가요 아니한가요?
7. 這個衣이架쟈子, 安안的不穩원⑤當당。 이 衣거리는 놓인 것이 穩當하지 못하오.
8. 我年輕칭的時候허, 家裏有錢, 吃的是好的, 穿촨的也是好的。 내가 젊엇을 때에는 집에 돈이 잇어서 먹는 것이 좋은 것이오 입는 것도 좋은 것이였오.
9. 外頭直쯔嚷샹嚷, 打電뗀話聽得더不清칭楚추。 밖에서 자꾸 떠들어서 電話하는 것이 똑똑히 들리지 아니하오.
10. 那一部부《西시游여⑥記지》都是說得荒황唐탕⑦。 저 西遊記 한 秩은 모두 말한 것이 荒唐하오.
11. 他弄능的那個猪주肉뤄, 煮주⑧得더不爛란⑨。 그가 맨든 그 猪肉은 잘 익지 않였오.
12. 那個姑꾸娘냥長쟝得더實在俊쭌。 그 處女는 생긴 것이 참으로 어여쁘오.
13. 羅뤄⑩白배蓮롄⑪的洋樓뤄, 蓋得더實在體티面。 羅白蓮의 洋屋은

──────────
①眠2 ②俄2 ③翻1 ④溫1 ⑤穩3 ⑥游2 ⑦荒1唐2 ⑧煮3 ⑨爛4 ⑩羅2 ⑪蓮2

지은 것이 참으로 얌전하오.

14. 我們正정說請你的時候，來웨得真전湊쭈①巧챠了。우리가 正히 당신을 請하려고 하는데 오기를 마침 잘하엿오.

15. 我們做莊좡稼쟈的，實在窮쳥的慌황②。우리 農事 짓는 사람은 참으로 窮하기가 견딜 수 없오.

16. 在夏쌰天不下雨위，就是悶먼③熱서，實在叫쟈人苦쿠的慌。여름에 비가 아니 오면 곳 찌는 듯이 더워서 참말 사람으로 하여금 흠석 괴롭게 하오.

17. 這屋우裏有虼꺼蛋［蚤］쟈④，臭쳐蟲충，夜예裏實在咬쟈的慌 (叮뗭⑤的慌)。이 房안에는 벼록과 빈대가 잇어서 밤에 무는 것이 참으로 견딜 수 없오.

18. 今天我走了랴五六十里리路루，實在累레的慌。오늘 내가 五六十里를 걸엇드니 참으로 흠석 疲困하오.

19. 他一出陣전，放빵甚麽大的炮퍄⑥，也從총從容숭容的，不怕파震전⑦的慌。그는 한번 戰場에 나서기만 하면, 무슨 큰 大砲를 놓드라도 從容하여 매우 震動되는 것을 무서워하지 아니하오.

20. 西시伯버利리亞아⑧的天氣，怪쾌冷렁。在屋우裏燒쟈洋爐루，也覺쟈得凍뚱的慌。시베리아의 日氣는 몹시 추어서 房안에 暖爐를 피어도 흠석 추운 것을 感覺하오.

21. 他接제了랴母親病重쭝的電뎬報뽀，早一刻커要起지身，就急得慌。그는 母親의 病重하다는 電報를 받고 一刻이라도 빨리 떠나려고 곳 흠석 急하게 지내오.

22. 他究쥬竟징⑨上了랴劉루太太的當당，現在就氣得慌。그가 畢竟은 劉太太의 속임을 當하고서 지금에는 곳 흠석 氣가 났오.

23. 你使得慌，就歇쎄一歇。悶먼的慌，就出去開캐開心。餓어的慌，就去吃츠飯빤。渴커的慌，就去喝허水。睏쿤⑩的慌(盹되⑪的慌)，就去睡숴覺。너는 일하기가 견딜 수 없거든 곳 좀 쉬고 흠석 답답하거든 곳 나갓어 消風하고 흠석 배가 곱으거든 곳 갓어 밥을 먹고 흠석 목이 마르거든 곳 갓어 물을 마시고 몹시 졸이거든 곳 갓어 자거라.

24. 我看他不但胖팡布부剌라⑫拉라的，也呆대布剌拉的。내 보기에는 그가 非常히 뚱뚱할 뿐만 아니라 非常히 愚鈍도 하오.

────────────────
①湊₄ ②慌₁ ③悶₄ ④虼₄蚤₃ ⑤叮₁ ⑥炮₄ ⑦震₄ ⑧亞₄ ⑨竟₄ ⑩睏₄ ⑪盹₄ ⑫剌₂

25. 一個是凶_숑布_부剌_라拉_라的, 一個是惡_어布剌拉的, 打起來, 誰_쉐能説開? 한 놈은 흠석 凶하고 한 놈은 흠석 惡한 것이 싸우니 누가 能히 和解시키겠오.

26. 你吃_츠得_더飽_바布剌拉的, 穿_촨得暖_난①布剌拉的, 還有甚麽愁_쳐呢? 네가 먹기를 非常히 배불리하고 입기를 非常히 덥게 하면서 그래도 무슨 걱정 잇느냐?

27. 那些男_난孩子鬧布剌拉的, 净_징禍_훠害_해人(野_예布漬_쯔②的光_꽝作_줘害人). 그 아이들은 非常히 작란하며 오직 남만 禍害하오.

28. 他説近來的過_궈日_시子, 没甚麽大窮_쳥. 不過是天天累_레布漬_쯔(累不剌拉)的. 그가 말하되 이지음 生活은 무슨 큰 窮이 없고 날마다 非常히 수고하는대 不過하다하오.

29. 他的脾_피氣太壞_해, 你不要惹_서③他了, 他就睖_렁④布漬的打人。저이의 性味가 너무 납브니 당신은 저이를 건드리지 마오. 건드리면 고만 눈을 부르뜨고 사람을 때리오.

註: 本課에서는 "的"字와 "得"字의 用法이 區別하기 難하지만 한 가지 顯著한 것은 "的"字下에 名詞가 붓에 될 때에는 "得"字가 아니고 "的"字니라. 만일 우리말로써 區別한다면, "的"字는 "한 것이"라는 意味로 "得"字는 "하기를"이라는 意味로 使用되였다 할수 있나니라. 語尾에 "慌"字나 "布剌拉" "布漬" 等은 "매우" 或은 "흠석"이란 意味니라.

第四十課 副詞字的用詞(八)

年_녠、月_웨、日_시
제사십과 부사자의 응용(八)

1. 今年是西_시曆_리一千_첀九百_배三十二年, 後_허年是三十_스四_쓰年。今年은 西曆一千九百三十二年이오 後年은 三十四年이다.

2. 今年的年成_청(年頭兒), 比_삐去年(上年)的好些. 今年의 年事

---
①暖₃ ②漬₄ ③惹₃ ④睖₄

는 昨年에 比하면 조금 좋소.
3. 目무下쌰的買賣沒有甚麼進진入수, 可到明年(下年、過年)賺쩬點뎬兒錢罷! 지금의 장사는 무슨 利益이 없디만 明年만 되면 돈을 좀 놓을 터이지오.
4. 舊쥬①年(去年)有了閏슌②六月, 大前쳰年(老前年)有了閏二月。 昨年엔 閏六月이 잇고 그러께는 閏二月이 있었오.
5. 我們在前年夏쌰天, 往왕外왜蒙멍古구探탄險셴去回來了。 우리는 그러께 여름에 外蒙古에 探險 갓다 왔오.
6. 你這樣殷인勤친③用工, 來年(轉쫜④年)一定띵考캬上中學。 네가 이렇게 부지런히 工夫하면 來年에는 一定코 中學에 試驗보아 들겟다.
7. 本번⑤月(這月, 今月)二十號하, 我要回家去。 이달 스무날에 나는 집으로 가려고 하오.
8. 聽팅說, 上月在上海有了롸傳촨染샨⑥病삥, 死쓰了롸好些人了롸。 말을 들으니 지난달에 上海에 傳染病이 잇어 많은 사람이 죽엇다 하오.
9. 張쟝小姐제擇재⑦了롸下月(來月)十五出추嫁쟈。 張小姐는 來月 十五日에 出嫁하기로 擇日하였오.
10. 今天(今日)很흔清칭亮, 天氣치也暖놘和허。 오늘은 매우 清明하고 日氣도 温和하오.
11. 咱짜們今天(今兒個)上쌍山去, 消쌰遣쳰⑧一天怎麼樣? 우리는 오늘 山에 올라갓어 하루를 消遣하는 것이 어떠하오?
12. 從정今兒(今天)起, 正好收쒀⑨割거莊좡稼쟈。 오늘붙어 秋收하기가 정히 좋소.
13. 爺예爺的咳커嗽쒀(쒁)⑩病, 從明天(明兒)好一點罷。 할아버지의 기침병은 내일붙어 좀 나을 터이지오.
14. 明兒他要請客커, 上館관子定席시(定桌)去了。 내일 그가 손님을 請하려고 料理店에 料理 마추라 갔오.
15. 若궈是那個章쟝程청明兒(明日)不能定規궈, 後兒(後天、明日)再쩨說罷。 만일 그 規則이 내일로 完定되기 不能하면 모래 다시 말합시다.
16. 明天(明兒個)是禮리拜배六, 下半빤天, 我們上中央양公궁園왠打盤판球쳐去。 明日은 土曜日이니 午後에 우리들이 中央公園에 갓

---

①舊₄ ②閏₄ ③殷₁勤₂ ④轉₃ ⑤束₃[本₃] ⑥染₃ ⑦擇₂ ⑧遣₃ ⑨收₁ ⑩咳₂嗽₄

어 玉突을 칩시다.
17. 俗쑤語説: "今朝쨔有酒쥬今朝醉줴, 明日愁쒸來明日當당." 俗談에 말하되 오늘 아침에 술이 잇으면 오늘 아침에 醉하도록 마시고 내일에 근심이 오거든 내일 當하자 하엿다.
18. 我們昨天(昨兒、昨兒個)在菜쐐市스場쨩, 買了랴오七진斤黃황花魚워르랴오. 우리는 어제 菜市場에서 조기(石魚)일곱 斤을 샀오.
19. 我的肚뚜子昨兒疼텅了랴半天, 不能考콰書수去了. 나는 배가 어제 半날이나 앞아서 試驗보러 가지 못하였오.
20. 他昨兒定了官관艙쨩①, 早쨔已起치身선了. 그는 어제 官艙(汽船三等에 따로 사는 寢室)을 定하고 발서 떠낫습니다.
21. 他不是昨天來, 是前天(前兒個)來的. 그는 어제 온 것이 아니라 그저께 온것이오.
22. 舅쥬②舅有信신説, 他後휘天又要上南난京징去. 外叔이 편지하되 그는 모래 또 南京으로 가겟다 하였오.
23. 後天(後兒個)我先來拜배壽쎠, 大後天(大後兒個)再來赴쭈席시(叫뾰擾쌰). 나는 모래 와서 먼저 生辰에 祝賀하고 글피 다시 와서 筵席에 참녜하겟습니다.
24. 前天蒸정③的饅④만頭(饅머⑤饌), 已經吃完완了. 그저께 찐 饅頭는 발서 다 먹었오.
25. 大前兒個(大前天)我在天橋챠⑥游여逛꽝⑦, 差챠一點兒叫綹류⑧賊쩨(小綹류)把錢袋대兒搶챵去了. 그그저께 내가 天橋에서 구경할 제 조금 하엿드면 쓰리도적에게 돈지갑을 잃어버릴 번하였오.
26. 我們所쉬做的事, 恐쿵怕파這禮리拜배完완不了랴罷. 우리들이 하는 일이 아마도 이 週日에 마추지 못할 듯하오.
27. 上禮拜是一號하오, 下禮拜就是十五喇.
28. 大前日(大前兒個)到大後日(大後兒個)是七天的工꿍夫후, 大前年到大後年也是七年的工夫, 但딴是大上禮拜(上禮拜)到大下禮拜(下下禮拜), 却췌只쯔有五個禮拜的工꿍夫후. 그저께로부터 그글피까지는 곳 七日동안 이고 再昨年으로부터 來來後年까지도 또한 七年 동안이지만 다

---

①艙1 ②舅4 ③蒸1 ④饅2 ⑤饌2 ⑥橋2 ⑦逛4 ⑧綹3

만 前前週日로부터 來來週日까지는 단지 五週間 동안 밖에 안 된다.

第四十一課 語助詞

罷마、喇라、啊아、咧레、哪나
제사십일과 어조사

1. 改깨日시再째見罷! 다른 날 다시 뵙시다.
2. 你瞧쟈①他那樣黑헤瘦쏘枯쿠②乾깐的, 必삐癮인③了랴大烟얜了라罷! 당신 보시오! 저 사람이 저렇게 시꺼멓게 되고 말럿으니 반드시 鴉片癮이 박엿는가 보오.
3. 隨쉬你罷, 這裏的事情, 我不明밍白, 勿우論룬甚麽都牽쟨④着我罷! 당신의 말대로 합시다. 여기의 事情을 내가 알지 못하니 勿論 무엇에든지 모두 나를 引導하여 주시오.
4. 他去年開個洋양廣꽝雜자⑤貨훠鋪푸, 必許쉬賺쟨多了라罷。그가 지난해에 洋廣(西洋과 廣東)雜貨店을 버리드니 아마도 반드시 돈을 많이 남겻을 터이지오.
5. 不用送, 不用送, 請大家都回罷! 더 餞送할 것 없오. 請컨대 여러분은 모두 도라가시오.
6. 他很聰츙明做쭤官꽌做商샹, 都可以罷。그는 매우 聰明하여서 벼슬을 하거나 장사를 하거나 모두 다 可할 터이지오.
7. 罷了랴罷了, 火훠車처已經開了라, 跑也趕깐不上咧레⑥! 할 수 없다 할 수 없다. 汽車가 발서 떠낫으니 뛰어가도 및지 못할 것이다.
8. 罷呀아, 你若쉬推튀脱퉈不了랴, 擧쮜薦쟨⑦他就是罷。고만 두시오. 당신이 만일 빳어날 수 없으면 그를 薦擧하면 고만이지오.
9. 拉라倒따罷, 你幹깐你自個兒的罷, 拿나你一個人的力리量량去也救쮸不了랴天下人。고만 두시오. 당신은 당신 自身의 일이나 하시오. 당신 한 사람의 力量을 갖이고는 亦是天下 사람을 救하지 못하지오.
10. 我要不等덩罷, 又여怕파他來。要等他罷, 又怕他不來。내가 기다리지 아니하자니 그가 올 듯

①瞧2 ②枯1 ③癮3 ④牽1 ⑤雜2 ⑥咧1 ⑦擧3 薦4

하고 그를 기가리자니 또한 그가 오지 아니할 듯하오.

11. 你説借제就借，不能녕借，就쭈説不能借제罷了랴，何허必這樣説눠窮쳥呢! 당신이 꾸어 주려거든 꾸어 준다말하고 꾸어 주기 不能하거든 不能하거든 꾸어 주기 不能하다 말할 뿐이지 반드시 이렇게 説窮할 것은 무엇이오.

12. 點뎬煤메油여①燈뎡(洋燈)，滿만屋우的煤油聞원兒，實在聞원不得더，快去買幾枝ㅈ洋양爉②라來罷! 石油燈을 켜면 房안에 石油내가 가득 차서 참으로 맡을 수 없으니 빨리 갓어 洋燭 몇 자루를 사 오시오.

13. 罷了, 已經死쓰去的人，再쩨不能活過來，悲삐痛통也是無우益이。고만두오. 이미 죽은 사람이 다시 살아올 수 없으니 悲痛하여도 無益하오.

14. 糢마糢糊후糊過궈得더就罷了랴，何③必拼펑命밍去幹깐呢? 아무렇게나 지나가면 고만이지 何必 목숨을 내대고 갓어 할 것은 무엇이오.

15. 罷罷罷, 我不能了랴，你們的滑화拳촨，比我強챵多了랴罷! 아

니오, 아니오. 나는 다시 하지 아니하겟오. 당신들의 화촨은 (술 마실 때 장겐브시와같이 하는 내기) 나보다 퍽 수가 세오.

16. 他找쟈個保바人來喇! 그 사람이 保證人하나를 얻어 왔오.

17. 撐뎬④他們出去就得더喇, 又爲甚麽打呢? 그들은 몰아냇으면 고만이지 또 무엇 하러 때리오?

18. 他去年夏天害해了랴霍훠亂롼病，幾지乎후⑤死쓰喇! 그는 지난 여름에 癨亂에 걸여서 거진 죽을 번하였오.

19. 此ㅊ地듸電뎬車쳐公司쓰的計지劃화⑥，講쟝給他好幾回훼喇。이 곧 電車會社의 計劃을 여러번 그에게 이야기하여 주었오.

20. 啊아, 李리先生, 府푸上都好喇? 아! 李先生댁은 다 安寧하시오?

21. 天還早쟢喇, 忙망什麽, 再쩨喝허一碗완茶챠走啊! 날이 아직도 일은데 무엇이 밥으오. 차나 한 잔 더 마시고 가오.

22. 在車房팡裏的馬車是你們的啊, 是他們的呢? 車庫 안에 잇는 馬車가 당신네 것이오 저들의 것이오?

---

①油₂ ②爉₄ ③何₂ ④撐₃ ⑤幾₃乎₁ ⑥劃₄

23. 你伸①手擼루胳거膊버②做甚麼啊，真是丟뒤臉렌哪！ 당신이 팔둑을 둘으며 손을 내밀면 무엇 하려오? 참으로 낯이 깎이오구려!

24. 這個屋우子，太태潮좌濕쓰③。木무箱쌍裏的衣이裳쌍都長쌍了라白배毛마咧레！ 이 房은 너무 濕하여서 木箱 안의 衣服에 모두 곰팽이가 났오구려!

25. 你別那樣妄왕想쌍啊，誰쒸也沒有那麼大的福푸氣치咧。 당신은 그렇게 妄想하지마오. 누구나 그러한 큰 福이 없다 하오.

26. 不用說娘냥兒們的俊쭌醜쳐，就會휘過궈日시子罷咧。 女子들의 곱고 미운 것을 말하지 마오. 살림할 줄이나 알면 고만이지.

27. 他在我們店뎬裏買매了好多的綢쳐緞돤布부帛베去咧。 그는 우리 商店에서 綢緞布木을 많이 사 갓지오.

28. 這不是中國織즈④的杭항紬쳐，是個日本번織的唾투沫머⑤緞돤哪！ 이것은 中國서 짠 杭紬가 아니오 日本에서 짠 人造絹이오.

29. 你還在這裏玩완耍솨啊，還是跟끈我走哪？ 너는 아직 여기에서 놀겟느냐? 또는 나를 따라 가겟느냐?

30. 有個帶대鬚후子的老爺예，坐汽치車좌來找您닌哪！ 긴 수염이 난 老爺 한 분이 自働車를 타고 와서 당신을 찾습니다.

31. 誰쒸找좌我哪나，請他到客커廳팅裏歇쎄一會兒罷！ 누가 나를 찾아 왓는가? 그를 請하여 客室에 들어와서 잠간 기다리게 하여라!

註: 本課에 씨운 單語들은 語助詞로서 文末에 置하는 글자들인데 "要求的" "商議的"의 氣味를 엿볼 수 있나이라. 한 가지 注意할 바는 十三、十四、十五節의 "罷"字는 語助詞로 使用된 것이 아니고 動詞로 使用하였음으로 그 意味도 또한 달으니라.

第四十二课 會話(四)

請客周旋⑥ [칭커쭈쌘]
제사십이과 회화 (四)
손님 접대

1. 李리先生請客커的屋우子在那나-兒? (答)請您닌隨쒸我罷，就在

---
①伸₁ ②擼₃胳₁膊₂ ③濕₁ ④織₁ ⑤沫₄ ⑥旋₂

樓루上南난邊삔第八號화。李先生이 손님을 請하신 房이 어데 잇소?(答)請컨대 당신은 나를 따라오십시오. 곳 樓 [樓] 上 南便 [邊] 第八號室임이다.

2. 李老哥纔째來嗎, 我們等덩一會子了!(答)遲츠一點兒了, 對뒤不住주衆중位웨, 請坐쭤請坐。李老哥! 인제야 오심잇가? 우리들이 한참 기달였오.(答) 좀 늦었음니다. 여러분게 未安함이다. 請컨대 앉으시오.

3. 天氣太熱서了, 先擦차①臉렌了, 喝허一碗완②茶차罷!(答)磕커頭磕頭。日氣가 매우 덥슴니다. 먼저 얼골 씻고 차 한 잔 마십시오.(答)고맙음니다.

4. 這裏, 也有爪 [瓜] 과子兒, 請你隨便嗑커罷!(答)謝謝。 여기 또한 수박씨가 있으니 請컨대 당신은 마음대로 까십시오.(答)감사함니다.

5. 怎麽見不了랴夏싸先生呢?(答)夏先生有電뎬話說就來。어찌하여 夏先生이 보이지 아니하는가요?(答)夏先生이 電話하되 곳 오신다 하오.

6. 啊, 來了, 我們剛깡說着你了, 請你這裏坐。(答)這怎麽說的,

我不敢간, 請李老哥坐坐。아! 왔음잇가? 우리들이 方今 당신의 말을 하였오. 請컨대 당신은 여기 앉오시오.(答)이제 무슨 말슴이오? 弟는 不敢함이다. 請컨대 李老哥가 앉으시오.

7. 那나兒얼的話, 你若워不肯큰這麽坐, 叫쨔我們沒地方坐了。(答)若是大家罰빠兄弟遲츠③到就不客커氣, 遵쭌④衆位的命罷! 어쩐 말슴이오? 당신이 만일 여기 앉이 아니하면 우리로 앉을 자리가 없게 하는 것이오.(答)말일 여러분이 늦게 왔다고 罰을 쓰신다면 사양치 않고 여러분의 命令대로 하리다.

8. 衆중位先生都來齊치了, 您納! (答)都來齊了, 就開桌罷! 여러 先生님게서 모다 오섰음잇가? (答)모도 오섯으니 곳 飲食을 갓어오너라.

9. 夏先生, 我給你敬징一杯베⑤。(答)不敢當, 請칭衆位一齊치喝罷! 夏先生 대가 당신게 한 잔 올이지오. (答) 천만의 말슴이오. 請컨대 여러분 함게 마십시다.

10. 李先生, 今天太過궈費뻬喇! (答)好說, 没有甚麽可吃的菜

────────
①擦1 ②碗3 ③遲2 ④遵1 ⑤杯1

쉐①哪나! 李先生게서 오늘 너머 費用을 쓰심니다. (答)천만의 말슴이오. 무슨 잡수실 만한 飲食이 없음니다.

11. 請大家嘗창②嘗, 這菜口味웨倒不錯춰! (答)很好很好。你不用客氣, 咱자們隨쉬便삔自取취倒好。請컨대 여리분은 맛보시오. 이 菜맛이 오히려 관치않으오! (答)매우 썩 좋음이다. 당신은 사양하지 마시오. 우리가 마음대로 먹는 것이 도로혀 좋슴니다.

12. 那麼我就不拘쥐了, 請諸주位웨隨便。(答)是了, 這些쎄菜都是淸칭淡단③的, 眞好吃。그러면 나는 고만 겸양 아니할 더이니 請컨대 여러분도 마음대로 잡수시오. (答)그리합시다. 이 菜들이 모도 淸淡하여 참으로 먹기 좋슴니다.

13. 請大家嘗창這蒲푸蘭란④的酒쥬好不好? (答)再不能喝那酒了, 拿幾瓶핑啤피⑤酒쥬罷。請컨대 여러분은 이 푸란대 酒를 마시는 것이 어떠하오? (答)다시는 그 술을 마시기 不能하오. 麥酒나 멧 병 갖어오시오.

14. 夏先生你要喝甚麼酒呢? (答)賞장⑥給紹쌰興싱⑦酒罷! 夏先生! 당신은 무슨 술을 마실여오? (答)弟에게 紹興酒를 주시오.

15. 咱짠們這樣單딴喝酒也没趣취, 不如滿만倒다了, 滑화幾지拳췐好! 우리가 이렇게 單純하게 술만 아시니 趣味가 없오 가득히 짜라 갖이고 滑拳이나 멧 번 하는 것이 좋을 듯하오.

16. 那好, 我們倆라先滑화幾지拳췐罷! (答)滑화甚麼拳呢? 그것 참 좋으오. 우리 둘이 먼저 滑拳 멧 번을 합시다.(答)무슨 滑拳을 하시려오?

17. 咱們來戴대冠관⑧兒的罷! (答)好。우리는 寇 [冠] 詞가 잇는 것으로 합시다. (答)좋음니다.

18. 滿만堂퉨全福뿌壽쉬⑨的七巧챠⑩, 滿만堂탕全촨福壽쎠的倆라好。(答)呀아, 你輸수了, 快쾌喝一杯뻬罷! 滿堂全福壽의 七巧 滿堂全福壽의 倆好.(答)아, 당신이 젓오. 썰이 한 잔 마시오.

19. 菜쎄都凉량⑪了, 就不好吃, 諸주位請吃一點再喝罷! (答)我們已經吃够꺼了。菜가 모도 식으면 잡수시기 좋지 아니하니 請컨대 좀 잡수시고 다시 마시오.

---

①菜4 ②嘗2 ③淡4 ④蒲2蘭2 ⑤啤1 ⑥賞3 ⑦興1 ⑧戴4冠1 ⑨壽4 ⑩巧3 ⑪凉2

(答)우리가 발서 많이 마섰음니다.

20. 那麼, 請諸ㅈ位吃飯罷! (答)好, 咱們吃一碗罷! 그리면 請컨대 여러분은 진지를 잡수시오. (答)좋음니다. 우리 한 공긔식 먹습니다.

21. 李老哥, 若쉬不吃飯, 喝一碗 綠뤼①豆뚜稀시②飯好不好? (答)那好, 喝那個! 李老哥, 당신이 만일 진지를 아니 잡수랴면 綠豆죽 한 그릇을 자시는 것이 어떠하오? (答)그것 좋음니다. 죽을 주시오.

22. 諸位, 喝稀飯怎麽樣? (答)請, 再不能吃別的喇! 여러분! 죽을 잡수는 것이 어떠하오? (答)어서 당신 잡수시오. 다시는 달은 것을 먹기가 不能하오.

23. 請諸位先漱수③口擦차臉롄。여려분, 請컨대 양추하고 洗手하시오.

24. 今天没甚麽可吃的, 枉왕④費페了롸諸位的光꽝駕쟈⑤, 實在叫兄弟難난過궈。(答)豈敢, 豈敢! 實在叨됴擾쇼的很흔。오늘 무슨 잡수실 만한 것도 없는데 여러분을 枉臨케 하여서 참말 弟는 未安합니다. (答)천만의 말슴이오. 참으로 폐를 많이 끼쳤음니다.

第四十三課 副詞字的用法(九)

都뚜、攏룽總중、大衆쭝
滿만、渾훈、合허、遍벤
제사십삼과 부사자의 순법(九)

1. 他們都愛애吃츠懶란做, 一個也没有中用융的。그들이 모도 먹기만 좋아하고 일하기를 싫어하여서 하나도 쓸 만한 사람이 없오.

2. 他家裏都有甚麽人呢? 그 사람 집에는 모다 무슨 사람들이 잇는가요?

3. 你的哥꺼哥做줘官관做商상都可以。당신의 兄님은 벼슬을 하거나 장사를 하거나 모도 可하오.

4. 你别볘聽她타灌관蜜미⑥湯탕的話, 那都是假쟈的。당신은 그 女子의 꿀 담아 붓는 말을 듣지 마시오. 그것은 모도 거즛이오.

---

①綠4 ②稀1 ③漱4〔潄4〕④枉1 ⑤駕4 ⑥灌4蜜4

5. 那地디方양的人都是吝린嗇써①。
저 地方의 사람은 모두 吝嗇하오.

6. 從前北베平평城청裏的人喝허了井
징②水，現在都喝허自來水。以前
에는 北京城 안의 사람들이 모두
움물의 물을 먹드니 지금은 모두
水道물을 먹소.

7. 天下쌰人都不能一樣，十個指즈
頭還有얼一般반兒齊치嗎？天下
사람이 한결같기는 能치 못하니
열 손가락이 오히려 한결같은 것
이 있오.

8. 現在我們國궈家的事，從頭意
〔至〕즈尾웨③都是亂롼七八糟짜오
的。現在 우리나라 일은 머리로
붙어 꼬리까지 모두 混亂하기 千
萬이다.

9. 中國攏룽④總중有四萬완萬人口
커우。中國에는 總히 四億의 人口
가 있오.

10. 從北平到奉영天攏룽總중有
一千八百多里리路。北平서 奉天
까지는 總히 一千八百餘里가 되
오.

11. 那陣쪈風颭꽈的翻빤⑤了船，把
船上的人攏總都淹앤死了。그 바
람이 불어서 배를 뒤집어 배 탄
사람을 모두 물에 빠져 죽게 하
였오.

12. 他開報빠館관，不是爲釣댜오⑥名
밍貪탄⑦利리的，就是爲웨大衆쭁的
福우利리。그가 新聞社를 經營하
는 것은 釣名과 貪利를 爲한 것
이 아니오. 大衆의 福利를 爲하
는 것이오.

13. 他是個犧시⑧牲성私쓰利，謀머⑨
圖투大衆的公益이。그 사람은 私
利를 犧牲하고 大衆의 公益을 圖
謀하오.

14. 咱자們快走罷，滿만天風엉雨위
要將쟝下起치來了。우리 빨리 갑
시다. 온 하늘에 바람과 비가 將
次 오려고 합니다.

15. 他們家裏老라老少쌰오少，都快快
樂러樂的，滿만堂탕和氣치，眞令
링人可羨쎈⑩。그들 집에는 늙은
이들 젊은이들 할 것 없이 모두
喜喜樂樂하야 온 집에 和氣가 가
득차서 참말 사람으로 하여곰 欽
慕케 하오.

16. 我們韓한⑪軍쮠長쟝不得더意이的
時候허우，也做飄퍄오⑫流루，滿處추
(到댜오處)打따饑지⑬荒황(打따野예
食쓰吃)。우리 韓軍團長도 得意
하지 못하엿을 때에는 또한 飄流
하야 到處마다 굶주렸오.

17. 接〔街〕졔坊엉的孩子，發빠了
랴오心口疼텅的病，哭쿠起치來滿만

①吝4嗇4 ②井3 ③尾3 ④攏3 ⑤翻1 ⑥釣4 ⑦貪1 ⑧犧1 ⑨謀2 ⑩羨4 ⑪韓1 ⑫飄1 ⑬饑1

地의直즈滾꾼①。 이웃집 어린애가 가슴앓이 病이 나서 울면서 온 땅에 궁금니다.

18. 你有甚麽悶면②的事, 滿臉롄都是憂우愁쳐우, 没有從前쳰的和허氣치呢。 당신은 무슨 답답한 일이 잇어 온 얼굴에 모두 근심이고 以前의 和氣가 없습니까?

19. 養양孩子家쟈不能넝講쟝乾간凈징, 他們玩완嚷샹起치來, 滿만屋우裏起치土투。 아이를 기르는 집에서는 깨끗이란 것은 말할 것도 없오. 그 애들이 작란하고 떠들면 온 집안에 문지가 일어나오.

20. 看不得더她外面몐老實스, 滿心裏是個鬼귀。 그 女子의 외면이 純實한 것만 볼 수 없오. 마음속에 가뜩찬 것이 곳 怪惡뿐 이오.

21. 這個孩子髒쌍的太難見쟨了。 你可以帶대他澡쫘③堂탕去, 渾훈身션都給他洗시一洗。 이 애는 너무 더러워서 볼 수가 없다. 너는 저 애를 沐浴집애 더리고 갓어 온몸을 모두 씻어주어라.

22. 渾훈家都平핑安안, 就是老人家愁쳐우你不早쫘回家來呢! 온 집안이 모두 平安하신데 곳 당신이 일즉 돌아오지 아니하여 걱정하십데다.

23. 我們合허族쭈蒙멍了랴오他的照쫘應잉不少쌰오了。 우리들 一家族이 그의 돌 보아 줌을 입은 것이 적지 아니하오.

24. 陡떠우③然싼來了랴오一團퇀土투匪페, 搶챵了合허村춘的財채産찬去了。 갑작이 土匪한 떼가 와서 온 동리의 財産을 모두 빼앗아 갓오.

25. 我們合家倒따오好, 府上都好啊? 우리의 온 집안은 좋습니다만 宅은 모두 安寧하십니까?

26. 我們合縣셴的青칭年組쭈織즈一個青칭年會, 謀머우圖투文원化화⑤的普푸及지和工業예的發애達⑥다。 우리 온 고을 青年이 青年會 하나를 組織하고 文化의 普及과 工業의 發達을 圖謀합니다.

27. 有理리走遍볜世즈界졔⑦, 無理寸춘步부難난行。 有理하면 온 世界를 다닐 수 잇고 無理하면 寸步도 다니기 어렵다.

28. 我們南난邊볜兒, 這時候허우, 遍볜地의是開패花了。 우리 南方은 이때에 온 땅에 모두 꽃이 피엇겠오.

29. 熊슝先生, 昨쩌天在街졔上看칸了一個遍身션生瘡촹的孩子, 帶대

---

①滾₃ ②悶₄ ③澡₃ ④陡₃ ⑤化₄ ⑥達₂ ⑦世₄界₄

到孤ㄍ兒얼院웬去養着저了。熊先生은 어제 거리에서 온 몸에 헌데가 난 아이 하나를 보드니 孤兒院으로 다리고 갓어 養합니다.

註 : 本課에는 "都" "總" 意思의 活用을 示한 것임.

第四十四課 副詞字的應用法(十)

光광、只즈、浄징、單단
光/只/浄/單……無論/那知/那管/不料……
제사십사과 부사자의 응용법(十)

1. 光광你一個人來，恐쿵怕파辨〔辦〕빤不到따。다만 당신한 사람만 와서는 아마도 處理하지 못할 듯하오.
2. 他光광會挑탸眼얜，不會真젼假쟈。그 사람은 다만 골을 줄만 알지 참과 거즛을 알지는 못하오.
3. 馬先生講쟝演얜①光重즁②，好像썅結졔巴바講演似쓰的。馬先生은 講演을 다만 곱씹기만 하여서 마치 반벙어리가 講演하는 것 같소.
4. 他們家裏挣졍錢的少，光광吃的多뒈。그들 집에는 돈벌이 하는 이가 적고 놀고 먹기만 하는 이가 많소.
5. 姜쟝③之쯔山쨘他説숴的話，没甚麽頭緒쒸④，光吹⑤鬍후子瞪뎡眼

①演₃ ②重₂ ③姜₁ ④緒₄ ⑤吹₁

的。姜之山 그가 말하는 것은 무슨 頭緒가 없고 다만 수염만 쓰다듬고 눈만 부릅뜨오.
6. 没有的話，我是個只顧ㄍ私쓰利的人。천만에 말슴이오. 나는 다못 私利만 돌보는 사람이오.
7. 人交쨔朋평友여，只즈在信신義이二字。사람이 친구를 사귀는 대는 다못 信義 二字에 잇다.
8. 他身젼上只즈帶着二百來塊콰錢。그는 몸에 다만 二百餘元을 갖엇을 뿐이오.
9. 凡팬事不求츄有功궁，只求無우過궈。凡事에 공이 잇기를 求하지 말고 다못 허물 없기를 求하라.
10. 他浄징説好話화，不做줘好事。그는 다만 좋은 말만 하고 좋은 일은 하지 아니한다.
11. 年輕칭的人不講쟝實쓰力리，浄

징講理리論론。 나 어린 사람들은 實力은 말하지 않고 다만 理論만 말한다.

12. 做官的净勞롸①心不勞롸力리; 做工的净勞롸力, 不勞心。 벼슬하는 이는 다만 마음만 쓸 뿐이요. 힘은 쓰지 아니하고 勞動하는 이는 다만 힘만 쓸 뿐이요. 마음은 쓰지 아니한다.

13. 他辨〔辨〕빤事净顧구眼얜前쳰, 不顧背배後후。 그는 일을 處理하되 다만 눈앞에 것만 보지 등 뒤는 돌보지 아니하오.

14. 大家쟈都願얜意이, 怎麽單딴顯쎈②着你不肯큰呢? 여러분이 모두 願하시는데 어찌하여 다만 당신만 不肯하오?

15. 若쉬説숴人家的是쓰非폐, 不可單단聽팅一面之쯔詞쓰③。 만일 남의 是非를 말하려거든 다만 一面의 말만 듣는 것은 옳지 않다.

16. 你單喝허這種쭝酒쥬, 怕你生病빙。 당신이 단지 이런 술만 마시니 당신은 病이 날가 무섭소.

17. 把那件젠重쭝要야的事, 不可單딴單托퉈他。 그 重要한 일은 단지 그에게만 付托하는 것이 옳지 못하오.

18. 現世쓰做買매賣的人, 光꽝顧구自쯔己지的利, 那나管관人家的吃쯔虧퀴呢? 現世에 장사하는 사람은 다만 自己의 利만 돌보지 어다 남의 利害를 상관하오.

19. 光看칸他是個誠청實쓰無우詐자的人, 那나知凶쓩惡어到頭투的人了라呢? 그를 誠實하는 사람으로만 보앗지 어찌 兇惡이 極度에 達한 사람인 줄이야 알앗겠오?

20. 小孩子, 光知好吃好穿촨, 那나知父무兄쓩的辛신④苦쿠艱젠⑤難난呢? 아이들은 다만 잘 먹고 잘 입늘 줄만 알지 父兄의 辛苦와 艱難을 어찌 알겠오.

21. 光知道生前的快樂러, 那管死쓰後후有個天堂탕, 極지樂, 地獄워等떵等的話呢! 다만 生前의 快樂만 알지 死後에 天堂, 極樂, 地獄等等이 잇다는 것을 누가 상관하겠오?

22. 只쯔要你拿定띵主쥬意이做去, 無論誰也製쯔不了랴你。 다만 당신이 主意를 定하여 갖이고 갈 것 같으면 勿論 누구든지 당신을 抑制하지 못할 것이오.

23. 我只當당他在巴빠里리用융工, 哪知帶대了랴洋媳시婦무回來了라呢? 나는 단지 저 애가 巴里에서 工夫만 하는 줄로 알앗지. 西洋 며느리를 더리고 돌아올 줄을 어찌 알았겟소.

24. 高꺄三離리家七八年녠没音인信

①勞₂ ②顯₃ ③詞₂ ④辛₁ ⑤艱₁

신, 他的老婆퍼只當他死了라, 嫁쟈了랴人。不料뢔他又여回휘来喇! 高三이 집 떠난 지 七八年에 音信이 없어 그의 마누라는 다만 그가 죽은 것으로 여기고 남에게 시집을 갓드니 뜻 밖에 그가 다시 돌아왔오.

25. 只즈得더自즈己的지男난人看칸好(看中쭝)就得더了라, 那管公婆퍼怎麽樣? 다만 自己의 男便에게 잘 보이면 그만이지 어디 시아버지 시어머니의 어떠한 것까지 상관할 수 있오?

26. 現쎈在他们净징幹깐自己的事也忙망不過궈來的, 那管人家的閑쎈事呢? 지금 그이들 다만 自己의 일을 하는대도 밧어 지낼 수 없는데 어찌 남의 閑事를 상관하겠오?

27. 我勸콴你, 净拿나好心對대待人家, 管保바人家也拿나着好心對待你! 내가 당신에게 말하노니 다만 좋은 뜻을 갖이고 남을 對하면 擔保코 남도 좋은 뜻을 갖이고 당신에게 對할 것이오.

28. 單딴信신他是好人, 那知笑쌰裏藏창劍쟨①了라呢? 단지 그가 좋은 사람인 줄만 믿엇지 어찌 웃음 속에 칼을 품은 줄이야 알앗겠오?

29. 昨쭤天我單請幾지個人來吃的, 誰쉐料랴來了那麽些個人了呢? 내가 어제 다만 몇 분을 請하여 먹자든 것이 누가 그렇게 많은 사람이 올 줄이야 알앗겠오?

註: "光" "只" "净" "單"는 總히 但 只 一部에 局限된 것을 表明할때에 使用하는 字들이니라. 그리고 이네 글자 下에는 其活用을 隨하야 "那知" "那管" "誰料" "不料" "不管" "保管" 等 字로써 連續되게 하는 수가 있나니라. (十八節以下)

第四十五課 副詞字的應用(十一)

不大離리、不大離形싱、不大離經징
幾지乎후、幾幾乎
差챠不多、差不點兒、差不多少
大따諒량、大略뤠、大約웨、大概、大半

제사십오과 부자자의 응용(十一)

1. 昨쭤天我上協쎄②和허醫이③院웬 去, 看他的外왜貌뫄, 病得더不

①劍4 ②協2 ③醫

大따離리。어제 내가 協和醫院에 갓어 그의 外貌를 보니 病이 관게치 아니합데다.

2. 這정피紬쥬子太태花了, 那나정還해不離리形싱①(不打離經징)。 이 비단정은 너무 亂雜하고 저 정이 도리어 近似하오.

3. 別的莊좡家쟈都不離리(不離形싱兒), 就是小麥매睛쌰了。다른 곡식은 모도 관게치 아니하고 오직 밀만이 凶作이오.

4. 不能넝隨쉬大家쟈的意思쓰, 也得데不大離리形싱兒(不大離經징兒)。여러분의 意思를 따라가기 不能합니다만 또한 크게 틀이지는 아니할 터이지오.

5. 他的那門먼親친事쓰, 若쉬不是有人說눠破퍼了라, 就算쏸不離리(不離經)。저 사람의 그 婚姻은 만일 안되게 말한 사람이 없엇드면 곳 틀이지 아니하엿을 터이오.

6. 直즈隸리②話화和山東話差챠也差챠不(幾지多뒈)多。直隸(現今河北)의 말은 山東말과 틀려도 많이 틀이지 아니하오.

7. 這塊쾌兒地的價쟈錢, 比那塊地 듸差챠不多。이 土地의 價格은 저 土地에 비하여 얼마 틀리지

아니하오.

8. 我打算쏸他昨天贏〔贏〕잉了라差챠不多三百塊錢쳰。내 생각에 그 사람이 어제 거진 三百元 돈을 땃오.

9. 天下싸真젼有些쎄會훠說話的人, 差不(離)多的話, 叫쟈오他一說, 就說活훠了。天下에 참으로 말 잘할 줄을 아는 사람이 있오. 거진 같은 말을 그더려 한번 하라면 그 말이 서오.

10. 輪룬船촨一到烟얜臺태近진海해, 鬧뇨起波버浪량③, 差不點뎬兒把船上的人都暈윈④倒됴了。氣船이 烟臺 近海에 막 이르자 風浪이 일어나서 조금만 하엿드면 배 우의 사람들이 모도 멀미가 나서 쓸어질 번하였오.

11. 海해參션威웨的氣候후和哈하爾얼濱빈的差不多少。海參威의 氣候는 哈爾濱에 비하여 얼마 틀리지 아니하오.

12. 他氣치恨흔恨的把빠自지己的兒子打的幾乎후死了。그는 골이 잔뜩 나서 自己의 아들을 때려서 거진 죽게 하였오.

13. 我昨天在北뻬京징飯앤店뎬喝허醉쮀回來的時候, 把眼鏡징幾乎丟뚜了。나는 어제 北京飯店에서

---

①形₂ ②隸₄ ③浪₄ ④暈₄

술이 醉하여 돌아올 때에 眼鏡을 하마트면 잃을 뻔하였오.

14. 若你没提ᄃᆋ那件事，幾幾乎忘왕了。만일 당신이 그 일에 말을 내지 아니하엿드면 거진 잊어버릴 뻔하였오.

15. 再쌔等幾天看칸一看，大諒량没有甚麽大事。다시 몇 날 더 좀 기다려 봅시다. 아마도 무슨 큰 일이야 없겟지오.

16. 大諒량他不上南洋去，就是回來的。아마도 그가 南洋을 가지 아니하면 곳 돌아올 것이오.

17. 金진老五어上俄國去，已經징過了七八年，一回也没有信，大諒死了罷！金老五(金氏의 집 다섯재)가 露國에 간 지가 발서 七八年이 지냇는데 편지 한 張도 없으니 아마도 죽엇는가 보오.

18. 外왜國有名밍的政정治ᄌᆞ家和學쒜者져，大略뤠是六十多둬歲쉬。外國의 有名한 政治家와 學者는 大略은 六十餘歲입니다.

19. 念녠書쑤不能녕都一一背베下來，大略①是會휘着줘意思就得ᄃᆕ了라。글을 읽는데 一一히 背誦할 수는 없고 大略 뜻이나 알면 고만이지오.

20. 此地的風엥俗쑤到了節제下，大略是都清칭賬쟝。이곧의 風俗은 名節이 되면 大略은 세음을 맑힙니다.

21. 大約웨有錢就쭈有勢ᄉᆖ②力리，有勢力就有錢了。大約은 돈이 잇으면 곳 勢力이 잇도 勢力이 잇으면 곳 돈이 잇다.

22. 人生셩是靠카不住쭈的，過了四十歲大約웨血氣치漸잰③漸的衰쐐④弱ᅯ了。人生이란 믿을 것이 못되오. 四十歲가 지나면 大約은 血氣가 漸漸 衰하여진다.

23. 德더國人是大約都念녠過書，差차不多뒤人人能看칸報바。德國 사람은 大約 모도 글을 읽엇어 거진 사람사람이 新聞을 본다.

24. 世上的邪쎄事，大概都뚜能녕戀렌得더住쭈人。世上의 妖邪한 일이 大概는 모도 사람을 반하게 한다.

25. 城市ᄉᆞ的人，大概개是都詭궈詐자，村춘莊쾅的人大概是都樸푸實ᄉᆖ。都市의 사람은 大概가 모도 奸詭하고 農村의 사람은 大概가 모도 諄實하다.

26. 有錢有權퀜的人，一到夏쌰天，大概都找쟈個海沿앤避삐暑쓔去哪나！돈 잇고 權力 잇는 사람은 여름만 되면 大概는 모

---

①略₄ ②勢₄ ③漸₁ ④襄₁ [衰₁]

도 바다가를 찾아 避暑하러 가오.
27. 你別애愁쉬心, 這世쓰上的人, 大概都是利己지的。당신은 근심하지 마시오. 世上 사람이 大概는 모두 利己하는 것이오.
28. 這個地디方빵的人, 大半반是打魚워過궈活훠的。이 地方 사람은 半이나 고기를 잡아 살아가는 것이오.
29. 他們那裏没有一等덩的財째主주, 也没有很흔貪딴窮쳥的, 大半是都平핑平兒的。 그 사람들 거기에는 一等富者도 없고 또한 몹시 貧窮한 사람도 없어 居半은 모두 平平한 것이오.
30. 他平常챵没有失쓰信신的人, 到如수今진没來, 大半반是不來的罷바! 그는 平常에 失信한 것이 없는 사람인데 이때까지 오지 아니하니 아마도 오지 아니하는 것이오.
31. 看他們那個貌마樣, 大半是講쟝理리的少。 그들의 그 모양을 보건대 大部分이 경우 캐는 이가 적습니다.

註: "不大離""差不多"는 "관계치 않다""얼마 않 틀인다"의 意味이며, "幾乎"는 "간신히""하마터면""거의"의 意味이며, 大諒 等字는 大概의 意味인데 總히 "거의 다"의 意味의 類語이니라.

第四十六課 副詞字的應用(十二)

……不過、還……不成、難道……不成、連……不成、非……不可、非……不行、不但……而且、不但……并且、不但……就、不但……反

제사십륙과 부사자의 응용(십이)

1. 他没有特티別볘的才째①能녕, 就是最줴老實쓰不過궈。 그는 特別한 才能은 없지만 溫順하기는 여간이 아니요.
2. 他畫화的畫兒和寫쎼的字, 不怎麽好, 却췌清칭楚추不過。 그가 그린 그림과 쓴 글씨는 그렇게 좋지 못하지만 分明하기는 여간이 아니요.
3. 馮펑家的新신媳시婦우可不知才째德더的如수何허, 只쯔看外왜貌마和行싱動둥, 最줴清칭雅야不過。

---
①才₂

馮氏집의 새로 온 새아씨는 才德의 如何는 알 수 없지만 外貌와 行動을 보면 여간 淸雅한 것이 아니요.

4. 起처初추聽你的勸퀜話倒다오好，事到如今，最後悔훠不過。當初에 당신의 勸하는 말을 들엇드면 좋을 것을 일이 이렇게 되엿으니 후회하기 여간이 아니요.

5. 他無무論룬有多大的軍권權퀜和財채權퀜，還能殺사①無우罪쮀的人不成청? 그가 얼마나 큰 軍權과 財權을 갖인 것은 勿論하고 그래도 罪없는 사람을 죽이지는 못할 것이오.

6. 從早짤到晚완，誰也并삥没來，難난道따一個好好的手쑀表바오，還能長쟝上腿퉈，自己跑파오了不成? 아츰붙어 저녁까지 아무도 오지 아니하엿는데 어쩼든 멀쩡한 손목 時計 하나가 그래 능히 다리가 생게서 自己로 달아낫단 말이오.

7. 這一向쌍，你爲웨怎麽無우故구的不上我家來，難道我家裏有殺사人的老獅스子不成? 이지음에 당신이 어찌하여 無故히 내 집에 오지 아니하오. 어쩼든 내 집에 사람을 잡아먹는 늙은 獅子가 잇

단 말이오.

8. 像你聰층明人能學쑈書수，像쌍我워這樣愚②笨뻔人신，連롄書也不能學쑈不成。당신같이 聰明한 사람만 글을 배우고 나와같이 이렇게 愚鈍한 사람은 오히려 글까지도 배우지 못한단 말이오.

9. 我告짜你，往後후加쟈點뗀小心。王團퇀長쟝説我，這麽説你也不成，那麽罵마你也不聽팅。從今以後，非③打따不可。내가 네게 이르노니 이 뒤로는 좀 더 注意하여라. 王團長이 내게 말하되 이렇게 말하여도 네가 듣지 않고 저렇게 꾸짖어도 네가 듣지 아니하니 今後에는 때리지 아니하면 안 되겟다 고하드라.

10. 今年你賺쨘了那麽多的錢，并삥且체娶췌了一個小奶내奶，還有生성了一個男난孩子，這麽開캐的運윈④，你非예請幾桌줘客커不可。今年에 당신이 그렇게 많은 돈을 남기고 兼하여 小室을 얻도 또한 아들 하나를 낳앗으니 運이 이렇게 열엿는대 당신이 몇 교자상의 한 턱을 내지 아니하면 아니 되오.

11. 饒쟌⑤老婆포懶란修쉬飾스⑥，專촨

───────────
①殺₁ ②愚₂ ③非₁ ④運₄ ⑤饒₂ ⑥飾₄

聽門外賣東西。東家跑과西家闖창①, 不會針전線셴, 只즈會浪랑, 這樣老婆非休(退퇴)了她타不可。貪食하는 게집은 修飾하기도 게을리 하고 전혀 문밖의 물건 파는 소리만 듣고 東家로 갓다 西家로 갓다 하며 바느질을 알지 못하고 오직 放浪만 한다. 이러한 게집은 그것을 버리지 아니하면 안된다.

12. 今日碰펑見徐쉬②小쌰三, 他説："這裏找쟈你也找不着, 那裏找你也找不着, 今天叫我碰펑見, 非給我錢不(中)行싱。"오늘 徐小三을 만낫는데 그가 말하되 여기서 찾아도 당신을 찾지 못하엿고 저기서 찾아도 당신을 찾지 못하엿다가 오늘은 나로 하여금 만나 보게 되엿으니 내 돈을 안 주면 안된다고 하드라.

13. 你去告訴쑤他, 前天準쮼來, 叫我眼얜巴빠巴的等了一天。今天無우論룬如수何허, 不來不行！ 네가 갓어 그에게 일으되 그적게 꼭 온다고 하여서 나로 하여금 눈이 빠지도록 하루를 기다리게 하엿으니 오늘은 如何를 勿論하고 오지 아니하면 안된다 고하여라！

14. 若是將쟝好話説, 不賠페也不要緊진。你既지③然쌴説出這樣喪상盡진天良량的話來, 錯춰過(除추非페)賠페我不行！ 만일 좋은 말을 갖이고 말한다면 물어 주지 아니하여도 관게치 않지만 당신이 기위 이렇게 良心을 喪盡한 말을 할진대 어짯든 내게 물지 않으면 안되오.

15. 那樣不識스高低디的混훈髒쨩東西, 非壓야着저(强챵着)他不行。 그렇게 高低를 알지 못하는 더러운 놈들은 그것을 누르지 아니하면 안됩니다.

16. 吃大烟얜, 不但단破퍼了랴家産찬, 糟쟈蹋타身子, 并삥且체那個害해毒두傳촨及지兒孫쑨。 鴉片烟을 먹는 것은 家産만 破할 뿐 아니라 몸까지도 결단내며 아울러 그 害毒이 또한 子孫에게까지 傳及하오.

17. 若是有一個銀인行항倒了라, 不但단股구④東둥吃了랴虧퀴損쑨, 并且那個影잉響썅⑤流류及지全췐國。 만일 銀行 하나가 亡하면 다만 株主들이 損害를 볼 뿐만 아니라 그 影響이 全國에 波及된다.

18. 你若不願意學쌰政정治즈學쉐和軍事學, 我想學쌰醫이學好。因인

①闖3 ②徐2 ③既4 ④股3 ⑤響3

爲學제好了라, 不但단能利己지, 而얼且也能濟지世스. 당신이 만일 政治學이나 軍事學을 배우기를 願치 않거든 醫學을 배우는 것이 내 생각에 좋소. 醫學을 잘 배우면 自己를 利케 할 뿐 아니라 때라서 能히 濟世도 하는 까닭이오.

19. 他在說話和做文원, 不但簡잰①要야而且有深썬淵웬②的意思。그는 말을 하든지 글을 짓든지 다만 簡要할 뿐만 아니라 또한 深淵한 意思가 있오.

20. 你眞會辨〔辦〕빤事, 無論甚麽難난事, 叫你一辨〔辦〕, 不但辨〔辦〕得清칭楚추而且圓웬滿만得더很. 당신은 참으로 處事할 줄을 아오. 어떠한 難事을 勿論하고 당신으로 한번 하게 하면 다만 똑똑하게 處理할 뿐만 아니라 또한 圓滿하오.

21. 她光懶란也好, 或훠者저光饞찬也可커. 這個不但是懶란而且又요饞, 你說怎麽過궈日이子呢? 저 女子가 게으르기만 하여도 좋고 或은 貪食만 하여도 관계치 아니한데 이것은 게으를 뿐만 아니라 또한 貪食하니 당신은 말하시오. 어떻게 살림을 하겟는가요?

22. 若能編뗀一部부好書스, 不但當世有了랴益이處추, 就是於워後世也有益處。만일 能히 좋은 冊 한 秩을 編纂한다면 다만 當世에 利益이 될 뿐만 아니라 곳 後世에도 利益이 있오.

23. 俗語說: "酒쥬肉쓔朋友, 柴쎄米미夫妻치。" 所쒀以人到過워於窮청了라, 不但朋友看不起치, 就是自己的妻子也看不起. 俗說에 말하되 술과 고기에라야 親舊오. 쌀과 나무에라야 夫妻라 하였오. 그러므로 사람이 너무 지나치게 窮한즉 다만 친구가 업수히 여길 뿐만 아니라 곳 自己의 妻子도 또한 업수히 여긴다.

24. 法빠國和德國的冤웬③仇쳐, 不但前쳰幾輩베子解제④不開캐, 就再째有一輩也解不開. 法國과 德國의 冤讎는 다만 前 몇 代에서 풀이지 못하엿을 뿐만 아니라 곳 다시 一代를 지나도 풀지지 못할 것이다.

25. 他的病삥, 不但不輕칭, 越웨⑤發越見重쭝。所以現在쌔中西醫이生성都뚜束쑤⑥手쑈無우策처⑦了라. 그의 病은 다만 輕하여 지자 아니할 뿐만 아니라 더 發할스록

---

①簡₃ ②淵₁ ③冤₁ ④解₃ ⑤越₄ ⑥束₄ ⑦策₄

더 重하여지므로 지금은 中西(中國西洋)醫生이 모도 束手無策이오.

26. 你不必去討ㄸ情칭, 依이我看, 他不但단不給你, 反팬倒ㄸ討了個無우趣춰. 당신은 반드시 갓어 請求하지 마시오. 내가 보기에는 그가 당신에게 주지 아니할 뿐만 아니라 도리어 無顏한 것을 받을 것이오.

註: "不過"가 文末에 있을 때에는 (여간…어나라)는 뜻이니 "不成"은 그 응에 "難道"의 字를 合하야 "그럴 理가 萬無한 일에" 對하야 反詰의으로 묻는데 使用하나니라. "不但"에는 "幷且" "而且"가 相隨하며 쏘는 "就"나 "反"이 連用되나니라.

第四十七課 動詞

叠字
叠句
제四十七과 동사

1. 上房팡的鐘쭝, 早已이停팅①了라, 你不去上上牠타②嗎? 上房의 掛鐘이 발서 쉬엇는데 네가 갓어 태엽을 감아 주지 아니하냐?

2. 咱짠們去望왕望錢老師ㅅ的病好了没有. 우리는 錢老先生님의 病患이 낫엇는지 아니 낫엇는지 갓어 問病합시다.

3. 做쭤菜쌔的時候, 爲甚麼你没嘗장嘗鹹쎈③不鹹了라呢? 반찬을 만들 때에 당신은 어찌하여 짠지 승겁은지 맛을 보지 아니하오?

4. 他爲甚麼怪꽤着我呢, 一定去問

원問他! 그가 무슨 까닭에 나를 異常하기 여길까요? 一定코 갓어 그에게 물어 볼 터이오.

5. 把你的刮ㅃ④臉롄刀ㄸ借계給我使ㅅ一使, 刮ㅃ刮我的鬍후子. 당신의 面刀를 나게 빌려 주오. 나의 수염을 좀 깍으려오.

6. 你不用這樣生셩大氣치, 可以吞툰⑤吞氣兒罷! 당신은 이렇게 큰 성을 내지 말고 성을 새기는 것이 可하오.

7. 你不用在家裏净징忳둔⑥坐, 該出去逛꽝逛, 散싼散心罷! 당신은 집안에만 파뭋여 앉[앉]앗지 말

①停2 ②牠1 ③鹹2 ④刮1 ⑤吞1 ⑥忳4

고 맞당히 밖에 나아갓어 구경도 하며 消風도 하시오.

8. 林린飯빤桶통受쑤了랴許쉬小姐졔的欺치負쭈, 還해是戀랸戀不捨셔的。林밥桶은 許小姐의 업시여 김을 받고도 오히려 戀戀하여 놓지 못하오.

9. 晨쳔早짜起치來, 洗시洗臉랸, 梳수①梳頭, 擦차擦粉펀②, 吃츠吃飯, 換환換衣裳, 噴패(펀)③噴香썅水兒, 然쓘後逛광逛去, 這就是一套탸兒的工꿍課커。일은 아침에 일어나서 얼굴 씻고 머리 빗고 분 바르고 밥 먹고 옷 갈아 입고 香水 뿌리고 그런 뒤에 놀러 다니는 것이 곳 그 날의 一種 課程이오.

10. 你不必삐在那裏橫헝說숴竪수④說, 最져要緊진略뤠略的題틔⑤一題罷! 당신은 반드시 거기서 橫說竪說할 것은 아니고 略略히 提議하는 것이 가장 必要하오.

11. 那頭厚훠一點兒, 可以用刨파오⑥子(推튀刨), 輕칭輕的刨파오一刨(推一推)。저쪽이 좀 두터우니 대패를 갖이고 若干 미시오.

12. 你上那裏去探탄探, 要緊早早的回來。당신은 저기 갓어 알아 보고 일즉이 돌아오는 것이 緊要하오.

13. 先用水灑싸⑦一灑, 再재加쟈烙라오⑧鐵테重쭝重的烙라오一烙。먼저 물을 좀 뿌리고 다시 다림질하되 꾹꾹 눌러 다리시오.

14. 我們上那樹수林린字〔子〕去風영凉량風凉(凉快콰凉快)罷! 우리들은 저게 갓어 쉽시다.(땀들닙시다).

15. 若워有個機지會휘, 請쟨你擧쥐薦擧薦(吹취噓쉬⑨吹噓)他。만일 機會가 잇거든 請컨대 당신은 그를 薦擧하시오.

16. 我怎樣尋쓴⑩思쓰尋思(思想思想)也没那樣說過的。내가 아무리 생각하여도 그렇게 말한 적이 없오.

17. 成不成, 再쯔一次試쓰驗얜試驗。成不成間에 다시 한 번 試驗하여 보시오.

18. 天太冷렁了, 進진屋우裏暖놘和暖和罷! 날이 너무 추우니 방안에 들어갓어 녹입시다.

19. 我找쟈오你來的是有一件잰事, 要和你商썅議이商議。내가 당신을 찾아온 것은 일 한 가지가 잇어서 당신과 商議하려 함이오.

---

①梳1 ②粉3 ③噴4 ④橫2竪4 ⑤題2 ⑥刨2 ⑦灑3 ⑧烙4 ⑨噓1 ⑩尋2

20. 那間젠廂쌍①房팡裏土투太多뒤，你可以拿笤〔笤〕탸箒추去打따掃쏘打掃。저 뜰 아래 房에 먼지가 많으니 너는 비를 갖이고 갓어 掃除하여라.
21. 咱자們不用在這裏發빠悶먼，往城청南游유藝이園웬去溜루打溜打（游유逛꽝游逛）。우리는 여기서 답답하게 지내지 말고 城南遊藝園에 갓어 散步합시다.
22. 我們出추門的人，若워有不對뒤心的地方，也得데將장就將就쥬。우리 집 떠난 사람들은 만일 마음에 맞지 않는 일이 잇드라도 좋든지 낮브든지 그대로 참고 지내야 하오.
23. 那個小孩兒若醒싱了라，給他拍패②打따拍打就睡쒀（睏쿤）喇。그 애가 萬一 잠이 깨거든 그 애를 토닥토닥하여 주면 곳 자오.
24. 我們鋪푸子裏的大小事스情칭，請你替틔我整정理리整理。우리들 商店의 大小事를 請컨대 당신은 나를 대신하여 整理하여 주오.
25. 孫쑨將軍쥔這次츠打勝성了，拿나錢첸把全軍犒콰③勞콰犒勞。孫將軍이 이번에 戰勝하여서 돈을 갖이고 全軍을 犒勞하오.

26. 這位웨張장兄쓩是很好的朋友，請衆중位認인識스認識。이 張兄은 좋은 親舊이니 請컨대 여러분은 서로 인사하시오.
27. 我要今天晚완車쳐起치身션，那些行싱李리都給我收쒀拾스④收拾。내가 오늘 저녁 車로 發程하려 하니 저 여러 가지 行李를 收拾하여 내게 주시오.
28. 沒有別볘的事，不過귀是先生성面前來拜배望왕拜望。別일은 없고 先生님 面前에 와서 뵈옵는데 不過합니다.
29. 你這樣得더意이的時候허，還不能提틔拔빠⑤提拔你的朋友유嗎？당신이 이렇게 得意한 때에도 오히려 能히 당신의 親舊를 拔薦하여 주지 못합니까？
30. 我對於워此츠地的風엉俗쑤，不大懂둥得더，請先生指즈教쨔指教（指點指點）。내가 이 地方의 風俗에 對하여 모두 알지 못하니 請컨대 先生은 指導하며 가르쳐 주시오.
31. 火훠車쳐開的還해早짜，再坐再坐。喝허碗완茶쳐，歇쎼息시歇息罷！汽車가 떠나려면 아직 일르니 좀 더 앉아서 차나 마시며 쉽시다.

①廂₁ ②拍₁ ③犒₄ ④拾₂ ⑤拔₂

註 : 이 動詞의 疊字는 同一한 行動을 連해 數次한다는 意味니라. 그리하야 한 글자로 된 動詞는 흔이 兩疊間에 一字를 加하나니라. 그러나 두 자로 된 動詞는 그냥 重複할 따름이니다.

第四十八課 副詞字的應用(十三)

제사십팔과 부사자의 응용(十三)

1. 我也에這早晚완兒(這咱잔子)剛깡到따的。 나도 亦是 지금 막 왔오.
2. 現쎈今진的國際지情칭形싱, 免몐不了랴一場챵大戰잔①。 現今 國際 形便으로는 一場의 大戰을 免하지 못하겠오.
3. 你別賣鷄지蛋단(鷄子ㅅ兒), 現在正정好抱바窩워(抱蛋단)。 너는 鷄卵을 팔지 말아라. 지금은 닭을 안기기에 꼭 좋은 때다.
4. 他來倒來, 不過當땅下(時下싸)没有空쿵兒。 그 사람이 오기는 오겟지만 지금은 틈이 없다는 말이요.
5. 這一向썅他們買賣很熱러鬧나오, 每쨩天能挣정幾百元웬。 이지음에는 그들의 장사가 매우 繁昌하여 每日 몇 百元을 能히 남긴다 하오.
6. 這會휘兒(這會子)莊쫭稼쟈人, 種쭝地很忙망的時候허우。 이때는 農事하는 사람이 밭 갈고 심으기에 매우 奔忙한 때다.
7. 目무下싸不但단銀인錢첸鬧나饑지荒황, 并且체糧량②行항也落라, 兌뒤③糧량很困쿤難난。 目下에는 단지 錢慌할 뿐만 아니라 兼하여 穀價까지 떨어저서 納税하기가 매우 困難하오.
8. 咱짜們等등一會휘兒走쩌우罷, 這個當兒(當口커우)他們正정會議이 哪나! 우리는 좀 기다려서 갑시다. 이때는 그들이 바루 會議함니다.
9. 這孩子剛깡磕커破퍼了腦노袋대, 帶대他病院웬去看看纔채行싱。 이 애가 부드처서 머리를 깨트렸으니 곳 이 애를 더리고 病院에 갓어 보여야 하겠오.
10. 若說出眼얜前(眼時下、眼時

---

①戰₄ ②糧₂ ③兌₄

間)的苦ㅋ境징①來，真전是上天無우路루，入수地無門면了。目前의 困境을 만일 說破한다면 참으로 上天하재도 길이 없고 入地하재도 門이 없오.

11. 兄쓩弟의此刻커没別的事，不過在家看書ㅋ攝저②養양而已이。저는 目下에 別일이 없고 집에 잇엇서 册 보고 攝養하는 대 지나지 못할 뿐이오.

12. 刻下我要使些錢，請你給我借계一借。當場내가 돈을 좀 쓰려고 하니 請컨대 당신은 나에게 借貸하여 주시오.

13. 現下出추世스的人，十之쯔居쥐③八都是刁됴④鑽짠古구怪패的。이 지음에 出世하는 사람들은 十의 八이나 모두 陰譎하고 이상야릇한 것들이오.

14. 如수今的男난女뉴結계婚훈，雖쉬講쟝自由유戀렌愛，依이我看，得더了랴父母的承ᄻ認신纔好。지금의 男女結婚은 비록 自由戀愛를 말하지만 내 보기에는 父母의 承認을 얻어야만 좋겟오.

15. 脚쟈下婦우女們，剪젠了랴髮예⑤，穿촨了랴短돤裙췬⑥子스，這就是時興싱。現今의 婦女들은 머리 깎고 젏은 치마 입는 것이 곳 新式이오.

16. 我們若不在那樹수林린子下乘쳥涼량乘凉，這時候早쟈到了。우리가 만일 그 숲에서 땀을 들이지 아니하여떠면 지금 발서 다아갓겠오.

17. 那樣的方ᄬ法ᅇ，我們早頭使過的。그리한 方法은 우리가 발서 써 본 것이오.

18. 呀아啊아，來的遲츠一點兒了라，你的爸바⑦爸往那裏去喇! 아, 아, 조금 늦게 왓다. 너의 아버지는 저기로 가셧다.

19. 我從來看見過好些個美메人，却쳬像썅她那樣的俏챠俊쥰是頭一次쓰所숴見的。내가 前부터 많은 美人을 보앗지만 저 女子같은 그렇게 어엽은 것은 처음 보았오.

20. 他是個先前紅훙鬍후子(土투匪페)的當頭，現在是成쳥個國궈家的棟동梁량⑧。그는 以前에 馬賊의 頭目으로서 지금은 國家의 棟梁이 되엇다.

21. 主주人沒來以前(以先)，該깨早收쎠拾스，纔可免몐得더一場쟝煩ᄩ話. 主人이 오기 前에 일즉이 收拾하여야 한 밧탕 성가신 말을

①境쟈 ②攝저 ③居쥐 ④刁됴 ⑤髮ᅇ ⑥裙췬 ⑦爸바 ⑧棟동樑량

免할 것이오.
22. 他向來受쑤苦쿠的時候훠, 對我很恭꿍①敬징. 現在挣정點兒錢, 對뒤付우②這過去, 連롄面也瞧챠不見졘了. 그가 긔왕에 苦生할 때는 내게 對하야 매우 恭敬하드니 지곰은 돈을 좀 뫃아서 지내갈 만하니 얼굴도 볼 수가 없오.
23. 我早已勸줸過三回, 你總쯍不聽팅, 就遭짜着次쓰失쓰敗배了. 내가 발서 일즉 세 번이나 勸하여도 당신이 도무지 듣지 아니하다가 고만 이번 失敗를 만났오.
24. 民민國궈以前咱짜們中國人都有辮뼨子, 目무下多半반是都剃듸了. 民國以前에는 우리 中國사람이 모두 머리채를 갓엇드니 지금은 半이나 남어 깎었오.
25. 先쏀前쳰, 我在軍쮠艦③쟌(兵船)當了땅三年的使唤환④, 後來進진(入수)了땅海해軍쮠學쒜校쌰, 現在做個軍人的生活훠. 맨 먼저 내가 軍艦에서 삼년 동안 使喚을 다니고 그 뒤에 海軍學校에 들엇고 現在는 軍人의 生活을 하오.
26. 南家的弟띄兄倆랴, 早前看破퍼中國人抽쳐紙즈⑤烟얜(香썅烟), 開了個烟얜草챠公司쓰, 現在賺쫜的真젼好大財채神쎤了. 南家네 兄弟 둘이 일직이 中國人이 卷烟 피울 것을 看破하고 烟草會社 하나를 만들어 지금은 몽혼 것이 흠썩 큰 富者가 되였오.
27. 我要開個製즈⑥鐵테工廠챵⑦, 所쒀以前頭往歐어洲쪈考캬察챠⑧回來了. 나는 製鐵工場을 經營하려고 前番에 歐羅巴에 갓어 視察하고 드러온 것이다.
28. 先頭你上街買菜채去的時候훠, 在你先頭走的是誰쉐? 아까 당신이 반찬 사러 거리에 나갓을 때에 당신 앞에 가든 이가 누구였오?
29. 氣치派패是往年的氣派, 家道따却췌不是往年的家쟈道了. 氣勢는 往年의 氣勢이지만 家道는 往年의 家道가 아니다.
30. 他的一切체家產챤, 早쟈已讓샹給兒子管着저, 過了땅幸싱⑨福푸的日子. 저 이의 一切家產은 아들에게 맛기여 管理케 하고 幸福스럽은 晚景을 누립니다.
31. 請您닌不用過궈慮뤼, 依이您닌的話, 從早都辦好了. 請컨대 당신은 過慮하지 마시오. 당신의 말슴대로 발서 모두 處理가 잘

---

①恭1 ②付1 ③艦4 ④唤4 ⑤紙3 ⑥製4 ⑦廠3 ⑧察2 ⑨幸4

되엿습니다.
32. 我與웨你往왕日無우冤웬，近진日無仇쳑，何허必你要謀뫼害해我呢? 내가 당신으로 더부러 往日에 冤이 없엇고 近日에 仇가 없엇는데 반드시 당신이 나를 謀害하려는 것은 무엇인가요？
33. 釋스迦쟈牟뭐尼늬①、老子、孔쿵②子、耶예穌수、摩머哈하默머③

德더, 這都是古구時(古年녠)有名밍的聖성人。釋迦牟尼，老子，孔子，耶穌，마호메트 이는 모두 녯날 有名한 聖人들이다.

註：本課에 主로 된 單語들은 現在나 現在完了의 時間을 表示하는데 使用하는 副詞를 이니라.

第四十九課 會話(五)

投宿旅館 [투수류관]
제사십구과 회화(五)
旅館에 드는 이야기

1. 請問，從這裏到正정陽양門車처站잔，有多뒤少鐘종頭투可以到呢? (答)你頭一次츠來北뻬平핑嗎? 不過一點鐘，就有三刻커來鐘종。여보시오. 여기서 正陽門 驛까지 아즉도 몟 時間이나 갓이면 可히 到着하겟오? (答)당신이 처음으로 北平에 오시오? 한 時間은 채 걸이지 아니이하고 곳 四十五分(一刻은 十五分)즘 남겟오.

2. 是的，到北平得데要住주店뎬，不知즈那나一個旅뤼館관好，請你指즈教쟈指教。(答)有中西好幾지種종旅館，你要那나一種? 그렀음니다. 北平에 갓서 不得不 客店에 들어야 할 터인데 어느 旅館이 좋은지 알지 못하니 請컨대 당신은 가라처 주시오. (答)中西 (中國西洋)式의 各種旅館이 잇는데 당신은 어떠한 것을 要하시오?

3. 我不要西菜쌔，要中等덩的中菜旅館。(答)你要長쟝住或훠要暫잔住주呢? 나는 西洋料理는 싫고 中等으로 中國料理하는 旅館을 要함이다. (答)당신은 오래 留할여오 或은 暫時 留할여오?

①迦₁牟₂尼₂ ②孔₃ ③默₄

4. 我要長창住, 還要靜징雅야的地方好。(答)既지是這麼着, 你往〔住〕米미市쓰大街제北京公寓워就很妥퉈①當。나는 오래 留할여 하며 또는 閑靜한 곳을 要함니다. (答)긔위 그럴진데 당신은 米市大街 北京公寓로 가는 것이 매우 適當하오.

5. 那個公寓待대②客커怎麼樣？(答)我也住過, 很不錯춰的。그 公寓는 待客하는 것이 어떠하오？(答)나도 있어 보앗는데 매우 관게치 아니하오.

6. 住那裏交쟈通퉁方③便벤不方팡便？(答)方便, 就是電뎬車道땨的傍팡邊, 并且青칭年녠會휘館관的對뒤面몐. 그곳에 留하면 交通이 方便한가요 아니한가요？(答)便利하지오. 곳 電車길 옆이며 兼하여 青年會館젵便이외다.

7. 在那裏一天得데多少錢呢？(答)有好幾等, 往那裏跟끈櫃귀房왕隨便定뎡妥퉈好. 거기서 하루에 얼마콤식 하오？(答)여러 等이 잇는데 거기 갓어 事務室과 마음대로 商議하여 定하는 것이 좋음니다.

8. 車快到喇, 咱們預위備베下車罷！(答)下站잔是甚麼站？(應)東便삐門, 再下站就是正陽양門喇！車가 거진 다아 왔오. 우리는 下車할 것을 預備합시다.(答)다음 停車場이 무슨 驛인가요？(應)東便門驛인데 그 다음이 곳 正陽門驛이오.

9. 今天叫你受쑈累레, 真是領教的多了。(答)好說沒有甚麼！오늘 당신에게 累를 많이 찢이고 가라침을 참말 많이 받았음이다. (答)천만의 말이오. 관게치 아니하오.

10. 洋車！往米布〔市〕大街北京징公寓워。(答)先生, 這些行싱李리, 連랜坐帶대裝좡擱꺼不開캐了, 再叫쟈一輛량罷！(應)那好。人力車！米市大街 北京公寓로 가세。(答)先生님, 이 行李들을 갖이고 타시자면 놓을 수가 없으니 人力車 한 채를 더 불으시오。(應)그렇게 하세

11. 你們留류神션, 把빠行싱李리別掉댜④了。(答)是, 掉댜不了랴, 請您닌放왕心。너히들이 조심하여서 行李를 써러뜨리지 말어라！(答)네, 떠러틔리지 아니함니다. 請컨대 당신은 마음을 놓으시오.

12. 先生, 到了, 請下싸车。(答)

---
①妥₃ ②待₄ ③方₁ ④掉₄

你们把行李搬빤到櫃房裏罷! 先生님, 다아 왔음니다. 請컨대 車에서 나리십시오. (答)너히들은 行李를 事務室로 옴게 오너라!

13. 先生, 有一位위客來了. (答) 請您進진去, 暫잔且체隨쮄便坐坐. 先生님, 손님 한 분이 오셨오. (答) 請컨대 당신은 들어갓어 暫時 便할 대로 앉으시오.

14. 你們這裏리有可커住的閑쏀房沒有? (答)有, 請您隨便住. 당신네 여기에 留할 만한 뷘 房이 있소? (答)잇음니다. 請컨대 당신은 마음대로 留하십시오.

15. 好, 若住過覺쟈着저不中意, 就쭈可以往別的屋우子裏挪눠一이挪罷? (答)那個沒有不可以的. 네, 만일 있어 보아서 마음에 맞이 아니하면 달은 房으로 옴길 수 있지요? (答)그것은 안될 것 업음이다.

16. 先叫伙훠計지打臉롄水쉬來. (答)是, 我出去發빠他們伺쓰候훠. 먼저 쏀이를 불너서 洗手물을 떠 오시오. (答) 네, 내가 나갓어 그를 보내 심부럼하게 하리다.

17. 這裏打來了, 先生要開飯嗎?

(答)好, 須쉬微웨①等一等. 여긔 떠왔음이다. 先生님 진지를 차리랍잇가? (答) 좋다. 조곰만 더 기달여라.

18. 伙計! 給我開飯以後후, 捎쌰②這封엥信신罷! (答)是是, 這就捎쌰. 쏀이 내게 진지를 차려 준 뒤에 이 편지를 붓어라! (答) 네, 네. 곳 붓이리다.

19. 此츠地甚麽地方熱써鬧뇨, 還有可逛꽝的呢? (答)有好幾지處추, 城청南난游유藝이園웬, 勸쮄業예場창, 靑칭雲윈③閣거, 中쭁央양④公궁園웬, 北베海해公園或훠者저東둥安안市쓰場等덩等的. 이곳에 어느 地方이 繁華하며 또한 可히 놀 만한 데가 잇느냐? (答) 여러 곳이 잇는데 城南遊藝園勸業場, 靑雲閣, 中央公園, 北海公園 或은 東安市場 等等이외다.

20. 那裏頭, 有淸칭靜징的地方是哪나一處추? (答)就是北海公園好. 그 中에 淸靜한 地方이 어느 곳이냐? (答)곳 北海公園이 좋음이다.

21. 你給我雇구一輛량車來罷! (答)是, 這就到了. 너는 내게 人力車 한 채를 불너오너라! (答)네,

---

①須₁微₁ ②捎₁ ③雲₂ ④央₁

곳 옴니다.
22. 你給我鎖쒀門罷!（答）是, 幾點鐘可以回來您納나?（應）没準준兒. 너는 내게 門을 잠거다오.（答）네, 몟 時즘 하여서 도라 오시겟심잇가?（應）대중이 없다.
23. 伙計, 開門!（答）先生纔回來, 您納! 쏘이, 門열어라!（答）先生, 이제 도라 오심잇가?

第五十課　副詞字的應用（十四）

多麽、多高、多遠、多大、多長
多短、多會兒、多會子、多咱、幾時
제오십과 부사자의 응용（十四）

1. 你還해說他没有力리氣지, 你看他的那個擔딴子多뒤麽（幾多）重쭝. 당신이 오히려 저 사람을 힘이 없다고 말할 터이오. 당신은 저 사람의 저 멜 짐이 얼마나 무겁은 것인가 보시오?
2. 今天天氣치也淸칭亮량, 風頭也不大따, 從海路루走쩌多麽順슌便삐! 오늘은 日氣도 淸亮하고 風勢도 크지 아니하니 海路로 가는 것이 얼마나 順便하겠오.
3. 你看王先生的少쌰爺예在家裏多麽用마工꿍! 너는 王先生네 少爺（도령님 서방님의 總稱）가 집에서 얼마나 工夫를 하는가 보아라!
4. 你想特티別삐快쾌車처多麽快쾌啊, 一天能넝走二千多里리路루. 당신은 생각하여 보시오. 特別列車가 얼마나 쌀은가. 하루에 能히 二千餘里를 가오.
5. 在院웬裏玩완玩笑쌰笑的那些孩兒們, 摘재①草짜折저②花的樣子, 何허等덩快樂러, 多麽和平핑呢! 뜰안에서 놀며 웃는 저 兒孩들은 풀을 짜며 꽃을 꺽는 모양이 어떻게 快樂하며 얼마나 和平한가요?
6. 你別삐看他何等的吃穿촨好, 就看他做事多麽體티面몐. 너는 그가 어떻게 먹고 입는 것이 좋은 것만 보지 말고 곳 그가 일하는 것이 얼마나 얌전한가를 보아라.
7. 在煤메礦쾅(쿵)③裏用電뎬氣采채④礦쾅比我們手쩌采的多麽省셩事呢! 石炭鑛에서 電氣를 갖이고 石炭

①摘₁ ②折₂ ③礦₃ ④采₃

을 캐는 것이 우리들이 손을 갖이고 캐는 것보다 얼마나 일이 쉬운가요?

8. 不像쌍樣子的那個韓한小奶내, 多麼會説둬話, 講쟝點嘴줴的男난子, 也趕간不上她. 꼴 갓지 않은 韓小奶가 얼마나 말을 잘하는지 입을 좀 놀인다는 男子도 또한 그를 딸으지 못하오.

9. 他們做줘官的風也吹춰不着져雨也淋린①不着져, 太陽也曬쌔②不着. 比我們莊쟝稼漢한多麼自쯔在쩨呢! 저 벼슬하는 이들은 바람도 쐬이지 아니하고 비도 맞이 아니하고 해빛도 쬐이지 아니하니 우리 農군들에게 비하면 얼마나 호사스룹소.

10. 我看那個井징水붜很深쩐, 到底듸有多麼(多丈쟝)深쩐? 내 보기에 이 움물이 매우 깊는데 結局 몇 길이나 되는가요?

11. 掉됴了랴牙야, 曲춰③了腰야, 扶푸④了手杖쟝⑤走的那個老人家, 多麼老了랴呢? 이 쌔지고 허리 굽고 집팽이 집고 가는 저 늙은 이가 얼마나 늙엇는가요?

12. 看那隻쯔飛예艇핑⑥(飛機지)飛的 多高, 在上頭的人還不發애暈원 嗎? 저 飛行機를 보시오. 얼마

나 높이 나는가? 웋에 잇는 사람이 그래도 眩氣가 나지 아니할까요?

13. 我乍자⑦來此地, 不曉쌰得더路的遠웬近진, 你家離리這裏多遠? 나는 이 짱에 方今 왔음으로 길의 遠近을 알지 못하오 당신의 집이 여기서 얼마나 멈잇가?

14. 你蓋깨了랴那間쟨馬마棚핑⑧花了랴多大錢쳰, 費예了랴多大工夫? 당신이 지은 저 馬廐間은 돈이 얼마나 둘고 時間은 얼마나 걸였오?

15. 拿個尺츠頭來量량一量那個有多長쟝或훠是쓰多短돤? 자를 갖이고 와서 자여 보시오. 어느 것이 얼마나 길고 或은 얼마나 젋은지?

16. 你別忙망, 多會휘兒(幾지咱)清賬쟝, 多會兒就쥬給你請칭客커. 당신은 밧버 마시오. 언제던지 빗을 갚으면 그째에 당신에게 한 턱 내리다.

17. 你若줘多會子回家쟈, 要緊진給我來説둬一聲성. 당신이 만일 언제 집으로 갈여거던 곳 내게 와서 말 한 마듸 하시오.

18. 那是已經징過了十多둬年的事情칭, 到如수今説不上多會兒起,

---

①淋3 ②曬4 ③曲1 ④杖4 ⑤扶2 ⑥艇3 ⑦乍4 ⑧棚2

多會兒完완①的。그 것은 발서 十餘年이나 지난 일이라 이제 와서는 언제 생겻다가 언제 맞엇다고 말 할 수 없오.

19. 我們從중上상海商상務우印인書수館관定명購꺼②的那些科〔課〕커本, 多會兒能넝到? 우리가 上海商務印書館에서 注文한 그 敎科書들은 언제 到着될는지오?

20. 他要開個製쓰絲쓰③工廠챵, 多會兒開呢? 그 사람은 製絲工場 하나를 經營할여고 하더니 언제나 始作하는가요?

21. 你們在芝쯔麻아④點的事쓰上, 費폐了랴那麽些폐工夫, 到底多咱(多會)纔채做完呢? 당신들이 깨알만 한 일에 그만치 않은 時間을 쓰니 結局 언제나 꽃을 맞울 터인가요?

22. 他還해欠쳰我三百多元웬, 不知他多咱搬빤到那裏去! 그는 아즉도 네게 三百餘元을 빗젓는데 어느 때 어데로 移寓하여 갓는지 알 수 없오.

23. 他多咱送쏭來, 我就多咱捎쌰你去, 暫쟌且체不用過慮뤼. 그가 언제 보내면 나는 곳 그때에 당신게 보낼 터이니 아즉은 너무 생각 마시오.

24. 我信신了랴他是個眞正的朋평友, 說了心腹푸話, 到땬如今反成쳥個仇人了. 這麽一來, 我多뒤咱想起來, 多咱傷샹心. 나는 그 사람을 眞正한 친구로 믿고 心腹의 말을 하엿더니 이제 와서는 도로혀 寃讎가 되엿으니 이럼으로 나는 언제던지 생각만 나면 곳 마음이 傷하오.

25. 你別說多咱還환錢, 只쯔求츄不論룬多咱, 虧퀴不了랴我的本. 당신은 언제 내 돈을 갚겟다고 말하지 마시오. 다만 언제를 莫論하고 나의 本錢만 損치 아니하면 곳 고만이외다.

26. 從漢한口到四川촨的交쟈通통很不方앙便볜, 到底川漢鐵떼路루的工궁事, 幾時(多咱쟌)動동工? 漢口서 四川 가는 交通이 매우 不便한데 結局 川漢鐵路의 工事는 언제나 始作함잇가?

27. 請你不用忙망, 幾지時得더了機지會, 我跟끈他商샹量량, 找쟈給你一個差채使쓰. 請컨대 당신은 밥어하지 마시오. 언제던지 機會를 얻으면 내가 그와 相議하여 당신에게 일한 자리를 얻어주리다.

28. 自쯔從漢한口失쓰敗배以後후, 彼

①完2 ②購4 ③絲1 ④芝1麻2

삐此離리了랐五六年, 幾時能得더團돤圓왠呢? 漢口서 失敗한 後에 彼此에 五六年을 離別하였오. 언제나 團圓하게 되는지오?

29. 你去問원他, 幾時起치身썬, 幾時回휘來? 당신이 갓어 그에게 뭇되 언제 써나며 언제 도라오겟는가 하시오?

30. 我去年虧퀴了랐七萬완來塊쾌錢, 幾時能補부缺퀘款콴①呢? 나는 지난해에 七萬餘元돈을 밋젓으니 언제나 이 損害를 봉창할는지

오?

31. 我那場창官관司쓰還没打完완, 所以不能説幾時出추京징. 나의 그 訴訟은 아즉도 꽂이 나지 아니하오. 그럼으로 언제 서울을 써나겟다고 말할 수 없오.

註: 本課의 "多"字는 "많다"는 꾿이 아니고 "얼마"라는 疑問意를 表示하는 例이고 "幾時"字는 勿論 字義대로 "언제"라는 뜻으로 使用됨.

第五十一課 副詞字的應用(十五)

每、逢、各꺼、又메、又펑

一……二……

제오십일과 부자자의 응용(十五)

1. 他畢삐了랐業예以後, 每메年没做쭤甚麽特터別볘的事, 浄징白배過了光꽝陰인。그는 卒業한 後에 해마다 무슨 特別한 일을 하는 것이 없고 다만 光陰만 虛送한다.

2. 每月메挣쩡不過五十多塊錢了. 每月 五十餘元을 버는데 지나지 못한다.

3. 現在他每메天晨썬早짜起치來, 在野예裏種쭝地띠(種莊稼). 現在

그는 날마다 일즉 일어나서 들에서 일하오.

4. 用不着多少, 每樣양挑따稱청三斤진罷! 많이 쓰지 아니하겟오. 가지마다 골나 세 斤만 달어 주시오.

5. 他們兩량個人, 每逢펑遇위見的時候훠, 捨쩌不得더開手쑤(分離리、分開). 그들 두 사람은 만날 때마다 서로 손 놓기를 앗갑어 하오.

---

①補3缺1款3

6. 先生叫你逢①來的時候, 該깨敲챠門。主人이 너다려 올 째마다 맛당히 門을 두다리라 하더라.

7. 她净정講쟝迷미②信, 上娘냥娘廟묘③去燒쇼香향, 就知道逢뼝求츄必삐應잉。 그 女子는 다만 迷信만 崇[崇] 尙하여 娘娘廟에 갓어 香을 살으면 벌 째마다 꼭 應하는 줄로 안다.

8. 你們貴귀莊쟝是간逢一、六趕集지, 我們廠[厰]삐莊是逢四、九趕集。 당신네 村은 하루 엿새마다 장이 서고 우리들 村이 나흘 아흐래마다 장이 서오.

9. 他有過喝허的病, 逢喝허酒就喝醉쮜了。 그 사람은 過飮하는 병이 있어 술 마실 째마다 곳 醉하오.

10. 各꺼人當盡진各꺼人的本뻔分。 各人은 맛당히 各人의 本分을 다 하여야 하오.

11. 這頭有各式쓰各꺼樣的花화布부, 那頭有各歸귀④各色쌔的綢쳐子。 이쪽에은 各式各樣의 花布가 잇고 저쪽에는 各歸各色의 비단이 있소.

12. 各人說出個人的意이思쓰, 與워你有甚麼相썅幹간呢? 저마다 제 意思를 말하는데 당신에게 무슨 相關이 있오?

13. 可惜시日시頭(太陽양)快落롸了, 我們就分뻔手쏴, 各走쩌各路루罷! 可惜합니다. 알이 未久에 너머가겟으니 우리는 여기서 作別하고 各其 제 길을 갑시다.

14. 他生성得더又여聾룽又啞아⑤, 女뉘人是嘴쥐又拙쥐, 心신又여笨뻔, 這就是天生的一對뒤夫푸妻치。 저 사람은 생기기를 귀먹고 또 벙어리고 女子는 입이 拙하고 또 마음이 蠢하니 이는 곳 天生 一雙夫妻오.

15. 你又不按안理리過活, 又說着人家給你没照쟈應잉麽? 당신은 規則 잇게 生活하지아니하고 또한 남이 당신에게 周旋하여 주지 아니한다고 말함잇가?

16. 我們這裏家家又不缺췌吃츠又不缺췌穿촨, 而얼且孩子們也都뚜好好的養양活훠。 우리들 여기는 집집이 먹을 것도 걱정 없고 또 입을 것도 걱정 없고 따라서 兒孩들도 모도 잘 길너 냄니다.

17. 人家看她的外왜貌마, 又有德더, 又有才째。 却其치心신術쓔⑥, 又恨흔又毒두, 又詭귀詐자。 남들은 저 女子의 外貌를 보고 德도 잇고 자조도 잇다고 하겟지만 그

---

①逢₂ ②迷₂ ③廟₄ ④歸₁ ⑤啞₃ ⑥術₄

心術은 惡毒하고 또한 詭譎도 하오.

18. 你又要好的, 却(而)又捨_셔不得_더錢_쟨, 那有又好又賤的貨_훠呢? 당신은 좋은 것을 要求하면서도 또한 돈을 앗갑어 하니 물건도 좋고 값도 헐한 것이 어데 잇겠오?

19. 事到這個地步_부, 行_싱又不是, 止_즈又不是, 實在叫我左_줘右_유①(進_진退_퉈)兩_량難_난了。일이 이 境遇에 일으어서는 行하기도 아니 되고 근치기도 아니 되여 참말 나도 하여곰 進退가 兩難케 하오.

20. 你又來要做甚麽呢? 凡_앤事又好出_추頭_투, 又没實_스行_싱的, 那有人家信_신你嗎? 당신이 또 와서 무엇을 하겠오? 凡事에 또한 出頭하기는 좋아하고 그리고도 實行하는 것은 없으니 어대 당신을 믿을 사람이 잇겠오?

21. 你們再_쟤不要買豐_엥德_더號_한的糧_량米_미, 又潮_챠(濕_스)又虧_퀴斗_무。당신들은 豐德號의 糧米를 다시 사지 마시오. 누지고 또한 말(斗)도 차지 아니하오.

22. 你別愁_쳐辦事爲_웨難_난, 若請南_난星_싱②壽_쎠來, 托_튀他替_티辦_빤, 又省_셩力_리又快_쾌當_당。당신은 일 處理하기가 어렵다고 걱정하지 마시오. 또 내일 南星壽를 請하여서 그에게 부탁하여 代身處理케 하면 힘도 덜 들고 또 快當도 할 것이오.

23. 你要做一件_쟨夾_쟈袍_판③, 不用花大錢做緞_돤衣_이裳_샹。若做個假_쟈嗶_삐嘰_지④, 一則_쩌⑤, 體_티面_멘又省_셩錢_쳐。二則, 結_졔實_스又合_허時_스興_싱。당신이 겹두루막이 한 벌을 만들여거던 돈을 많이 멕여 비단옷을 짓지 말고 만일 假세루로 짓는다면 첫재는 점잔코도 또한 돈이 적게 들고 둘재는 튼튼하고도 또한 新式에 맞소.

24. 你來得_더正_졍好, 一則_쩌, 有幾條_탸鮮_쎈魚_위, 要喝幾盅_중酒_쥬。二則, 與_위你商_샹量_량幾件_쟨事。당신은 오기를 맞츰 잘하였오. 첫재는 생선 몃 머리가 잇서 술 몇 잔을 먹을야 하고 둘재는 당신과 相議할 일이 몇 가지가 잇오.

25. 這樣閑居_쥐無_우事的時候, 不如_수讀_뚜⑥書寫_쎼字_쓰好。一則_쩌, 安_안心養_양氣_치, 對_뒤於_워身_쪈體_티上也_예好。二則, 廣_광智_쯔⑦博_버

---

①左₃右₄ ②星₁ ③夾₁袍₂ ④嗶₄嘰₁ ⑤則₂ ⑥讀₂ ⑦智₄

識ㅅ, 對於學훼問원上也好。三則쩌, 可以免몐得더胡후行亂롼説。 이렇게 閑居하고 無事할 째에는 讀書하고 習字한 이만치 좋은 것이 없나니. 첫재는 安心養氣하야 身體上에도 좋고 둘재는 廣智博識하야 學問上에도 좋으며 세재는 가히써 胡行亂言도 免할 수 있오.

26. 你別怪꽤他時常챵垂취頭傷샹氣치, 一來, 他在去年虧퀴了랴一萬多元웬。二來, 今年在家庭팅上, 不得已이離리婚훈的關관係시了。당신은 그 사람이 늘 垂頭傷氣한다고 異常히 생각하지 마시오. 첫재는 그가 昨年에 萬餘元을 밋젓고 둘재는 今年에 家庭에 서 不得已하야 離婚한 關係가 있오.

27. 你與웨他雖쉬然산一不係시親친(沾잔①親), 二不係故구(帶대古〔故〕구), 時常照쨔應잉他, 所쒀以이人家都説你是親熱서的心了。 당신이 그 사람으로 더부러 첫재는 親戚도 아니오. 둘재는 친구도 아닌데 째째로 그를 돌 보아주니 그럼으로 남들이 모도 당신의 그 親熱한 마음을 말하오.

註 : "每" "掌" "各" 等字는 同一한 意義의 語類이며 "又…又"와 "一…二…"는 一種의 公式이니라.

第五十二課 "到"字和"打"字的用法

제오십이과 "도"자와 "타"자의 용법

1. 小孩얼兒的時候, 做줘個要飯얜的梁량②麻마子, 到如주今成청個大財째東, 誰줴能料랴到人的貧편富푸③呢? 어린 兒孩 째에 밥 빌어 멋던 梁곰보가 이제 와서 큰 富者가 되었으니 누가 능히 사람의 貧富를 혜아리겠오?

2. 做줘到老, 學到老, 還有三分앤 學不到。 늙도록 일하고 늙도록 배워도 오히려 三分이나 배호지 못하는 것이 있다.

3. 我買매的那個貨훠, 説給你們掌쟝櫃귀的(老板반), 可以發빠到營잉④口去。 내가 산 그 물건은 당신들 掌櫃에게 말하여 營口로 보내도록 하시오.

---

①沾₁ ②梁₂ ③富₄ ④營₂

4. 説ᅯ到這裏，實ᄉ在傷상心，不如수不説好。 말이 여기까지 일으어서는 참으로 傷心되니 더 말하지 아니함만 갓지 못하오.

5. 在那裏把我弄능的死ᄊ也死不了ᄅᅸ，活ᅘᅫ也活不了ᄅᅸ，所以暗ᅟᅡᆫ①暗的跑표到此ᄊ地來的。 거기서는 나로 하여곰 죽을랴도 죽을 수 없고 살여 하여도 살 수 없이 함으로 가만히 이곳으로 달여 온 것이오.

6. 你敬징我一尺ᄎ，我敬징你一丈장。你敬我一丈，我抬태你到ᄃᅶ天上。 당신이 나를 한 자만치 恭敬하면 나는 당신을 한 길만치 恭敬하고 당신이 나를 한 길만치 恭敬한다면 나는 당신을 하눌까지 떠바들겠오.

7. 勞ᄅᅶ駕자勞駕，不用웅再제送숭，送숭到ᄃᅶ這裏可不夠꿔了라麽？ 매우 고맙음니다. 이제 더 餞送하지 마시오. 여기까지 餞送하고도 不足하다 함닛가？

8. 你走的時候，務우必삐到俺ᅟᅡᆫ家裏〔裏〕來，因ᅟᅵᆫ爲ᅰ給王先生有幾封ᅟᅥᆼ信捎ᄊᅶ到。 당신이 갈재에 곳 우리 집으로 오시오. 王先生게 편지 몇 張을 붓처 보낼야 하오.

9. 這不是你的錯춰，誰뉘能想샹到那隻즈輪룬船촨，在那裏坐줘礁ᄌᅶ②了呢？ 이것은 당신의 잘 못이 아니오, 누가 能히 그 汽船이 거기서 暗礁에 걸일 줄이야 알엇겠오？

10. 李리太太有電덴報ᄇᅶ説，今天晚완車처到站잔，你早ᄌᅶ一點덴兒上상車站去，迎ᅟᅵᆼ到她來。 李夫人이 電報하되 오늘 저녁 車로 오신다하니 당신은 좀 일즉 이 停車場에 갓어 그를 迎接하여오시오.

11. 我聽팅説他病삥到死ᄊ頭，慌ᅘᅪᆼ張張자的去看칸，剛강剛免덴了ᄅᅸ死ᄊ了。 내가 말을 들으니 그가 병들어 죽게 되엿다 하기에 慌忙히 갓어 본즉 겨우겨우 죽기를 免하였음이다.

12. 你先去打ᄯᅡ聽他們的情칭狀좡③，可別뼤提티到那個事。 당신이 먼저 갓어 그들의 情狀만 알어보고 그 일은 말내지 마시오.

13. 讀두書수有三到ᄃᅶ，就是眼ᅟᅡᆫ到，心신到，口쿠到。 글 읽는 데는 三到가 있으니 곳 眼到, 心到, 口到이다.

14. 俗수語ᅰ説ᅯ，"到了라河허邊뻰再脱튀鞋쎄"，就是事情臨린④到眼ᅟᅡᆫ

①暗₄ ②礁₂ ③狀₄ ④臨₂

前, 再打算짼怎쩐麽辦的意이思쓰。 俗語에 말하되 물가에 갓어 신을 벗으라 함은 곳 일이 目前에 다달음을 기달엿어 다시 어떻게 處理할 것을 생각하라는 뜻이다.

15. 還해有三十里리地듸, 咱자們在這裏打따尖잰罷! 아즉도 三十 里 길이 되니 우리는 여기서 점심을 먹읍시다.

16. 你打場챵回來了라嗎? 快去打一挑탸水쉬來! 메가 마당질을 하고 도라왓느냐? 빨이 갓어 물 한 지게를 길어오너라.

17. 妹메妹, 你打扮왠(반)的不如수①没打扮왠的好。 누이야, 너는 粉 발은것이 粉 발으지하니한 것만 치 좋지 못하다.

18. 我們明天要裱뱌糊후②, 晚완上可커以打糊장子(糊糊후)。우리가 來日塗壁할여하니 오늘 저녁에 풀을 좀 쑤시오.

19. 看這打閃쌴③打雷레④的光⑤景징, 天將쟝下雨위的樣子。你去, 快쾌快的收쓔場챵罷! 이 번개 치며 우레하는 光景을 보니 비가 將次 올 터이니 너는 빨이 갓어 마당을 걷어라!

20. 人家説坐쒀船촨、騎치馬、打鞦취韆쩬⑥危웨險쎈, 我可説打牌패、

喝허酒、打茶차圍웨比이以上所쒀説눠的更껑危險。 남들이 말하되 배 타는 것, 말 타는 것, 그네 뛰는 것이 危險하다고 하지만 나는 도로혀 말하되 痲雀 노는 것, 술 먹는 것, 妓生房에 섯어 노는 것이 以上에 말한 바에 比하면 더욱 危險하다 하겠다.

21. 不知道他們倆랴説的話, 昨晚完整쩡夜예裏打着喳차⑦喳説(耳얼喳)。 그들 두 사람이 한 말은 알 수 없고, 어제 밤 온밤을 소곤소곤 말하더라!

22. 你昨天做甚麽來着, 纔채打起草챠稿꺄⑧來呢늬? 당신은 어제 무엇을 하고서 인제야 原稿를 草하시오?

23. 你若눠不信신, 咱자們랴倆可以打個賭두(賭個東)。 당신이 만일 밋지 아니할 진대 우리 두 사람이 내기를 합시다.

24. 勝셩敗배是兵삥家쟈的常챵事。一見打敗배, 何허必這樣傷상心呢? 勝敗는 兵家의 常事인데 한 번 敗戰하고서 반듯이 이렇게 傷心할 것이 무엇이오?

25. 俗쑤語説눠, "打人休쓔打臉랜, 罵마人休揭졔⑨短돤", 就是謹진慎션言얜語위動둥作쮜的意思。俗說에

———
①如₂ ②裱₂糊₄ ③閃 ④雷₂ ⑤光₁ ⑥鞦₁韆₁ ⑦喳₁ ⑧稿₃ ⑨揭₁

사람을 때리거던 얼골을 째리지 말고 남을 辱하거던 短處를 늘지 말나한 것은 곳 言語와 動作을 삼기라는 뜻이다.

26. 不打緊진, 誰쉬說你打攪쟈①來的嗎? 관게치 아니하오. 누가 당신다려 씨끄럽게 굴너 왓다고 말함닛가?

27. 咱們中國궈的打把빠勢(打八式스、打拳쮄)自古구以來, 可以 褒바贊짠②的一種쭝武우③藝이. 우리 中國의 十八技(拳鬪)는 自古로 잇는 것인데 可히 써 褒讚할만한 一種 武藝입니다.

28. 你看那幾지朵둬花兒, 前쳰晚剛깡剛打包바, 今진朝쟈就開喇, 眞젼叫쟈人可愛啊! 당신은 저 몇 폭이 꽃을 보시오. 그제 저녁에 봉어리가 지더니 오늘 아츰에 고만 피였오구려. 참말 사랑스럽오.

29. 昨天, 我上北베海해公궁園웬去, 看那些娘냥兒們摔쐐打摔打走쭤的, 實스在叫人難난看. 내가 어제 北海公園에 갓어 그 女子들이 한들한들하고 단이는 것을 보니 참말 사람은 볼 수 없게 하더라.

30. 我的這個瘡촹, 大概是作뚸膿눙④的樣子(光꽝景징), 昨夜예呼후打呼⑤打(咕구嘟두⑥咕嘟)的疼텅了一夜, 睡쉬不上覺쟈了. 나의 이 헌 데는 아마도 골믄 모양이오. 어제 밤에 홀둑홀둑하며 하루 밤을 앞어서 잠을 자지 못하였오.

31. 這把茶차壺후(茶罐관⑦), 直즈外왜滴듸⑧打滴打的流류, 把火淋린滅몌⑨了. 이 茶罐은 풀덕풀덕 밖으로 넘어 흘너서 불을 꺼트렸오.

註 : 本課에서는 "到"字가 그 우에 動詞 字를 置하야 活用하는 類語를 보엿고, "打"字가 其 下에 달을 글자를 合하야 活用하는 바와 其上에 달은 一字를 加하야 副詞로 使用하는 例를 示한 것임.

---

①攪₃ ②褒₁贊₄ ③武₃ ④膿₂ ⑤呼₁ ⑥咕₁嘟₁ ⑦罐₄ ⑧滴₂ ⑨滅₄

第五十三課　接續詞 [졔쉬츠] (一)

雖쉬……却 [쉬…췌]、雖……也예、雖然싼……可是
雖然……還해、然而얼、但딴
제오십삼과 접속사(一)

1. 他雖쉬然年녠輕칭，却췌講쟝體틔面몐。그는 비록 나히 젊지만 體面을 차립니다.
2. 他雖然싼没有表뱌顯쎈，却췌心裏要幫빵助주你。그는 비록 밖으로 말을 들어 내지 않으나 마음속으로는 당신을 매우 도웁려 합니다.
3. 朱주①老哥거雖然辦事伶링俐리，却是脾피氣치不好。朱老哥는 비록 일 處理를 伶俐히 하지만 性味가 좋지 못합니다.
4. 我雖쉬然싼要打你們，就打得더了랴幾十個人，却見了랴你們主주人신的面子，忍신着了。내가 비록 너이들은 때리자면 곳 몇 十名이라도 때릴 수 잇지만 네의 主人의 面情을 보와 참는 것이다.
5. 她타雖是一個女뉘子쯔，却췌有千첸古구大英잉雄쓩的度두量량。그는 비록 一個女子이지만 千古大英雄의 度量이 있오.
6. 雖是富푸貴귀掀쎈②天데，却也得心地乾깐净징，方빵能叫人敬징服푸。비록 富貴가 하눌을 흔든다 할지라도 心地가 깨끗하여야 사람이 敬服된다.
7. 他雖산然有了不是，你也有點兒過궈錯춰。그가 비록 옳지 못한 點이 있지만 당신도 좀 너무 지내친 點이 있오.
8. 燕앤③窩워、魚위翅츠④雖然最쮜高깎貴귀的海해味웨，没有鷄지湯탕和肉쑤調댜和起치來，也是不怎麼受쎠吃츠。燕窩와 魚翅가 비록 가장 高貴한 海物이지만 鷄湯과 고기를 調和한 것이 없다면 그렇게 맛이 없다.
9. 他雖然没有那麼些쎄錢，可是羨쎈不了랴財쎄主주的過궈活훠。그는 비록 그렇게 많은 돈은 없지만 도로혀 富者를 부럽지 않게 生活하오.
10. 他説的話在外面雖然有理리，可是欺치負푸了랴人，是氣不忍신

---
①朱ᵢ ②掀ᵢ ③燕ᵢ ④翅₄

的。 그가 하는 말이 비록 外面에는 有理한 듯하지만 도로혀 사람을 속이는 데야 곳 忿을 참을 수 없오.

11. 你拿着朋友의 的交교情정, 責정①備비他是雖然不錯, 可是不知他的爲웨人是你的錯。 당신이 친구의 交情을 갖이고 그를 責하는 것이 비록 잘못은 아니지만 그 사람의 爲人을 알지 못한 것이 곳 당신의 잘 못이다.

12. 吃大烟앤的人, 雖然父뿌母무停팅了 롸床촹, 他還해要過癮인了。 鴉片먹는 사람은 비록 父母를 칠성판에 높이고도 그는 오히려 癮을 풀여고 한다.

13. 母親對小孩兒, 口커裏雖説説嫌쎈惡우, 還是用手쑴樓〔摟〕루抱 밧②, 用嘴親熱서他。 어머니가 어린애에게 對하여 입으로는 비록 싫고 밉다고 하면서도 도로혀 손으로 안어 주며 입으로 입 맞운다.

14. 張장山산雖然是没有特더別볘的口才챼, 就是説着저這個講지誚챠着那個。 張山은 비록 特別한 口才가 없지만 곳 이것을 말하면서 저것을 諷喇한다.

15. 俗語説的好: "説着容숑易시, 做쩌着難난。" 你雖쉬然然那麽説, 那能這麽做得來呢? 俗談에 말한 것이 옳다 말하기는 쉽고 行하기는 어렵다 함과갓치 당신이 비록 이렇게 말하지만 어찌 能히 이렇게 하여 낼 터이오?

16. 我看你雖쌰是笑在臉랜上, 然而心裏愁쩍苦쿠得더很。 내 보기에는 당신의 얼골에 비록 우슴빛을 되었으나 그러나 마음 속에는 근심과 걱정이 많은 모양이오.

17. 你們説是他的心裏很詭귀詐자, 然而知道他的根끈底듸, 就是很誠정實쓰。 당신들은 말하되 그 사람의 마음이 매우 奸詐하다 하지만 그러나 그의 根底를 알고 보면 곳 매우 誠實하오.

18. 兒얼女뉘固구③然應잉當당孝쌰④順쑨, 然而爲웨父母的也不要惹서兒女的氣치來。 子女가 果然 맛당히 孝順하여야 하지만 父母 된 이도 子女의 性味를 건듸리지 말어야 한다.

19. 人신參션和허鹿루茸숭⑤是個一種쭝仙쎈藥야, 然而不能救쮸活훠要死쓰的人。 人蔘과 鹿茸이 一種의 仙藥이지만 그러나 죽을 사람을 能히 살여 내지는 못

①責2 ②摟1抱4 ③固4 ④孝4 ⑤鹿4茸2

한다.
20. 喝허白湯탕吃窩워頭, 莫머非예是個粗추食스, 然샨而얼能救活萬완民민. 좃쌀가 루떡을 먹으며 白沸湯을 마시는 것이 곳 粗食이 아님이 아니지만 그러나 能히 萬民을 살인다.
21. 勿우論룬甚麼事都願웬意做去, 然而没有對뒤-勁징①的人. 勿論 무슨 일이던지 하기를 願하지만 그러나 마음에 맞는 사람이 없오.
22. 在社셔會휘的公益이上不能不説真正評핑②論룬, 但딴不能過逾위. 社會의 公益上에 對하야 不得不 眞正한 評論을 할 것이지만 다만 너무 지나쳐서는 안 된다.
23. 馮펑如수心甚麼事都很會起치起, 但是他自己完완不了랴結제局쥐③. 馮如心은 무슨 일이나 처음에는 매우 잘하지만 그러나 自己로 結局은 맞우지 못하오.
24. 這點事上, 你如수何허勸췐他照쫘應잉, 但他決쮀④不出頭투. 요만한 일에 당신이 그다려 도라 보아 달나고 如何히 勸할지라도 그는 決코 出頭하지 아니할 것이오.

25. 甲쟈的童퉁天分펜比乙이⑤童次쓰些, 但단甲童是很殷이勤친就趕깐上他了. 甲童의 天才가 乙童보다 조금 못하지만 다만 甲童이 매우 부즈런히 工夫하므로 그를 따라 가오.
26. 我對뒤於위老哥的話, 一點也没有疑이惑휘, 但你手下的人, 我就不能放빵心了. 나는 兄님 말슴에 對하여 조곰도 疑惑이 없음니다만, 다만 당신 手下의 사람을 곳 내가 放心하지 못하오.
27. 他的文원章쟝和名밍聲셩, 在中國可算쏸第듸一, 但是他净징愛錢, 往왕往變볜了랴主주意. 그 사람의 文章과 名聲이 中國에서 第一이라 하지만 그는 다만 돈을 사랑하여 往往 主意를 變함니다.
28. 你别小쌰看他變了主意的, 但是他自己羨쎈不了랴陶탸⑥朱주翁웡⑦. 당신은 그가 主意를 變한다고 蔑視하지 마시오. 다만 그의 自身은 陶、朱(古代富者兩人의 姓)翁을 부러워하지 아니하오.
29. 汪왕老弟듸的度두量량和理리論룬是倒돠不錯춰, 但他的氣치槪깨和

①勁4 ②評2 ③局2 ④決2 ⑤乙1 ⑥陶2 ⑦翁1

年紀지還不夠쥬。汪老弟의 度量과 理論은 도로혀 옳지만 다만 그의 氣概와 나이 아즉도 不足하오.

30. 咱자們中國現쩬在째的財재政정很貧핀窮쳥，但是得더到關관稅쉬自쯔由유的時候，就算쏸富푸了。우리 中國은 現在의 財政이 매우 貧窮하지만 關稅의 自由를 얻는 때에는 곳 豐富할 것이오.

31. 家裏有點뎐兒事，不能抽쳑身젼來的，但是他타來拉牽챈我，不得더已이隨쉬他來了。집안에 일이 좀 있어서 몸을 쌔여 낼 수 없는 것을 다만 저 사람이 와서 나를 끄으니 할 수 없이 딿아왔오.

註 : "雖…却""雖…也""雖然…可是""雖然…還" 등은 一種 接續詞로 된 者임으로 서로 不可離의 關係를 갖엇으며 "然而""但"은 그 우에 말한 바를 是認하면서도 反對의 意思를 表할 제 使用하는 接續詞이니라.

第五十四課 副詞字的用法(十六)

好多[핱둬]、好幾지、好些쎄、好大口컫氣치、好大膽단子、好罵마、好混훈帳짱、好沒些째小、些微웨、些須쉬、微、微微、稍샾微、將將、略리略、絲쓰來毫핟去僅진僅、一星싱半點、略……略……

제오십사과 부사자의 응용(十六)

1. 好說不敢깐當，我没有那樣好多的本번事，先生太過꿔獎쟝①了。천만의 말씀, 不敢當입니다. 제에게 그렇게 많은 才能이 없음니다. 先生게서 너무 過獎하심니다.

2. 他在那裏净징費뻬了好多的光광陰인，也辦빤不了랴那件쩬事。그는 저기서 많은 光陰만 虛費하고도 亦是 그 일을 處理하지 못하얏오.

3. 這池츠子裏的魚위，實시在好多，可惜没有網왕②子。이 못 안에는 물고기가 흠썩 많으나 可惜한 것은 금물이 없오.

4. 好容슝易이找쟢給你一個事頭

---

①獎₃ ②網₃

兒，你還不甘간①心嗎? 간신히 네게 일것리를 얻어 주엇는데 너는 그래도 甘心하지 아니하느냐?

5. 好錢첸哪! 他在嫖표②賭두上，枉왕費了랴好幾萬완塊쾌錢了。끔즉이 많은 돈이다. 그가 놀음 놀고 게집질하엿어 헛도히 몟 萬元을 내여 버렸다.

6. 好傢쟈伙훠，下了好幾天的雨위，恐쿵怕파我們鄕썅裏出了洪훙③水쒀罷。이런 제엑이 비가 여러 날 왔으니 아마도 우리 시골에는 洪水가 낫겠오.

7. 那個倒好説，就是這好些個東西沒有地方交쟢代대。그것은 도로혀 말하기 좋지만 곳 이 여러 물건은 交代할 곳이 없오.

8. 昨天我看見你們家的門口站쟌了랴好些個人，有甚麼事了라呢? 내가 어제 보니 당신네 집 門 앞에 여러 사람이 섰으니 무슨 일이 있엇는가요?

9. 老聽팅着也不過好些個漓리溜류囉뤄唆쒀④的話，咱짠們不理他好不好? 늘 들어도 시시 부러한 말인즉 우리는 그를 相關하지 아니하는 것이 어떠하오?

10. 林린掌쟝櫃귀真젼正졍是好小器치，拿幾個錢也使不得더花。林掌櫃는 참으로 좀팽이오. 몇 푼 돈도 쓰기를 앗갑어 하오.

11. 他不但説好大口쿠氣치，并삥且쳬有好大膽단⑤子。그는 다만 흠썩 큰 소리만 할 뿐 아니라 아울러 흠썩 큰 膽力도 있오.

12. 他在這裏，受쑈了랴一頓둔好罵마就去了。그는 여기서 많은 辱을 한바탕 먹고 곳 갓오.

13. 你是個不知好歹대的好混훈帳쟝⑥人。너는 곳 皀白을 알지 못하는 더럽은 놈이다.

14. 好體틔面的一個女뉘兒，就是裏귀⑦了랴脚쟈了。흠썩 얌전한 女兒를 고만 발을 조렸다.

15. 他真好沒眼앤色새，常챵在那邊討타人嫌쎈。그는 참으로 눈치가 없어. 恒常 거기서 남에게 믜움을 받으오.

16. 當땅時스的人，有三塊錢的不和有兩塊錢的結졔交쟢，些小(略뢔微웨)富푸一點兒，眼裏⑧就瞧챠不起人喇。이즈음 사람은 三元 돈 갖인 者가 二元 돈 갖인 者와 사귀지 아니하며 조금만 富하면 눈에 곳 사람을 업쉬이 여기오.

17. 不碍애事，錯賬쟝也不過些小差차錯，拿這個我們倆랴何허必計

---

①甘₁ ②嫖₂ ③洪₂ ④囉₂〔囉₂〕唆₁ ⑤膽₁ ⑥帳₂〔賬₃〕 ⑦裏₄ ⑧裏₃

지算쌴。상관없오. 賬薄가 틀여도 些少한 틀임에 不過할 터이니 이것을 갖이고 우리 둘이 반듯이 計算할 것이 무엇이오.

18. 你們別嚷샹，我看那個少샾，那個多，把多的些須쉰勻윈①一點兒，那不公궁道다麼？ 너이들은 떠들지 말어라. 내가 어떤 것이 적고 어떤 것이 많은 것을 보아서 많은 것을 좀 난흐면 그것이 公平하지 아니하겟늬？

19. 先生你是我們的老主쭈顧구，那個價쟈②兒，實在不够꺼③本，些微웨的添텐就賣給你。先生 당신은 우리의 오랜 顧客 단골이지만 그 값은 참말 本錢이 못자라오. 조곰만 더 보면 곳 당신에게 팔 겟오.

20. 可惜시把一條탸오好新신鮮쏀魚위，做得微웨微發애鹹쏀了。可惜하다. 아조 좋고 新鮮한 생선 한 머리를 좀 짜게 만들엇다.

21. 那張쟝膏꺼④藥얖最好不過，昨天夜裏貼테⑤在瘡촹口上的時候，稍쌰⑥微웨有點疼텅，從총今天早쟢晨쳔就不疼덩了。그 膏藥은 가장 좋다. 어제 밤에 瘡口에 붓칠 때에 略干 좀 앞으더니 오늘 일은

아츰붙어는 고만 앞으지 아니하오.

22. 華화榮숭⑦紬츄緞돤鋪푸眞쩐正的給尺츠頭，前天我扯쳐(截제)一件쨴馬마褂과子，給成衣이鋪푸做，將쟝將(彊쟝彊)兒够꺼材채料랴. 華榮紬緞舖는 참말로 자 머리를 아니 주오. 前日에 내가 馬褂子(덧조고리와 同)한감을 끊어서 裁縫所에 주어 맨드는데 곳 간신히 (僅僅)감이 자랐오.

23. 上回你們直즈說還早還早，就叫我喝酒。一到車站，將將(僅진僅)的上車喇！ 前番에 당신들이 줄곳 말하되 아즉 일으다 하면서 고만 나를 술 먹이더니 막 停車場에 갓어 간신간신히 車에 올났오.

24. 你先給他略뤠略(頗퍼⑧頗)的提틔一提，看他動둥靜징，再說也不遲츠. 당신은 먼저 그에게 略略히 提議하여서 그의 動靜을 보고 다시 말하여도 늦지 아니하오.

25. 已經潦랴(랴)⑨了라一個多月위的雨，昨天僅진僅的晴칭了랴半 반天，又위下起치來了。 발서 한 달이나 남어 장마가 지다가 어제

①勻₂ ②價₄ ③够₄ ④膏₁ ⑤貼₁ ⑥稍₁ ⑦華₁榮₁ ⑧頗₁ ⑨潦₂

간신이 半日 개고는 또 다시 비가 옵니다.

26. 昨天吳①先生對뒤我說, 他念녠了랴二十多年的書, 求츄親托뒤友得더了랴個教쟈員웬, 僅僅的過궈活。這麼一來, 他再不叫쟈孩子們念書。어제 吳先生이 내게 말하되 그는 二十餘年의 글을 읽고서 求親托友하야 敎員한 자리를 얻어 간신간신이 살어간 즉 이렇다면 그는 다시 兒孩들로 하야곰 글을 읽이지 아니하겟다 하오.

27. 你說我稱쳥的這包빠分웬量량還少, 請你放빵心, 絲쓰來毫하②去一點也没差차錯춰。당신은 내가 다룬이 布袋의 分量이 오히려 적다고 말하지만 請컨대 당신은 安心하시오. 絲毫만치도 틀이지 아니하오.

28. 你光聽빙他的話, 說我的錯。若是有了랴一星싱半點뎬(些來小去)的錯處, 我就馬上去給你認신錯的。당신은 그의 말만 듣고 내가 잘못이라고 말하지만 만일 조고마한 잘못이라도 잇다면 내가 곳 갓어 그에게 잘못한 것을 말하겟오.

29. 略畧熱어一點兒, 你說燙탕③得더很。略冷렁一點兒, 就說冰삥④得很혼。到底叫我怎樣伺쓰候후? 좀 덥으면 당신은 고만 뜨겁어 견딜 수 없다고 말하고, 좀 차면 고만 차서 견딜 수 없다고 말하니 必竟은 나로 하야곰 어떻게 侍從하라 하오?

註: 十五節까지는 "好"字의 熟語的 活用을 示하고 以下는 些少의 類語를 用한 것임.

第五十五課 副詞字的用法(十七)

及、不及、不迭、至於、及至、及趕、論到
데오십오과 부사자의 응용(十七)

1. 他若後후天動둥身션, 衣이裳쌍和行싱李리, 怕預위備베不及지。그가 만일 모래 써 말야면 衣服과 行李가 아마도 預備될 것 같지 못합니다.

2. 那樣冷렁不防빵的時候出來的事, 連롄諸주葛거⑤亮량也不能料랴及지。그렇게 갑적이 생기는 일

①吳₂ ②毫₂ ③燙₄ ④冰₁ ⑤諸₁葛₂

은 諸葛亮도 能히 생각하여 및이
지 못하겟다.
3. 年輕칭的時候허不用융工〔功〕궁,
到老後허悔휘也예不及. 나이 젊엇
을 때에 工夫하지 아니하면 늙어서
後悔하여도 및이지 못한다.
4. 這件쩨事, 拿我的才幹깐去辦
빤, 不及請你替틔我辦빤罷! 이
일은 나의 才幹을 갖이고는 處理
하기에 및지 못하오. 請컨대 당
신은 나를 代身하여 處理하여 주
시오.
5. 這些亂란七八糟짜的東西, 叫我
一個人收쉬拾스不及. 이렇게 混
亂한 物件들을 나 한 사람으로는
및어 收拾하지 못하겟오.
6. 你看着這個事情, 危웨險쎈要躲
둬避삐, 可커已到了那分얜兒上就
躱避不及. 당신이 그 일의 危險
함을 보고 回避할여지만 발서 그
러한데 일으러서는 곳 回避하지
못할 것이오.
7. 你別説我冷眼얜, 反앤過來想一
想, 那樣大款콴, 我還能凑쒀①得
더及지嗎? 당신은 내가 冷情하다
고 말하지 말고 뒤집어서 한번
생각하여 보시오. 그런 巨額의
돈을 그래도 내가 能히 및어 變
通하겠오.

8. 他剛깡走了, 若趕간着去, 還해
趕得及. 그는 方今 갓오. 만일
좇아가면 오히려 좇아 및을 것이
오.
9. 我今天早起還没穿촨及衣이
裳상, 就被베他們起來了. 나는
오늘 아츰에 및어 옷도 입지 못
하고 고만 그들에게 일으키웠오.
10. 不知下싸了多大雨위的, 河水流
류不迭데, 就漫만②(漲장③)出河堤
듸④來了. 비가 얼마나 많이 왓는
지 알 수 없오 河水가 및어 흘으
지 못하여 고만 堤防을 넘처 흘
으오.
11. 你爲怎麽這樣急지性성, 説話
不迭데, 就打起來呢? 당신이 어
찌하여 이렇게 性急하오? 말도
및어하지 안하여 고만 때리는가
요?
12. 蓋깨厢썅房得데要等你父親回來
再說, 現쎈在你一個人辦不迭데
的(辦不及). 뜰 아래 房짓는 것
은 당신의 아버지께서 도라오시
는 것을 기달여 다시 말합시다.
至今 당신 한 사람으로는 및어
處理하지 못할 것이오.
13. 那些客커的吃喝허, 怕파你一個
人伺쓰候후不迭, 再找좌王二來.
저 많은 손님의 먹고 마시는 것

---

①凑4 ②漫4 ③漲4 ④堤4

을 너 한 사람으로 밎어 심부를 하지 못할 뜻하니 다시 王二(王氏집 둘재)를 다려오너라!

14. 請你別怪쾌我, 這不是故구意이没照죠應잉的, 實在忙망不迭데的原웬故。 청컨대 당신은 나를 잘못 녁이지 마시오. 이것은 故意로 돌보아주지 아니한 것이 아니라 實로 밥어서 밎으지 못한 緣[緣] 故이외다.

15. 昨天我在四馬路上躲뒤也躲不迭, 就被베了랴洋車(東洋車)碰펑到了。 어제 나는 四馬路에서 避할여 하여도 밎어 避하지 못하여서 고만 人力車에 부두처 넘어졌오.

16. 我勸퀀你是以이盡진朋펑友的本분分웬, 至쯔於聽不聽就在你的心頭。 내가 당신에게 勸告함은 朋友의 本分을 다하는 것이고 듣고 않 듣는 데 일으러서는 곳 당신의 마음에 있오.

17. 像썅我這樣人, 就顧구眼前的事情, 至於十來年以後허的事, 那就顧不及지。 나 같은 이런 사람은 곳 目前의 일만 돌아보지 十餘年 後의 일으러서는 곳 밎어 돌아볼 수 없오.

18. 我說你只쯔求처人的資쯔①格거,

結졔親就得더了라, 至於家道貧핀富푸, 絶쮀然(決쮀然)不說好。 내가 당신에게 말하노니 단지 사람의 資格만 求하여 結婚하면 곳 그만이지 살임의 貧富에 일으러는 決코 말치 아니하는 것이 可하오.

19. 他在小的時候, 很有出息시的樣子, 及지至쯔搬到省성城청就壞해了。 저 사람은 어렷을 때에는 매우 싹수가 잇는 것 갓더니 省城(省政府所在地)에 搬移함에 일으러고만 버렸오.

20. 你當땅初추(起初)滿만口應잉許쉬的, 及至要的時候, 爲甚麽說没有呢? 당신이 當初에 滿心歡喜로 許諾하더니 쓸야고 하는 때에 일으러서는 무슨 까닭에 없다고 말하는가요?

21. 你們倆랴的爭쩡執즈②, 可以拿着交情解졔開캐而얼已이, 若是論及지執수③是執非풰, 那就不願意聽了。 당신들 둘의 爭執은 可히써 交情을 갖이고 풀뿐이지 만일 論이 누가 옳고 긇다는 데 밎는다면 그것은 곳 듣기를 願치 아니하오.

22. 聽팅說他們在那裏開會, 及지至那裏他們就剛散싼了。 말을 들으

―――――――

①資₁ ②執₂ ③執₂

니 그들이 거기서 開會한다기에 막 거기 다달으니 그들은 고만 方今 혀여졌오.

23. 宋家的狗, 最利害。聽見從背後裏炊①的一聲, 及我回頭, 已經咬撕②了我的大褂兒了。 宋家네 개는 가장 사납소. 등 뒤에서 별안간에 소리가 들이기에 내가 막 돌아보니 발서 나의 周衣를 물어 찌졌오.

24. 趕快收拾行李(東西)送到車站去。我們及趕吃了飯, 隨後就去。 빨이 行李를 收拾하여 停車場으로 보내시오. 우리는 밥을 먹고 뒤따라 곳 가겠오.

25. 趕我們到車站(火車站), 火車已經(早已)開了。 우리가 停車場에 일을 때에 汽車는 발서 막 떠났오.

26. 可惜我走的遲一點兒, 趕我去, 他已經起身了。 可惜하다. 내가 조금 늦게 갓다. 내가 간 때에는 그가 발서 發程하였오.

27. 他們昨天打架的所因, 我一概不知。一聽話趕到那裏去, 巡警③早已來, 押他們帶署④去了。 그들이 어제 싸홈한 所因을 나는 一切 물으오. 말을 듣고 거기 간 때에 巡查가 발서 와서 그들을 잡어 署에로 다려갔오.

28. 那裏的話, 你要用可以拿去罷, 論到錢上, 咱們倆斷不可提。 무슨 말이오? 당신이 쓰려거던 갖어 가시오. 돈에 言及하여서는 우리 둘이 決코 말하지 맙시다.

29. 大概西醫, 調治痔⑤瘡、疔⑥瘡, 這一切外科還算可以, 若論到內科, 臟腑⑦裏的病, 却是不大通。 大概 西醫는 痔疾, 疔瘡 이런 一切 外科를 治療하는 데는 그래고 可하다 할 터이지만 만일 內科로 臟腑 속의 병에 論及한다면 그렇게 能通하지 못하오.

註: "及" "不迭" "至於" "趕" "到" 等 字의 活用의 例를 한 것임.

---

①款₁〔炊₁〕 ②撕₂ ③巡₂警₃ ④署₄ ⑤痔₁ ⑥疔₁ ⑦臟₄腑₃

第五十六課 副詞字的應用(十八)

原웬、原來、原根끈兒、原底子、原本번、起치根兒、起先、起頭、起初、起前、本、本來、本情、當初、太初
到底、終쭁、到了、始쓰終、到了兒、末머末了랴、末末、末尾웨、終久쥬、至終、歸根兒、期根兒、畢竟징、究竟

제오십륙과 부사자의 응용(十八)

1. 我辦빤這事原웬爲웨你的, 誰눠想쌍到反왠爲害해了랴你呢? 내가 이 일을 하기는, 原來 당신을 爲하야 한 것인데 누가 도로혀 당신에게 害가 될 줄이야 알엇겟오?

2. 此地原是荒황地, 現在都開개了랴水쉬田톈了。 이 짱은 原是 荒地이더니, 至今은 모두 논을 풀엇오.

3. 我原打算쏸回村춘莊쾅去種쯍地디過궈活훠, 到如쭈今진那也成不了랴了라。 나는 原來 農村에 도라갓어 農事나 짓고 살어갈까 하엿더니 이제 와서는 그것도 되지 아니하오.

4. 他原來(原起)是個好人, 可惜시跟끈那些無우賴래漢한交往, 現在竟징成了랴壞해人了。 그는 原來 좋은 사람이더니 可惜한 것은 저 無賴輩들과 사귀어 단이더니 至

今은 못 된 놈이 畢竟되고 말었오.

5. 原來她타是七月七生셩的, 因인此쯔小名밍叫쨔巧雲윈。 그 女子는 原來 七月七日에 낫다. 그러므로 兒名을 巧雲이라 불느오.

6. 這個東西, 原根끈兒(原底디子)是從你借졔來的, 何必不拿去呢? 이 물건은 原來에 당신게서 빌어온 것인데 갖어가지 아니할 것이야 무엇이오?

7. 無怪꽤他們夫우妻치倆랴的打架쟈, 原本번脾피氣치不相쌍合허。 그들 夫妻 둘의 싸홈은 異常할 것 없오. 原來 性味가 서로 맞이 아니하오.

8. 當初此地的人欽챈慕무①他了, 後來他仗쟝着衙야門먼的權췐威웨做事, 因인此쯔都排패斥쯔②他了。

---
①欽₁慕₄ ②斥₄

當初에는 이 곳 사람이 그를 欽慕하얏지만 그 後에 그가 官廳의 權威를 갖이고 일을 하는 故로 모도 그를 排斥하오.

9. 起根끈兒不是我厭앤惡어他, 是他就厭惡我了。맨 처음에는 내가 그를 싫어한 것이 아니고 그가 곳 나를 싫어하얏오.

10. 起先你打我, 我何必白受쑤打呢? 맨 먼저 네가 나를 째리니 내가 반듯이 거저 맞을 것이야 무엇이냐?

11. 起頭難난些, 往後熟수了, 没甚難的。첫 머리에는 어렵지만 以後에 익으면 무슨 어렵을 것이 없오.

12. 他初추起拿一點兒錢做生意, 到這時候兒成個大財主주家了。그가 맨 처음에는 돈을 조곰 갖이고 장사하더니 이제 와서는 큰 富者가 되얏오.

13. 起前(起根끈)光你自己曉쌰得더, 往後大家都知道了。맨 앞서는 다만 당신이 알엇고 그 뒤에는 여러분이 모도 알엇오.

14. 你别嚷상, 這本不是你該깨管的事。너는 써들지 말어라. 이것은 本是 네가 맛당히 상관할 일이 아니다.

15. 他們高까麗리人到中國來, 入수了籍지①已이過四十多年了。저이들은 本來 高麗사람으로서 中國에 와서 入籍한 지가 발서 四十餘年이 지낫오.

16. 他的本心不是那樣做쒸的, 湊쭤巧챠事到那頭, 他想着很對뒤不住주你。그의 本心이 그렇게 하자는 것은 아니지만 공교히 일이 이 지경에 일으서는 그가 당신에게 對하여 매우 未安하게 생각하오.

17. 那個店뎬鋪푸, 當初我要托뭐你買給我的, 誰쉬想到你要買了呢? 그 商店을 當初에는 내가 당신에게 付托하여 내게 사달나고 하얏더니 당신이 살야고 하는 줄이야 누가 생각하얏겠오?

18. 我聽說, 這個地球쳐太初추是一個火훠球, 所以地裏還해有火, 不知道對不對。내가 말을 들으니 이 地球가 太初에는 한 개 불덩이엇다. 그러므로 땅 속에는 아즉도 불이 잇다고 하니 옳은지 아니 옳은지 알 수 없오.

19. 你在這裏破푀口大罵마, 若没指즈着我, 到底指着誰쉬呢? 당신이 여기서 是非하고 辱한 것이 만일 나를 가룻친 것이 아니라

---

①籍2

할진대 結局 누구를 가룻친 것이오?

20. "善_산惡_어到頭終_쫑有報_바"是一種_쫑勸_쳰善_산懲_정①惡_어的金_진言_앤。 善惡이 마즈막에 일으서서는 맛츰내 갚음이 잇다한 것은 곳 善을 勸하고 惡을 懲하는 一種의 金言이다.

21. 你說誰家貴_귀, 那一家賤_쟨, 我看先施_쓰公司_쓰到了_랴賤(始_쓰②終必便_폐宜_이)一點兒。 당신은 누구네 집은 빗싸고 그 어느 집은 싸고 말하지만 내 보기에는 先施公司가 結局은 조금 싸오.

22. 你依_이你的, 他依他的, 我依我的, 各_꺼人都依自_쓰各兒的法子去做, 到了_랴兒一個也成不了_랴。 너는 너대로 하고 저이는 저이대로 하고 나는 나대로 하여서 各人이 모두 自己方法대로 하여 간다면 結局은 한아도 되지 못할 것이오.

23. 不論怎_쩬麼去做, 末_머末了_랴没有成功_궁的希_시望_왕。 엇덯게 해 가던지 간에 終末은 成功할 希望이 없오.

24. 你别說他的本_뺀事好, 拿一篇_폐文_원章_쟝三天也没做出來, 末_머了_랴我替_티給他做了。 당신은 그의 才能이 좋다고 말하지 마시오. 글 한 篇을 갖이고 사흘에도 지어 내지 못하고 乃終에는 내가 그를 代身하여 지어 주었오.

25. 罷了_랴罷了, 終_쫑久_쥬我們的眼_앤力_리趕不上他了。 고만 두오, 고만 두오. 終局은 우리의 眼力이 그를 따라가지 못하오.

26. 我講_쟝給你做鷄_지蛋_단餻_까③的法子聽一聽, 就是用鷄蛋九兩_량, 白糖_탕④九兩, 白麵_뗀五兩。先把蛋黃_황和糖, 使_쓰勁_진攪_쟌和_허起來, 後加上麵, 攪和勻_원了, 末_머⑤尾_웨再把蛋清(蛋白), 打起沫_머(起潑_피⑥)來, 都合在一塊兒, 輕輕的攪和起來, 立리時就烤_꺄⑦。 내가 당신에게 雪餻(鷄蛋餻)만드는 方法을 말하여 들이리다. 곳 鷄卵九兩重과 白糖九兩重과 밀가루 五兩重을 갖이고 노란자우와 白糖을 석고 맨 끚으로 다시 흰자우를 갖이고 거품을 일켜서 모두 한데 합하여 두고 가만 가만히 석거서 即時 굽는 것이오.

27. 當初打算利_리己_지交的朋友, 至終不能長_챵久_쥬。 當初에 利己를 생각하고 사귀는 朋友는 乃終에 長久하기 不能하오.

---

①懲₂ ②始₃ ③餻₁ ④糖₂ ⑤末₄ ⑥潑₁ ⑦烤₃

28. 你勸쵄勸他正道些, 瞞만哄훙人家是歸귀根끈兒(期치根兒)使不上的。당신은 그에게 좀 正道로 하라고 勸告하시오. 남을 속이는 것이 곳 結局은 못 쓰는 것이오.

29. 他們好幾年彼삐此츠吹취毛먀求취疵쯔①, 畢삐竟징演얜出一場大血쉐劇지②來了。그들은 여러 해채 彼此에 吹毛貢疵하더니 畢竟은 一場의 大血劇을 演出하였오.

30. 好人跟好友相交, 壞홰人與위壞人交往。究竟可說冰빙炭탄③不相쌍容숭的。좋은 사람은 좋은 벗과 서로 사귀으고 못된 사람은 못된 사람과 사귀어 단이니 究竟은 氷과 炭이 相容하지 못한다는 것이오.

第五十七課 會話(六)

換錢玩市 [환첸완스]
제오십칠과 회화 (六)
돈 박구고 거리 구경

1. 你來라到北平, 有多少日子喇? (答)已經過궈五天了。당신이 北平에 온 지가 몇 날되였오? (答)발서 五日이나 지났오.

2. 已經過了꽈五天, 爲甚麼不找쟒我了呢? (答)頭一次쯔來, 不認인得더道路루, 所以不能找你了。발서 五日이나 지낫다면서 어찌하여 나를 찾이 아니하였오? (答)처음으로 와서 길을 알지 못하는 까닭에 당신을 찾기 불능하였오.

3. 你現在不想出門游여逛꽝嗎? (答)可不是呢, 出門還해要換환錢。당신은 至今 밖에 나갓어 구경하고 십지 아니하오? (答)왜 안 그렇겠오. 또한 나갓어 돈도 박구어야 하겟오.

4. 若要換錢, 順슌路往왕前쳰門外왜去好。(答)那麼着, 一同퉁去罷! 돈을 박구려면 가는 길에 前門 밖에 가는 것이 좋소. (答)그러면 함께 나갑시다.

5. 老頭票퍄的行항市스怎麼樣? (答) 是你的, 是我的麼? (答)是我的。日本紙幣의 市勢는 어떠하오? (答)당신의 것이오 내 것이오? (應)나의 것이오.

---

①疵1 ②劇2 ③炭4

6. 你要換多少？（答）不多, 不過二百來塊錢。당신이 얼마나 박구려 하시오？（答）많지 아니하오. 二百餘 元에 不過하오.

7. 那麽, 你換ᄒᆞᆫ大때洋麽？（答）是, 就是大洋。그러면 당신이 大洋（中國銀貨）을 박구려오？（答）네. 곳 大洋이오.

8. 現在的行市, 老頭票一百元換大洋二百零링七塊。（應）再不能多一點兒麽？至今 市勢로는 日本 돈 百元에 大洋 二百零七元이오. （懸）다시 좀 더 하지 못하겠오？

9. 我們這兒, 對뒤—那나—一位都一樣交쟈易이, 錯不了ᄅᅸ。（答）得더了라, 往後常來寶바號ᄒᅶ換錢, 豈치不多了一個小主주顧구麽！우리 여기는 어느 분에게 對하던지 모도 한가지로 박구고 틀임이 없슴니다. （答）그만두오. 뒤로는 당신 집에 와서 늘 박구면 어지조고만한 단골 한아가 더 많어지는 것이 아니겠오？

10. 你說쉐得더眞ᄋᅺᆫ好, 多給你三塊, 再不能多添ᄐᅾᆫ, 這就ᄌᆈ見전你的面子喇라！（答）好, 換給我罷！당신이 하는 말이 참 그럴 듯하오. 당신게 三元을 더 줄 터이니 다시는 더하지 못하오, 이것도 곳 당신의 面目을 크게 보는 것이오.

11. 一塊쾌現쎈洋양換多少銅퉁子？（答）現在換환三十八吊ᄃᅸ五。大洋 一元에 銅錢은 얼마식 박구는 가요？（答）至今 三十八吊半（北平의 一吊는 銅錢十枚）이오.

12. 你的都要現洋呢, 或要現洋票ᄑᅸ呢？（答）給我十塊現洋, 其치餘워①的都給我票ᄑᅸ。당신이 모도 大洋을 要하시오, 或은 大洋의 紙幣를 要하시오？（答）내가 大洋 十元을 주고 其餘는 모도 大洋의 紙幣로 주시오.

13. 請你數ᅮ一數。（答）不錯춰, 但是現洋和票ᄑᅸ都是好的嗎？（應）請你放ᅇᅡᆼ心, 打這個戳줴②子的, 沒有一個不好的。若有個假쟈的, 敝삐號可以管관保ᄇᅶ來換。請컨대 당신은 헤여 보시오. （答）틀이지는 아니하오만 이 大洋과 紙幣든 모도 좋은 것인가요？（應）請컨대 당신은 安心하시오. 이 圖章을 찍을 것은 한 아도 좋지 아니한 것이 없오. 만일 假錢이 잇으면 敝店에 와서 다시 박구는 것을 擔保하오.

14. 我們上那나—裏去好？（答）今天剛깡好, 咱們上護후③國寺쓰④的趕간集지⑤罷！우리가 어데로 가는

①餘2 ②戳1 ③護4 ④寺4 ⑤集2

것이 좋음 잇가?(答)오늘은 맛
츰 좋음니다. 우리는 護國寺에
장(市)보는 데로 갑시다.

15. 咱們坐電뗀車去好, 是坐洋양車
去好呢?(答)還해是坐電車처去
快。우리가 電車로 가는 것이 좋
을가요 人力車로 가는 것이 좋을
가요?(答)그래도 電車를 타고
가는 것이 빨을 것이오.

16. 集지上都有甚麽東西呢?(答)
你上那裏去看就明白了, 任싄甚
麽也都有. 장 보는데 무슨 물건
들이 있오?(答)당신이 거기 갓
어 보면 곳 알 것이오. 무엇이던
지 모도 있오.

17. 啊!不但東西多, 人也예太多
喇!(答)雖쉬然싼人多, 也不能
都買東西的. 不過是男看女뉘,
女看男난, 你看我, 我看你而얼
已이. 아, 다만 물건이 많을 쑨
만 아니라 사람도 또한 많으오구
려. (答)비록 사람이 많지만 또
한 모도 물건 사는 것은 아니고
男子는 女子를 보고 女子는 男子
를 보며 당신은 나를 보고 나는
당신을 보는 데 지니지 못할 쑨
이오.

18. 你這花화瓶평多뒤-少錢(多兒
錢)?(答)這對是二十塊現洋。
여보, 이 花瓶 값이 얼마요?
(答)이 한 雙에 大洋 二十元이

오.

19. 你說到那나-兒去了, 那나-有
那麽大的價쟈錢?(答)您別說價
錢大, 這就是貨훠眞옌價쟈實쓰,
您닌給多兒錢罷!당신이 어떻
게 하는 말이오? 어데 그렇게
빗싼 값이 잇겠오?(答)당신은
값이 빗싸다고 말하지 마시오.
이것은 곳 물건은 眞品이고 값
은 實價입니다. 당신이 얼마 주
시겠오?

20. 我說你一句쥐, 可別生氣치了.
(答)做買賣的, 生엉氣치還해了
럈得呢?내가 당신에게 한마듸
로 말 할 터이니 골은 내지 마시
오.(答) 장사하는 사람이 골을
내서야 쓰겟음잇가?

21. 我給你五元웬罷!(答)不成청
不成, 那나-兒能差여那麽些個
呢?내가 당신게 五元을 주지오.
(答)않됨니다, 않됨니다. 어데
그렇게 많이 틀이 겟음잇가?

22. 好, 多給你五毛마(五角쟈), 賣
不賣?(答)別處也買不出來的價
錢, 給我十五元罷! 자 ,당신에
게 五十錢을 더 줄 터이니 팔겠
오.(答)자, 달은 데서는 살 수
없는 값이오. 내게 十五元만 주
시오.

23. 那麽, 再添뗀五毛, 通퉁共六
塊錢, 賣不賣? 不賣拉라倒따!

(答)真是不够本兒哪! 그렇다면 다시 五十錢을 더 하여 都合 六元에 팔 터이오 않 팔 터이오? 않 팔여면 고만 두오. (答)참으로 本錢도 못 됩니다.

24. 好了, 咱們走罷! (呼)您回來, 回來再添三元, 就拿去得더了라. 그렸오, 우리는 갑시다. (呼)여봅시오, 다시 도로 오시오. 三元만 더 주시고 갖어갓이오.

25. 我告你, 多了一個大錢, 也不要。(答)得了, 賠페本兒(折쩌本兒)讓샹你賣罷, 實쓰在便펜宜이得很혼. 내가 당신에게 말하지오. 엽전한 푼이 더하여도 사지 아니하겠오. (答)그러하오, 本錢을 밋지면서 당신게 팔지오. 참말로 매우 쌉니다.

第五十八課 副詞字的應用(十九)

既지、既然쇈、既是
已經징……再、已經……索쉬性싱、已經……諒來、
既然……索性、既然……不必、
既……豈치

제오십팔과 부사자의 응용(十九)

1. 他既지輸슈了라, 作쭤個東是由여他罷! 그는 발서 젓으니 한턱내는 것은 그에게 맊이시오.
2. 你既約웨定뎡了, 到這時候, 後悔휘-也無우益이。 당신이 발서 約定하얏으니 이제 와서는 後悔하야도 無益하오.
3. 你既然親眼얜看見, 請你快去做個見젠證졍罷! 당신이 既往 親히 눈으로 보앗으니 請컨대 당신은 빨이 갓어 立證하시오.
4. 既無우遠웬慮뤠, 必有近진憂우。 이미 遠慮가 없으면 반듯이 近憂가 잇다.
5. 你既定了主주意이, 不必耽앤誤우工夫, 照쫘樣做去就쮜得了。 당신이 이미 主意를 定하얏으면 반듯이 時間을 虛費할 것이 아니고 그대로 하여 가면 고만이오.
6. 我看他在小事上, 既有誠졍實쓰, 給他管관着大事也不碍애-事。 내가 보기에는 그가 적은 일에 잇서 이미 誠實하니 그에게 큰일을 맊여 주어도 관개치 아니

할 터이오.
7. 他說自己都知道, 爲何沒實行(싱)? 그는 말하되 自己가 모도 안다고 하니 그렇게 이미 알진대 어찌하여 實行하지 아니하오?
8. 你既然不能替(띄)人家努(누)①力(리)就得了, 又(유)管人家的閑(쎈)事, 這有何(허)意思呢! 당신이 既往 남을 代身하야 努力하기가 不能할진대 고만이지 또 다시 남의 閑事를 相關하니 이것은 뭇은 意思가 잇는가요?
9. 你既(산)然對他有個好意思, 幹(깐)麽(마)不給他幫(빵)助(주)呢? 당신이 既往 그에게 對하여 좋은 意思를 갖엇을진대 어찌하여 그를 幫助하여 주지 아니하는가요?
10. 你既然曉(쏘)得(더)那件事的底(듸)細(시), 快去給他說破(퍼)好。 당신이 그렇게 이미 그 일의 詳細한 것을 잘 알면 빨니 갓어 그에게 說破하여 주는 것이 좋음이다.
11. 他既是你的親戚(치), 你爲我馬上去, 說個實在的情(칭)況(꽝)②聽一聽。 그가 既往 당신의 親戚이면 당신은 나를 爲하여 이 자리로 곳 갓어 實際 情況을 말하여 들여 주시오.
12. 古(구)語說, "日(시)月(웨)如(수)梭(쉬)③", 光陰(인)似(쓰)箭(젠)", 既是光陰這樣快, 一刻(커)也不能疏(수)忽(후)。 넷말에 하되 日月은 북과 같고 光陰은 살과 같다, 하얏으니 既往 光陰이 이렇게 빨을진대 一刻이라도 또한 疎忽히 할 수 없오.
13. 材(째)料(랴)既是預(워)備(베)好了, 就着辦罷! 材料가 既往 모도 預備되얏으니 곳 그대로 일합시다.
14. 你們既是知(쯔)己(지)的朋(펭)友, 不可對人說非, 直(쯔)接(제)的和他說好。 당신들은 知己하는 朋友인 以上에는 남을 對하여 잘 못을 말치 말고 直接 그로 더부러 말하는 것이 좋소.
15. 今天已經過了辦公(궁)的時候, 再等到明天去罷! 오늘은 발서 勤務時間이 지나갓으니 다시 來日을 기달여서 가시오.
16. 你的飯(앤)碗(완)已經被(베)他打(砸(싸))壞(해)了, 索(쒀)性(싱)你和他拼(펑)命(밍)(對命)也是無(우)益(이)。 당신의 밥사발(일자리)은 발서 그에게 때리워 바사젓으니 차라리 당신이 그로 더부려 목숨 내기를 한다 하더라도 亦是 無益하오.
17. 請你放(왕)心, 這場官(관)司(쓰)就着老大哥的調(따)停(팅), 已經說和

---

①努₂ ②况₄ ③梭₁

了, 往後索性和他親睦무①. 請컨대 당신은 放心하시오 이 訴訟은 곳 兄님의 調停으로 발서 和解되얏으니 以後에는 차라리 그로 더부려 親睦할여 하오.

18. 萬완事已經水流류雲원空쿵了, 諒량來他也往後再不提듸罷. 萬事가 발서 水流雲空이 되얏으니 짐작컨대 그도 또한 以後에는 다시 말하지 아니할 터이오.

19. 我和他商議이了三四回휘, 諒來大家都贊짠成청, 必定成功궁的. 내가 그로 더부러 三四次를 相議하얏으니 아마 여러분이 모도 贊成하면 반듯이 成功할 것이오.

20. 他去年賺쫜了兩千塊錢, 并삥且目무下的生意(營잉業예)也是不錯춰, 大諒他過日子, 比從충前富뿌綽춰(富裕워②). 그는 昨年에 二千元 돈을 남기고 아울러 目下의 장사도 또한 관게치 아니한즉 아마도 그가 살어가는 것이 以前에 比하면 넉넉할 것이오.

21. 李先生是個言얜行싱一致쯔③的人, 他已經當面説了你, 諒량想쌍不能넝失쓰信신. 李先生은 곳 言行이 一致한 사람으로 그가 발서 當面하여 당신에게 말하얏으니 생각컨대 失信하지 아니할 터이오.

22. 你跟大家不合허作쭤倒罷, 既지然산合作, 索쒀性싱誠청實的做去好. 당신이 여러분을 따라 合作을 아니한다면 고만이지만 既往 合作하는 데는 차라리 誠實하게 하여 가는 것이 옳소.

23. 他幾個人, 既然都懊앟④悔훼口爭정, 你索性勸勸他們和好不行麽? 그들 몇 사람이 既往 모도 말다툼한 것을 後悔한 즉, 당신은 차라리 그들을 勸하여 和解식히는 것이 옳지 아니함잇가?

24. 因인爲웨他上回的錯춰, 既是心裏難난過, 你又여去俏챠皮피(打趣춰)他, 豈치不是火上添뗀(加쟈)油여麽? 그는 前番의 잘못을 因하야 발서 마음속에 지내기 어렵어하는데 당신이 또한 갓어 그의 脾胃를 것을이니 이 어찌 불옿에 길음을 친 것이 아니오?

25. 從古구道따 "名不虛쒀傳쮠", 諸주位웨既然都是贊짠成청他, 諒來(諒想)必삐是好人. 녜로 붙어 일으되 일홈이 虛되히 傳하지 아니한다 하얏는데 여러분이 모도

①睦ᴧ ②裕ᴧ ③致ᴧ ④懊ᴧ

既往 그를 讚成할 제는 아마도 반듯이 좋은 사람일 것이오.

26. 你既然知道他們是幫빵虎후吃츠食쓰的人，不必再跟끈他們講장理，早一刻커斷딴絶줴了랴他們，不好麽？ 당신이 발서 그렇게 그들은 범을 도아 먹을 것을 먹이는 사람인 줄로 알엇을진대 반듯이 그들과 함게 다시 理由를 캘 것이 아니라 一刻이라도 일즉히 그들을 끈어 버리는 것이 좋지 아니한가요？

27. 他的心思쓰，既不肯큰聽人指쯔使，我們要他當這個差재使쓰，豈치不是個難난事麽？ 그의 心思가 발서 남의 指揮를 들지 아니할여 하니 우리가 그에게 이 벼슬을 하라고 한다면 이 어찌 어렵은 일이 아니오？

28. 你當땅初추不會教養양，使他 既慣관了這種쯍壞훼蛋단，到如수今진叫他改깨過來，也斷딴乎후改不得。 당신이 當初에 教養할 줄을 알지 못하야, 그로 하야곰 此種의 惡習에 발서 물들게 하고 이제 와서 그로 改過식히랴 하지만 또한 決코 곳치지 못하오.

29. 我心裏既自쓰（既已지）糊후塗두，你又給我這些糨장糊후吃치，豈不叫我越웨發糊후塗두麽？ 나의 心理가 발서 스사로 糊塗하엿는데 네가 또한 내게 풀을 먹이니 어찌 나로 하야 곤 더욱 糊塗케 하는 것이 아니냐？

註：十四節까지는 "既"字의 普通 用例를 示하고 以下의 "已經" "既然" 等字에는 "再" "索性" "諒來" "不必" "豈" 等字가 相隨하는 一種公式을 示한 것임.

第五十九課 接續詞 (二)

若쉬、若是、倘탕若、如若、設셔若、設或、設使、設如、如若、如或、如果、或是、假使、假設、假若、假或
데오십구과 접속사(二)

1. 你若쉬能把吃쯔喝허嫖표賭두的事，一概깨除추掉댜（禁진①掉）了，一年富쭈似쓰一年。 당신이 만일 酒色雜技等事를 能히 一切

---
①禁4

禁除한다면 해마다 富할 것이오.

2. 你若不重_즁看妻_치子, 就_쥬怎能這樣尊_쥰敬_징岳_웨①父_푸岳母(丈_장人、丈_장母)呢? 당신이 만일 안해를 重히 보지 아니한다면 어찌 能히 이렇게 丈人과 丈母를 尊敬하겠는가요?

3. 你看那騎_치小驢_뤼走的女_뉘人, 若不是王_왕三姐_졔, 就是李_리大姐. 당신은 저 나귀 타고 가는 女子를 보시오. 만일 그가 王三姐(王家의 재재딸)가 아니면 곳 李大姐이겠오.

4. 他惹_셔的亂_롼子不少_샾, 你若是不給他調_탸説調説(調處_추調處), 必得鬧_냐出事來. 그가 야단치기를 적지 않게 하얏오. 당신이 만일 그를 調停하지 아니하면 반듯이 事變을 낼 것이오.

5. 若是成了_랴博_버學_쉐大家, 就必賺_짠了大財_쟤好. 만일 博學大家가 되지 못할진대 반듯이 큰 돈을 버으는 것이 좋소.

6. 幸_싱虧_퀴你來的好, 若是你今天不來, 這個事情, 必定弄_능壞_홰了. 當幸이 당신이 잘 왔오. 만일 당신이 오늘 오지 아니하얏더면 이 일은 반듯이 꼭 잘못 될 것이오.

7. 你目下雖_쉬然_산受_쑤苦_쿠, 不必灰_휘心, 若是五更_껑起, 半_빤夜_예眠_몐, (起_치五更_껑眠_몐半夜_예)少吃_쯔減_잰用, 自然能巴_빠結_졔到好處_추. 당신이 目下에는 미록 苦生하지만 반듯이 傷心할 것은 아니오. 만일 五更에 일어나고 밤中에 잠자며, 적게 먹고 적게 쓴다면 自然 能히 좋은 結果를 얻을 것이오.

8. 若是你們對我們好, 我們也自_쯔然待_대你們好. 你們待我們不好, 我們怎能_넝待你們好呢? 만일 당신들이 우리를 잘 待遇한다면 우리도 또한 自然히 당신들을 잘 待遇하겠지만 당신들이 우리를 잘 待遇하지 아니하는데 우리가 어찌 能히 당신들은 잘 待遇하겠오.

9. 連_롄他也沒有錢就_쥬罷, 若是有了, 可以借_졔一點_뎬兒來. 그이까지도 돈이 또한 없다면 고만이나 만일 잇거던 조곰 꾸어 주시오.

10. 倘_탕若_쉬他不肯_큰去就攆_녠出去. 設或 그가 가기를 즐기지 아니하더라도 곳 떠밀어 내보내시오.

11. 倘若你不信戰_잔爭_졍的慘_찬②禍

---

①岳₄ ②慘₃

휘, 就到我們的河허南난, 可以看得出十스室스①九空쿵, 哀애鴻훙②遍볜③野예的慘찬形싱了. 만약 당신이 戰爭의 慘禍를 믿지 아니하거던 우리의 河南에 가면 곳 可히써 十室에 九空하고 哀鴻이 遍野한 慘形을 알어볼 것이오.

12. 無우論룬誰눠, 倘탕若有了랴오家庭팅的不平핑, 凡앤待人接제物우, 自然얀帶대着愁쳐傷상的氣치味웨. 勿論 누구던지 家庭의 不平이 잇으면 大凡待人接物하는데 自然愁傷하는 氣分을 띄는 것이다.

13. 如수若眦世스上沒有欺치負우的人, 誰肯큰打架쟈呢? 만약 世上에 속이는 사람이 없을진대 누가 즐겨 싸흠하겟는가요?

14. 設셔若年녠靑칭的時候, 用工也不做, 錢也不挣정. 趕간到단老大, 嘆④氣也是無益이. 만약 靑年 때에 工夫도 하지 못하고 돈도 벌지 못한다면 늙어서 嘆息하대도 또한 無益하오.

15. 設셔若沒有輪룬船촨, 不能넝不坐쭤火훠車쳐起身션(動身). 만약 汽船이 없으면 不得不 汽車로 떠나겟오.

16. 在夫우妻치之즈間젠, 設셔若一面몐有錯, 一面忍신耐내④些, 可不順눈當麽? 夫妻 사이에서 設或 한 쪽이 잘못함이 잇더하도 한 쪽은 忍耐함이 도로혀 順當하지 아니함잇가?

17. 設或훠老人家, 有了不是年少的人也得데恭궁敬징. 設或 老人들에게 옳치 못함이 잇더라도 年少한 사람은 또한 恭敬하여야 한다.

18. 事頭兒早已壞해了라, 設셔使스你去也不過白勞라오. 일은 발서 이미 잘못되얏으니 設或 당신이 간대도 또한 헛수고에지나지 못하오.

19. 這件事, 設셔如수於위你不隨쉬心, 也可以看大家的面情칭, 將就쩌罷! 이 事件은 設或 당신에게 마음이 맞이 아니하더라도 또한 여러분의 面情을 보앗어 참으시오.

20. 設或훠他請你赴우席시, 不是要借졔錢就要作쩌保바오. 만일 그가 당신을 請하여 燕會에 오라 한다면 곧 돈을 借用할야는 것이나 保證人이 되야 달나는 것일 것이오.

21. 設如糧양米미行항市스, 太貴귀的話, 只즈可買一包바오米. 만일

---
①室₄ ②哀₂鴻₂ ③遍₄ ④嘆₄ ⑤耐₄

米穀〔穀〕時價가 너무 빗쌀 것 같으면 다만 쌀한 푸대만 사시오.

22. 如수若你不在這裏投부店뎬(投宿수), 我們只즈得데跟你再走幾里리。 만약 당신이 여기에서 客店에 들지 아니하다면 우리는 다만 당신을 따라서 몇 리를 더 갈여 하오.

23. 你別볘欺치負뿌他軟솬弱숴, 如수或훠他發了潑퍼(撒싸了潑), 誰也未웨必勝셩他。 당신은 그 사람을 軟弱하다고 없수이 여기지 마시오. 만약 그가 發作한다면 누구던지 반듯이 그를 익이지 못할 것이오.

24. 如果궈心裏没有, 口裏自쯔然쇤說不出來。 만일 果然 마음 속에 없으면 自然 말이 나오지 아니하오.

25. 你不用那樣憂유愁쳐우, 如수或훠有個辨〔辦〕不了뢒的事, 俄〔我〕們替틔你辨〔辦〕。 당신은 그렇게 근심 걱정하지 마시오. 만일 或時 處理하지 못할 일이 잇다면 우리가 당신을 代身하야 處理하리다.

26. 玉워石수裏頭也有瑕싸①, 何허況쾅人呢? 所쉬以他或훠是有了過, 也得寬콴恕슈②寬恕。 玉돌 속에도 또한 틔가 잇거던 하물며 사람일까요. 그러므로 그가 或是 허물이 잇더라도 또한 容恕하고 容恕하시오.

27. 你別說净징我有不是, 假쟈使스有了랴你的身션上, 還能怎樣辨〔辦〕빤呢? 당신은 다만 내가 잘못하얏다고 말하지 마시오. 假令 당신의 身上에 잇엇다면 오히려 能히 어떻게 處理하엿겟오?

28. 假쟈如那個事情, 在我身上, 諒양來래萬완不能那樣辨〔辦〕錯춰。 假令 그 일이 나의 身上에 잇엇다고 할진대 아마도 決코 그렇게 잘못 處理하지 아니할 것이오.

29. 我想在大家面前早쟈一天說破퍼討탸情칭好, 假若往後走漏루③風펑聲셩, 再求츄情칭也趕不及지。 나는 생각하되 여러분의 面前에서 하루라도 일즉히 說破하고 사정하는 것이 좋다고 합니다. 만일 以後에 風說로 말이 생긴다면 다시는 사정하자 하여도 및이지 못할 것이오.

30. 用용了랴陰인凶슝譎귀④詐쟈的手段돤⑤, 假或得了랴一時的地듸盤

─────────
①瑕1 ②恕4 ③漏4 ④詭2 ⑤段4

판, 那不算真正的榮송幸싱(幸榮)。陰凶하고 譎詐한 手段을 썻어 設使 一時의 地盤는 얻는다 하더라도 그것은 眞正한 榮光이라 할 수 는 없다.

註：以上接續詞 等은 모두 假設를 할 때에 使用하나니라.

第六十課 副詞字的應用(二十)

并삥不、并非、并没
無우不、無非
便삔、便是、便罷了
제륙십과 부자자의 응용(二十)

1. 現今的貴귀人們，光曉쌴得(知道)吃穿，并삥不知道따오米미布부的艱젠難난。現在 貴人들은 다만 먹고 입을 줄만 알지 米와 布의 艱難은 통히 알지 못하오.

2. 這并不是我防〔妨〕빵害해了랴오他的事，乃내①是他自己지弄능錯춰的。이것은 決코 내가 그의 일을 妨害한 것이 아니라 곧 그가 自己로 잘못 만든 것이오.

3. 他有點脾피氣치，并不能녕騙펜哄훙人家。그는 性味가 조금 사납을 뿐이지 남을 속이지는 못하오.

4. 孔쿵雀촤②并不會唱챵(会噪쌰③)，可爱的就在牠타的一個尾웨巴빠。孔雀은 잘 울 줄은 알지 못하지만 可愛한 것은 그의 꼬리 한아에 있오.

5. 他就是沒有錢的所쒀因인，并非폐冷렁情칭對대待你的。그는 곧 돈이 없는 所以이지 당신을 冷情하게 待接한 것은 아니오.

6. 你拿個并摸머不着的事和人商샹量량，那還能成청功궁嗎？당신이 어림칠 수도 없는 일을 갖이고 남과 相議하니 그것이 어찌 能히 成功하겠오？

7. 那疋피布부，這裏擱꺼着也并不用용着저，請大哥帶대回去罷。저 한 疋布木은 여기 두어도 쓸데없는 것인즉 請컨대 兄님은 갖이고 가시오.

8. 這裏并沒有外왜人，你何必這樣拘쥐謹진呢？여기에 外人이 잇는 것도 아닌데 당신이 이렇게 반

---

①乃3 ②雀3 ③噪4

듯이 禮를 차릴 것은 무엇인가요?

9. 從前的督㉠軍一切체民㉡政方面也無不干涉㉢, 好像古代的皇帝一樣. 以前의 督軍은 一切民政方面에도 干涉하지 아니함이 없어 古代의 皇帝와 한가지이였오.

10. 你別信他, 曰㉣國家, 曰民生而捨命, 無非爲自己的略러. 당신은 그가 曰國家, 曰民生하며 목숨을 버린다는 것을 믿지 마시오. 自己를 爲하지 아니하는 것이 없지오.

11. 他們無非是此地紳㉤商各界的人, 請你同席也無妨㉥. 저들은 모두 이곳 紳商各界의 人士가 아님이 없으니 請컨대 당신은 同席하야도 無妨하오.

12. 你說的話, 無非是不錯, 却是人家不理會휘, 怎麽辨〔辦〕呢? 당신이 말한 것이 모두 옳지 아님이 아니지만 그러나 남들이 알아주지 아니하는 데야 어떻게 處理하겠오?

13. 蘇杭兩州㉦的姑娘, 無非是俊美的. 蘇杭兩州의 處女는 俊美치 아닌 것이 없오.

14. 他做的事, 無非是壞的, 但是人家都認他是個好人. 그가 하는 일은 모두 못쓸 것이 않음이 없지만 다만 남들은 모두 그를 좋은 사람으로 認定하오.

15. 從來說, "男子有德, 便是才; 女子無才, 便是德", 就要誠實順直的意思. 前붙어 말하되 男子는 有德이 곧 才오 女子는 無才가 곧 德이라 한 것은 곧 誠實하고 順眞함을 要하는 意思다.

16. 我想她必是在家死去活來的, 便趕緊打發人安慰她纔好. 내 생각에는 그 女子가 반듯이 집에서 죽네사네 할 터인즉, 곧 빨이 사람을 보내여 그 女子를 慰安하는 것이 좋겠오.

17. "平安便是福." 若吵這個, 鬧那個, 就是家裏有點兒寬綽, 也不舒坦㉧. 平安이 곧 福이다. 만일 이것을 걱정하고 저것을 떠든다면 곧 집안에 裕足한 것이 있더라도 또한 不便할 것이다.

18. 遭了這樣左右兩難的時候, 就得了先生的搭(타)救, 便是重生父母, 生死難忘的鴻恩. 이러한 左右兩難할 때에 곧 先生의 救助를

①督₁ ②民₂ ③涉₄ ④曰₁ ⑤紳₁ ⑥妨₁ ⑦州₁ ⑧坦₃

얻었으니 곧 重生父母로 生死에 難忘할 鴻恩이외다.

19. 食ㅅ言앤失信和貪탄生惡우死, 便뻰不是個大丈장夫우。食言失信과 貪生惡死는 곧 大丈夫가 아니다.

20. 你不賠폐錯便뻰罷，怎麼倒怪꽤着我們橫헝鼻삐子竪슈眼앤的呢？ 당신이 잘못햇다고 謝過하지 않으면 고만이지 어찌하야 도리혀 우리를 怪常이 역이며 코날을 세우며 눈알을 굴이오.

21. 你不願意留루他住주一夜예便뻰罷了랴，何必倒도攛첀他去呢？ 당신이 그를 하루밤 머물러 재우지 않으면 고만이지 반듯이 그를 밀어서 내보낼 것이야 무엇이오.

22. 你還没仔細看就説假的嗎？請你再細細看，便知道是真是假的了。당신이 아즉 仔細히 보지도 않고, 곧 假자라고 말함잇가？請컨대 당신은 다시 仔細히 보시면 眞인지 假인지를 알 것이오.

23. 世ㅅ上會説話的兩頭瞞만，不會説話的兩頭傳촨。便知道把壞話傳人，反앤不如수瞞만人。世上에 말할 줄 아는 사람은 두쪽에 傳한다. 납뿐 말을 갖이고 남에게 傳하는 것보다 도로혀 남을 그이는 것만 갖지 못함을 알 수 잇다.

24. 他念녠不過幾本書，就以이爲웨飽바學，便知他將來没有多大的進진益이。그는 冊 몇 卷을 읽은 데 지나지 못하고서 고만써 飽學이라한다니 그가 將來에 그리 큰 進取가 없을 것을 곧 알겟다.

25. 凡얜與워人共꿍事，若没有忍신耐내和寬콴諒량的心，不過爲一點小事ㅅ便失了和허氣치。무릇 사람으로 더부러 일을 함게 함에 만일 忍耐와 寬恕의 마음이 없으면 조고만 한 일을 爲하야 문득 和氣를 失하게 되고 마오.

26. 我給他讓샹過這一遭짜倒도不難난，萬완一從這事上讓給他，下回在別볘的事上，便來欺치負우我喇！내가 그에게 이번 한번을 讓步하여 주기는 어렵지 않지만, 만일 이 일을 저 이에게 讓步하여주면, 이다음에 달은 일에서도 곧 왓서 나를 업수 이역일 것이오.

27. 我應當打你幾拳퀀幾脚쟈的，便看你主주人的面子，只ㅅ饒샾這一次ㅆ。내가 應當 너를 몇 주먹 몇 발길도 때릴 것 이되 곧 너의 主人의 얼골을 보앗어 다만 이 한번만 容恕한다.

28. 請你小心，我知道你是性셩如

수烈레①火훠, 不能忍耐的脾피氣치, 倘탕或這一回對他說了一言앤半語위衝충撞촹②的話, 便壞了大事了。請컨대 당신은 注意하시오. 내가 당신의 性品이 烈火와 같아 能히 忍耐하지 못하는 性味를 아오. 만일 이번에 그게 對하야 一言半辭라도 衝突되는 말을 하엿다는 곧 大事를 잘못 만드는 것이오.

第六十一課 副詞字的應用(二一)

却췌、卻췌、可커、倒또、反앤、乃내是쓰、偏펜
제륙십일과 부사자의 응용(二一)

1. 外頭有風훵, 却췌不凉량快쾌。 밖에는 바람이 잇지만 선선하지는 않소.
2. 那個孩子從충跟他講쟝理, 倒還听着, 却到如우今쥔不聽팅了。 저 兒孩가 以前에는 理致를 캐여 일러주면 그래도 오히려 듣더니 이제 와서는 고만 듣지 아니하오.
3. 他們明밍明白배-白的知道袁왠③聾룽子是壞해蛋단子, 却不肯큰哄훙④出去。 그들은 明明白白히 袁귀먹어리가 怪惡한 놈인 줄을 알면서도 도로혀 몰아 내지 아니하오.
4. 崔쮀⑤矮애子的相썅貌뫄, 没甚麼看頭, 却他的學쉐問원和天텐分엔, 人家趕깐不上。 崔난쟁이의 얼골은 무슨 볼 것이 없지만 그의 學問과 才操는 남들이 딸아갈 수 없오.
5. 他們平핑常챵殷인勤친做活훠, 遇워了랴荒황年녠, 却不愁쳐過日싀子。 그들은 平素에 부즈런히 일을 하엿어 凶年을 만낫서도 도로혀 살아가기를 걱정하지 아니하오.
6. 你好的時候, 逍쌰遥얀⑥自在째, 好懶란閑쎈手쑈, 却⑦到如우今진, 來了我的面前, 還敢간討탸情칭嗎? 당신이 좋은때에는 逍遥自在하야 손 싸매고 놀기 좋아하다가 도로혀 이제는 나의 面前에 와서 敢히 사정하는가요?
7. 大家想一想, 那公궁款콴一文원也没剩셩⑧下, 不是他吞튼了, 卻是誰啊아? 여러분은 생각하여 보시오. 그 公金이 한 푼도 남지

①烈4 ②衝1撞4 ③袁2 ④哄4 ⑤崔1 ⑥逍1遥2 ⑦卻4 ⑧剩4

아니하얏으니 이것을 그가 먹지 아니하얏으면 그래 그 누구이겠오?

8. 没本번事，卻헤生싱事，生出事，無우本事。才幹이 없으면 도로혀 일을 저즐으고 일을 저줄으면 才幹이 없는 것이다.

9. 聽説那場챵雨위，他們的地方比我們這裏下的多，水쒀災쩨①卻不及此츠地大。말을 들으니 지난번 비가 그들 地方은 우리 여긔보다 많이 왓지만 水災는 도로혀 이곳만치 크지 못하얏다 하오.

10. 你願意去，我不擋당你。卻有一宗쭝，往왕後別埋매怨웬我。당신이 가기를 願한다면 나도 막지 아니하겟오만 그러나 한 가지가 있으니 以後에 나를 怨망하지 마시오.

11. 看她臉롄上，很願웬意的樣양子，可怕파羞슈的没説出來。그 女子의 얼골을 보면 매우 願하는 모양이지만 부끄럽어서 말을 하지 못하오.

12. 你若숴要請我們一桌줘客，我們走倒돠走，可不要過궈費페了。당신이 우려를 請하야 한턱낸다면 우리들이 가기는 가겟오만 너무 費用을 쓰지 마시오.

13. 你那事情上，我有個法애子，可不知行싱不行？당신의 그 일에 對하야 내게 方法은 잇지만 그러나 될넌지 아니 될넌지 알 수 없오.

14. 誰쒀也説쒀話之즈中쭝，不知쯔不覺쨔的容숭易이有了랴錯，他那昨天的話，錯倒錯，可不要過逾위責쩨備베他。누구던지 말하는 가운데 不知不覺으로 잘 못됨이 잇기 容易하니 그 사람의 어제 그 말이 틀엿지만 그를 너무 지나치게 責하지는 마시오.

15. 我可以看你的面子，跟他説和，可怕他反앤復푸②的毛마病。내가 당신의 얼골을 보앗어 그로 더부러 和解는 하겟지만 그러나 그의 反覆하는 病통이 무섭소.

16. 你要害해人，倒先害自己，千쳰萬완別那麽想썅。당신이 남을 害코자 하면 도로혀 먼저 自己를 害하나니 千萬에 그렇게 생각하지 마시오.

17. 你別小看他外왜貌마，學쉐問원和志즈③向썅倒不錯。당신은 그의 外貌로써 업수이 역이지 마시오. 學問과 志向은 도로혀 그럴 뜻하오.

---

①災ᵢ ②復₄ ③志₄

18. 他自己犯⑪了㊔那麽大的罪㉝, 倒㉱拉㊪扯別人哪！ 그는 自己로 그렇게 큰 罪를 犯하고 도로혀 남에게 떠민다.
19. 依이你的要야求츄, 去倒去, 却想着不隨쉬心신的樣兒。 당신의 要求대로 가기는 감니다만은 그러나 생각건대 마음대로 못될 모양이오.
20. 往那裏去做買賣, 挣정錢쳬倒挣錢, 可有賊患환①的, 住쥬不得。 거기 갓어 장사하면 돈벌이라면 벌이가 되지만 그러나 賊患이엿어 살 수가 없오.
21. 他不愛可커愛的人, 反앤愛不可愛的人, 這正是與유我相샹反了。 그는 사랑하지 아니할 사람을 사랑하니 이것이 바로 나와는 相反됩니다.
22. 當説的不當説, 反앤説쉬了許多廢폐話。 맛당히 말할 것은 말하지 아니하고 도로혀 許多한 空談만 말한다.
23. 我求你跟他要説和, 反倒挑탸唆쉬他打官스司了嗎？ 내가 당신에게 그와 和解하여 달나고 要求하엿더니 도로혀 그를 꾀이여 訴訟하게 하였오.
24. 我們給他説安산慰웨的話, 反加

쟈他憂여愁쳐, 寧닝可不説好。 우리가 그에게 安慰하는 말을 하였더니 차라리 말하지 아니하는 것이 좋겠다.
25. 我看他分옌明밍是爲你庇삐②護후的, 反説他害해你嗎？ 내 보기에는 그가 分明히 당신을 爲하여 斗護하는데 도로혀 그가 당신을 害한다고 말합니까？
26. 起先我看着好顔얜③色재的綢쳐緞돤, 而얼且체價쟈錢야也很便볜宜이, 所쉬以要買뫠。後來細시細看, 乃내是唾투沫머緞돤哪나！ 맨먼저 나는 染色이 좋은 비단으로 보앗고 또한 값이 매우 헐함으로 그것을 살여고 하엿더니 그 뒤에 仔細히 본즉 고만 人造絹이겟지요.
27. 他在公私스上, 很講쟝和平相愛的精정神션, 乃내是스人所不及지的。 그가 公私에서 가장 公平과 相愛의 精神을 主張하는 것은 곧 남이 믿지 못할 것이외다.
28. 古구人交야友很淡단薄버(뽀), 今人交友很親친熱서。却췌古人乃是一片펜真전心신, 今人乃是一片假쟈意。 녯 사람은 벗을 사괴되 매우 淡薄하고 至今 사람은 벗을 사괴되 매우 親熱하지만, 그러나

①患₄ ②庇₄ ③顔₂

녯 사람은 곧 한 죠각 眞心이오, 至今 사람은 곧 한 죠각 假意이다.

29. 你擋땅住주我來也偏뗀要來的, 何하況쾅你請我的嗎! 당신이 내가 오는 것을 막아도 올 터인데 하물며 당신이 나를 請하는 것이겠오?

30. 你做的那件쟨事, 不論룬叫誰看也都說你的錯, 還偏要混훈矯쟈①强챵(咬쟈杜〔扯〕쳐)嗎? 당신이 한 그 일은 勿論 누가 보던지 모도 당신이 잘못하엿다고 말할 터인데 그래도 오히려 앙탈할여 하오?

31. 你該做的偏뗀不做, 不該做的偏뗀要做, 這是甚麼心眼얜兒呢? 당신은 맛당히 할 일은 하지 아니하고 맛당히 하지 아니할 것을 도로혀 하니 이것은 무슨 마음보인가요?

32. 我叫你不要和他相交, 偏跟他來往왕, 受쎠了랴這遭쟈苦쿠, 還來說甜뗀說苦쿠呢! 내가 당신다려 그 사람을 서로 사귀지 말나고 하되 도로혀 그와 사귀여 단이다가 이번 교롭음을 當하고서 오히려 와서 쓰다 달다 말하는가요?

第六十二課 "以" "其" 兩字的應用

以이、以……爲웨、爲……以
其實스、其中즁、其餘위、在其
데륙십이과 이긔량사의 응용

1. 你以이此츠殷인勤친做業예, 若워不成功궁, 誰能넝成功呢? 당신이 이렇게 부즈런히 作業하고 만일 成功치 못한다면 누가 能히 成功하겟오?

2. 他拿着權뛘柄빙②, 以大壓야小, 以强챵壓야弱워, 你單以口舌써與위他相争졍, 有何허益處추呢? 그는 權勢를 갖이고 以大壓小하며 以强壓弱하는데 당신은 단지 口舌로써 그로 더부러 相争하면 무슨 利益이 잇슴니까?

3. 你別以自己的私쓰心, 反앤對뒈我們的話。 당신은 自己의 私心으로써 우리의 말을 反對하지 마시오.

---

①矯2 ②柄3

4. 你告訴他，賺ㄓㄢ點兒錢的時候，積ㄐㄧ攢ㄗㄢ①些，以備ㄅㄟ年ㄋㄧㄢ老花費。 당신은 그 사람에게 일으되, 돈을 좀 벌 때에 조곰 貯蓄하엿다가 써 늙을 때에 쓸 것을 預備하라 하시오.

5. 不可以外ㄨㄞ貌ㄇㄠ取ㄑㄩ人，又ㄧㄡ以無ㄨ事爲ㄨㄟ福ㄈㄨ。外貌로써 사람을 取함이 不可하고 또는 無事로써 福을 삼는 것이 不可하다.

6. 你以公道爲ㄨㄟ主ㄓㄨ，他以貪ㄊㄢ利ㄌㄧ爲主，豈ㄑㄧ能合ㄏㄜ作ㄗㄨㄛ呢？ 당신은 公道로써 爲主하고 그는 貪利로써 爲主하니 어찌 能히 合作하겠오？

7. 城市ㄕ的人，以商ㄕㄤ工ㄍㄨㄥ爲重ㄓㄨㄥ，鄕ㄒㄧㄤ村ㄘㄨㄣ的人，以農ㄋㄨㄥ桑ㄙㄤ②爲重。城市의 사람은 商工으로써 爲重하고 鄕村의 사람은 農桑으로써 爲重한다.

8. 你們這些懶ㄌㄢ惰ㄉㄨㄛ的人，應ㄧㄥ當ㄉㄤ以螞ㄇㄚ蟻ㄧ③和蜜ㄇㄧ蜂ㄈㄥ④爲榜ㄅㄤ⑤樣，效ㄒㄧㄠ⑥法ㄈㄚ牠ㄊㄚ們的殷ㄧㄣ勤ㄑㄧㄣ纔好。너이 이 懶惰한 사람들은 應當 개아미와 꿀벌이로써 標榜을 삼아서 그들의 부즈런을 效則하는 것이 좋다.

9. 漢ㄏㄢ昭ㄓㄠ⑦烈ㄌㄧㄝ遺ㄧ勅ㄔ⑧後ㄏㄡ主ㄓㄨ的 "勿ㄨ以ㄧ善小而ㄦ不爲，勿以惡小而爲之ㄓ" 眞是一句ㄐㄩ勸ㄑㄩㄢ善懲ㄔㄥ惡的金ㄐㄧㄣ言ㄧㄢ。漢昭烈이 後主에게 遺勅하되 善이 적다고 하지 아니치 말며 惡이 적다고 하여 하지 말나 하엿으니 참으로 善을 勸하고 惡을 懲하는 한 마듸 金言이다.

10. 你們作兒女ㄋㄩ的，不可以父母的拘ㄐㄩ束ㄕㄨ(拘管)爲仇ㄔㄡ。子女가 된 너이들은 父母의 拘束으로써 원수를 삼지 말어라.

11. 你以喝ㄏㄜ了ㄌㄧㄠ一次酒，鬧ㄋㄠ一點事來，豈ㄑㄧ爲羞ㄒㄧㄡ恥ㄔ⑨呢？ 這不是世ㄕ間ㄐㄧㄢ常ㄔㄤ有的事麼？ 당신이 술 한 번 마시고 조곰 떠든 일을 갖이고서 어찌 羞恥라 하겠오. 이것이 世間에 恒常 잇는 일이 아닌가요？

12. 人的見ㄐㄧㄢ識ㄕ，不能一樣。常ㄔㄤ有這人以爲是ㄕ的，那人倒以爲非ㄈㄟ。사람의 見識이 한결갓기 不能하야 이 사람은 옳다고 하는 것을 저 사람은 도로혀 그르다고 함이 늘 잇다.

13. 我初ㄔㄨ次ㄘ上北平的時候，進ㄐㄧㄣ了ㄌㄧㄠ永ㄩㄥ定ㄉㄧㄥ門ㄇㄣ，以爲是進了ㄌ城ㄔㄥ咯。他們還說城外，再進了前ㄑㄧㄢ門ㄇㄣ，那纔進了城咯。내가 첫 번 北平 올 때에 永定門에 들어온 것을 城에 들어온 것으로

---
①攢3 ②農2桑1 ③螞2蟻3 ④蜂4 ⑤榜2 ⑥效4 ⑦昭1 ⑧勅4 ⑨恥3

생각하엿더니 그들은 그래도 城밖이라 하고 다시 前門에 들어와서야 그것이 비롯오 城에 들어온 것 이지오.

14. 我聽說張장希시明밍這咱짠子往堡푸①村去, 每메天圍웨棋치②讀뚜書以爲消쏘遣첸。 내가 말을 들으니 張希明은 이즈음에 村落에 갓어 날마다 바둑 두고 글 읽는 것으로써 消遣을 삼는다 하더라.

15. 你不可爲惡어所勝성, 應當以善勝惡。 너는 惡으로 勝하는 바가 되지 말고 應當 善으로써 惡을 勝하라.

16. 初추次츠見面的人, 一見他沉쩐③默머無우言앤的好像썅有學쉐識쓰似쓰的, 其實不會條탸理리說話的關관係시。 첫 번 보는 사람은 한 번 보기에 그가 沉默無言한 것이 맛치 學識이나 잇는 뜻하지만 其實은 條理의으로 말할 줄 몰으는 關係이다.

17. 學生們愉〔偸〕투閑쏀調탸④鬼귀, 就覺쟈得더哄홍先生, 其實自己哄自己。 學生들이 틈을 타서 작란하는 것을 곧 先生을 속엿다고 생각하지만 其實은 自己가 自己를 속이는 것이다.

18. 你別說那群췬裏的人不中즁用융, 其치中也有好的。 당신은 저 무리 속의 사람이 모다 못쓸 것이라고 말하지 마시오. 其中에도 좋은 사람이 있오.

19. 他昨天說得妥퉈妥當당當的, 今天忽후然산又여反팬復푸, 誰能知道其치中的緣웬故구呢? 저 이가 어제는 完全히 妥當하게 말하더니 오늘 忽然히 다시 反覆하니 누가 能히 그 가운데의 緣故를 알겟오?

20. 你是净징管你該깨做的事情칭, 其餘위的都歸귀於위你的哥哥辦〔辨〕빤罷! 당신은 다만 당신이 맛당히 할 일을 하고 그 나머지 것은 모두 당신 伯式에게 맛여 處理하시오.

21. 我告你, 衣이服푸箱썅子搬빤屋우裏來, 其餘零링碎쉬的都攔깐在廊〔廊〕랑厦샤(싸)⑤罷! 내가 네게 일으노니 衣服箱子는 房안으로 옴기고 其餘의 小小한 것은 모두 廊下에 두어라.

22. 有書수說, "觀관⑥其치眸뭐⑦子쯔, 人신焉앤瘦쒜哉쩨⑧", 大概人的善惡어, 在其치面貌마上表뱌顯쎈出來的意思。 書에 말하되 그 눈자위를 보면 사람이 어찌 속이랴

①堡3 ②棋2 ③沉2 ④調2 ⑤廊2厦4 ⑥觀1 ⑦眸2 ⑧焉1瘦1哉1

함은 大槪 사람의 善惡이 그 面貌에 表顯되여 나온다는 意思이다.

23. 我們只ᄌ能知ᄌ其치當당然산, 不能넝知其所쒀以然산, 他倒딷知其所以然。 우리는 다 그 當然한 것만 알지 그 所以然을 알지 못하나 그 所以然도 안다.

24. 你們對뒤於워此ᄎ事, 不用橫형說쉬竪ᄉ說, 我看你們單단知ᄌ其치外왜的表뱌顯쎈, 可不知ᄌ其裏的潛챈伏우①. 당신들은 이 일에 對하야 橫說堅說하지 마오. 내 보기에는 당신들이 단지 그 밖에 表顯된 것만 알고 그 속의 潛伏된 것은 알지 못한다.

25. 他的講쟝演얜, 好像샹有深션远웬的意思ᄉᄉ似ᄉᄉ的, 究쥬其치内네容웅不過궈空쿵殼커②而얼已이. 그의 講演은 마치 深遠한 意思가 잇는 듯하지만 그 內容을 알고 보면 빈 껍덕이에 지나지 못하오.

26. 常챵言얜道: "近진朱주者저赤ᄎ③, 近墨머者저黑헤。" 言얜其不可胡후交쟈, 只可擇재(여)交的。 常言에 朱에 近한 者赤하고 墨에 近한 者黑한다, 함은 그 亂交함이 不可하고 擇交하는 것이 可하다함이다.

27. 各人有各人的長쟝短롼, 棄치④其所短, 取춰其所長, 可以作個人上人了。 사람마다 各各 그 長短이 있으니 그 短處를 버리고 그 長處를 取하면 可히써 사람 웋의 사람이 될 것이다.

28. 火車처站的章쟝程챵, 凡팬一切체送쑹迎잉的人, 拿着月웨臺태票표, 準쥰其進진去月臺。停車場規則에 무른 送迎하는 사람은 入場券을 갖어야 푸렛트홈에 들어감을 許한다.

29. 我們是拿交情勸췐他的話, 他反팬看待仇츄敵, 這麼一來, 不如隨쉬其치自ᄌ便볜好。 우리는 交情을 갖이고 그를 勸한 말이지만 그는 도로혀 仇敵으로 看做하니 이렇다면 그 自便할 대로 하느니만 갓지 못하오.

30. 俗語說: "家쟈貧〔貧〕핀出추孝쌰子ᄌ, 國궈亂롼顯쎈忠즁臣천⑤。" 這言其貧〔貧〕핀亂롼, 如수同퉁忠즁孝쌰的試ᄉ金石ᄉ一般반。 俗談에 말하되 집이 가난하여야 孝子가 나고 나라이 어즐어워야 忠臣이 난다, 하였으니 이는 그 貧과 亂이 忠孝의 試金石과 맛치

①潛₂伏₂ ②殼₁ ③赤₄ ④棄₄ ⑤忠₁臣₂

한가지인 것을 말 함이다. 　　　니라.
註："以""其"字의 活用을 보였나

第六十三課　副詞字的應用(二二)

許쉬、莫머不、莫、庶수幾지
恐쿵、恐怕파、怕
데륙십삼과 부사자의 응용(二二)

1. 我到此츠地디辨〔辦〕甚麽事, 許쉬是你知道了罷! 내가 이곳에 와서 무슨 일을 하는지 아마 당신은 알겟지요?

2. 這裏剛깡有三塊꽤肉쑤, 缺췌了롿一塊, 許是猫모兒又吃去了。여기 方今 고기 세 덩이가 잇엇는데 한 뎅이가 없어젔으니 아마도 고양이가 먹어 버렷나 보다.

3. 他在蒙멍古구好幾지年, 許品핀得出馬的好歹대來。저 사람이 蒙古에 여러 해 있엇으니 아마도 말의 좋고 나쁨을 品定하여 낼 것이오.

4. 若쉬是這話他聽見了, 也許發배怒누。만일 이 말을 그가 들으면 또한 아마 怒할 것이오.

5. 他說的話不錯춰, 許쉬(料랴)得더是你記지錯, 再想썅一想。그가 하는 말이 옳소. 아마도 당신이 잘못 記憶한 듯하니 다시 생각하여 보오.

6. 若坐줘火車처早到了, 這時候還해没到, 想許쉬(横헝翌〔竪〕수)是坐輪船촨來。만일 汽車를 탓으면 발서 왓을 터인데 이때까지 오지 아니하니 아마도 汽船을 타고 오나보오.

7. 我進지去找쟈一找, 許想還해有倒有, 可不多罷! 내가 들어가 찾어 보지오. 아마 아즉 잇기는 잇겟지만 많지는 못할 것이오.

8. 朋友之쯔間잰, 這還算甚麽過, 我去和他透토說透說, 許他也沒誤우會휘。친구사이에 이것이 무슨 過失이오. 내가 갓어 그와 說明하면 아마 그 사람도 誤解하지 아니하겟지요.

9. 倒許啊, 剛纔那裏有了一條탸猫, 多半是牠타吃去了。아마 그런가 보오. 方今 거기 고양이 한 머리가 있었으니 必是 그것이 먹어 버렷나 보오.

10. 這三更껑夜에裏, 誰來敲꺄門呢, 莫머不是林린先生來了嗎? 이 三更 밤中에 누가 와서 門을 두다리는가요? 林先生이 오지 아니하엿는가요?

11. 他昨天來, 急지的對我要借졔五千元웬, 莫머不又우上折져白黨당的套툐了嗎? 그가 어제 와서 急하게 나다려 五千元을 借貸하여 달나 하니 또한 詐欺團의 魔手에 걸인 것이 아닌지요?

12. 他見젠天出來的人, 已經징三天没見面, 莫非他家裏有了事? 날마다 出入하던 사람이 발서 三日이나 낯을 볼 수 없으니 그의 집 안에 무슨 일이나 잇지 아니한지요?

13. 段딴先生, 近진來只쯔喝허酒, 净징圍웨棋치, 前天我托튀他的事, 莫非忘왕記지了罷! 段先生이 近日에 술 마시고 바둑만 노는데 前日에 내가 그에게 付托한 일을 잇어버리지나 아니하엿는지요?

14. 離리了校門, 再經징歷리幾年, 庶수①幾叙쉬②論룬天下國家的大事. 校門을 떠나서 다시 몇 해를 經歷하고야 거이 天下國家의 大事를 議論할 것이다.

15. 當時的人, 非常詭귀詐자, 我們現時雖쉬是十分投투契치③(相投투), 中途④不變삔初추意, 也不中人的反앤間젠, 那庶수幾乎후保바全촨交情了. 現時의 사람은 非常히 詭譎하야 우리가 至今은 비록 十分 相合하지만, 中途에 初志를 不變하고 남의 反間에 빠지지 아니하여야 거이 交情을 保全할 것입니다.

16. 立리借졔字쯔(立欠쨴帖테、立欠據쮜⑤)人, 金진王왕魁퀴⑥, 今借到李리福푸興싱錢三百五十元整정, 言앤明月웨利리一分五厘리⑦, 三年本利還환清칭. 恐쿵後후無憑핑, 立此字쯔(帖據), 存춘照쨔. 契約을 作成하는 金王魁는 至今 李福興의 돈 三百五十元을 借用하고, 利子는 每月每元에 一分五厘로 하야 三年에 本利錢을 償還하기로 契約하는데 以後에 憑據가 없을가 두려워하야 이 契約을 作成하야 保存함.

17. 他借人家的錢, 開了雜자貨훠鋪푸, 看他的生意, 恐쿵其치虧퀴本. 저 사람이 남의 돈 借用하여 雜貨店을 내엿는데 그 장사를 보면 아마 本錢을 밀질 듯하오.

18. 若不請칭他, 往後生싱氣치, 請

①庶4 ②叙4 ③契4 ④途2 ⑤據4 ⑥魁2 ⑦厘2

他又恐쿵喝酒醉쒜鬧냐오。 만일 그를 請하지 아니하면 以後에 골을 낼 것이오 그를 請하자니 또한 술 마시고 주정할가 두렵소.

19. 你快去催쒜①他上車站來, 憑핑他自己恐怕趕깐不及지. 당신은 빨니 갓어 그를 재촉하여 停車場으로 오게 하시오. 그의 自身대로 한다면 時間에 및이지 못할가 두렵오.

20. 她嘴쒀裏雖쒀說守쎠寡과②, 恐怕不是從충心田톈(本心)出來的. 저 女子가 입으로는 비록 守節한다고 말하지만 아마도 이것이 本心으로붙어 나오지 아니하는 듯 하오.

21. 你爲怎쩐麽不吃不穿촨, 還해怕錢不够구用융嗎? 我恐怕的餘위年녠不够. 당신이 어찌하야 먹지 않고 잎지 않소? 오히려 돈이 쓰기에 不足할가 두려워하시오? 나는 당신의 餘年이 못 자랄가 두려워합니다.

22. 這匹피馬不吃草촤오, 恐커怕是渴了, 可以牽챈到河허邊飮인飮③她〔牠〕타. 이 말이 풀을 먹지 아니하니 아마도 목이 말나 하는 뜻하니 河邊에 끝고 갓어 물을 먹여라.

23. 我不能回家去, 若不走쩌우, 恐怕팡老的兒(老兒的)不放心(常挂과念녠). 나는 不得不 집으로 도라가야 하겠오. 만일 가지 아니하면 아마도 늙은이들이 放心하시지 못하실 것이오.

24. 咱짜們中國婚훈喪쌍祭지④禮리, 枉왕費錢財쌔的獎〔弊〕삐⑤害해, 恐怕과從今以後都輕칭一點兒罷! 우리 中國의 婚喪祭禮가 돈과 財物을 虛費하는 弊害가 잇으나 아마 從今以後로는 모도 조곰 輕하여질 것이오.

25. 他正在氣치頭上, 恐怕你不去開不了랴오他的心. 그는 바로 氣가 난 때인즉 아마도 당신이 가지 아니하면 그의 마음을 풀지 못할 것이오.

26. 你在嫖퍄오賭두場창, 净징嫖賭喝醉쒜, 恐쿵怕你的太太不依이罷! 당신이 오입과 잡기판에서 다만 오입하며 잡기하고 술 마시니 아마도 당신의 夫人이 不應할 것이오.

27. 他待대人接졔客커就是恭꿍恭敬징敬, 不論和誰, 惟웨⑥恐궁不及지. 그는 待人接客에 곳 恭恭敬敬하야 누구를 勿論하고 惟恐不

―――――

①催1 ②守3寡3 ③飮3 ④祭4 ⑤弊4 ⑥惟2

及하오.

28. 你別恐說話趕깐不上人, 就恐做事趕不上人. 당신은 말하는 것이 남을 따라가지 못할가 두려워하시오.

29. 我今天聽你的話, 很佩폐服우, 只지恐和實際不一樣. 내가 오늘 당신의 말을 듣고 매우 悦服하지만 다만 實際가 한 가지가 아닐가 두려워하오.

30. 別的我都不怕파, 就怕衆쭝位웨的同통床촹異이①夢몽. 딴 것은 내가 모도 두리워하지 않고 다만 여러분의 同床異夢을 두려워합니다.

31. 這樣熱서鬧뇨的地方, 我怕你難養양孩子們. 이렇게 繁雜한 곳에서 나는 당신이 兒孩들을 養育하기에 어려울가 합니다.

32. 忍신倒됴不難난, 若不制즈他, 只怕他越웨慣관越壞해. 참기는 도리혀 어렵지 아니하오만 만일 그를 制御하지 아니하면 다만 그가 더욱 물들수록 더욱 버릴가 무섭소.

33. 不用怕, 你怕파甚麽, 這裏都是我們家쟈裏的人. 무서워하지 말어라. 내가 무엇을 무서워하느냐 여기는 모도 우리 집안사람이다.

第六十四課 會話(七)

問病請醫 [원빙칭이]
제륙십삼과 회화(七)
問病하고 醫師를 불음

1. 你們的老爺예躺탕在那나-屋우裏? (答)在廳팅房裏. 너이 영감게서 어느 房에 누어 게신냐? (答)正寢에 게심이다.

2. 你去告訴老爺說, 我聽了不舒수②服우的話, 故구此츠特터③別探탄④訪빵來的. (答)請您닌在這兒坐쭤坐, 這就去回. 네가 갓어 영감게 엿줍되 편치 못하시다는 말을 내가 듣고 일부러 찾어왔다고 하여라. (答)請컨대 당신은 여기 暫時 앉어 게시오. 곳 단여오겟음니다.

3. 你夜예來怎쩐麽病삥得더那樣喇

①異4 ②舒1 ③特4 ④探4

라？（答）費你挂과念넌，不很利리害해，覺쟈點不舒슈服푸。당신이 밤 사이에 어찌하여 病이 그렇게 들었오？（答）당신게 염예를 식힙니다. 몹시 앞으지는 아니하고 조곰 不便한 듯합니다.

4. 你那나-兒疼了呢？（答）肚푸子疼些，還어有惡어心，也嘔위①不出来。당신이 어데가 앞으시오？（答）배가 좀 앞으고 또한 속이 어데가 안이꼽은데 吐할여도 나오지 아니하오？

5. 夜裏睡쉬點覺쟈了没有？（答）那兒睡覺，瀉졔②了五六回，趕到現在一點筋〔勁〕③진也没有。밤에 잠을 좀 잤어？（答）어데 잘 수가 있오？설사를 五六回나 하고 至今은 긔운이 조곰도 없오.

6. 發애燒쟈不發애燒쟈？（答）現在不發애燒，還해覺點兒冷렁。懆熱하지는 않은가요？（答）至今은 懆熱하지 않고 도로혀 조곰 춥은 듯하오.

7. 請大대夫吃點藥了没有？（答）昨夜回來的，差애不多十二點鐘，還不知那나-一個大夫好手쇼우，所以没請了。醫師를 請하여 藥을 좀 자셨오.（答）어제 밤에 도라 오기를 거진열두 時나 되였고 또

한 어느 醫師가 高明한지 알지 못함으로 請하지 못하였오.

8. 我舉쥐薦잰你一位大夫瞧챠瞧，你想怎麼樣呢？（答）是那나-一位？내가 醫師 한 분을 당신게 舉薦아야 病을 보게 할여는데 당신이 어찌 생각할넌지요？（答）어느 분인가요？

9. 姓싱李的，不但단同통我熟슈識쓰，而얼且체出名밍的。（答）啊，紅훙十스字쯔病院웬的那位大夫嗎？姓은 李氏인데 나와 親熟할 쑌만 아니라 兼하야 有名한 분이오.（答）아，赤十字病院의 그 醫師말이오？

10. 是，就是那位頂띵出名的高手，此地人没有不信신服푸他的。네，곳 그 분이오. 가장 有名한 高手인데 이 地方사람이 그를 信服하지 아니하는 이가 없오.

11. 可不知道那位出診얜④不出診쩐？（答）在上午우竟〔净〕징門診，趕到下午纔出診。그 분이 往診을 하는 與否를 알 수 없오？（答）午前에는 門診만하고 午後가 되어야 往診을 하오.

12. 那麼叫我等到下午不成청？（答）并삥不是，我給他打電뗀話，或워者쩌是打發人去，可以

---

①嘔₁ ②瀉₄ ③筋₁〔勁₁〕 ④診₁

特떠別볘的來。그러면 나다려 午後까지 기달이라는 말이오.(答)決코 그런 것이 아니오. 내가 그에게 電話를 하던지 或은 사람을 보내면 特別히 올 수 있오.

13. 那就當個特別往診, 多要錢怎麼辦呢?(答)不碍애-, 没有那麼個事。그것을 特別往診이라고 하여서 돈을 많이 要求하면 어찌하오?(答)相關없오. 그럴 일은 없오.

14. 你吃過甚麼了没有?(答)還해 没吃了。당신이 무엇을 잡수었오?(答)아즉 먹지 아니하였오.

15. 熬아오①點兒稀시粥쭤②吃不好嗎?(答)不但不想吃츠, 等덩到大夫우來, 再説罷! 미음을 좀 쑤어서 자시는 것이 어떠하오?(答)다만 먹고 싶지 아니할 뿐만 아니라 醫師가 오기를 기달여서 다시 말합시다.

16. 有電話, 請孟몽老爺。(答)把被볘窩워往上撮줘③一撮, 我接졔電話來。누가 電話로 孟老爺를 찾습니다.(答)이불을 단게서 옹으로 덮으시오. 내가 電話를 받고 오리다.

17. 李大夫説, 這就來。(答)預備一點兒點心신好罷?(應)不必,

預備點兒茶就得了。李醫師가 말하되 곳 온다고 하오.(答)菓子를 좀 準備하는 것이 좋겠지오?(答) 그럴 것 없오. 차나 조곰 預備하면 그만이지오.

18. 啊, 你來喇, 費你勞랖駕쟈。(答)你這一向썅好啊?(應)我倒도好, 就是這位웨不舒服一點兒。아, 당신이 왔음잇가? 당신을 수고롭기 하얐오.(答)당신은 이즈음 平安하시오?(答)나는 좋음니다만 이분이 조곰 편치 못하오.

19. 先生, 從층甚麼時候疼텅, 症엥④候怎麽樣?(答)勞先生的駕, 昨兒晚완上喝多了酒, 夜裏泄⑤了五六回肚두子즈, 就是四肢⑥無우力리喇! 先生, 어느 때붙어 앞으시며 症候는 어떠하시오?(答)先生을 수고롭게 하였음니다. 어제 저녁에 술을 많이 나시고 밤에 五六次 설사를 하고 고만 四肢가 無力합니다.

20. 讓我診옌診脈매, 看看舌셔頭, 揾언這兒, 疼不疼?(答)稍쌰微웨疼些。내게 脉을 좀 보이시오. 해를 좀 봅시다. 여기를 눌으면 앞음잇가 안 앞음잇가?(答)略干 앞음니다.

①熬1 ②粥1 ③撮4 ④症4 ⑤泄4 ⑥肢1

21. 不要緊긴, 就是過귀飮인傷상肚두, 冒마風엥不부眠몐的原웬因인。調댜治쯔一兩天就好。(答)服甚麼藥야没有? (應)也得데吃幾副푸。관계치 아니합니다. 곳 過飮하야 胃가 傷하고 바람 쐬이고 잠자지 못한 原因이니 一二日만 調理하면 곳 낫음니다. (答)무슨 藥은 먹을 것 없음잇가? (應)不得不 멧 첩은 잡수서야 합니다.

22. 孟大哥, 回頭送給你幾지副散싼藥給他吃, 就好了。(答)還해有藥水没有? (應)有倒다有, 那不過궈是吃東西有點兒香썅的。孟大哥, 조곰 잇다가 당신에게 가루 藥 몇 첩을 보낼 터니 저 이게 주어 자시게 하면 곳 낫음니다. (答)물藥은 또한 없오? (應)있기는 있오만 그것은 飮食 자시는데 口味가 조곰 있게 하는데 지나지 못하오.

23. 是, 那藥忌지口쭈, 不忌①口呢? (答)總得忌酒쭈和生셩凉的纔재好。그렀오. 그 藥은 飮食을 忌하지 아니하는가요? (答)도모지 술과 生凉한 것을 禁하여야 좋음니다.

24. 打發人去取藥야啊, 是怎麼樣呢? (答)若有人送一個更겅好。사람을 보내서 藥을 갖어오릿가 어떻게 하릿가? (答)만일 사람이 잇거던 한 사람 보내면 더욱 좋소.

第六十五課　間投詞

啊아、哦어、哎呀애야、嗶웨、喂훠、呸페、呢피、哎애、喲웨、啊아、俺안、喧애、唉애、嘟뒤、哼헝、叱츠、呀아、噫이
可知、可原、嘆탄、痛、贅찬、取、惱노、巧챠、托터、敬징、愛애、疑、怕、惡、殺
데륙십오과 간투사

1. 啊아, 咱자們有多少年녠没見面呢? 아―, 우리가 몇 해 동안이나 얼골을 보지 못하엿는가요?

2. 哦어②, 是呀야, 我没想到那件事, 那樣早짚完완了。어―, 그러오. 나는 그 일이 그렇게 일즉히 맟울 줄은 생각하지 못하였오.

3. 哎애呀야, 她接졔了랴母親死去的

①忌4 ②哦2

凶슝報보, 那樣號하天泣치①地哪
나! 아이구, 저 女子는 어머니
가 죽엇다는 訃告를 받고 저렇게
하눌을 불으며 땅을 두다리는구
나.

4. 嗶웨②, 哪兒有給你的分웬兒, 連
렌我的分웬兒也没有哪나! 에-,
어데 당신을 줄 몫이 있오. 나의
몫까지도 없는데.

5. 腿퉤③, 不知好歹대的混훈髒쌍東
西, 你又여來這裏吵챠鬧냐幹깐甚
麽? 튀! 철 몰으는 이 더럽은 놈
아! 네가 또 여기 와서 떠들면
무엇할 터이냐?

6. 呸페④, 若教쨔給你我的小名,
你還해敢깐叫쨔得起嗎? 퓌, 만
일 나의 兒名을 네게 가라처
주면 그래 敢히 불너 낼 터이
냐?

7. 呃피⑤, 誰放앙了屁피⑥了, 你這
小孩兒們, 應該깨大人面前쳰小
心些纔是了. 퓌, 누가 방귀를
뀌엿느냐? 너히 이 어린애들
아! 應當 어른들 앞에서 조곰
조심하여야 옳은 것이다.

8. 哎애喲웨, 我的媽마呀야, 要了랴
我的命밍喇! 아이고, 어머니! 내
가 죽겠오.

9. 啊, 今天是禮리拜六륙, 晚완上
在眞전光광電뎬影잉院웬開了俄어
國궈跳퍄②舞우會훠哩리⑧! 아, 오늘
이 土曜日이다. 저녁에 眞光活動
寫眞館에서 露國舞踊會가 열인
다는데.

10. 你好生看他, 別叫他跌뎨倒啊아
唵안⑨! 너는 저 애를 잘 보되 저
애를 넘어지지 않게 하여라!

11. 嗐해⑩, 我們已經징不中用了,
不過叫쨔他們教養, 成청個人材채
罷! 허어, 우리는 발서 쓸데없이
되엿다. 저 애들이나 教養하여
人材 한아를 만드는데 지나지 못
하지오.

12. 喉애⑪, 可惜시的, 你爲怎麽給
我打碎쉬了一個好好兒的大鏡징
子了呢? 애고, 앗갑구나. 네가
어찌하였어 나의 썩 좋은 큰 거
울을 때려부샷느냐?

13. 哼헝, 你給我怎麽樣呢, 還해敢
깐打我嗎? 홍! 네가 내게 어떻게
할 터이냐? 그래 敢히 나를 때
릴 터이냐?

14. 唉애⑫, 好孩子, 這纔째是將來
必有出추身션的希시望왕. 어! 착
한 애다. 이러하여야 將來에 반
듯이 出身할 希望이 잇다.

---
①泣₄ ②嗶₄ ③腿₁ ④呸₁ ⑤呃₁ ⑥屍₄〔屁₄〕⑦跳₄ ⑧哩₁ ⑨唵₁ ⑩噫₁〔嗐₄〕⑪喉₁
⑫唉₁

15. 嘴뒤①, 我若是再到賭두錢場장, 我就是個四條료腿뒤的狗쭈. 뛰, 내가 만일 다시 賭博판에 가면 나는 곳 네발 갖인 개다.

16. 哎애, 不但這一次, 老給他講個理리總좋不聽, 我往後후再不管관他了. 애! 다만이 한 번뿐 아니라 늘 그에게 옳은 말을 일너 주어도 도모지 듣지 아니하니 나는 이 뒤에 다시 그를 相管하지 아니하겟오.

17. 啼터, 人家的孩子, 快快的要學, 你在這裏打擾쇼做甚麼? 흥! 남의 집 兒孩들은 速速히 배호려 하는데 너는 여기에서 성가시게 굴면 무엇하느냐?

18. 叱쯔②, 去罷, 你若不再去, 可我就쭈不饒쇼你了. 끼놈, 가거라! 네가 만일 다시 가지 아니하면 내가 고만 너를 容恕하지 아니할 터이다.

19. 呀야呀呸엥, 你爲甚麼跟我要呢, 反판正我給你弄뇽壞해了嗎? 아, 뛰! 당신이 무슨 까닭에 나다려 달나고 하오? 그래 내가 바로 당신에게 결단 내여 주엇다는 말이오?

20. 噫이③, 真전奇키怪괘啊, 前天要來打電뎬報來的人, 怎麼到今天也不來呢? 히, 참으로 奇怪하오. 그젹에 온다고 電報한 사람이 어찌하여 오늘도 오지 아니하는가요?

21. 俗語說, "大事쓰不如수小, 小事不如無우", 在這句話, 可知咱們中國人的一種消쌰極지的毛 毛병. 俗談에 말하되 "큰 일이 적은 일만 갓지 못하고 적은 일이 없으니만 갓지 못하다" 하니 이 말 한 마듸에서 우리 中國 사람의 消極의인 一種 病통을 可히써 알겟오.

22. 南난先生的德더行싱和文원章쟝, 可커以爲當世쓰的師表뱌. 不幸싱夭야④壽쭉, 思想起치來, 真是令링人可嘆탄可痛통. 南先生의 德行과 文章이 可히써 當世의 師表가 되더니 不幸히 夭壽하얏어 생각하면 참말 사람으로 하야곰 可嘆可痛케 한다.

23. 馮엥胖팡子好像老로公猪주似쓰的, 那個東西, 不是明밍明欺치壓야人, 就是暗안暗的謀뭐害해人, 真是人人可恨흔. 馮뚱뚱이 맛치 늙은 숫도야지 같은 그 물건이 明明히 함을 欺壓하지 아니하면 고만 暗暗히 남을 謀害하니 참으로 人人이 含怨한다.

---

①嘴₄ ②叱₄ ③噫₁ ④夭₁

24. 他的天性성, 嘴취太快。有時候叫人可惱노①, 然산而有可取취的地되方방。 그의 天性이 입이 너무 빨러서 어떤 때는 사람으로 可히 怒(惱字는 此境遇에 煩悶으로 怒하는 意味)하게 하지만 그러나 可取할 곳이 있오.

25. 我和他商量幾지乎辨〔辦〕빤妥뒤的時候, 可커巧챠從他家裏來了一張장母親病重중的電報보, 把事頭打斷돤了。 내가 그로 더부려 商議하야 거진 妥當하게 處理되는 때에 공교히 그의 집에서 母親이 病重하다는 電報가 와서 일을 中斷식켰오.

26. 他是個萬완金진可커托둬的人, 把這椿춘〔椿장〕②事, 交給他千妥둬萬當的。 그는 萬金을 可托할 사람이오. 리 일을 그에게 막 여주는 것이 千妥萬當하오.

27. 你的兄弟, 雖쉬然年輕칭, 不但有了聰충明和本번事, 并삥且체帶着柔쉬③和謙쳰遜쑨④, 真令人可敬깅可愛。 당신의 아우가 비록 年少하지만 聰明과 才能이 있을 뿐 아니라 兼하야 溫和와 謙遜을 갖어서 참말 사람으로 하야곰 可敬可愛케 하오.

28. 那件事, 他固구然教你吃虧퀴, 其치實也有可原왠。不過事上沒有多둬大的經징驗얜, 并삥不是出於워故구意的。 그 일은 果然 그가 당신으로 하야곰 損害를 當케 하얏지만 其實은 또한 可히 容恕할 만한 것이 있으니 그가 그렇게 큰 經驗이 없고 兼하야 故意에서 나온 것이 아니외다.

29. 我也知道那些話無根끈的流류言얜, 雖쉬不可憑핑, 却究쥬反얜面, 也有可疑이。 나도 그 말들이 無根한 流言인 줄을 알고 비록 可憑하는 것은 아니지만 그러나 反面을 追究한다면 또한 可疑한 것이 있오.

30. 天下最쯰可怕的, 父母熱서愛子쯔女뉘, 不知教導따, 反領링導他們壞해處추。 天下에 가장 可畏한 것은 父母가 子女를 溺愛하야 敎導할 줄을 몰으고 도리혀 그들은 그릇된 곳으로 領導하는 것이다.

31. 你還說你的平핑生성見젠了可惡우的不少, 可是我的平生多見了可殺사不可有的東西。 당신은 그래도 당신의 平生에 可惡한 놈을 적지 않게 보앗다 말하지만 나의 平生에는 可殺이오 不可有할 물건을 많이 보았오.

---
①惱₃ ②椿₁〔椿₁〕 ③柔₁ ④遜₄

第六十六課　擬似字的用法

似、如、比
見
뎨륙십륙과 응사자의 응법

1. "胡地無花草，春來不似春"[후듸 우화촤,춘래부쓰춘]，這句쮜就是指즈着蒙명古구沙자漠머①，没有花草的意思。되땅에 花草가 없으니 봄이 와도 봄 갓지 않다 한 이 글句는 곧 蒙古沙漠을 가라처 花草가 없다는 意思이다.

2. 母的愛情칭是人類레和禽친獸쓔類似(彷빵彿푸②)。母性의 愛는 人類와 禽獸가 類似하다.

3. 美메國氣치候훠的冷령熱서，類似乎후中國。米國 氣候의 寒熱은 中國과 類似하다.

4. 從前他仗쟝着自個兒的權췐柄빙，净징講强챵理리。現在説的，似乎有理리。以前에는 그가 自己의 權勢를 믿고 다만 無理를 行하더니 至今 말하는 것은 有理한 듯도 하다.

5. 二人的面몐貌岇雖쉬然相썅似，却췌心理很흔不相似。두 사람의 面貌는 비록 相似하지만 그 心理는 흠썩 서로 갓지 아니하다.

6. 他的眼앤光광彷彿閃솬光似的，聲성音인好像雷레聲似的(一樣)。그의 眼光은 번개불과 彷彿하고 聲音은 맛치 우뢰 갓오.

7. 古語説"世事如쑤路루，錢爲웨馬"，就是人在世上，若有錢，甚麽也都辨〔辦〕빤得더到的。녯말에 하되 世事는 길과 갓고 돈은 말(馬)이 된다 함은 곧 사람이 世上에서 만일 돈이 있으면 무엇이던지 모도 할 수 잇다는 것이다.

8. 又説 "銀인錢쳰如쑤糞펀土투，義이氣치値즈千쳰金진"，即지是仗쟝義이疏쓔財채的意思。또 말하되 銀과 錢은 糞土와 갓고 義氣는 千金갓다 함은 곧 義를 仗하고 財를 疎히 한다는 意思이다.

9. 懶란怠대③人做活，如쑤同脚쟈上帶着脚鐐랴④走쩌的一般。게을은 사람이 일하는 은다리에 足鎖에 을차고 가는 것과 한가지이다.

---

①沙₁漠₄ ②彷₂彿₁ ③怠₄ ④鐐₄

10. 用德대律㈠風앵(電話)達따信신, 正정如對뒤面說話一樣。電話로 기별하면 바로 낯을 對하여 말하는 것과 갓오.

11. 胡후呆대子跟끈夏싸傻사㈡子和同作쭤事, 即지㈢如수瞎싸子領링着瞎子走路的。胡머저리가 夏바보와 合同作事하는 것은 곧 소경이 소경을 이끌고 길가는 것과 갓오.

12. 你們爲人家犧시牲성自己的發애誓쓰㈣(起誓), 譬삐如猫묘兒對老鼠수前邊說和一樣。당신들이 남을 爲하야 自己를 犧牲한다고 盟誓하는 것은 고양이가 쥐에게 對하야 和親을 말하는 것과 갓오.

13. 好生氣치的人, 比삐如一個炸자彈단㈤, 一扔성㈥就響쌍的一樣快쾌。골을 잘 내는 사람은 炸彈과 같아서 곧 던지면 곧 소리나는 것과 한가지로 빨으오.

14. 人若慣관了嫖표賭두, 好比癮인了抽쳐大烟的一樣, 末머末了료斷돤也斷不了료。사람이 만일 오입과 잡기에 젖으면 맛치 비컨대 鴉片煙 먹는 者와 한가지로 終末은 끊을야 하야도 끊지 못하오.

15. 你說我不會辨〔辦〕事, 比方你辨〔辦〕這件事, 諒량來你也是照쪼那樣辨〔辦〕的。당신은 내가 일 處理할 줄을 알지 못한다고 말하지만 比컨대 당신이 이 일을 處理한다 하더라도 아마 당신도 또한 그대로 處理하리다.

16. 他的腦노袋대小, 脖버子很長장, 并且체性싱情칭老實, 所쒀以把他比作쮜一個駱뤄駝뒤。그 사람의 머리는 적고 목은 길고 兼하여 性情이 溫順하므로 그를 駱駝라 比한다.

17. 你在此츠地見死쓰見젠活훠(要死要活), 不如수在老爺面前쳰求처下來。네가 여기에서 죽느니 사느니 하는 것보다 老爺 앞에 갓어 槑숙한 이만 갓지 못하다.

18. 有書說 "士쓰㈦別볘三日, 刮과目무相對뒤", 就是不錯춰。我看你的文원章장, 大見젠長장進진了。글에 말하되 선배가 離別한 지 三日에 눈을 씻고 相對한다 함이 옳다. 내가 당신의 文章을 보니 많이 進步되였오.

19. 大哥怎쩐麼這樣見老了랴呢? 不過離리了랴三年的工夫, 天頂떵

㈠律4. ㈡傻3. ㈢即2. ㈣誓4. ㈤炸2彈4. ㈥扔2. ㈦士4.

(腦뇌門子)上帶些皺쭨紋원①，連鬚후子也都白了。大哥! 어찌 이렇게 늙어 보이오? 離別한 지 三年에 지나지 못하는데 이마에 주름살이 잡히고 수염까지 모도 희였오.

20. 那個變변戲시法(耍솨手쓔藝이)的，實在見神션見鬼귀，他說紅홍就쭈紅了，說白就白。저 妖術쟁이는 참으로 神出鬼没하오. 그가 붉으라고 말하면 곧 붉고 희라고 말하면 곧 희여지오.

21. 吃쓰那劑지(那副쭈)藥야，別說見輕칭，倒돤見重쭝咯러。 그 藥 한 첩을 먹으니 조곰 낫은 것은 말도 말고 도로혀 더 重하오.

22. 你若쒀吃那副(劑)藥没見好，我再給你出추個藥(處)方。당신이 만일 그 藥 한 첩을 먹고 낫지 아니한다면 내가 다시 당신에게 藥處方 한아를 내여 주리다.

23. 謝쎄謝先生，昨天給我的那粒리②丸완③藥야，一吃就見效쌰④了。 고맙습니다. 先生님! 어제 네게 주신 그 丸藥은 한번 먹자 곧 効를 보앗음니다.

24. 他的生活훠前쳰年也没見强쟝

(見好)的，從今진春춘以來，覺쟈些쎄寬콴綽춰。 그의 生活은 그럭게까지도 낮은 줄을 몰으겠더니, 今春붙어 좀 넉넉한 것 갔오.

25. 你看用摩머托퉈機지作活훠，比我們手工궁多麼見功궁。 당신은 보시오. 모타 機械를 갖이고 일하는 것이 우리들 手工에 비하여 얼마나 神効하오.

26. 大嫂쌰⑤子，請你別見怪꽤，我打算짠早來的，忽후然산家裏有點뎬事，到這時候纔쩨到了。兄嫂님 請컨대 당신은 怪異하게 생각하지 마시오. 제가 일즉이 올여고 한 것이 忽然 집안에 일이 좀 있어 至今에야 겨우 왔음니다.

27. 那裏的話，我們鄕썅裏的過活훠，那家不是這個樣兒，誰能넝見笑쌰呢? 무슨 말삼이오? 우리들 시골 살님이 어느 집이나 그렇지 않겠오. 누가 能히 허물 보겠음닛가?

28. 你們見天(見天見的)净징在家裏做文원寫쎄字쯔，不嫌쎈膩늬⑥煩팬(絮쉬⑦煩)嗎? 당신들이 날마다 집에서 글 짓고 글시 쓰니 성가시고 壓症이 나지 않소?

①皺4紋2 ②粒4 ③丸2 ④効4 ⑤嫂3 ⑥膩4 ⑦絮4

29. 你那個生정意이看着容용易이, 却真見做눠(禁진做、經징做)。 당신의 그 장사는 보기에는 容易하지만 하기에는 참말 어렵소.
30. 你說這條탸路루也不很遠웬, 也没險셴阻주①, 怎麽這樣見走(禁진走)呢? 당신이 말하되 이 길은 멀지도 않고 險하지도 않다고 하더니 어찌 이렇게 가기가 어렵소?
31. 他現쎈在不但有吃有穿촨, 并得더了랴一個差채使스, 一點兒也不見過궈(不禁過)。 그는 至今 다만 먹고 입을 것이 있을 뿐 아니라 兼하야 벼슬 한 자리를 얻어서 지내가기에 조곰도 어렵지 아니하오.
32. 那些劈피柴채-(柴伙훠)都乾간好了, 一點也不見燒쌰(不禁燒, 不經燒)。 저 장사들은 모도 잘 말너서 때기에 조곰도 어렵지 아니하오.
註: 十五節까지는 "비슷"하다는 類語이고 十六節 以下는 見字의 特別 活用을 보이였나니라.

第六十七課 副詞字的應用(二三)

因爲 所以
뎨륙십칠과 부사자의 응용(二三)

1. 因인她的面몐子, 不能不去照좌應잉他。 그 女子의 面目으로 因하야 不得不 돌아보아 주어야 하오.
2. 今日中國不振전②興싱的缺춰點뎬, 不但因着저政징客커和軍쮠閥얘的翻홴弄눙, 也因싱着人民민吃大烟얜。 오늘날 中國이 振興하지 못하는 缺點은 다만 政客과 軍閥의 飜覆에만 因한 것이 아니고 또한 人民이 鴉片煙을 먹는 데도 因하였오.
3. 我們等덩你半반天了, 爲甚麽這樣遲츠了呢? 우리가 당신을 半日이나 기달였는데 무슨 까닭에 이렇게 더듸였오?
4. 老人家辛신辛苦쿠苦的做눠了家務우, 不是爲了自己지就是爲着兒孫쑨們。 늙은이들이 집안일에 辛辛苦苦하는 것이 自己를 爲함이 아니오. 곧 子孫을 爲하는 것이다.

①阻₃ ②振₄

5. 他爲웨的是敎쟈訓쉰小孩兒們，不是爲着釣쟈名밍貪탄利리的。 그는 어린 兒童들의 敎訓을 爲하는 것이오. 釣名이나 貪利를 爲하는 것은 아니오.

6. 人爲財째死쓰, 鳥냐爲食쓰亡왕①。 사람은 財를 爲하야 죽고 새는 食을 爲하야 亡한다.

7. 不可爲個蒼창蠅잉②破個扁벤③食쓰。 파리 까닭에 間食을 破함은 不可하다.

8. 我們應잉當당愛惜시光陰인, 光陰不能爲我們留류得더住주。 우리는 應當히 光陰을 愛惜하여야 하오. 光陰이 우리를 爲하야 머물기는 不能하오.

9. 不可因爲一點小事生성氣치, 不用招쟈起百배年的憂여來。 한 가지 조곰한 일을 爲하야 憂을 내여서 百年의 근심을 招來함은 不可하오.

10. 在街졔上東跑파西奔펀④的那些人，都是不過因爲吃쯔穿촨二字쯔。 街上에서 東奔西走하는 저 사람들이 모도 먹고 입는 두 가지를 爲하는데 지내지 못하오.

11. 不能說我賺쟌的錢少쟈, 因인爲웨我們家裏的花消쌰太多둬。 내가 버흔 돈이 적다고 말하기는 不能하고, 우리 집안의 用度가 너무 많은 까닭이지오.

12. 勿우論룬甚麼事쓰情칭, 不可因爲一時不順슌心, 就說拉라倒따。 勿論 무슨 일이나 한때에 마음대로 되지 아니함을 因하야 고만두겟다 말하는 것은 옳지 못하오.

13. 你們不可因爲誤우傳촨的話, 就失쓰了和氣。 당신들이 誤傳한 말을 因하여 和氣를 失하는 것은 不可하오.

14. 因爲拌빤⑤嘴줴的關꽌係시, 他不上我家裏來。 말다톰한 關係로 因하여 그는 내 집으로 오지 아니하오.

15. 我們所숴以在外邊做生성意的緣웬故구, 住주了一莊쫭上也老沒愚〔遇〕워見。 우리는 外方에서 장사하는 까닭에 한 村에 살면서도 늘 만나 보지 못합니다.

16. 昨天晚완上我在跳탸舞우會휘趕깐到天亮량纔째回來, 所以이甚麼也懶란做줘, 净징要打다盹둔。 어제 저녁에 나는 舞蹈會에서 날이 밝을 때에 겨우 도라온 까닭에 무엇이나 하기가 싫고 다만 앉어서 졸이기만 하오.

17. 我們原웬來曉쌰得他是個很公道

①亡2 ②蒼1蠅2 ③扁3 ④奔2 ⑤拌4

묘的人，所以來見證졍他。우리는 原來서 사람이 公正한 사람인줄을 아는 까닭에 와서 그를 證據합니다.

18. 我在公궁司스裏跟끈經졍理리有些쎄不對뒤勁진兒的事，所以脫퉈離리他們的關관係시了。나는 會社에서 支配人과 맞이 아니하는 일이 있음으로 그들의 關係를 脫離하였오.

19. 我聽說杭항州쭈的風엥景징算쏸在쌔中國第듸一，所以特터意이的來到此츠地游여歷리游歷리。내가 말을 들으니 杭州의 風景이 中國에서 第一이라 함으로 特別히 이곳으로 구경할여 왔음니다.

20. 世上的人，多半是嘴줴甜텐心신苦쿠，所以不可輕칭易이相썅信。世上 사람이 太半이나 입은 달고 마음은 씀으로 輕率히 서로 믿는 것이 不可하오.

21. 你這幾天，光꽝喝酒不吃츠飯，所以生了酒病삥了。당신은 이즈음에 다만 술만 마시고 밥은 자시지 아니하는 까닭에 술병이 난 것이오.

22. 我們倆랴就是一心一氣치的，所以同퉁做了三十多年的買賣，沒打過一回架쟈。우리 두 사람은 아조 한마음 한뜻인 까닭에 함께 三十餘年을 장사하얏지만 한 번도 다투지 못하였오.

23. 他在公私兩方面都和허平핑公궁道묘的，所以人人都尊쭌敬징他了。그 사람은 公私兩方面에서 모도 和平公正한 까닭에 사람 사람이 모도 그를 恭敬합니다.

24. 我聽說你的母親老惦뗀①記지着你，眼淚레②流루乾깐，所以幾커乎후把眼앤睛징瞎싸了。내가 말을 들으니 당신의 어머님께서 늘 당신을 생각하시고 눈물을 많이 흘닌 까닭에 하마트면 눈이 머실 번하엿다 하오.

25. 告了你的那個人，本번來無우所不爲웨的惡어性싱，所以官民都知道誣우③告的。당신을 告訴한 그 사람은 無所不爲하는 惡種임으로 官民이 모도 誣告인 것을 잘 하오.

26. 你在平핑常챵的時候후，好好的接졔待대人，所以你有苦쿠難난的時候，人家都願웬意來幫빵助주。당신이 平常時때에 남을 아조 잘 接待하얏음으로 당신이 困難한 때에 남들이 모도 와서 도아주기

---

①惦₄〔惦₄〕②淚₄ ③誣₁

를 願하오.
27. 古人評평論론說, "這個和尚상, 眞전是利害", 所以蘇쑤東坡피道 "不禿투①不毒두, 不毒不禿투"。넷 사람이 評論하여 말하되 "이 중(僧)은 사납다." 하얏음으로 蘇東坡는 말하되 "중이 아니면 毒하지 않고 毒하지 않으면 중이 아니다" 라고 하였오.
28. 去年, 我們地方遭짜了水旱한兩災째, 所以目무下都没有糧량食쓰的了。昨年에 우리 地方은 水旱兩災를 만낫슴으로 至今은 모두 糧食이 없오.

第六十八課 格言

제 륙십팔과 격언

1. 占잔②小便펜宜이吃쓰大虧퀴。小利를 貪하면 大害를 본다.
2. 丈장八빠燈덩臺태, 照쫘遠웬不照近진。一丈八尺의 灯臺가 먼 데는 빛이 우되 가깝은 데는 잊이지 못한다.
3. 人是舊쥬的好, 衣裳是新신的好。사람은 오란 사람이 좋고, 옷은 새 옷이 좋다.
4. 倚이墙창墙崩벙③, 倚壁삐④壁倒또。담에 기대이면 담이 문어지고 壁에 기대이면 壁이 씨러진다.
5. 家貧핀莫머言曾쩡⑤祖쭈貴귀, 好漢한那怕파出추身천低듸。집이 가난함에 曾祖 때의 貴를 말하지 말고 好漢이 어찌 出身의 나즌 것을 두려워 하랴.
6. 遠웬親不如수近진鄰린⑥。먼데 親戚이 가깝은 이웃만 못하다.
7. 揚양湯탕止쯔沸폐⑦, 不如釜푸⑧底듸抽쳐薪신。끌는 물을 궂이게 하려면, 솟 밑의 섭(薪)을 끄어내니만 갓지 못하다.
8. 握워⑨着耳얼朶뒤偸투鈴링鐺당⑩。귀를 막고 방울을 도적한다.
9. 亡왕羊양補부牢라。羊 잃고 외양을 곳친다.
10. 獨뚜⑪木무架쟈橋챠, 眞전難난得더過궈。외나무다리는 참으로 지나가기가 어렵다.
11. 矮애人肚뚜子裏三把바刀따。키 작은 사람의 배 속에는 칼 세 자루가 잇다.

---

①禿₁ ②占₄ ③崩₁ ④壁₄ ⑤曾₂ ⑥隣₂〔鄰₂〕 ⑦沸₄ ⑧釜₃ ⑨握₄ ⑩鐺₁ ⑪獨₂

12. 坐吃山空쿵。앉어 먹기만 하면 山도 없어질 것이다.
13. 賊쩨走了關관門。도적이 간 뒤에 門을 닷는다.
14. 戴대首쓔飾스也遮저不住醜쩌。首飾을 꽂어도 醜한 것은 가리지 못한다.
15. 打著騾뤄子，馬也驚징。노새를 때리면 말도 놀난다.
16. 説他胖팡，他就쪄喘촨。그를 살 젓다 말하면 그는 곧 헐덕거린다.
17. 膊버子折저了，往袖쓔①裏藏쌍。팔둑은 불어저도 소매 속으로 감춘다.
18. 沙사土투井징越掏탄②越倒。모래 흙움물은 팔수록 더욱 문어진다.
19. 不恨흔繩성短돤，只즈怨왠井징深션。줄이 짧은 것은 恨하지 않고 다만 움물 깊은 것만 怨望한다.
20. 別人屁피臭쩌，自家糞풴香쌍。남의 방귀는 구려도 自己의 똥은 香내 난다.
21. 杯베水車처薪신。한 잔 물노 車薪의 불을 끈다.
22. 飽뽀漢한不知餓어漢飢지③。배불은 놈은 주린 놈의 배 곱은 것을 알지 못한다.
23. 寧닝走쩌一步부遠，不走一步險쎈。차라리 한 거름 먼 것을 갈 지언정 한 거름 險한 데는 가지 아니한다.
24. 念녠完완了랴經징打和尚샹④。佛經을 다 읽고 중을 때린다.
25. 木匠쟝多，蓋깨歪왜房。木手가 많으면 삐두러진 집을 짓는다.
26. 猫마兒去後，老鼠수伸션腰야。고양이가 간 뒤에 쥐가 허리를 편다，
27. 盲멍(망)⑤人騎치瞎쌰馬，夜半반臨린深션池츠。소경이 눈 먼 말을 타고 밤中에 深池에 臨하얏다.
28. 臨린陣젼磨머槍챵⑥，臨渴커掘웨⑦井징。戰場에 臨하여 칼을 갈고 목 말음에 다 달어서 움물을 판다.
29. 良량醫이之즈子，多死쓰於워病。良량巫우之兒，多死於鬼궤。良醫의 아들은 흔히 病에 죽고 良巫의 兒는 흔히 鬼神에 죽는다.
30. 過궈了河허，就折저橋챠。물 건느고 다리를 헌다.
31. 關관門먼養양虎후，虎大傷샹

---

①袖4 ②掏1 ③飢1 ④尚4 ⑤盲2 ⑥槍1 ⑦掘2

人。門을 닷고 범을 養하니 범이 크면 사람을 傷하다.
32. 口쿠説不如身션逢엉，耳얼聞원不如目무見젠。입으로 말하는 것이 눈으로 보니만 갓지 못한다.
33. 割鷄焉用牛刀 [거지앤웅부됴]。닭을 잡는데 어찌 牛刀를 쓸야.
34. 鋼깡①刀雖쉬快쾌，斬쟌②不了랴無우罪쮜。鋼刀가 비록 快하나 無罪한 사람을 버히지 못한다.
35. 幹깐大事而惜시身션死스，見젠小利而忘왕命밍。大事를 하는 데는 몸이 죽기를 앗기고 小利를 보고는 목숨을 잊어버린다.
36. 開門揖이盜됴③。門을 열고 도적을 揖하여 들인다.
37. 上山擒친④虎易이，開口告쟈人難。山에 갓어 범 잡기는 쉽어도 입을 열어 사람에게 말하기는 어렵다.
38. 人見젠利，不見害해。魚위見食스，不見釣됴。사람은 利만 보고 害를 보지 못하며 고기는 밋기만 보고 낙시는 보지 못한다.
39. 人貧핀志즈短돤，馬瘦쒸毛뫄長

얭。사람이 가난하면 뜻이 젋고 말이 엽위면 털이 길다.
40. 以이蠡리⑤測쳐⑥海해，以管관窺퀴⑦天。조개로 바다를 測量하고 대 구멍으로 하늘을 본다.
41. 一人傳촨虛쉬，百人傳實。한 사람이 뷘 말을 傳하면 百 사람이 實말로 傳한다.
42. 禍훠從충口쿠出，病從口入수。禍는 입으로 좇아나고 病은 입으로 좇아 들어간다.
43. 黃환犬쵄吃肉쓔，白狗當땅罪。누런 개가 고기를 먹고 罪는 힌 개가 當한다.
44. 話是開心的삥鑰얃匙스⑧。말은 마음을 여는 열쇠다.
45. 貪탄多嚼췌(쟈)不爛란。많은 것을 貪하면 잘 씹지 못한다.
46. 瞎쌰子打燈덩籠룽。소경이 灯籠을 든다.
47. 瞎猫먀碰뼁⑨死耗한⑩子。눈먼 고양이가 죽은 쥐를 맛나다.
48. 好事不出추門，壞해事傳촨千쳰里리。좋은 일은 門밖에 나지 아니하고 납쁜 일은 千里나 傳한다.
49. 腹우中有劍젠，笑쌰裏藏쌍刀됴。배속에는 劒이 잇고 우슴에는 칼을 감취엇다.

---

①鋼1 ②斬3 ③揖1盜4 ④擒2 ⑤蠡1 ⑥測3 ⑦窺2 ⑧鑰4匙2 ⑨碰4 ⑩耗4

50. 惡어妻치破파家，躓즈①馬마破車。惡한 안해는 破家하고 쓰러진 말은 술래를 깻친다.
51. 船촨中老鼠수，艙쌍内네覓미②食스。배 안의 쥐는 船艙 속에서 먹을 것을 찾는다.
52. 穿鞋쎄的不知光꽝脚쟈的苦쿠。신을 신은 者는 발 벗은 者의 고생을 알지 못한다.
53. 初추生的犢〔犢〕두③兒不怕虎후。갓난 송나지는 범을 무섭어 하지 안는다.
54. 球〔珠〕주④玉워不如수善싼友，富우貴귀莫머如仁신友。珠玉이 善友만 갓지 못하고 富貴가 仁友만 갓지 못하다.
55. 處추處老롸鴰과⑤一般黑헤。곧곧마다 가마귀는 한가지로 검다.
56. 酒쥬逢엥知즈己지千첸杯베少쌀，話화不부投투機지半반句쥐多둬。술은 知己를 만나면 千잔도 적고 말은 投合치 않으면 半句도 많다.
57. 巧챠媳시婦우做줘不出没米미的飯앤來。자조 잇는 메누러도 쌀 없는 밥을 지어내지 못한다.
58. 江쟝山샨可改깨，禀빙⑥性싱難移이。江山은 可히 꽃이도 禀性은 옴기기 어렵다.
59. 家花不及지野예花香썅。집의 꽃이들의 꽃만치 香氣가 못 난다.
60. 平핑時不燒샨香，急지來抱바佛예脚쟈。平時에는 香을 피우지 아니하다가 急하면 와서 부체의 다리를 께안는다.

第六十九課 合成動詞(一)

出來추래、出去취、進진來、過궈來、過去
回회來、回去、起치來
제륙십구과 합성동사

1. 你進진去問원問他，把那個拿나出來。당신이 들어갓어 그에게 물어보고 그것을 갓이고 나오시오.
2. 他說的湖후⑦南난口쿠音인，一句쥐也聽팅不出추來。그 사람이 말하는 湖南口音은 한 마듸도 알어들을 수 없오.
3. 靛뗀缸깡⑧裏拉라不出白布부來。染色물항아리 속에서는 白布를

---
①躓4. ②覓4. ③犢2. ④珠1. ⑤鴰1. ⑥禀3. ⑦湖2. ⑧腚〔靛4〕缸1.

끄어내지 못한다.
4. 扒⍟出추心신來給他吃了라, 也討됴不出好來。心臟을 끄어내서 그에게 멱여도 好意를 끌어내고 없오.
5. 要把好的揀쟨⍟出來, 把壞해的丟뒤出去。좋은 것은 골나 내고 납뿐 것은 버려라.
6. 你趕간快跑퍄出去, 說他不用용再째來。내가 빨이 뛰여나갓어 그에게 말하되 다시 올 것 없다고 하여라.
7. 把那些啤피酒쥬瓶핑給我拿나進來。저 麥酒瓶들을 내게 드려다 주시오.
8. 老爺有話說, 請諸주位웨進來。老爺게서 말슴하시되 請컨대 여러분은 들어오시라 하십니다.
9. 這裏沒有外왜人, 請進來談탄一談。여기 外人이 없으니 請컨대 들어와서 이야기 좀 합시다.
10. 門房빵(號화房)裏沒有人, 你的信싱恐쿵怕傳촨不進去。小使室에 사람이 없으니 아마도 당신의 편지가 傳하여 들어가지 못할 것이오.
11. 這個旁팡⍟門면兒太窄재, 搬빤不進去。이 옆門이 너무 좁아서 옴겨 들어 갈 수가 없오.
12. 他受쑤了她타的迷미惑훠, 把自己弄능的出不來, 進不去的。그 사람은 그 女子의 迷惑을 받어서 自身을 갖이고 나올 수도 들어갈 수도 없이 되엿오.
13. 新신做的砍칸肩쟨兒瘦〔瘦〕쑤三分, 拿回휘去改깨過궈來。새로 지은 족기(周衣 웋에 입는)는 三分이 적으니 도로 갖이고 갓어 곷어 오시오.
14. 那頭不中융用, 可以倒돠過來。그쪽은 쓰지 못하겟스니 돌여 놓으시오.
15. 那面몐的字쯔, 看칸不淸칭楚추, 給我翻팬過來看칸看。그쪽의 글字가 똑똑히 보이지 아니하니 내게 뒤집어 뵈여주시오.
16. 十個京징油유子說不過一個衛웨嘴쮀子。北京의 열 놈이 天津의 한 놈을 말로 當하지 못한다.
17. 他說쉬過來說過去, 到돠底디沒說出個靑칭紅훙皂짜⍟白來。그 사람은 說往說來하여도 結果는 靑紅黑白을 말하지 아니하오.
18. 這把빠大搖얖椅이子, 不好햫放在這裏, 請칭你挪눠過去。이 安樂椅子는 여기 놓아두는 것이 좋지 못하니 옴겨 가시오.
19. 你上蘇쑤州쬬去的時候, 托퉈你

―――――――――
①扒₁ ②揀₃ ③旁₂ ④皂₄

把這封ᅇ信신帶過去。당신이 蘇州 갈 때에 이 편지를 당신에 付托하니 갖이고 가시오.
20. 那個像쌍賊졔似쓰的奪뒤①了랴去的，你不能奪뒤回來。그 도적놈 같은 것이 빼아서 가지니 당신이 能히 다시 빼아서 오지 못할 것이오.
21. 他早已回過頭來了，現在吃쓰喝허嫖표賭두，匪몌類레的事一槪깨不做쭤。그는 발서 悔過하여서 至今은 酒色 雜技 等 匪類의 事를 一切로 하지 아니합니다.
22. 請你回來，我給你說兩三句쥐要緊진的話。請컨대 당신은 도로 오시오. 내가 당신에게 두세마디 要緊한 말을 하겠오.
23. 你把빠這張쟝畫화兒，可以經징他的手쑈送쏭回去。당신은 이 그림 한 張을 그 사람의 손을 젂어서 돌여 보내시오.
24. 不用拿他的自쓰來水筆삐(水筆)做你的，趕간緊진給他送回去。그 사람의 萬年筆을 갖이고 네 것으로 만들지 말고 어서 빨이 그에게 돌여보내 주어라.
25. 這部부書從上海中웅華화書수局쥐發錯춰了，給他們發에回去。이 册은 上海中華書局에서 잘못 보낸 것이니, 그 들에게 돌여보내 주시오.
26. 我們鄕裏的小學셰堂탕早짜已이蓋깨起來了。우리 시골의 小學校는 발서 建築되였오.
27. 屋우裏太冒맏烟얜，可以把빠窗촹户후支쯔起來(撑청②起來)。房안에 너무 내가 끼니 들 窓을 벗어 놓으시오.
28. 這碗완紅茶차，該用角쟈糖탕和허起來喝허。이 잔 紅茶는 맛당히 角砂糖을 타서 마셔야 하오.
29. 我的小賬쟝，請你通퉁共궁給我算쏸起치來罷바! 나의 잔 세음을 請컨대 당신은 都合으로 내게 會計하여 주시오.
30. 前쳰天定명的那張書수架쟈子，做起來了沒有? 그젂에 맛치운 그 册欌은 만들어 내였오 아니하였오?
31. 那件졘旗치③袍표給我穿촨起來。저 旗袍(滿族의 周衣)를 내게 입여 주시오.
32. 那些梨리子落러在地上，請你給我拾쓰起來。저 배들이 땅에 떠러젓으니, 請컨대 당신은 내게 주어 주시오.

①奪₂ ②撑₁ ③旗₂

33. 那些磚컨頭挪뉘到這裏, 袱〔垛〕뒤①起來. 저 벽돌들을 여기다 옴겨서 싸어라.
34. 巡쉰警징在東交쟈民민巷썅, 把빠一個强챵盜따押야起來了. 巡查가 東交民巷에서 强盜 한아를 잡었오.
35. 他没錯춰處추, 你何必삐罵마起來呢? 그에게 잘못한 것이 없는데 당신이 어찌하여 辱을 하오.
36. 昨兒下半天, 忽후然산下起暴바雨위來了. 어제 저녁 때 忽然 暴雨가 쏘다졌오.
37. 那些衣裳샹, 該깨叠데②的叠起來, 該捲쮄的捲촨起來, 後來用융包바袱푸包起來. 저 衣服들을 개일 것은 개이고 말 것은 만 뒤에 보자로 싸시오.

註 : 本課는 動詞의 熟語 即 合成動詞인데 動詞下에 副詞 "出來" "進來" "過來" "回來" "起來" 等을 加하야 熟語를 作함.

第七十課   "開" "住" 兩字의 用法

제칠십과 개자와 주자의 용법

1. 颳과了랴一陣전大風, 把雲윈彩채③散싼開캐了. 큰 바람이 한바탕 불더니 구름을 모도 흩어 버렸오.
2. 把西시瓜과切체開, 擱꺼點兒蜂엉蜜미來. 수박을 써럿어 꿀을 좀 처 갖어 오시오.
3. 借제光꽝借光, 請老爺們躱뒤開(離리開)一點兒. 容恕하시오. 영감들께서 조곰 비켜 주시오.
4. 那個木箱썅子鎖쒀着저了, 那鑰야匙쓰來開一開. 저 나무箱子가 잠겻으니 열쇠를 갖어다 열으시오.
5. 你若討탸了我們的情칭分쩐, 應잉該깨丟뚜開拍패馬屁피的習시慣관. 네가 만일 우리들의 情分을 求할 여거던 맛당히 보비우하는 習慣을 버려라.
6. 這些小孩兒, 在屋우裏즈直嚷샹嚷的打따起來, 你給我拉라開罷. 이 어린애들이 房안에서 줄곳 떠들고 싸홈하니 당신이 좀 끄으러내시오.
7. 纔째來的那封엉④信신, 折저開念녠給我聽팅一聽. 方今 온 그 편지를 떼여서 내게 읽어 들여 주시오.

---

①袱2 ②叠4 ③彩3 ④封1

8. 那根끈竹주竿간①子嫌쏀長장, 你拿鋸쮜子來截제開(鋸開). 그 대나무 한 가지는 너무 기니 당신이 톱을 갖이고 와서 짤너 주시오.

9. 他的父親分웬開家産찬, 一一的給他們三個弟듸兄쓩過日시子. 그 사람의 아버지는 家産을 나누어 낫낫이 그들 三兄弟에게 주어서 살님하게 하오.

10. 你我之즈間잰有甚麽難난爲웨的事, 就쥬說開쌔是了, 何허必放빵在心裏呢? 당신과 나 사이에 무슨 어려운 일이 있으면 곳 말하여 버리면 고만이지 반듯이 마음 속에 두어둘 것이야 무엇이오?

11. 那把新買的洋양剪쟨子, 甚麽布부也鑢〔鉸〕쨔②得開. 새로 산 그 洋 가새는 무슨 필목이던지 벼혀 낼 수가 있소.

12. 我的洋양服뿌褲쿠③子有些摺〔褶〕저紋원, 拿烙롸④鐵테可以烙롸得開麽? 나의 洋服바지에 줄음들이 잡혓으니 다림으로 다려서 펴낼 수 있오.

13. 那架쟈橋쟎很寬콴, 兩頭來車쳐也可以走쩌得더開. 그 다리는 매우 넓어서 두쪽으로 오는 車도

또한 避하여 단일 만하오.

14. 家口多, 房子窄재, 實在住쮸不開. 食口는 많고 집은 적어서 참으로 살 수 없오.

15. 水是開了以後喝허纔好, 若워是喝了没開的水, 就容쑹易이鬧놔肚뚜子. 물은 끓은 뒤에 마셔야 좋지 만일 끓지 않은 물을 마시면 곳 배탈나기 쉽소.

16. 這麽小的桌줘子, 擺배不開這些菜쌔. 이렇게 적은 桌子에 이 많은 반찬을 버려놓을 수 없오.

17. 這個木무頭箱썅子釘띵的太緊진, 打따也打不開캐. 이 나무 箱子는 못을 너머 단단히 박어서 뗄내도 뗄 수가 없오.

18. 這個孩子太認신生성, 一時也離리不開他媽마. 이 어린애가 너무 낫을 가리여서 一時도 그 어머니를 떨러지지 아니합이다.

19. 在洛러陽양打仗쟝的時候허우, 我的同窓쾅胡후古구月웨在槍창林린彈단雨워之즈中, 躱둬不開子즈彈단, 可惜시戰쟌死쓰了. 洛陽에서 戰爭할 때에 나의 同窓 胡古月이 槍林과 彈雨가운데서 彈丸을 避하지 못하여 可惜하게 戰死하엿오.

20. 上回有一團퇀士〔土〕투匪예要

①竿₁ ②鑢₃〔鉸₃〕 ③褲₄ ④洛₄〔烙₄〕

搶창此莊장來，被배官관兵擋당住주都逃도散싼了。먼저 番 土匪 한 떼가 우리 農村을 掠奪할여 오다가 官兵에게 막혀서 모도 도망하여 흩어젔오.

21. 要요馬마戲시的告帖테，貼在那墙창上了。曲馬團의 놀름 廣告가 저 담벽 웋에 붙어있오.

22. 能堵두①住주河허水的泛팬②流류，不能堵住老百姓的嘴쮜頭。河水의 汎濫하는 것은 能히 막을 수 있지만 百姓의 입은 막을 수 없오.

23. 他的力리氣치比我强챵，那能넝揪쥬得더住嗎? 그 사람의 힘이 내게 比하면 强하니 어떻게 붓들 수가 있음잇가?

24. 已經징和허他説了的，還해能藏창得住주嗎? 발서 그로 더부리 말한 것인데 그래도 能히 감출 수가 잇겠오?

25. 她有口쮜才째的人，一聽她타説的話，誰也都戀롄得住。그 女子는 口才가 잇는 사람이다. 그의 말을 한번 듣기만 하면 누구던지 모도 戀戀하여 하오.

26. 你若靠콰不住주我，還해能靠住那個人呢? 당신이 만일 나를 믿지 못한다면 오히려 能히 그 어느 사람을 믿겟는가요?

27. 我看他的買賣已經吃쯔了虧퀴，再支즈持츠③不住。내 보기에는 그 사람의 장사가 발서 미쩌서 다시 더 벗틔여 나가지 못할 것이오.

28. 用工궁的人一時스也閑쏀不住。工夫하는 사람은 一時도 閑暇롭지 못하오.

29. 花點뎬兒錢쳰打〔搭〕個棚펑好，拿簾롄④子遮저不住日시頭。논을 좀 드려서 遮日을 치는 것이 좋읍니다. 발 (簾)을 갖이고는 해빛을 막지 못할 것이오.

30. 你看晚완報바了没有? 錢쳰團롼長쟝究竟징守쑤不住주縣쏀城쳉就跑표了。당신은 夕刊新聞을 보지 못하였오? 錢聯隊長은 畢竟 縣城을 직히지 못하고 고만 달어났오.

31. 你別想썅對뒤不住我，我净징盼판望왕你回過頭來。당신은 내게 對하여 未安하다고 생각하지 마시오. 나는 다만 당신이 悔過하기만 바라오.

32. 國家若워自相争쟁，國必站쟌立리不住주。한 나라에서 만일 서로 다투기만 하면 나라가 반듯이 곳 亡할 것이오.

---

①堵3 ②泛4 ③持2 ④簾3

33. 他是個知ㅈ一捨져二的人，究쥐竟る交不住쥬朋퍙友。그는 곳 한아만 알면 둘을 버리는 사람이니 畢竟은 친구를 사귀지 못할 것이오.
34. 若眞젼有喜시樂러的事，誰也禁진不住笑，眞젼有悲베傷샹的事，誰눠也禁不住哭。만일 참으로 喜樂한 일이 있으면 누구던지 우슴을 禁하지 못할 것이오. 참으로 悲傷하는 일이 잇으면 누구던지 울음을 禁하지 못할 것이다.

註："二開"와 "住"는 副詞字로 動詞와 合하야 合成 動詞의 熟語를 成하는데 可能의 意味를 表示하려면 該動詞와 副詞字間에 "得"字를 加하고 不能의 意義를 表示하려면 該兩字間에 "不"字를 加하나니라.

第七十一課　會話(八)

火車旅行훠훨여싱
제칠십일과 긔차려행

1. 朴푸①先生，今年暑슈假쟈不想回家麽?（答）原웬來打算쑨今年暑假要往長쨩江쟝一帶대游여歷리，想不到從충家裏叫我回家，所以没法매子要回家哪나! 朴先生 今年 夏期放學에 집으로 갈여고 생각하지 아니함잇가?（答）原來 今年 夏期放學에는 長江 一帶에 갓어 遊覽할여고 하엿더니 뜻밖에 집에서 나를 집으로 오라 하니 할 수 없이 집으로 갈여 하오.
2. 打따算那一天起치身션呢?（答）陽양曆리七月十號화準쥰要야起身션。어느 날 發程할여고 생각하심잇가?（答）陽曆七月十日에는 꼭 發程할여 하오.
3. 那好，我也那時候要往貴國京징城去。（答）是嗎? 那就쮜好了，一個人旅뤼行，覺쟈着很悶먼喇리! 그것 좋소. 나도 그때에는 貴國京城에 갈여고 하오.（答）그럿음닛가? 그것 참 좋소. 홈[혼]자서 旅行할여면 매우 갓갑하오.
4. 那麽，那天下午우六點半반，一定띵會站잔罷!（答）好，那麽着罷! 그러면 그 날 下午六時半에

①朴ㅍ

停車場에서 꼭 만납시다. (答) 네, 그렇게 합시다.

5. 朴푸先生, 你把那些行싱李叫脚쟈夫搬빤去。(答)是哪! 脚쟈夫! 你把這些行싱李挪눠到二等덩車처裏頭투。朴先生, 당신은 저 行李들을 짐군을 식혀 옴겨 가라하시오. (答)그리하시오. 짐군! 너는 이 行李들을 二等車안에 옴겨다 놓어라.

6. 王掌깐櫃귀! 你起치票퍄了没有？(答)還没起了, 售셔①票퍄處추人多둬, 擠지②不開。等덩一會휘兒, 再買罷! 王掌櫃, 票를 사지 아니하였오. (答)아즉 사지 아니하였오. 票 파는 곳(出札口)에 사람이 많어서 끼일 수가 없으니 조금 기달여서 삽시다.

7. 朴先生, 你買二等票了嗎？(答)是啊아, 三等덩車房팡坐不下쌰哪나! 朴先生! 당신은 二等票를 삿음잇가？(答)네, 三等車室에는 앉을 수 없오.

8. 是啊, 我也예買二等, 可買了睡눠車(卧워③車)票没有？(答)那倒没買了, 上天津진再說罷! 그렸오. 나도 二等票를 사지만 寢臺票는 샀오 아니 샀오？(答)그것은 사지 안었오. 天津 갓어 다시 봅시다.

9. 快要開車了, 你去買票罷！(答) 你瞧쟈給我行싱李罷！ 車가 떠날여 하니 당신은 갓어 票를 사시오. (答)당신은 내 行李를 보아 주시오.

10. 王掌櫃, 請칭這兒來, 這兒有座눠, 并且凉량快쾌。(答)好, 費예心신, 費心。王掌櫃 이리 오시오. 여기 자리가 있고 兼하여서 늘 하오.(答)그리지오. 너무 수고하셨오.

11. 朴先生, 咱們的行李都來齊치了嗎？(答)都來齊了, 你可以 查쳐④一查。朴先生 우리의 行李가 모도 왔오？(答)모도 왔오. 그러나 당신 다시 됴사하여 보시오.

12. 啊, 打鈴링⑤了, 晩완報봐買不了랴。(答)買不了, 拉라倒돠罷! 아, 鐘을 치오. 夕刊新聞을 살 수 없오. (答) 살 수 없거든 고만두시오.

13. 一開車, 就凉快喇, 咱쟈們睡覺罷。(答)你要睏쿤嗎마？一過豊영臺태也不遲츠! 車만 떠나면 곳 서늘하오. 우리 잡시다. (答) 당신은 졸이시오？ 豊臺를 지나서도 늦지 아니하오.

---

①售₄ ②擠₃ ③卧₄ ④查₂ ⑤鈴₂

14. 朴先生, 天亮량了, 起來洗시臉롄罷, 快到山海關관了。(答)是, 不錯춰, 就見젠長城쳥了。朴先生, 날이 밝었오. 일어나서 洗手하시오. 山海關에 거진 왔오. (答)네, 그럿읍이다. 곳 萬里長城이 보이오.

15. 洗完了, 咱們往飯車(饍산①車)裏去吃點早飯罷！(答)好, 早쟈已이等你睡醒싱了。洗手를 다아 한 뒤에 우리가 食堂車에 갓어 朝飯을 좀 먹읍시다. (答)그럽시다. 발서 당신이 잠깨기만 기달였오.

16. 快到日시本(奉펑天)站잔了, 伯〔咱〕자們收쑈拾스行李預備下車罷！(答)好, 你不覺쟈點累레麼？ 거진 日本停車場(奉天驛)에 왔으니 우리 行李를 收拾하여 갖이고 下車를 準備합시다. (答)그럽시다. 당신은 疲困하지 아니하오？

17. 朴先生, 咱們下車投투店뎬吃一頓둔再走쮜, 好不好？(答)可不是麼, 咱們投투店歇졔一會兒, 買(打)票, 捎쏘行李都托櫃귀房양罷！ 朴先生, 우리 下車하여 旅館에 들어서 밥 한 끼 사 먹고 좀 잇다가 가는 것이 좋지 아니하

오. (答)왜 안 그래요？ 우리가 旅館에 들어서 한잠 쉬고 票를 사며 行李를 붓치는 것은 모도 旅館事務室에 付托합시다.

18. 朴先生, 打這兒起買三等票進臥워車睡워罷！(答)那管관多兒錢？ 仍성舊쥬買二等罷！(應)咳해, 隨你罷！ 朴先生, 여기서붙어 三等車票를 사 갖이고 寢臺車에 들어가 잡시다. (答)그것은 돈이 얼마나 상관되겟오？ 以前대로 二等票를 삽시다. (答)해, 당신 마음대로 합시다.

19. 朴先生, 咱們明天早起過귀橋챠的時候, 所쒀帶대的東西都被배海關稅쒀②員웬受쑈驗얜, 帶甚麼上稅쒀的沒有？(答)是啊, 我也知道, 却췌沒有上稅的東西。朴先生, 우리가 來日 아츰에 鐵橋를 건널 때에 所持品을 모도 海關稅吏에게 檢查를 받는데 무슨 稅金 물 만한 것은 갖이지 아니하였오. (答)그렀읍니다. 나도 알지만 稅金을 낼 만한 物品은 없오.

20. 昨天夜에裏没甚睡覺, 咱們進睡車躺탕一躺罷！(答)好, 我也睏쿤了。어제 밤에 잠을 얼마 자지 못하얐으니 우리 寢臺車에 들어가 좀 누웁시다. (答)네, 그리

①饍4 ②稅4

합시다. 나도 좇임니다.
21. 過高꼬麗리門믄了没有？（答）早過궈了，快到蛤하蟆머塘탕①了．高麗門을 지났오 안이 지낫오？（答）발서 지나고 거진 蛤蟆塘에 왔오.
22. 這就到鐵橋챠了，過橋就是新신義이州쪄。（答）就是朝鮮地띄咯러！이제 곳 鐵橋에 일으럿는데 다리를 건너면 곳 新義州임니다.（答）곳 朝鮮땅이지오.
23. 王掌櫃，你到過平壤샹②没有？（答）去過好幾回了。王掌櫃，당신은 平壤에 들여 보았오？（答）여러 번 들였오.
24. 你瞧챠，朝鮮山싼水쉐的景징緻즈比你們貴귀國怎쩐麽樣？（答）好極지了，到處추山明밍水麗리，

風景很是絶졔妙먀오③。자! 당신 보시오. 朝鮮山水의 景緻가 貴國에 비하면 어떠함잇가？（答）極히 좋음녀다. 到處에 山明水麗하여 風景이 매우 絶妙합니다.
25. 啊，到京징城청站잔了，這次츠同통王先生搭따伴반④兒一點也覺쟈不出즈애累레來了。（答）好說好說，彼此彼此。咱們有工夫時常챵會見罷！（應）好好好，改日再째見졘。아, 京城驛에 왔음니다. 이번에 王先生과 同伴하여서 조곰도 疲困한 줄을 알지 못하였오.（答）彼此에 그럿음니다. 우리는 서로 時間이 잇으면 늘 만납시다.（答）그럽시다. 다음날 다시 봅시다.

第七十二課　　"要" "正" 兩字的應用

제칠십이과 요 정 량자의 응용

1. 皂쯔班반的要洗시手，你給他舀야오⑤一點熱서水。下人이 손을 씻고저 하니 너는 그에게 덥은 물을 좀 떠다가 주어라.
2. 我跟끈他要利리錢，還해對뒈我說再借졔一點兒呢！내가 그다려

利子를 달나고 한즉 도로혀 나다려 좀 더 꾸여 달나고 하오.
3. 我跟끈他要的時候，該깨有的也説没有。她타要的時候，該没有的也説有。내가 그에게 달나고 할 때에는 맛당히 없다고 하고

---

①蛤2蟆4塘2　②壤2　③妙4　④搭1伴4　⑤舀3

저 女子가 달나고 할 때에는 맛당히 업슬 것도 잇다고 말합니다.

4. 你要甚麼東西, 請^칭上樓^루去隨^쉬便^벤看^칸看。 당신은 무슨 물건을 要하시오？ 請컨대 樓上에 올너갓어 마음대로 보시오.

5. 這洋^양行^항裏甚麼也都有, 要甚麼有甚麼。 이 洋行(商店)안에는 무엇이던지 모도 잇오. 願하시는 대로 다 있음니다.

6. 給你那麼些個錢還^해不彀^꾸？ 净^징在這裏吵^챠嚷^샹。到底你要多兒錢呢？ 네에게 그만치 많은 돈을 주어도 그래도 부족하냐？ 다만 여기에서 떠들기만 하니 結局 네가 돈을 얼마니 要하느냐？

7. 你要牢^랴籠^룽人家, 人家没有落러了^랴你的圈^꿴套^탸。 당신이 남을 弄絡할여고 하지만 당신의 魔術에 떠러질 사람이 없오.

8. 這麼着也不好, 那麼着也不好, 這真^전是左^쥭右^유兩〔兩〕難。 到底你們要怎^쩐麼辦呢？ 이렇게 하여도 좋지 않고 저렇게 하여도 좋지 아니하야 참으로 左右兩難하니 結局 당신들은 어떻게 處理할여는 가요？

9. 有人説, 要知^쯔心腹^푸事, 但聽^팅口^쿠中言^얜。 可是依^이我説, 但^단聽口中言, 也不能知道心腹事。 마음 가운데의 일을 알여면 다만 입 가운데 말을 들으라고 말하는 사람이 잇지만 내대로 말한다면 다만 입 가운데 말만 듣고도 마음 가운데의 일을 알기가 不能하다 할 터이오.

10. 若要告這場^쟝事, 知道我和他都没有益^이處^추, 可是除^추非^폐他親自來認^신錯^춰不可。 만일 이번 일을 告訴한다면 내나 그가 모도 利益이 없는 줄을 알지만 그러나 그가 親히 와서 잘못한 것을 自服하지 않으면 안되오.

11. 你若要不受^쑤人家的譏^지誚^챠, 該^깨不做受譏誚的事。 당신이 만일 남의 嘲笑를 받지 아니할여거던 맛당히 嘲笑 받을 일을 하지 마시오.

12. 又若^쉬要受人家的恭^궁敬^징, 先給人家恭敬纔^채行了。 또는 만일 남의 恭敬을 받을야거던 먼저 남을 恭敬하여 주어야만 옳다.

13. 你若要(待^대要)他知道禮^리貌^먀(禮性^싱), 總^쭝得^데(總要)長^쟝到十五六歲^쉬。 당신이 만일 저 애가 禮節을 알게 할야면 總히 十五六歲쯤 長成하여야 할 것이오.

14. 你若要成^청這門親事, 必得叫他親自去談^탄談。 당신이 만일 이 婚事를 成立케 할야면 반듯이

15. 他在金징陵링①大學當個英잉文원教쟈員웬, 將近진十來年了。
그는 金陵大學에서 英文敎員 노릇한지가 거진 十年이 가까워요.

16. 我們昨天晚완上睡쒀的早짜, 所以今天早晨천天將亮량的時候후, 醒싱起來了。우리는 어제 저녁에 일즉이 잣음으로 오늘 아츰에 날이 밝을여 할 때에 깨여났오.

17. 那件事將成未웨成的時候, 被베探탄偵징②查破퍼了。그 일이 될여 할 때에 偵探에게 查出되였오.

18. 他們正在那裏兔뗀三去四, 吆야③喝커的時候, 不料랴巡쉰警징暗안地裏跳탸進來, 把賭두錢的和看熱서鬧냐(看眼얜兒、看칸邊局쥐)的, 都拿了去喇!
그들이 거기서 바로 興也라 賦也라 하고 떠드는 판에 뜻밖에 巡査가 많이 뛰여 들어 와서 賭博군과 구경군을 모도 잡어갔오.

19. 昨天夜에裏正在睡覺的時候, 有人在外頭叫쟈喊한的聲싱把我醒싱起來了。어제 밤에 바로 잠을 자는 때에 밖에서 사람이 붙으는 소리에 나는 깨였오.

20. 你這個丫야頭真전可惡우, 孩해子正要睡쒀覺쟈的時候, 吵쟈嚷샹嚷的, 又叫他醒싱了。너, 이 게집애(丫頭는 下女로 홑이 意味함)참말 고약하다. 어린 애가 바로 자려고 하는 때에 떠들어서 또한 그 애의 잠을 깨엿다.

21. 昨天我在公園웬裏正要打球쳐的時候, 忽후然拼〔碰〕펑見他, 把我弄능個進진退퉤兩難了。어제 내가 公園에서 바로 玉突을 칠여 할 때에 갑작히 그 女子를 만나게 되어서 나로 하여곰 進退兩難케 하얏오.

22. 咳해, 你別問원我好不好? 昨天夜에裏正要出추汗한④的時候, 不料랴把被베窩워都掀쒼⑤了, 所以不但不見쌴效, 倒越웨發見重쭝了。해! 당신은 내가 病이 낫은 與否를 뭇지 마시오. 어제 밤에 바로 짠을 낼야고 할 때에 뜻밖에 이불을 모도 차 던젓음으로 낫지 못할 뿐만 아니라 도로혀 더욱 더하게 되였오.

---
①陵₁ ②偵₁ ③吆₁ ④汗₄ ⑤掀₁

23. 他在上回的買賣虧퀴了一萬완多元웬，一時心窄재，正打算自害해(自殺사)的時候，就得더了 관勸퀀業에彩쇄票퍄七萬多塊的頭장獎，這真正好運氣치。 그가 먼저 번 장사에 萬餘元을 밑지고 한 때는 마음이 좁아서 바로 자살할여고 하는 때에 곳 勸業 彩票에 七萬餘元의 一等獎을 得하엿으니 이것은 참말 좋은 運數이외다.

24. 你來的真好，我們正打算짠找좌你去了。 당신 참 잘 왔오. 우리가 바로 당신을 찾어갈여고 생각하였오.

註 : 本課는 "할야고" 한다는 意味를 表示하는 類語니라.

第七十三課　"發""當"兩字的用法

제칠십삼과 발자와 당자의 용법

1. 俗語說的好，"外財왜不發애家"。你看曹짜①家的那樣窮쳥鬼귀子。 俗語에 "橫財로 富者가 못된다"고 한 말이 잘한 말이다. 당신은 曹氏집이 저렇게 窮한 鬼神처럼 된 것을 보시오.

2. 恭꿍喜시恭喜，今年升셩②官관發財，萬완事都得如수心如意。 祝賀합니다. 금년에는 벼슬이 올너가고 돈을 많이 뭉으며 萬事가 모두 뜻과 마음대로 된다지요.

3. 西洋的漆치③色재比中國的很發애亮량。 西洋漆 빛은 中國것에 비하면 매우 번적거리오.

4. 他真好運원氣，每메逢엉發壞홰的地方，都沒有他。 그 사람은 참말 運數가 좋소. 결단나는 곳마다 도모지 그는 걸이지 아니하오.

5. 你別笑他心裏發亂롼，有了那些麻마煩꽨的事，怎쩐能不發亂呢？ 당신은 그 사람의 마음이 散亂해한다고 웃지 마시오. 그렇게 시끄러운 일이 많이 잇고야 어떻게 散亂하지 아니하겠오.

6. 他在老婆跟前，好像老鼠슈拼〔碰〕펑了小猫묘似쓰的發怯체④。 그 사람은 마누라 앞에서 맛치 쥐가 고양이 만난 것처럼 怯을 내오.

7. 他聽了你說的罵，就發애怒누的渾훈⑤身쩐都抖떠⑥戰잔了。 그 사람은 당신이 말하던 辱을 듣고서 곳 怒氣가 나서 全身이 벌벌 떨

---

①曹₂ ②升₁ ③漆₁ ④怯₄ ⑤渾₂ ⑥抖₃

더이다.
8. 我昨天攔께了一點發酵좌①(蘇쑤打따), 今天的饅만頭투就發好了。 내가 어제 소다를 좀 두엇더니 오늘은 饅頭가 아조 잘 부풀 었오.
9. 咱們不用發誓쓰, 彼此守쓔着情쳥分뿐兒做去纔애好。 우리가 盟誓할 것은 없고 彼此에 情分만 직히여 가면 그만이지오.
10. 人老了, 手쓔脚發笨번, 眼삔睛징也發花。 사람이 늙어지면 손과 발이 鈍하여지고 눈도 어두워진다.
11. 那個人是好大膽〔膽〕子, 拼〔碰〕펑了非常的難난事, 一點也不發慌황, 消쏘停팅着辦去。 저 사람은 참말 大膽한 사람이오. 非常히 어려운 일을 만나도 조곰도 慌忙하지 아니하고 아조 조용히 處理하여 나아가오.
12. 她老給他發媚메②, 把他發糊후塗두了。 저 女子가 늘 그에게 아양을 부려서 그로 하야곰 더욱 糊塗하게 만들엇오.
13. 病名밍上有發애黃的, 發狂광③的, 發瘋엉的, 發悶먼的, 發僵쟝④的, 發虛쉬的, 發飽뽀的, 發酸싼的, 發凉량的, 發暈윈的, 發熱서的, 發乾깐的, 發瘧야的(發瘧疾지⑤), 發麻마⑥的, 發脹쟝⑦的 등등。 病名에는 황달病, 질알病, 瘋疾, 답답症, 뻣뻣한 症, 虛弱症, 헛배 불은 症, 시 큰 거리는 症, 寒戰, 眩昏症, 熱症, 조渴症, 瘧疾, 蔬痺症, 脹症 等等이 잇다.
14. 一身션不能當당二役이⑧。 한 몸에 兩役을 當하지 못한다.
15. 我們彼삐此츠交了十來年的朋友, 你還해拿我當客커待嗎? 우리가 彼此에 사귀운 지 十餘年의 친구로써 당신이 오히려 나를 손으로 역여 待接하시오.
16. 咱們有話, 不要背베地듸裏説, 應잉該깨説在當面。 우리가 할 말이 잇으면 뒤에서 말하지 말고 當面하여 말하는 것이 맛당하오.
17. 當場쟝不讓샹父뿌, 舉쥐手쑤不留류情칭。 科擧場에 當하면 아버지에게도 사양하지 아니하고 손을 들면 情을 두지 아니한다.
18. 正當怪꽤熱서的時候, 不好上南洋去游여歷리。 바로 몹시 덥은 때를 當하여 南洋游覽을 가는 것은 좋지 못합니다.
19. 當家不得더不儉쟨⑨, 待대客也不得不豐펑。 살님사리에 當하여서는 不得不儉素할 것이오. 손님

①酵4 ②媚4 ③狂2 ④僵1 ⑤瘧疾2 ⑥麻2 ⑦脹4 ⑧役4 ⑨儉3

을 待接하는 데는 不得不 豐厚히 할 것이다.

20. 你自己的苦處也當不起, 還要管別人的閑事呢? 당신이 自己의 苦生도 當하여 내지 못하면서 오히려 남의 閑事를 相關할여고 하는가요?

21. 我們在這危機的時候, 不要彼此推讓, 要互相擔當。 우리가 이렇게 危險한 때에 잇어 彼此에 밀으지 말고 서로 擔當합시다.

22. 昨日你當眾人面前所起的誓(發的誓), 今日就忘記了嗎? 어제 당신이 여러 사람의 面前에서 盟誓한 것을 오늘은 곳 잊어버렷읍닛가?

23. 我若早知道他那樣的品行, 當初誰肯舉薦他了呢? 내가 만일 그 사람의 그런 品行을 알엇으면 當初에 누가 그를 薦舉하기를 즐겨하였겠오?

24. 勿論那宗事, 當時詳細說明, 免得以後麻煩①。 勿論 어떤 일이던지 當時에 詳細히 說明하여야 以後에 시끄러움을 免한다.

25. 昨天會議席上, 東邊當中的那個老人家, 不是孫先生嗎? 어제 會議席上에 東쪽으로 한 가운데에 앉은 그 늙은이가 孫先生이 아닌가요?

26. 他真把心眼兒活動不了, 我勸了他半天的話, 只當作個耳旁風(馬耳東風)。 그 사람은 참으로 마음을 變通하지 못하오. 내가 그에게 半날이나 勸하는 말을 다 귀 뒤로 들어 버리오.

27. 他喝了過量的酒, 所以說甚麼不中聽的話, 總得別管他, 權當沒聽見好。 그는 量에 지나치는 술을 먹었으니 어떠한 들을 수 없는 말을 할지라도 도모지 그를 相關하지 말고 일부러 못 들은 체 하는 것이 좋소.

28. 他們弟兄倆在衙門裏當差, 一個是當火夫, 一個是當更夫。 그들 兄弟 두 사람은 官廳에서 일을 보는데 한아는 火夫노릇을 하고 한아는 更夫(夜警도는 사람)노릇을 하오.

29. 古語說:"當官應當愛民如子。"現今當官, 反成虐②民如敵。 넷말에 일으되 '벼슬하는 이는 百姓을 應當 아들같이 사랑하라' 하엿는데 이즘에 벼슬하는 이들은 虐民하기를 仇讎같

①繁₂ ②虐₄

이 한다.
30. 要上當당鋪去當當, 没有甚麼可當的, 请你借給我當頭當當。改日給你贖슈當好不好？
典當鋪에 갓어 典當을 잡이랴 하나 무슨 잡일 만한 것이 없으니 請컨대 당신은 네게 典當감을 빌여 주워 典當을 잪이게 하면 달은 날 당신에게 典當한 것을 물여 주면 어떻겠오？
註：“發”“當”二字의 活用 例를 示함.

第七十四課　合成動詞（二）

定띵、完궈、成청、盡진
見쟨、透퉈、破퍼、壞해
제칠십사과 합성동사(二)

1. 我們議이定띵的那個章장程, 還해有没仔쯔細的地方, 下會再補부罷！ 우리가 議決한 그 規則은 아즉도 仔細하지 못한 곳이 잇으니 다음번에 다시 더 만듭시다.
2. 他跟三豐엥米棧잔, 不但講장定了穀구①子的價쟈, 給他下쌰個一千元的定錢了。 그는 三豐米棧으로 더부러 다만 穀物값을 定할 뿐만 아니라 그에게 一千元의 契約金까지 주었오.
3. 宋쏭小姑꾸娘過了二十多歲, 他的母親很懆짢②悶먼, 聽説昨天跟姜장旅뤼長장説定了親了。宋氏집 적은 處女는 二十歲가 지낫음으로 그 어머니가 매우 懆悶하더니 말을 들은즉 어제 姜旅團長과 定
婚하엿다합니다.
4. 凡판在危急지的時候, 辦事總중得決줴斷돤, 不可猶여③預〔豫〕워不定띵。 무릇 危急한 때에는 일을 處理하되 도모지 決斷的으로 할 것이오 猶預未定하는 것은 不可합니다.
5. 古語説：“黄泉췐路루上無老少。” 誰能保바定自지己必要活훠到明天呢？ 넷말에 일으되 黄泉으로 가는 길에는 老少가 없다고 하엿으니 누가 能히 自己는 來日까지 반듯이 살겟다고 꼭 定하겟오？
6. 若是拿定了主쥬意, 雖有苦쿠難, 也得데直즈進。至즈死不改好, 何必成個搖얖搖不定, 惜시皮피愛肉쏘的人呢？ 만일 主意를

①穀₃　②懆₄　③猶₂

定하엿거던 비록 苦生이 잇더라도 꼿꼿이 나갈 것이며 죽더라도 끚이지 말어야 할 것이다. 반듯이 搖搖不定하야 皮와 肉을 愛惜하는 사람이 될 것이야 무엇이오.

7. 我打算考^좌完^완以後, 坐^쮜着平^펑漢^한鐵^쳬路的火車到漢口, 又在那裏坐輪^륜船要往成都^두去。나는 생각하되 試驗을 다친 뒤에 平漢(北平漢口)鐵路의 汽車를 타고 漢口에 갓어 거기서 다시 汽船을 타고 成都로 갈여고 합니다.

8. 我在這事情的內^네容^융大概說完了, 請大家再討^따論^룬討論。내가 이 일의 內容을 다아 말하거던 請컨대 여러분은 다시 討論하시오.

9. 原^웬來說定三天以內^네做^쮜完^완的, 到如^수今也没做完^완, 是甚麼個意思呢? 原來 三日 안으로 모도 하기로 約定한 것을 至今까지 다하지 못함은 이것이 무슨 意思인 가요?

10. 我們現在酒也喝^허完了, 飯也吃^쓰完了, 從^쭝來說, 客^커去主人安^안, 我們不如告^까辭^쓰散^싼了罷! 우리가 이제는 술도 다아 먹엇고 밥도 다 먹엇는데 네로부터 말하되 '손님이 가야 主人이 平安하다'고 하엿으니 우리는 告別하고 간 이만 같지 못하오.

11. 你那本《世^쓰界^졔近^진世史^쓰》都念^녠完了罷! 我再給你一本^번《希^시臘^라①哲^져學^쉐史》好不好? 당신이 그 世界近世史를 다 아 읽엇지오? 내가 다시 당신에게 古代希臘哲學史 한 册을 주면 어떠하오?

12. 原來假^쟈的眞^젼不了^랴的, 却^췌這世間就是假的也弄^눙成眞的不少了。原來 거즛이 참것으로 되지 못하는데 도로혀 이 世上에는 거즛이 참것으로 變成되는 것도 不少하오.

13. 誰能敢^깐保^바先知道這件事的成不成呢, 都是辦成以後纔^채知道的! 누가 능히 이 일의 되고 안 될 것을 미리 안다고 敢히 말하겟오. 도모지 하여 본 뒤에라야 비로소 알 것이오.

14. 看見你們孩^해子的長^쟝成了大漢^한子^쓰, 自然^산而然^얼的知道我們的老。너 이 아孩들이 자라서 壯丁이 된 것을 보면 自然中 우리의 늙은 것을 알겟다.

---

①臘4

15. 從來說，"有個說盡진了，死去的墳엔墓무①；却沒有個做完了，死去的墳墓"。所以少說話，做點兒事纔뒤對。예로붙어 일으되 말을 다아 하고 죽은 무덤은 없다고 하였오. 그럼으로 말은 적게 하고 일을 좀 더 하여야 옳읍니다.

16. 他是爲國귀家、民민生，費폐盡진了心쉐血的人，所以我們都尊준敬징他。그는 國家와 民生을 爲하야 心血을 費盡한 사람으로 우리는 모도 그를 尊敬합니다.

17. 你不是個喪쌍盡天良的人，怎전能惹서出這樣臭쳑事來呢？ 당신이 良心(本心)을 喪失한 사람이 아닌데 어떻게 이런 더러운 일을 만들어 내엿겠오？

18. 我有點事，要瞧챠見他去，他不在家沒遇위見了。나는 조고만한일 잇어 그를 볼여고 갓더니 그가 집에 없어 만나 보지 못하였오.

19. 你沒有看見잰萬완壽쑤山了嗎？一上西시直즈門就望왕見了。당신이 萬壽山을 보지 못하였오. 西直門에 올너가면 곳 바라볼 것이오.

20. 這真恰챠巧챠，好多日我要見你，就在這裏碰펑見了。이것은 참으로 공교하오. 여러날채 내가 당신을 볼여고 하엿더니 고만 여기서 맛다들여 보구려.

21. 咳해，這是甚麽聞원兒，就要惡어心哪나！你們沒聞見嗎？해, 이것이 무슨 내암새오？그만 嘔逆이 나오구려！당신들은 내암새를 맛지 못하오？

22. 在跳탸舞우會上和허她見쓰面了一次츠，以後離리了幾年，所以好像夢멍裏看見似쓰的。舞蹈會上에서 그 女子와 한번 인사한 뒤로 몇 해를 離散하엿음으로 맛치 꿈속에 본 것 같소.

23. 在南邊，時常챵下雨위。若不帶傘싼②出門，往往被雨淋린透투了。南方에는 때때로 비가 오는 故로 만일 雨傘를 갖이소 出入을 아니하면 往往 비를 맞어 옷을 왼통 적신다.

24. 現在我們中國的政정局쥐朝챠變뗀夕시改，連롄老天也不能參찬③透투了。至今 우리 中國의 政局은 朝變夕改하여서 하나님까지도 通透하게 알기는 不能하오.

25. 你認신不透那個人，還說管保他不犯팬罪쮀嗎？당신이 그 사람

---

①墳₂墓₄ ②傘₃ ③參₁

을 通透하게 알지도 못하면서 그가 犯罪하지 아니할 것을 擔保한다고 오히려 말하시오?

26. 他在經징濟지學훼史쓰上, 不但説透幷且講透투。그는 經濟學에 對하여 다만 말을 通透하게 할 뿐만 아니라 兼하여 講演도 하오.

27. "話화不説不知쯔, 木不鑽촨不透", 把話説開了就和木頭鑽透的一樣。말은 하지 않으면 알지 못하고 나무는 뚫으지 않으면 뚫여지지 아니한다 하엿으니 말을 말하여 버리는 것이 곳 나무를 뚫는 것과 한 가지다.

28. 那隻쯔黑헤狗꺼, 把花子(要飯的)的腿퉤咬쟈破피了。저 검정개가 거어지의 무릅을 물어 傷케 하엿오.

29. 你不倒去那個玻버璃리瓶핑的水, 就凍둥破了。네가 저 琉璃瓶의 물을 버리지 않아서 고만 얼어 깨여젓다.

30. 張三李四在打缸깡酒店뎬(鋪)裏喝了醉줴, 互후相殿쑤①鬥떠, 把衣裳都撕쓰②破피了。張三과 李四가 선술집에서 술이 醉하여 서로 때리며 싸윗어 옷을 모도 찢어 버렸오.

31. 這個孩子净징淘톼③氣, 把衣裳没有穿촨破피, 就先撕破。이 애는 작난하여서 옷을 입어 해여 트리는 것이 아니라 곳 먼저 찢어 버린다.

32. 你若챠查破了他們的詭귀詐쟈, 就跟끈大家面前쳰説破了纔쮀行싱。당신이 만일 그들의 詭計를 알어 내엿거던 곳 여러분 面前에서 말하여 버려야 하오.

33. 你們所쉬管관的事, 他没有自己的損쑨益이, 就預위先説壞홰了。당신들이 하는 일에 그 사람은 自己의 利害가 없는데 곳 미리 먼저 말하여서 못되게 하였오.

34. 他的爲웨人, 成청事不足쭈, 敗배事有餘위, 好事也他能辦壞了。그의 사람됨이 成事하기에는 不足하고 敗事하기에는 有餘하여 좋은 일이라도 그는 能히 납브게 만들어 버리오.

35. 我在車쳐站잔叫苦쿠力리提틔了兩件行李, 他一跌데就跌(摔쇄)壞了。내가 停車場에서 짐군을 불너 行李 두 가지를 들여 갖이고 오다가 그가 넘어저서 곳 깨틔렸오.

---
①殿1 ②撕1 ③淘2

36. 不講장理的那個壞蛋단跟끈娘兒
們打架쟈, 打壞了她的眼앤鏡징。
경우를 몰으는 저 놈이 女子들과
싸웟어 저 女子의 眼鏡을 때려
부셧오.
37. 你若不小心做去, 不論何事,
就容易弄壞了。 당신이 만일 조
심하여 하지 않으면 勿論 무슨
일이던지 곳 못되게 만들기 쉽
소.
註 : "定""完""成""盡""見""透"
"破""壞"等 字가 動詞 下에 在
하야 各其 動詞의 意味를 "完
成"하게 或은 "明白"하게 或은
"强力"이 잇게 만드는 用例를
示함.

第七十五課 副詞字的應用(二四)

纔채、 剛깡、 立時리스、 立刻커、 登명時隨쉬即지
隨趕깐、 馬마上
現在쩬재、 往後왕후、 先 (後) 頭씬투、 向쌍後

제칠십오과 부사자의 응용(二四)

1. 纔演앤了랴《天女散싼花》一齣
추戲시的, 那個坤쿤①角쟈(伶링),
就是梅메蘭란芳앙②。 方今 天女散
花라는 演劇한 幕에 女俳優 노릇
을 하던 이가 곳 梅蘭芳이오.
2. 他從충德더國剛깡回來, 在德華화
銀行當個經징手쑤的。 그는 德國
에서 方今 도라왓는데 德華銀行
에 支配人이 되였오.
3. 請你坐坐, 我們的先生剛깡剛纔
起來了。 請컨대 당신은 앉으시오.
우리 主人께서 方今 일어났오.
4. 真奇치怪꽤, 剛纔쌔在這裏的東
西, 又跑파那兒去了? 참 말 奇怪

하다. 方今 여기 잇던 물건이 또
어데로 달아낫다 ?
5. 方앵剛在這裏看報바的, 就是北
베京징大學經濟지系시③的馬教쟈
授쑤。 方今 여기서 新聞 보던 이
가 곳 北京大學 經濟科의 馬教授
입니다.
6. 請諸주位웨先生都坐下, 所叫的
菜立리時就得더(就好)喇! 請컨
대 여러분은 모두 앉으시오. 식
히신 料理가 即刻에 곳 됩니다.
7. 王先生來了, 可以領링到客廳裏
等一等, 我立時就回來。 王先生
이 오시거던 客室로 引導하여 좀

①坤₁ ②梅₂蘭₂芳₁ ③系₁

기달이게 하여라. 내가 곳 도라오겟다.

8. 你們在這裏爲何허净징講空쿵話, 白費페工夫呢? 若是給他打電報, 立리刻커(立卽지)來到的。
당신들은 어찌하여 여기서 뷘말만 이야기하고 時間만 虛費하는가요? 만일 그에게 電報를 처주면 卽刻으로 올 것이오.

9. 你旣지然싼親口應잉承청了, 就是登명①時(卽지時)給人辦, 不要失쓰了信好。
당신이 그렇게 親口로 應諾햐엿거던 곳 卽時로 남에게 處理하여 주는 것이 맛당하고 失信하지 안는 것이 좋소.

10. 你眞是會説瞎샤話的人, 昨天我們隨쉬卽往那裏去看, 莫머説老虎후, 連랜它的影잉兒也没有了。
당신은 참으로 거즛말하는 사람이오. 어제 우리가 당신의 말을 듣고 곳 거기 갓어 보니 범은 말 말고 그림자도 없오.

11. 你趕간緊진上郵워政정局쥐去把上回存춘的那項썅活〔貨〕훠款콴, 隨쉬時쓰就找쟈帶回來。
당신은 빨이 郵便局에 갓어 먼저 번의 그 貯金을 卽時 찾어 갓이고 도라오시오.

12. 她一聽你出門的話, 連坐倒没坐, 隨趕깐着(隨跟之즈、隨跟身썬)就쭈走쪼喇!
그 女子는 당신이 출입하엿다는 말을 듣고서 앉이도 아니하고 곳 선자리로 갓오.

13. 你所提틔的條탸件쟨, 他旣然應承了, 隨就立下쌰合同不好嗎?
당신이 提出한 條件을 그가 임이 그렇게 應諾하엿은즉 곳 契約을 成立하는 것이 좋지 않은가요?

14. 我們的情칭分앤上, 有甚麽話, 馬上説出來就是了。何허必삐這樣半반吐투半咽앤(半含한半吐)呢?
우리의 情分으로 무슨 말이 잇으면 卽時 말하는 것이 옳지 반듯이 이렇게 半吐半呑할 것은 무엇이오?

15. 現在的吃苦쿠就是過後的享썅福。
現在에 當하는 苦生은 곳 이 뒤의 享福이다.

16. 望왕你往後別做嫖퍄賭두, 得데要專콴心過活, 保뵤全촨妻치子罷!
당신은 이 뒤에 오입과 잡기 하지 말고 專心으로 살임하여 가며 妻子를 保全하기를 바라오.

17. 我看糧량食的行항市, 再往下去, 有長썅無落러的樣子, 請你再買些好。
내 보기에는 糧食市勢가 앞으로 올을지언정 떠러지

---
①登4

지 않을 모양인즉 請컨대 당신은 좀 더 사는 것이 좋소.

18. 還没到那個分上, 再過幾天, 看他的光景, 説給他也不誤우。 아즉 그 程度까지 일으지 않엇으니 다시 몇 달을 지낸 뒤에 그의 光景을 보아서 그에게 말하여 주어도 틀이지 않소.

19. 兄弟有點兒要緊진的事, 先告과辭쓰, 改日再見(再會)罷! 弟는 조곰 要緊한 일이 잇어 먼저 告別합니다. 달은 날, 다시 뵈이겠습니다.

20. 我囑주咐푸①你一句話, 就是萬不可先頭(起先)殷인勤친, 後頭(後來)懶란怠대(懶懈〔惰〕뒤)。 내가 당신에게 한 마듸 囑托하노니 곳 처음에는 부즈런하고 뒤에는 게을은 것은 萬萬不可하다 함이오.

21. 若不憂우愁쳐後日的吃쓰穿촨, 今日一個也没有辛신苦쿠去做的。 만일 後日의 衣食을 근심 걱정하지 않을진대 오늘날에 辛苦스럽게 일할 사람이 한아도 없다.

22. 衆즁位先去茶차店裏喝茶罷, 兄弟隨後就去! 여러 분은 먼저 茶店에 갓어 차를 마시오. 弟는 뒤따라 곳 가리다.

23. 再往前去, 天就冷렁起來了, 坐一個洋爐루子罷! 다시 앞으로 가면 日氣가 곳 추울 터이니 暖爐 한아을 놓으시오.

24. 從充來説"福不雙쌍降쟝②, 禍훠不單딴行싱", 所以大亂롼之後, 常챵有荒황年。荒年之後, 常有瘟원疫이③。傳來로 일으되 福은 雙으로 나리지 않고 禍는 單으로 行하지 안는다고 하엿다. 그럼으로 大亂의 後에는 항상 凶年이 잇고 凶年 뒤에는 항상 瘟疫이 잇다.

25. 我説你啊아, 向後쌍不可信口胡説(任신口胡言), 不要被人挨애嘴쮜巴빠子。 내가 네게 말하노니 이 뒤로는 입 놀이는 대로 함부로 하여 남에게 뺨을 얻어맞지 말어라.

26. 這一次쓰倒可以饒쇼給你, 往後就慣관了, 怎麼辦呢? 이 한번은 오히려 네게 容恕하여 줄 수 잇다만 이 뒤에 곳 버릇이 되면 어찌할 터이냐?

27. 西洋人(西國人)多半是吃午우飯빤後睡點覺쟈, 這是講衛웨生的哪! 西洋사람은 居半 점심밥을 먹은 뒤에 조곰 자는 것을 衛生하는 것이라하오.

───────────
①囑₃咐₄ ②降₄ ③瘟₁疫₄

28. 莊稼都是先發ᅄ苗먀, 後長ᅄ稭
제, 再後秀ᅱ穗쉬, 末머後穗上纔
結졔子쓰粒리。農作物은 모두 처
음에는 싹이 나오고 뒤에 대가
자라고 다시 그 뒤에 이삭이 나
오고 맨 뒤에 비로소 結實이 된
다.
註 : 本課는 不確實한 現在、過
去、未來의 時間을 表示하는 語
類의 用例니라.

第七十六課 副詞字的應用(二五)

或、間或、輕易
뎨칠십륙과 부사자의 응용(二五)

1. 你空쿵口光꽝說空話不行ᅌ, 必
得拿出現款콴, 或훠是有了個可
憑펑的股구票표纔好。당신이 뷘
입으로 뷘 말만 하여서는 안되겟
오. 반듯이 現金을 내여 놓던지
或은 믿을 만한 有價證券을 내여
놓던지 하여야 하오.
2. 您닌要照那一樣像썅片펜兒呢?
全촨身或훠是半身션? 당신은 어
떤 寫眞을 박이시려오? 半身인
가요, 或은 全身인가요?
3. 你別催취逼삐他, 他是個心頭
很軟솬弱쉬的人, 或是這麽着,
或是那麽着, 還해沒拿定띵主意
了。당신은 그를 催促하지 마시
오. 그는 마음이 매우 軟弱한 사
람이여서 或은 이렇게 할까 或은
저렇게 할넌지 아즉 主意를 定하
지 못하였오.
4. 你問원問他願웬意吃中菜呢, 或
者져是吃西菜呢。당신은 그에
게 中國料理를 먹겟는가, 或은
西洋料理을 먹겟는가 물어보시
오.
5. 他是個從쭝來没有失쓰信的人,
到如今진不來, 必是病삥了。或
者져是忽후然싼有了要緊的事,
也未웨可知。그 사람은 以前에
失信한 것이 없는 사람인데 이
때까지 오지 않을 제는 반듯이
病이 들엇거나 或은 갑자기 무
슨 要緊한 일이 생겻는지도 알
수 없오.
6. 他們的賭뚜頭더兒, 實在大得
很흔, 或贏잉或輸수還不能看出
來。그 사람들의 노름은 참으로
매우 커서 或은 잃겟는지 或은
얻겟는지 아즉 알어 낼 수가 없
오.
7. 他説的話, 或東或西시, 叫쨔人

分不出皂(짜)白來。그 사람이 말하는 말은 或東或西하야 사람으로 하야곰 黑과 白을 가려 낼 수가 없오.

8. 請你不必跟他說費(폐)話, 或多或少, 不過(궈)給他點兒脚(쟈)錢就是了。請컨대 당신은 반듯이 그로 더부러 쓸데없는 말을 할 것이 아니고 或은 많던지 或은 적던지 그에게 심부럼값을 좀 주는데 지내지 못하오.

9. 我看你是個也不冷(렁)也不熱的人, 盼(판)望你或冷或熱纔好。내가 보기에는 당신이 차지도 않고 덥지도 않은 사람이니 당신에게 바라건대 或은 차던지 或은 덥던지 하여야 하오.

10. 那件(쟨)事太久(쥬)了, 間或(偶(우)①爾(얼))老人家知道以外(왜), 年輕(칭)的人沒有知道的。그 일은 너무 오라서 間或 늙은이들이 아는 것을 除한 以外에 젊은 사람은 아는 이가 없오.

11. 這都是好甜(톈)梨(리), 輕(칭)或(훠)(即(지)或)有了個發青(칭)的, 也都好吃(츠)。이것은 모두 좋은 돌배(梨)오. 間或 풀은빛이 나더라도 또한 모두 먹기 좋읍니다.

12. 我們鄕(샹)裏年年收(쑤)割(거)好莊(쟝)稼(쟈), 并且沒有大匪(페)患(환), 間(쟨)或有也不過小竊(체)②, 少有失(스)事。우리 시골은 해마다 秋收도 잘하고 兼하야 큰 賊患도 없고, 間或 잇다 하여도 좀도적게 지나지 못하야 失物한대야 小數오.

13. 往後我再不上他家去。間或去就是外貌(먀)歡(환)歡喜(시)喜的, 吃飯的時候, 竟(징)端(돤)上一碟(데)鹹(셴)蘿(뤄)蔔(버)③, 拿人幾塊(콰)窩(워)頭。他還(해)花言(얜)巧(챠)語的說, 我們彼此不用鬧(냐)虛(쉬)套(탸)子, 全(촨)是實(스)實落(롸)落的。可是若他沒有錢就(쥬)罷, 他過的寬(콴)寬綽(춰)綽的, 這樣待我, 豈(치)不是小看我了嗎? 이 뒤로는 내가 다시 그의 집으로 가지 않겠오. 間或 간다면 곳 外貌로는 아조 깁버하고 반기는 체하면서 밥 먹을 때에는 단지 무장앗지 한 접시를 갓다 놓고 좁쌀떡 몇 개를 갖이오고도 그는 오히려 花言과 巧語로써 말하되, 우리는 彼此에 虛飾을 차라지 말고 모두 切切實實히 하자고 하지만 그것도 만일 그가 돈이 없으면 고만이게 나를 待接하는 것은 이 어찌 나를 멸시하는 것이 아니겠오?

---

①偶4 ②竊4 ③鹹2蘿1蔔2

14. 我們鄉쌍裏會客熱서鬧뇨, 不是常쌍有的事, 間졔或有的話, 就是大節졔。 우리들 시골에서는 손님을 請하고 잔치를 하는 것이 늘 잇는 일은 아니고, 間或 잇다 하더라도 곳 큰 명절(元宵, 端午, 中秋)뿐이지오.

15. 從營잉口到烟臺태該깨坐쭤輪船촨便볜宜。間或起了風영浪랑, 也没危險셴。 營口에서 烟臺로 가는 데는 汽船을 타는 것이 便利하오. 間或 風浪이 일어난다 하여도 또한 危險은 없오.

16. 俗語說, "寡과婦푸門먼前쳰是쓰非페多둬"。如今她雖然孤구單冷렁情칭的過活훠, 也不好輕칭易이往她타家裏去。 俗語에 말하듸 寡婦집 門앞에는 是非가 많다고 하엿으니 至今 그 女子가 비록 孤單冷淸하게 지내지만 또한 輕忽히 그 女子의 집에 가기가 좋지 못하오.

17. 他没錢没權쮄力的時候, 人家都小看他, 却췌到現在, 誰也不能輕易待대他的。 저 사람이 돈 없고 權力도 없을 때에는 남들이 모두 저 사람을 없쉬이 여기더니 至今에 와서는 누구던지 또한 저 이를 輕忽하게 능히 待遇하지 못

하오.

18. 那些大洋行항和銀行, 雖然發왜市쓰(發利市), 或者저賠賬장(虧空퀘쿵), 也不能輕易看칸出來。 저 모든 큰 洋行과 銀行들은 비록 繁昌하거나 或은 損害를 보거나 그리 쉽게 알어 내기가 不能하오.

19. 你們這裏真젼是個好僻삐①静징的地處추, 整졍天家輕易見不着人的來往。 당신네 여기는 참으로 靜僻한 地方이오. 왼 終日 가도 사람의 오고가는 것을 보기가 쉽지 아니하오.

20. 李大哥您닌從충來輕易没生셩氣치的, 今天這樣生大氣, 有何허難난過的嗎? 李大哥! 당신이 以前에는 좀처럼 골을 내지 않엇는데요 오늘은 이렇게 크게 골을 내니? 무슨 참아 지내기 어려운 일이 잇음잇가?

21. 身쩐體틔軟완弱춰的人, 若不小心, 容숭易生病삥。身體健쟨壯촹②的人, 如수何居쥐住也輕易生셩不了랴病。 身體가 軟弱한 사람은 만일 조심하지 않으면 病이 나기가 容易하고 身體가 健壯한 사람은 如何하게 居住할지라도 또한 좀처럼 病이 나지 아니한다.

---

①僻₄ ②壯₄

22. 要飽봐, 總즁得데家常飯。要暖 난, 還해得데粗추布衣。我家裏并 뼁非예没有山珍연①海味웨和綾링② 羅뤼綢緞돤, 只쯔是輕易吃不着, 也穿촨不着。 배가 불을야면 도 모지 家常의 飯이 아니면 안되고 덥으랴면 오히려 粗布의 衣가 아니 된다. 내 집에 山珍과 海味이 며 綾羅과 綢緞이 없는 바가 아 니지만 다만 좀처럼 먹지 않고 또한 입지 아니하오.

第七十七課 副詞字的應用(二六)

仍셩有、仍又、仍是、仍然、仍舊、照쫘舊、照樣
這麽着……也、這麽的……還、這麽一來……不如
那麽着……也、那麽樣……？那麽來……！那麽的……也
這樣……也、這樣……不如
如是、如此
제칠십칠과 부사자의 응용(二六)

1. 有道돠的人，雖然산受쓔苦쿠難堪 칸，仍셩有他的快樂러。 道가 잇 는 사람은 비록 難堪의 苦生을 當할지라도 그래도 그의 快樂이 잇다.

2. 我和他從小同통窓촹，所以有時 候撇〔彆〕삐扭뉴③，過了不多的 時候，仍又여親熱。 내가 그와 어릴 때붙어 同窓임으로 間或 틀 일지라도 오래가지 않어서 그대 로 또 親密하오.

3. 你到如今今仍是受窮츙，還没得 더到寬콴綽춰的生活，是甚麽緣웬 故구呢？ 당신이 至今까지 그대 로 困窮하여서 아직도 넉넉한 生 活을 하지 못하게 됨이 무슨 까 닭이오？

4. 我們作子쯔弟디的人，就是長쟝 到五六十歲쒀-，也在父母跟끈前 쳰仍셩舊쪼是個孩해子。 子弟가 된 우리로서는 곳 五六十歲가 될지 라도 父母의 앞에서는 그대로 한 어린 아희이오.

5. 你若依이舊的過活훠，我就쪼是 仍舊的難過。 너는 前과 같이 잘 지낸다 할지라도 나는 依舊하게 지내기 어렵다.

6. 勿우論룬如何허責쩌備베他成청個

①珍1 ②綾2 ③撇1〔彆1〕扭3

人, 他仍舊改不過來。勿論 어떻게 사람이 되라고 그를 責하여도 그는 그대로 곳치지 못하오.

7. 你告訴他, 那匹피馬不要卸셰了轡페①子, 今天晚완上, 我仍然산要走。네가 그에게 그 말의 자잘을 벅기지 말나고 일너라. 오늘 저녁에 나는 그대로 가겟다.

8. 我看有許쉬多賭뚜錢的人, 已經賭뚜咒쮠②發해誓쓰的再不賭, 以後仍然산還해去賭。나는 많은 賭[賭]博꾼을 보앗는데 賭[賭]博을 다시는 아니하겟다고 盟誓하고도 그 뒤에 그대로 또 갓어 노름을 합듸다.

9. 睁정③開睞쯔④眼, 就得掃쏘地, 擦차桌쮜子, 刷쇠鍋궈, 做飯, 明天起來照舊還是那一套투。눈꼽만 떼고 일어나면 곳 뜰을 쓸고 桌子을 닥고 솟을 닥어, 밥 짓고 來日도 일어나기만 하면 그대로 또 하는 것이 一種의 例가 되오.

10. 剛纔買來的一盆펀⑤水仙쩬花不好, 照舊送쑹回去。方今 사온 한 盆 水仙花가 좋지 못하니 그대로 돌여 보내시오.

11. 宋쏭狐후狸리精찡那個說話帶媚메的毛마病, 照쟈舊쥬那麼個樣。宋여우의 말할 때에 阿諂하는 버릇은 그대로 그 모양이오.

12. 若是他們暴뽀虐뉘的權쳰柄빙照樣去, 貧핀窮쳥到頭的我們老百버姓싱, 除츄了랴死以外沒有別路루。만일 그들의 暴虐한 權力이 그대로 간다면 貧窮이 極度에 達한 우리 百姓덜은 죽는 것을 除한 外에는 다른 길이 없오.

13. 今日我們特터來磕커頭老哥, 因爲老哥的教導뇨, 我們照樣好了。오날 우리들이 特別이 와서 절하고 뵈는 것은 兄님의 敎導로 因하야 우리가 그대로 좋게 지내는 까닭입니다.

14. 今天也照樣下雨, 真叫人憫먼得慌황。오날도 그대로 비가 오니 참으로 사람이 답답하여 견듸지 못하겟오.

15. 正在開캐會的時候, 你們各各兒都走, 這麼着我也不必再提티議이要走쩌了。꼭 開會한 때에 당신들이 各各 다 가니 이렇다면 나도 다시 提議할 것도 없이 가려고 하오.

16. 若쉬是失쓰敗배了一次쓰, 再做쩌二次, 失敗了二次, 再做三次, 這麼樣還有做不到的事嗎? 만일 한번 失敗하면 다시 두 번

---

①轡4. ②咒4. ③睁1. ④睞1. ⑤盆2.

하고 두 번 失敗하면 다시 세 번 하여라. 이렇게 한다면 그래도 하지 못할 일이 잇겟느냐?

17. 還給他錢也에不依이, 又要他說和也是不應잉. 這麽的, 以後我也再쩨不管관了. 그에게 돈을 갚어 주마 하여도 듣지 않고 또 한 그와 和解하자 하여도 不應하니 이렇다면 以後에 나도 다시 相關하지 아니 하겟오.

18. 要做用융工궁, 學쒜校샤罷빠課커; 要做買賣, 就是外왜行항. 這麽一來, 不如수回家看書슈好. 工夫를 하자니 學校는 同盟休學이 되엿고 장사를 하자니 곳 서틀으니 이렇다면 집에 갓어 讀書하는 것같이 좋음이 없겠오.

19. 你說這匹피布四塊퀴五虧퀴點兒本, 這麽給你五塊, 還해不行싱嗎? 당신이 이 무명한 필에 四圓 五十錢이면 밑진다고 말하니 이렇다면 당신에게 五圓을 주어도 아니 되겟오?

20. 聽大대夫우說, 他的病뽕了有人探탄訪빵. 那麽着, 我們也不必去了. 醫師의 말을 들으면 그의 病은 사람의 尋訪을 忌한다 하니 그렇다면 우리도 갈 것이 없오.

21. 依이他的話, 這塊地의質쯔栽쩨①

22. 櫨편果궈樹수和梨리樹不合허式쓰, 那麽樣栽栗리樹好不好? 저이의 말대로 하면 이 땅의 地質이 林檎나무와 배나무를 심는 것이 不適合하다 하니 그렇다면 밤나무를 심는 것이 어떠하오?

22. 常常下싸着雨, 并삥且没有草짠地的方不能牧무羊양. 那麽來, 我們的莊쫭上飼쓰②牛부和養양猪주好了罷? 恒常 비만 오고 兼하야 草原이 없는 곧은 羊을 치지 못한다니, 그렇다면 우리의 農村에는 牛와 豬를 飼養하는 것이 좋겟지오?

23. 原웬打算쏸咱자們五個人合作줴的事業예, 到如今他們倆랴不願웬意, 那麽的我們也再商썅量량辦罷! 原來는 우리 五人이 合作하려고 預定하엿든 事業이 이제 와서는 저이들 두 사람이 願치 않으니 그렇다면 우리도 다시 相議하야 處理합시다.

24. 我想按안着那樣做去好, 可커是你要商썅量, 那麽我也隨쉬你的意思罷了. 나의 생각에는 그대로 하여 가는 것이 좋을 뜻하지만 당신이 相議하자 하니 그렇면 나도 당신의 意見대로 하면 그만

---

①栽ᄌᆡ ②飼ᄉᆞ

이지오.

25. 我要和허你一塊쾌兒얼出洋양, 忽후然丁뗭了憂유, 這樣我一個人去。 내가 당신과 함께 外國에 갈여고 하엿더니 忽然 親喪을 當하엿으니 이렇다면 나 혼자 가겟오.

26. 他有了急지難난, 我出上工궁夫衛웨護후他。我有了事, 他連롄面也不照쟈, 這樣的朋뗭友絶쩨了他, 也是不要緊진。 그가 急難한 일이 잇을 때에는 내가 틈을 내여서 그를 擁護하여 주엇더니 내가 일이 잇슨즉 그가 얼골도 뵈우지 않으니 이렇다면 그와 絶交하여도 관게치 않소.

27. 他在這裏, 不論怎전樣努누力리, 也没有多大的布〔希〕시望왕, 這樣不如수早一天走好。 그가 여기에서 勿論 어떻게 努力하더라도 얼마나 큰 希望이 없으니 이러면 하로 빨리 가는 것만 좋

치 못하오.

28. 屈취①了原웬告까也不好, 屈了被베告까也不好。如수是換환上青칭衣이小帽마오, 暗안暗去私쓰訪빵。原告를 抑屈하게 하여도 좋지 못하고 被告를 抑屈하게 하여도 좋지 못하니 이러함으로 變服하고 가만이 갓어 알어보아야 한다.

29. 不撒싸謊황對뒤不住주朋友, 撒謊對不住良량心。如此츠, 他早〔早〕早就躱뒤開了。 거즛말을 아니하자니 親舊에게 未安하고 거즛말을 하자니 良心에 未安한즉 이러함으로 그가 일즉이 곳 避身하엿오.

註: 上半段은 仍舊、照舊의 類語이오. 下半段은 接續詞로 所用된 這麼、那麼의 活用인데 有時로는 麼字 下에 "着" "樣" "來" "的" 等 字 中의 一字를 隨意로 加할 時도 有하니라.

第七十八課 副詞字的應用(二七)

精징, 希시, 透투, 迸벙
老롸, 怪괘, 通퉁, 溜로
제칠십팔과 부사자의 응용(二七)

1. 這쯍咖카啡페茶여精징稀시, 不甚好喝허, 再要厚후一點兒。 이

---
①屈ı

카피茶가 너무 묽엇어 그렇게 마시기가 좋지 못하니 다시 좀 진한 것을 주시오.

2. 這匹피老馬走的精慢(希시慢), 就是一步부一鞭펜子, 趕깐不上駱뤄駝뒈。 이 늙은 말이 대단이 느리여서 곳 한 발작에 한 번식 채죽질 하여도 駱駝를 따라가지 못하오.

3. 大家不用動둥身쎤, 昨夜下的雨, 路上精瀺낭①(希爛란), 一步也不好走。 여러분은 發程하지 마시오. 어제 저녁 온 비에 道路가 대단이 즐어서 한 거름도 것기가 좋ㅅ지 못하오.

4. 你怎麽這樣精瘦〔瘦〕쓔了呢? 不是抽쳐大烟就是老病罷。 당신이 어찌하야 그렇게 왼통 파리하였오? 鴉片를 먹지 않으면 곳 宿病이 잇는 모양이오.

5. 別説他的門户후低듸, 房屋우小, 精窮츙。 看他的内네容숭, 却췌是闊쿼②掉됴呢! 저 이의 門户가 낮고 집이 적다고 極窮하다 말하지 마오. 저이의 內容을 보면 富餘하다오.

6. 請你借給我小刀됴子, 修슈修指즈甲쟈。 我的小刀兒希시鈍뚠③, 修不下。 請컨대 당신은 나에게

손톱을 깍게 주머니칼을 빌여 주시오. 나의 주머니칼은 도모지 들지 아니하여 깎을 수 없오.

7. 這個孩子成日家净淘땨氣, 新做的棉몐衣穿得더一個冬둥天, 希破퍼了。 이 아희가 왼 終日 작난하여서 새로 지은 솜옷을 한 겨울 입으면 왼통 해여지오.

8. 你這個瞎쌰壞해的丫야頭, 昨天也破퍼了一塊玻버璃리, 今天又把囫후囵圇룬圖④的一個大따花瓶평打的希碎쉬了嗎? 너 이 눈이 먼 계집애(어린 下女)야, 어제도 한 쪼각 유리를 깨트리더니 오늘도 또 훌융한 한 개 큰 花瓶을 왼통 밧어지게 깨트럿느냐?

9. 此地要賣的房왕子, 大概是希矮애(精矮), 還해帶着精窄재。 不如另링⑤蓋個大些的好。 이곧에서 파는 집은 大概 흠석 낮고 또 흠석 좁아서 따로 좀 크게 짓는 것 같이 좋지 못하오.

10. 大概貼톄身的衣裳不可漿쟝⑥得太硬잉, 必得더希軟싼纔穿촨着舒슈坦탄。 大概 살에 닷는 옷은 너머 뻣뻣하게 풀 먹여서는 아니된다. 반듯이 흠석 부드러워야 입기에 便하다.

11. 他不但知道民민間的情칭形

---

①瀺4 ②闊4 ③鈍4 ④囫1圇2 ⑤另4 ⑥漿1

성, 并且也能講장話, 所以一聽팅他的講장話, 各各心裏就透투亮량, 如수同통開了兩扇산①門一般반. 저이가 民間의 情形을 알 뿐만 아니라 兼하야 講談에도 能하므로 저이의 講談을 듣기만 하면 各自의 마음이 通明하야 맞이 두 쪽 門을 열어 놓은 것과 갓소.

12. 火爐루裏的火훠還是透투旺왕②, 暫짠且체不用添톈煤메, 等到要滅메的時候, 再添一添. 火炉에 불이 아즉도 좋으니 아즉 石炭을 더 넣지 말고 꺼지려고 할 때에 다시 넣으시오.

13. 我昨天在半路루上, 忽후然산下了雨, 把衣服우透투濕스了. 내가 어제 中路에서 별안간 비가 와서 옷을 왼통 적시였소.

14. 聽説他娶츄個媳시婦, 迚뻥俊준俏챠(絶俊、元웬俊), 身體티也中用융, 這不是好福우氣치嗎? 들으니 저이가 흠석 어엽부고 身體도 알마진 女子에게 장가를 드릿다 하니 이것이 좋은 복력이 아니오.

15. 秋天的黄瓜과, 從科커上摘재下來的時候, 吃着也迚脆춰③, 味웨道也是迚뻥鮮. 가을의 외는 폼

이에서 따내일 때에 먹기도 흠석 生生하고 맛도 흠석 新鮮하다.

16. 他們是相好的朋友, 但是相隔거老롸遠왠, 不能時常遇워見. 저이들이 서로 좋아하는 親舊이지만 相距가 흠석 멀어서 자조 만나지 못하오.

17. 啊, 王老哥! 這一向썅老没見, 到底上那나兒去回來的? 아, 王老哥! 이즈음에 늘 보지 못하엿으니 結局 어데 갓다 왓오?

18. 你已經징長얭的這樣老大, 可커見光꽝陰인的快過. 네가 발서 이렇게 흠석 컷으니 光陰이 빨이 감을 가히 알겟다.

19. 你老這樣瞎싸説(胡説), 別説傍팡人不信, 連你的父母也恐쿵怕不相信신罷! 네가 늘 이렇게 거즛말을 하니 다른 사람이 不信하는 것은 그만두고 너의 父母까지도 아마 믿지 않게지.

20. 他的拇무④指즈頭上長얭了一個毒뚜疔띵, 連手背베都腫중⑤的老厚, 胳꺼膊버也腫的老粗추. 還有老長얭的一道紅훙綫쎈, 真젼叫人難난看. 저이의 엄지손가락 우에 毒腫이 나서 손등까지 모두 퉁퉁이 붓고 팔뚝도 흠석 굴근데 또 흠석 긴한 줄기 紅線이 잇서

①扇₄ ②旺₄ ③脆₄ ④拇₃ ⑤腫₃

참말 사람으로 하야금 보기에 어려습듸다.
21. 天氣這樣怪패冷령, 想必是那一個地方앵下了雪쉐了罷! 日氣가 일렇게 퍽 춥으니 아마 어느 지방에 눈이 왓나 보오.
22. 王家的二姑娘怪害臊쌰(慢만怕醜), 若問她一句쥐話, 臉렌上發紅就低디頭無우言앤了。王家네 둘재 閨秀가 퍽 붓그럽어 하야 만일 그에게 한마데 말을 물으면 얼골이 붉어지면서 곳 머리를 숙이고 말이 없오.
23. 這咱잔子就我一個在家裏, 害애怕到不害怕, 很覺좌着怪孤구單단(希冷淸)了。이즈음에는 곳 나 혼자 집에 잇는데 무섭지 아니하나 매우 孤單한 생각이 나오.
24. 你們別說上海的天氣怪패熱, 到我們廣광東去, 比你們上海更 껑熱서。 당신들이 上海의 日氣가 퍽 덥다고 말하지 마오. 우리 廣東에만 가면 당신네 上海보담 덥소.
25. 院裏的菊쥐①花滿만開了, 并且一月亮량也通통亮(爭亮、慢亮), 我們可以挪눠到那裏去, 再喝幾盅중酒, 談談話罷! 뜰 앞에

菊花가 활작 피엿고 兼하야 달도 흠석 밝으니 우리들이 저곧으로 옴겨 갓어 다시 슬 몇 잔 마시며 談話나 합시다.
26. 大槪是販판②豚주肉的, 各各 通肥에③(爭정肥、精肥), 開烟館관的, 各各通瘦쑤。大槪 豬肉을 파는 者는 모도 흠석 肥大하고 烟館(鴉片 먹는 집)을 開設한 者는 모도 흠석 수척하다.
27. 他一喝酒滿臉通紅홍, 所以不敢깐多喝了。저이가 술 먹으면 왼 얼골이 모도 붉음으로 감히 많이 먹지 못하오.
28. 這個粥쮸熬와的通爛란(希滑화), 實在好吃。이 죽은 흠석 풀어지게 쑺엇어 참으로 먹기 좋소.
29. 那塊冰삥不但溜滑화(希滑), 而且不甚硬잉固구, 非에得데留神쩐過去不可。저 어름이 흠석 미끄럽고 兼하야 그렇게 堅固하지 못하니 조심하야 건너가지 않으면 아니 되오.
30. 你看她梳수的頭髮애溜光(油유光), 穿的衣裳也湛잔④新(簇쭈⑤新)。管관那裏看都好, 就是兩隻쯔小脚쟈(裹귀脚)怪醜우。당신 보

---

①菊4 ②販4 ③肥2 ④湛4 ⑤簇4

시오. 저 女子의 머리 빗은 것이 흠석 반질반질하고 옷 입은 것이 퍽 훌융하여서 얻에로 보든지 다 좋으나 곳 발을 조런 것이 흠석 醜하오.

註 : "精" "希" "迸" "老" "怪" "通" "溜" 等 字가 이 課에서는 副詞 作用으로 "지내치게'의 意味를 갖이고 形容詞와 合成함.

第七十九課 副詞字的應用(二八)

忽然 후산   故意 꾸이
제칠십구과 부사자의 응용(二八)

1. 你有甚麼急지忙망的事쓰, 這樣忽후然산去來, 脚쟈오不離地呢? 네가 무슨 急한 일이 잇어 이렇게 忽往忽來하며 足不離地하느냐?
2. 他聽了老婆퍼的話, 忽然改깨了主주意이了. 저이가 마누라의 말을 듣고 별안간 主意를 變更하였오.
3. 猛멍然산(忽후拉라巴바)起的事情叫我還没抓좌頭緒쉬了. 별안간 생긴 일이 되어서 나로 하야금 아즉도 頭緒를 차릴 수 없게 하오.
4. 他好像쌍在那裏見잰過似쓰的, 遽쥐②然산想不起來. 그는 맞치 어데서 본 것 같은데 갑자기 생각이 나지 아니하오.
5. 我的母親, 去年冬둥天偶우然得더了病, 一連二十多天不能넝起來了. 나의 어머니께서 昨年 겨을에 갑작이 病患이 나서 二十餘日 동안을 누어서 이러나지 못하셨오.
6. 你把那件消쏘息시不要徒뚜然跟끈他說, 再等看他的情景징說罷! 당신이 그 消息을 별안간 그에게 말하지 말고 다시 그의 形便을 보아 말하시오.
7. 昨夜我正在睡쉬覺쟈오的時候, 猝쭈②然接제坊빵叫喊한③失火的聲, 把我嚇쌰急지的連門閂쏸④也摸모不着咯레. 어제 저녁에 내가 꼭 잠잘 때에 별안간 불 낫다고 떠드는 소리에 나 갑자기 놀내여서 문빗장도 찾어 붓잡지 못하였오.
8. 冷然間(猛孤구丁쌍)槍쌍子兒飛

①遽쥐 ②猝쭈 ③喊한 ④閂쏸

來，從左ᅟ녁邊的耳ᅟ얼朶ᅟ뒤穿ᅟ촨過去，差ᅟ여一點兒就ᅟ쮸死了。별안간 彈子가 날러와서 왼쪽 귀를 뚤코 나갓어 조금 하더면 곳 죽을 번하엿다.

9. 半點雲ᅟ원彩ᅟ채也没有的天，驟ᅟ쩌우①然(一時、頃ᅟ칭刻ᅟ커)間下起大雨來。不過一轉ᅟ촨眼的工夫，滿街上有一尺ᅟ츠多深ᅟ썬的水。半點의 구름도 없든 하늘에서 별안간 큰비가 와서 不過 瞬息間에 온 거리에 尺餘의 깊은 물이 괴엿다.

10. 我在天津ᅟ진總ᅟ쫑站ᅟ짠上車的時候，突ᅟ투②然(猝ᅟ추然)在後邊推ᅟ튀我一下，回頭看就是吳ᅟ우大哥。내가 天津總站(停車場)에서 車에 올을 때에 갑작이 뒤에서 나를 한번 떠다 밀기에 돌아다 보니 곳 吳大哥입듸다.

11. 他冷ᅟ렁不防ᅟ빵的(冒〔冒〕마不通的、猛ᅟ멍過地裏)闖ᅟ촹進去，把他們嚇ᅟ쌰了一跳ᅟ탸。저이가 별안간 뛰여 드러와서 그들을 한바탕 놀내엿오.

12. 霎ᅟ샤③時間(一霎時、登時間)颳ᅟ꽈的風很緊ᅟ진，把樹根ᅟ끈都颳倒了。삽시간 분 바람이 매우 急하여서 나무를 모다 뿌리채 씨러트렸다.

13. 昨天，我的妹ᅟ메妹家抽ᅟ쩌冷子(偷ᅟ투冷的、打不瞧ᅟ챠)來了幾位ᅟ웨女ᅟ뉘客，預ᅟ위備ᅟ베幾樣菜，真ᅟ쩐忙不過來了。어제 나의 누이 집에 별안간 몇 분 안 손님이 와서 몇 가지 菜를 準備하느라고 참으로 밥부게 지내였오.

14. 今天晨ᅟ천早兒，冷地裏(冷打驚ᅟ징、打冷驚ᅟ징)起了槍炮ᅟ퐈的聲音ᅟ인，把全ᅟ촨家都嚇了。往後打聽，就是軍隊ᅟ뒤④野ᅟ예外ᅟ왜演ᅟ얜習ᅟ시的光ᅟ꽝景ᅟ징。오늘 새벽에 별안간 槍과 大砲 소리가 나서 온 집안을 다 놀내게 하엿는데 뒤로 探問하니 곳 軍隊가 郊外演習하는 情形이엿오.

15. 你這個壞ᅟ해蛋ᅟ단，紮ᅟ자⑤裹ᅟ궈(穿紮)的和個四不像ᅟ썅子(四不像)一樣，見了女ᅟ뉘人ᅟ신就大搖ᅟ야大擺ᅟ배，伸ᅟ썬着頸ᅟ징⑥脖ᅟ버子，喞ᅟ지喞呐ᅟ너呐(鎧ᅟ캐⑦着頸ᅟ징脖ᅟ버子喝ᅟ허喝咧ᅟ례咧)的唱ᅟ창，故意的粧〔裝〕ᅟ좡模〔模〕ᅟ무做樣給人家看。너 이 괴약한 놈아 옷 맨들임을 거어지 같이 한 놈이 女子를 보면 곳 傲慢하게 몸을 갖이고 목을 길게 빼여 엉얼엉얼 소리를 하며 일부러 모양을 내여 남에게 보이느냐?

---

①驟4 ②突4 ③霎4 ④隊4 ⑤紮4 ⑥頸3 ⑦喞1呐4鎧1

16. 昨天他來以前, 恰차巧교有點事出門, 没遇워見他。他就説, 我故意的躱뒤避피, 是何等冤웬枉왕呢? 어제 그가 오기 前에 공교히 일이 좀 잇서 出他하야 그를 만나지 못하엿더니 그가 곳 나더러 일부러 避身하엿다고 말한다니 얼마나 억울한 말이겟오.

17. 我特티爲給你作뒤揖이, 你故意的不答應잉。這豈치不是有心(誠心)藐모視스我嗎? 내가 特別히 당신에게 인사를 하엿는데 당신이 일부러 答禮를 않으니 어찌 故意로 나를 멸시한 것이 아니오.

18. 明知故問원是自己知道的, 就向쌍人問探탄的意思。明白하게 알고 일부러 뭇는 것은 自己가 알고도 남에게 探問한다는 意思이다.

19. 在天下自己是明明無意做的事, 往往人家説有意做的。天下에 自己는 分明히 無心中한 일을 往往 남들이 故意로 하엿다고 말한다.

20. 請太太寬관恕수(原諒), 我實在没看見, 把你碰펑倒(拐괘倒)了, 并不是有心(處心)做的。請컨대 夫人은 容恕하여 주십시요. 내가 참으로 보지 못하고 당신을 넘어 트린 것이지 決코 故意로 한 것은 아니오.

21. 謝쎄謝大哥, 既지是特意爲我預備的, 只得盡〔儘〕진量량吃就是喇라! 大哥 감사합니다. 그외 特別히 저를 爲하야 準備하신 것이니 다만 量컷 먹으면 그만입니다.

22. 你這不知高低디的人, 還해能特티特爲自己지改了大衆즁的規귀矩쥐嗎? 너 이 皀白을 몰으는 者야 獨特히 自己를 爲하야 大衆의 規則을 꽂이겟느냐?

23. 文원老哥真喜시歡환朋友, 這麽마緊진冷렁的夜예裏, 特特親自打酒來, 讓상他們喝허玩완。文老哥는 참으로 親舊을 좋아하오. 이렁한 酷寒인 밤에 特히 손수 술을 받어 갖이고 와서 저이들로 하야금 먹고 놀게 하오.

24. 什스①麽人不好交쟈, 怎麽特特兒(偏페偏)交往一個無賴래子呢? 어떤 사람을 못 사괴여서 어찌 獨特히 건달을 사괴느냐?

25. 我們是要跟他和平過日시, 他就是滿(打)心裏跟我們結졔冤웬, 怎麽辦呢? 우리들은 그와 和平하게 지내려고 하는데 그가 곳 眞心으로 우리들과 結冤을 하니

---

① 什 스

어찌하겠오?
26. 我説這些話，并뼁不是嘴쮜上(牙야外)出來，滿(打)心裏出來的。내가 이 말을 하는 것이 決코 입설에서 나오는 말이 아니라 眞心에서 나오는 것이오.
27. 叫你拿水來，你偏펜拿火휘來。叫你打狗꺼，你偏打따鷄지。那是甚麽個心眼앤兒呢? 너로 하야금 물을 떠오라면 귀어코 불을 갖어오고 너로 하야금 개를 때리라면 긔어코 닭을 때리니 그것이 무슨 心腸이냐?
28. 你不叫我來，我偏要來。何況꽝你請我呢! 당신이 나를 오지 못하게 하여도 긔어코 올 터인데 하물며 당신이 나를 請하는데이겠오.

第八十課 會話(九)

輪〔輪〕船旅行 룬촨뤼싱
제팔십과 회화 (九)
긔선려행

1. 孫쑨老兄，我聽팅説你這次쯔要往上海去。是打算旱한路루走呢，或훠者여是打水路走쩌呢? 孫大兄내가 말을 들으니 당신이 이번에 上海로 가신다는데 陸路로 가는가요 或은 水路로 가시는가요?
2. 在夏쌰天比火車還是坐輪船，就是覺쟈着凉快。夏期에는 汽車보다 오히려 汽船을 타는 것이 곳 서늘하지요.
3. 凉량快콰倒凉快콰，那麽着，我也打算同你坐輪륜船촨去。請칭問那나-一天動둥身션呢? 서늘하기야 매우 서늘하지요. 그러면 당신과 함께 汽船을 타고 갈여고 생각하는데 어느 날 發程하시랴오?
4. 那真젼好極지了，我要明天早쨔起치，九點鐘坐招짠商샹公궁局쥐的輪룬船촨起身션。그것은 참말 흠썩 좋소. 나는 來日 아츰 아홉時에 招商公局 汽船으로 發程할여 하오.
5. 那麽者〔着〕，明天早起在招商公局的碼마頭再見罷! (答)好，錯춰不了랴時쓰刻커罷? 그러면 來日 아츰에 招商公局 埠頭에서 다시 만납시다. (答)그리합시다. 時間은 어기지 않겟지요?

6. 孫老哥, 這纔來麼? 半個鐘^쫑頭以後要開船呢! 我等你半天了, 快來罷! 孫大兄 인제야 게우 오시오. 半時間 以後에는 배간 떠난다 하오. 내가 당신을 半日이나 기달였오. 얼는 오시오.

7. 啊, 黃先生, 早來了嗎? 因爲纏^쩐麼^머家常的事, 纔要抽^쳐身^젼來的。二等五號房^빵是在那^나-兒? 아, 黃先生, 발서 왔음닛가? 집안 일에 얼거 매어서 이제야 겨우 抽身하여 왔오. 二等五號室이 어데 잇는가요?

8. 跟我來罷, 我是暫且占^젼十二號。我想咱們一塊兒住^쥬好, 但^딴不知老兄的意思怎麼樣? 나를 싸라오시오. 나는 暫時 十二號室를 차지하였오. 내 생각에는 우리가 한데 잇는 것이 좋을 듯한데 다만 大兄의 意思에는 어떠하시오?

9. 那是一定^띵。我們一處^츄住下, 談^탄談可^커不好嗎! 你知道我送的東西擱在那^나-兒呢? 그것은 勿論이지오. 우리가 한 곳에 잇서서 談話하는 것이 좋지 아니하오? 내가 보낸 물건이 어데 잇는지 당신이 알으시오?

10. 行^싱李啊, 都堆^뒤在官^관艙^챵外頭。請你點^뎬一點(查^차一查), 撿^쟨①一撿(數^수一數), 叫伙^훠計^지挪^눠到船房裏〔裡〕來罷! 行李말이오 모도 三等客室 밖에 싸어 놓앗으니 請컨대 당신이 혀여 보고 쏜이를 불너 船房 속으로 옴겨 오게 하시오.

11. 好, 七件^쟨行^싱李都有了, 我們進^진五號房去罷! 네, 行李 七件이 모도 있오. 우리는 五號室로 들어갑시다.

12. 一切^체貼^톄身的東西擱^꺼在這裏〔裡〕, 出去艙^챵頂^띵(艙板^반)上倒好。又^여是快要開船, 咱們和送行^싱的朋友們磕^커頭罷! 一切 隨身行李는 여기다 두고 甲板 웋으로 나가는 것이 좋고 또한 배가 속이 떠나려 하니 우리는 餞送하는 친구들에게 인사합시다.

13. 汽^치笛^듸②兒響^썅③, 船也已經^징離了碼^마頭, 衆位還在那裏〔裡〕站^쟌着了。汽笛소리가 나고 배는 발서 埠頭를 쩔낫는데 여러분은 아즉도 저기에서 있오.

14. 請衆^쯍位^웨都回罷! 我們也給他們擺^배手巾^진罷! 請컨대 여러분은 모도 도로 가시오. 우리도 저이들에게 手巾을 흔들어 줍시다.

15. 船走^쩌的很快, 已經看不見碼

①撿3 ②笛2 ③響3

頭了。你瞧챠, 海鳥냐①捕부②魚위吃着呢! 배가 매우 쌜니 가오. 발서 埠頭가 뵈이지 아니하오. 자, 보시오. 海鳥가 고기를 잡어 먹는구려.

16. 眞是呢! 這隻ㅈ船一點鐘可以走多少海里리? 참 그렀오. 이 배는 한 時間에 몇 海里이나 감닛가?

17. 聽說這隻船, 每個鐘頭走十五海해里。말을 들으니 이 배는 한 時間에 十五海里를 간다 하오.

18. 這隻船有多少噸둔? 看着不很小。이 배가 몇 噸이나 되오? 보기에 그리 적지 아니하오.

19. 說是四千來噸, 一切的設써備都是完완全젼, 還해有使ㅅ喚환的很是恭궁敬징。밀은 四千餘噸이라 하오. 一切의 設備도 모두 完全하고 또한 使喚도 매우 恭遜하오.

20. 哦어, 已經過了大沽구③, 剛깡出了海洋咯。你瞧那個漁위④船, 很不少了。어, 벌서 大沽를 지나서 方今 海洋에 나왔오. 자, 보시오. 漁船이 매우 不少하오.

21. 没甚颱風, 浪랑倒高起치來, 船也搖야⑤動起來了。무슨 바람은 없는데 물결은 도로혀 일어나고 배도 搖動하기를 始作하오.

22. 你的臉롄上帶些刷솨白, 并且没有力리氣的樣子, 大概是暈윈船罷! 당신의 얼골에 蒼白色이 잇고 兼하야 氣力이 없는 모양이니 大概는 배멀미를 하는가 보오.

23. 我不很暈船, 可是浪高了就是免몐不了랴有點兒不舒수服。내가 그리 배멀미를 하는 것은 아니지만 물결이 높으면 곳 조곰 不便함을 免치 못하오.

24. 你說不暈船, 那就是暈船的, 進去躺탕一躺罷! 당신은 배멀미니 들어가 좀 눕시다.

25. 是罷, 就很惡어心, 幾지乎후要吐투哪! 少微웨-躺一躺罷! 그리 합시다. 곳 속이 매우 안이꼽아서 거진 吐할 듯하오. 조곰 눕겠오.

26. 你暈윈的今天怎麽樣了? 당신의 배멀미가 오늘은 어떠하시오?

27. 謝謝, 還是全身젼没有力氣了。고맙음니다. 아즉도 全身에 氣力이 없오.

28. 已經過了靑島다, 大概是明天

---

①鳥3 ②捕1 ③沽1 ④漁3 ⑤搖2

上午九點鐘可以到上海罷! 벌서 靑島를 지났으니 大槪 來日 上午 아홉 時에는 上海에 到着할 것이오.

第八十一課 單叠字及重叠字

제팔이일과 단첩자와 중첩자 용법

1. 你別誇①海口쿠, 那樣的本事, 人人都有。당신은 힌소리를 그만두오. 그렇은 技能은 사람마다 다 있오.

2. 人人不曉得더自己的短딴處추, 却曉쌰得人家的短處추。사람마다 自己의 短處는 몰으지만 남의 短處는 아오.

3. 俗語説, 天老没有靈링②。可不是天天下的雨, 把今年的年頭都淹앤瞎싸了。俗談에 하늘도 늙으면 靈이 없다더니 왜 안 그래! 날마다 오는 비에 今年 年事도 다 물에 치여 결단났오.

4. 這些畵화兒, 張張都好, 現쏀買也值ㅈ不少錢了。이 그림들은 張張이 모다 좋아서 지금 사자면 값이 적지 않겠오.

5. 孫쑨先生講的那些話, 句쮜句都叫我們奮ᅟᅯᆫ③鬭뚜。孫先生이 講演한 그 적지 않이 한 말이 句句마다 다 우리들도 奮鬭하라는 것이다.

6. 你月月的薪신水挣了一百塊錢, 年年還説拉라饑지荒황嗎? 당신이 달마다 月給을 百圓식 벌면서 해마다 그래도 窘塞하다고 말하오.

7. 醜쑝事ㅆ家家有, 不潟〔泄〕루是好手, 千萬不要張聲。醜한 일은 집마다 잇다. 漏說치 아니하면 上策이라고 千萬에 소리를 내지 마오.

8. 這條딴魚比那條魚大些, 價錢也條條不一樣。이 한 마리 고기가 저 한 마리 고기보담 좀 커서 값도 마리마다 같지 않소.

9. 凡在回휘敎쨔的人, 個個不吃猪주肉ᅟᅲ。무릇 回回敎人은 사람마다 豬肉을 먹지 아니하오.

10. 他眞쩐是個博버④學多聞원的人, 對於工商界的見識ㅆ, 一一説明。저이는 참으로 博學多聞한 사람이오. 工商界의 見識에 對하여서도 一一히 說明하오.

11. 我們這個地方, 年年不但有了荒황年, 并且被了土투匪ᅟᅨ的搶창

---

①誇1 ②靈2 ③奮4 ④博4

亂환, 家家都是虧퀴了空쿵。 우리이 地方에는 해마다 흉년만 들 뿐 아니라 兼하야 土匪의 掠奪을 當하여서 집마다 텅비였오.

12. 俗語說, 件쟨件(樣樣)通퉁, 件件(樣樣)鬆쑹, 就是説人要精징於那一樣, 必得데專좐於那一樣。 俗談에 件마다 通하면 件마다 疎하다는 것은 곳 사람이 어떠한데 精通하려고 하면 반듯이 어떠한 데에 專門하라는 말이다.

13. 他在《左줘傳좐》書슈上很有精通, 把節졔節都背下來。 저이가 左傳에 매우 精通하여서 마듸마다 다 외여 내오.

14. 你別說道兒遠, 步부步走쭈, 必有走到的時候。 당신은 길이 멀다고 말하지 마오. 한 거름 한 거름식 거르면 반듯이 到着할 때가 있오.

15. 你別説我們的情칭分엔兒怎麼樣, 就是時時也忘不了랴。 당신은 우리들의 情分이 어떠하다고 말하지 마오. 곳 時時로 잊을 수 없오.

16. 這就是個實實在在的事情, 你爲怎〔甚〕麼沒說出〈老〉老實實的話來呢? 이것은 아조 切實한 일인데 당신이 어찌하야 아조 眞實하게 말하지 아니하오?

17. 這個賬쟝目무雖然說是清칭清楚충楚的, 再我們算솬詳썅詳細시細的罷바! 이 賬簿가 비록 아조 清楚하다고 말하지만 우리가 다시 아조 詳細하게 會計하여 봅시다.

18. 一進和허和睦무睦的家去, 真叫쟈人歡환歡喜시喜的。 아조 和睦한 집에만 들어가면 참말 사람으로 하여금 아조 歡喜하게 하오.

19. 你把這件明밍明밍朗①朗(明明白白)的事情, 爲怎〔甚〕麼說個含한含糊후糊的呢? 당신은 이 明明白白한 일을 갖이고 어찌하야 糊塗朦濃하게 말하오.

20. 那事有了順순順當당的, 請你不要懆쫘急지, 從충從容융容的辦去罷! 그 일이 아조 順順하게 되였으니 請컨대 당신은 懆急히 굴지 말고 아조 從容하게 處理하여 가시오.

21. 你這個人, 誠칭誠實實的事情, 是一點也不做。 老這樣哔쫘②哔叨쫘叨(絮슈絮叨叨)的真叫人氣死了。 너는 아조 誠實한 일은 조곰도 하지 않고 늘 이렇게 야불거리며 空談만 하니 참말 사람으로 氣막혀 죽게 하는구나.

---

①朗₃ ②哔₂

22. 找個安安穩ᄋᆫ⑴穩的地方，睡一回ᅙᆔ覺쨘纔好。아조 安穩한 곳을 찾어서 잠 한숨자야만 좋겟다.

23. 你把這些零링零碎ᄉᆑ-碎的東西，可以搬到屋우裏去。穩穩重重중(安安頓ᄃᆫ頓)的擱꺼着罷！당신은 이 시시부러한 物件을 집안으로 옴겨다가 아조 穩當하게 두시오.

24. 你丟ᄃᆔ不了ᄅᅸ那個鄙삐⑵鄙俗쓔俗的毛病，叫人看着連我們也不大方ᅄᅡᆼ(官樣)了。당신이 그 아조 鄙俗한 병통을 버리지 않으면 남이 볼 때에 우리들까지도 젊잔치 않게 된다.

25. 敎他平平安安的回去，我們在這兒痛퉁痛快快(爽솽⑶爽快快)的喝幾盅중酒，和和平平的散罷！그를 아조 平安히 돌여 보내고 우리들은 여기서 아조 痛快하게 술 몇 잔 마시고 아조 和平하게 흐터집시다.

26. 他是個很害怕(懼ᄏᆔ⑷怕、吃劫제⑸)的人，每碰평這種事，就戰ᄌᆞᆫ戰兢깅⑹兢的躲ᄃᆑ避삐了。그는 매우 겁내는 사람이라 每番 이렇한 일만 닥드리면 곳 벌벌떨며 避身하오.

27. 你別看他唉唉喙喙⑺(禿禿攏룽攏)的說話，就學他妥妥當當的辦事。당신은 그가 아조 떠듬떠듬하게 말하는 것을 보지 말고 곳 그가 아조 妥當하게 處事하는 것을 배호시오.

28. 你必得諄ᄉᆔᆫ諄⑻切ᄎᆯ切(煞솨⑼煞實ᄉᆞᆯ實)的囑주咐부他，往後千萬不要再衆人面前，看着小小器치器的。당신은 반듯이 그에게 아조 諄切하게 付托하되 이 뒤에는 千萬에 여러 사람 앞에서 아조 좀팽이로 뵈지 말나고 하시오.

29. 咳呀，我到此地已經過了七八年，不知家裏完ᄋᆞᆫ完全ᄎᆞᆫ全的都好，一想起來傷心得很。아! 내가 이곧에 온 지가 발서 七八年이 지낫는데 집에서 아조 完全하게 다 잘 잇는지 알지 못하여서 생각만 하면 매우 傷心되오.

30. 孔ᄏᆼ先生講的那些話，都是要人正ᄌᆼ直，不要彎ᄋᆞᆫ彎曲ᄎᆔ曲的。要人誠實，不要詭ᄀᆔ詭詐자詐(謊謊詐詐)的。要人爽솽快，不要齷ᄋᆞᆨ齪ᄎᆔᆨ⑽的。孔先生이 講論한 여러 가지 말은 다 사람으로 正直하여서 彎曲하지 말나 하엿고 사람으로 誠實하여서 아조 奸詭하지 말나 하엿고 사람으로 爽快

---
①穩₃ ②鄙₃ ③爽₃ ④懼₄ ⑤劫₂ ⑥兢₁ ⑦唉₁喙₁ ⑧諄₁ ⑨煞₄ ⑩齷₄齪₄

하여서 아조 악착하지 말나 하엿다.
31. 我說你坐得應當端단正正的, 不可歪왜扭부扭的. 나는 너에게 말하노니 앉기를 응당 아조 端正히 할 것이오. 不正(삥둘삥둘)하게하여서는 옳지 못하다.
註 : 叠字는 原來 좀 더 分明하다는 좀 더 强力 있다는 意味를 表示하기 爲하야 使用하는 것인데 一字로 된 單語는 勿論 其字를 重叠하거니와 二字로 된 單語라도 一單語로 重叠하지 않고 字字히 重叠하나니 例를 들건대 "實在"를 實在實在라하지 않고 實實在在라 한다는 말이라.

第八十二課 願望字的用法

願원、愛、甘깐、肯큰、應
願、巴바、恨흔、望왕
제팔십이과 원망자의 용법

1. 世上的人, 没有一個不願意做福푸榮숭的. 世上의 사람은 한 사람도 幸福과 榮光을 願하지 않는 사람이 없다.
2. 你跟我辦個墾큰牧무公궁司쓰, 情칭願不情願? 당신이 나와 함께 墾牧事業하기를 꼭 願하오 願치 아니하오?
3. 我願意脱퉈離리政계界的關係시, 只找一個清静징的地方去釣댜오魚워. 나는 政界의 關係를 버서나서 다만 清静한 地方 한 곳을 찾어갓어 낙시질이나 하기를 願하오.
4. 他不愛吃好的, 也不愛穿好的, 净징愛念書수. 그는 좋은 것을 먹기도 좋아하지 아니하고 좋은 것을 입기도 좋아하지 아니하고 다만 글 읽이만 좋아하오.
5. 我愛坐輪룬船, 海洋旅뤼行싱. 她愛坐火車, 大陸루旅行싱. 나는 汽船을 타고 海洋의 旅行하기를 좋아하고 저 女子는 汽車를 타고 大陸의 旅行하기를 좋아하오.
6. 我們聽說你在香썅港캉賺쫜了五萬多元, 要你做一桌줘東, 甘깐心不甘心? 우리가 들으니 당신이 香港에서 萬餘圓을 몽앗다 함으로 당신에게 한턱을 먹을여 하니 甘心 아니하오.
7. 你辦的材채木무公司, 目下没甚

麼大紅홍利，可是甘心做去，將來必有發大財째。 당신이 經營한 木材會社가 目下에 무슨 큰 利益이 없다 하지만 甘心으로 하여가면 將來에 반듯이 큰 돈을 몽을 것이오.

8. 我雖然費폐了多少心血쉐庇삐護후他，可惜시他把我非得不糟짜蹋타不甘心。 내가 비록 許多한 心血을 虛費하야, 그를 保護하엿지만 그는 나를 즛밟지 않으면 甘心치 아니할여고 하니 可惜하오.

9. 你出추去撞쨩騙펜人, 不用挂과我的幌황①子。 若워是再指쯔着我的名字去撞騙, 我一定不肯큰。 당신이 밖에 나갓어 사람을 속이는데 나의 看板을 걸지 마오. 만일 다시 나의 일홈을 가라치고 欺詐를 한다면 내가 一定코 容恕하지 아니하겟오.

10. 世上人若不爲吃穿촨住三字, 誰還肯큰幹깐活? 世上 사람이 만일 衣, 食, 住 三字를 爲하지 않으면 누가 그래 즐기여 일하겠오?

11. 你那樣懶란手, 地也不種, 商也不做, 光愛嫖賭的, 還敢說你的父母肯不肯呢? 당신이 그렇게 懶怠하여서 農事도 아니 짓고 장사도 아니하고 다만 오입과 賭博만 좋아하면서 그래도 敢히 당신의 父母가 肯하느니 不肯하느니 말하오?

12. 你不改毛病, 只즈來討我的情, 也不應잉。 당신이 그 병통을 고치지 아니하고 다만 나에게 와서 哀乞하여도 不應하오.

13. 我在街上碰펑他見禮, 光瞧챠不答따應, 這是一定띵看不起我的。 내가 路上에서 그를 만나 禮를 하엿더니 보기만 하고 答禮를 하지 않으니 이것은 꼭 나를 멸시하는 것이오.

14. 你那場챵官司跟他要說和, 到底디他答應不答應了呢? 당신의 그 訴訟을 그와 和解할여고 하더니 結局 그가 應하던가요 不應하던가요?

15. 他有信勸我們說, 願你們一家和睦무, 并且各種쫑事都要順슌意隨쉬心。 그가 편지로 우리들의게 勸한 말이 당신들의 온 집안이 和睦하며 兼하야 各種事業이 모다 뜻과 마음대로 이루기를 願한다고 하였소.

16. 我們中國的老百버姓싱不但願望왕年年雨順風調댜, 没蟲충灾째, 也願望軍閥과和政客거, 不及鬧

---

①幌ʒ

났出戰잔事纔好。 우리 中國 百姓은 年年히 雨順風調하고 蟲災가 없기만 願할 뿐 아니라 軍閥과 政客이 戰事를 造出하는데 및이지 아니하여야만 좋겠다.

17. 當個父母的没有一個不願意自己的子孫巴바不得結제好, 然산而얼却不能녕個個都好。 父母가 된 이로는 自己의 子孫이 좋은 곧으로 奮發하여 가는 것을 願치 않은 이가 한 사람도 없지만 사람마다 다아 좋기는 不能하오.

18. 他巴不得(望不能)和我們協셰心合허意的辦個教育웨的事業에。 저이가 우리와 같이 協心合力하야 教育의 事業을 하여 보기를 願하오.

19. 我雖然巴不得討大家的歡喜, 但他們不符푸我的意見, 怎麼辦〔辦〕呢? 내가 비록 여러분의 歡喜를 願하지만, 저이들이 나의 뜻과 맞이 않은니, 어찌하겠오?

20. 若是他們還是互홍相反판目, 我巴不得給他們説熨원①貼톄了。 만일 저이들이 아즉도 互相反目한다면 내가 그들에게 말하여 풀어 주고 십소.

21. 看他的樣子, 嘴쥐裏雖然說是巴不得, 却是心裏不喜歡。 저 사람의 모양을 보면 입으로는 비록 願한다고 말하지만 마음에는 반가워하지 아니하오.

22. 你巴不能和他搭따伴반兒去, 這些零링些事情, 今天都辦빤完了纔쎄好。 당신이 그와 同伴하여 가기를 願하지만 이 여러 가지 小小한 일을 오늘 모두 完結하여야만 좋겟오.

23. 我巴不能說他們好, 但是照쟈實話講쟝, 説不出好來呢! 내가 그들과 좋다고 말할 수 잇지만 實地대로 말하면 좋다고 할 수도 없오.

24. 今年也快到年底듸, 挣쟁錢也不多。 照他的性싱兒, 恨흔不能녕一步부到家。 今年도 발서 年末이 되엿는데 돈도 많이 뫃으지 못하여서 그의 性味대로 하면 한 거름에 歸家 못하는 것을 恨한다.

25. 你別胡후吵챠, 若是王順聽了這話, 恨不得一口쿼吞툰了你呢! 내가 함부로 떠들지 마라. 만일 王順이 이 말을 들으면 한 입에 너를 삼키지 못함을 恨할 것이다.

26. 我聽說宋쏭少〔小〕姐졔實在想你, 她恨不能現쎈在就面對뒤

---

①熨4

面。내가 들으니 宋少 [小] 姐가 실노 당신을 생각한다오. 그 女子가 지금 서로 마조 앉어 잇지 못함을 恨하오.

27. 世上的人護후己지的多，有了好處추，都說是自己的。有了壞해處，恨不得推퉤的乾乾간净징净的。世俗의 사람은 護身者가 많어서 좋은 일이 있으면 다 自己가 한 것이라고 말하고 낣분 일이 있으면 제 앞을 깨끗하게 하고 떠다밀지 못하야 恨한다.

28. 望왕你趕간緊진回來，於워公於私都得商量量〔商〕量，叫我們互相倚이靠칸。바라건대 당신이 빨리 돌아와야 於公於私에 모다 商議하고 우리들로 하여금 서로 의지하게 되오.

29. 我們走路饑지又워饑，渴커又渴，急지忙(緊慢만)也到不了站잔上。望老兄買點吃東西來，好不好? 우리가 길를 걷끼에 아조 배가 곺으고 아조 목이 말러서 急하지만 停車場에 到着할 수 없으니 바라건대 老兄은 좀 먹을 것을 사 갖이고 오는 것이 좋지 아니하오?

30. 他來到我們家的時候，甚麼也沒接제待대他。若是你上他家去，望你替틔我說一說。그가 우리 집에 왓을 때에 아무 것도 그에게 待接하지 못하엿는데 만일 당신이 그의 집에 가거든 바라건대 당신은 나를 代身하야 말을 하여 주시오.

註: 本課에서는 願하다는 意思를 表示하는 諸種의 語類의 用例를 示한 것임.

第八十三課 副詞字的應用(二九)

豈치、焉앤、難道난도
奈何내허、無奈우내、不得已부더이
제팔십삼과 부사자의 응용(二九)

1. 喪쌍盡良량心，謀무害朋엥友，雖쉐得一時的富푸貴，豈치能長창久쥬麽? 良心을 喪盡하고 親舊를 謀害하야 비록 一時의 富貴를 得할지라도 어찌 能히 長久하겠오?

2. 雖然自쯔古구道 "自過不知"，這原웬是我一生的毛病，豈能不

知道呢? 비록 自古로 말하기를 自己의 허물을 알지 못한다 하엿지만 이것이 原來 내 一生의 병통인데 어찌 能히 알지 못하겠오?

3. 夏天悶熱的時候, 同幾個朋友到海水澡場去, 在澄①清的海水, 潔②白的沙場上, 浮③浮水, 打打滾, 豈不快活嗎? 여름날이 찌고 덥은 때에 몇 親舊와 함께 海水浴場에 갓어 말근 海水와 깨긋한 沙場 우에서 헤염치고 뒹구는 것이 어찌 快活하지 않겠오?

4. 蘇長魁已經過了四十歲的人, 迷了妖④精的妓女뉘, 把老婆攆出她娘家去。孩兒們哭哭泣泣的散了街, 豈不是喪心病狂麼? 蘇長魁는 이미 四十歲가 넘은 사람으로 여호 같은 긔생년에게 迷惑하야 안해를 親庭으로 쫓어 보내서 아해들이 왼통 울며불며 거리로 헛터젓으니 어찌 喪心病狂하지 않은 것이겠오?

5. 人各都有各人的便宜。豈肯不顧自己的便宜, 還有給人家的便宜麼? 各人은 다 各人의 便利가 잇는데 어찌 즐게 自己의 便利를 不顧하고 남의게 便利를 줄 者가 잇겠오?

6. 那件事明明是他的錯, 所以昨天要我說和。今天又告官, 豈有此理呢! 저 일이 分明히 저이의 잘못한 것임으로 어제 나를 보고 和解하자 하더니 오늘은 또 告訴를 하엿다 하니 어찌 이런 경우가 잇겠오?

7. 常說不怕死, 不愛命的王連長, 一到火綫上, 還不及兵刃⑤相接。只聽着幾聲槍炮的音響, 寒⑥了膽子, 就拿起腿跑, 這豈算真正的軍人麼? 恒常 죽는 것도 무섭지 않고 목숨도 사랑하지 않는다고 말하든 王中隊長이 戰線에 나서 아즉 兵仗이 相接하지 않엇는데 다만 몇 방 총과 대포 소리만 듣고 膽이 서늘하야 뒤도 돌보지 않고 다러나니 이 어찌 眞正한 軍人이라고 하겠오?

8. 蛟⑦龍豈是池中物。他雖然暫時不得意, 將來必有達成的日子。蛟龍이 어찌 池中의 물건이랴 저이가 비록 暫時는 得意치 못하엿지만 將來에는 반듯이 達成할 날이 잇을 것이오.

9. "自己不正, 焉能正人。"

─────────────
①澄4. ②潔2. ③浮2. ④妖1. ⑤刃4. ⑥寒2. ⑦蛟1.

就是先正自己, 後正人的。'自己가 바르지 못하고 어찌 能히 남을 바르게 하겟느냐' 라고한 말은 곳 먼저 自己가 바른 뒤에 남을 바르게 하라는 것이다.

10. 你們既지然凡앤事都뚜外着我, 我焉앤能不自己打算自己的呢? 당신들이 긔위 凡事에 모두 나를 除外하는데 내 어찌 능히 自己로서 自己를 預備하지 않겟오?

11. "既在矮애簷앤①下, 焉能不低디頭。"就是在下的人, 不能不服뿌從뚱的。'낮은 簷下에 잇고야 어찌 能히 머리를 숙이지 않겟느냐' 라고 한 말은 곳 아래에 잇는 사람이 能히 服從치 아니하지 못한다는 뜻이다.

12. 那一種宗教都是勸췐善싼懲칭惡어的真理, 焉有勸惡懲善的真理呢? 어떠한 宗教이든지 모다 勸善懲惡의 眞理이지 어찌 勸惡懲善의 眞理가 잇겟느냐?

13. 那件事上, 有王老哥和幾位웨朋友替티辦, 雖我不去, 也難난道不能不辦的。 그 일에는 王老哥와 몇 분 親舊가 잇서 代身處理하면 비록 내가 아니 가더라도 處理를 못하지 않을 것이오.

14. 那個姑娘, 只好十七八歲쉬-, 這位老太太倒有八十來歲。難道六十多歲還生產찬了麼? 저 閨秀가 다만 十七八歲밖에 아니 되엿다면 이 夫人이 八十餘歲가 되엿을 터인데 그렇다면 어쩌든 六十餘歲에 生產하엿다는 말이오.

15. 人人都往廟먀裏燒샤香쌍, 祈치禱댜②壽쎠富貴多男난。我問他們和허尚샹、道댜士쓰難道各各都受享썅麼? 사람마다 모도 절에 갓어 香불을 피으며 壽富貴多男子하기를 祈禱하니, 내가 그들에게 뭇노니 僧과 道士는 어쩌든 個人마다 모도 福을 받는가요?

16. 大概是老人家愛好年少的, 奈내③何허年少的不愛老人家。大概는 老人들이 少年를 좋아하는데 어찌하야 少年는 老人들을 좋아하지 안는가?

17. 長쟝子是書쓔呆대-, 次쓰子是還해没成청年。家道不是從前쳰的家道, 此將奈何。 맛아들은 글벌래이고 다음 아들은 아직 成年이 못되엿는데 家計는 그 전 家計보

---

①簷2 ②祈2禱3 ③奈4

담 못하니, 이 일을 장차 어찌 할 가?

18. 你別譏지笑쏘自殺사的人, 天地間잰還有愛死的人嗎? 不過無可커奈내何而얼尋쉰死的。당신은 自殺하는 사람을 嘲笑하지 마오. 天地間에 그래도 죽기를 좋아하는 사람이 잇겟오? 할 수 없어, 죽기를 찾는 것이오.

19. 你別説那件事無計지奈내何허。依我看, 却有一計지可以辦得到的。당신은 그 일을 할 수 없다고 말하지 마오. 나로서 보기에는 一計가 잇서 가히 處理할만하오.

20. 誰願意不顧꾸風寒한暑수濕스, 東跑파西奔번呢? 那也一身一家不得生성計, 没奈何的事。누가 風寒暑温을 不顧하고 東奔西走하기를 願하겟오? 그도 一身一家의 生計를 얻지 못하야 할 수 없이 하는 일이다.

21. 誰能不願意吃好穿촨好的麽, 無奈沒錢吃粗추穿粗的。누구던지 좋은 것을 먹고 좋는 것을 입기를 願치 안겠오만 돈이 없어 할 수 없이 낡분 것을 먹고 낡분

것을 입는 것이다.

22. 我也願意照쨔樣守쑤着祖쭈宗쭝的遺이産, 但是我的情形싱, 無奈賣的。나도 依舊하게 先祖의 遺業을 직키고 싶지만 다만 나의 事情이 할 수 없어 파는 것이오.

23. 原웬來我不願意給他作쩌保바的, 無奈因爲朋友的面子作保, 如今受了這樣虧퀴損슨。原來 내가 그에게 保證 서 주기를 願치 않엇지만 할 수 없이 親舊의 面目으로 因하야 保證을 서 주엇더니 지금에 이러한 損害를 받었오.

24. "治쯔得了病, 治不了命밍。" 我看他不能回휘復쭈過來, 無奈早一天預備死後的事情。'病은 곳칠 수 잇지만 목숨은 곳칠 수 없다'고 나 보기에는 저이가 回生하여 나기가 不能하니 할 수 없이 하로 빨이 死後의 일이나 準備하시오.

25. 每年的年成很不好, 又加上家쟈裏不斷돤的有病, 若要任신性싱馬上離리家, 無奈因爲老弱워, 勉몐①强챵過去。해마다 年事도 매우 좋지 못하고 또는 兼하야 집안에 病이 떠나지 않으니 만일 마음대로 한다면 곳 집을 떠나고

---
①勉4

싶으나 할 수 없이 老弱으로 因하야 억지로 지내 가오.

26. 當初 츄 他拒쥐①絶졔的事情, 我們再三勸 촨 他不得已的應承 쳥 了。當初에 그가 拒絶하는 일을 우리가 그에게 再三 勸하야 不得已 承諾한 것이오.

27. 那是不得已咯 러。我雖然滿心不願意, 看大家的面情將 쟝 就 쥬 罷！ 그것은 不得已한 것이오. 내가 비록 眞心으로 願치 아니하지만 여러분의 面目을 보아서 그대로 하지오.

28. 朋友家賀 허喜 시, 親戚 치②家吊 됴③喪, 并不是不得已, 那是人類 社 져 會上應 잉 該 깨 應酬 쳐④的。親舊의 집 婚禮에 祝賀하는 것과 親戚의 집 喪禮에 慰吊하는 것이 決코 不得已한 일이 아니라 그것은 人類 社會上 맛당히 酬應할 것이다.

29. 誰愛打愛罵 마? 自家的孩子, 其實這麼教 쟈, 那麼哄 훙 也不聽, 不得已罰 빼棍 꾼⑤的。누가 自己의 어린 아희를 때리고 욕하기를 좋아하겟나? 其實은 이렇게 가라치고 저렇게 달내는여도 듣지 아니함에서 不得已 매를 때리는 것이다.

第八十四課　比較詞(一)

更껑、不如부수、不及지、强似쟝쓰
索性쉬싱、越웨……越、越

제팔십사과 비교사 (一)

1. 你糊후塗두(투), 他更껑糊塗。당신이 糊塗하다면 저이는 더욱 糊塗하오.

2. 做官的更不可犯 빤罪 쭈。벼슬하는 니는 더욱 犯罪하엿어는 아니된다.

3. 吝 린嗇 써的財東比要飯的更窮 쳥。吝嗇한 富者는 거 어지보담 더욱 窮하다.

4. 你看財 쩨帛 버比你的心血 혜更 꺼 重。去你一個大錢, 比割你身上一塊肉 쑤更疼 텅。당신은 財物 알기를 당신의 心血보담 더욱 重하게 하야 당신이 돈 한 푼 써 버리는 것을 당신 몸의 고긔 한 점을 버여 내는 것보담 더욱 앞으게

---
①拒4 ②戚1 ③吊4 ④酬2 ⑤棍4

역이오.

5. 爹데有娘有, 不如수自ᄌ己지有. 아버지께 잇고 어머니께 잇는 것 보담 自己께 잇는 것만 갓지 못하다.

6. 打他不如拿個理去和他講쟝. 저 이를 때리는 것보담 리치를 갖이고 저이와 말하는 것만 갓지 못하다.

7. 生셩病삥吃補부藥不如没病不吃藥好。病이 낫어 補藥을 먹는 것 보담 病이 업시 藥을 아니 먹는 것만 갓지 못하다.

8. 像這様没良心的人, 眞正不如 禽친獸쓔了。이렇게 良心이 업는 사람 같으면 참으로 禽獸만도 갓 지 못하오.

9. 出門吃好的, 不如在家吃粗추 的。밖에 나갓어 좋은 것을 먹는 것이 집에서 납분 것을 먹는 것 만 못하다.

10. 俗語説, 十賖서不如一現쎈。又説, 十鳥냐오在樹, 不如一鳥在手。俗語에 열 번을 외상으로 파 는 것보담 한번을 現金으로 파는 것만 갓지 못하다, 또 말하기를 나무에 잇는 열 마리 새가 손에 잇는 한 마리 새만 못하다고 하엿다.

11. 兒子孝쌰不如媳婦孝, 女뉴兒孝 不如女婿쉬①孝。아덜의 孝가 며 누리의 孝만 갓지 못하고, 딸의 孝가 사위의 孝만 갓지 못하다.

12. 得利的貓마歡환似쓰虎후, 失時的鳳엥凰황②不如鷄지。得利 한 알룩고양이가 깁버 하기를 범 과같이 하고 失時한 鳳凰이 닭만 갓지 못하다.

13. 上泥늬的緞똰衣服不及지漂표白 的布衣裳好。때 묻은 비단옷이 깨끗한 무명옷만 갓지 못하다.

14. 騎치脚踏따③車(自行車)的, 不 及坐汽車去的快。自轉車를 타 는 것이 自動車를 타고 가는 이 만치 速하지 못하다.

15. 火훠棍꾼兒短똰, 强似手撥버攔 래(라)④。불집개가 쟎어도 손으로 허치는 것보담은 낫다.

16. 可以多做一點뎐飯, 剩셩下强챵 似쓰不殼꺽。가히써 밥을 좀 많 이 지어 남기는 것이 不足되는 것보담 낫다.

17. 見人有錯춰, 在背베地裏告訴 他, 强似在衆즁人跟前説出來。 남의 잘못을 보고 남몰래 그에게 말하여 주는 것이 여러 사람 앞 에서 말하는 것보담 낫다.

18. 後到的人, 還해强似没有來

①婿4 ②鳳4凰2 ③踏4 ④撥1攔3

的。끝으로 오는 사람이, 오히려 오지 않는 사람보담 낫다.

19. 他要撈_과本錢, 不聽我的話, 索^쉬性再上賭_뚜場去, 輸^수了不少錢了。저이가 本錢을 찾으랴고 나의 말을 듣지 않고 繼續하여 또 賭博場에 가더니 적지 아니한 돈을 잃어 뻬에다오.

20. 一不做^쒀, 二不休^슈。我和他已經鬧_나擰_닝①了, 索性跟_끈他分個_앤高低就_쥐罷! 한 번을 못하면 두 번을 쉬지 말나고 (네, 장, 어찌하엿든지) 내가 그와 이미 틀인 바에는 차라리 그와 是非를 캐고 말겟다.

21. 若是拿山東紬扯(截)個袍_파料那樣貴的話, 索^쉬性^싱多花幾塊錢, 扯(截)個綿_멘②紬的, 何_허等體面呢? 만일 山東紬로 周衣감을 끈는데 그렇게 빗쌀 것 같으면 차라리 몇 원을 더 써서 綿紬를 끈는 것이 얼마나 젊잔코 좋으냐?

22. 凡人做壞^해事不但越做越貪_탄, 越慣越壞。무릇 사람이 그른 일을 하면 할수록 더욱 貪할 뿐만 아니라 버릇이 될수록 더욱 버린다.

23. 冤_왠仇_쳐是越結_제越大, 情誼_이③

是越交越深_쩐。원수는 매질수록 더욱 크고 정의는 사귈수록 더욱 깊어진다.

24. 熱的時候, 越喝_허越渴_커。癢_양④的地方, 越撓_나⑤越刺_쓰⑥撓。덥은 때에는 물을 마실수록 더욱 목 말으고 가려운 곧은 긁을수록 더욱 가렵다.

25. 愛貪的人, 越吃越饞_얀。不愛做的人, 越閑越懶_란。貪食하는 사람은 먹을수록 더욱 먹으려 하고 일하기 싫여하는 사람은 놀수록 더욱 게을느다.

26. 俗語說, "差_차之毫_하釐_리⑦, 謬_뮤(먀)⑧之千里", 就是越差越遠的意思。俗言에 호리의 틀임이 千里가 어긋난다는 것은 곧 틀일수록 더욱 멀다는 뜻이다.

27. 蘇文卿_칭⑨她生的實在俊_준俏_챠(標緻), 真叫_챠人越看越愛。蘇文卿 그 女子는 참으로 어엽부게 생겨서 참말 사람으로 하야금 볼수록 더욱 사랑스럽게 한다.

28. 念_녠《紅_훙樓_루夢_멍》越看越有滋_쯔味_웨。紅樓夢을 읽으면 볼수록 더욱 자미가 있오.

29. 小孩兒們越打越糊塗, 醜_쳐事越掩_앤⑩越露_루⑪出。어린 아희들은 때릴수록 더욱 糊塗하고 醜한

---

①擰₂ ②綿₂ ③誼₂ ④癢₃ ⑤撓₂ ⑥刺₄ ⑦釐₂ ⑧謬₄ ⑨卿₁ ⑩掩₃ ⑪露₄

일은 가릴수록 더욱 들어난다.
30. 我給他越讓越發逞㉠①强(逞能), 這是甚麼理呢? 내가 그에게 讓步할수록 더욱 自誇(힘 잇는 대로 뻐틴다)하니 이것이 무슨 理由오?
31. 樂러笑쌰的人, 越叫他別비笑, 越笑起來。哀애哭쿠的人, 越叫他別哭, 越哭起來。좋아서 웃는 사람을 그에게 웃지 못하게 할수록 더욱 웃고 슲어서 우는 사람을 그에게 울지 못하게 할수록 더욱 운다.
32. 看看人家的孩子們伶링俐리, 就看俺안的孩兒真糊塗, 越發忿엔②氣치。남의 집 아희들이 伶俐한 것을 보고 곧 내 집에 아희가 참 말 糊塗한 것을 볼수록 더욱 분하다.
33. 從今年春天失了大火以後, 越發小心(留류神쎤)喇! 今年 봄에 큰 불이 나 以後로는 더욱 조심이 된다.
34. 胡후大哥那樣忽후然싼死去, 人家雖有表뱌明的話, 却췌叫我越發疑이惑훠。胡大哥가 그렇게 별안간 죽음을 남들이 비록 表明하는 말이 잇지만 나로 하야금 더욱 疑惑이 생긴다.
35. 我看他很殷인勤친, 并且有點兒挣정錢的樣子, 可越發窮쳥, 想必是他的太太不會過궈日시子罷! 나 보기에는 저이가 매우 勤懇하고 兼하야 돈을 좀 몽은 모양 같은데 더욱 窮하게 지내니, 아마 저이의 夫人이 살임살이를 할 줄 몰으나 보오.

註: 比較級에 關한 用語의 類들 이니라.

第八十五課 "家""法" 兩字的用法

제팔십오과 가자와 법자의 용법

1. 昨天, 我等他到半天家不來, 所눠以我白費뻬了整정天家的工꿍夫푸。어제 나는 그를 半日이나 기달이여도 오지 아니하였음으로 온 終日의 時間만 虛費하였오.
2. 請大家別管人家的皂쨔白, 各人管관各人的事。請컨대 여러분은 남의 黑白을 相關하지 말고 저마다 제 일을 하시오.

①逞2 ②忿4

3. 他們從㲾前쳰是個相好的乾깐親家, 到如今彼삐此ᄎ冷眼相看了。 그들이 以前에는 서로 좋아 지내든 義親家이더니 이즈음에 와서는 彼此에 冷情한 눈으로 서로 보오.

4. 咱자們年輕칭家没甚麽憂여愁쳐的事, 老人家就不放fang心了。 우리 젊은 사람들은 무슨 근심 걱정할 일이 아닌데 늙은이들은 곳 마음을 놓지 못하오.

5. 你別看他外面的窮귀-鬼子, 若知道底디根끈兒, 是個大財쌔主家。 당신은 저 사람을 外面이 窮하야 鬼神 같은 것만 보지 마시오. 만일 그 根本을 알면 큰 富者이오.

6. 王小哥的妹妹爲甚麽不在婆퍼家, 老在娘냥家過日子呢? 王小哥(적은 兄)의 누이는 무슨 까닭에 시집에는 잇지 않고 늘 親家에서 歲月을 보내는가요?

7. 人的福뿌星싱兒, 誰敢깐推뛰量呢? 你看李省셩長쟝是個我們小時家쟈的同窗챵。 사람의 分福을 누가 敢히 推測하겠오? 당신은 李省長이 우리 兒孩 때에 한 同窗이던 것을 보시오.

8. 現쎈在賺쫜些錢過活的, 就是我們東家照顧꾸的恩언德더。 지금 돈을 좀 뫃아 살임하는 것이 곧 우리 主人이 돌아보아 준 恩德이오.

9. 如今的官家没有一個不發ᄈ財的, 就是我們老百姓싱家窮쳥的要命了。 이지음의 官吏들은 한 사람도 돈을 뫃으지 못한 者가 없는데 곧 우리 네 百姓들은 窮하야 죽게 되엿오.

10. 你們孩子家應當用心做工, 不要在大人인跟前쳰搶챵嘴줴。 너이 어린 아희들은 應當 마음을 드려 工夫할 것이지 어른들 앞에서 말 깃을 들지 말아라!

11. 新姑爺예(女婿쉬)帶新奶내娘坐了汽치車, 上丈쟝人家磕커頭去了。 새 서방님은 새 앗씨를 다리고 自動車에 앉어 丈人집으로 인사하러 갔오.

12. 你們結了冤웬家是受了人家的恥츠笑, 不可彼此相争쟁。 당신들이 冤讎를 맺는 것은 곧 남의 恥笑를 받는 것이니 彼此에 서로 다투는 것이 不可하오.

13. 管家的是大户후人家使的, 我們這路루人用不着。 살임 사리꾼이라는 것은 크게 잘 사는 집에서나 부리는 것이지 우리처럼 이러한 사람은 쓰지 못하오.

14. 東莊쟝的張家和北莊的李家, 不但這次結親, 是個七八代디-的老親家쟈。 東村 張氏집과 北

村 李氏집은 이번만 婚姻한 것이 아니라 七八代가 되는 오란 姻戚家이오.

15. 剃틔頭當和허尙샹, 就叫出추家. 自稱칭爲僧숭①家, 稱人家爲웨俗家수. 머리 깍고 중이 되는 것을 곧 出家라 불으고 自身을 불 때는 僧家라 하고 남을 불 때는 俗家라고 한다.

16. 現代的國家, 若워没有相當的海軍力리, 算쏸不了랴强國. 現代의 國家로서 만일 相當한 海軍力이 없으면 强國이라고 할 수 없다.

17. 儒수家的功궁夫是率쇄②性성, 道家的功夫是煉렌③性, 佛에家的功夫是見잰性, 這都是性理上清心寡귀欲위④的意思. 儒家의 功夫는 性을 率하는 것이고 道家의 功夫는 性을 煉하는 것이고 佛家의 功夫는 性을 見하는 것이니 이것이 모다 性理上에서 마음을 맑게 하며 欲心을 적게 하라는 意思이다.

18. 文원章不但有各人的做法, 筆삐法에也有了各人的寫쎄法. 글에만 各人의 作法이 있을 뿐 아니라 筆法에도 各人의 쓰는 法이 잇다.

19. 軍퀸法쯔是維웨⑤持쯔軍人的紀지律뤼, 兵法是攻꿍守作戰잔的計지 劃화. 軍法은 軍人의 紀律를 維持하는 것이고 兵法은 攻守作戰의 計劃이다.

20. 我總쭝得怎樣要法, 他常常搪탕⑥拖퉈, 實在没有法子. 내가 아모리 어떻게 달나고 하여도 그가 늘 미대니 참으로 할 수 없오.

21. 這個耍쇠戲시法的手쏘法實在巧쨔妙먀, 好像썅有甚麽邪쎄法似的. 이 妖術軍의 손 才幹는 참으로 巧妙하여서 맛치 무슨 邪法이 잇는 것 같다.

22. 你別說學쎄生的聽法和記지法不好, 你也改點講쟝法纔好. 당신은 學生들의 든는 法과 記憶하는 法이 좋지 못하다고 말하지 말고 당신도 講演하는 法을 좀 곳처야만 좋겠오.

23. 過日子, 要儉쟨省셩是不錯춰. 但若워太儉省也不是個正經징過法. 살임사리에 節儉하는 것이 옳지만 만일 너무 節儉한다면 또한 正當히 살임하는 法이 아니다.

24. 人少東西多, 眞전是叫我們没有怎麽個拿나法. 사람은 적고 물건은 많어서 참말 우리들로 어떻게 갖이고 갈 方法이 없오.

25. 總得辦事的方法, 不要定딩死法

──────────

①僧₁ ②率₄ ③煉₄ ④欲₄ ⑤維₂ ⑥搪₂

子。도대처 일을 處理하는 辦法에 죽은 方法을 定하지 말어라!

26. 各人的說法不但表뾰顯쪤自各꺼兒얼的口才채, 也有一種慣관法。 사람마다 말하는 法이 各自의 口才를 表顯할 뿐만 아니라 또한 一種의 慣習된 法도 있오.

27. 教師的講法雖說好, 學生성的學法差차些那就難난了。 教師의 가리치는 法이 비록 좋더라도 學生의 배호는 法이 좋지 못하면 그것은 곧 어렵다.

28. 中國字有好幾樣的念녠法, 也有好幾樣的講쟝法。 中國 글자는 여러 가지로 읽는 法도 잇고 또 여러 가지로 새기는 法도 잇다.

29. 現在的法律有民민法、 刑싱①法、 商쌍法、 憲쪤②法、 訴쑤訟숭③法、 行싱政정法等等以外왜, 還有好些쎄個法。 現在의 法律에는 民法, 刑法, 商法, 憲法, 訴訟法 등밖에도 또한 여러 가지 法이 잇다.

30. 從前쳰的問원官司就用嚴앤緊진非道的打法, 現在的就쭈用委웨④曲취婉완⑤轉콴的問法。 以前의 法廷에서 뭇는 것은 嚴酷하고 無道한 때리는 法을 썻고 지금에는 곧 委曲하고 婉轉하게 뭇는 法을 쓴다.

31. 西洋的딴樂웨(얏)法是用융兜뚜⑥、 類레、 米미、 乏애、 叟쑤⑦、 拉라、 替틔七個音인編벤成청的, 中國的是用凡얜、 工궁、 尺츠、 上썅、 一이、 四쓰、 合허七個音編成的。 西洋의 樂法은, 또, 레, 미, 애, 솔, 라, 씨 七音을 갖이고 編成한 것이고 中國은 얜, 궁, 츠, 썅, 이, 쓰, 허 七音을 갖이고 編成한 것이다.

32. 俗語說: "家有家法, 國有國法。" 就是家人신要守쎠家規귀-, 國民要服뿌國法的。 俗言에 '집에는 家法이 잇고 나라에는 國法이 잇다'고 말함은 곧 한 집안 사람은 家法을 직히고 한 나라 백성은 國法을 직히라는 말이다.

第八十六課 "處" "死" 兩字的用法

제팔십륙과 "처" 자와 "사" 자의 용법

1. 各거人有各人的長쟝處, 短딴處, 好處, 壞해處。 各人은 各人

①刑2 ②憲4 ③訟4 ④委3 ⑤婉3 ⑥凶1〔兜1〕 ⑦叟3

의 긴 곧, 좋은 곧, 남은 곧이 잇다.
2. 自古以來，稱⑶個聖⑶人或是英⑶雄⑻的人，大概都⑷是經過⑺好些個難⑸處、險⑻處、苦⑺處，然⑷後纔達⑷到目⑷的。自古로 聖人이나 或은 英雄이라고 稱하는 사람은 大槪 모도 여러 가지의 어렵은 곧, 險한 곧, 괴롭은 곧을 지낸 뒤에라야 目的을 到達하엿다.
3. 咱們暫⑷且不算⑻小處，先算大處罷! 우리는 아즉 적은 곧을 따지지 말고 먼저 큰 곧만 따집시다.
4. 你說這條⑷路是上通州⑷去的大道，那條路是什⑷麼去處? 당신이 이길을 通州로 가는 길이라고 말하니 저 길은 어데로 가는 곧이오?
5. 俗語說：「人往⑷高處走⑺，水往低⑷處流⑷。」就是叫⑻人要提⑷拔⑷的意思。俗語에 사람은 높은 곧으로 向하야 가고 물은 낮은 곧으로 向하야 흘은다고 말함은 곧 사람으로 하야금 向上하라는 뜻이다.
6. 你又來找⑻我的害處(損⑻處)，有甚麽益⑷處呢? 당신이 또 와서 나의 害롭을 찾어 내면 무슨

利한 곧이 잇겠오?
7. 有用⑻處的物⑷品⑷是貴一點⑷也得買，無⑷用處的，雖賤⑷也⑷不用買。쓸 곧이 잇는 物件은 좀 비싸더라도 不得不 살 것이고 쓸 곧이 없는 것은 비록 싸더라도 사지 말어라.
8. 得⑷意的人是到處⑺樂⑷處，失⑻勢的人是到處悲⑷處。得意한 사람은 到處마다 즐겁은 곧이고 失勢한 사람은 到處마다 슯은 곧이다.
9. 俗語說：「出⑺處不如聚⑷①處大。」多半是叫人儉⑷省⑶，不用過費的。俗談에 내여 보내는 곧이 모혀드는 곧보담 크지 못하고 한 말은 대개 사람으로 하여금 節約하고 너무 쓰지 말나는 것이다.
10. 那個地⑷處(地方)的風⑷俗真是浮⑷華⑷②到極⑷處了。저 곧 風俗은 참으로 浮華하기가 極度에 達하엿다.
11. 明天你若有個工⑷夫，請我們的寓⑷處(下處)來，找給你〔我〕一個地處。來日 당신이 만일 틈이 잇거든 請컨대 우리의 處所로 오시면 당신에게 일자리 한아를 얻어 주리다.

---

①聚4 ②華1

12. 不懂득得더那國的話，要游여歷리那國，自然有好許쉬多不方빵便볜的地處。그 나라의 말을 알지 못하고 그 나라에 遊覽하려면 自然히 不便한 곳이 많이 잇다.

13. 飛艇딩(機)在天空쿵飛，潛쳰水艇딩在海底디裏走쩌，那沒有甚麼奇치處兒，不過是應잉用科커學發達的。飛行機가 天空에 날고 潛水艇이 물 속에 다니는 것이 그것이 무슨 奇異할 것이 없다. 科學의 發達을 應用하는데 지나지 못하는 것이다.

14. 我嗎，今진天在這裏，明天又在那나裏리，沒有一定딩的住주處。나 말이오 오늘 여기 잇다 來日 저기 잇게 되여 一定하게 머무는 곳이 없오.

15. 他是個安분守쩌己지的人，小錯춰處故꾸然산不能능沒有。若說他的大壞해處，我却췌不信。그는 安分守己하는 사람이라 조곰 잘못된 곳이야 果然 없지 못하겟지만 만일 그의 크게 잘못된 곳을 말한다면 나로서는 믿지 아니 하오.

16. 哎애呀야，我的妈呀，叫他們都뚜哄훙去，人家要疼텅死的，還要와笑我了。아야, 어머니 저이들을 모다 몰어 내여 주시오. 남은 앞에서 죽겟는데 도리혀 나를 놀여 준다오.

17. 曹쫘家的那個新娘냥受쑈不了랴公婆퍼的虐뉘待대和男人的冷렁待，就出去吊댜死了。曹家 네 그 새댁이 시아버니와 시머니의 虐待와 남편의 冷待를 받을 수 없어 곧 나가 목매여 죽엇다 하오.

18. 人的生死就在轉쫜眼앤間。趙쨔①萬福쭈的祖쭈父昨天在院왠子裏，跌데了一脚쟈，就跌死了。사람의 生死가 곧 瞬息間에 있오. 趙萬福의 祖父가 어제 뜰에서 한 발작을 잘못 드듸어 고만 미끄러저 죽었오.

19. 昨天我在海水澡쟈場챵洗시澡的時候후，他們欺치負푸我不會浮푸水，拐괘導다我深쳰處，機〔幾〕지乎후淹앤死쓰了。어제 내가 海水浴場에서 沐浴할 때에 그들이 내가 헤엄치지 못함을 업쉬 역이여 나를 깊은 곳으로 꾀여 갓어 하멋터면 빳어 죽을 번하였오.

20. 你沒聽팅過王呆때子的話了嗎? 他說只즈當是他(醫이生)出추好心，給께我父親治즈病，誰料랴一副푸藥얖把빠我父親藥얖(毒)死

①趙4

了呢뇌? 당신이 王머저리의 말을 듣지 못하였오? 그가 말하기를 "다만 의사가 좋은 마음을 내여서 나의 父親의 병을 곷어 주는 줄 알엇더니 藥 한 첩에 우리 아버지를 죽일 줄을 누가 아럿겟오?" 한다.

21. 若是有臉롄有皮的人, 做了那樣的事, 就要羞슈死的。你這不要臉的東西, 還在人家跟끈前첸說三道四嗎? 만일 面皮가 잇는 사람이 그렇 일을 하엿다면 곧 붓그럽어 죽으랴고 할 터인데 너 이 羞恥를 몰으는 물건이 그래도 남의 앞에서 너덜거리느냐?

22. 蘇二郎랑在武우昌창死去, 實在可커疑이的, 有人說不是病死就是害死的。蘇二郎이 武昌에서 죽은 것은 참말 可히 의심스럽소. 어떤 사람은 병에 죽은 것이 아니라 곧 被殺하엿다.

23. 接〔街〕제坊的老婆對뒤我說, 今年冬天連破피棉몐衣也穿촨不了, 幾乎凍둥死쓰, 所以我買給她幾지斤棉몐花和一匹피布부送쑹去了。이웃집 마누라가 나에게 말하되, 금년겨울에는 떠러진 솜옷 입을 수 없이 거의 얼어 죽겠다. 함으로 내가 그 女子에게

곰 몇 斤과 무명 한 疋을 사서 보내 주었오.

24. 所謂웨自稱칭文원明밍的敵디兵進了城청, 見젠人就殺샤。遇위着小孩해兒, 就扯쩌着(擰영着)腿튀摔쐐—死了。所謂文明하엿다고 自稱하는 敵兵이 城안에 들어와서 사람만 보면 곧 죽인다.

25. 昨天晚완上, 我們院子裏的一棵커老樹수, 忽후然산被打了霹피靂리①, 我們家的人差챠一點兒震젼死了。어제 저녁에 우리 뜰 앞의 古木 한 주가 별안간 벼락을 맞어서 우리 집 사람들이 하맛터면 벼락 맞어 죽을 번하였오.

26. 他說不是故꾸意打다死, 王三先拿刀來砍칸我, 所以他被我一脚쟈一擋당, 就踢디死了。그의 말의 일부러 때려죽인 것 아니고 王三이 먼저 칼을 갖이고 와서 나를 찍으러하다가 그는 나의 발길 한 번을 맞고 곧 채여 죽었오.

27. 我現쎈在沒有別的病, 就是喉후嚨룽②(嗓쌍③子)腫쭝的喘촨不上氣치來, 叫我癥〔憋〕삐④死了! 내는 至今 다른 병은 없고 곧 목구멍이 부어서 숨을 쉬지 못하야 나로 하여금 숨이 막키여 죽게

---

①靂4霹4 ②喉2嚨2 ③嗓3 ④癥4〔憋1〕

하오.

28. 今天在天壇탄①開了爲國家戰전死的軍쮠人追쮜悼w②會훼, 我們可以去看一看. 오늘 天壇에서 國家를 爲하야 戰死한 軍人의 追悼會를 연다 하니 우리 갓어 구경합시다.

註 : 本課第十五節까지는 "處"字 의 活用을 示하엿고 以下는 "死"字가 其上에 다른 字와 合하야 各其不同한 種種의 "死"의 方法、手段을 表明함을 가라침.

第八十七課　會話(十)

游歷中國 연리즁귀
제팔십칠과 中國游覽

1. 先生성, 你去年春츈天往南方양去的時候훠, 到過杭항州쮸没有? 先生, 당신이 昨年 봄에 南方에 갓을 쌔에 杭州에 들니셧오?

2. 可惜시在上海坐쭤了輪룬船, 暫얀進福쭈州쮸, 經징過香썅港캉直즈到廣광州的緣웬故구, 進진不了랴杭州了. 可惜함니다. 上海에서 汽船을 타고 福州에 暫時 들엿다가 香港을 지나 廣州에 直行한 까닭에 杭州에 들니지 못하얏오.

3. 那麼着, 在這兒坐了火車, 通퉁過南京징到上海了麼? 그러면 여기서 汽車를 타고 南京을 지나 上海에 到着하얏오?

4. 若쒀是坐了津진浦푸③鐵테路루的話, 一定딍進了杭州的. 在此地坐了平핑漢한鐵路的火훠車, 略뤠略的看칸過開封엉、洛러陽、鄭엉④州進了漢口쿠去的. 만일 津浦鐵路로 갓다면 一定코 杭州에 들엇을 것인데 여기서 平漢鐵路의 汽車를 타고 開封과 洛陽과 鄭州를 略略히 보고 漢口에 갓오.

5. 啊, 那麼着, 在漢口坐了長얭江쟝的輪船촨, 看過蕪우⑤湖후和九江쟝去了麼? 아 그러면 漢口에서 長江輪船을 타고 燕[蕪]湖와 九江을 보고 갓오구려!

6. 也不是那麼去쒀的. 打漢口到重즁慶칭坐了輪船到成엉都뚜, 在那裏再째坐了木무船去的. 또한 그렇게 간 것도 아니고 漢口서부터 重慶까지는 輪船을 타고 成都까지는 거기서 다시 木船을 타고 간 것이오.

---

①壇₂　②追₁悼₄　③浦₂　④鄭₄　⑤蕪₂

7. 啊，啊，那真是不但外國人（西洋人），就㹅是시中國人也稀罕한①的游여歷리。아아, 그것은 참으로 다만 外國사람만이 아니라 곳 中國 사람이 가도 稀罕한 遊覽이오.

8. 是，趕간到四川旅行雖쉬說是不容숭易이，自從쭁中國古구代대以來，在歷리史ᄉ上很有名밍的地듸方，所以游歷過一次ᄎ了。네, 四川에 旅行가는 것이 비록 容易하지 안타고 말하지만 中國古代 以來로 歷史上에 매우 有名한 地方 까닭에 한 번遊覽한 것이오.

9. 那麼着，打따四川到上海、長챵江一帶，重쭁要的地方盡진皆제看過了罷！그러면 四川서 上海까지 오는데 長江 一帶에 重要한 地方은 거진 모도 보았오구려！

10. 是，得데要看洞둥②庭띵湖후。到過岳웨州和長양沙사，再走到南昌양③，看過潘〔鄱〕관④陽湖후了。네. 不得不 洞庭湖를 볼여고 岳州와 長沙를 단여서 다시 南昌에 갓어 潘陽湖도 보왓음니다.

11. 那是不容숭易的。從쭁來我也愛看古迹지⑤，却没走過那裏리了。그것은 容易하지 아니한 것이오. 從來에 古蹟 보기를 나도 좋아하얏지만 거기까지는 가지 못하얏오.

12. 好說好說。西洋人（西國人）是往往有了探탄險쎈蒙멍古구和沙사漠머，或훠者여西藏창等等的地方哪나！천만의 말이오. 西洋 사람도 往往히 蒙古와 沙漠과 或은 西藏 等 地方을 探險하는 이가 잇는데요.

13. 在南京住了多少日ᄉ子，還遇워見쟨宋쏭子春大兄쓩了麼？南京에서 몟 날이나 留하엿으며 또는 宋子春 大兄을 만나 보앗오.

14. 那時候，宋老兄恰챠⑥巧챠往普푸陀뒤⑦山避삐暑쑤去，没遇見。竟징我一個住了三天，又워在蘇쑤州住了兩天，往後到上海了。그 째에 宋大兄은 공교히 普陀山으로 避暑를 갓어 만나 보지 못하고 나 혼자만 三日을 留하고 또 蘇州에서 二日을 留하고 그 뒤에 上海로 갓음니다.

15. 後來，走쩌過廣州回北平핑了麼？其後는 廣州를 단여서 北平으로 도라왓음잇가？

16. 不是，再經징過安南到雲원南昆쿤陽〔明〕양，看遍볜了銀인礦쾅⑧

---

①罕3 ②洞4 ③昌1 ④潘1 ⑤迹4 ⑥恰4 ⑦陀2 ⑧鑛3

和猿ⓔ類레喇라! 아니오. 다시 安南을 經由하야 雲南昆陽〔明〕에 갓어 銀礦과 猿類를 두로 구경하였오.

17. 你瞧촤, 先生走過雲南是梦명裏也想不到的。回來的時候, 又看過궈那裏了沒有? 자, 저것 보오. 先生이 雲南까지 가실 줄은 꿈에도 생각하지 못하였오. 도라올 째에는 또한 어데를 구경하지 안엇음잇가?

18. 在上海再坐쒀輪船到青칭島뫄登텅陸루, 打膠쟈ⓑ濟지鐵路經過濟南來的。上海에서 다시 汽船를 타고 青島에서 上陸하여 膠濟鐵路로 濟南을 단여왔음니다.

19. 那麽着, 從濟南再坐了津浦鐵路回京了嗎? 그리면 濟南에서 다시 津浦鐵路로 北平에 돌아왔음잇가?

20. 是, 在那裏同着齊치魯루ⓒ大學쒜的蔡쒜ⓓ教授ⓔ看過泰태-ⓕ山和曲쭤阜푸ⓖ地方, 再暫看黃황河허沿앤岸안ⓗ回來的。네. 거기서 齊魯大學의 蔡教授와 함께 泰山과 曲阜地方을 구경하고 다시 黃河沿岸을 暫時보고 돌아온 것이오.

21. 先生, 明年暑슈假쟈再要想着甚麽地方游歷去嗎? 先生, 明年 夏期에는 또 다시 어느 地方을 遊覽하여고 생각하지 아니하시오.

22. 在前年, 東三省重要的城청鎮젼ⓘ略뤠略的游歷過了, 所以明밍年夏싸期치要往内네外왜蒙멍古구地方游歷去。前年에 東三省의 重要한 城鎮을 略略히 遊覽하엿음으로 明年夏期에는 内外蒙古地方을 遊覽하여 볼까 합니다.

23. 那更껑好了。在張家口看看長얭城的偉웨ⓙ迹지和蒙古的人신情청風엉俗쑤是很好, 却쳬不騎치ⓚ着駱뤄駝퉈不行싱的。그것은 더욱 좋소. 張家口에서 萬里長城의 偉蹟과 蒙古의 人情風俗을 구경하는 것이 매우 좋지만 駱駝를 타지 아니하면 안될 것이오.

24. 是原웬來的駱駝的性싱質즈ⓛ最쮀柔쑤順눈不過的, 旅行的時候훠, 總쯩比坐火車처和輪船, 還是坐駱駝去可以詳쌍ⓜ細시的看得더出一切쳬的風景징來。네, 原來 駱駝의 性質이 가장 柔順할 것 싼이고 旅行할 때에 汽車나 汽船을 자는 것보다 오히려 駱駝를 타면 一切의 風景을 詳細하게 볼 수 있오.

---

①猿₂ ②膠₁ ③魯₃ ④蔡₄ ⑤授₄ ⑥泰₄ ⑦阜₄ ⑧岸₄ ⑨鎮₄ ⑩偉₃ ⑪騎₂ ⑫質₄ ⑬詳₂

第八十八課 副詞字的應用(三〇)

極지、甚천、儘진
惟웨、獨두、一、專좐
제팔십팔과 부사자의 응용 (三〇)

1. 你這孩子，真전可惡우極지了。整정天家不上學쉐，净징在學裏打攪쟈。一見졘賣매東西的，就跑파到懷해—裏討탸錢。너, 이 자식! 참말 可憎하기 짝이 없다. 온 終日 글 배호러는 가지 아니하고 왼통 집에서만 성가시게 굴다가 물건 파는 사람만 보면 곳 품앞으로 달여들어 돈만 달나고 하느냐?

2. 你説得痛통快極지了。若不那樣利害，説他一百배-年也没改過궈的希시望왕。당신이 말한 것이 痛快하기 짝이 없오. 만일 그렇게 至毒하게 하지 아니하면 그에게 百年을 두고 말하여도 허물 곳일 希望이 없오.

3. 我看깐你新買的馬好極了，在家騎치也妥퉈當。若上賽쌔馬大會휘去，也準준得頭獎쟝的。나 보기에 당신이 새로 사온 말이 흠석 좋습듸다. 집에 두고 타도 適當하고 만일 競馬大會에 갈지라도 꼭 一等獎은 얻을 것이오.

4. 我這些쎄年是靠콰山山倒，靠콰海海乾。思想起치來，真是悲베嘆탄極了。내가 이 몇 해에는 山을 의지하면 山이 문허지고 바다를 의지하면 바다가 말으니 생각하면 참으로 슲으기 짝이 없오.

5. 雖然산誇콰張歐어洲쭈文원明的發애達，一到巴빠黎리①和倫룬②頓둔，誰也看得出，自從쫑太古以來，没有那樣淫인③亂롼極的時代和地듸方。비록 歐洲文明의 發達을 자랑하지만 巴黎와 倫頓에만 가면 누구던지 太古以來로 그러한 滛 [淫] 亂이 짝이 없는 時代와 곧이 없음을 곧 發見할 것이다.

6. 你別説他辨〔辦〕빤的事，極妥퉈當，極公궁平。據쥐我看不甚썬穩원當당。당신은 저이의 하는 일이 極히 適當하고 極허 公平하다고 말하지 마시오.

7. 那座쭤廟먀, 雖不甚썬華화麗리, 然산而얼所占쟌的地處추(地方)，却췌極其清칭雅야。저 寺院이 비

---
①黎2 ②倫2 ③淫2

록 그렇게 華麗하지는 아니하나 그러나 터를 잡은 것이 極히 淸雅하오.

8. 我們朝ᆇ鮮ᄊᅟ京징城有極好的山，就叫南山，所以叫牠타南山公궁園ᅯᆫ。우리 朝鮮京城에 極히 좋은 山이 있어 일홈은 곧 南山이라 하고 그 山을 南山公園이라 불은다.

9. 謝쎄謝諸주位웨，這樣枉왕顧꾸。兄쓩弟듸病得不甚重즁，過了幾지天，可以回훼拜。 여러분이 이렇게 찾어 주심이 感謝합니다. 아우의 病이 그렇게 중하지 아니하니 몇을 지나서가 볩겟습니다.

10. 他的兄弟在中學考ᅨ在儘진末머了，又在쎄大學也考在쎄儘末了，却훼在社ᄶᅥ會上占쟌了儘上頭的地듸位。 저이의 아우가 中學에서도 시험에는 맨 끝이엿고 또 大學에서도 시험에는 맨 끝이엿지만 社會에서는 맨 웃자리를 占領하엿오.

11. 這一次的失敗不甚ᄊᅟᅥᆫ要緊，看他儘진末了的光광景再説罷！ 이번 한 번 失敗한 것은 그렇게 중요하지 아니하오. 그의 맨 뒤의 光景을 보고서 다시 말합시다.

12. 李리老哥的家離리這裏不遠ᅯᆫ，一出추胡同(衚후衕퉁)對뒤面的那儘巷쌍裏住。 李老哥의 집이 여기서 멀지 아니하오. 골목만 막 나가면 마즌 便 그 골목 맨 끝 안에 사오.

13. 要走快走，要住ᅏᅮ就ᅲ住罷！別這樣儘진之耽단誤우工공夫。 갈여거던 곧 가고 있을여거던 곧 있읍시다. 이렇게 왼통 時間만 보내지 맙시다.

14. 梅메武우郎랑的妹妹很會音인樂웨(얃)，唱ᅣᆼ的那個聲셩兒(調댜兒)儘合着鋼깡琴친，實在好聽。 梅武郎의 누이가 매우 音樂을 할 줄 아오. 唱歌하는 그 소리가 모다 피아노와 맞어서 참으로 듯기에 좋소.

15. 你別説運ᅯᆫ命밍的好핟不好，我想禍훠福뿌無우門，惟웨人自招쟌。 당신은 運命의 好不好를 말하지 마오. 내 생각에는 禍와 福이 門이 없는데 오직 사람이 스사로 불으는 것이오.

16. 現今的世上，那些輕칭薄버(밭)的年輕人動둥不動要離리婚훈，惟你一個人和허和平핑平的過日，真ᅟᅥᆫ叫人模무範ᅡᆫ的。 現世의 그 輕薄한 少年들은 건뜻하면 離婚을 할여고하는데 오직 너 하나가 아조 和平하게 지내니 참말 사람으로 하여금 模範하게 한다.

17. 自古以來，惟有爲着天堂탕和極지樂러信服뿌的，没聽팅見過死

後후到的。自古以來로 오직 天堂과 極樂을 爲하야 믿은 이는 잇지만 죽은 뒤에 갓다는 것은 듯지 못하엿다.

18. 中國的情정狀황實在亂란如수散싼麻마。若講整정頓둔的方애法，武우力統통一已屬수①夢몽想，和平統一惟此一路。中國의 情形은 참으로 어지럽기가 흣터진 삼대 같아야 만일 整頓할 方法을 講究한다면 武力으로써 統一한다는 것은 이미 夢想으로 붓치고 和平으로써 統一하는 것이 오직이 한 길뿐이다.

19. 我看你任신誰也不怕，惟獨두怕你老婆피。還說人家聽點老婆的話，怎전樣使得더不使得呢？내가 보기에 당신이 누구던지 무섭어 아니하는데 오직 당신의 夫人만 무섭어 하면서 그래도 남이 마누라의 말을 좀 들엇다고 어찌하야 쓰겟느니 못 쓰겟느니 말하오？

20. 你的哥哥和朋영友們都在社저會出風영頭두，惟獨你讀書수過日，有何허意思呢？당신의 伯氏와 親舊들이 모다 社會에서 웃줄거리는데 오직 당신 혼자 글 읽는 것으로 날을 보내니 무슨 뜻이오？

21. 你想你是個既지長장成정的樣子，獨自來來往往，惟我却不放앙心。너는 생각에 네가 이미 長成한 듯이 혼자 왓다갓다 하지만 오직 나로서는 마음을 놓지 못하겟다.

22. 他説讀書不獨消쌰遣챈(消閑쎈)，而且얼又長장學혜問원，那話是혀不錯쳑的。그가 말하기를 글 읽는 것이 오직 消遣만 될 뿐 아니라 兼하야 또 學問이 는다고 하니 그 말이 옳소.

23. 您넌的兒얼孫都在家裏做甚麼，怎麼獨獨叫您老人家磕커磕絆반絆的來呢？당신의 子孫들은 모다 집에서 무엇을 하기에 어찌하야 오직 老人인 당신으로 하야금 넘어질 듯 넘어질 듯 (빗틀빗틀)하면서 오시게 합닛가？

24. 你們欺치負뿌他孤구門먼獨두户후，外省성人怎전能넝搬빤到貴處(貴귀地)來往呢？당신들은 저이가 孤門獨户라고 업수이 역이니 他 省 사람이 어찌 能히 당신네 곧에 搬移하여 살겟오？

---

①屬3

25. 請大家到此會議이上來的，是爲公衆중講강理討論一功的。爲웨何這樣一味的拿出各人的偏펜性성來，爭정論呢? 여러분을 請하야 이 會議席上에 오게 함은 公衆을 爲하야 一切를 講究討論하자 함인데 어찌하야 이렇게 한결같이 各自의 偏性을 갖이고 爭論하시오?

26. 我對他好幾지次忍신耐내, 倒以爲我是無우能, 一向쌍如우此치欺負유我, 這怎能饒쇼他呢? 내가 그에게 對하야 여러 번을 참엇더니 도려혀 내가 無能한 줄 알고 一向 이와 같이 나를 업수이 역이니 이 어찌 能히 그를 容恕하여 줄 것이오?

27. 叫你做用융工꿍倒不做, 專좐一在外웨淘탸氣치, 往後非뻬重打罰빠不可. 너이들께 工夫를 하라고 하여도 도리혀 하지 않고 專혀 밖에 나가 작난만 하니 以後로는 重하게 때리고 罰을 주지 않으면 아니되겟다.

28. 我看現今진的人在社써會出力리做事, 大概是爲務우名밍, 不顧꾸公衆的增정①福푸. 내가 복에는 現世의 사람들은 社會에서 힘을 내여 일하는 것이 大槪는 自己의 일홈만 힘쓰고 公衆의 增福은 돌보지 않는다.

29. 請大家別誇콰獎쟝, 兄弟在敎쟈育위界제的獻쎈②身썬不過專좐圖투自己지的趣취味웨—從쭝事而일已이. 請컨대 여러분은 칭찬하여 주지 마시오. 아우가 敎育界에 獻身하는 것이 專혀 自我의 趣味를 圖謀하야 從事하는데 不過할 따름이오.

註: "極""儘"은"맨"-即極端, 終末의 意味를 示하는 字들이며 "唯"와"獨"이 一類語며 一味와 一向이 一類語로 專一과 專爲가 亦 一類語이니라.

第八十九課　比較詞(二)

絶쥐、皎쟈、駒쥐
惡어、雪쒀、滾쿤、焦쟈、筆삐、漆치、活훠
제팔십구과 비교사 (二)

1. 你別誇張쟝, 你們杭항州쮸的風영景징好, 説起치我們金진剛깡山天

①增1　②獻4

然산的景緻즈來，實在絶졔妙먀無우比。 당신은 당신네 杭케의 風景이 좋다고 자랑하지 마오. 우리 金剛山의 天然한 景致를 말하면 참으로 絶妙하기 짝이 없오.

2. 你趕간緊진搓줘一根끈絶細시的麻마繩셩子，梱〔捆〕쿤起치這些쩨郵워包바來。 당신은 빨이 아조 좋은 어자귀줄 한 타래를 꼬아서 이 小包를 묶으시오.

3. 我要做一件 쩬 馬褂과兒(馬褂子)，請칭你說給께我那一家的成청衣鋪푸，做絶졔密미針전綫쩬呢? 내가 마고자 한 감을 지으려 하는데 請컨대 당신은 나게 어느 裁縫所가 아조 곱게 바누질을 하는지 말하여 주시오?

4. 蒙멍古구人都愛애穿촨皎쟈①黃황(密미黃)、皎紅홍的大襖와，愛吃쯔羊肉쓔和酪랖②。 蒙古사람은 모도 眞黃色과 眞紅色의 周衣입기를 좋아하고 羊고기와 羊酪(乳로 맨든 食料) 먹기를 좋아하오.

5. 你不用융穿這樣皎黃的衣裳샹，穿不過一年就타掉댜色재，拿牠타染산坊빵去再染산也예不好看。 당신은 이러한 眞黃色의 옷을 입지 마시오. 一年를 입지 못하야 곳 退色이 되어서 그것을 染色집에 갓다가 다시 染色하여도 보기가 좋지 못하오.

6. 今天晚완上月亮량也皎쟈白，風頭也爽쌍涼량，我們上北베海公園웬坐坐船촨，談탄談話，開開心(開開悶먼、散싼散心)，好不好? 오늘 저녁에 달도 흠석 밝고 바람결도 흠석 맑으니 우리들이 北海公園에 갓어 배도 타고 이야기도 하며 마음이나 풀어버리는 것이 어떠하오?

7. 給你肉쓔吃，就嫌쎈牠駒훠羶산③(喬쟈④□〈羶〉、活羶)，若給你魚위吃，又嫌它타駒腥싱(喬腥、活腥)，那麼着給你幾지塊醬쟝⑤蘿뤄蔔버(鹹쎈菜)吃，好不好? 당신에게 고기를 먹으라고 주면 곧 그것이 몹시(非常히) 누리다 싫여하고 만일 당신에게 물고기를 먹으라고 주면 또 그것이 몹시 비리다 싫여하니 그런다면 당신에게 몇 쪽 醬蘿蔔(잔장에 담근 무 무장앗지)을 먹게 줄 터이니 어떠하오?

8. 這真전倒댜眉메-⑥，這鹹菜駒훠鹹(喬鹹、生鹹)的，吃不得。 再給我八寶바菜或是醬豆먹腐푸⑦吃好不好? 이것 참 경첫고나(不

---
①皎₃ ②酪₄ ③駒₁羶₁ ④喬₂ ⑤醬₄〔醬₄〕 ⑥眉₂ ⑦腐₃

運에 當한 것)이 醎菜(醬蘿蔔와 同類이나 오즉 소금에 저린 것)는 지독히 짜서 먹을 수 없으니 다시 나에게 八寶菜(醬蘿蔔나 醎菜보담 맛이 以上 나가는 것)나 或은 醬豆腐(고추장類에 담근 두부)을 주는 것이 어떠하오?

9. 南方(邊)的人都在屋우裏리用毛마桶통, 雖然산天天刷솨去, 還是齁腺쏴齁腺的。南方 사람은 모도 방안에다 똥통을 두고 大便를 보기 때문에 비록 날마다 닥거 버린대도 그래도 몹시 냄새가 나오.

10. 他拿着一條돠齁쳑臭的魚위來, 明明說是新鮮쏀的咯러! 저 이가 한 마리 지독히 썩은 물고기를 갖이고 와서 明白하게 생생한 것이라고 말하오.

11. 病삥人的屋우子常常刷솨掃쏘, 不得骯앙髒쌍。若不然屋裏的齁후氣치息(腺氣息)真叫人難聞원。病者의 방은 늘 掃除하여 더럽게 하지 말어야 한다. 만일 그렇지 않으면 방안에 지독한 냄새을 참말 사람으로는 맛기 어렵다.

12. 你在那裏買매這些沒婆란①透투的柿스②子來了呢? 咬쟈在嘴쥐裏 婆란澀써③(活澀)的, 實在吃不得더。당신이 어데서 아조 침이 다 들지 아니한 이 감을 사 왓오? 입 안에 넣고 먹으랴면 몹시 떫어서 참으로 먹을 수 없오.

13. 你若惡어苦쿠嫌쎈(烈레苦、活苦)吃不下這個藥, 怎쩐能넝吃狗꼬熊슝的膽단子呢? 당신이 만일 지독히 쓴 것을 싫어하여 이 藥을 먹어 내지 못한다면 어지 能히 熊膽을 먹겠오?

14. 爲父母的不知兒女뉘的醜쳑貌마, 王家的兒子那等惡醜쳑惡醜(烈醜烈醜), 一臉大黑헤麻子(疤바④), 又帶着是個羅鍋궈子(羅鍋腰야、駱궈駝퉈腰)還要給他配페⑤親咯。父母가 된 니는 子女의 醜貌를 알지 못한다. 王家 네 아들이 그렇게 몹시 醜하야 왼 얼골이 걸고 얽은데다 또 兼하야 곱사등이인데 그래도 그에게 장가 드리려 한다.

15. 此地的氣候, 惡어冷렁惡熱, 若不加쟈上小心, 就容융易發生疾지病。이곧의 氣候가 몹시 춥고 몹시 덥어서 만일 注意를 아니하면 곧 疾病이 發生되기가 쉽소.

---

①婆₄ ②柿₄ ③澀₄ ④疤₁ ⑤配₄

16. 你看重他漆치黑헤(墨머黑、烏우①黑)的頭髮, 漂퍄白的臉, 看我這細皺쩌的臉, 雪白的鬍후子怎樣呢? 당신이 저이의 아조 검은 머리와 흰 얼골이 마음에 든다니 나의 이 가는 주름살에 아조 샛하얀 수염은 보기에 어떠하오?

17. 溫원泉쮄的水就是在冬뚱②天也에是滾꾼熟〔熱〕서. 溫泉의 물은 곧 게울에도 몹시 덥다.

18. 發瘧쌰的子〔子的〕人, 在夏쌰天也滾冷的不得了랴. 瘧疾앓는 사람은 여름에도 몹시 춥어서 견대지 못한다.

19. 北平핑的井징水, 没滾開喝不得。一喝凉량水, 不但容易生성病, 就覺着鹹쎈點兒. 北平의 움물은 흠석 끓이지 아니하면 먹지 못한다. 찬물만 먹으면 病이 생기기 쉬울 뿐만 아니라 곧 먹기에도 좀 짠맛이 나오.

20. 這幾天的潦랴雨위, 把劈피柴쌔(柴伙〔火〕훠)淋린得焦쨔③濕쓰, 實在弄눙不쁘了了火훠了. 이 몇을 장마에 장작이 흠석 젖어서 참으로 불을 피우지 못하겟소.

21. 因爲這月的旱한災째, 田地焦乾간, 甚麼也種不了랴. 이 달에 旱災로 因하야 밭이 몹시 타서 아모것도 심을 수 없다.

22. 我要住南邊怕焦쨔熱, 要住北方앤怕焦冷렁, 所以搬빤到山성東來住주. 내가 南쪽에서 살자니 너무 덥은 것이 무섭고 北쪽에서 살자니 너무 춥은 것이 무섭음으로 山東으로 搬移하야 사오.

23. 你在這樣筆삐直즈(順直)的大路루上騎치自行싱車처(脚踏따車)怕倒, 往後후彎완彎曲취曲的路上, 怎能넝騎치得呢? 당신이 이러한 쪽곧은 큰 길에서 自轉車를 타면 쓰러질가 무섭어 하니 以後로 옵을꼽을 한 길에서는 어찌 能히 타겟오?

24. 好材째料랴的凉菜就是攔꺼的醋추蒜쏸多了, 弄的焦酸쏸(苦漬쯔酸)乾간辣라④. 좋은 재료의 凉菜를 곳초와 마눌을 많이 처서 지독히 시고 몹시 맵게 만들엇다.

25. 勿우論做素수菜, 做葷훈⑤菜, 淡딴了固구然싼不好, 焦鹹쎈(苦鹹)也不好. 勿論素菜(고기를 넣지 않고 만든 菜)나 葷菜(고기를 넣어 만든 菜)를 만드는데 슴거워도 과연 좋지 않고 너무 짜도 좋지 않다.

---

①烏₁ ②冬₂ ③焦₁ ④辣₄ ⑤葷₁

26. 這樣陰인的太黑헤、連롄對面的人也예見不着的夜裏, 怎能走쩌路呢? 이렇게 흐린것이 너무 캄캄하야 옆의 사람까지도 보이지 안는 밤에 어찌 能히 길을 가겠오?
27. 有說 "吃黃連活苦쿠", 現在我的生活比吃黃連更겅苦。 말하기를 黃連을 먹으면 몹시 쓰다더니 지금 나의 生活이 黃連을 먹는 것 보담 더 쓰다.
28. 怎麼理呢? 這些杏싱兒(杏子)看着咬쟈黃황(蒼창黃), 吃着却훼焦酸(活酸)。 엇젠 리치냐? 이 살구들이 보기에는 흠신 누른데 먹기에는 지독히 시다.
29. 月季지紅훙有好幾지種, 有赤츠紅的, 有喬쟈白(雪白)的, 還有粉펀紅(水紅)色새的。 月季花가 여러 種類가 잇는데 眞紅色, 아조 하얀빗, 또는 粉紅色도 잇다.
30. 從前첸的學生們, 穿着絳쟝紫쯔①(血쉐紫)的袍파子, 密미黃的套툐褲쿠, 就算쫜合時派파-的。 以前의 學生들은 眞紫色의 周衣와 眞黃色의 套褲(바지 우에 껴 입는 것인데 무릅 우에까지 올너오는 것)를 입는 것이 곧 시체에 合한다고 하엿다.

註: 本課에 主로 活用한 單語들은 比較語 即 普通에서 지내친 바를 말할 때에 使用하는 것이니라.

第九十課 副詞字的應用(三一)

也未必, 也未可, 也不可, 却不……定, 却没……定, 不必
何必, 何用, 何至, 何不, 何到, 何苦, 何等, 何管, 何難, 何足, 爲何, 如何, 何如

제구십과 부사자의 응용(三一)

1. 你别베說做눠着容융易, 我看칸這個法파子也예未웨-必行싱得了(行得去)。 당신은 하기가 쉽다고 말하지 마시오. 나 보기에는 이 方法이 반듯이 될상 부르지 아니 하오.
2. 雖是父母的心腸쟝②也未③必삐能넝盡진信, 況쾅且別人的心신呢? 비록 父母의 마음도 반듯이 能히 다 믿지 못하겟거든 하물며 다른 사람의 마음이겠오.
3. 你還沒到那種情칭形싱說的, 若遇워着那種쭝情形, 也未必見쟨得你敢간說눠這些活氣치(硬잉郎

①絳4紫3 ②腸2 ③未4

〔朗〕랑)話화罷! 당신이 아즉도 그러한 境遇에 이르지 못하고 말하는 것이지 만일 그러한 경우를 만나면 반듯이 당신이 감히 이여러 가지 大膽(勇爭)한 말을 하지 못할 것이오.

4. 拿나着今日的禍훠福, 不要斷딴定딩明日. 今日的禍, 也예未必知道明日福푸. 今日的福, 也未必知道明日禍훠. 所以人生성處추世不過귀謹진慎션做去而已이. 今日의 禍福을 갖이고 來日을 斷定하지 말어라. 今日의 禍도 반듯이 來日의 福이 되는 지도 알지 못하고 今日의 福도 반듯이 來日의 禍가 되는지도 알지 못함으로 人生이 세상에 사는데 謹慎하개 일을 하여가는 데 不過할 뿐이다.

5. 聖성賢쎈也未웨必無우過, 何허況쾅我們普푸通통人呢? 望왕求추老兄쓩只즈饒샤我這一次츠. 聖賢도 반듯이 히물이 없지 못하거던 하물며 우리들 보통사람이겟오? 바라건대 老兄은 다만 나를 이번 한 번만 容恕하여 주시오.

6. 念녠書수人也未必삐都有良량心신, 没念書人也未必没有良心, 所以人신的良心在乎人不在乎후書. 글 읽은 사람이라고 반듯이 모도 良心이 잇지 못하고 글 않읽는 사람이라고 반듯이 良心이 잇지 아니함으로 사람의 良心이란 것은 사람에게 잇고 글에 잇지 않는 것이다.

7. 國궈民민黨당的黨員웬都뚜説實行三싼民민主주義이, 其實能行성不能녕行, 也未可커知. 國民黨의 黨員이 모도 三民主義를 實行한다고 말하지만 其實은 능히 行하는지 아니하는지 알 수 없다.

8. 説是前天準준來的人, 到今天也没來. 身션上有甚麽不舒수服푸或是家裏有甚麽事, 也未可커知. 말하기는 그적게 꼭 온다고 하던 사람이 오늘도 오지 아니하니 몸에 무슨 不便함이 잇던지 或은 집에 무슨 일이 잇는지도 알 수 없오.

9. 依着你的話화, 與他商상議이倒商議, 成성不成是〔事〕也未可知. 당신의 말대로 그와 相議는 하겟오만은 될는지 아니 될는지 알 수 없오.

10. 你真쩐説得的되確훼了麽? 若你説눠得더的確, 那時候我聽得恍황惚후①也未可知. 당신이 참말로

_____

①恍3惚1

的確하게 말하게 말하엿오. 만일 당신과 的確하게 말하엿다면 그 때에 내가 황홀하게 들엇는지도 알 수 없오.

11. 往交㴠易이公司去買空쿵賣空的事, 誰뉘也不可逆늬料랴, 因爲那個買賣與賭두博버一點也에不差차。 取引所에 갓어 빈 것을 사고 빈 것을 파는 일을 누구던지 逆料하지 못하는 것은 그 買賣가 賭博〔博〕과 조금도 틀이지 안는 까닭이다.

12. 在葫후蘆루①島도已開築주港쟝②的工事, 却췌不一定뎡那一年準쥰工(完工)。 葫蘆島에 이미 築港의 工事를 開始하엿지만 어느 해에 準工될는지 작정할 수 없다.

13. 他説月底듸以内네準備치身젼, 那一天起身却췌没説定。 그가 금을 않에 꼭 떠난다고 하지만 어느 날에 떠날는지는 言定하지 아니하오.

14. 不必삐然산, 有多少還환我多뒤少。 多幾지元, 少幾元都뚜不要緊진。 그럴 것이니오. 얼마가 잇거든 나에게 얼마를 갚어 주오. 몇 원이 더하거나 들하거나 모도 相關없오.

15. 請你不必傷샹心, 今진年若不賺환, 明年一準쥰賺。 到明年又역不賺, 再等後年。 反핸正졍有吃有穿촨就쥬是了, 何허必這樣愁쳔呢? 請컨대 당신은 반듯이 傷心하지 마시오. 今年에 만일 남기지 못하면 明年에 꼭 남길 것이고 明年에 이르러 또 남기지 못하면 다시 後年을 기다릴 것이지 어째던지 먹을 것과 입을 것이 있으면 그만이지 어찌하야 이렇게 근심하시오?

16. 大哥, 既지是親身쩐來就是了, 何허必又역送쏭這些東西呢? 大哥, 긔위 몸소 오시면 그만이지 어찌하야 또한 이 적지 아니한 物件을 보내섯음닛가?

17. 你也知道"有麝써③自然산香, 何必迎잉風站쟌(何用용大風揚양)" 的。 既지然你有這等學쒜問원, 何愁不能넝立리身呢? 당신도 麝香이 있으면 自然히 香내 날 터인데 어지하야 바람을 向하야 서나냐 라는 말을 알겟지오. 긔위 당신이 이러한 學問이 잇는데 어찌 立身하지 못할가 근심하겟오?

18. 咱자們時常챵見面的人, 何用這麼多禮리(周旋쒠)? 우리들이 늘 만나보는 사람으로서 어찌 이렇

①葫₂蘆₂ ②築₂港₃ ③麝₄

게 禮節을 차리시오?
19. 你們原來相好的朋友，説了幾지句笑話，何至這樣反앤臉롄呢? 당신들이 原來 서로 좋아하던 親舊로서 몇 마듸 弄談을 하고 어찌하야 이렇게 낯을 붉키는 데까지 이르오?
20. 你是常常有空쿵的人，何不到這裏來談탄一談? 당신은 늘 틈이 잇는 사람인데 어찌하야 여기에 와서 談話도 아니하오?
21. 按안着你的本事去甚麼也能做的，何苦쿠這樣灰휘-心呢? 당신의 技能을 갖이면 무엇이던지 능히 할 터인데 어찌하야 이렇게 落心하시오?
22. 你看過凱①旋쉔軍췬游유街졔的光꽝景징了嗎? 那轟홍②轟烈레烈的聲셩勢스, 何허等雄숭壯쫭呢? 당신은 凱旋軍이 遊街하는 光景을 보았오. 그 轟轟烈烈한 聲勢가 어찌 그렇게(얻어게) 雄壯한지오.
23. 我做我的事, 與你何管관? 내가 내 일을 하는데 당신에게 무슨 相關이 있오?
24. 現在的針젼綫쎈又여何難之有? 拿着裁째③縫벙機지做, 轉좐眼앤間젼針起치一件쩬好體틔面몐的衣裳샹來。至今의 바누질이 또 무슨 어려움이 잇겠오? 裁縫針으로 지으면 순식간에 한 가지 아조 흘륭한 옷을 박어 내오.
25. 你若웨説我的這件쩬事容융易, 你的那件事更겅何허足쭈④爲難呢? 당신이 만일 나의 이 일이 쉽다고 말하면 당신의 그 일은 더군다나 무슨 어려움이 잇겠오?
26. 人人做自己지的뿌事也都忙망不過꿔來的, 你吃你的, 爲何허管관人家的閑쎈事呢? 사람마다 제일 하기에도 모도 밥버서 헤여날 수 없는데 당신은 당신의 것을 먹으며 어찌하야 남의 쓸데없는 일을 相關하오?
27. 你從충何處추來的混훈髒짱東西, 我問了半天, 你一味웨的吞툰吞吐투吐, 支ᄍ支吾우吾的, 你把我作줘何等看呢? 너는 어데로 붙어온 납뿐 놈이기에 내가 반나절이나 물어도 너는 한결같이 엄을 엄을 하며 시원스럽게 말하지 아니하니 너는 나를 어떻게 보는 것이냐?
28. 你在平素수溫원柔유的人, 喝허了幾盅중酒쥬, 不分펀親疏수⑤就動手, 那如수何使得呢? 당신은 平

---

①凱3 ②轟4 ③裁2 ④足2 ⑤疏1

素에 溫柔하든 사람으로 술 몇 잔만 먹으면 親과 疎을 분간치 못하고 곳 때리니 그 어데 쓰겟오?

29. 於㎝你們没有損㏇益이的事, 叫我這樣吃虧㉾? 若有良량心신, 問원你們自己的心, 如수何過得去。 당신들에게 損害와 利益이 없는 일을 나로 하야금 이렇게 損害를 보게 하니? 만일 良心이 잇거던 당신들이 自己의 마음에 어떻게 지나가겟는가 물어 보시오?

30. 聽팅他的話, 看칸他的樣子, 倒不錯춰。 但不知他的本事何허如수? 그의 마음을 듣고 그의 모양을 보면 도리혀 그럴듯한데 다만 그의 技能이 어떠한지 모르겟오.

註: 本課는 第十五節까지 "也未必" "也不可"와 및 그 類의 語類를 活用한 것이오. 그의 以下는 何必과 및 그 類語의 活用을 示한 것임.

第九十一課 副詞字的應用(三二)

一共、一概
一同、一統、一連、一切、一堆、一處、一并、一色、一總
全然、全是、俱全、共、盡、盡皆、皆可
제구십일과 부사자의 응용(三二)

1. 上海一共궁有三百多萬완的人신口쿠。 上海에는 都合 三百餘萬의 人口가 잇오.

2. 這件쩬事的責쩌任신一槪개我擔단負푸, 只求츄你幫빵助주我罷! 이 일의 責任은 내가 모도 擔負할 터이니 다만 당신은 나를 좀 도아주기를 바라오.

3. 那個嶺링上, 强盜따時常鬧냐害해走道的人, 我們在這裏리湊쩍些쎈人, 一同퉁過꿔去罷! 그 嶺上에는 强盜가 때때로 길가는 사람을 害하니 우리는 여기에서 사람을 좀 몯아 갓이고 함께 넘어갑시다.

4. 不要光꽝他一個人去講쟝理리, 不如수咱자們一統퉁去和他評핑個理好。 저이 한 사람만 갓어 경오를 말할 것이 아니라 우리가 모도 갓어 그와 경오를 캐여 보는 것만 갖이 못하오.

5. 他們兩軍쮠一連랜打七天, 也没

分엔出個勝셩敗배, 究주竟징停팅了戰잔了. 그들 兩軍이 七日 동안을 이여 싸와도 勝負를 갈느지 못하다가 結局은 싸홈을 停止하엿다.

6. 我在法애國留류學的時候, 一切틔的學계費에都是他發給께我的. 내가 佛蘭西에서 留學할 때 네 一切의 學費를 모도 저이가 네게 보내 주었오.

7. 場쟝上的麥매子曬애喇라, 你去把那個收쑤拾스一堆뒤-兒, 預備往家裏搬빤來. 마당에 밀이다 말럿으니 당신이 갓어 그것을 한 무덕이로 뭉앗어 집으로 옴겨 오도록 預備하오.

8. 我和他不但常在一處추兒, 并且一切체的行싱動, 也是沒有互후相欺치瞞만的. 내가 저이와 늘 한 곧에 잇을 뿐만 아니라 兼하야 一切의 行動도 서로 속이는 것이 없오.

9. 我們固구然산是個相好的朋펑友역, 我借졔的那項썅錢到如수今진本利一幷뼁①沒還환, 實在對뒤不起치. 우리가 果然 서로 좋아하는 親舊이지만 내가 꾸어 쓴 그 돈을 이때것 本利를 合하야 갚지 못함은 참으로 未安하오.

10. 西시洋(西國)的姑娘出추門(出閣거)的那一天, 從쭝頭到脚쨔一色에-是白的. 咱們中國一色是紅홍的. 西洋의 處女는 시집가는 그 날에 머리로 발까지 一色으로 힌 것이고 우리 中國은 一色으로 붉은 것이다.

11. 來了一伙훠兒土투匪에, 把莊쟝上一切체的財채貨훠一總쭝搶쟝去, 光剩성了一群췬②半死쓰不活훠的人了. 土匪 한 떼가 와서 村의 一切財物을 왼통 빼아서 가고 다만 반이나 죽엄 되고 살지 못할 사람 한 떼만 남게 두었오.

12. 雙솽十節제那一天, 看操짜오③式스的光景징, 眞젼令人可贊짠④. 好幾萬人的陸루軍쮠都到南苑왠⑤, 軍服一槪개是灰휘色, 穿촨的是一色皮피靴쉐, 一切的走쩌우法和作쭤法, 一起一落러的都是整졍治즈, 好像一個人的動作一樣. 雙十節(武昌草〔革〕命紀念節)그날에 觀兵式하는 光景은 참 사람으로 하야금 稱贊할 만하니 여러 萬名의 陸軍이 모도 南苑에 갓어 軍服은 一切 灰色이오. 一色의 가죽신을 신고 一切의 것는 法과 動作하는 法이 一起一落하고 모다 整齊하여서 맞이 한 사람의

───────────
①幷4 ②群2 ③操1 ④贊4 ⑤苑4

行動과 같읍듸다.

13. 你若没提쳬醒싱我, 那些人的譎쳬詐자, 全쵄然不知了. 당신이 만일 나에게 이[일]깨워 주지 안엇더면 그 사람들의 詭譎한 것을 全然 알지 못하여겟오.

14. 我們堡부村춘的一切事情칭全在他一個人的身上, 所以比自己的家務우更겅慎션重충考캬慮뤼. 우리 村의 一切의 일이 專혀 저 한 사람 몸에 달였음으로 自己의 집일보담 더욱 愼重하게 생각하오.

15. 看他的外貌마, 聽팅他的説話, 倒以爲真전實스(誠청實), 却쳬其使心做事, 全是假쟈虛쉬的. 저이의 外貌를 보고 저이의 말하는 것을 들으면 진실한 것 같으지만 그 用心作事하는 것은 왼통 거즛이오.

16. 近來開雜자貨舖푸的門口쿠都貼톄個"專쮄辦반洋양廣꽝雜자貨훠" "一이應잉俱쥐全촨"等等的字樣. 看칸其內네容숭, 一概是空쿠虛쉬的. 요새 雜貨店을 내는 니가 문 앞에다가 專혀 西洋과 廣東의 雜貨를 設備한 것이 全部가 具備하다는 等의 글자를 써서 붓첫지만 그 內容을 보면 一切로 비엿오.

17. 從충來說, "福푸善쎤禍훠淫인", 那話也不對. 你看閔민①英잉榮숭家, 輩배輩殘쟌②忍신積지惡어, 如유今진他的子孫쑨俱쥐以發빠達, 這麼看來, 那有유天理呢? 以前붙어 말하기를 善한지에게 福을 주고 淫한 자에게 禍를 준다고 한 말도 앗지 안소. 당신도 보시오. 閔英榮의 집은 代代로 殘忍과 積惡을 하엿서도 지금 그의 子孫이 모도 發達되니 이렇게 본다면 어데 天理가 있오?

18. 他在東街졔上新開了一個醫[醬]쟝油유店뎬(醬坊빵、醬園웬), 油유、鹽얜③、醬쟝、醋추、棗짜子쯔、白배糖탕、生셩薑쟝④、辣라椒쟈⑤、胡후椒쟈、茶챠葉예等等俱쥐全. 저이가 東쪽 거리에서 반찬가가 한아를 새로 내엿는데 기름, 소곰, 醬,(긴장과 된장에 總稱)초, 대초, 설탕, 생강, 고초, 호초, 차 等이 俱備하오.

19. 這個事情칭是人所共궁知的, 光你一個人遮져避삐還行싱嗎? 이 일은 남털도 모도 아는 바인데 당신 한 사람만 가리운다면 되겠오?

---

①閔₃ ②殘₂ ③鹽₂ ④薑₁ ⑤椒₁

20. 聽説四書슈上有二千三百二十八個字，五經징上有二千四百二十六個字，共有四千七百五十四個生셩字。是錯챵没有錯? 들으니 四書에 二千三百二十八個字와 五經에 二千四百二十六個字로 都合 四千七百五十四個의 生字가 잇다 하니 맛는지 아니 맛는지오?

21. 這是共有利害(損숀益이)的事情，怎젼不共同퉁努누力리，獨두獨他一個人去辦빤呢? 이것이 다 같이 利害가 잇는 일인데 어찌하여 共同으로 努力하지 않고 獨特히 저이가 혼자 갓어 處理하오?

22. 這是雖然솬書上的話，也不可盡진信신。因爲孟명子明밍明的説"盡진信신書슈，不부如수無우書슈"。이것이 비록 글에 잇는 말이지만 다 믿을 것은 못된다. 孟子도 明白하게 말하기를 글을 다 믿을진대 글이 없는 것만 같지 못하다고 한 것이다.

23. 你對我問那件젠事的細시微웨曲취折져，我雖쉬不能넝盡情칭知道，却췌依着知道的，説給께你聽팅罷! 당신이 나에게 對하야 그일의 細微曲折을 물으니 내가 비록 다는 알지 못하지만 아는 대로는 당신에게 말하여 들이겠오.

24. 倉창①猝추之젠間진，他把此事辦個盡善싼盡美메-的，真젼有本事的人。별안간에 저이가 이 일을 盡善盡美하게 處理하니 참으로 技能이 잇는 사람이오.

25. 前쳰幾지年我辦甚麼事，真皆졔順슌利。從충去年以來，連롄些小的事也都뚜纏챤手磨머脚쟈，這不是倒運윈了嗎? 몇 해 前에는 내가 무슨 일을 하던지 다 順順하게 잘 되더니 昨年붙어는 些小한 일까지도 모도 손과 발에 감기기만 하니 이것이 결단난 것이 아니오?

26. 別베的(旁팡的)毛마病삥皆졔可將쟝就쥬，惟웨獨두手不老實(穩원)，這是斷똰不可커使得더。다른 병통은 다 그럭저럭 지내지만 惟獨 손이 것친 것은 斷定코 못쓰오.

註：上半段은 "一"字가 다른 字와 合하야 "總括的"의 意味를 表示하는 類語이며 下半段은 "全然"의 類語니라.

---

①倉1

第九十二課 副詞字的應用(三三)

務우、必삐、總증、須쉬
定딩、準쥰、必삐、斷단、絶졔、萬완、確훼
제구십이과 부사자의 응용(三三)

1. 你不要얖想着小本번錢的懶란做，務우必삐勤친儉쟨積지攢짠纔對。당신은 적은 資本의 장사라고 게을이 하지 말고 반듯이 (꼭) 勤儉하며 貯蓄하여야만 옳소.

2. 聽説你的兄弟常喜시歡환嫖퍄賭두，務必삐叫他開導다用융工。말하는 것을 들은즉 당신의 아우가 恒常 오십과 잡기를 좋아한다니 반듯이 그를 引導하야 工夫하도록 하시오.

3. 不論룬怎樣事情칭，不要光聽팅人家的話화，務우要自己先立志즈。勿論 어떠한 일이던지 다만 남의 말만 듣지 말고 반듯이 自己가 먼저 뜻을 세워야 한다.

4. 萬완不可説笑人家的糊후塗두，務須쉬先顧꾸自己지的短돤處。천만에 남의 糊塗한 것을 웃지 말고 반듯이 먼저 自己의 短處를 도라보아야 한다.

5. 你的年녠紀지也不少，切체不可説숴話作事犯왠了光꽝棍군子，必向썅正징經징道上做去。당신의 나도 적지 아니하니 決코 말하는 데와 일하는 데 건달의 行動을 하지 말고 반듯이 正當한 길로 밟어야 하오.

6. 因爲你的錯，把事弄능壞해了。這場쟝的損쑨虧퀴必得你賠페-出來。당신의 잘못으로 因하야 일을 버려 놓앗으니 이 번 損害는 반듯이 당신이 물어내지 않으면 아니 되오.

7. 遇着這點難事，千萬不可垂〔垂〕춰頭傷氣치，必須振전作精神，打따開進路去好。요만한 어려운 일을 만나 갖이고 머리 숙이고 마음을 傷하게 하는 것은 千萬에 不可하오 반듯이 精神를 차려 갖이고 나 갈 길을 헤처서 나가는 것이 좋소.

8. 我很感깐謝쎼衆즁位웨的留류情，却老人家在家裏眼앤巴바巴的等着，必要不回훼去不可。나는 여러분의 붓잡는 情을 매우 감사하게 생각하지만 늙은이들이 집에서 눈이 빠지도록 기달이시니 반듯이 도라가지 않으면 안되겠오.

9. 在家裏待婦女ᅲ兒孫和在社ᄊ會ᅬ待人交꾜友，總ᄍ不要吝ᄅ嗇ᄊ刻ᅱ薄ᄇ。집에서 婦人과 子孫를 待하며 社會에서 사람을 待하고 친구를 사귀는데 도모지 (決코) 吝嗇하고 刻薄하엿어는 아니된다.

10. "吃ᄯ了人家자的桑ᄊ葉예子，總得給께人家做個繭잰①。" 就주是有恩언必報뽀的。 남의 뽕잎을 먹어거든 반듯이 남에게 고치를 지어주어야 한다함은 곳 恩惠를 입엇거던 반듯이 갚으라는 것이다.

11. 我敎你受ᄶ了這場困쿤難난，雖是我的錯兒，可是見了朋友的面子，總須原웬諒량這一次罷！ 내가 당신으로 하야금 이 番 困難을 받게 한 것이 비록 나의 잘못이지만 친구의 낮을 보앗서 도모지 이번만 容恕하여 주시오.

12. 請你萬완不可輕칭看仇쩌敵듸，總要留神忍신耐내和我們商ᄊ量。 請컨대 당신은 千萬에 원수를 輕視하지 마오. 도모지 조심하고 참어서 우리와 함께 相議합시다.

13. 養孩子不可嚇ᄊ呼후打따罵마，須ᅱ用哄훙導따養氣치的方ᄈ法애。兒孩를 養하는데 號令하고 놀내이며 때리고 욕하엿서는 옳지 않고 모름직이 달래며 긔운을 養하여 주는 方法을 써야 한다.

14. 你的太太，雖不是新女ᅲ性ᅵ，却孝ᅶ順ᄔ父母又善ᄉ會過日ᄉ子。不用對她離리婚훈，須쉬當疼렁愛些她타纖享ᄊ福呢！ 당신의 婦人이 비록 新女性은 아니지만 父母에게 孝順하고 또 살림살이를 잘할 줄 아는 그에게 對하야 雙婚을 하지 말고 맛당히 그를 더 사랑하여야만 福을 받을 것이오.

15. 俗語説："要爲人上人，須쉬受ᄶ苦쿠中苦。" 就是自古英잉雄ᄊ豪하傑제②都是備베嘗ᄎ了千辛신萬苦쿠的。 俗談에 말하되, 사람을 웋의 사람이 되려거던 모름직이 쓴 가운데의 쓴 것을 받을라 함은 곳 넷로붙어 英雄과 豪傑이 千辛과 萬苦를 가추맛보맛다는 것이다.

16. 在家裏須得聽着父兄的話，在學ᅨ校쇼須要守着先生정的敎ᅶ訓쉰。 집에서는 모름직이 父兄의 말을 들어야 할 것이오. 學校에서는 先生의 敎訓을 직혀야 할 것이다.

---

①繭3 ②豪2傑2

17. 看他的貌_모樣, 聽_팅他的說話, 一定(一準)是壞_홰-人。 저이의 貌樣을 보고 저이의 말하는 것을 들으면 꼭 버린(납분)사람이오.

18. 他要跟_끈我打架_쟈, 我也_예定不讓_샹他。 저이가 나와 싸홈을 하려고 하니 나도 꼭 저이를 容恕하여 주지 아니하겠오.

19. 那件_젠事, 幾_지日以前還可以辦得妥_뭐。 到刻_커下, 定準_준難以了_{랴오}結_졔。 그 일은 몇 日 前만 하여도 가히써 適當하게 處理하엿을 터인데 지금 와서는 꼭 結末짓기 어렵다.

20. 我們若辦個材_채-木公司的話, 定_딍然_샨有利的。 우리가 만일 木材會社를 만든다면 一定코 利를 남기오.

21. 現今, 我們的國家貧_핀弱_쉬到頭, 却_췌將來的富_푸强_챵定然不移_이①的。 지금 우리의 國家가 貧弱하기 끝이 없지만 將來의 富强은 一定코 갈 데 없을 것이오.

22. 忽_후然轉_쥔了東南風, 滿天是黑_헤雲_윈, 我看必定下雨。 갑작이 東南風으로 돌고 왼 하늘에 검은 구름 뿐이엿어 나 보기에는 꼭 비가 오겠오.

23. 我看他黃_황瘦〔瘦〕_쑤臉, 流_류鼻_삐涕_띄, 必然是個烟_얜鬼_귀-罷! 내 보기에 저이가 누르고 파리한 얼골에 코물을 흘이니 반듯이 鴉片中毒者인가 보오.

24. 待人酬_쩌客, 準_쥰必要和_허平恭_궁敬_징。 사람을 待하며 손님을 接應하는데 반듯이 和平하며 恭敬하여야한다.

25. 若_쉬叫他知道这個錯_춰兒, 準成(行)不移_이的。 만일 저이에게 이 잘못을 알게 한다면 꼭 용서치 아니할 것이오.

26. 你說要照着本_번價賣, 還_해可以將_쟝就_쭈。 可要虧_퀴本兒賣, 那斷_돤不行_싱的。 당시이 본값에 팔나고 말하면 그래도 생각할 餘地가 잇겟지만 본전을 믿지고 팔나면 그 것은 단정코 아니 되오.

27. 若在利己_지害人的事, 我就斷_돤然(斷斷)没干_깐涉_써。 만일 自己가 利롭고 남을 害하게 하는 일이라면 내가 곳 단정코 干涉을 아니하오.

28. 在家常事還可以隨隨便_볜便, 就在公衆事, 斷_돤乎_후不能糢_마糢糊_후糊。 家事에는 오히려 아무렇게 하여도 相關이 없지만 곳 公衆의 일에는 단정코 그럭저럭 하지 못한다.

---

①移₂

29. 像쌍那等女人的話, 雖有千萬好話, 他絶췌然산(決췌然)不聽。 저러한 女子의 말 같으면 비록 千萬 마듸의 좋은 말이 잇다할지라도 저이가 決코 듣지 아니하오.

30. 他不但是個出風엥頭투也就쭈是個滑화頭, 我絶對뒤不能넝信。 그가 건들거리기만 할 뿐 아니라 곳 狡猾(詐欺)한 者이므로 내가 絶對로 믿지 못하오.

31. 叫他做官還可以說得더過去, 說他做生성意, 那就萬萬不可的。 저다려 벼슬을 하라면 오히려 말함즉 하지만 저이로 장사를 하라고 말한다면 그것은 곳 萬番이나 不可하오.

32. 他們兩個커, 對你有個害해心是確췌乎후不移이(鑿짞①(쭥)鑿)可據쮜的事。 그들 두 사람이 당신에게 對하야 해롭게 할 마음이 잇는 것은 確實히 틀임이 없는 일이오.

註 : 本課에 活用된 單語들을 만일 外國文法에 看做한다면 곳 助動詞로 解釋함이 可하나 中語組織上으로는 副詞로 解釋함이 便宜함.

第九十三課　副詞字的應用(三四)

打……起……到……止다...치...모...쯔、 從……起……到……止、
起치……末了、初……末머了
不閑쎈着、不住口커、不住주手、不斷的、不離的
得不得、動不動、整정天家、時ㅅ常창、時ㅅ時、屢루屢次ㅊ次

제구십삼과 부사자의 응용(三四)

1. 打따上海起치到美메國止쯔, 不但用융海底듸電뗀綫쎈打通퉁, 也可以用無우綫電。 上海로붙어 米國에 이르기까지 海底電線으로써 通信할 뿐만 아니라 無線電信으로도할 할 수 잇다.

2. 地球츄上南北綫쎈, 名밍爲經징綫, 就쭈是從쭝南極지起到北베極지爲止쯔。 地球上의 南北線을 經線이라 稱하는데 곳 南極으로붙어 北極에까지를 말함이다.

3. 在北平琉루璃리廠챵起, 各書슈店뎬以及지街졔上開캐了圖투書슈

①鑿4

展잔覽란①會휘-。從충每年正정月初추一起到本月十五止。北平琉璃廠에서 每年 正月初一日붙어 그 달 十五日까지 各書店으로붙어 골목에까지 圖書展覽會를 연다.

4. 現쎈代대的世스界제各國, 各衙야門, 各꺼公궁司, 每메禮리拜빠一起到禮拜六止辦公, 禮拜日就歇쎄一天。現代의 世界는 各國官廳 各會社에서 每 月曜日붙어 土曜日까지 執務하고 日曜日은 곳 하루를 쉬인다.

5. 聽說王賭두鬼귀-的家每天從下午兩點鐘起到翌이②天上午九點鐘중止즈, 老打牌패-(打麻雀챠)。 말을 들으니 王哥賭塲當習者의 집에서 每日 午後 두 시붙어 그 일은날 午前 아홉 시까지 늘 蔬雀을 논다 하오.

6. 我聽着看報的說, 從충德더國起치到上海止즈, 有個坐飛艇팅的過了天空쿵來, 這話是真젼的嗎? 내가 新聞 보는 이의 말을 들으니 獨逸로붙어 上海에 이르기까지 飛行機(飛行船)를 타고 하늘로 날어오는 사람이 잇다니 이 말이 참말인가요?

7. 他起頭說, 不爲私쓰利이就爲公益, 末머了랴不過憑펑③公營잉私。 그가 처음에는 自己의 利益을 爲하지 않고 公衆의 利益을 爲한다고 말하더니 나종에는 公益을 팔엇어 私利를 채우는 데 지나지 아니합듸다.

8. 蓋깨瓦와房양起頭是多花錢, 末머了랴比蓋草챠房還是算쏸便펜宜이。 기와집은 짓는 것이 처음에는 돈이 많이 들지만 나종에는 草家 짓는 것보담 그래도 싸다고 할 것이다.

9. 這以來, 做買賣的人, 起頭門먼口兒貼톄張一大紅홍紙, 又在報바上寫쎄的甚麼 "放앤盤판扣커④賣, 七八扣大廉렌⑤賣매" 等等字樣的廣광告까。其實不但從來價쟈錢, 末머了랴還是貴귀些。 요즈음 장사하는 사람은 처음에는 문 앞에 한 장 큰 붉은 조희를 붙이고 또는 新聞紙上에 무슨 珠盤도 막 집어 덧이고 割引하야 팔고 二三割의 大廉價로 판다는 등의 글자를 썻어 廣告하지만 其實은 以前의 값대로 할 뿐만 아니라 나종에는 오히려 비싸오.

10. 應잉當起初這樣, 末了랴還是這樣, 方양可謂웨⑥有一定뎡主意的

①展3覽3 ②翌4 ③憑2 ④扣4 ⑤廉1 ⑥謂4

人。應當 처음에도 이렇게 하고 나중에도 또 이렇게 하여야 바야흐로 가히써 一定한 主意가 잇는 사람이라고 이를 터이다.

11. 他當初對뒤我很恭궁恭敬징敬的説借제錢쳰, 以後不應, 末了랴罵我一頓둔就跑파了。 그가 처음에는 나에게 對하야 매우 흠석 恭遜히 굴며 돈을 꾸여 달나고 말하더니 뒤에 들어 주지 아니한즉 나중에는 나에게 한바탕 욕을 하고 곳 달어납듸다.

12. 你當初不應就好喇라! 到如우今진説不行싱, 末了這不是叫我白吃虧퀴的嗎? 당신이 애초에 許諾하지 아니하엿으면 곳 좋을 것인데 지금에 왓어 아니 되겟다고 말하니 結局은 이것이 나로 하여금 공연히 손해만 보이게 함이 아니오?

13. 那些吃大烟앤的人, 起初不肯큰吃쓰, 以後越吃越肯큰, 末了就是願意吃也没有吃的。 저 鴉片 먹는 사람들이 애초에는 잘 먹으려하지 아니하지만 그 뒤로는 먹을수록 더욱 먹구 싶어 하다가 나종에는 곳 먹구 싶어도 먹을 것이 없다.

14. 他的太太聽見젠他娶취了一個姨이太太的話, 臉롄色兒, 起初紅홍喇라, 以後靑칭喇, 末머了랴又發黃喇라。 저이의 夫人이 저이가 妾 한아를 얻었다는 말을 듣고 얼골빛이 처음에는 붉더니 그 뒤에는 푸르고 나중에는 또 노래집듸다.

15. 給께了小孩們玩완意兒(玩物우), 起初추好拿着, 末了就쬬扔성了。 어린 아회에게 작난감을 주면 치음에는 잘 갖이나 나종에는 곳 내여 벌인다.

16. 我没看出추你們做活훠, 只看見不閑셴着抽쩌烟。 나는 너이들의 일하는 것은 볼 수 없고 다만 쉬지 않고 담배 먹는 것만 보겟다.

17. 你們不要不住주口쿠的說白話, 就要不歇셰氣치的用용工罷! 너이들은 입이 쉬일 새 없이 쓸 데 없는 말만 하지 말고 곳 쉬일 새 없이 工夫를 하여라.

18. 王賭뚜鬼那個下싸蛋단, 常챵在外邊벤不住手的(不閑着)賭錢。一回훠家時刻커尋쉰事, 好不好(弄不弄)摔쒜盆펀摔碗, 打老婆、罵마孩해子。王哥賭博常習者 그 못된 놈은 늘 밖에서 손을 놀이지 아니하고 노름만하다가 집안에만 드러오면 때때로 말성거리를 차젓어 건뜻하면 자박지를 부시고 사발을 부시며 게집을 때리고 자식을 욕질한다.

19. 雖然不斷딴的有信, 時時刻커刻

的想着他就難過귀. 비록 끈임없이 편지는 잇으나 때때로 그가 생각 낫어 곳 견딜 수 없오.

20. 人家串촨門子(闖촹門子)都有時有刻, 你就是不離리的串①(闖), 真쩐正没眼얜色喇라! 담들의 마을 단니는 것은 모두 다 때가 잇는데 당신은 끈임없이 마을 단니니 참말로 눈쳐가 없오.

21. 你得더不得(常챵不常)就罵人, 還要人家對你説好話嗎? 당신은 건뜻만 하면 곳 남 보고 욕하면서 그래도 남들이 당신에게 對하야 좋은 말하여 주기를 바라오.

22. 你動둥不動(值즈不值)就打人신, 那一遭쫘打出禍훠來, 後悔훠也不及지了. 당신이 싯척만하면 곳 사람을 때리니, 어느 때든지 사람을 때렷어 禍를 난다면 後悔하여도 잊지 못할 것이오.

23. 你這樣血쉐氣치方剛깡的時候, 動不動就説腰야疼텅腿튀-疼, 是甚麼緣왠故呢? 당신이 이렇게 血氣가 方剛할 때에 걸핏하면 곳 허리가 앞으니 다리가 앞으니 하는 말을 하니 무슨 까닭이오?

24. 韓한先生整쩡天家愛替틔古人擔단憂유, 每메看간時事愁쳐傷샹. 韓先生은 왼 終日 녯 사람을 代身하야 근심을 메기를 좋아하고 매양 時事을 보고 근심하며 걱정한다.

25. 你不用跟끈人家半天的工꿍夫拉라閑쎈聒라(쾨)②兒(説閑쎄話), 誰有那些쎄工夫跟你坐着愛聽텡呢? 당신은 남과 반나절 동안이나 쓸데없는 말만 하지 마오. 누가 그렇게 많은 時間이 잇엇어 당신과 앉엇어 들어 주기를 좋아하겟오?

26. 從來説, 家賊쎄難防빵, 他的兒子這樣摸머摸搋③搋的, 誰쒀能넝時常防빵備삐他呢? 以前붙어 말하기를 집안 도적은 맑이가 어렵다 하엿는데 저이의 아들이 이렇게 홈쳐 내니 누가 능히 恒常 그를 防備하겟오?

27. 西鄰린舍셔的門먼太太在炕캉上時常伸션開캐兩條탸腿튀-, 張着瓢퍄④口쿠哭쿠, 大概是有了甚麼難受쒀的事了罷! 西쪽 이웃집의 門夫人은 방바닥에서 늘 두 다리를 뻣고 나팔입을 벗이고 울기만 하니 大概는 무슨 견듸지 못할 일이 잇나 붑듸다.

---

①串₄ ②聒₄ ③搋₃ ④瓢₂

28. 古語說:"久주病ᄈᆼ床촹前첸無우孝쑈子즈。"若是父母무病的久주了，孝子也難난時時對付ᄋᆞ心思쓰。녯말에 일르기를 오래된 병 앞에는 孝子가 없다고 하니 만일 父母의 病이 오래 가면 孝子도 때때로 마음을 맞우기가 어렵다.

29. 你屢뤼①屢次쓰次喝허起치酒來，倒地디上直ᄯᅳ滾꾼，好像썅羊角쟈瘋펑的(癲뎬②病的)，不知水火휘似쓰的哪나! 당신이 여러번 술만 먹으면 땅 우에 씨러젓어 바로 둥그럿어 맛치 간질하는 者가 물과 불을 알지 못하는 것 같소.

註: "從…起…到…止"는 一連的 作用을 갖인 者로서 一種의 公式이며 "起頭(起初, 是初)…末了"는 곳 "처음에는…, 내종에는" 意味와 同一한 故로 또한 聯帶作用을 갖인 公式이니라. "不閒着" "不住口的" "不歇氣的" "不住手的" "不斷的" "不離的"은 곳 "쉬지안코, 줄곳" 等의 意味를 갖인 一類語이며 "得不得" "動不動"은 "걷뜻하면" 意味의 一類語며 其他가 이 亦一類語니라.

第九十四課 副詞字的應用(三五)

誰料쉬랴ᇰ、不料、殊수不知즈、那나知
乃是내쓰、此츠乃、固然구앙、焉知
제구십사과 부사자의 응용(三五)

1. 昨쭤日也活活的人，誰뉘料랴(誰쉬知)夜에裏리死去了呢? 어제도 멀정하던 사람이 밤사이 죽을 줄이야 누가 뜻이나 하엿겠오?
2. 我原웬來拿着好意思勸췐他的，誰料他反앤想ᄉᆞᆼ着冤웬家似的呢? 내가 原來 좋은 마음을 갖이고 그를 勸한 것인데 그가 도리혀 원수같이 생각할 줄이야 누가 뜻하엿겟오?
3. 起처初추小點뎬兒事，誰料랴今日시結제了這麼大的好果궈了呢? 由여此쓰而얼想，凡앤是應이ᇰ該깨在小事用요ᇰ心好。애초에 조고마한 일이 오늘에 이렇게 큰 좋은 結果가 잇을 줄을 누가 뜻하엿으

①屢루 ②癲리

라! 이로써 생각하면 凡事가 맛당이 적은 일에 着心을 하여야 좋겟다.

4. 我打算칸投투了랴他去, 他必然有些셰幫빵助주, 誰料(竟징不知)他竟징反앤臉렌無우情칭了呢? 내가 그에게 가 잇으면 그가 반듯이 좀 도아 줄 것으로 預想하엿더니 그가 맞음 내 낯을 붉기고 冷情하게 할 줄이야 누가 생각하여 겟오?

5. 看칸他小時候후蠢춘又笨번的孩子, 誰料(豈知)到今진日那樣出추世了呢? 그가 어렷을 때에 미련하고 또 둔하던 아희로 오날에 그렇게 出世할 줄이야 누가 뜻하여 겟오?

6. 看他所穿촨的和허所說的好像썅很有學쉐問원, 誰科〔料〕他是一個吊됴膀방(吊膀子)的人了呢? 그의 입은 것과 말하는 것이 마치 매우 學問 잇는 것 갓더니 그가 한 오입쟁 (女子 흘이는 者)인 줄이야 누가 생각하엿겟오?

7. 對뒤不住주太太, 請칭你原웬諒량. 因爲上車처的時間졘太忙, 跑파過來, 不料랴踩채了太太的脚쟈了. 마님 未安합니다. 請컨대 容恕하여 주십시오. 車 탈 시간이 너무 밧분 까닭에 뛰여오다가 뜻밖에 마님의 발을 밟엇음니다.

8. 我說給他一切的内내容쑹, 就是望왕着點兒幫빵助주的, 不料反受소他的愚위弄눙. 내가 그에게 一切의 内容을 말하여 준 것은 곳 좀 도아 줄가 바랏던 것이 뜻 밖에 도리혀 그의 欺瞞을 받엇다.

9. 別人欺치負우我倒됴罷了, 不料랴連롄你們倆랴也這樣委웨屈취了랴我. 다른 사람이 나를 欺瞞하여도 오히려 관게치 않겟다. 너이들 둘까지 이렇게 나를 抑屈하게 할 줄은 뜻하지 못하엿다.

10. 張二魁퀴-凈仗장着權콴柄빙和허財채産찬, 强行싱氣치壓야(橫헝行覇빠①道)無우所수不爲왜. 殊②不知天外有天, 人신外有人, 叫韓黎리明밍來壓倒了. 張二魁는 왼통 權勢와 財産만 믿고 無理하게 歷〔壓〕迫하며 無所不爲하더니 하눌밖에 하눌 잇고 사람 웋에 사람이 잇다고 韓黎明이 와서 꺽굴트릴 줄은 별노 알지 못하엿다.

11. 他們實在不知莊쟝稼人的甘깐苦쿠. 像他們有錢的人, 買米미(糴듸③糧량)固구然싼逢펑買幾지石 단米, 買布부固然逢買幾지匹피布,

---
①覇3 ②殊1 ③糴2

那나知莊좡稼쟈人就쭈是買幾升성米, 幾尺츠布也예是不容우易이的。 저이들은 참으로 農軍의 辛苦를 알지 못하오. 저이들 돈 잇는 사람은 쌀을 사면 과연 살 적마다 몇 섬식 사고 필육을 사면 과연 살 적마다 몇 필의 필육을 사지만 農軍이야 곳 몇 되 쌀과 몇 자 필육을 사는 것도 쉽지 못한 줄을 어찌 알겟오?

12. 當징初추我給께他照쟈應也不放앵心, 他是個年輕칭没多大的經징驗앤, 那知在實地듸辦事的手段똰比我還해大了呢! 애초에 내가 저이를 보삶여 주어도 그가 年少하고 얼마 經驗이 업슴을 安心치 못하엿더니 實地에서 處事하는 手段이 나보담 오리혀 많을 줄을 어찌 알엇겠오?

13. 罷了罷罷了, 我從충多年和你交往, 就知道寬콴厚후長쟝大따的。 那知細시密미的事, 也這樣誠청實的呢? 그만두시오. 내가 여러 해를 당신과 사괴여 단니면서 곳 寬厚하고 長大한 줄은 알엇지만 細密한 일에도 이렇게 誠實한 줄이야 어찌 알엇겟오?

14. 看着早晨천的天氣치很清칭亮량, 并且也没有風엥絲쓰兒, 所以在船촨上喝허喝酒, 快쾌快樂러樂的。 那知到了下半天, 忽후然颳과了風, 把船幾乎후翻앤倒, 弄능我們嚇쌰死了呢! 아츰의 日氣를 보면 매우 맑고 兼하야 바람결도 없음으로 배웅에서 술도 먹고 아조 快樂하게 지내엿더니 午後에 이르러 별안간 바람이 불엇어 배를 조곰 하엿더면 뒤집어엎을 번하야 우리를 놀내워 죽일 줄이야 어찌 알엇겟오?

15. 我看他們倆랴打架쟈, 不是拉라洋車쳐的滋쯔事, 乃내是推퉤一車的先招쟈惹셔的。 내 보기에 저이들 두 사람의 싸홈은 人力車軍이 먼저 일을 시작한 것이 아니라 곳 孤輪車(외박퀴차)軍이 먼저 말성을 낸 것이오.

16. 你別對他講쟝甚麼貴귀甚麼便펜宜이, 他不是個打따算콴利害的人家, 乃是研앤①究쥬深션奧샤②學쉐問的書香썅子。 당신은 저이에게 對하야 무엇이 빗싸니 무엇이 싸니 말하지 마오. 저이가 利害를 打算하는 사람이 아니고 곳 深奧한 學問을 硏究하는 文翰家의 子弟이오.

---

①研2 ②奧4

17. 有人說, "夫妻치不算兩個人, 乃내是一體틱", 就是對相好夫妻們說的。 어떤 사람은 말하되, 夫妻를 두 사람으로 따질 것이 아니라 곳 한 몸이라 한 것은 바로 서로 좋아하는 夫妻들에게 對하야 한 말이다.

18. 此乃내他們兩相情칭願的親事, 傍팡人不必反對뒤, 只즈求추叫他們不許쉬反悔휘。 이것은 곳 저이들 둘이 서로 원하는 婚姻이니 달은 사람은 반듯이 反對할 것이 없다. 단만 그들로 하여곰 後悔하지 아니하기를 바랄 뿐이다.

19. 此乃軍권政정兩界졔爲着自己的勝성敗배, 不是爲我們莊户후人的勝敗。 이것은 軍政 兩界가 自己들을 爲하는 勝敗이고 우리 村사람을 爲하는 勝敗는 아니다.

20. 你別再這裏說長장說短돤, 曰웨可커曰否뿌①, 此乃你們家庭팅的事, 我們不願聽了。 당신은 여기에서 긴니 짤으니 可하니 否하니를 말하지 마시오. 이것은 곳 당신들의 家庭일이니 우리는 듯기를 願치 아니하오.

21. 正經話固구然要聽, 就是街졔市上那些閒쎈雜자人等的話, 也是要放팡長장耳朵둬聽一聽。 正當한 말은 當然히 들어야 할 것임으로 곳 市街에서 노는 雜된 그 사람들의 말이라도 귀를 기우리고 들어야 한다.

22. 要結졔親固구然산看其치人신物우如우何而얼定뎡的, 可是也不能不看칸其貧편富푸和門먼第듸。 結婚을 하려면 當然히 그 사람의 如何를 보앗어 定할 것이지만 그 貧富와 門閥도 아니 보지는 못할 것이다.

23. 人辦빤紅홍白(婚훈喪쌍)大事, 固然不可커過귀於워儉졘省성, 但是也不可過於奢셔②華화, 總둥得量량力리而行성。 사람이 婚喪이 큰일을 하는데 果然 너무 省略하는 것도 不可하지만 단지 너무 奢侈하는 것도 不可함으로 도모지 힘을 생각하엿서 行하지 아니하면 안된다.

24. 我固然和你老人你家不可拌반嘴쥐, 但단是你也不該깨胡후說, 不講장體面몐的話。 나도 當然히 당신같은 老人과 말다툼하는 것이 不可하지만 당신도 함부로 體面을 보지 못하는 말을 하는 것도 맛당하지 않소.

①否3 ②奢1

25. 爲父母的固然有嚴앤格거, 孩子們纔해肯큰守쑈規귀。但若워没有愛心, 就喪了天性싱的恩언情칭。父母로서 當然히 嚴하여야 아희들이 規則을 직히지만 만일 사랑하는 마음이 없으면 곳 天性의 恩情을 상한게 한다.

26. 凡앤事固然再三再四, 深언思쓰而얼定是不錯춰, 但是多뒤心慮뤼, 猶유預〔豫〕워不定딩, 也是不成청。凡事를 當然히 再三再四로 깊이 생각하엿어 定하는 것이 옳지만 너무 多心하엿어 움울 줌을하고 決定을 못하여도 아니 된다.

27. 你別瞧챠不起치他, 雖然當下很貧핀窮청, 焉얜知後來不富? 당신은 저이를 멸시하지 마시오. 비록 지금은 貧窮하지만 將來의 富하지 아니할 줄을 어찌 알겠오?

28. 雖然衆쭝位都說他是個好人, 若워是仔쯔細시查차問원, 焉知他是鄕쌍愿원①一類레的呢? 비록 여러분은 모도 저이를 좋은 사람이라고만 말하지만 만일 자서히 알고 보면 저이가 小挾雜輩의 一類인 줄이야 어찌 알엇 겟오?

29. 人的壽쑤數수長창短돤雖能推뒤量랴, 雖然산今日没還〔還没〕(尚상未웨)死, 焉知明日還해活着? 사람의 壽限의 長短을 누가 능히 推測하겠오? 비록 오늘은 아즉 죽지 아니하엿지만 來日에 그대로 살 것을 어찌 알겠오?

第九十五課 接續詞(三)

非……不、非……還、非離……不、除非……不、
離리了……不、除추了……不、除了……老
以外이왜、分펀外、另링外、之外、額어外、餘위外、多餘、浮餘
제구십오과 접속사 (三)

1. 要渡두海非船촨不能녕渡②, 處추世非몌錢첸不能過귀。바다를 건느랴면 배가 아니면 건느지 못하고 세상에 살야면 돈이 없이면 지낼 수 없다.

2. 他的本性싱兒很堅쩬③固구, 勿우論룬甚麼事, 非達到目무的의, 斷돤不肯큰歇셰休슈(撒싸手)。저이

---
①愿4 ②渡4 ③堅1

의 本性이 매우 堅固하야 勿論 무슨 일이던지 目的을 이루지 못하면 決코 그만두지 않는다.

3. 于워老哥, 現쪤在生넝了大氣치, 死去活來。我看칸非뻬你去説開説開, 他不能消쓰氣的。于老哥가 지금 크게 성이 낫어 죽을둥살둥 하는데 내 보기에는 당신이 갓어 풀어 주지 아니하면 그의 성이 까러앉이 아니할 것이오.

4. 我到此쯔地, 遇워了這樣難事, 非你給께我出力리, 還해有第二個人嗎? 내가 이곧에 왓어 이러한 어렵은 일을 맛낫는데 당신이 나에게 힘을 써 주지 아니하면 누가 잇겟오?

5. 要開鎖쉬, 必삐得더找쟈合허式쓰的鑰匙, 我看這事, 非離리(除추了)你去, 是辦不成쳥的。잠을쇠를 열랴면 반듯이 맛는 열쇠를 찾이 아니하면 아니 된다고 내가 이 일을 보기에 당신이 가지 아니하면 處理하지 못할 것이오.

6. 他們要辦的事, 并不是没有希시望왕, 却췌有幾個憑핑公營잉松〔私〕쓰的人, 若워要成功, 除추非那種人革거①出추去不成。저이들이 하려는 일은 決코 希望이 없는 것이 아니지만 公益을 팔엇어 私慾을 채우려는 사람이 몇 사람이 잇오. 만일 成功하려면 그 種類의 사람을 모라내지 아니하고는 안될 것이 되오.

7. 他仗着衙야門的威웨勢쓰, 强챵霸빠(霸占쟌)我的家쟈産챤, 除추非뻬把我結졔果궈(頭殺사)了, 但딴凡有我一條툐命밍, 他不能넝由여得더。그가 官廳의 勢力을 밋고 나의 家産을 强製로 빼앗으려 하니 나를 죽이지 아니하고 다만 나의 한 줄기 목숨이 붙어 잇고는 그가 마음대로 못할 것이오.

8. 除非我不在這裏就쮸罷, 我既지然在這裏, 리怎쪈麼不聽你的指쯔使(指派패)呢? 내가 이곧에 잇지 아니하면 그만이지만 내가 이미 이곧에 잇고야 어찌 당신의 指導를 들지 아니하겟오?

9. 那件쟨事的内네容쑤太複푸②雜짜, 離리了(非離)你給他説透투, 他總쭝得不明白。그 일의 内容이 너무 複雜하엿어 당신이 그에게 밝에 말하여 주지 않고는 그가 도모지 똑똑히 알지 못할 것이오.

①革₂ ②複₄

10. 小孩們大槪白天(白日、天裏)是隨便游외玩완, 但是一黑혜了天(天一晚了), 離了媽不行성. 어린 아희들이 大槪 낮에는 마음대로 뛰고 놀지만 단지 날이 어둡기만 하면 어머니가 아니고는 아니 된다.

11. 離了莊좡稼쟈漢한, 吃쯔不了랴飯빤. 離了織즈布부的, 穿촨不了랴衣服. 這都떠是人生성過活훠的根끈本. 農軍이 없으면 밥을 먹을 수 없고 베 짜는 사람이 없으면 옷을 입을 수 없는 것은 이것이 모두 사람이 살어 나가는 데 根本이다.

12. 我昨天上你們開會席시上去看看, 除추了(非離)你們三四個人, 都不是糊후塗두的就쬬是詭귀詐쟈的. 내가 어제 당신들이 開會하는 席上에 갓어 보니 당신들 三四人을 除하고는 모두 糊塗한 者가 아니면 곳 詭譎한 者입듸다.

13. 我聽説這程청子쯔, 你除추了吃飯的時候, 老在辦公處, 是真的嗎? 내가 말을 들으니 이즈음에 당신이 밥 먹는 시간을 除하고는 늘 事務所에 잇다니 참말이오?

14. 錯츠過궈李老兄, 誰能넝有此쓰高見젠敎쪼導다我呢? 李老兄이 아니고야 누가 능히 이러한 高見이 잇엇어 나를 指導하겠오?

15. 錯過濟지公活훠佛예, 誰能像썅你這樣救쬬活훠我們呢? 濟公活佛이 아니고야 누가 능히 당신과 같이 이렇게 우리들을 救助하여 주겠오?

16. 現쎈在的政정經징兩界제都是朝쨔變볜夕시改개, 錯過老兄時常提티醒싱, 怎能應잉順呢? 지금에 政經 兩界가 모도 朝變夕改하는데 老兄이 때때로 일깨워 주지 아니하고야 어찌 능히 맛추어 가겠오?

17. 老先生説這件쩬事, 除추你以外没有人可辦빤. 先生님의 말슴에 이 일은 당신을 除外하고는 가히 處事할 만한 사람이 없다고 하시오.

18. 你別問我這咱짠的過궈日시, 吃飯睡쒀覺쨔以外没有別的事. 당신은 나의 이 지음날 보내는 것을 뭇지 마시오. 밥 먹고 잠자는 以外에 다른 일이 없오.

19. 無우論룬那一家的老人家, 除了照쨔管관家常零링碎쉬的事和養活훠孩兒얼們먼以外왜, 没有特티別的快樂러. 어떤 집 老人를 勿論하고 집만의 小小한 일을 보삷이고 아희들을 養育하는 것을 除外

하고는 特別한 快樂이 없다.
20. 老哥無論何^허時, 爲我這樣格^께外的費^예心, 不知怎^전樣報^보情^청好! 老哥가 어떤 때를 莫論하고 나를 爲하야 이렇게 特別히 마음을 써 주시니 엇덯게 뜻을 갚어야 좋을는지 알지 못하겠오.
21. 這并^뼁不是格外預^위備^삐的, 不過是平常^창所吃的菜^채, 衆位何^허必這樣謝^쎼情? 이것이 決코 特別히 預備한 것이 아니고 平素의 먹는 菜에 不過한데 여러분은 어찌 이렇게 감사하다고 하시오?
22. 他的身^쩐體此〔比〕別人軟^솬弱^쉬, 冷熱^씨的時候, 格外的怕冷^령怕熱. 저이의 身體가 다른 사람에 比하면 弱하엿어 춥고 덥은 때는 特別히 추이을 타고 더위를 타오.
23. 一樣的故^꾸事(故典^{덴①}), 若你講^장, 分^웬外有滋^쯔味. 一樣的材^채料^랴, 若你做, 分外有味^웨道. 같은 녯말을 갖이고 만일 당신이 말하면 特別히 滋味가 잇고 같은 감을 갖이고 만일 당신이 맨들면 特別히 맛이 있오.
24. 今天晚^완上, 風頭也淸冷^칭, 月亮^랑也分外的明亮, 這一夜^예怎能送^쏭去? 오늘 저녁에는 바람세도 맑고 달도 特別히 밝으니 이 하루 져녁을 어떻게 보내겠나!
25. 你們的家口多, 隨之房子也窄^채, 往往有客^커來, 覺^쟈着難爲些。依我看, 另^링外蓋^깨一座^쭤半^빤中半西^시的房^왱子好. 당신들의 식구가 많고 따라서 집도 좁엇어. 왕왕히 손님이 오면 좀 困難하게 되니 나로서 보면 따로 半製洋屋 한 채를 짓는 것이 좋겠오.
26. 慕^무東家實在是個寬^콴厚^훠人, 把王仲^중三的兒子送到外^왜洋^랴留學^쒜去, 每月送一百五十元^웬的學^쎼費^예, 另^링外送^쏭他五十元花零^링費. 慕主人은 참으로 한 寬厚한 사람이오. 王仲三의 아들을 外國으로 留學 보내고 달마다 一百五十圓의 學費를 보내고 또 따로 그에게 五十圓을 보내여 雜費를 쓰게 하오.
27. 凡聰^충明^밍過人的天才很少^쌰. 在我們學堂^탕一千多個學生裏^리頭, 除^추了七八個人之外, 都^뚜是平^핑平常^창常的. 무릇 聰明이 過人한 天才가 매우 적소. 우리

---
①典₃

學校 一千餘 名 學生 속에 七八名을 除外하고는 모두 普通이오.

28. 你給께這位先生謝세謝(磕커頭、作揖이), 這是額어①外賞샹你一塊錢쳰的. 너는 이 先生에게 감사하다고 엿주어라. 이것은 따로 너에게 一元을 賞給하시는 것이다.

29. 不要多뒈派패人去, 只有三個箱쌍子, 餘위外還해有我的兩個皮피箱子. 사람을 많이 보낼 것이 없오. 다만 세 개 箱子와 따로 또 나의 가죽箱子 두 개가 잇을 뿐이오.

30. 我們净징預위備삐家口커우的糧량食, 一點兒也没有多餘웨(餘浮우)的. 우리가 집안 식구의 량식만 預備하여 두엇고 조곰도 남는 것은 없오.

31. 你不用傷心, 在我也有浮餘(餘浮)五十多元웬, 若你不夠꺼用용, 只管拿去. 당신은 傷心하지 마시오. 나에게도 五十餘元의 남은 것이 잇으니 만일 당신이 쓸 데 不足되거든 그냥 갖어가시오.

註: 本課의 上半段 "…않으면…아니된다"는 것의 類語를 뵈였고 下半段는 "그밖엔…더 없다"는 意味요. "除外…以外, 另外, 没有"를 쓰고 "그 밖에도"의 類語요 格外 等을 뵈였음.

第九十六課 副詞字的應用(三六)

果然귀얀、果真젼、真
如수果、真果、但凡단뻔、萬완一
제구십륙과 부사자의 응용(三六)

1. 不但단是他, 連롄我也半빤信半疑이了. 後후來聽팅說, 果귀然얀他是個壞해人. 그이뿐만 아니라 나까지도 半信半疑하엿더니 뒤에 말을 들은즉 과연 그가 낡은 사람입듸다.

2. 他往後果러②然安分守쩌己지, 實在有財쌔翁웡的希시望왕. 그가 이 뒤로 과연 安分守己한다면 참으로 부자집 늙은니가 될 希望이 잇오.

3. 人果然얀不知道禮리儀이③和羞셔耻츠, 那就是衣冠관④禽친獸쒀了. 사람이 과연 禮儀와 수치를

___
①額2 ②果3 ③儀2 ④冠1

알지 못하면 그는 곳 衣冠을 한 禽獸이다.

4. 自己지果귀然待대人和平평，辦事公道，那不和허平不公道따的人，也就跟끈着學쒜他的和平與公道了。自己가 과연 사람을 待함에 和平하고 일을 處함에 公正하면 그 和平치 아니하고 公正치 아니한 사람이 곳 그이의 和平과 公正을 따라 배호게 되오.

5. 人都説馮펑胖팡子是個人신面獸心신的，往後看他的行싱事，果然不錯춰。사람이 모두 말하기를 馮哥 뚱뚱보는 사람 얼골에 즘생 마음을 갖엇다고 하더니 뒤로 그의 일하는 것을 보니 과연 틀임이 없오.

6. 你的哥哥跟我談탄過話，是眞確춰的。至於談탄到那種事情，是果眞전没有的。당신의 伯氏가 나와 이야기한 것은 的確하지만 그러한 일에 이르러 말한 것은 과연 참 없오.

7. 他果眞在這裏種地띠，所쒀需쒀①用융的東西我都供꿍②給게他。그가 과연 참 이 곳에서 農事를 짓는다면 씨우는 바의 물건은 내가 모두 대여 주겠오.

8. 有經징驗앤(經歷)人的話，到底

띠該깨聽팅。梁량財神씬前幾지年對我説，不過三四年以内네，經징濟지界鬧냐出莫머大的饑지荒，果궈眞전今진年就這樣鬧냐饑荒황了。經驗 잇는 사람의 말을 結局은 맛당히 들어야 하오. 梁富者가 몇 해 前에 나를 對하야 말하기를 三四年을 지나지 못하야 經濟界의 莫大한 恐慌이 생긴다고 하더니 과연 참 금년에 와서 곳 이러한 恐慌이 생겼오.

9. 你説要往朝쟈鮮쎈去，如수果去的話，給게我買五斤진紅홍參션，幾刀따高꺄麗 리紙쯔和幾지把빠扇샨子來罷！당신이 朝鮮에 간다니 만일 참말로 갈 터이면 나에게 紅蔘 五斤과 朝鮮 조희 몇 卷과 붓채 몇 자루를 사다가 주시오.

10. 我聽説在西南地方猴훠③兒얼多。去年往川촨邊삔去，每逢펑山嶺링，果眞有了好些個猴兒湊쩍到一塊콰兒，也有哀애鳴밍的，也예有嬉시④笑쌰的。내가 말을 듣기에 西南地方에는 원숭이가 많다고 하더니 昨年에 川邊(回川省打箭爐西方이니 現稱特別區域)에 갓더니 산고개마다 과연 참 원숭이 여러 머리가 한 곳에 몽

───────────────
①需1 ②供1 ③猴2 ④嬉4

엿어 우는 놈도 잇고 작란하는 놈도 잇읍듸다.

11. 雖有千百배個人說눠他的計지劃화不合허式ㅆ, 依我看칸還해是真젼不錯눠. 비록 千百의 사람이 저이의 計劃이 틀인다 할지라도 나로서 보기에는 참으로 옳소.

12. 你別問他的話真不真, 若눠是算싼他是個真正的朋엥友우, 那有撒싸謊황兒? 당신은 저이 말이 참말인가 아닌가를 뭇지 마오. 만일 저이를 眞正한 친구로 칠 것 갔오면 어데 거즛말을 하겠오?

13. 起頭(起初추)你不信我的話, 遭짜了這場챵失敗, 還해是改不了랴那個毛마病, 真是個糊후塗두人了. 애초에 당신이 나의 말을 밋지 아니하야 이번 失敗를 當하고도 그 병통을 곳이지 못하니 참말로 糊塗한 사람이오.

14. 聽說有個大대夫우(醫이生)到你們家來, 甚麼病삥也都두能治得好, 這話是真果궈〔果真〕的嗎? 말을 들으니 醫師 한 분이 당신 댁에 와서 무슨 病이던지 모도 능히 잘 곳인다고 하니 이 말이 과연 참말이오?

15. 從兩三個月以前쳰, 報上登덩了南北開戰쟌的消쌰息시, 當真從昨天兩軍쥔打起來了. 二三個月前붙어 新聞紙上에 南北이 싸홈을 싸운다는 消息이 記載되엿더니 정말로 어제붙어 兩軍이 싸호기를 시작하엿오.

16. 你到南京找쟈孫兄弟듸去, 如수果看他在政정界졔没有多大的把빠握워, 你勸촨勸他回到此地來和허我們一塊쾌兒在商상工界졔謀머事好. 당신이 南京에 가거던 孫아우를 찾어갓어 만일 참말로 그가 政界에서 그렇게 큰 把握이 없는 것이 보이거던 당신이 그더러 이곧에 와서 우리들과 갗이 商工界에서 일을 하여 보는 것이 좋겟다고 勸告하시오.

17. 她的面貌雖醜쳐, 如수果궈没有大過, 對뒤付우着過日子就쥬得더了, 何허必鬧나오出離리婚훈招쟈人笑話呢? 그 女子의 얼골이 비록 醜하지만 만일 참말로 큰 히물이 없으면 그대로 삶임살이하여 가면 곳 그 만이지 하필 離婚說을 끄집어 내여 남에게 우슴을 사시오?

18. 這個事情칭的底듸細시別人都不知, 如수果궈你没露루出추話來的, 誰能넝知道呢? 이 일의 根底는 다른 사람이 모도 알지 못하는데 만일 참말로 당신이 發說하지 아니하엿으면 누가 능히 알

겟오?

19. 人家都説成청萬金진發大財, 我却훼不相信。如果他賺관了那麽些個錢, 穿환戴대還해能능彷방佛부花子一樣嗎? 남들이 모도 成萬金이가 큰 財物은 못앗다고 말하지만 나는 조금도 밋지 아니하오. 만일 참말로 그가 그렇게 만은 돈을 못앗다면 衣冠이 그래도 거어지와 恰似할 理가 잇오.

20. 街제上傳환説黃占잔①魁귀在湖후南長장沙사害了病死去, 我看這必삐是訛어②傳환。如果是真話, 他家裏怎能능不發애孝샤呢? 거리에서 傳하는 말이 黃占魁가 湖南長沙에서 병을 알어 죽엇다고 하는데 나 보기에는 이것이 반듯이 訛傳인 것 같소. 만일 참말이라면 그 집에서 어찌 능히 發喪을 아니하겟오?

21. 但凡앤另령有生젼計지的方法, 誰肯큰不避삐冷熱서拉라洋車做눠活呢? 다만 따로 生活할 方法이 잇다면 누가 즐겨 춥고 덥은 것을 避치 아니하고 人力車를 끄럿어 살어 나가겟오?

22. 除추了你一個人, 但단凡有良량心的人신, 不能這樣敢간行背베恩언忘왕德더, 殘찬忍신暴바行싱的舉쥐動둥。너 한 사람을 除하고 다만 良心이 잇는 사람으로서는 이러한 背恩忘德과 殘忍暴行의 擧動을 감히 行하지 못하엿을 것이다.

23. 張三哪나, 但凡有本번事的人, 再没有像쌍你窮칭苦쿠的喇라! 張三아 다만 技能이 잇는 사람으로서 너갓치 困窮한 者가 다시는 없을 것이다

24. 但凡有心血的人, 誰不願意在樓루閣거廊랑廈싸(샤)吃치好穿好, 帶着妻子做團퇀圞롼③的生성活呢? 他也不得已이向쌍人討토窮칭的。다만 마음과 피가 잇는 사람오로서 高樓巨閣에서 好衣好食하며 妻子를 다리고 團樂한 生活하기를 누가 願치 않으랴만은 저이도 할 수 없이 남의게 向하야 說窮하는 것이다.

25. 謝謝老哥的提듸醒싱, 請您닌不用용惦떼記지, 但凡有利的事, 誰肯큰不爭정着去做呢? 老哥가 일깨여 주심이 감사합이다. 請컨대 당신은 掛念을 마시오. 다만 利益이 잇는 일이야 누가 즐기여 다토워 갓어 하지 아니하겟오?

26. 無事防에備有事, 萬一久後再發了, 你想有甚麼法子治ㄹ呢?

---
①占1 ②訛2 ③圞3

일이 없을 때에 일이 잇음을 防備하라고 만일 오랜 뒤에 다시 發生되면 당신은 무슨 方法으로 處理하랴고 생각하오?

27. 你不可一味웨的圖투僥야倖싱①, 萬완一露루出추破파綻잔②, 豈치不悔휘之즈晩완矣이③. 당신은 끚끚내 僥倖을 바라지 마오. 만일 破裂이 露出된다면 어찌 後悔한들 쓸 데 잇겠오.

28. 這樣旱한天颳괘風엥的時候, 火是應잉當小心的。萬一有個失쒸手差차脚쟈, 不但燒쌰了랴房왱子, 連生命밍也大有關관係시。이러한 감은는 날 바람 불 때에 불이라는 것은 맛당히 조심할 것이다. 만일 실수가 되면 집만 불살을 뿐 아니다. 生命에까지도 크게 關係가 잇다.

29. 萬一與위你没有相干깐, 爲何허那樣跑파忙망的走쥬來走去了呢? 만일 당신과 相關이 없다면 어찌하야 그렇게 밧부게 오락가락하오?

註:"果真、果然、真、真果"等은 "참말, 정말"의 類語이고 如果、但凡、萬一은 만일意味의 類語니라.

第九十七課 副詞字的應用(三七)

別說……卽便베쭤...지볜、別說……就是、本當……只因번당...즈인、
本該……只因、雖然……諒來쉬샨...량래、雖然……只因
若워是쓰……就、若是……本當、若是……本來、若是……但、若是……固然

제구십칠과 부사자의 응용(三七)

1. 別베說(莫머說)他給께你幫助쭈的少, 卽지便볜不給你幫빵助, 你還해能把빠他仍싱(丟뚜)了? 그가 당신에게 도아주는 것이 적다고 말하지 마오. 곳 당신을 도아주지 아니하면 당신이 또한 능히 그를 버리겠오?

2. 你說他拿軍쮠官的勢스力리來威웨嚇싸我嗎? 別說他是個團톤長장, 卽지便볜是個師스長장, 把我無우罪쮝無錢쳰的人, 怎쩐能넝辦呢? 당신은 그가 軍官의 勢力을 갖이고 와서 나를 威嚇한다고 말하오. 그가 聯隊長은 그만두고 곳 師團長이라도 罪 없고 돈 없는 나를 어떻게 할 터이오?

---
①僥₂倖₄ ②綻₄ ③矣₃

3. 像他那樣的糊塗，別説他是大學出身，即便得了博士的學位也辦不成。 저이갗이 그렇게 糊塗하면 저이가 大學出身은 그만두고 곳 博士의 學位를 얻어드라도 處理를 못할 것이다.

4. 別説上海去的遠，如今的世界就是上倫頓和華盛頓去，也不過幾天能到。上海 가는 것이 멀다고 말하지 마오. 지금 世上은 곳 倫頓과 華盛頓에 가는 것도 몇을 아니 되여 능히 到着되오.

5. 別講(莫講)你的小老婆餓死，就是你的母親餓死，也没個人幫助像你那樣匪類的。 당신의 妾이 굶어죽는다고 말하지 마오. 곳 당신의 母親이 굶어죽는다 하여도 당신같이 그러한 匪類(無所不爲하는 者)에게는 도아줄 사람이 하나도 없오.

6. 別講爲祖宗跪香拜祭的没有，就是爲活着人吃的，也没有法兒籌備。 祖上을 爲하야 香불 피고 祭祀 지낼 것이 없다고 말하지 마라. 곳 산 사람을 爲하야 먹을 것도 辨出할 수 없다.

7. 我和他做個搭伙兒買賣，本當投契朋友的情分，只因他的後妻播弄我們的交情，所以不得已分開來喇！ 내가 그와 동무장사를 한 것이 애초에 뜻 맞는 친구의 情誼이엿는대 다만 그의 後妻가 우리의 交情을 離間함으로 할 수 없이 갈러졌오.

8. 他説今日本當親自來道喜，只因昨夜偶然傷風，不能親來，托兄弟替呈這些禮物。 그가 오늘 맛당히 親히 와서 祝賀할 것이로되 다만 어제 저녁에 별안간 감긔가 들엇어 親히 오지 못하고 弟에게 托付하야 이 여러 가지 禮物을 代身하야 올인다고 말합듸다.

9. 這場官司，本該我打贏的。只因官界没有熟認的，并且没有錢，所以打輸了。 이번 訴訟은 原來 맛당히 내가 勝訴할 것이지만 다만 官邊에 잘 아는 사람이 없고 兼하야 돈이 없음으로 敗訴하였오.

10. 衆位，這樣盡情留住兄弟，本該(本當)多住幾天纔是。只因家裏有點兒事，還有老人家

①盛4 ②跪4 ③籌2 ④播3

時常不舒ᄂᆡ服ᄫᅮ, 不能ᄂᆼ領ᄅᆼ情, 實在對ᄃᆔ不住! 여러분이 이렇게 盡情으로 弟를 挽留하시는데 原來는 맛당히 몃을 더 留하야만 옳을 것이오나 다만 집안에 일이 좀 잇고 또는 老人들이 때때로 便치 아니한 까닭으로 情을 능히 받어드리지 못하오니 참말로 未安합니다.

11. 雖ᄉᆔ然我沒親眼看칸見ᄌᅠᆫ, 諒량來必是你先罵마他, 你若不先罵他, 他還해能打你嗎? 비록 내가 내 눈으로 보지는 못하엿지만 아마 반듯이 네가 먼저 그를 욕하엿을 것이다. 네가 만일 먼저 그에게 욕을 아니하엿으면 그가 어찌 능히 너를 때리겟느냐?

12. 昨天我在你令ᄅᆼ妹ᄆᆡ家見過궈的那個人, 雖然頭次스見面, 諒량來他也是我們同ᄐᆼ類ᄅᆒ人。어제 내가 당신 妹氏댁에서 본 그 사람이 비록 츰음 인사를 하였지만 아마 그도 우리와 同類의 사람이겟지오.

13. 到如수今思想起來, 眞ᄌᆫ是懊ᅀᅪ悔ᄒᆔ不及지。雖然我沒有天分高, 依遵준父母的命밍, 再念ᄂᆒ幾年書수, 諒來免ᄆᆒ了這樣粗추魯루①。지금 와서 생각하면 참으로 後悔莫及이오. 비록 내가 재조는 많지 못하지만 父母의 命令에 順從하야 더 몃 해 동안 글을 읽엇으면 아마 이러한 無識은 免하엿을 것이오.

14. 我雖然滿만心歡喜시到海沿ᅌᅢᆫ去避ᄈᆒ暑ᄉᆔ, 只因家常事務ᅀᅮ纏잔磨머, 不能ᄂᆼ遂ᄉᆔ②心。내가 비록 海岸에 갓어 避暑하기를 마음껏 좋아하지만 다만 家事에 감기여 뜻을 이루지 못하오.

15. 他雖ᄉᆔ然能幹간, 只因公事太ᄐᆡ多둬, 再不能托他了。그는 비록 능히 處理하지만 다만 公事가 너무 많음으로 그에게 더 付托할 수 없오.

16. 你去若워有事, 再住幾지天。没有事就ᄌᆔ回來, 也ᅦ是不碍ᄋᆡ事。당신이 갓어 만일 일이 잇거던 더 몃을 留하고 일이 없거던 곳 도라와도 相關이 없오.

17. 你不用ᄋᆼ憂여愁적, 若是有些富裕위能幫빵助주我更ᄀᆼ好, 就是沒有也照樣ᅣᆼ過궈去。당신은 근심하고 걱정하지 마오. 만일 좀 餘裕가 잇어 능히 나를 도아 주면 더욱 좋고 곳 없더라도 그대로 살어갈 것이오.

---

①魯3 ②遂2

18. 若是看他那樣惡어怪괴性, 恁신①我的心思, 趁쳔②此機긔會휘該當懲정治즈他. 就是想到 "千진金置즈③産찬, 萬완金置鄰린", 特別饒쇼他一次. 만일 그의 그러한 아조 괴약한 성미를 볼때에 나의 마음대로 한다면 이 機會를 타서 맛당히 그를 懲治할 것이나 곳 千金을 주고 세간을 사며 萬金을 주고 이 웃을 산다는 말을 생각하엿어 特別히 그를 한번 容恕만 하여 준다.

19. 孟명老哥真有大人的氣象썅, 對뒤于誹예謗방④自家的人, 不但原웬諒反얜爲給께他照쨔應잉. 孟老哥는 참으로 大人의 氣象이 있오. 自己를 毀言하는 사람에게 對하야 容恕만 하여 줄 뿐 아니라 도리혀 그에게 周旋을 하여 주오.

20. 照쨔你的話, 他在半路루上隔거雨위不能來, 那倒不要緊진. 若是有了賊졔患환, 或휘者져病了, 那就不放빵心. 당신의 말대로 하면 그가 中路에서 비에 맥키여 못 온다고 하니 그것은 도리혀 相關이 없으나 만일 賊患이나 혹은 病이 잇다면 그것은 곳 安心치 못하겟오.

21. 我告你這次格거外왜留루神썬, 若是不看칸你哥哥的面子, 本當拒쥐絕졔的. 내가 너에게 일으노니 이번에는 特別히 注意하여라 만일 네 형의 面目을 보지 않는다면 맛당히 拒絕하엿을 것이다.

22. 若是看我們原來的交쨔情, 不關관事頭的成不成, 本當去給他幫助, 但是有人厭앤惡우我, 奈내何허? 만일 우리의 原來 交情을 본다면 일의 되고 이니 되는 것을 不關하고 맛당히 갓어 그에게 도아줄 터이나 다만 나를 싫여하는 사람이 잇는 데야 어찌하겟오?

23. 若쉬聽你的話, 他本來靠콰着你發애財쩨的. 現쎈今的人都知道, 你靠着他過活훠. 만일 당신의 말을 들으면 저이가 原來 당신으로 인하야 돈을 뫃앗는데 지금의 사람은 모도 당신이 그로 말미암어 生活을 하는 줄로만 아오.

24. 你不顧구妻치子, 有錢就花的習시慣관, 若是早一天改깨不了랴, 不但你一個人成청個窮鬼귀子, 連렌你妻子也都뚜成餓어死. 당신이 妻子를 不顧하고 돈만 잇으면 곳 쓰는 버릇을 만일 하루 밥비 곳이지 못하면 당신한 사람만 窮

---
①恁2 ②趁4 ③置4 ④誹3謗4

한 鬼神이 될 뿐만 아니라 당신의 妻子까지도 모두 굶어 주으오.

25. 若看現今的情칭況꽝就是模마糊후度두日好，但爲將來的希시望왕，人人這樣勤친孜쓰①幹깐去。만일 지금의 形便을 본다면 곳 아무렇게 나날을 보내는 것이 좋지만, 다만 將來의 希望을 爲하야 사람마다 이렇게 勤艱하게하여 가는 것이다.

26. 若看他的外貌따，身쩐體틔很健쩬壯쫭的樣子。但聽他的話，有了癆라오②病了。만일 그의 外貌를 본다면 身體가 매우 健壯한 것 같지만 그의 말을 들으면 肺病이 있오.

27. 若是你的叔쑤③叔，眞正搬빤到此地來住，固구然싼買妥퉈那塊田뗀莊쫭好。만일 당신의 삼촌이 참말이 곧으로 移舍하야 온다면 當然히 그 田莊을 사두는 것이 좋오.

28. 這門親事往後허若合他們的意，固然咱자們都好。萬一不合他們的意，豈치不受쑤了一輩베子的埋매怨왠。이 婚姻이 이 뒤로 만일 저이들 뜻에 맞는다면 當然히 우리도 모두 좋지만 만일 저이들의 뜻에 맞이 아니한다면 어찌 一生의 원망을 받지 아니하겠오.

29. 若是他没忘왕舊쭈交，固然是照應잉你。但是人情刻커薄버的現쩬代，那也靠不住。만일 그가 舊交를 잊지 아니 하엿으면 當然히 당신을 도나주겠지만 다만 人情이 刻薄한 現世이라 그것도 믿을 수 없오.

註：本課에서는 某種의 單語下에는 반듯이 或種의 單語가 相隨하야 上下가 關聯되는 一種의 公或을 示한 것임.

第九十八課　副詞字的應用（三八）

寧닁可커……不、寧可……也、寧可……還、寧肯큰……不、寧肯……也要、……免멘、……還해、寧……莫머、寧……還。能……不、能可……還해、能可……也不、能肯……也不、能肯……也要、與其치……不如

제 구십팔과 부사자의 응용(三八)

1. 他說寧닁可出去討따飯판吃，也不能受쑤繼지④母的打罵。그가 말

———
①孜₁　②癆₁　③叔₁　④繼₄

하기를 차라리 밖에 나갓어 밥은 비러먹을지라도 繼母의 虐待는 받을 수 없다고 한다.

2. 寧可커做善싼事，受十日시的苦쿠，不可做壞ᅰ事，亨〔享〕썅一日的樂러。차라리 착한 일을 하고 十日의 苦生은 받을지언정 못된 일을 하고 하루의 樂을 받엇어는 아니 된다.

3. 但聽過寧可捨서財채救쭈人，不可圖투財害人的話，總중没有看過궤那種人。다만 차라리 재물을 훗텃어 사람을 救濟할지언정 제물을 圖謀하야 사람을 해롭게 하엿어는 안된다는 말만 들엇지, 도모지 그러한 사람은 보지 못하엿다.

4. 我爲你勸ᄎᆘᆫ他説훠和，他就説寧可同퉁你打官司，把錢都뚜花在衙야門裏，也不肯큰和你説和。내가 당신을 爲하야 그에게 和解하라고 勸告하엿더니 그가 곳 말하되 차라리 당신과 訴訟을 하야 돈을 모도 官廳에다 써 내 벌일지라도 당신과 和解하기는 不肯한다.

5. 依我的意스思，打官司本不是個好事，無우論輸수贏〔贏〕잉，總得花錢的。寧可找쟈個一百五六十元跟끈他說和，免몐得더去跪궤官跪廳팅。나의 마음 같으면 訴訟하는 것이 本來 좋은 일이 아니오 勝敗를 勿論하고 도모지 돈을 쓰는 것이니 차라리 一百五六十圓을 찻고 그와 和解하는 것이 官廳에 갓어 꿀어앉는 것을 免하게 되오.

6. 我願意寧可富푸而얼樸푸實，不肯貧핀而奢서華화。나는 차라리 富하야 儉素하고 싶고 貧하야 豪奢하고 싶지는 않다.

7. 寧可健짼壯쨩吃窩워頭，不肯有病吃人參썬鹿루茸쑹。차라리 健康하야 좁쌀떡을 먹을지언정 病이 잇어 人蔘과 鹿茸 먹기는 싫다.

8. 她타説上回훠買的那匹피綢쳐緞돤，顔앤色새也不合허時樣，并삥且不很흔結졔實。這回寧닝可多花幾元，也要頂띵好的。그 女子가 말하되, 간 번에 산 그 비단 疋이 빛깔도 시체에 맞지 않고 兼하야 아조 즐기지도 아니하니, 이번에는 차라리 몇 元을 더 쓰더라도 제일 좋은 것을 요구한다 하오.

9. 我們寧可多走二十來里路루，也上老田的家去見쟨見面。若是他以後聽了我們這過궤門먼不找쟈的話，可不生셩氣嗎？우리가 차라리 二十餘 里를 더 거를지라도 老田에 집에 갓어 만나 봅시다.

만일 그가 이 뒤에 우리가 過門不入하엿다는 말을 들으면 곧 내지 아니하겟오.

10. 古人説: "寧爲太平犬, 莫作亂世民." 我説: "寧爲太平鬼, 莫作亂世犬." 古人이 말하되, 차라리 太平時의 개가 될지언정 亂世의 百姓이 되지 말나고 하엿지만 나는 말하되 차라리 太平時의 鬼神이 될지언정 亂世의 개도 되지 말나고 한다.

11. "寧隔千層①山, 不隔一層板", 就説人的骨肉至親和投契的朋友, 雖是活隔千山萬水, 還强似死隔一口棺②材. 차라리 千겹 山은 隔일지언정 한 겹 나무쪽은 隔하지 말나 함이 곳 사람이 骨肉至親과 뜻 밋는 친구가 비록 살엇어서 千겹 山과 萬 구비물에 隔할지라도 오히려 죽어서 한 쪽 널에 隔하는 것보담 낫다고 말한 것이다.

12. 他雖然我的朋友, 這樣寧肯甘心受屈, 不肯叫我被害, 眞是不可多得的朋友. 그가 비록 나의 친구이지만 이렇게 甘心하야 차라리 억울함을 받을지언정 나로 하여금 害를 보게 함은 不肯하니 참말로 많이 얻지 못할 친구이오.

13. 遇着大荒年的時候, 有人説 "寧肯父子離散各自逃命, 還强似都在一塊兒餓死", 又有人説 "寧肯在一塊兒餓死, 也不肯彼此離散", 這樣看起來, 人心互相大不相同. 큰 凶年을 맛 낫을 때에 어떤 사람은 말하되, "차라리 父子가 흩어젓어 各其逃命하는 것이 오히려 모도 한 곳에서 굶어죽는 것보담 낫다."고 하고 또 어떤 사람은 말하되, 차라리 함께 굶어죽을지언정 各自로 흩어지기는 싫다고 하니 이렇게 보면 사람의 마음이 서로 크게 같지 아니하오.

14. 這件事, 不但有了我一身一家的關係, 就是我們全縣人民生死的關係. 寧肯傾③了家, 要和他碰一碰, 也不能白受他的愚弄. 이 일이 나의 一身一家에만 關係가 잇는 것이 아니라 곳 무리 全縣人民의 生死에 關係가 되는 것이므로 차라리 家産을 다하야 그와 닥드려 볼지언정 그냥 그의 欺瞞을 받지는 못하겟오.

---

①層2 ②棺2 ③傾1

15. 我聽有經징練렌①, 還有年老的買賣家説, "寧肯少貪탄點兒利리, 還是賣現쏀錢上算솬". 내가 經驗도 잇고 年老한 商業家의 말하는 것을 들으니, 차라리 利를 좀 적게 남기고 現金으로 파는 것이 오히려 利라고 한다.

16. 俗語説, 能넝上大廟먀去作鬼귀, 不上小廟去作神션. 俗言에 말하되, 능히 (차라리) 큰 절에 갓어 鬼가 될지언정 적은 절에 갓어 神은 되지 말라고 하엿다.

17. 能넝可(能넝肯)給께他幾지元웬盤판費페叫쟈他快走쭈, 還해勝셩似쓰叫他老랴在這裏白住. 차라리 그에게 몇 원 路資를 주엇어 그가 속히 가게 하는 것이 오히려 그를 늘 이곧에서 無端히 잇게 하는 것보담 낫다.

18. 你不用융想僱구着人, 能可커自己受點兒忙망, 還强似僱一個不聽팅説的人. 당신은 사람을 둘려고 생각하지 마시오. 차라리 自己가 밧븜을 조곰 받는 것이 오히려 말을 들[듣]지 않는 사람 한아를 두는 것보담 낫오.

19. 錢쳰掌쟝櫃귀真젼是個愛애錢不愛命밍的人신. 他常説能可割거自己身上的一塊肉쒀給人吃, 也不肯큰比心血쉐更겅重즁的一文원錢給人花. 錢掌櫃는 참으로 돈만 액기고 목숨은 액기지 않는 사람이오. 그가 늘 말하되, 차라리 自己몸의 한 첨[점] 살을 베혀 남을 줄지언정 心血보담 더 重한 돈 한 푼은 남을 줄 수 없다고 하오.

20. 能肯(能可)拔빠刀自殺사(自刎원②), 也不肯受你們的打따罵欺치負쭈. 차라리 칼을 빼여 自殺을 할지언정 당신들의 때리며 욕하고 없수이 역이는 것은 받기 싫소.

21. 算了罷, 我在這頭上能肯吃點虧퀴, 也不肯和他們争정鬥뚜. 그만두오. 내 여기에서 차라리 좀 損害를 볼지언정 그들과 싸홈하기는 싫소.

22. 馬大哥真是個豪하傑졔, 他吃早飯愁쳐晚완飯的. 但每逢엉朋펑友的時候, 能肯把靴쉐押야③了也要喝허一盅즁. 馬大哥는 참말 호걸이오. 아츰을 먹고 저녁을 걱정을 하는 사람이 다만 친구를 맛날 때마다 차라리 구두를 典當 잪여서라도 술 한 잔은 먹으려 하오.

23. 我想與위其치借졔給他終쭝久주

①練₄ ②刎₃ ③押₁

不能領령，不如白給께他作個人신
情청好。내 생각에는 그에게 꾸
여 주엇다가 結局받지 못하는 것
보담 그에게 그냥 주어 人情을
쓰는 것만같이 좋음이 없겠오.

24. 與其事ᄉ情壞해了後憂여愁쥐，
不如수事前쳰多加쟈斟젼酌줘①。일
이 결단난 뒤에 근심하는 것보담
일이 결단나기 전에 좀 더 酌量
하는 것만 같지 못하다.

25. 不可輕청易이打仗쟝，總즁得量
량力리而얼行싱。與其到底勝씽不
過他求츄和，還해不如수起頭不打
仗쟝好。輕忽하게 싸홈할 것은
아니고 도모지 힘을 헤알엇어 行
하여야 한다。畢竟은 그를 익이
지 못하야 求和하기론 오히려 애
초에 싸홈하지 않는 것이 좋을
것이다。

26. 與其치在家辛신辛苦쿠苦的過
活，不如上南洋양去做一個小本
生셩意好。집에서 아조 辛苦스
럽게 삶임살이 하기론 南洋에 갓
어 적은 資本으로 장사하는 것만
같지 못하다。

27. 看孩子的天才째如何허，纔째給
他念녠書수好。與其念書而不成
청，不如早早的下쌰書수(退校쌰)

做莊쟝稼好。아희들의 재조가
어떤 것을 보아서 그에게 글을
읽기는 것이 좋다。글을 읽이여
도 成功하지 못할 터이면 일즉이
글을 그만두고 농사짓는 것만 같
지 못하다。

28. 與其在城청市ᄉ當個苦쿠差째僅
진②僅過日시，不如往鄕썅下去做
莊稼，享썅了個清청雅야的快樂
好。城市에서 적은 벼슬을 하야
僅僅히 지내기론 시골에 갓어 농
사를 짓고 清雅한 快樂을 늘이는
것만 같지 못하다。

29. 與其等떵父母死了去殺사猪주
宰째③羊양的祭지祀쓰④，那趕깐上
趁쳔着父母活훠的時候，不虧퀴
他的口쿠腹푸，依이順슌他的心
願呢？父母가 죽은 뒤에 猪와
羊을 잡엇어 祭祀지내는 것이
어찌 父母가 生存할 時에 그에
게 배를 주리지 않고 그의 마음
대로 順應하는 데 밎이느냐？

註：本課도 前課와 同一한 一種
의 公式으로서 "차라리…지언
정"의 類語가 或種의 單語와
相聯되는 바의 諸例를 示한 것
임。

---

①斟₁酌₂ ②僅₃ ③宰₃ ④祀₄

第九十九課 副詞字的應用(三九)

也……何況예...허황、曾쳥、嘗챵
제구십구과 부사자의 응용(三九)

1. 若서辦빤這件젠事情칭，連롄他們也不能的，何況쾅(況且쳐)是我們。만일 이 일을 하려면 그들도 못하는데 하물며 우리들이겠오.

2. 銀인錢這樣鬧뇨饑지慌황的時候후，他也예僅진僅過活，何허況幫빵助쥬你麽? 돈이 이렇게 恐慌한 때에 그도 僅僅히 生活하여 가는데 하물며 당신을 도와주겠오.

3. 凡앤事總쫑得殷인勤친，而얼且小心也難成청功궁，何況像썅你這樣疏수忽후，還又懶란惰둬。豈치不失스敗? 凡事를 도모지 부즈런하고 또 조심하여도 成功하기가 어려운데 하물에 당신갓이 疎忽하고 또 懶怠하고야 어찌 失敗를 아니하겠오.

4. 那本번哲저學혜書수是專쫜門究쥬攻궁的人也不容숭易理會，何況(況又유)你們中學生的程청度두呢? 그 哲學册은 專門으로 硏究한 사람도 쉽게 알 수 없는데 하물며 당신들 中學生의 程度이겠오.

5. 你上王姑꾸娘양跟끈前，做줘個使스喚환也説不定딍準쥰，何況和她타説結제親친? 당신이 王處女 앞에 갓어 심부름을 하여 준다 하여도 꼭 된다고 말할 수 없는데 하물며 그 處女와 結婚을 말하오.

6. 對뒤于人家的是非，就是親眼앤看見、親身얜聽팅見젠也不好作줘證엉，何況風聞윈聽來的呢? 남의 是非에 對하야 곳 제 눈으로 보고 제 몸으로 들어도 證人 서기가 좋지 못한데 하물며 風便에 들는 것이겟오.

7. 請你別見怪꽤，我們應잉當당爲你上館꽌子去叫쟈오菜，也吃得的，何況家常챵現成청的幾지碗완(碟데)菜，幾盅중酒쥬呢? 請컨대 당신은 흉보지 마시오. 우리가 맛당히 당신을 爲하야 料理店에 갓어 料理도 식혀먹을 터인데 하물며 집에서 普通으로 맨드러 놓은 몇 그릇 料理와 몇 잔 술이겠오.

8. 人在社저會휘上言앤行싱一致쯔也不容숭易이過得去，何況像썅他胡후説亂롼行싱，誰能信他? 사람이 社會에서 言行이 一致하여도 지내기가 쉽지 못한데 하물며 그와

갖이 함부로 말하고 한잡히 行動을 하면 누가 능히 그를 믿겠오?

9. 我們莊稼人, 小米미飯앤、藍란①粗추布부也에是難得더的。何況吃洋菜(西菜)、穿촨洋服푸(西服)的話呢? 우리 農軍들은 좁쌀밥과 藍色粗布도 얻기가 어렵은데 하물며 洋食을 먹고 洋服을 입는 말이겠오。

10. 你別볘誇콰海口, 連你家眷쵄②也難以養양活훠的, 何況爲人家照쫘甚麽應잉呢! 당신은 흰소리를 하지 마오. 당신네 친구도 살이기가 어렵으면서 하물며 남을 爲하야 무엇을 도아준다고 하오。

11. 別人受쑤了像썅你那樣的苦쿠, 也當幫助쭈的, 何況我們村춘莊좡人신都뚜蒙멍了你的恩인了呢! 다른 사람이 당신갖이 그렇게 苦生하여도 맛당히 도아줄 터인데 하물며 우리 동네 사람이 모도 당신의 은혜를 입음이겠오。

12. 不但단中國欽쳰慕무他的偉웨迹지, 連롄外왜國人也都贊짠揚양他, 何況我們有了同志즈的關꽌係시。中國 사람만 그의 偉迹을 羨慕할 뿐 아니라 外國 사람까지도 모도 그를 稱讚하는데 하물며 우리는 同志의 關係가 잇음이겠오。

13. 血쒜汪왕汪的年輕칭人也這樣緊진冷렁的天不能넝來, 何況像您닌衰쒜布剌라的老人家親來的, 叫我們實在不敢깐當了。血氣가 汪汪한 靑年도 이렇게 몹시 추은 날에 오지 못할 터인데 하물며 당신갖이 흠석 衰弱하신 老人으로서 몸소 오시니 저이들로 하야금 참으로 敢當할 수 없읍니다.

14. 爲甚麽上廟먀燒샤오香썅求츄福? 那神썬連自己也保바오佑유③不了랴오的, 何況保佑人呢? 무엇하려 절에 갓어 香불 피고 祝福하느냐? 그 神이 自己도 保佑하지 못하는데 하물며 남을 保佑하여 주겠오?

15. 法律뤼學校畢삐業예以後, 當個敎쟈오員왠的人們먼, 一時有了官司也依靠쌰오律리師스, 何況像我們沒有見졘識的人呢! 法律學校를 卒業한 뒤에 敎師가 된 니들도 한 때에 訴訟이 잇으면 辯護士에게 依賴하는데 하물며 우리들같이 見識이 없는 사람이겠오。

16. 我被他吃了這麽大的虧퀘空쿵, 眞젼是夢멍裏也想不到的。若숴

---

①藍2 ②眷4 ③佑4

是早知道一點, 未曾防備了呢? 내가 그에게 이러한 큰 損害를 본 것은 참말 꿈에도 생각하지 못하였오. 만일 일즉이 알엇더면 어찌하야 防備하지 아니하엿겟오?

17. 他還未曾說完, 你們裏〔裡〕頭也有躺在地下放子哒(放賴래)的, 也有出去跑去跑來的, 這是甚麽體統? 저이가 아직도 말을 다 하지 아니하엿는데 당신들 中에 땅에 누어 둥글고 또 밖에 나갓어 오락가락 뛰여다니는 니도 잇으니 이것이 무슨 體統이오?

18. 那是完全的謊話, 那有未曾聽本人的口供, 先定人的罪呢? 그것은 완전한 거즛말이오. 어데 일즉이 本人의 口供을 듣지 아니하고 먼저 사람에게 罪를 定하는 것이 잇겟오?

19. 我也明明聽了那樣的話, 却怕他們互相反目, 因此假粧〔裝〕①未曾聽見。나도 그러한 말을 分明히 들엇지만 그들이 서로 反目이 될가 무섭어함으로 일부러 일즉이 듯지 못한 체하엿오.

20. 我從前連些小的東西也未曾丟過, 昨天在車站忙得不留神, 把錢包丟了。내가 前붙어 小小한 물건까지도 일즉이 잃어버린 일이 없엇는데 어제 停車場에서 밟엇어 注意를 아니하엿더니 돈지갑을 잃여 버렷오.

21. 你爲甚麽不相信? 我在平常的信未曾打過圖書(戳②子), 這次特別的署名戳印了。당신이 어찌하야 믿지 아니하오? 내가 普通 편지에 일즉이 도장을 찍지 아니하였는데 이번에 特別히 일홈 쓰고 도장을 찍엇오.

22. 他說從來不曾有這樣的病, 前天吃了新下來的甜瓜〔瓜〕, 泄了幾回肚以後得的。그의 말이 그전붙어 일즉이 이러한 病이 없엇는데 그젹에 새로 난 참외를 먹고 몇 번 泄瀉한 뒤로 얻은 것이라고 합듸다.

23. 我也頭前曾吃過這樣的虧, 一直的往前幹去, 總有得到的日子。나도 앞서 일즉이 이러한 損害를 보앗지만 한결같이 앞으로 하여 나가면 도모지 目的을 到達하는 날이 잇지오.

---

①粧₁ ②戳₁

24. 你曾發過大財, 就置치下產業에罷! 若不然像你那樣好花的手씨, 不過幾年就落러了空쿵了。 당신이 일즉이 큰 돈을 뫃앗거던 곳 땅을 사 두시오. 만일 그렇게 하지 아니하면 당신같이 그렇게 돈 잘 쓰는 솜씨에 몇 해가 지나지 아니하엿어 곳 한 푼도 없을 것이오.

25. 看他的擧쮜動和聽他的說話, 曾受過大苦쿠, 也曾享썅過大福푸。저이 擧動을 보고 저이의 말하는 것을 들으면 일즉이 큰 苦生도 하엿고 큰 호강도 하여 보왔오.

26. 他曾在清칭朝찬做了個大官, 又在南北兩政정府裏都做過大官관, 更껑在黨땅裏頭也算솬一個元웬老。 這麼看來, 元웬老是真算有名밍的元老咯! 저이가 일즉이 清朝에서 大官도 지냇고 또 南北兩政府에서 大官도 지냇고 더욱 黨 안에서도 元老의 한아로 따지니 이렇게 본다면 元老는 참말 有名한 元老로 따지겠다.

27. 當時你勸我的, 何曾청不是好話, 何嘗챵不願意了呢? 依我的情칭形싱就没法애子喇라! 그때에 당신이 나에게 勸告한 말이 어찌 일즉이 좋은 말이 아니며 어찌 일즉이 願하지 아니하였겟오만 나의 形便이 곳 할 수 없었오.

28. 何嘗不怕冷, 不怕熱? 現쎈在的情形싱, 非뻬做那樣不可, 因此南奔번北跑파的。 어찌 일즉이 추운 것을 무서워 아니하면 덥은 것을 무서워 아니하겠오만 지금에 形便이 그렇게 아니하면 아니 됨으로 東奔西走하는 것이오.

29. 當初我不聽你勸촨的話, 未嘗不後悔훼的。無奈내世道這個景징况쾅, 後悔也趕깐不及。 애초에 내가 당신의 勸한 말을 듣지 아니한 것을 일즉이 後悔하지 아니하엿겠오만 할 수 없지오. 일이 이 지경에 일으러서는 後悔하여도 밋지 못하오.

30. 事情已到急지頭, 打電뗀報也趕깐不及지, 我們替틔他辦빤也未嘗不可커。 일이 이미 急한데 當하엿으니 電報를 놓나도 밋지 못할 것이니 우리가 그를 代身하야 處理하는 것도 그리 아니될 것은 없오.

註: 本課의 上半段은 亦是 前課와 如히 "也...何况"은 一種의 上下 關聯의 公式이오. 下半段은 "曾" "嘗" 二字를 活用하는 類語니라.

第一百課 副詞字的應用(四○)

而얼、而且체、且又、且是、并뼁且
加點兒、加上、又帶着、還帶着、又搭上、又搭着、再搭上、再者
제일백과 부사자의 응용(四○)

1. 大家不用융上當타了她的似쓰是而얼非페的話화。여러분은 그 女子의 옳은 것 같고도 글은 말에 넘어가지 마시오.

2. 我從츙來看過學쉐而知之的, 没看칸過不學而知ㄹ之的。所쉬以生성而얼知之的話是没影잉兒的瞎싸話。내가 前부터 배워서 아는 사람을 보앗지, 배호지 않고 아는 사람은 보지 못하엿다. 그럼으로 生而知之라는 말은 그즛말이다.

3. 你就不當説而説, 當説而不説, 誰能넝和你講쟝理리呢? 당신은 곳 맛당히 말하지 아니할 데 말을 하고 맛당히 말할 데는 말을 아니하니 누가 당신과 能히 경우를 따지겟오?

4. "説着져容융易이, 做궈着難"的意思就是能説而不能行싱的。말하기는 쉬어도 하기는 어렵다는 뜻이 곳 말하기는 能하면서 行하기는 能치 못하다는 것이다.

5. 別愁쳐咱잔們暫잔時的分웬離리, 合허而分, 分而合者져①, 自古以來, 天下常有的事。우리가 暫時間 分離하는 것을 걱정하지 맙시다. 合하면 흩어지고 흩어지면 合하는 것이 自古以來로 天下에 恒常잇는 일이오.

6. 我看他天分也高, 而且用工也예很흔殷인勤진, 後來必有出츄息시。내가 보기에는 저이가 재조도 많고 兼하야 工夫도 매우 勤艱하게 하니 將來에 반듯이 希望이 있오.

7. 你這個人不老不少, 而且체也不是個殘짠疾지的, 怎麼這樣討됴飯吃呢? 너 이것아! 늙지도 않고 젊지도 않으며 또는 疾病도 없는 것이 어찌하야 이렇게 밥을 빌어 먹느냐?

8. 你還説我升성官發빼財채, 現쪤今的薪신水每月領링了三四成청, 實在説起치來, 不過궈糊후口쿠而얼已이。당신은 그래도 나더러 벼

---

①者₃

슬이 오르고 돈도 모앗다고 말하오. 지금 月給을 달마다 三四割 밖에 받지 못하야 참으로 말하자면 입에 풀칠하는 데 不過할 뿐이오.

9. 你不必推뒤讓샹, 快點兒出頭(出馬)罷! 因爲你有閑쏀着的工夫, 而且也有辦事的才쒜幹。 당신은 반듯이 밀며 사양할 것이 아니라 속히 나섯이오. 당신은 時間외 여유도 잇고 또는 處事에 才幹이 잇는 까닭이오.

10. 舒슈青칭山那個人, 原왠來有了聰충明和資쯔格거的, 而且賺좐了十多萬元, 這就是老虎후添톈翼이①了。舒青山 그 사람은 原來에 聰明과 資格이 잇는 데나 또 十餘萬 元의 돈을 몽앗으니 의[이] 것은 곳 범에게 날개를 더한 것이오.

11. 像샹他一種拉라(遏타②拉疲피③、拖처疲)的人, 不但是不能成청事, 且又往往誤우事。그와 같이 一種 懈弛한 사람은 成事치 못할 뿐만 아니라 또는 往往히 일을 결단 내오.

12. 你净징拿匪예類레的事做去, 把家業예竟징弄눙了水盡진鵝어飛。不但對뒤不住주親戚치朋友, 且체更뉘對뒤不住父母兄弟。又不但對不住父母兄弟, 且更껑對不住妻치子兒얼女뉘。又不但對不住妻子兒女, 且체更對不住自己的良량心罷! 당신은 왼통 몹쓸 줏만 하엿어 家業을 必竟에는 破産을 냇으니 親戚과 親舊에게 부끄럽고, 또 父母兄弟에게 부끄럽고, 또 父母兄弟의게 부끄러울 뿐만 아니라, 또한 妻宇〔子〕에게도 부끄럽고 또 妻子에게 부끄러울 뿐만 아니라 또한 더욱 自己良心에도 부끄러울 것이오.

13. 他們倆랴的親密미, 不但朋엥友的交쟈情칭, 并且有了姻인④戚치的關꽌係。 저이들 둘의 親密은 親舊의 交情뿐만 아니라, 兼하야 또 姻戚의 關係가 잇오.

14. 你的身體没甚康캉健, 并且有了那種病, 望왕你特터別的調따治쯔罷! 당신의 身體가 매우 健康하지 못하고 겸하야 또 그러한 病이 잇으니 바라건대 당신은 特別히 治療하시오.

15. 此地方不但是荒황年, 并且有了年年的匪예患환。弄눙個老百姓們死쓰也死不了랴, 活훠也活不了랴了라。 이곧은 凶年뿐만 아니라 兼하야 또 해마다 土匪의 患이

---
①翼₄ ②遏₄ ③疲₂ ④姻₃

잇어 百姓들을 죽을야도 죽지 못하고 살 수 없이 한다.

16. 天氣치太熱서了, 拿碗완鷄지絲쓰兒얼拌빤粉웬皮피, 多加쟈點뗀兒黄爪〔瓜〕과. 날이 너무 덥으니, 양장피에 닭고기를 가늘게 써러 넣되 외를 좀 많이 넣엇어 한 그릇 갖어 오너라.

17. 先生, 實在不敷꾸本번價(本兒), 請您닌加쟈點뗀兒(添點)兒錢就쩌賣! 先生 참말로 본값도 되지 않으니 請컨대 당신이 돈을 좀 더 주시면 곳 팔겠오.

18. 我這一向썅没有工꿍夫푸, 也예没有存춘項썅. 因爲웨這一兩個月以内네, 陪폐送쏭了一個女뉘兒, 又유娶취了一個媳시婦푸, 再加上蓋깨幾지間쟨房앙子. 내가 이 동안 時間도 없고 남은 돈도 없오. 이 一二個月안에 딸 한아를 시집보내고 또 며누리 한아를 얻고 또 몇 간 집을 지은 까닭이오.

19. 起頭太旱한, 末머了又뽀加上洪홍水, 今진年的年頭比去年也没有十分웬的希시望왕. 처음에는 너무도 감을더니 나종에는 또 洪水를 加하엿어 今年의 年事도 昨年에 비하면 十分의 希望이 없오.

20. 你年老的人, 又帶대着病삥了感간冒마오, 怎쩐能넝今天起身선呢? 再住쭈幾天, 治즈好再走쩌우

也不遲츠. 당신! 나이 많으신니가 또 兼하야 感氣까지 알으신면서 오늘 어찌 能히 길을 떠나시겠오? 몇을 더 留하시고 完治가 되거던 다시 가서도 늦이 아니합이다.

21. 你是個没像썅人家的天分好, 還帶着懶란工궁, 將來怎能녕成청事呢? 再照쨔這樣下去, 反빤爲趁천早拉라倒따오好. 너는 남의 재조만치 좋지도 못하면서 게다가 또 工夫를 싫여하니 將來에 어찌 능히 成功을 하겟느냐? 다시 이대로 나아간다면 도려혀 일즉이 그만두는 것이 좋겟다.

22. 這城裏本來不講衛웨生[성], 又搭따着天氣乍자冷렁乍熱(忽후冷렁忽熱서)的, 所쒀以就容융易發了傳촨染산病. 이 城內에서는 本來 衛生을 아니하는 데다가 또 兼하야 일기가 갑작이 추엇다 갑작이 더엇다 함으로 곳 傳染病이 發生되기가 쉽다.

23. 他的體티格거本번來也好, 又搭따上穿着軍췬服, 帶着軍刀따오, 又騎치上一匹피大馬, 走쩌우的實在羡쎈慕무. 그의 體格이 原來 좋은 데다가 또 兼하야 軍服을 입고 軍刀를 차고 또 큰 말 한 匹을 타고 가는 것이 참말로 무럽더라.

24. 你別説監쟨裏的生活, 帶대着手

烤〔銬〕콰, 脚鐐랴, 又被鐵테鍊롄①捆쿤鎖쉬。這些刑성罰바, 既이經징受쑤的, 再搭따上臭처蟲충咬쟈(야), 蚊원②子叮딩, 連롄抓〔抓〕쟈也抓〔抓〕不着(攊매③攊也摸무不着), 眞是苦쿠惱노極지了。당신은 監獄의 生活을 말하지 마시오. 手갑과 足鎖를 채우고, 또 쇠사실로 묶엇어 여러 가지 刑罰만 하여도 이미 넉넉히 받을 만한 데 또 兼하야 빈대가 물고 모기가 물어뜯어서 긁을여 하여도 긁을 수 없으니 참말로 흠석 괴롭소.

25. 前天晚완上我們的莊쟝上失了火훠, 又搭上起츠了暴바風, 火勢猛엉烈레的時候, 忽후然싼間下了一陣전大雨, 把火都뚜滅몌了。再不然산, 差차一點兒合村츤的房팡子都燒쟈成一片폔灰훼土투了。그젹에 저녁에 우리 마을에서 불이 난는데 또 겸하야 暴風이 불어 火勢가 몹시 猛烈할 때에 호련히 큰 비가 한바탕 와서 불을 다 껏었오. 그렇지 아니하엿더면 왼마을의 집이 모도 탓어 한줌 재가 될 번하엿오.

26. 你比他多了十幾歲쉬, 應잉當愛애如수親친弟디, 再者저打狗꺼

看칸主人, 他就是得罪了你, 你也該까告까訴수我纔是, 何必삐好動둥手쑤打他呢? 내가 저 애보담 十餘歲를 더 멋었으니 맛당히 親아우같이 사랑하여야 할 것이고 또는 개를 때려도 主人의 낯을 본다고 저 애가 곳 너에게 罪를 지엿으면 너도 맛당히 나에게 말하여야만 옳지 어찌 반듯이 건뜻하면 저애를 때리느냐?

27. 你說外國人來到中國傳촨敎쟈, 是我們中國人的好處추, 我一點也不信。一來래, 他們當初추仗쟈着槍챵炮파和軍쥔艦쟨的勢스力리進中國。二來, 傳敎是不過꿔外왜面粉펀飾스的, 究쥬其치內네容숭就是探탄偵징我國귀的情칭形싱, 鬧노起話柄빙, 勒레締띠④條탸約웨, 占쟌領링國土투。再是他們各꺼處추立리學쉐校쟈, 開醫이院왠, 他們還해能넝白花화錢, 白出추力리嗎? 無우非페是巧챠奪둬民心, 養成칭自家犬촨鷹잉, 占奪둬我們四萬완萬同통胞파的性싱命밍和財쩨産챤就쥬是了。外國 사람이 中國에 왓어 傳敎하는 것이 우리 中國사람에게 좋을 일이라고 당신이 말하지만 나는 조곰도 믿지

---

①鍊₄ ②蚊₂ ③攊₃ ④勒₁締₄

아니하오. 첫재로 그들이 애초에 槍과 大砲와 軍艦의 勢力을 믿고 들어왓고, 둘재로 傳道는 外面의 修飾에 不過하고, 그 內容을 보면 곳 우리나라의 情形을 偵探하야 말거리를 맨드러 내엿어 强制로 條約을 締結하야 國土를 占頌[領]하고, 또는 그들이 各處에 學校를 세우고 病院을 내는 것이 그들이 오히려 헛돈을 쓰고 헛힘을 드리는 줄로 아오. 모도가 民心을 巧妙하게 빼어 自己의 鷹犬을 養成하야 우리 四億萬 同胞의 生命과 財産을 빼앗는 것이다.

註 : 本課에서는 "또한" "다시" "어울러" 等의 類語를 活用하는 例를 示한 것임.

第百一課　形容詞和副詞(一)疊字

제백일과 형용사 및 부사 (一) 첩자

1. 這一向쌍天氣치不好, 昨日霧우騰텅①騰的, 今진日忽후然산冷렁颲쒸②颲的, 叫人容숭易生성病삥。이즈음 日氣가 좋지 못하오 어제는 흠석 끼더니 오늘은 갑작이 바람이 몹시 찻어 사람으로 하여금 병이 나기 쉽게 하오.

2. 人家說天橋챠熱써鬧놔的好, 依我看街졔上亂롼轟훙轟的, 家家鬧嚷샹嚷的, 并삥且체臭쵸轟轟的, 實在叫人難過。남들은 天橋가 흠석 繁雜한 것이 좋다고 말하나 내가 보기에는 거리가 너무 벅거리고 집마다 몹시 떠드는데 또 惡臭가 몹시도 甚하야 참말 사람으로 하여곰 견듸기 어렵게 합듸다.

3. 我要吃這新신玉위米미(包바오米)餅삥子, 甜텐甘깐甘(甜絲쓰絲)的, 硬잉爭쟁爭(艮끈硬硬)的, 給께我熱써騰텅騰的飯빤也不換환。나는 이 새로 난 강양떡을 먹으려고 하오. 달큼하고 좀 졋졋한 것이 나에게 뜨근뜨근한 밥을 주어도 밖우지 않겠오.

4. 我看칸這個海參썬燉뚠③的不好。吃一口쿠没有別볘的味웨兒, 就쥬是鹹셴律진律〔津津〕(鹹湛잔湛)的, 還帶때些셰苦쿠參썬參的。나 보기에 이 海蔘을 삶은 것이 좋지 않소. 한 입을 먹으니 다른 맛은 없고 곳 몹시 짠 데다 또 兼하

①霧4騰2　②颲1　③燉4

야 몹시 쓰오.

5. 這小點뗀點的孩子眞전愛唱창, 整정天家쟈嘴줘裏唱謳우①謳(哼형唧지唧)的。 이 아조 적은 아희가 참말 노래하기를 좋아한다. 왼終日 입 안으로 가만가만이 소리를 하는구나!

6. 這塊肉쒀到底띠硬剌라剌(硬잉争争)的, 没煮주好, 怎전吃得더來呢? 이 고기덩이가 結局은 매우 질긴 것이 잘 삶지 못하엿으니 어찌 能히 먹어낼 수 잇오?

7. 亭띵②子(凉亭)前邊쪈那裸〔棵〕커白梅메花, 素수淡단淡的, 不及지那裸〔棵〕紅흥牧〔牡〕무丹단現쪈活。 亭子 앞에 白梅花는 너무나 素淡하엿어 그 紅牧丹의 華麗한 것만 못하오.

8. 你已이經징過了五十多歲쉬的人, 還紮자裏귀的現쪈活活(華화奢셔奢)的, 又臉롄上嫩넌③俏쵸俏(嫩和和)的, 彷佛年輕칭人喇라! 당신은 이미 五十餘 歲가 지난 사람으로 아즉도 옷 맨드림이가 흠석 華麗하고 또 얼골이 흠석 곱엇어 젊은 사람과 彷佛하오.

9. 這種蜜미餞쟨④果궈子, 酸솬溜류溜的、甜뗀絲쓰絲(甜蜜미蜜)的, 實在好吃。 이러한 꿀물에 재인 菓物이 흠석시고도 흠석 달엇어 참으로 먹기 좋소.

10. 他愛吃辣라辣쑤⑤辣的, 多攔꺼辣라椒쟈麵뗀也吃得。 저이가 흠석 매은 것을 잘 먹으니 호초가루를 더 처도 먹소.

11. 哼형! 你説他有聰총明밍, 我看칸他肉쒀襯내⑥襯的一個臉, 癡츠⑦呆때呆的。 兩個眼얜睛半點也不帶聰明。 흥! 당신은 저이가 聰明하다고 말하지만 내 보기에는 저이가 살이 흠석 찐 얼골에 흠석 멀숭한 두 눈이 半點도 聰明이 잇어 보이지 아니하오.

12. 他新蓋깨的房얭子不但院왠子廣광闊쿼, 并且高亮량亮(高梢쌰⑧梢)的, 寬퀀綽춰綽(寬敞〔敞〕챵⑨敞)的, 人住着極지暢챵⑩快。 그가 새로 지은 집이 마당만 넓을 뿐 아니라 兼하야 높고도 밝으며 흠석 넓엇어 사람이 居住하기애 極히 快暢하오.

13. 買給께你紫쯔微웨微(紫英잉英)的嫌쎈牠타少帶一點紫초色, 若쒀買給你紫烏우烏(紫够꺼够)的, 就嫌쎈牠太紫。 到底띠教我買매甚麽樣的呢? 당신에게 넓은 紫色

──────────

①謳₁ ②亭₂ ③嫩₄ ④餞₃ ⑤辣₄ ⑥襯₄ ⑦癡₁ ⑧相₁〔梢〕₂ ⑨敞₃〔敞〕₃ ⑩暢₃

을 사다 주면 그 紫色이 좀 적다고 싫여하고 만일 당신에게 眞紫色을 사다주면 곳 그것이 너무 眞하다고 싫여하니 結局은 나다려 어떤한 것을 사오라 하오.

14. 她타來的時候冷령淡단淡的, 去的時候笑眯미①眯的, 是甚전麼緣웬故구呢? 그 女子가 올 때에는 몹시도 쌀쌀하더니 갈 때에는 벙글벙글 웃으니 무슨 까닭이오?

15. 看她的孩子, 長쟝的胖팡敦둔②敦的, 臉렌上紅鋪푸鋪的, 一點也没有病. 그 女子의 아희를 보니 살이 홈석 뚱뚱하고 얼골이 홈석 붉어 자란 것이 조곰도 病이 없오.

16. 你還說他窮켱嗎? 成쳥天家在家裏死挺팅③挺(死呆때呆)的, 一個指쯔頭也不動彈탄(단), 那能녕有飯吃的? 당신이 그래도 저이가 窮하다고 말하오. 왼終日 집에서 죽은 놈처럼 뻣뻣하게 한 손가락도 늘이지 아니하니 어찌 能히 밥 먹을 것이 잇겠오?

17. 天氣치太熱서, 別的不想썅吃, 就給我涼량森션④森(涼陰인陰)的, 綠뤼豆뚜稀시飯來罷! 日氣가 너무 덥어서 다른 것은 먹고 십

지 않으니, 곳 나에게 홈석 서늘한 綠豆로 쑤은 죽을 갓다 주오.

18. 我説你往後老實實的罷, 不要動둥不動睖렁睁쟁睁的動手쑤動脚쟢. 내가 네게 말하노니, 이 뒤로는 좀 홈석 溫順하여라 시척하면 눈을 부릅뜨고 手足을 움직이여기 가며 때리지 말어라.

19. 你有甚麼急지忙망的事, 這樣喘촨噓쉬⑤噓的, 還又汗한津진津(汗露루露)的跑퍄呢? 당신이 무슨 急한 일이 잇기에 이렇게 숨을 헐덕어리고 도 담이 뻘뻘 나게 다러나오?

20. 你旣然做的話, 要麻마俐리俐的, 不要帶作쒀不作(推뛔前擦차後)的. 네가 귀위할 양이면 홈석 빨이 하고 할둥말둥 하지 마러라.

21. 我剛깡在這裏眼앤睁쟨睁的看見你的二嫂쌌子快搗도⑥搗(勁진⑦搗搗)的過去, 你還翻앤眼얜說我謊황話嗎? 내가 方今여기서 눈을 똑똑이 뜨고 당신의 둘재 兄嫂가 홈석 빨이 지나가는 것을 보앗는데 당신은 그래도 도리혀 나다려 거즛말을 한다고 하오.

22. 你稱쳥給我高꺄拉라拉的.

---
①眯₁ ②敦₁ ③挺₃ ④森₁ ⑤噓₃ ⑥搗₃ ⑦勁₄

稱칭了這樣低듸拉拉的，不穀쭈一百，僅진僅穀九十五斤진罷！당신은 나에게 흠석 세게 달어 주시오. 이렇게 흠석 처지게 달면 百斤이 不足되고 간신이 九十五斤 밖에 아니 되겠오.

23. 你年녠年净징乾깐乾(净立立、净落리落)的得了兩千多더塊錢, 怎麽這樣孤구單단單(孤伶링伶)的 過活呢? 당신은 해마다 아모 費用도 없이 二千餘 元을 벌면서 어떻게 이렇게 흠석 孤單하게 生活하오.

24. 南莊上朱주家的老人家死去, 全촨家發孝쌰, 眼裏酸쏸拉拉的哭쿠起來, 一進屍스①身션的屋우裏, 就覺着毛마沁친(신)②沁(勝성巴빠巴)的咯러. 南村朱哥네 老人이 죽어서 왼집안이 發喪하고 눈이 시도록 흠석 우는데 屍體房에 드러가면 곳 머리 곳이 쫍벅하게 무섭습듸다.

25. 你小心做這個菜채不要炒챠熸후③了, 炒的黃황嫩년嫩(黃生生)的就쩌得了. 너는 이 菜를 조심하여만 드려라. 복는데 태우지 말고 복어서 누른누른 하거던 곳 그만두어라.

26. 上回在你這裏拿去的白麵, 調댜起치來(和起來)青칭須쉬須(黑후루喙)的, 一點也不白. 간 번에 당신네 이곧에서 갖어간 밀가루가 반죽을 하면 매우 검어서 조곰도 희지 아니하오.

27. 權콴先生還是壯쥥實實的, 説起話來, 不慌不忙(不矜징不躁쟢④)慢만騰텅騰的, 眞젼是敎人欽챈慕무. 權先生은 아직도 매우 健壯하고 말을 하면 急하지도 않고 밥브지도 아니하여 듬은듬은 말하는 것이 참말 사람으로 欽慕하게 하오.

28. 你看他的褡다褳렌⑤(褡子)那樣長챵山싼山(長拖퉈拖)的, 還裝좡甚麼東西, 皷구膨펑膨⑥(飽豉豉)的呢? 당신이 보시오. 저이의 전대(자루)가 저렇게 흠석 긴데 또 무슨 물건을 담어서 흠석 불는가요?

29. 昨天我跟껀湯탕明善샨一塊쾌兒얼回휘來的時候후, 有一隻즈狼랑⑦, 忽후然산跑파出추來, 把빠他咬쟈一口커血헤淋린淋的, 到如수今진想起치來, 驚징慌황慌的肉쓔麻마⑧了. 어제 내가 湯明善이와 갗이 올 때에 이리 한 마리가 별안간 뒤여 와서 그를 한번

---

①屍1 ②沁4 ③炒3熸2 ④矜1躁3 ⑤褡2褳1 ⑥皷3膨2 ⑦狼2 ⑧麻2

물어서 피가 똑똑 흘으든 것이 지금에 생각을 하여도 놀내고 무서어서 살이 저리오.

註 : 本課에서는 叠字 [字] 下에 반듯이 的字를 添하며 其上에는 名詞 或은 動詞 其他 字를 加하야 形容詞 或은 副詞를 만들어 使用한 것인데 第十節까지는 形容詞이고 第十八節로부터 二十節까지는 副詞이고 第二十五節로부터 末節까지는 形副兩品詞로 活用이니라.

第百二課 形容詞和副詞(二)叠字

제백이과 형용사와 부사(二) 첩자

1. 昨天夜에裏, 亮량堂탕堂的月亮량, 走쩌路루倒很好, 就쭈是衣裳濕스糊후糊的, 覺쟈着不好一點뎬。어제 저녁에 달이 흠석 밝어서 길 가기에 매우 좋으나 곳 옷이 몹시 척척하야 좀 좋지 못하였오.

2. 謝쎄謝你昨天送쏭給我新下來的黃황爪〔瓜〕과, 脆쒸生生的, 鮮쎈溜루溜的, 實在好吃。당신께 감사합니다. 어제 나에게 새로 나온 외를 보내 주어서 흠석 生生하고 흠석 新鮮한 것이 참으로 먹기 좋앗습니다.

3. 車처老三的外외貌마, 雖然쉰詭궈詐자詐的, 他的心裏是直ㄛ巴巴的, 一點轉꽌彎완抹머①角쟈的地方也没有。車老三의 外貌가 비록 몹시 詭譎한 것 같지만 그 마음은 몹시 正直하야 조금도 變通이 없오.

4. 你們這裏리添톈煤메太多了, 一進屋우裏熱써呼후呼的哪나! 당신들이 여기에 石炭을 너무 많니 넣어서 방안에만 드러서면 환근 거리오.

5. 他的病還没有好, 净징喝허稀시溜溜的粥쭈, 不能吃爛란糊후糊的肉우。저이의 病이 아즉도 다만 흠석 묽은 죽을 먹고 흠석 물은 고기는 먹지 못하오.

6. 原웬生不是白生성生(白肖쌴②肖)的娘양兒們, 雖然時時擦차粉펀, 也예更껑不好看。原來 흠석 희지 못한 女子들은 비록 때때로 분을 발너도 더욱 보기 싫소.

7. 這張紙쯔太寬콴, 快去再裁쩨

①抹3 ②肖1

(切)一張窄재溜溜的來。이 조희가 너무 넓으니 빨이 갓어 다시 흠석 좁게 한 장 잘너 갓이고 오시오.

8. 那個女뇌人富우態태①態的身젼體, 穿촨着緊징綁방②綁的衣裳, 實在不大合式。저 女子가 흠석 富大한 몸에 몹시 좁은 옷을 입어서 참으로 맛지 아니하오.

9. 夏쌰天的飮인食스, 若워不留神쩐拾스掇처③, 酸솬漬쯔漬的(酸滋쯔滋的), 就吃不得。여름 飮食은 만일 注意하야 건우지 아니하면 몹시 쉬여서 먹지 못하오.

10. 誰不知睡覺쟈的時候, 鋪푸着厚후敦둔敦的褥수④子, 蓋개着軟솬和허和的被窩워好呢? 잠 잘 때에 누가 흠석 둑겁은 요를 깔고 흠석 부드럽은 이불을 덥는 것이 좋은 줄이야 알지 못하겠오?

11. 你說于위大哥他現在真好福우氣치, 也不缺훼吃, 也不愁쳐穿, 兒孫쑨長쟝的齊치整졍整(茂마⑤堂탕堂)的, 并且身體듸健젼康캉的了。당신이 于大哥 말을 하니, 그는 지금 참으로 福이 많소. 먹는 것도 걱정이 없고 입는 것도 근심하지 아니하며 子孫들이 모두 튼튼하게 자라고 兼하야 몸도 흠석 健康합듸다.

12. 你的媽媽在家裏眼앤巴巴的净等你, 到底듸你跑파顚렌⑥顚的, 往那裏去呢? 너 이 어머니가 집에서 눈이 빠지도록 너만 기다리는데 結局 너는 몹시 急하게 어데로 가느냐?

13. 人家雖說我今年賺좐錢, 却훼其內네容융累레巴巴的賺不了多少了。남들은 비록 내가 今年에 돈을 몾앗다고 말하지만 內容으로는 흠석 애만 쓰고 돈을 얼마 몾으지 못하였오.

14. 你別小看他不會說話, 就쪼是他不輕칭易說。若說出來乾깐巴巴(煞사巴巴、重巴巴)的, 誰也說不過他。당신은 저이가 말할 줄 물은다고 멸시하지 마오. 곳 저이가 輕忽하게 말 아니함이지 만일 말을 한다면 매우 鄭重하여서 누구던지 저이를 말하야 익이지 못하오.

15. 王掌櫃昨天夜예裏睡覺的時候, 接〔街〕계坊앵失了火(走쩌了水), 夢멍裏一聽見叫喊한的聲셩, 就起來赤쯔條탸條的在院앤子裏張羅뤄開了。王掌櫃가 어제 저녁에 잠을 잘 때에 이웃집에서 불이 낫는데 꿈속에 고함 질으는 소

---

①態₄ ②綁₃ ③掇₄ ④褥₄ ⑤茂₄ ⑥顚₁

리를 듣고 곳 일어나서 빨간 몽둥이로 마당에서 도라다니였오.

16. 下雨的天, 自지己出추去把衣裳都叫濕ㅆ拉拉(濕漬清〔漬〕)的淋린了, 還罵喞지喞的説人呢? 비 오는 날에 제가 나갓서 옷을 모도 흠신 적시고 도리혀 중얼거리며 남을 욕하오?

17. 廖랴①仲즁三的家裏實在平和和的過日시子, 無우論렌老러少, 臉上不帶着樂孜ㅆ孜(樂嘻시②嘻)的, 就帶着저笑쏘嘻시嘻的。廖仲三의 집은 참으로 매우 和平하게 살임살이를 하여서 老少를 勿論하고 얼골에 매우 快樂한 빛을 아니 띄우면 곳 벙글벙글 웃는 빛을 띄웁듸다.

18. 到底你有甚麽見識ㅆ説出來, 霧우罩좌罩(雲張張、霧騰텅騰)的一點也摸머不着準쥰頭。結局은 당신이 무슨 識見이 있소? 말을 하면 흐리멍텅하여서 조곰도 標準을 잡을 수 없오.

19. 他也不知道自己的病, 他説不過幾句쮜話, 覺着昏훈沈쳔③沈的, 頭發暈윈(發頭暈)。그도 자기의 병을 알지 못하오. 그는 말이 몇 마듸를 아니하야 매우 昏暗하여서 머리가 어즈럽다고 하오.

20. 人若生的俏챠皮피皮(俏生生)的, 不但好看, 就是做活, 也是爽쌍俐리(麻利)。사람이 만일 어엽브게 생기면 보기에만 좋을 뿐 아니라 곳 일을 하는데도 시원스럽고 靈敏하오.

21. 會做飯(弄능飯)的, 做(弄)的, 油유汪왕汪(油潤순④潤)的, 眞쩐是好吃。那些셰不會做(弄)的不是做(弄)的硬잉剌라剌的, 就是水漬ㅆ漬的, 并没有正쩡經쩡飯味웨。밥 지을 줄 아는 이는 지은 것이 부들부들 하여서 참으로 먹기 좋고 그 지을 줄 몰으는 이들은 흠석 되게 짓지 아니하면 곳 흠석 질게 지어서 조곰도 正當한 밥맛이 없오.

22. 你若쉬拿着저那樣的手藝이跟끈我去, 一年吃穿以外웨, 可以穩원當當的能挣쩡三百元。당신이 그러한 손재조를 갖이고 나를 따러가면 一年에 衣食以外에 極히 穩當하게 三百 圓은 남길 것이오.

23. 這個呆대子, 爲甚麽眼淚레汪왕汪的哭쿠, 口裏不住的絮쉬絮叨따叨數黃道白呢? 이 머저리가 무엇 때문에 눈물이 좔좔 흙으게

①廖4 ②嘻1 ③昏1沈2 ④潤4

울고 입으로 쉬지 않고 중얼중얼 거리며 이러니저러니 하느냐?

24. 錢家的小老婆(姨이太太), 雖然산外貌뫄老實, 却퀘心裏很흔巴巴(毒두螫저①螫)的. 昨天跟接제〔街〕坊빵(隔房)拿芝즈麻마點兒的事, 就惡어狠흔②狠(惡巴巴)的罵起來. 錢家네 妾이 비록 外貌는 順實하지만 마음은 몹시 毒하여서 어제 이웃집과 참 알 만한 일을 갖이고 곳 흠석 사납게 욕을 합듸다.

25. 這樣明밍晃황③晃的日頭(太陽)竟징下차起雨, 并且잰尖溜溜的颳꽈起風來了. 이렇게 흠석 明朗한 날에 비만 오고 兼하야 또 흠석 猛烈하게 바람이 분다.

26. 他不關관我在家不在家, 快當當(快溜溜)的, 做活的孩子, 可惜시一害了瘟원疫이, 頭髮빠竟징掉됴了光꽝禿투禿(光溜溜)的. 저애는 내가 집에 잇던지 없던지 相關하지 않고 極히 敏捷하게 일을 하던 아희로서 可惜하게 한 번 瘟疫을 앓더니 머리털이 왼통 빠져서 아조 빤질빤질하게 되었오.

27. 他挑됴着一百多斤진的沉천重重(沈顚뗀顚)的擔단子, 怎전能那樣輕칭生生的走呢? 저이가 一百餘 斤의 몹시 묵어운 짐을 메고 어찌 能히 저렇게 퍽 가볍게 가오?

28. 天氣這樣暖놘和허和的天, 不上公園散싼散心, 有甚麼急지事, 這樣慌張張的跑꾜呢? 日氣가 이렇게 몹시 溫和한 날에 公園에 갓어 消暢하지 않고 무슨 急한 일이 잇서 이렇게 몹시도 惶惶하게 뛰여 가오.

註: 本課도 前課와 同一한 者로서 第十節까지는 形容詞의 叠字이고 其餘는 副詞의 叠字이니라.

第百三課　"光景""至於"的類語

光景꽝징、景況꽝、情形칭싱、形勢스、局쥐勢、樣子양즈
或훠樣、氣派치패、行動둥、舉쥐動、架쟝子
不至於웨、甚쩐至於、甚至、以이致

제백삼과 광경지어의 유어

1. 這樣冷렁天, 五六個孩子餓어的 直지找쟈吃츠, 産잔後的老婆피病

---
①螫₁　②狠₃〔狠₃〕　③晃₃

的躺탕在床촹上, 這個光꽝景징, 實在叫人難난看칸. 이렇게 츱은 날에 五六 名의 아희들은 배곫엇어 먹을 것을 찾고 産後의 女子는 앞엇어 자리에 누엇으니 이 情形은 참말 사람으로 하여금 보기가 어렵다.

2. 你別볘問원昨天省엥議이會的光景, 對뒤於民민政정, 不值즈一文왠的問題틔, 甲쟈論룬乙이駁버的一件也没議定딩喇라! 당신은 어제 省議會의 情形을 뭇지 마시오. 民政에 對하야 一文의 價値도 되지 안는 問題를 甲論乙駁으로 한 가지도 議定하지 못였오.

3. 年來每메逢엥開國際지會議的時候, 雖쉬然싄盟멍①約웨日웨軍췬備베縮쉬②少솨, 日不戰쟌協셰約, 却췌其치各國擴쿼③張軍備, 預위備戰쟌爭정. 看此景징況꽝, 一定免몐不了랴一大血쉐戰. 年來로 國際會議를 열 때마다 비록 軍備를 縮少하느니 不戰을 協約하느니 盟約은 하지만 各國이 軍備를 擴張하며 戰爭을 準備하니 이 情況을 보면 꼭 一大의 血戰을 免하지 못하겟다.

4. 他近진來不上烟얜館裏去, 就上妓지院. 不上妓지院去, 就上賭두場챵. 看那情칭形싱, 他早已成了下流류(馬流、匪폐類레)了. 그가 近來에 鴉片 먹는 집에 가지 아니하면 곳 妓生집에 가고 妓生집에 가지 않으면 곳 賭博場에 가니 그 形便을 보면 그가 벌서 망종이 되였오.

5. 我們每逢엥請他的時候, 不是家裏有甚麼病, 就說忙的得不着空쿵兒. 看這樣搪탕拖퉈的情칭形싱, 他早已不願意跟我們交往的. 우리가 그를 請할 때마다 집안에 무슨 病이 아니면 곳 밧엇어 틈을 얻말[을] 수 없다고 말을 하니 이렇게 미대는 形便을 보면 그가 우리들과 相從하기를 발서 붙어 願치 아니하였오.

6. 你退一步부, 他就趕깐一步. 你再退뒤兩步, 他又趕兩步. 看這個形싱勢쓰, 退讓샹千萬步, 也是白讓的. 당신이 한 거름을 믉어 서면 그는 곳 한 거름을 쫓어 나서고 당신이 다시 두 거름을 믉어서면 그는 또 두 거름을 쫓어 나서니 이 形勢를 보면 千萬거름을 讓步하더라도 헛된 讓步를 하는 것이오.

7. 原來請他們軍췬政제兩界的要人

①盟₂ ②縮₁ ③擴₄

赴ᅟᅮ筵앤①(席시)，就是謀ᅟᅮ圖투。息시事쓰寧닝人신的，看其局쥐勢，沒有一個披피②露루良心，和허平統퉁一不過夢ᄆᆼ想而얼已이。原來 그들 軍改[政] 兩界의 要人를 請하야 宴會에 叅席하게 함은 곳 일을 없이 하며 사람을 편케 하기를 圖謀한 것인데 그 局勢를 보면 한 사람도 良心은 披露하는 者가 없으니 和平統一은 夢想의 不過할 뿐이다.

8. 你這好搪탕拖튀的人，昨天應잉了今진天，今天應了明天，明天應了後天。看這個樣ᅟᅣᆼ子，你原來沒想還환我的錢첸! 너, 이미 대기 잘하는 者야 어제는 오늘로 말하고 오늘은 來日로 말하고 來日은 또 모레로 말하니 이러한 모양을 본다면 네가 原來 나의 돈을 갚지 아니하려고 생각하는 것이다.

9. 看他穿환的樣ᅟᅣᆼ子，好像窮쳥鬼귀子，其實怕吃츠怕穿환的一個財채主주。그의 옷 입은 모양을 보면 窮한 鬼神과 恰似한데 其實은 먹고 입기를 무서어하는 한 개 富者이다

10. 他上鄉썅裏去已經住了三年，看其치式쓰樣，他再不願意回휘城쳥市過日。그가 鄉村에 갓어 이미 三年이나 살엇으니 그 모양을 보면 그가 다시 城市로 와서 살기를 願치 아니하오.

11. 門ᅟᅢᆼ旁有個汽치車房，并有電뎬話，看那個氣치派패，他必定賺환了很多的錢。大門옆에 自動車 倉庫가 잇고 兼하야 電話도 잇으니 그 氣勢를 보면 그가 반듯이 돈을 흠썩 많이 뭉앗나 보오.

12. 你別看住宅제③的氣派，說他有錢，若쉬是查차問底디細시就是個債제鬼子。당신은 住宅의 氣勢를 보고 그가 돈이 잇다고 말하지 마시오. 만일 根底를 仔細하게 물으면 곳 빗쟁이오.

13. 那個人的言語穩원重，舉쥐止즈端돤正，看這個行ᅟᅵᆼ動둥，必是學쉐界제出身션。저 사람의 말하는 것이 穩重하고 行動하는 것이 端正하니 이 行動을 보면 반듯이 學界의 出身인가 보오.

14. 他們兩個原來很相投투契지，而且체孩子們都長짱好，看其치舉쥐動，必是結了兒女的親家罷! 저 이들 둘이 原來 心意가 매우 相合하고 또 아희들도 모두 잘 자라니, 그 擧動을 보면 반듯이 서로 사돈을 맺으려는가 보오.

---

①筵₂ ②披₁ ③宅₂

15. 他當初㊗說出一畝㊗地四十元㊗賣, 現在又說出五十元。看這個架㊗子, 必是不願意賣㊗的。그가 애초에는 한 畝에 四十圓式 팔겟다고 말하더니, 지금에는 또 五十圓을 말하니 이 形便을 보면 반듯이 팔기를 願치 아니함이오.

16. 他雖㊗然窮㊗倒窮, 尚㊗不至於餓㊗死凍㊗死的地步㊗, 我們在此時給㊗他幫㊗助㊗倒好。그가 비록 窮하기는 窮하지만 아즉 굶어 죽고 얼어 죽을 地境에는 이르지 아니 하엿으니, 우리가 이 때에 그를 도아주는 것이 도리혀 좋소.

17. 我昨天上他那裏去看㊗看, 他的病雖然見重, 却不至㊗於外頭傳㊗的話。내가 어제 그에게 갓어 보니 그의 病이 비록 重하나 밖에서 傳하는 말까지에는 이르지 아니하였오.

18. 患㊗難生㊗忍㊗耐㊗, 忍耐生老練㊗, 老練生盼㊗望㊗, 盼望不至於羞㊗恥㊗纔好。患難에서 忍耐가 생기고 忍耐에서 老練이 생기고, 老練서에 希望이 생기는데 希望에서 羞恥에 이르지 아니하여야만 좋다.

19. 去年遭㊗了空㊗前的大荒年, 不但三天五夜没有飯吃的, 甚㊗至於㊗出個餓㊗死的人了。昨年에는 前에 없든 큰 凶年을 만나서 三日이나 五夜을 밥 먹을 것이 없을 뿐만 아니라 甚至於 굶어죽는 사람까지 잇었오.

20. 昨天在那裏人多屋㊗窄㊗, 炕㊗上擠㊗不開就打個地鋪㊗, 連㊗地㊗鋪也擠㊗不開, 甚至於在院子裏也睡的地方没有。어제 그곳에서 사람은 많고 방은 좁어서 온돌에서 모다 끼일 수 없음으로 곳 땅에 자리를 까럿는데 땅의 자리까지도 끼여서 잇을 수 없음으로 甚至於 마당에서도 잘 곳이 없었오.

21. 我在北平住過十來多年, 究㊗竟㊗離㊗了北平以後實在老想着, 不但夢㊗裏常見過, 甚至於一閉㊗眼也在腦㊗袋㊗裏。내가 北平에서 十餘 年을 잇다가 結局 北平을 떠난 以後로는 十餘 年을 잇다가 結局 北平을 떠난 以後로는 참으로 늘 생각이 낫어 꿈에만 늘 보일 뿐만 아니라, 甚至於 눈[을]만 감어도 머리 속에 어리우오.

22. 去年我們的城裏起㊗了火, 也有焦㊗頭爛㊗額㊗的, 也有跳㊗墻㊗跌㊗斷㊗了腿㊗的, 甚至婦㊗人們急㊗的認㊗錯㊗了抱㊗孩子跑㊗外邊來的, 也有燒㊗死的。昨年에 우리의 城內에 불이 낫어 머

리를 끄실이고 이마를 태인 者도 잇엇고 담을 넘다가 미끄러저서 다리를 부지러트린 者도 잇엇고 甚至於 婦人들은 急하여서 아희를 잘못 알고 박구어 안고 밖에 나오고 또는 타서 죽은 이도 잇엇오.

23. 晚上開船的時候, 直迎잉順風, 走쩌倒不慢만, 那知五更껑夜裏, 忽후然轉촨了北風, 越颷파越緊진, 浪랑如山倒, 甚至船要沈〔沉〕쩐的樣子。幾乎후要死的時候, 老天爺有眼, 風靜찡浪랑平, 叫我們纔保바住주了。 저녁에 배가 떠날 때에 곳 順風을 만나서 가기는 도리혀 더듸지 아니하엿으나 밤은 五更이나 되엿는데 별안간 北風으로 도라저 불수록 더욱 猛烈하야 물결은 산덤이 같고 甚至於 배가 까러앉을야고 하야 거이 죽을 번할 때에 하늘님도 눈이 잇서 風靜浪息하야 우리 묵숨을 겨우 保存할 줄이야 어찌 알엇겟오?

24. 我們的主人説, 這月以内네叫你快還환錢, 甚至不然鬧나오出官司也未可知。 우리의 主人이 말하되, 이 달 안에 당신더러 속히 돈을 갚으라고 하오. 만일 그렇지 아니하면 訴訟을 하게 되는지

도 알 수 없다 하오.

25. 你若强逼삐勒레他要錢, 萬一叫他或至於變賣家産촨的地步부, 豈치是平素수熟수識스的交情呢? 당신이 만일 그에게 强迫하게 돈을 달나고 하여서 만일 그로 하여곰 혹은 家産을 變賣하는 경우까지에 이르게 한다면 어찌 平素에 熟親하던 情分이겟오?

26. 凡판是固구然산是當殷인苦쿠, 然而얼也不可殷苦쿠過度두(過分), 以致쯔累레壞해了身썬子。 凡事에 果然 맛당히 勤艱하여야 한다. 그러나 勤艱한 것이 너무 지나처서 몸이 疲困하여 결단나게 하엿서는 옳지 않다.

27. 藥야是不過有病人吃幾副뿌的東西, 我的朋友吃補부藥야太多, 如수今倒以致쯔傷了元氣치喇。 藥이라는 것은 病 잇는 사람이 몇 첩 먹을 物件에 지나지 못할 것이오. 나의 親舊가 補藥을 너무 많이 먹더니 지금에는 도리혀 元氣를 傷하는 데 이르럿오.

註 : 本課의 上半段은 "景況" "情形" 等의 類語요 下半段 "至於" "以致" 等의 類語를 活用한 것이니라.

第百四課　成語(一)

제백사과 성어 (一)

1. 你別說他鬼귀頭鬼腦뇌(神썅頭鬼臉롄)的，就是甚麼事也敢깐作줘敢當(敢爲)的人。당신은 그가 鄙劣하다고 말하지 마시오. 곳 무슨 일이던지 確斷하야 일을 하는 사람이오.

2. 我對你們的事，無우是無非페(無涉써無于〔干〕깐的，不過好心好意祝쭈①你們成쳥事的。내가 당신들 일에 對하야 是非가 없지만 당신들의 成事되기만 좋은 마음 좋은 뜻으로 誠祝함에 지나지 아니하오.

3. 他們倆不但在外自由유自在，也家裏〔家裏也〕絶졔情絶意，没有一點兒夫妻치的快樂라。 저이들 둘이 밖에서만 自由自在할 뿐 아니라 집안에서도 情誼가 疎遠하야 조곰도 夫妻의 快樂이 없오.

4. 去年的光꽝陰인也糊후裏糊塗두的送씅去，但是渾훈家無灾재無病的就是僥야倖싱。昨年의 光陰도 곳 아무렇게나 보냇지만 왼 집안이 災와 病이 없는 것만 곳 僥倖이였오.

5. 那時你滿心應잉許(滿口應잉許)的給께我還환那筆삐賬쟝，到如今怎쩐麼一個大錢也没還환，那不是狂꽝言앤狂語麽? 그때에는 입이 잇는 대로 나의 그 賬簿의 돈을 갚어 주마고 應諾하더니, 至今에 와서 어찌하야 葉錢 한 푼도 갚지 아니하오. 그것이 미치광이 말이 아니오?

6. 我和他平常無우冤웬無仇쳐，他這樣無綠〔緣〕웬無故꾸的要誹폐毀해我來，這是怎麼個意思呢? 내가 그과[와] 平素에 원수가 없엇는데 그가 이렇게 까닭이 없이 나를 毀謗하려하니 이것이 무슨 뜻이오?

7. 他捻녠(捏녜②)手捻(捏)脚的聽了半天，末머後就是把自己的錯處，心服쭈口服。그가 손과 발을 비비며 반나절이나 듣다가 나종에는 곳 自己의 잘못을 조곰도 異議 없이 白白하였오.

8. 雖然他的外貌痴쯔頭痴腦(憨한③頭憨腦)的，却췌他的說話有條탸有理리、有情칭有趣취(有滋쯔有

---

①祝 3 ②捻 3 捏 1 ③憨 1

味)的。비록 저이의 外面은 흠썩 어리석지만 저이의 말하는 것은 매우 條理가 잇고 趣味가 잇오.

9. 事情是順순情順理(順絲順絡루)的好辦, 說話是有頭웨有尾(有根끈有梢쵸)的愛聽。일은 順情順理하여야 處理하기 좋고 말은 頭尾가 잇서야 듣기 좋다.

10. 你告訴他一擧줘一動總중要謙챈卑비①, 不要那樣大模무大樣。당신은 그더러 一擧一動을 도모지 謙遜하고 그렇게 誇張(虛飾)을 하지 말나고 일으시오.

11. 你净정說風言風語, 好生정滋쯔事的東西, 勸也不聽勸, 打也不怕打, 真是叫人懆좠死。너는 왼종일 바람둥이 말만 하야 건듯하면 일을 내는 것아 勸하여도 듣지 않고 때려도 무서워 아니하니 참말 사람으로 하여금 답답하야 죽겟한다.

12. 他的度두量량好像썅那蒼창蒼天一樣, 沒有一定的界졔限쏀, 乃내是無우邊벤無涯애②。그의 度量은 맞이 저 蒼蒼한 하늘 같아며 一定한 界限이 없이 곳 끝이 없오.

13. 當今的世, 實心實意的朋友能有多少, 大概是假仁신假쟈義이的。지금 世上에 참마음 참뜻의 親舊가 能히 얼마나 잇겠오? 大概는 假仁假義의 사람들뿐이오.

14. 我們店덴鋪푸言앤無二價쟈, 童통叟쑤無欺치, 就是公理公道的做賣買〔買賣〕。우리 商店에는 에누리가 없고 인리니와 늙은니도 속이지 아니하고 곳 公明正大하게 장사를 하오.

15. 既지然산得不了랴富푸貴, 得더過且過就好, 何허必那樣傷心呢? 긔위 富貴를 얻지 못할 바에는 지내는 대로 지내는 것이 곳 좋소. 어지 그렇게 傷心하오?

16. 人人都說他有個神젼出추鬼沒머③的才能, 依我看就是個貪탄生정怕死、有名밍無實的人。사람마다 모두 그를 神出鬼沒하는 才操가 잇다고 말하지만 나로서 보면 貪生畏死하고 有名無實한 사람이오.

17. 莊稼人都是起치早쟈睡晚的做活, 那些懶란漢한們, 净정在茶차館裏整정天家說了些쎄家長쟝里短돤的話。農軍들은 모두 일즉이 일어나고 늦게 잠자며 일을 하는데 저 無賴漢들은 喫茶店에서 왼종일 空談(是非의 評判)들만 하오.

───────

①卑₁ ②涯₂ ③没₄

18. 老兄, 何必這樣長吁短嘆呢? 不但他一個人, 都是嘴甜心苦的! 老兄은 어찌 이렇게 긴 한숨과 짧은 탄식만 하오? 그 한 사람뿐만 아니라 모두가 입은 달고 마음은 쓴 사람뿐이오.

19. 她專謀損人利己, 老上廟裏去求福免禍。萬一佛爺大發慈悲心幫助她, 世上吃虧的不可勝數喇! 저 女子가 專혀 남을 害롭게 하고 自己를 利롭게 하기만 圖謀하면서 늘 절에 갓어 福을 빌고 禍를 免하여 달나고 佛供을 하니, 萬一 부처님이 慈悲의 마음을 크게 내여서 저 女子를 도아준다면 世上에 損을 볼 사람을 이로 헤아릴 수가 없을 것이다.

20. 在凡事使人, 大材小用是害少, 却是少材大用的毒害大的很。凡事에 사람을 쓰는 것이 大材를 小用하는 害는 적지만 小材를 大用하는 害毒은 매우 크다.

21. 這個人不能成全大事, 無論做甚事有始無終, 一點常性(恒心)没有。 이 사람은 큰일을 일우지 못하오. 無論 무슨 일이고 시작은 하되 結末이 없어 조금도 恒心이 없오.

22. 你是比我還好, 你哪東跑西顚(東奔西踩)挣幾元的紅利。我呢, 連糧食也不彀, 全仗着東扯西拉的過日。 당신은 나보담 그래도 났오. 당신은 東奔西走하면서 몇 元의 純利益을 몽으지만 나는 糧食까지도 不足하야 왼종일 東借西貸만 믿고 生活을 하오.

23. 在去年做買賣賠了幾千元, 在今年兩個多月害了病。到如今左思右想就是没有投奔(投路)。昨年에는 장사하야 몇 千元을 믿지고, 今年에는 두 달이나 넘게 病을 알어서 지금에 와서 이리저리 생각하여도 곳 依托할 곳이 없오.

24. 夫妻們應當你敬我愛纔好, 何必整天家吵吵鬧鬧的, 好像冤家過活似的呢? 夫妻는 맛당히 너는 恭敬하고 나는 사랑하여야만 되지 어찌 왼종일 떠들기만 하야 맞이 원수끼리 生活하는 것 갖이 하오.

25. 萬一天道真正大公無私的話, 不可不信賞善罰惡어, 所以

①吁₁ ②恒₂ ③奔₁

改惡從^종善就是轉^환禍^훠爲^웨福^푸的。萬一 天道가 眞正으로 至公無私하다면 賞善罰惡을 믿지 아니할 수 없음으로 惡한 것을 곳어서 善한 데로 가는 것이 곳 禍가 도리혀 福이 되는 것이다.

26. 這明明是有憑^핑有據^쮜的事情,他竟^징改^깨頭換^환影^잉(換面)說出一種似是而^얼非^페的理來,把人弄^능得疑^이疑惑^훠惑(二二忽^후忽)的了? 이것은 明白히 證據가 잇는 일을 그가 마츰내 왼통 變하여 갓이고 一種 그럴 듯하고도 옳지 안은 말을 하야 사람을 매우 疑惑하게 하오.

27. 沙^사大대夫說這副^푸藥能以補^부血^쎄,乃^내是一種有益^이無損^순的好藥。沙醫師가 말하되 이 藥이 能히써 補血하는 것임으로 곳 一種의 有益無損한 좋은 藥이라 하오.

28. 你在凡事上就是推^퉤前擦^차後(辭^쓰前挨^애後)的還做甚麽的事? 당신은 凡事에 곳 앞뒤를 재니 그래도 어떠한 일을 하겠오?

29. 他是個口^쿼是心非的人,不可交往。萬一交往也得時常小心他,以免後來的禍。그가 입은 옳으나 마음은 그른은 사람이니 相從하는 것이 옳지 안소. 만일 相從하더라도 때때로 그를 注意하여야 뒤에 禍를 免할 것이오.

註: 上述한 "鬼頭鬼腦" "左思右想" 等은 한데 붙어다니는 合成語니 學者 特히 留神하야 解得할지어다.

第百五課 成語(二)

제백오과 성어(二)

1. 你別說他太執^즈拗^부(요)①(拘板^반),一點也沒有三還^환九^쩬轉(三彎^완九轉)的,却^췌我倒怕你隔^거三跳^탸兩(丟^뛰三歇^쎄五)的大毛病。당신은 그가 너무 愚鈍하야 活用性이 없다고 말하지 마시오. 나는 도리혀 당신의 건너뛰는 큰 병통을 두려워하오.

2. 他看這塊木頭七歪^왜八扭^뉴的,就嘴^쮜裏說甚麽念^녠三道四(言三語四)的。저이가 이 나무 토막의 삣둘삣둘(오불꼬불)한 것을

---

①拗₄

보고 곳 입안으로 무슨 말인지 중언부언하오.

3. 當家三日狗也嫌쎈, 你還能免得七言八語的嗎? 살임살이 맡은지 三日이면 개도 싫다는데 당신은 오히려 말성 많은 것을 면하게 하겠오.

4. 他總중没守쑤規귀規矩쥐矩, 七抓좌八拿나①的花净, 如今三番앤② 兩次쓰的來纏찬磨머我, 真討도人嫌쎈。저 사람이 도모지 規則 (正當)을 직히지 않고 손에 잡이는 대로 집어서 모도 써 버리고 至今에는 두세 번 와서 나를 성가시게 하니 참으로 귀치않소.

5. 不用慌좌急지, 沉전着처氣兒去辦, 這雖눠然千思萬想, 也不能三天五日시了랴結제的事。慌急히 굴지 말고 마음을 가란처서 處理하시오. 이것이 비록 千萬번 생각하여도 三日이나 五日에 結末날 일이 아니오.

6. 我昨天晚上特別的尋쒼他去, 背뻬地裏問他的來歷리, 還是橫헝三竪수四的没說出추清칭楚추話來。내가 어제 저녁에 특별히 그를 차저갓어 가만이 그의 來歷을 물으니 그래도 橫說竪說하고 똑똑이 말을 아니하오.

7. 我想這個没有差차錯춰, 倘탕③若有個三差차兩錯춰(一差二錯), 你可以來找좌我罷! 내 생각에 이것이 틀임 없을 터이나 만약 좀 틀이거던 당신은 나를 찾아오시오.

8. 人老了就没有法왜兒, 有那等聰총明的田老先生, 到如今說的顚뎬三倒도四(七頭八倒)的。사람이 늙으면 곳 할 수 없오. 그렇게 聰明하던 田老先生이 지금에 와서는 함부로 말을 하오.

9. 無論甚麼總要有常썅性(恒헝心), 能以長忍신久耐내。倘탕若쉬三日打魚위, 兩日曬재網왕, 將來没有進益이。無論 무엇이고 도모지 恒心이 잇서야 能히 써 永久히 忍耐하오. 萬一 사흘을 고기 잡고 이틀을 그물 말인다면 將來의 進取가 없오.

10. 你別惹성他的脾피氣치, 萬一他生了氣, 像你武우秀수才째是打不過三拳兩脚좌就死。당신은 저이의 성미를 근듸러지 마시오. 萬一 저이가 골만 나면 당신 같은 武官은 二三 번 손길과 발길에 지나지 못하야 곳 죽소.

11. 誰願意管人家的閑쎈事呢? 但

①拿₂ ②番₁ ③倘₃

他来再三再四的央〮양求〮쳐, 只得我給께他調됴説的. 누가 남의 쓸데 없는 일을 相關하거를 願하겠오? 三四 次나와서 懇求하니 곳 저이에게 말하야 和解하게 한 것이다.

12. 近〮신来的發薪水不過二成三成的, 所以東家討됴西家借제, 七拼삥八湊쪙僅진僅的過日. 近來에 月給을 주는 것이 二三割에 不過함으로 東쪽 집에 갓어 빌어오고 西쪽 집에서 뀌여다가 주서 뫃와서 간신히 生活하오.

13. 家裏雖有千口該깨要一人管事, 若是七嘴줴八舌셔的還해能行싱嗎? 집에 비록 千名이 잇엇도 맛당히 한 사람이 管理하여야 한다. 萬一 여러 사람이 말하게 된다면 엇지 될 수 잇오?

14. 這幾지年他們家裏出了個連三叠데四不祥썅①的事, 家道不如從충前的家道. 이 몃 해에 그들 집에 連續하야 不詳한 일이 생겨서 家道가 前者에 家道만 못하오.

15. 聽他的口氣, 事情壞해了十之八九, 往後再不用跟他合허作. 그의 말 눈치를 들으니 일이 十의 八九가 결단낫으니 뒤로는 다시 그와 合作을 하지 마시오.

16. 南莊的米老説, 三綱깡五常썅和허三從충四德더雖然산不合現쎈

世, 其中也有守쏘頭的. 南村의 米老가 말하되, 三綱五常과 三從四德이 비록 現世에 不合하나 그 중에도 직힐 만한 것이 잇다고 하오.

17. 一生셩一死總쭝得데免不了, 你也不能長쨩生不死, 在你的一代대緊진做你的事業에罷! 一生一死는 도모지 免치 못할 것이오. 당신도 長生不老는 못할 터이니 당신 平生에 빨리 당신의 事業을 하시오.

18. 你有甚麽難過的事, 大家都快快樂러樂的, 就你一個人垂춰頭傷氣치, 没有一言얜半句쮜呢? 당신은 무슨 원통한 일이 잇기에 여러분은 모도 흠썩 快樂하는데 곳 당신한 사람만 垂頭傷心하야 一言半辭가 없오?

19. 徐쉬家的雙썅抱뽀孩子, 不但面貌먀和身션體틔一貌먀一樣, 連롄衣服푸也穿촨得一色재一齊치的, 誰也看칸不出那個是那個來. 徐家네 雙童이는 外貌와 身體가 한 模樣일 뿐만 아니라 옷까지도 한 빛갈로 모다 갖이 입어서 누구던지 어느 것이 어느 것인지 알어 낼 수 없오.

20. 昨天心裏悶먼得더慌, 出城在草쏘地散싼散心的時候, 恰차好城

①祥₂

裏的女뉘學혜生們三三五五的作隊뒤來, 在平原웬草地上也有躺탕着放賴〔懶〕래的, 也有唱歌거的, 也有跳됴舞우的。看那個景징況쾅, 叫人自然起了和平快樂的氣象썅。어제 마음이 답답하야 견델 수 없어서 城 밖에 나아가 풀밭에서 消風할 때에 공교히 城 안의 女學生들이 三三五五로 떼를 지어 와서 들과 풀밭에서 누어서 둥그는 이도 잇고 唱歌하는 이도 잇고 舞跳하는 이도 잇서서 그 景況을 보니 사람으로 하여금 自然히 和平과 快樂의 氣分이 생깁듸다.

21. 我們的村츈莊좡原웬來住了三百多戶후, 都安居쥐樂러業에的過活。一到這幾年來, 不是遭짜了水旱한兩灾쩨, 就是遭了兵禍훠或者匪페患, 又加쟈上瘟원疫이, 所以現在十室쓰九空쿵, 無人可住。우리의 村에 原來 三百餘 戶가 살고, 또 모도 各各제 業에 편히 지내더니, 이 몇 해에 와서는 水旱兩災를 만나지 않으면 곳 兵禍나 或은 賊患을 만나고 또 瘟疫이 있음으로 至今에는 열 집에 아홉이 비여서 살 만한 사람이 없오.

22. 我告你們把빠屋裏乾깐乾净징净打掃쏴, 總得不聽, 時常창弄눙的七亂란八糟〔糟〕짜, 實在叫我討厭앤。내가 저이더러 방안을 깨끗하게 掃除하라고 일너도 도모지 듣지 아니하고 늘 함부로 어질러 놓으니 實로 나로 하여금 귀치않게 한다.

23. 我看칸這近진來會議的情칭形싱, 初추頭很有誠청實的, 就是末머後七零리八落러的, 這是甚麼緣웬故呢? 내가 이 近來 會議의 形便을 보면 始初는 매우 誠實하게 하다가 곳 終末은 七零八落하니 이것이 무슨 까닭이오?

24. 佛퍼經징和聖썽書若有宗중教上教訓쉰的價쟈值쯔, 就是四書五經也有那等的價值。佛經과 聖書가 萬一 宗教上 教訓의 價值가 잇다면 四書와 五經도 그러한 價值가 잇다.

25. 把天下人的千辛신萬苦쿠, 總而얼言之就是生存춘競징①爭정四個字而已이。天下사람의 千辛萬苦를 통틀어 말하자면 곳 生存競爭 네 글자뿐이다.

26. 現代人的交朋友, 大概不尊쭌重중信신義이, 然안而朝쟈三暮무②四, 這不是交友之道。現代사람

①競4 ②暮4

의 親舊 사귀는 것은 大概로 信義를 尊重이 아니하오. 그런데 朝三暮四는 이것이 친구를 사귀는 道가 아니다.

27. 原來他們倆라鬧나擰,녕彼此没有來往的, 這程청子又互후相一來二去, 有甚麼事麼? 原來그들 둘이 닷투어 틀녀서 彼此에 來往이 없더니 이지음에 또 서로 왓다갓다 하니 무슨 일이 잇는가요?

28. 那個人不但不肯큰認신錯체, 而且嘴쥐裏還是說不三不四的。그 사람이 잘못하엿다고 할 뿐만 아니라 또는 입안으로 오히려 중얼 중얼 말하오.

29. 快給께他點兒飯, 打發他走쩌罷。叫他儘진自呋야三喝커四(呋呋喝커喝)的做甚麼? 빨니 그에게 밥을 좀 주어 그들 보내요 그로 하여금 제멋대로 떠들게 하엿서 무엇하오?

註: 이 課에는 數字가 다른 글자와 合하야되여 成語임으로 暗誦하여 둘 必要가 有하니라.

第百六課 成語(三)

제백륙과 성어 (三)

1. 蘿뤄葍버不但是能以消쏘食스化화痰탄, 也예可以治쯔得熏쉰①煤메。무우는 消食化痰될 뿐 아니라 石炭불의 毒氣를 맛고 어지러운 것도 가이써 꼿인다 [당].

2. 你雖然推퉤聾룽粧〔裝〕좡啞야, 人家都知道你對於她타癡츠心妄왕②想的。당신이 비록 귀먹고 벙어리인 체하지만 남들이 모도 당신이 그 女子에 對하야 어리석은 마음과 부질없은 생각을 갖인 줄을 아오.

3. 他們那裏今진年又豐엉收쩌又여太平, 眞전是雨위順슌風엉調댜오, 國泰태民민安, 家家都是歡환天喜시地的。저이들 그 곧에는 今年이 豐作이고 또 太平하여서, 참으로 雨〔雨〕順風調하고 國泰民安하야 집마다 모도 歡天喜地하오.

4. 從早晨천忽후然眼跳탸心驚징, 不料랴聽他指쯔鷄지罵狗꺼的話, 就是勉몐强챵的忍신吞툰了。아츰붙어 갑작이 눈가죽이 썰눅거리고 마음이 두군거리더니 뜻밖에 그의 諷罵하는 말을 듣고 곳 억지로 참앗오.

①熏1 ②妄4

5. 我倒樂리意交嘴줘快心直的人，却줴不能共事心驕쟢氣傲아①的人。 나는 도리혀 입이 빨으고 마음이 곧은 사람을 즐겨 사귀지만 마음이 驕慢한 사람과는 갖이 일하지 못한다.

6. 他在平常的時候，不知那樣捷졔②活훠，昨天他就眼明手快(眼光手快)的打他魂훈③飛魄피④散싼了。 저이가 平時에는 그렇게 敏捷한 줄을 몰으겟더니 어제 저이가 곳 눈 밝고 손 빨으게 저이를 때렷어 혼이 달아나고 넋이 떠어지게 하였오.

7. 她光帶着搽챠胭앤⑤抹머粉펀的修싀飾스具쥐，并삥没帶때着收쑤拾스針젼頭綾腦노的針綾筐쾅籮눠⑥。 저 女子가 왼통 연지을 찍고 분을 발으는 修飾具만 갖이고 針線을 걷우는 바누질 그릇은 조곰도 갖이지 아니하였오.

8. 昨天那塲창大雨위，下的溝꺼滿만壕화②平的不能回家，仍영舊쥬在于大哥家連렌吃帶喝허了，真是醉쥐且체飽바焉얀了랴。 어저 그 큰 비에 개천과 護城河가 갓득 찻서 집에 도라오지 못하고 于大哥의 집에서 그대로 먹으며 마시여서 참으로 醉하고 배불렀오.

9. 若쉬是我和他打架쟈，人家必説是坐家欺치客커，所쉬以虛쉬心下싸氣的不如수與他説和好。 萬一 내가 그와 싸흠하면 남들이 반듯이 主人이 손을 업수이 여기엿다고 말하겟음으로 분을 참고 성을 가란처서 그와 和解하는 것만치 좋지 못하다고 하였오.

10. 趙쟈春춘山是個循쉰⑧規귀蹈다⑨矩쥐，接졔事就辦的人，并不是摸머不着底듸細，光꽝會望왕風푸撲⑩影的人。 趙春山은 規律을 좇어서 일대로 곳 處理하는 사람이지 決코 根底를 생각하지 아니하고 捕風捉影하는 사람이 아니오.

11. 奉펑三魁퀴那個人受쑤了他的提듸拔빠，反판將他害了個家破피人亡왕。誰不説姓奉的是個忘왕恩언負푸義이的東西麼! 奉三魁 그 사람은 그의 拔薦을 받엇는데 도리혀 그를 害하게 하여 破家亡身하게 하였으니, 姓奉가가 背恩忘德하는 놈이라고 누가 말을 않겠오.

12. 他當初추來的時候很흔有名밍的，往後漸쟨漸丟뚜了信用，究쥬竟징暗안暗的高飛遠웬走喇라! 그가 當初에 올 때에는 일홈이 매

①驕₁傲₄ ②捷₂ ③魂₂ ④魄₄ ⑤胭₁ ⑥筐₁籮₁ ⑦壕₂ ⑧循₂ ⑨蹈₄ ⑩撲₁

우 높더니 뒤로 漸漸信用을 일어서 必竟은 暗裏裏에 高飛遠走하였오.

13. 他常那樣動刀動ᄃᆞᆼ槍챵的不但妻치子兒女(老婆孩子)擔단驚징受怕, 就是父母也常爲他提틔心吊댜膽단的。그가 늘 그렇게 칼을 번둔기고 총을 번둔기여서 妻子가 겁낼 뿐만 아니라 곳 父母도 늘 그를 爲하야 홈석 근심하오.

14. 你若替틔人辦理, 不可順순水推튀舟쭈①, 也不可强챵言얜奪뒤理, 總得按안理按情칭纔能辨〔辦〕빤到好處. 당신이 萬一 남을 代身하야 處理할여면 順水推舟도 옳지 않고 强言奪理도 옳지 않고 도모지 事情과 事理대로 하여야만 좋게 處理하는 것이오.

15. 我聽説高麗리的紅홍參선真是一種起치死回生성的仙쎈藥야。내가 들으니 朝鮮의 紅蔘이 참으로 起死回生하는 一種의 仙藥이라 하오.

16. 羅뤄盤판針(羅經針)是船촨在大洋양航항②行싱的時候, 分얜出東둥西시南난北베的一種必要東西。羅盤針은 大洋에서 航行할 때에 東西南北을 分別하는 一種의 必要한 物件이오.

17. 人若不知道是스非에曲취直즈的, 那不過酒쥐囊낭③飯얜桶퉁。사람이 萬一 是非와 曲直을 몰으면 그것은 술주머니 밥통에 지나지 못하오.

18. 他不但能넝於現代的科커學, 也就明於詩스詞스歌거賦우④, 所以中外人士都贊짠揚양他的學識스。그 사람이 現代科學에만 能할 뿐 아니라 곳 詩詞歌賦에도 明瞭함으로 中外人士가 모두 그의 學識을 讚揚하오.

19. 黿왠⑤鼉튀蛟쟈龍룽, 魚위鱉볘蝦싸⑥蟹쎼, 這都是屬쑤於鱗린⑦介계的東西。원타교룡 어별하해는 이것이 모두 鱗介에 屬한 것이다.

20. 地球취上的生物우固구然多得不可勝數, 但要分類言之, 也不過是飛에潛챈動둥植즈⑧而已。地球웅의 生物이 果然 많어서 헤아릴 수 없지만 分類하야 말한다면 飛潛動植에 不過할 뿐이다.

21. 禮리義이廉렌耻츠觀관念녠, 雖然隨쉬着古今東西各自不同, 却在其치根끈本大따同퉁小쌰異이。禮儀廉恥의 觀念이 비록 東西古今을 따러 各各 같지 아니하지만 그 根本에 잇섯서는 大同小異하다.

---
①舟1 ②航2 ③囊2 ④賦4 ⑤黿2 ⑥鰕1 ⑦鱗2 ⑧植2

22. 人的生정死쓰禍화福부, 由유天不由人, 和生死由命, 富貴在天等等的話, 完全환是欺기人的謊황話。 사람의 生死와 禍福이 하늘에 잇고 사람에게 잇지 않다는 것과 生死가 命에 잇고 富貴가 하늘에 잇다는 等等의 말은 完全이 사람을 속이는 거줏말이다.

23. 你這木頭人似的, 無論何時總종得看不出喜시怒누哀애樂러的, 這還해算大人嗎? 당신은 허수아비 같다[아]서 어떠한 때를 勿論하고 도모지 喜怒哀樂을 볼 수가 없으니 이것을 그래도 大人이라고 할가요?

24. 人在開運원的時候, 就容易開。 黎리愛生六七年以前還是貧핀窮청, 如今到他家去看, 吃的就是山산珍진海해味웨, 穿촨的就是綾링羅뤄紬쳐緞돤, 又在院子裏養着鷄지狗꼬鵝어鴨야的。 사람이 運數가 터질 때는 곳 쉽게 터지는 것이오. 黎愛生이 六七 年前에도 오히려 貧窮하더니 至今에 그 집에 가보면 먹는 것은 곳 山珍海味이고 입는 것은 곳 綾羅綢緞이고 또 마당에는 鷄,狗,鵝鴨을 養합되다.

25. 現代的所謂웨文원野예强창弱쉬的分別, 完全靠꼬着陸루海해軍備的如何和槍창炮파①彈단藥야的多寡과而定, 這不是傷상心痛퉁嘆탄嗎? 現代의 所謂文明과 野蠻과 强과 弱의 分別은 完全이 陸海軍備의 如何와 槍砲彈藥의 多寡에 依하야 定하니 어찌 寒心하고 痛嘆스럽지 아니하오?

26. 耳얼目무口쿼鼻삐心신(膚우②)爲五官③, 心신肝깐④脾피肺폐腎션⑤爲五臟짱, 金진木무水쉐火훠土투爲五行싱, 靑청黃황赤츠白배黑헤爲五色새, 仁신義이禮리智즈信신爲五常창, 酸쏸甜톈苦쿠辣라鹹쎈爲五味웨, 宮궁商상角쟈徵정⑥羽위⑦爲五音인, 東西南北中爲五方팡, 君쿤⑧臣션、父부子쯔、夫부婦부、昆쿤弟디、朋펑友유爲五倫룬, 年高、富부足주、康캉寧닝、有德、壽쎠終중爲五福푸, 詩經、書經、易이經、禮記지、春秋爲五經징。 耳目口鼻心은 五官이오 心肝脾肺腎은 五臟이오 金木水火土는 五行이오 靑黃赤白黑은 五色이오 仁義禮智信은 五常이오 酸甜苦辣鹹은 五味이오 宮商角徵羽는 五音이

---
①炮4 ②膚1 ③官1 ④肝1 ⑤肺4腎4 ⑥徵1 ⑦羽3 ⑧君1

오 東西南北中은 五方이오 君臣, 父子, 夫婦, 昆第, 朋友는 五倫이오 年高, 富足, 康寧, 有德, 壽終은 五福이오 詩經, 書經, 易經, 禮記, 春秋는 五經이다.

註 : 이 課의 成語는 對語로 되여진 것인데 文語에 가까운 말이니라.

第百七課　巧語(一)

제백칠과 교어 (一)

1. 單단仗장着能넝說不行싱, 鸚잉鵡거①嘴줴巧챠却說不過潼퉁②關관去취。단지 말에 能한 것만 믿어서는 아니 된다. 앵무가 주둥이는 伶敏하지만 말로는 潼關을 넘어가지 못한다.

2. 汪水清就是能以吹毛飛疵쓰, 挑탸人家的錯춰。自己脖버子後的灰휘, 一點也看不見。汪水清은 곳 能히써 吹毛覓疵만 하야 남의 잘못만 골너 내고 自己 목 뒤의 때는 조곰도 보지 못한다.

3. 已經有現成的樣子, 照着葫후蘆루畫화影잉(依着葫蘆畫瓢퍄), 還有畫不出來的嗎? 이미 맨드러 놓은 標本이 잇는데 瓢簞의 畫影대로 하면 그래도 그려 내지 못할 것이 잇겠오?

4. 單巴빠掌장怕〔拍〕不响썅, 若워只一個人的不是, 那能打起架쟈來呢? 孤掌은 難鳴이다. 萬一 한 사람의 잘못으로 어찌 能히 싸홈하겠오?

5. 他타若워山上叫的好, 我們就山下應잉的好。他若没有好吹, 我們還能有好打麽? 그가 萬一 山 웋에서 불어오기를 잘 하였으면 우리는 곳 山 아래서 對答을 잘 할 것이고 그가 萬一 잘 불지 못한다면 우리만 그래도 能히 장단을 잘 처겠오?

6. 人都是這山望왕着那山高。其實, 另링找챠個地方也不一定就能多弄錢。사람은 모도 이 山에서 저 山이 높은 것만 바라본다. 其實은 따로 일자리를 얻어도 곳 能히 돈을 많이 뭉은다고는 꼭 말할 수 없다.

7. 郭궈③高雲윈不過是騎치着人的馬, 架쟈着人的鷹잉, 所以説話怪氣昻앙④昻〔昻昻〕的。其實, 那也不是個咬쟈狼랑的狗。郭高

---
①鸚₁鵡₁　②潼₂　③郭₁　④昻₂

雲은 남의 말을 타고, 남의 매(鷹)를 갖임에 不過한데 말하는 것이 怒氣가 騰騰하나 其實은 그도 狼을 咬殺하는 개는 아니다.

8. 我還能叫你墊뎬錢麽? 總是汗한從病빙人身젼上出, 還把送殯빈的埋매在墳읜裏麽? 내가 어찌 能히 당신으로 돈을 물어 놓게 하겠오? 도모지 땀은 앓는 사람의 몸으로 불어난다고. 그래! 能히 會葬하는 者를 무덤 속에 묻겠오?

9. 如수今的世界是墻쟝倒衆즁人推퉈, 所以人到倒됴運윈的時候, 是鬼귀也望왕着(朝챠着)颮颮솬①風. 지금 世上에는 담이 무너질 제 衆人이 떠다 넘김으로 사람이 不運할 때에는 鬼神이 바라만 보아도 회리바람이 분다.

10. 這可不是誇콰嘴, 咱자們的孩子從충來不做這樣半吊됴子事情. (答)你筐쾅裏那有爛란杏싱兒, 你的麥매子那裏有黑麵呢? 이 것이 자랑하는 말이 아니라 우리 아희는 前붙어 이러한 바보(머저리)의 일은 하지 아니하였오.(答)당신의 광주리에 어데 썩은 살구가 잇으며 당신의 밀에 어데 검은 밀가루가 잇겠오?

11. 高天柱주②那個人, 成天家陳쳔穀구子、爛란芝쯔麻마的, 也不知那裏來的那麽些話. 還帶着說的驢뤼唇츈③不對馬嘴, 叫人聽着真不入수耳얼. 高天柱 그 사람은 왼 종일 쓸데없는 잔걱정의 말이 얻에로붙어 그렇게 많이 나오는지 알 수도 없는데 또는 東西에 닷지도 않는 말을 하야 사람오로 듣기에 참말 귀에 들어가지 않소.

12. 若看他說話的樣子, 真是滿臉的天官賜쓰④福. 但看他所作的事情, 却是一肚뚜子男盜됴女娼챵. 萬一 그이의 말하는 모양을 보면 참으로 왼얼골이 점잔(훌융)치만 그의 하는 일은 보면 마음이 가장 남부다.

13. 我已經上船行항去打聽明白了, 前日壞해的那號하船名叫凌링⑤雲윈, 咱們的孩子坐的船名叫飛龍. 所以只管관放心罷! (答)阿아彌미⑥陀뒤佛예, 別管怎麽樣, 咱們的孩子没跟了龍王爺去就好. 내가 발서 배 會社에 갓어 明白히 探問하엿오. 前日에 결단난 배는 일홈이 凌雲이고 우리의 아희가 탄 배는 일홈이 飛龍이라 함으로 마음대로 安心하오.

---

①颮₄. ②柱₄. ③唇₂. ④賜₄. ⑤凌₂. ⑥河₁〔阿〕彌₂.

(答)南無阿彌陀佛! 勿論 어떻든지 우리의 아희가 龍王님에게 따러가지 아니하엿으면 곳 좋겠오.

14. 俗語說:"好漢不吃眼前虧。" 你怎麼單딴上太歲쉬頭上去動土呢?(答)我劃훠〔豁〕上拿着鷄蛋碰펑石頭, 也要碰他一下。俗語에 "好漢은 目前의 損을 보지 않는다." 고 말하엿는데 당신은 다만 歲神 머리에 갓어 흙을 달으시오? (答)내가 계란을 갖이고 돌에 때려 버리더라도 그와 한 번 하여 보겠오.

15. 醜媳婦免不了見公꿍婆퍼。你光覺着沒有臉去, 早晚還脱퉤得了랴嗎? 醜한 며느리도 姑舅보기를 免치 못한다고 당신이 가기가 未安해 하다니 早晚에 그래도 버서나겠오?

16. 這是他的正管, 必得先商議他, 水大還能漫만過橋챠去麼? 이것은 그가 當然히 할 일인데 먼저 그와 相議하지 않으면 아니 되오. 물이 많다고 다리를 넘어 갑듸까?

17. 這是會上的捐줸錢, 我若是於中花一點, 到了水落라石出的時候, 叫眾중人一口唾투(퉤)沫머, 就淹얜死了。이것은 會席上에서 거든 돈인데 내가 萬一 그 중에서 좀 쓴다면 發覺이 나는 때에는 여러 사람이 한 번씩 침을 뻘어도 곳 빠저 죽겠오.

18. 老虎不吃回頭食스。我既지然和他算싼了賬쟝, 就不能再回去了。범은 먹을 것을 두엇다가 아니 먹는다고 내가 귀위 그와 세음을 모도 따젓는데 곳 다시 가기는 不能하오.

19. 水淺쨘①養양不過魚위來。他光留류我, 不添뗀錢還行싱嗎? 물이 얕으면 養魚할 수 없다고 그가 나만 붓잡고 돈은 더 올여 주지 아니하니 어찌 되겠오?

20. 你這樣關꽌着門起國궈號하就是不行! 必得더和我到大街제上去講쟝一講(說一說)。당신이 이렇게 이불 안에서 활개춤을 추어서는 곳 아니 되오 반듯이 나와 大路上에 갓어 따저 봅시다.

21. 總要因才쎄施스敎쟈, 光꽝這樣恨흔鐵테不成鋼깡的催훼逼삐, 倒越發把他催뒈糊塗了。도머지 재조대로 가라처야 한다. 이렇게 무쇠가 鋼鐵이 아니 된다고 恨嘆하야 督促하면 도히려 더욱 그를 督促하야 糊塗하게 하는 것이다.

---

①淺3

22. 他正是雨워後送傘싼, 我不領링那樣的空쿵頭情칭。그는 꼭 비가 다 온 뒤에 雨傘을 보내는 格이니, 나는 그러한 빈 생각은 아니 받겠오.
23. 叢충①萬茂마那個人, 就是喜시歡한戴대高帽마兒(帽子)。叢萬茂 그 사람은 곳 外飾(名譽)를 좋아 한다.
24. 說話不可單打따瘡창疤바(踢瘡疤), 叫人走不動。말하는데 다만 못하게 하여서는 아니 된다.
25. 事情既經做了, 還有不透투風的墻창麼? 일이 이미 다 되였는데 상긔도 바람통치 않는 담이 잇겠오?
26. 這一回휘, 我和他不是魚死, 就是網왕破퍼。이번에 나와 그는 고기가 죽지 아니하면 곳 그물이 찌저진다.
27. 他是欺치負푸我老虎후沒有牙야啊! 那知道騎치驢뤼的不中(不濟지), 還有掌쟝鞭볜②的(趕脚的)呢。그는 나를 업수이 여기되 범이 니 없는 것갓이 알지만 나귀 탄 사람이 아니 되면 또 경마꾼이 잇는 줄을 어찌 알겠오.

第百八課 巧語(二)

第백팔課 교어 (二)

1. 這張告꼬狀쟝, 雖是他寫쎄的, 却췌是胖팡子的褲쿠帶대, 希시鬆쑹平평常。이 告訴狀은 비록 그가 썻지만 살찐 사람의 허리띄이다. 헐개 늑기가 平時와 같다.
2. 雖然不可和而얼流루, 但是當今的時勢스, 也不可太板반滯즈了, 總得八仙桌줘子盖깨井징口커우, 隨的方팡就的圓왠纔行。비록 남들과 갓이 석기여 나가는 것도 옳지 않지만 단지 當今의 形便이 너무 固執(愚鈍)만 부려도 옳지 않고 도모지 圓形食桌으로 움물아갈지를 덮은 것 갗이 모진 것은 모진 것으로 둥근 것은 둥근 것으로 하여야만 된다.
3. 孫순廣培패③那個樣子還想着說蔡쎄家的姑娘, 那不是癩래④蝦샤蟆마想吃天鵝서肉서우, 枉왕費페了心思쓰嗎? 孫廣培 그 꼴이 그래도 蔡家네 處女를 생각하고 말하니 그것은 病든 맹꽁이가 기럭이

①叢1 ②鞭1 ③培2 ④癩4

(鴻)고기 먹기를 생각함이다. 마음만 空然히 虛費하는 것이 아니오.

4. 他指ㅈ望왕花幾百元打官司能轉관轉臉롄, 究쥬竟징花了錢還輸수了官司, 眞젼是大姑娘下館관子, 人錢兩丟뜌. 그이가 幾百圓만 쓰면 裁[裁] 判에 能히 생각이 날 줄로 바랏던 것이 必竟에는 돈만 쓰고 裁判은 젓으니 참오로 큰 處女가 妓生집으로 간 것이다. 사람과 돈을 兩失하엿다.

5. 昨天我上衙야門看見官관坐堂탕逼삐問원王兒的口供궁, 又跪귀鎖쒀(跪鍊롄子)又壓야杠깡①子(踩쳬栖치(시)②子), 壓야的(踩的)兩回没有氣치兒, 看着眞可憐렌。(答)他那是木匠쟝杠깡架쟈③, 自作쥐自受쭈。誰叫他偸투人家的了呢? 어제 내가 官家에 갓어 官吏가 正廳에 앉어 王兒의 口供을 逼問하는데 착고를 채고 또 큰 칼을 씨웟서 두 번을 눌은즉 숨이 없는 것을 보니 참말로 보기에 可憐합듸다. (答)그의 그것은 木手가 칼을 쓴 것이니 自作自受라 누가 그더러 남의 물건을 도적질하렷오?

6. 人那能都是伶링俐리, 没有蠢츈笨뻔的呢, 但蠢笨也得데不大離리經징。這個是擀간①麵杖쟝吹취火, 一竅챠⑤不通퉁。사람이 어찌 能히 모도 伶俐만 하고 愚鈍한 者가 없겟오만 愚鈍한 것도 어지간하여야지 이 것은 밀가루 미는 막댁이로 불을 분다. 한구명도 터지지 아니하였다.

7. 纔有了幾個錢, 他就鬧뇨這些架쟈子, 看起來總쒜是小廟먀的神젼(菩푸薩싸⑥)。(問)怎麽講? (答)從來没見過귀大香썅火훠。겨우 돈 몇 푼 잇다고 그가 곳 이러한 外飾을 부리니 보기에 도모지 적은 절의 苦薩이요.(問)어떻게 하는 말이오? (答)前붙어 큰 香火를 보지 못하엿다는 말이오.

8. 連三是眞不會휘活動둥, 不管관做甚麽, 就是老虎후入수山싼洞둥, 顧꾸前不顧後的。連三은 참으로 變通할 줄을 몰으오. 勿論 무슨 일을 하던지 곳 범이 산골로 들어가는 것이오. 앞만 보고 뒤는 도라보지 안는다.

9. 我這不是當面奉펑承청你, 我看你現쎈在如수同퉁囊낭中之錐⑦쮜, 不久쥬就要出頭喇라! 내가 當面하야 당신에게 諂하는 것이 아니라 내가 당신을 보기에 주머니

①杠₁ ②栖₁ ③扛₂枷₁〔杠₂架₁〕④擀₃ ⑤竅₄ ⑥菩₂薩₁ ⑦鋪₁〔錐₁〕

안에 잇는 송곳 같다야 不久에 곳 出頭할 것이오.

10. 到對대詞쓰的時候, 我也不能格거外厚후着你, 也不能厚着他。我是竈쟈①王爺예上天, 有一句說一句。말을 물을 (물음 맞임할)때에 내가 당신도 特別히 더 爲하지 아니할 것이고 그이도 特別히 더 爲하지 아니하고 나는 조왕님이 하늘로 올러가는 것과 갖이 한 마듸를 물으면 한 마듸를 말하겠오.

11. 我們交쟈人是單論룬心術수, 不論貧핀富。他却케不然산, 他是單단上老虎頭上抓쟈虱쓰②子(抓癢양), 最줴好攀판③大頭子。우리가 사람을 사귀는 것은 다만 心術만 의논하고 貧富는 의논하지 않지만 그는 그렇지 아니하야 다만 범 머리의 이만 잡소. 가장 대두머리와 交際하기를 좋아하오.

12. 人家待他不好, 那是他脚쟈上的泡파, 自己走쭈的, 還埋매怨웬誰呢? 남들이 그를 잘못 待遇한다니 그것은 그의 발이 부르튼 것이 자기가 걸은 탓이니 그래도 누구를 원망하겠오?

13. 這家子是怕배那家子的堂탕口

好, 那家子就怕這家子的門路루。所以他們是麻마稭졔棍꾼兒打狼랑, 兩頭兒害해怕。이 집은 저 집이 廷法에서 陳述 잘할 것을 무서어하고 저 집은 곳 이 집의 勢줄을 무서어함으로 그들은 삼때로 이리를 때린다. 兩便이 모다 무서어 한다.

14. 他任신甚麽不會做倒罷了, 還要好吃촨又好穿촨。你說將來怎전麽過日시子呢? (答)可不是, 那纔是鷹잉嘴줴鴨야子爪쟈④, 能吃不能拿的東西。그가 무엇이던지 할 줄 몰으면 그만이지만 그래도 잘 먹고 잘 입으랴고 하니 당신 말하시오. 將來의 어떻게 지내겠오? (答) 왜 안 그렇겠오? 그것이야말로 매 주둥이의 오리 발통이다. 먹기는 하여도 갖이지는 못하는 물건이오.

15. 那樣的事還能辦好麽? 依我看那是鷄지抱바鴨야子, 枉費예了心。그러한 일을 그래도 能히 잘 處理하겠오? 내가 보기에는 그것은 닭이 오리 색기를 품는 것이오. 마음만 空然히 虛費하오.

16. 若워他不好, 有他父親的敎쟈

①竈₄ ②虱₁ ③攀₁ ④瓜₃〔爪₃〕

訓쉰。你這不是狗꺼捉줘①老鼠수(狗拿耗하字〔子〕)，多管閑쩬事嗎？萬一 그가 그르면 그의 父親의 敎訓이 잇을 터인데 당신은 개가 쥐를 잡는 것이 아니오？ 쓸데없는 일에 많이 干涉한다.

17. 這個事情칭非에馬先生辦不成정！(答)你把我誇과獎장的真是쯔一張紙畫화了個鼻삐子，好大臉렌哪！이 일은 馬先生이 아니면 處理하지 못하오. (答)당신이 나를 칭찬하는 것이 참으로 한 張 조회에 코만 그렸오. 몹시 큰 얼골(우-ㅅ줄)이다.

18. 你當是我還和他望왕長장久쥬遠嗎？不過是沙사鍋궈砸자蒜쏸(搗또蒜)，一槌춰②子買賣。당신은 내가 그래도 그와 長久히 지낼 줄로만 역이오？ 질그릇 가마에 마눌을 찟는 것이오 한 마춰에 장사이다.

19. 他把陳쳔國棟둥糟짠蹋타的太苦

쿠咯레，真是王胖팡子跳탸井징，下不去的事情。그가 陳國棟을 너머나 지독하게 결단내였오. 참으로 王 뚱뚱보가 움물로 뛰여들어 감이오. 들어갈여야 들어가지 못한다 마음에 받을 수 없다.

20. 哎애에呀야，張大哥，今天穿上新衣裳去咯！這可是大姑娘做媳시婦푸(新娘子)，頭一遭짜오(頭一回)啊아！아, 張大哥 오늘 새 옷 입고 가구려！이것이야 말로 큰 處女가 새댁이 되었오. 처음이다.

21. 李洗시心那個人要上俄어國去，這可見這次츠離리家，羊肉쑤(牛뉴肉)包바오了打狗，有去無回。李洗心 그 사람은 露西亞로 갈여고 하는데 이번에 집을 떠나면 羊의 고기를 싸서 개를 때리는 것이오. 가기는 하여도 도라오지는 못한다.

第百九課　巧語(三)

제백구과 교어 (三)

1. 那個孩해子實在不成청孩子。(答)子孫쑨娘냥娘(送子娘娘、送神娘娘)破퍼了褡다子，纔채不盛청(不成청)孩子咯！저 아희는 참으로 사람이 되지 못하겠오. (答)三神할머니가 자루가 찢

①捉¹ ②槌²

어 졌오 아희를 담지 (사람이 되지)못하오.

2. 這一連렌多少日子, 不是下雨위就是陰인, 總중没有露루太陽的時候。今日却췌是新媳시婦哭쿠男人, 號화天(好화天)。 이 여러 날을 連하야 비오지 아니하면 곳 흘이여서 도모지 太陽이 날 때가 없더니 오늘은 새댁이 男便 죽은데 우오. 號天(好天).

3. 做甚麽這麽唧지喇라呱구①唧(唧呀呱呀)的, 真是蟹쎼子蓋깨量량棗짜, 什스麽升성兒(聲성兒)。 무엇을 하기에 이렇게 비석이오? 참말 게(蟹)껍질로 大棘를 되오구려. 무슨 되(무슨 소리)?

4. 有三個匠장人, 一塊쾌兒給께人説事。 木무匠説:"我們給他一鋸쥐(一句쥐)兩開。" 鐵테匠説:"給他一火휘(一合허)成성功궁。" 石스匠説:"不然산, 還是一起치一起的來。" 工人 三名이 잇서 함게 남에게 일을 말하는데 木手는 말하되 우리가 그에게 한 톱(한 마데)으로 判決하자 하고 鐵工은 말하되 그에게 한 火爐불(一合)에 成功하자 하고 石手는 말하되 그렇지 않소 차차로 하자고 한다.

5. 你説這話, 真전是兩手捧엥②壽쏙桃 taó, 有禮리(有理리)。 당신의 이 말이 참말 두 손으로 天桃를 받드렸오. 有禮(有理).

6. 你去可要小心一點, 别叫他們毀훼喇!(答)我告訴你罷, 老虎후拉라車처, 没有趕간(敢간)的。 당신이 가서 좀 注意하오. 그들을 毁謗하지 마오.(答) 내가 당신에게 말하리다. 범이 車를 끄으오 쫓을 (해여볼)놈이 없다.

7. 我在他手下, 直지直成了小爐루匠的櫃귀子, 動手就是銼춰③(錯춰)。 내가 곳 저이 手下에 잇서 줄곳 조고만 火爐匠의 櫃가 되오. 하기만 하면 문질은 다(잘못된다).

8. 咱們説話辦빤事還是杵추④頭掉무在碓뒤臼쥬裏, 石스打따石스(實스打實)。 우리의 말하는 것와[과] 일하는 것이 모도 절구펭이를 절구확 안에 넣는 것이오. 돌이 돌을 뗄인다 (참된 속에서 참된 것으로 한다).

9. 我比常쌍年不能多花화, 也不能넝少花, 還是外甥셩打燈덩籠룽, 照좌舅쥬(照舊쥬)。 내가 平年보담 많이 쓰지도 않고 적게 쓰지

---
①呱₁ ②捧₃ ③銼₄ ④杵₃

도 않이하고 오직 甥姪이 灯籠에 불을 켜오. 외삼촌에게 빛인다 (그전대로).

10. 這個學生一點出ᄎᆔ息ᄉᆔ没有，究ᄌᆔ竟ᄌᆡᆼ是兩眼앤抹머石灰ᄒᆔ，白瞎싸。이 學生이 조곰도 싹수가 없오. 結局은 두 눈에 石灰를 발럿소. 헤맨다.

11. 那個人是墙챵頭上種중白菜ᄎᆡ，難난澆쟈ⓘ（難交쟈）。저 사람은 담옹에다가 白菜를 심으오. 물 주기 어렵다(사귀기어 어렵다).

12. 全ᄍᆑᆫ寶ᄇᅶ國在年輕칭的時候，花錢就和花泥늬錢的一樣。現쎤在忽후然ᅀᅡᆫ回ᄒᆔ了頭，不但捨ᄶᅥ得花錢，又殷인殷勤친勤的過日子。那真是船ᄎᆑᆫ板반做棺관材ᄎᆡ，飄표流ᄅᆔ了半輩뻬子，到老來纔盛싱人（成싱人）。全寶國이 젊엇을 때에는 돈 쓰기를 곳 흙과 갗이 쓰더니 지금은 갑작이 悔改하야 돈 쓰기를 앗가워할 뿐 아니라，또는 勤懇하게 살님하니 그것은 참으로 船板으로 棺을 맨드렀오. 半生을 飄流하다가 늙에 와서야 겨우 사람을 담는다(사람이 되엿다).

13. 看不得러她더初추次쓰交的時候

香샹甜텐，歸귀期치（歸實）是剃틔頭的扁뻰擔단，長遠ᅬᆫ（長軟롼）不了。그 女子와 처음에 사귈때의 달콤한 것을 보지 마오. 終末에는 머리 깍는 者의 밀대이지오. 長遠(길에 흔청거리지)하지 못하오.

14. 他不自誇콰，還少點丟ᄯᅮ人兒。誰不知他母親是個巫우婆퍼，和一個衙야役이搭따伙훠計지，纔有了他呢？（答）這名밍謂웨抱뽀着孩子進當땅鋪푸，自己當당人，人家却不當人。그가 自誇를 아니하면 그래도 낯이 좀 적게 까길 터인데 그의 어머니는 무당으로서 官廳 小使 한 사람과 동무를 하여 살어서 겨우 그를 낳은 줄을 누가 몰으겠오？（答）이것을 일홈 지어 말하되 아희를 안고 典當鋪에 들어간다고 하오. 自己는 사람을 典當 잡히려 하지만 남들은 사람을 典當 잡지 않는다(自己는 사람인 체하지만 남은 사람으로 역이지 않는다).

15. 有一隻쯔老虎病삥，被孫쑨真人治즈好了，從충此這虎就在孫真ᄌᆫ人門下聽띵用。有一天，孫真人打發老虎후去下帖테請칭客커，客一位웨也没來，孫真人就問원虎

───────
ⓘ澆¹

説:"某㊀先生怎麼不來呢?"虎回答따説:"叫我吃了。"又어問:"某先生呢?"虎説:"也叫我吃了。"孫眞人大怒누, 罵마那虎説:"你這畜牲성, 旣지不會회請청客커, 怎麼去吃쯔人?" 병든 범 한 머[마]리가 잇서 孫眞人에게 곳어 낫섯는데 이로붙어 이 범은 孫眞人門下에서 심부름을 하엿다. 하로는 孫眞人이 범을 보내여 손임을 請하엿는데 손임이 한 분도 오지 아니함으로 孫眞人이 곳 범더러 아무 先生이 어찌하야 오시지 안느냐고 물으니 범의 對答은 내가 먹었오 하니 또 아무 先生은 하고 물음에 범은 또 내가 먹엇다고 말함으로 孫眞人이 大怒하아 그 범을 욕하여 말하되, "너 이 못된 즘생아! 긔위 손임을 請할 줄 몰으면 그만이지 어찌하야 갓어 사람을 먹엇느냐!" 하였오.

16. 有一個花子粧〔裝〕쟝啞야吧바㊁在街졔上要錢, 常창用용手쑤指즈碗완又指즈口, 呀야呀的叫。有一天, 他拿着兩個錢去買酒쥬吃, 吃完了説再添텐些쎄給게我。賣酒的説:"你向썅來不會説話, 今天怎전麼説起話來咯?" 花子説:

"向來我沒有錢, 怎説能〔能넝説〕話呢? 今天有了兩個錢, 自즈然쌴就會説話了。" 거어지 한 사람이 거즛 벙어리인 체하면서 길에서 돈을 달나는데 항상 손으로 사발을 가라치고 또 입을 가라치며 아아하고 소리를 질으더니 어떤 날 그가 二錢을 갖이고 갓어 술을 사먹는데 다 먹고는 좀 더 달나고 말하니 술 파는 이가 말하되 "네가 前에는 말을 할 줄 몰으더니 오늘은 어떻게 말을 하는고?" 한즉 거어지가 말하되 "前에는 내게 돈이 없오니 어찌 말할 수 잇겠오? 오늘은 二錢을 젓으니 自然히 곳 말할 줄 아오."

17. 姓王的僱구了一個伙훠計지, 因爲多뒤日未曾청吃麵몐, 臉롄上很不歡喜。東家同퉁他説:"你這幾지天怎麼不歡喜시呢?"他説:"我們離리家在外왜的人, 多日没見쟨面몐(見麵몐), 那裏那些歡喜呢?" 姓王哥가 심부름꾼 한 사람을 두엇는데 여러 날 밀가루 飮食을 먹지 못하엿음으로 얼골이 매우 좋아하지 아니함으로 主人이 氣色이 없느냐고 물으니 그의 말이 집을 떠낫서 밖에 잇는

㊀某3 ㊁吧1

사람이 여러 날 만나 보지(밀가루을 보지)못하니 어데 그렇게 좋아하겠오?

18. 王三耕경①的父親和爺에爺都是當獸쑤醫이出추身썬。有一天，他同통一個行싱路루的人說：“客作②什쓰麼生셩意이發빠財채？”那客答道：“没有生意，我是個要쏘手쑤藝이的。”王三耕只쓰當他說“要쏘獸쑤醫이的”，就跳탸上前쳰去，把那客打了一個跟끈頭。那客連忙망爬파起치來問원道：“你爲什쓰麼打我呢？我說要쏘手藝，還說要쏘你來嗎？”“你若要쏘我，倒돠還해罷넝了，你要쏘我爹데爹和爺에爺，我還能讓샹你嗎？” 王三耕의 父親과 祖父가 모두 獸醫出身인데 하로는

그가 길가는 한 사람에게 손은 무슨 商業을 하야 돈을 몽엇느냐고 물으니 그 손이 對答하되 “다른 營業이 없고 나는 手藝를 하는 사람이오.” 한즉 王三耕은 다만 그가 獸醫를 놀인 다는 말인 줄로 역이고 곳 앞으로 뛰여 갓어 그 손을 때렷서 한번 곤도박질을 식히니 그 손이 빨니 일어나며 뭇되 “당신이 어찌하야 나를 때리오? 내가 手藝를 하는 사람이라고 하엿지, 언제 당신을 놀인다고 하였오?” 한즉 그는 말하되,“네가 만일 나를 놀인다면 오리혀 相關이 없겟다. 네가 나의 아버지와 할아버지를 놀리는데 내가 그래 너를 容恕하겟느냐?”

第百十課 猜謎

제백십과 수수꺽기

你們別鬧뇨, 我破파個(打個)謎미③兒給你們猜왜④ 너이들 떠들지 마라. 내가 수수꺽기를 말하며 줄터이니 알어내라!

1. 越洗越骯앙髒짱, 不洗倒乾깐净징。(打一物우)水。씻을수록 더욱 드럽고 아니 씻으면 도리혀 깨끗하다. 物名으로 알어내라. 水

2. 身썬自端돤方빵, 體티堅쟨硬잉雖不能言옌, 有言必삐應잉。(打一用物)硯얜⑤臺태。몸은 스스로 方正하고 體骨은 堅固한데 비록 말은 못하나 말만 잇으면 반듯이

---

①耕₁ ②作₄ ③謎₂ ④猜₁ ⑤硯₄

應한다. 한 日用品으로 말하여라. 硯

3. 猴‍후子身輕친站잔樹수梢쇼。(打一果귀名)荔리①枝。원숭이 몸이 갑이워 樹枝에 매달엿다. 한 菓名으로 알어내라. 여지.

4. 小小諸주葛거亮량, 坐쳐在中軍쥔帳장, 擺배下八卦꽈②陣전, 捉쳐拿飛虎후將쟝(打一活휘物)蜘즈蛛주③。조고마한 諸葛亮이 中軍帳에 앉아서 八卦陣을 버리고 飛虎將을 잡는다. 한 物名으로 알어라. 거미

5. 一家分뭔兩양院원, 兩院子孫쏜多, 多的比삐少的少, 少的倒돠比多뒤的多。(打一物)算쏜盤판. 한 집을 두 곳으로 分하니 두 집의 子孫이 많기는 하나, 많은 것이 적은데 比하면 도리혀 적고 적은 것은 많은데 도리혀 많다. 한 物名으로 알어내라. 算盤

6. 荒황郊쟈④野예外왜一塊꽤材채, 能工꿍巧챠匠쟝作出來。讀書的公궁子拉라一把빠, 他把公子抱바在懷패。(打一物)。圈췐椅이子。荒凉한 들 밖에 材木 한 株가 能工巧匠에게 맨드러 내엿는데 글 읽는 도령님이 한번 끄러단기면 그것

이 도령님을 품속으로 끼여안는다. 한 物名으로 알어라. 圓形安樂椅子

7. 兄쓩弟듸兩個一樣高, 腰야裏綑쿤⑤着黑헤絲쓰縚톼⑥, 大哥大哥等덩等我, 我上陰인間잰走쪽一遭쪼。(打一物)水筲쌰⑦。兄弟들의 키가 똑같은데 허리에 黑絲를 잡어매고 형님형님 나를 기달이오. 내가 陰間에 한번 갓다오겟오. 한 物名으로 알어내라. 두레박

8. 小小明꽝光棍꾼, 常在繡쉬房빵混훈。穿촨一些綾링羅뤄綢쳐緞똰, 陪페伴반一些美메色재佳쟈⑧人。(打一物)針전。조고마 한 건달이 늘 바누질하는 새댁 房에서 뒹구는데 훌융한 綾羅綢緞을 입고 훌융한 美色佳人만 동무한다. 한 物名으로 알어내라. 바눌

9. 一棵커小樹, 開캐花結졔實쓰又開花。(打一物)棉몐花。한 조고마한 나무에 꽃이 피엿다 열매가 맷첫다 또 꽃이 핀다. 한 物名으로 알어내라. 棉花

10. 高家的頭투, 李家的脚쟈, 陳家的耳얼朶둬, 反홴安着。(打一姓싱)郭궈。高가의 머리에 李가의 발에 陳가의 귀가 도로혀 便安하다. 한 姓으로 알어내라. 郭

---

①荔4 ②卦4 ③蜘1蛛1 ④郊1 ⑤綑4 ⑥縚1 ⑦筲1 ⑧佳1

11. **爲你吃纔做，做了你又不吃。**（打一物）箍ㄍㄨ①嘴ㄗㄨㄟ（籠ㄌㄨㄥ嘴、笊ㄓㄠ籬ㄌㄧ②）。네가 먹기 爲하야 지엿는데 지여놓으면 네가 또 먹지 않는다. 한 物名으로 알어내라. 조리

12. **左ㄗㄨㄛ看ㄎㄢ三十一，右看一十三，左右一齊ㄑㄧ看，三百二十三。**（打一字）非。左로 보면 三十一이오 右로 보면 一十三인데, 左右合히야 보면 三百二十三이다. 한 글자로 알어내라. 非

13. **手掌大小一隻ㄗ船ㄔㄨㄢ，紅ㄏㄨㄥ娘ㄋㄧㄤ子在裏邊，一陣ㄓㄣ霧ㄨ露ㄌㄨ雨ㄩ，船ㄔㄨㄢ到水就乾ㄍㄢ。**（打一用物）熨ㄩㄣ③斗。손바닥만치 큰 한 隻 배에 紅娘子는 안에 앉엇어 한바탕 안개, 비에 배가 가니 물이 곳 말은다. 한 用品으로 알어내라. 다리미

14. **二人重叠ㄉㄝ高過天，十女ㄋㄩ共耕ㄍㄥ半畝ㄇㄨ田ㄊㄧㄢ，我不騎ㄑㄧ羊ㄧㄤ，羊騎我，千里姻ㄧㄣ緣ㄩㄢ一綫ㄒㄧㄢ牽ㄑㄧㄢ。**（打四字）夫ㄈㄨ妻ㄑㄧ義ㄧ重。두 사람이 한데 포개면 높기가 하늘을 쇠뚤코 열 계집이 갖이 半畝의 田을 가는데 나는 羊을 타지 아니하여도 羊은 나를 타니 千里의 姻緣이 一線으로 끈는다. 四字로 알어라. 夫妻義重

15. **目ㄇㄨ字加兩點，莫ㄇㄛ非貝ㄅㄟ字猜ㄘㄞ，貝字欠ㄑㄧㄢ兩點，莫作目字猜。**（打二字）賀ㄏㄜ資ㄗ。目字에 두 點을 加하면 貝字로 알지 말고 貝字에 두 點을 減한다고 目字로 알지 말나. 二字 알어라. 賀資

16. **一個年輕ㄑㄧㄥ的婦人，在碾ㄋㄧㄢ子上碾米，忽ㄏㄨ然ㄖㄢ來了一個人問ㄨㄣ路，婦人因爲不便ㄅㄧㄢ答話，就向ㄒㄧㄤ旁ㄆㄤ邊路ㄌㄨ上把手ㄕㄡ一擺ㄅㄞ，那人就ㄗㄨ着去了。誰知無巧ㄑㄧㄠ不成ㄔㄥ故ㄍㄨ事，這婦人的婆ㄆㄛ婆，恰ㄑㄧㄚ巧從ㄘㄨㄥ家裏出來，她ㄊㄚ見媳婦向人擺ㄅㄞ手，那人也走ㄗㄡ得很慌ㄏㄨㄤ，就疑ㄧ惑ㄏㄨㄛ他們有了私ㄙ約ㄩㄝ，回ㄏㄨㄟ家告訴她的兒ㄦ子，她兒子就把婦人打ㄉㄚ了一頓ㄉㄨㄣ。這婦人説：" 你打我曉ㄒㄧㄠ得ㄉㄜ，必然有人挑ㄊㄧㄠ，心裏明ㄇㄧㄥ似ㄙ鏡ㄐㄧㄥ，只爲路一條ㄊㄧㄠ。"（打一物）燈ㄉㄥ籠ㄌㄨㄥ。年少한 婦人 한 사람이 매을에서 쌀을 쓸는데 갑자기 한 사람이 와서 길을 물으매 婦人이 對答하기 不便하야 곳 옆길을 向하야 손으로 한번 가르치니 그 사람은 곳 그 길로 갓으나 공교함이 없으

---

①箍₁ ②笊₄籬₂ ③熨₄

면 녯말이 않이 된다고, 이 婦人의 시어머니가 마츰 집안으로붙어 나올 줄을 누가 알엇으랴. 그 女子는 며누리가 사람을 向하야 손으로 가리치니 그 사람이 매우 慌慌하게 가는 것을 보고 곳 그 것들이 私約이 잇는가 疑惑하고 집에 도라와서 自己의 아들에게 일느니 그의 아들이 곳 婦人을 한번 때리매 그 婦人이 말하되 당신이 나를 때리는 것이 반듯이 私通한 사람이 잇는 것을 아시오 마음이 밝기는 거울과 같지만 다만 길 하나를 爲한 것이오. 한 物名으로 알어라. 燈籠

17. 南面而얼坐, 北面멘而朝좌, 象쌍憂유亦이憂, 象喜시亦喜。(打一物) 鏡징子。南面으로 앉엇어 北面으로 朝會 받고 얼굴이 근심하면 또한 근심하고 얼골이 깁버하면 또한 깁버한다. 한 物名으로 알어라. 거울

18. 鑿쳐(좌)壁삐偸투光夜예讀書수。(打三國人名) 孔쿵明。壁을 뚤코 불을 도적질하야 밤에 글을 읽는다. 三國때 한 人名으로 알어라. 孔明

19. 大爺的牛뉴不吃草。(打四書一句) 伯비牛뉴有疾지。伯父네 소가 풀을 먹지 않는다. 四書에서 一句節로 알어라. 伯牛有疾

20. 春츈讀書, 秋츄讀書수, 春秋讀書讀春秋。東當땅鋪푸, 西當鋪, 東西當鋪當東西。春에도 讀書하고 秋에도 讀書하고 春秋로 讀書함에 春秋를 讀하고 東에도 典當鋪, 西에도 典當鋪, 東西 典當鋪에 물건을 잪인다.

21. 冰삥涼량酒쥬, 一點뎬兩點三點; 丁띵香썅花, 百頭千頭萬頭。冰涼酒는 一點二點三點이고,丁香花는 百字頭, 千字頭, 萬字頭이다.

22. 琴친瑟써琵피琶파(비)①, 八大王一樣頭투腦노。魑리魅〔魅〕메魍왕魎량②, 四小鬼귀各別볘心腸쟝。琴瑟琵琶는 八大王의 같은 머리고 魑魅魍魎은 四小鬼의 各各 속이 달으다.

23. 乾첀隆룽皇황帝띄出了一個對兒(對子)說: "一大天上日月 웨明밍, 良량月爲朗랑。"何申쩐③〔和珅〕對的說: "長巾진張〔帳〕쟝中子女뉘好, 少女뉘爲妙먀。"乾隆皇帝가 한 對句를 내여 말하되, 一大天上에 日月이 明하니 良月이 朗이 된다. 何申이 答句로 말하되 長巾帳中에 子女가 好

---

①瑟₃琵₄琶₂ ②魑₁魅₄魍₃魎₃ ③申쩐

하니 少女가 妙하다.

24. 王先生정病삥重즁的時候후, 知道父子快쾌要分엔離리, 彼삐此都뚜甚삠悲삐傷샹, 就出了一個對子給께他兒얼子説:"蓮렌子(憐렌子)心中苦쿠, 梨리兒(離리兒)腹푸內네酸솬." 王先生이 病이 重하야 父子가 不久에 分離할 줄을 알고 彼此에 모도 슲어하며 곳 한 對句를 내여 그 아들에게 주어 말하되 연방(憐子)의 속이 쓰(苦)다, 그의 아들이 말하되, 배(離兒)의 속이 심니다.

25. 此木무是柴채, 山山出추; 丁火휘爲灯딍, 夕①夕시多. 此木은 柴(장작)니 山山에 出하고 丁火로 灯을 하니 夕夕에 多하다.

26. 有連襟진②兩個, 大的是書슈香샹人, 第二個是江쟝湖후客커. 講쟝明밍各就本번業예, 作對一聯렌③. 大的説: "三字同통邊綢쳐緞똰紗사, 三字同頭官관宦환家쟈, 穿츤遍삔了綢緞紗, 纔채是個官宦家." 第二個説: "三字同邊삔江쟝④湖후海, 三字同頭大丈쟝夫, 走쥬遍了江湖海해, 纔是個大丈夫." 同婿 두 사람이 잇는데 큰 사람은 文翰家의 사람이고 둘재 사람은 江湖客이라 各其本業에 對하야 對句를 짓기로 하엿는데 큰 사람이 말하되, 三字同邊에 綢緞紗오 三字同頭에 官宦家이라, 綢緞紗를 골고로 입어 보아야만 官宦家이다. 둘재 사람은 말하되 三字同邊에 江湖海오 三字同頭에 大丈夫라 江湖海를 골도로 단여 보아야만 大丈夫이다.

27. 海水潮챠, 朝챠朝潮, 朝潮朝落러; 山솬松숑長쟝, 常챵常長, 常長常青칭. 海水의 潮水가 아츰마다 미는데 아츰에 밀엇다. 아츰에 떠러지고 山松이 자란다. 언제나 자라니 늘 자라고 늘 푸르다.

28. 有三個人, 定띵規귀各꺼人取취兩個字, 貼테着本身션的事業예作對兒. 頭一個是木무匠쟝説: "尸스⑥至爲웨屋우, 一森썬三木, 木木木, 不知蓋깨了多둬少屋." 第二個是賣酒쥬説: "水酉유⑦爲酒, 一品핀三口쿼, 口口口, 不知吃了多少酒." 第三個是種莊쟝稼쟈的説: "豆두頁예⑧爲頭, 一犇번⑨三牛, 牛牛牛, 不知點뎐了多少頭." 세 사람이 잇서, 저 마다 두 글자를 取하야 本人의 事業에 適合하도록 對句를 짓지로 規定하엿는데, 첫재 사람은 木手라

①夕4 ②襟1 ③聯2 ④宦4 ⑤江1 ⑥尸1 ⑦酉3 ⑧頁4 ⑨犇1

말하되 尸至로 屋을 삼고 一森이 三木이라 木木木 얼마의 집을 지을는지 알 수 없다. 둘재 사람은 술장사라 말하되 水酉로 酒를 맨들고, 一品이 三口라 口口口 얼마의 술을 먹을는지 알 수 없다. 셋재 사람은 農軍이라 말하되 豆頁으로 頭를 삼고 一犇이 三牛라 牛牛牛 몇 필을 헤엿는지 알 수 없다.

29. 蘇小妹_메把洞_퉁房_양的門關_관好, 出_추了一個對兒給_께她타丈夫秦_친少_싸游_여①言_앤道: "多會_휘對上, 多會纔能開_캐門." 她丈夫折_저開一看_칸, 寫_쎄的是: 閉_삐門推_튀出床_쭁②前_쳰月. 把她丈夫悶_먼了半夜_예也没能對上. 後來蘇東坡_먼願_왠意觸_쳬③動他的靈_링機_지, 就找_쟈了一個磚_좐頭向_썅花缸_깡裏一丢_뚀, 水中的月影_잉紛_연④紛亂_롼動_뚱. 她丈夫恍_황然_싼大悟_우⑤, 立리時提_띠筆對上説: "投_투石冲_충開水底_디天." 蘇小妹가 洞房의 門을 꼭 닷고 對句 하나를 내여 自己男便 秦少遊에게 주고 말하되 언제 이 對句를 맛추어 놓으면 그때에 門을 열어 주겟다 함으로 그 女子男便이 떼여 보니 쓴 것이 곳 閉門推出床前月이

라 하여서 自己男便이 半夜나 답답히 지나도 對句를 맛추어 내지 못할 때에 蘇東坡가 그 사람의 靈機를 感動 식히기 爲하야 벽돌 쪽을 찾엇어 花缸 속을 向하야 한번 던지니 水中에 달그림자가 紛紛히 亂動함으로 그 女子의 男便이 恍惚히 大悟하야 곳 붓을 들어 對句를 채워 말하되 投石冲開水底天이라고 하엿다.

30. 有三個人一同_퉁吃酒, 定_딩規_궤以對兒爲酒令_링, 當場_쟝對不上的, 罰_애酒三杯_베. 頭一個説: "一個朋_엥字兩個月, 二物_우一色霜_쌍和雪_쒜, 一月下霜, 一月下雪." 第_디二個説: "一個出_추字兩座_쭤山, 二物_우一色錫_시⑥和鉛_쳰, 一山出錫, 一山出鉛." 來到第三個, 他故_꾸意的不説, 那兩個就再三的催_췌他, 他回_휘答_다説: "我要對上, 只怕_빠二位_위見怪_꽤." 那兩個人説: "只要你對上, 我們就不見_쩬怪." 如_수是他就開口説: "一個爻_야⑦字兩把乂_차, 二物一色你和他, 一乂扠_차⑧你, 一乂扠_차他." 세 사람이 잇서 갗이 술 먹을 으며 對句하는 것으로써 酒令을 삼기로 規定하되, 當席에서 對를 맛추지 못하

---

①游₂ ②床₂ ③觸₄ ④紛₁ ⑤悟₄ ⑥錫₁ ⑦爻₃ ⑧叉₁

는 사람은 罰酒로 三盃를 먹이기로 하엿는데 첫 사람이 말하되, "한 글자 朋字가 二個의 月인데 二物이 한 빛으로 霜과 雪이라 一月에는 霜이 오고 一月에는 雪이 온다." 둘제 사람이 말하되, "한 글자 出字가 二個의 山인데 二物이 한 빛으로 錫과 鉛이라 一山에는 錫이 나고 一山에는 鉛이 난다." 셋재 사람에게 當하엿지만 그 사람은 故意로 말을 아니하니 그 두 사람이 곳 再三이나 그를 재촉함으로 그가 對答하되, "내가 만일 對를 맞추면 두 분이 흄을 볼가 두려워함이라." 하니 그 사람이 말하되, "다만, 당신이 對만 맞추시오. 우리가 곳 흄을 보지 아니할이다." 입을 열어 말하되, "한 글자 爻字[字]가 二個의 乂인데 二物이 한 빛으로 당신과 저 분이라. 一乂는 당신을 끼고 一乂는 저분을 낀다."

註 : "수수걱기"를 謎語 或은 燈謎라고 하고 그 수수걱거를 푸는 것을 猜謎라고 하나니라.

第三部 單 字*

【一部】
一₁이七₁치丁₁뎡丈₄쟝下₄쌰上₁샹三₁싼
不₄부丕₁왜且₃채世₄ᄉᆡ丟₁듀□쥐並
（并）₄뼝

【丨部】
丫₁여中₁즁串₄촨

【丶部】
丸₂완丹₁단主₃주

【丿部】
乄₃여乃₃내久₃쥬么₃야之₁쯔乎₁후乍₃
자乏₂애乖₃괘乘₂청

【乙部】
乙₁이九₃쥬也₃예乾₁간亂₄롼

【亅部】
了₃랴(랸)事₄ᄉᆞ

【二部】
二₄얼于₂우五₃우互₁후云₂윈井₃징些₁
쎠況₄쾅亞₄야

【亠部】
交₁쟈享₃썅京₁징亮₄량亭₂팅

【人部】
人₄신介₄졔仁₂인化₄화仍₃성仇₂쳐
今₁진什₁쓰仔₁ᄌᆞ付₄뿌以₃이
他₃타代₂대仙₁쎤仗₄쟝令₄링仲₄
즁企₂지件₃젼份₃편休₁쉬伏₂뿌
仿₃쨍任₂인伙₃훠佟₁퉁似₄쓰位₄
웨住₄주作₄줘低₁듸伸₁쎤伴₄
반但₄단何₂허佑₄유你₃니伯₂버
伶₂링佛₂여占₄짠伺₄츠供₁꿍
来₂래使₃스依₁이例₄리佳₁쟈
伴₁양佩₄폐併（并）₄뼝俐₄리
俐₄리係₁시信₄신俊₄쥰便₃볜
保₂뽀俄₁어俗₄쑤候₄헠條₂탸倚₃
이值₂즈俱₂쥐您₂닌們₁먼倫₂
룬俵₃뱌到₄단個₄거借₄졔做₄쭈
倘₃탕倖₄싱俺₁안倉₁창倆₃랴修
슈偉₃웨偵₁정做₄쭤健₄졘偏
펜假₃쟈停₂팅偷₁투偶₃워傳₄쭈
傘₄싼傢₃쟈傍₄팡備₄베傑₂催
債₄재僅₃진傳₄춴傳₂춴傲₄안傻₃
샤傷₁상傾₁칭儉₃졘僑₃쨘僥₂야
僧₁쎵像₄썅儀₁이儂₃눙價₄쟈僵₁
쟝僻₄삐儒₂수儘₄진優₁유

【儿部】
元₂왠兄₁쓩兒（凶）₁쓩先₁쎤光₁꽝
兌₄뒤免₃멘兒₁얼兔₄투兜₁더競₄징

【入部】
入₄수仝₂왕内₄네全₂췐兩₃량

【八部】
八₁빠公₁꿍六₄루共₃궁兵₁삥其₂치具₄

① 因此部分按部首排列，故尽量保留原字形，将正文所改字形括注于后。

쥔典₃뎬
【冂部】
再₄재冒단
【冖部】
冠₄관
【冫部】
冬₁뚱冲₁충冰₁삥冶₁야冷₃렁凍₄뚱凉₂
량
【几部】
凡₂앤凰₂왕凱₃쾌凳₃떵
【凵部】
凶₁쓩出추
【刀部】
刀₁댤刁₁댤刃₄인分₁펀切₁췌刎₃
원 刑₂싱利₃리初₁추刨₂판別₂볘剌₂
라製₄쯔到₄딴刮₁꽈刷₁솨刻₁커刼₁
제剃₄틔前₁쳰則₁여剛₁깡剪₃졘剩₁성
副₄뿌割₁꺼劃₄화劈₁피劉₂류劑₄지
劍쟨
【力部】
力₄리功₁궁加₁자励₄진努₃누助₄주
效₄쏴勁₄진勉₃멘動₄뚱務₄우勒₁레
勞₃됴勝₁성勢₄쓰勤₂진勸₄촨
【勹部】
勺₂쌰勻₂원勿₄우包₄박
【匕部】
北₃베匙₄쓰
【匚部】
匠₄쟝匣₂예匪₃회匯₄회
【匸部】
匹₃피

【十部】
十₂·스千₁쳰午₃우升₁성半₄빤世₄·스
卑₁비協₂셰南₃난博₂버
【卜部】
占₁쟌
【卩部】
危₂워印₄인却₄췌卸₃쎄卻₄췌即₄지卿₁
칭
【厂部】
厚₁허原₁왠厭₄앤
【厶部】
去₄취絲₁찬
【又部】
又₄워反₃앤收₁쑤友₄워及₂지取₃취叔₂
수受₂쑤叙₄쉬叟₄쑤
【口部】
口₃커司₁쓰史₃쓰臺₂태只₃쭈句₄쥐古₄
꾸可₃커另₄링叮₁땅叩₄콰右₄워叱₄
츠同₂통吁₁워吐₃투吊₄댠呈₂청向₄
쌍吆₁앋各₄꺼吉₁지吃₁츠名₂밍舌₂
쑤合₂예吹₁허否₃취吾₁우吴₂우吝₄
린君₁쥔吵₃챠吞₁튼呱₁구告₄꼬呢₁피
呀₁아吸₁시呐₁너含₂한叫₄쟈味₄웨呼₄
후呢₁늬吧₁바咕₁구和₂허命₄밍周₁
쩌呪₄쭈呸₁페附₄뿌哉₁재咳₂커
哄₁훙哀₃애咯₁러咽₄앤咬₃쟈品₃핀
咱₂자哪₁나哈₁하咧₁레哎₁애員₂왠
唉₁애俺₁안哥₁거哭₁쿠咩₁메哲₄
저哔₁돤問₄원哼₂형啞₃야啊₁아商
샹哩₁리唱₄쌍喇₃라售₄쑤哦₂어
喓₁애喜₃시喘₃촨啼₂틔單₁단嗶₄

삐譏₁지哦₄뒤唤₄환善₄산喬₂찬奔₁번套₄탄奢₁어獎₄쟝奪₁뒤奮₄엔
啄₁루喪₁샹啤₁피喉₂훅啀₄틔喊₃
한嘻₁해唧₁지嘩₄웨喳₁야嗷₄쏴咱₂　【女部】
잔嚾₄뒤嗎₂마嗓₃쌍嗇₄쎠唆₁쉭　女₃뉴奶₃내她₁타如₁수好₂핟奸₂잰
嘆₁탄唾₁뒤,뒤嘗₁창嚇₄샤嘔₁우嘟₁　妄₃왕妓₄지妖₁야妙₄만妥₁뒤妨₁양
뚜嘘₄쉬嘴₃쥐噴₃편哟₄웨嘲₄찬喝₁　妝₃쟝委₃웨始₃스姑₁쭈妻₁치妹₄메
뤼嘻₁시噫₁이器₄치噪₁쏸嘖₄둔嚮₄　姐₃제姓₃싱姨₂이威₁웨姻₁인侄₂
쌍嚴₁앤嚷₁샹嚼₁제囉₄뒤囊₄낭囑₃　즈姜₁쟝娘₂냥娶₁취婚₁훈婆₂퍼娟₁
주囉₃룽　양婦₄쭈媚₁메媒₂메嫂₁쏴嫁₄자婉₃
【口部】완嫩₁년媳₃시婿₂쉬媽₃마嬉₁시嫖₂
四₄쓰回₂휘因₁인困₄쿤囚₁후固₄구囹₂　판嫌₂쎈孃₂낭
워圍₂란圖₂룬國₃귀圓₂웬圃₃푸圓₂　【子部】
웬圈₁젠圖₂투團₂탄　子₃쯔孔₃쿵字₃₄쯔存₂춘孜₁쯔孝₄쌰
【土部】季₄지孤₁구孟₄멍孩₂해孫₁쑨孰₂쎄
土₃투地₄디坊₁양在₁재坊₃양坐₄　孫₁쑤孵₃푸學₂쒜(쌰)
쥐坤₁쿤垂₂취埋₂매城₁청堅₁잰　【宀部】
堂₂탕執₁쯔堆₁뒤堵₁뚜培₂폐報₄반　宇₄우安₁안守₃쒸宅₂재宋₄쑹完₂완
堤₁디填₂텐堡₃푸場₂양塗₂두塘₂탕　宗₁중宜₄이官₁관定₄딩宙₁쩌
埔₁룽墓₄무塾₁덴境₃징墜₄쥐墳₂연　宦₄환宣₁촨室₄쓰客₁커宮₁궁
增₁전墨₄머壇₂탄墙₁창壁₄큰壁₄베　害₄해宴₄앤家₁쟈容₄숭宰₃
壕₂핟壓₄야壞₄해壤₂상　채寄₄지宿₄쑤密₄미冤₁웬寓₄
【士部】워寒₂한富₄푸寡₃과實₂쓰察₂차寬₄
士₄쓰壯₄쟝壺₂후壽₄쒸　머寧₂닝寫₃쎈寬₁콴寶₃바
【夊部】【寸部】
夏₄쌰　寸₄춘寺₄쓰封₃영射₁어(쓰이)將₁쟝
【夕部】尋₁쉰專₄좐尊₁준對₄뒤導₃₄다
夕₄시外₄왜多₃뒤夜₄예够₄꺼夢₄멍夥₃　【小部】
(伙)휘　小₃샤少₁샤尖₁잰尚₁양
【大部】【就部】
大₄따夫₁푸太₄태天₁텬夭₁야央₁양　就₄쩌
失₁스夾₂쟈奉₄펑奇₁치奈₄내契₄치　【尸部】
尸₁쓰尹₁인尺₃쯔尼₂니尾₃웨局₂쥐屁₄

피居₁쥐屈₁취屋₁우屍₁쓰展₃잔屢₃
뤼層₂청屬₃쑤

【山部】
山₁산岸₄안岳₄웨島₃다峰₄펑崔₁취崩₁
벙崇₄충嶺₃링

【巛部】
川₁촨州₁쭈巡₂쉰

【工部】
工₁꿍巨₁쥐巧₃챠左₃줘巫₁우差₁차

【己部】
己₃지巳₃이巴₁빠

【巾部】
巾₁진市₄쓰布₄부希₁시帖₁틔帛₄버
帝₄디師₁쓰帽₄마帶₄때常₂창帳₄장
幣₁뼈幌₃황

【干部】
干₁깐平₁펑年₂녠幷（并）₁빵幹₄깐

【幺部】
幾₄지

【广部】
庄₁좡庇₄삐床₂촹府₃푸庚₁겅店₄뎬
底₃디度₄두庫₄쿠座₄쭤庭₂팅康₁캉
庶₄수廂₁쌍廈₄싸廊₂랑廉₂롄廟₁먀厨₂
추廣₃광廠₃챵廢₄페廳₁팅

【廾部】
弄₄눙

【弋部】
式₄스

【弓部】
弓₄궁引₃인吊₃땨弟₄디弱₄줘張₁장强₂
챵彈₄탄彎₁완

【크部】
彙₁훼

【彡部】
形₂싱彩₄채漂₄퍄影₃잉

【彳部】
彷₃팡役₄이彼₃삐往₃왕待₄대後₄허律₄
뤼很₃흔徐₂쉬從₂충得₄더得₃데循₂쉰
徨₄황復₄푸微₁웨徵₁청德₂더

【心部】
心₁신必₄삐志₃쯔忌₄지忍₃신忙₂망
忒₄터忘₂왕忠₁중念₄녠忽₃후念₄
녠快₄콰怒₄누怵₄뚜思₁쓰怠₄대怪₄
꽈怨₄왠怕₄파性₄싱怎₃전急₂지
怯₄체恭₁꿍恥₄츠恐₃쿵恕₄수恩₁언
恨₄흔恍₃황恁₃인恤₄쉬恒₂헝息₁시
恰₃챠悟₄우悔₃휘患₄환惟₂웨悲₁베
惡₄우(어)悶₄먼悼₄다悵₄장情₂칭
惚₄후惜₁시惦₄뎬惑₄훠意₄이愚₂위
惱₃나愛₄애憫₄먼惶₁황惹₃어想₁썅
愁₃쳐感₃간慈₂츠慇₄인慌₁황
愿₄왠慢₄만態₄태慰₄뤼慮₄관慣₄
한憨₁청慶₄청憂₄여愼₄·선懊₄샤
憲₄쎈憐₄롄憬₄징憑₂펑慘₃찬懆₄와
懲₃엉應₁잉懶₃란懷₄화懂₄이동懼₄
쥐戀₄롄(롼)

【戈部】
戒₃제我₃워成₂청或₄훠戚₁치截₂체戰₄
쟌戱₄시戴₄대

【户部】
户₄후房₂팡扁₃볜扇₄싼

【手部】

第三部 單字 347

手₃쑤才₂채扛₂캉扒₄빠打₃따扔₁성扣₄쿠扠₄차托₁튀扭₃부扮₄편扯₃처扶₂푸折₂저抓₁파把₃빠抄₁챠抖₃뚜拇₃무承₂칭拉₁라投₁튀找₂쟈披₁피拒₄쥐拘₁쥐拜₄배拔₂빠指₂즈招₄쑈拌₁빵拗₄빠拖₁뒤抱₄뱌拙₁쥐抹₃머拐₃꽤押₁야抽₁쳐担₁딴拍₁패持₂쓰拏₃나挑₁탄按₄안拳₂췐拿₂나碰₃핀拾₂쓰挖₁와捕₃부挨₁애振₁천挺₃팅捉₁춰捎₁쏘捧₃펑挪₁뉘推₃뒤捆₃쿤排₂패采₃채挂₄꽈掀₁쏀捲₃췐掉₄도掃₃쏘捨₃어掯₄큰掌₃장挣₄장授₄쑤探₄탄揭₁제掬₁두掩₂앤掘₂궤掇₁뒤搓₄쥐捷₄제接₁제捻₂녠提₁틱捏₁녜揪₁쥐換₄환揀₃쟌揚₂양握₄워揖₁이搪₁탕搬₁빤搖₁야擧〔舉〕₃쥐搭₁따搞₃다損₃슨搶₁창搥₂취揮₄딴撓₁낟搪₂탕摸₁머□₁쒸摩₁머播₄버撈₃쏘攔₁귀撲₃푸撑₂창撥₁버攪₁쟈撒₃싸搆₄꾸撤₁삐摘₃재擁₄숭擒₁로據₄쥐撕₁쓰操₄최撒₂쳐擋₃땅擒₂친撞₁땅擔₁단擡₁녠擊₂지擰₁닝摔₁쇄擇₁왜撮₁취抬₃태擠₃지擱₁꺼擀₃₄간擺₁배攏₃룽攀₁판擦¹차擾₂쏘擼₃싱擴₃쿼攢₃잔攝₄셔

【支部】
支₁쓰收₁쇼攻₁궁改₃깨政₄졍放₄팡故₄꾸夐₁겅구效₄쑈斂₁수敎₄쮸救₄쮸救₄즈敝₄삐敦₁둔散₃싼敢₃깐敝₄베敲₄챠

敵₁듸敷₂푸敗₄뺑整₃졍斂₁렌

【文部】
文₂원斑₁반

【斗部】
斗₃뚜料₄랴斛₂후斛₁쳰

【斤部】
斤₁진斥₄쓰斧₃푸斬₃잔斯₃쓰新₁신斷₄딴

【方部】
方₁빵於₂위施₁스旅₃뤼旁₂빵族₂주旗₂치旋₂쒼

【无部】
既₄지

【日部】
日₄스旦₄단早₃쟈旱₄한易₄이昏₁훈昌₁양昂₂앙旺₄왕昆₁쿤明₂밍升₁성春₁춘昭₁샤星₁싱昨₂쥐是₄스時₂스晃₁황晌₃상晨₂연晚₃완智₂즈普₃푸景₃징晴₂칭暇₃쟈暗₄안暑₃쑤暈₄원暖₄순暢₃창暮₄무暴₃뱌暫₃잔曉₄쏘曆₄리曜₄쎄

【曰部】
曰₁웨曲₁츄更₄경書₁수曹₂짜最₄쥐替₄틔曾₂셩會₄휘

【月部】
月₄웨有₃역朋₂펑服₂푸望₄왕朗₁랑朝₂쨔期₁치

【木部】
木₄무未₄웨本₂번末₄머杠₁깡朴₂푸朱₁주朶₃뒤李₄리村₁춘材₂채杖₄장杏₄싱束₄수杯₁베東₁둥柿₄즈枝₁즈

松₁쑹 板₃반 果₃귀 杭₂항 柱₃주 枷₁쟈 林₂린 枕₃선 枯₁쿠 柱₄주 枷₁쟈 架₁쟈 枵₂쌰 柴₂채 柄₃빙 柔₂위 某₃무 查₂차 染₃산 桂₂귀 栽₁재 根₁끈 核₂커 案₂안 校₄쌰 桃₁탸 案₂상 格₂거 桌₄줘 栗₄리 桶₃뎡 梨₂리 梳₃우 梯₁틔 梅₂메 條₂탸 梢₂쌰 梭₂뉘 梁₂량 棗₂좌 棟₄뚱 棋₂치 椅₂이 棄₂산 植₁쯔 棺₁관 棍₄꾼 棚₂펑 森₁선 棘₄라 棉₂뎬 楚₃추 棧₃잔 楷₂계 植₁쏀 椒₂좌 極₂지 業₂예 檢₄잰 棵₁커 槐₄홰 榮₁승 椿₁춘 榜₄방 橫₂헝 模₂무 槍₁창 樓₂루 樂₂러 樣₄(웨야) 機₁지 樹₁수 橋₂좌 樸₂쑤 概₄개 橘₂쥐 櫃₂귀 櫳₂핀 權₂쒠

【欠部】
欠₄챈 次₄쓰 欺₁치 款₃칸 欽₁쳰 欬₁좌 歌₁거 歇₁쎄 歐₁위 歡₄환

【止部】
止₃쓰 正₄졍 此₃쓰 步₄부 武₄우 歲₄쉬 歷₄리 歸₁귀

【歹部】
歹₃대 死₃쓰 殊₁수 殘₂잔 殯₄빈

【殳部】
段₄돤 殷₁인 殺₄쌰 殼₃꺼 毀₁휘 殿₄우

【母部】
母₃무 每₃메 毒₂두

【比部】
比₄삐

【毛部】
毛₂만 氅₃창 毫₂화

【氏部】
民₂민

【气部】
氣₄치

【水部】
水₃쉬 永₃융 求₂추 江₃쟝 池₂츠 泛₄앤 汗₄한 沁₄천(신) 波₁버 沙₁싸 汪₁왕 沈₂연 決₂훼 沒₂메 河₂허 治₂쯔 油₁위 沸₄예 沽₃구 注₂주 泥₂늬 泄₄쎄 沫₄머 泰₄태 泉₁촨 沿₁앤 泡₄판 泣₁치 法₃애 況₄쾅 浦₁펑 洞₂뚱 洪₂홍 洸₃황 洗₃시 派₄패 津₁진 洋₂양 洲₂쵀 活₂훼 洛₁러 涕₄틔 海₃해 浪₁랑 流₂루 浮₂쑤 淅₁쩌 涉₄서 淮₃준 消₁쌰 混₄훈 涯₂애 淺₃챈 淘₂돠 清₁칭 淚₄레 净₂징 淹₁앤 淫₂인 淋₂린 深₁선 淡₄단 淵₁왠 添₁덴 港₃쟝 湛₄잔 湖₂후 渡₄두 渾₂훈 湯₁탕 渴₃커 測₄처 溫₁원 滋₁쯔 準₃□〈준〉 源₂왠 溝₁꾸 婆₄란 滑₂화 滅₄메 漁₂워 澆₁쌰 滿₃만 瀛₁치 漢₁한 漸₁잰 漂₁퍄 漫₁만 漿₁쟝 漬₄쯔 漲₄양 漱₄수 漏₄루 溜₄루 漢₄머 滂₄즈 演₃앤 凌₂링 濕₁스 潘₄판 潔₃좌 潮₂쫘 滴₄듸 潑₂퍼 灌₁관 潦₁란(롸) 澄₄덩 潔₁제 瀉₄쎄 澁₄써 濃₂능 滾₃꾼 濟₃지 瀆₁뚸 瀼₄낭 灑₃싸

【火部】
火₃훠 灰₁훼 燈₁뎡 災₁재 炕₄캉 炒₃챠 炸₂자 炭₄란 烏₁우 烈₄레 烙₄콰 烤₃챠 焉₁앤 無₂우 然₁산 焦₃좌 煮₃주 蒸₁쳥 煤₂메 煞₁싼 烟₁앤 煩₁앤 煉₁렌 煜₁원 照₄자 煒₂후 熊₃늄 熨₄원 熏₁젼 燒₄

삸熱₄서燕₁앤燈₁덩燉₄뚠燙₄탕營₃
링爌₄라爐₃루爛₄란
【爪部】
爪₃좌爬₂파争（爭）₁정爲₂웨
【父部】
父₃푸爸₄바爹₁데爺₃예
【爻部】
爻₂얘爽₃쌍
【爿部】
牀（床）₃촹
【片部】
片₄편牌₂패
【牙部】
牙₃야
【牛部】
牛₂뷰牟₂무牝₃핀牠₂타牡₃무牢₁란牧₄
무牲₁성物₄우特₄텅牽₁챈犇₁번犢₂
두犧₁시
【犬部】
犬₃촨犯₄얜狂₂쾅狀₄좡狐₂후狗₃꺼狸₂
리狼₂랑猜₁애猝₄추猛₃멍猫₁모猩₄
싱猶₂역獅₁스呆₁대猿₂웬獄₃위獎₃
쟝獨₂뚜猴₃허獸₄쑤獻₄쎈
【玉部】
玉₄워王₂왕玫₂메玩₄완珍₁연珠₂주琶₂
피琶₁파（바）現₁쏀理₃리琴₂친玻₁
버瑕₁싸瑟₄써璃₂리璋₁쟝瑰₄귀
【瓜部】
瓜₁과瓢₂퍂
【瓦部】
瓦₂와瓶₂평磚₄좐

【甘部】
甘₁간甚₄선甜₂텐
【生部】
生₁성産₃촨
【用部】
用₃융甫₂쭈
【田部】
田₂텐甲₃쟈由₂역申₁선男₂난界₄제畜₄
추留₂루畝₃무略₄뤼異₄이畢₄삐畫₄
화番₁얜當₁당疊₂데疆₁쟝
【疋部】
匹₃피疑₂이疏₁쑤
【疒部】
疔〔疗〕₁띵疫₄이疪₁즈疤₁바病₄삥疼₂
덩疾₂지疲₂피症₃정痔₄쯔痒₃양痛₁
틍瘋₁얭痴₁즈瘟₁원痰₂탄痲₂마瘡₁
창（쒀）瘧₄야瘦₄쑤癥₁싸癩₄래癆₂란
癮₃인癰₃휘癲₁덴
【癶部】
發₃파登₃덩
【白部】
白₂배百₃배皂₄잔的₄듸皆₄째皇₂황皎₃쟈
【皮部】
皮₃피皺₄쩌
【皿部】
盅₁중盃₁베盆₂펀益₂이盖₄개盒₄허盡₄
진盗₄단盛₄영盟₂멍監₂쟌盤₁판盧₂루
【目部】
目₄무盲₂멍（맹）直₄즈相₁썅盹₃뚠省₃
성眉₂메看₂칸真₁전盼₄판眠₁멘眵₁
치眼₃얜睜₁정眛₂미眷₄쮄睏₄쿤眸₂

뿌睡₄쉬睛₄징睦₁무督₁뚜睹₂두瞎₁
싸瞞₂만瞬₁순瞧₂챠瞪₁멍

【矛部】

矜₁징

【矢部】

矢₃쓰矣₁이知₃쯔矩₃쥐短₃딴規₃귀矮₃
애

【石部】

石₃쓰(단)砍₃칸研₂앤炮₄꽌破₄퍼硯₄
앤砸₃쟈碰₄펑硬₄잉礙₄애碟₂데碎₄쉬
碾₄녠碼₃마磨₂머磕₄커礦₃광(궁)
碗₃완確₄췌砲₄꽌

【示部】

社₄셔祀₄쓰祖₃쥬神₂션祝₄쭈祐₂역
崇₄쭝票₄퍄祭₄지祥₂썅禁₄진禀₃빙
禍₁훠福₂푸禮₃리禱₃단

【內部】

禽₂친

【禾部】

秃₁투秀₄쉬秉₃빙私₁쓰科₁커秋₁취秧₁
양秘₂비稀₄시移₂이程₂청稅₄쉬秦₂
친稜₃렁穩₃원種₁쭝稱₁청稼₁쟈穀₃
꾸積₁지穌₄우穗₄쉬稿₃꺄

【穴部】

究₁쥐空₁쿵穿₁촨突₁투窄₃째窗₁촹窕₄
와窩₁워窮₂청窺₂킈竅₃챠竈₄쟈窃₄
체

【立部】

立₄리音₁인站₄잔章₁쟝(챵)童₂퉁竟₄
징竪₄수端₁돤競₄징

【竹部】

竹₂쥬竿₁간笑₄쌰笨₄뻔笛₂디第₄디
等₃덩笊₃쟈答₂따筐₁쾅筍₂똰筒₁
산筋₁진筷₄쾌策₄저箱₁썅管₃
관箍₁구算₄쏸筹₄추籬₂리範₃앤
篇₁펜簪₁짠簇₄주築₂주簡₃잰簾₂
렌籍₂지藤(藤)₂텅簿₄부簿₂반筵₂
얜籠₂룽籮₂뤼籌₄추

【米部】

米₄미粉₃펀粒₄리粧₁쟝粗₁추粥₁
쩌粱₂량糧₂량糯₄장精₄징糊₁후羅₂
뒤糖₁탕糞₄펀

【糸部】

系₁시紅₂홍紀₃지約₁웨紙₃쯔素₄수紛₁
펀紊₂원紋₂원紳₁선紗₁사紡₄팡
索₃쒀納₄나紹₄챠終₁쭝細₄시組₃
쥬紫₃쯔累₂레絆₄빤紮₁자紬₂
추統₄퉁絳₄쟝絲₁쓰絮₄쉬結₁제給
께絶₂줴細₄큰綁₃방緊₃진綢₁쭈網₃
왕綾₂링綠₄뤼緻₁쯔綹₂루緽₄줘綻₄
앤締₄띠編₄뼨練₄렌緣₂왠綿₂몐繡₄
쉬綫₄쎈繁₂완總₃중縫₂엉繩₂
영縮₁쒀紹₁쌰翻₁돤繼₄앤繼₄지纏₂챤續₄
수纖₂채辮₃뼨繫₄페織₁쯔

【缶部】

缸₄캉缺₁춰罄₄창罐₁관

【网部】

罕₃한罔₄왕置₄쯔罪₄쮀署₂우罷₄바
罩₄쟈罵₄마罰₂야羅₂뤼

【羊部】

羊₂양羔₁꺄羞₁슈着₂서美₃메群₂친羨₄
쎈義₄이羶₁쟌

【羽部】
羽₃위翁₁웡翌₄이習₂시玩₄완翻₁앤翼₄이
【老部】
老₃란考₁칸者₄저
【而部】
而₂얼耍₃솨耐₄내
【耒部】
耗₄만
【耳部】
耳₃얼耶₂삐聆₄링恥₄즈聖₄셩聞₂원聒₄꽈聘₄핑聚₄쥐聰₁충聲₁셩聯₄렌職₂즈聽₂팅聾₂룽
【肉部】
肉₄ᅀᅲ肖₄쌰肢₂즈肚₂뚜肥₃페胞₁판肝₁간胭₁얀股₃구胳₁꺼肺₄폐脆₁취肩₁젠脖₂버脫₄튀腰₁야脚₃쟈膞₂버肯₃큰胰₁이腫₃중腎₃연育₁워腦₃난胡₂후腹₃뿌屑₂춘胖₄팡膠₃쟈腸₂창脹₄양能₂녕膩₄늬膽₂단臊₁쑈脾₄피臉₄렌腑₃뿌剩₃엉腥₂싱腐₂뿌腿₄튀膿₂눙膏₁꼬膨₃평膀₃방膚₁푸臘₄라臟₃창
【臣部】
臣₂선卧₄워臨₂린
【自部】
自₄즈臭₄•쳐
【至部】
至₄즈致₁즈臺₃태
【臼部】
臼₄쥬舀₂야舅₄쥬與₂워興₄싱舊₄쥬
【舌部】
舌₂서舍₃서舒₁수鋪₄푸
【舛部】
舞₃우
【舟部】
舟₁쳐般₁반航₂항般₁반船₁촨艇₃팅艙₁창艦₄쟌
【艮部】
艮₄끈良₂량艱₁쟌
【色部】
色₂쌔(써)
【艸部】
芋₄워芝₁즈花₁화芥₃제芳₁양苑₄왠苹₂핑苗₄먀茂₄무苦₃쿠荊₁싱茸₂융菩₁푸葫₁후荔₄히萄₂탄茶₂ᅕᅡ葡₂푸蕃₃판參₁선董₁훈蔡₄채薑₂쟝蕉₁쟈華₁화蒙₁멍薤₄틔藍₄란薩₁싸部₂제慕₄무蘆₂루藝₄이英₁잉若₄ᅀᅥ莊₁쟝莫₄머(무)草₃챠菜₄채蒜₄솬果₃귀葉₁예落₄러(라)萬₁완荒₁황蒲₁푸菊₃쥐蒼₁양葛₂거蔣₃쟝□₁바蕪₂우蓄₄버薪₁신蘭₂란董₃뚱麻₂마蕩₄탕(당)薯₃수蕭₂쌰藏₂창藥₄야蘇₁수蓮₂렌叢₁충籮₂뤄
【虍部】
虎₃후虐₄눼處₃추虛₁쉬號₃하虧₁퀴
【虫部】
蟲₄충虱₁•스蛛₁주蚊₂원蛇₄꺼蜘₁즈蚕₃쌰蛇₄서蠧₃이蛋₄단螞₃마蛤₂하蛟₁쟈螃₂팡蜂₄엉蟹₁셰蝶₄데蠢₄春蝴₄후蟻₄이蠅₄잉

【血部】
血₄쎄
【行部】
行₂싱行₂항術₄쑤術₂퉁街₄제衙₂야衕₁
충衛₂후衛₂웨
【衣部】
衣₁이表₄뱌被₄베袋₄대衰₁쒜袁₂웬裸₄
뒤衾₁진衲₄나袖₄싀袍₄팡裁₂채
裏₃리裱₃뱌裕₄위裙₂췬褕₁따裝₁
챵補₃부製₄쯔裸₄라裹₄귀裳₂샹褂₄
꽈複₁뿌褒₄뱌褥₄우褲₂쿠襇₄롄襤₄
내襟₁진襪₄와
【西部】
西₁시要₁야覆₂푸霸 (覇) ₄패
【見部】
見₄잰覓₄미視₄쓰親₁친覽₃란覺₄쟈觀₁
관
【角部】
角₃쟈解₃제觫₄쑤觸₄쳐
【言部】
言₂앤計₄자訂₄띵記₄지訓₄쒼討₃탸訛₂
어訟₄숭許₃쉬訪₃얭設₄셔診₁진詞₂
쯔訴₁수(숭)註₄주詐₄쨔評₂핑
詭₄꿔試₄쓰話₄화詳₂썅誠₂쳥語₃위
認₄신誓₄쓰該₁깨誚₄쟈誣₁우説₁
쉬詭₃꿔誇₁콰諒₄량誼₂이誰₂쉬
誤₄우謹₃진諱₄휘論₂룬誹₃폐調₂댜
탸課₄커請₃칭談₂탄謳₁우諷₄엥謂₄
웨諸₁주謀₂뫼證₄영謬₄부(야)講₃
쟝謊₃황謎₃미謗₄얭(방)謝₄쎄謙₁챈
識₄쓰議₄이警₃징譯₄리譎₂귀護₄후

譏₁지讀₂뚜變₄벤讓₄샹贊₄짼
【豆部】
豆₄뚜豈₃치登₁떵豊₁펑
【豕部】
豚₄튼象₄썅豪₂한猪₁주
【豸部】
豹₄팡貌₄맏貍₁리
【貝部】
貝₄베負₄뿌財₂채責₂저貧₂핀販₂얜
貨₄훠貪₁탄費₄페貼₁테買₃매賀₄허
貴₄귀資₁즈賈₃쟈賜₄쓰賦₄뿌賣₄매
賤₄쟨賞₃샹賭₄뚜賬₁장賒₁서賴₄래
質₄쯔賽₄쌔賠₂페購₄꺼賙₄쩌賺₄쫜
贊₄짠贏₂잉贕₂쎈贖₂쑤
【赤部】
赤₄츠赦₄서
【走部】
走₃쩌赴₄뿌起₃치趕₃간趄₃쮜越₁웨趙₄
례翅₄쯔趕₄간趙₄쟈趣₄취
【足部】
足₂주跑₃팡跖₃재跳₁탸踢₁틔踏₄따
跌₁데迹₄지跪₄귀蹋₁타糟₁쟈路₄루
跟₁끈蹈₄단躁₃쟈蹟₄쮜
【身部】
身₁신躭₁라躲₃쯔躺₃빤體₄츠
【車部】
車₁처軍₁쮠軟₃산輩₄베輛₄량載₃재較₂
쟈輕₃칭輪₁룬輸₄쑤轎₃쟈轉₃쫜轟₁
훙
【辛部】
辛₁신辣₄라辟₂쯔辦₃빤辭₂쯔

【辰部】
辰₃천農₂눙
【辵部】
迂₁위近₂진迎₂잉迭₄데迦₄쟈迷₂미退₁
튀追₁쥐送₄쑹道₁쏲逆₄니逃₂랃逢₂
엥通₂퉁途₂투奔₁펀連₁렌這₄저遲₃
청透₄투進₂뼁遞₄디逛₃꽝進₄진游₂
유遂₃쉬逾₂위運₄윈遏₄타遍₄볜
遇₂위遭₁좌道₄닫過₄귀邊₄탕逼₄
삐達₂다違₂웨遲₂츠遣₃챈遠₄
웬遜₃쑨遙₄얃遮₁여遵₄준遺₂
이邀₂루避₄삐邊₄쥐還₂해(환)邊₄
볜
【邑部】
邪₂싱那₁나那₃마一邪₂셰郊₁좌部₄부
郵₂위郭₁귀郞₂랑都₄뚜鄙₃삐鄕₁썅
鄭₄정
【酉部】
酉₃쓔配₄페酒₃쥳酌₂쥬酪₁란酬₄역醉₂
쥐酸₁솬酵₄샤醋₄추鹹₂쎈醒₁싱醜₂
₃처醫₁이醬₄쟝
【采部】
釋₄스
【里部】
里₁리重₄쭝量₂량野₃예釐₂리
【金部】
金₁진釜₃쭈釘₁띵針₁·전釣₄댜鈍₄
뚠刨₄판鈴₂링鉛₃챈銅₂퉁鋪₄푸
錐₁쥐銀₁인錯₄쥐銼₄취錢₂쳰鋸₄
쥐鋼₁깡輪₄야鑱₃잔鍾〔鐘〕₁쭝
鎧₃개鍋₂귀鍊₄렌錫₂시鐐₄란鋸₂야
鐺₂당鑛₃쾅鎮₄전鑽₄쥰鎖₃쒀槍₁챵
錐₁쥐鏡₄징鐲₂쥐鐵₃잔鐵₃테鑿₄좌
【長部】
長₃장(챵)
【門部】
門₂먼悶₁쑨閃₃싼閉₄삐開₁캐關₃민閒₂
쎈間₁잰閭₄윤閥₄애閤₄앤閣₄□
〈꺼〉闊₃궈關₃관闖₃챤
【阜部】
阜₃뿌防₂광陀₂튀阻₃쭈降₄쟝限₄쎈除₄
추陡₄뚜陣₄전陳₂천陶₂란陰₂임陵₂
링陸₄루隆₂룬陽₁양隊₄뒤隨₄쉬險₃
쎈
【隶部】
隸₄리
【隹部】
隻₁즈雀₃좌雄₂슝雅₃야集₁지雌₂쯔雖₁
쉥雙₁솽鷄₄지雜₂자離₂리難₄난
【雨部】
雨₃위雪₃쉐雲₂윈零₂링雷₂레電₄덴需₁
쉬震₄전雯₄사霜₁쌍霧₄우霹₁피露₄
루霽₄리靈₂링
【青部】
青₁칭静₄징靛₄덴
【非部】
非₃폐靠₄콰
【面部】
面₄몐
【革部】
革₁거靴₁쉐鞋₂쎄鞠₂쥐鞦₁추鞭₁벤韆₁
챈

【韋部】
韓₂한
【音部】
音₁인響₃썅
【頁部】
頁₄예項₄썅頂₃뎡頃₄칭須₁쉬順₄순預₄
　위頓₄둔頑₂완頗₁퍼領₃링頸₃껑
　(징)頭₁튀題₂틔顔₂앤額₂어類₄레
　顚₁뎬願₄웬顧₄구顯₃쎤
【飛部】
飛₄페
【風部】
風₃펑颶₁꾀飄₁퍈颱₁쑤颭₄솬
【食部】
食₂스飢₁지飯₃완飮₃인飼스飽₂바飾₄
　쓰養₃양餠₃방餃₃쟈餘₂워餓₄어館₃
　관餞₄잰饈₄과饅₂만饈₁머饞₂찬饑₁
　지
【香部】
香₁샨
【馬部】
馬₁마馮₂엉駁₂버駄₄둬駝₁쥐馱₁뒤駕₄
　쟈駱₄뤄騎₂치騙₄편草₃와騰₂텅騾₂
　뤄驕₁쟈驗₄앤驚₁징驢₂뤼驟₄쩌
【骨部】
骨₄구骯₃앙髒₁양體₄틔
【高部】
高₄까
【髟部】
髮₃파鬆₄쑹鬍₃후

【鬥部】
鬧₄나鬨₄훙鬪₄투
【鬼部】
鬼₃구魁₂퀴魂₂훈魅〔魅〕₄메魄₄퍼
　魍₃왕魎₃랑魑₃리魔₄마
【魚部】
魚₂워鮮₁쎤鯉₃리鰕₃사鰾₂퍈鱗₄린
【鳥部】
鳥₃냐鳳₄엉鴨₁야鴻₂훙鵝₂어鴣₁과鵲₄
　지鷹₁잉鷺₄루
【鹵部】
鹵₃루鹽₃앤
【鹿部】
鹿₄루麝₄서麗₄리
【麥部】
麪₄면麵₄면
【麻部】
麻₂마麼₁마
【黃部】
黃₂황
【黍部】
黎₄리
【黑部】
黑₁헤默₄머點₃덴黨₃당
【龜部】
鼇₂왠鱉₁베
【鼓部】
鼓₃구
【鼠部】
鼠₃우

北京大學中國語言學研究中心

早期北京話珍稀文獻集成

主編 劉雲

朝鮮日據時期漢語會話書匯編

分卷主編 〔韓〕朴在淵 〔韓〕金雅瑛

中語大全

〔韓〕李祖憲 著
〔韓〕朴在淵 〔韓〕金雅瑛 校注

（影印本）

北京大學出版社
PEKING UNIVERSITY PRESS

李 祖 憲 著

中語大全

漢城圖書株式會社 發行

秀松 李祖憲 先生 著

華商總會主席 宮鶴汀 先生 校閱

中語大全

漢城圖書株式會社 發行

駐朝鮮中國總領事

同種同文

盧春芳 題

秀松李憲祖先生肖像

自 序

나는 中國에서 學生生活로 十數年을 지내고도 남보기에 그러타할만한 그무엇을 成就한것이없이 도라온 사람이다. 스사로 생각할때에 그慚愧함을 마지아니한다. 歸國한지도 발서여러해에 오즉 鄕里의 蟄伏生活로써 光陰만 虛擲하면서 그무엇에나 專力한것이 없음을 더욱이 浩嘆하지아니할수없엇다. 春谷元世勳兄은 내가 北京에서만난 벗가운데의 한사람이다. 그를 朝鮮에서 다시만나기는 意外이엇다. 意外로 만나진 春谷兄은 나에게 中國을 朝鮮사람에게 紹介할 必要와 責任이 잇는것을 力說하고 따라서 朝鮮사람에게는 中國語의 硏究가 그어느나라말보다도 온갖方面에서 가장緊要한것인데 아직도 우리에게 中國語를 學習하기에 相當한 著書가 없음을 嘆하면서 元城張子一兄과 그밖에 몇분으로 더브러 나에게 本書의 著作을 强勸하엿다. 나도이에同感하야 本書의 著作에 著手하게된것은 實로 二年以前의 事이다. 그러나 恒常 다른일에 牽制되고 나의 게으른 性質로 말미암아 간신이 지난 冬期에서 完成하게되엿다.

이제 本書를 世間에 發行하게됨에 當하야 첫재로 感謝한것은 宮鶴汀先生의 原文校閱과 元世勳張子一兩兄의 編輯에 對한 指導와 共助力이라. 이러한點에서 나의 本書는

序

一

序

이 여러 문과의 共同的 著作이라고 생각한다。 둘재로 未洽하게 생각되는바는, 本書의 內容은 비록 豊富하다 하겟지만 그 體裁에 至하여는 오히려 充分하지 못하다는 點이다。 그러나 이 不充分한 點은 다른날 本著보다 良好且完備한 著書가 有하야 補足하기를 바라며 머라 本著發行後에 實際로 斯學에 硏究하는 諸位의 批判을 기다리려하고 아즉은 이만한 것으로써 發行하게 되엿다。

一九三二年 月 日 英岩北岸에서

著 者 識

二

序

友人 秀松 李祖憲兄은 일즉 燕京에서 十餘星霜間 遊學하면서 特히 그 言語風俗에 留神한바 있어 當時 우리 北京 留學生 中에서도 이에 가장 精通하다는 評을 받은이다 中國의 語文이 우리로더부러 地理 經濟 政治等 모든 方面에서 密接한 關係가 至大한 것은 勿論이고 더욱 時勢의 趣異로 因하야 朝鮮 內에서 中語의 向學熱이 愈往愈熾함을 보고서 그의 知友 몇분은 中語에게 强勸하엿다。이에 兄은 二年有餘의 時日을 거기에 專費하면서 編纂한 것이 곳 이「中語大全」이다。그 內容의 豊富합과 熟語의 類聚된 바와 語句의 精選됨이 實로 巷間에서 販賣하는 類와는 同日而語할바가 아니다。學者 이들 善히 學習하면 中語에 精通할 것은 勿論이고 그 國情風習까지라도 잘 解得하리라고 思料하노라。

余 이에 不學을 무릅쓰고 數字로써 이에 쓰노라。

壬申正月中旬

元城 張 子 一

亡兄의 遺稿를 出版하면서

　나의 兄님이 至今 살어게시다면 나는 오즉 그의 指導下에서 나의 앞길을 爲하야 工夫에나 專心致力할것이지 그밖에 무엇을 걱정하며 무엇을 恨嘆하랴! 福이 薄한 나는 兄님을 여인지가 벌서 一年이 不遠하다。 뻬에 삼으칠 나의 이갚은 歲月이 갈수록 더욱 甚하여진다。 그가 在世할 時에 記錄하여 두신 遺稿가 적지아니하다 其中에서도 그가 여러 親友들의 勸告에 依하야 著作한 『中國語大全』은 當局의 出版許可까지 어더둔지가 발서 數年이다 나의 兄님의 本意가 이 著作에 依하야 그무슨 物質的 利益을 圖치안이하신것은 두말할것도 없거니와 한거름 더 나아가서 그는 中國을 배우며 研究하고커하는 여러분에게 對하야 實質的 便益을 들이고커하야 本著의 發行이 純全한 營利品으로 되기를 不肯하섯다。 그러므로 나는 本著의 發行을 그의 本志대로 貫徹되기를 願하엿다
　지난해 七月에 나의 兄님이 世上을 떠나시든 때로부터 이 遺稿의 出版이 나의 責任인것을 覺悟하는 同時에 나의 손으로 發行하기를 決心하엿다。
　그러나 當時 東京에 學籍을 두고 몇달이 아니면 卒業하게된 나의 形便으로는 本著의 印刷와 其他의 모든 周旋을 春谷兄님에게 依賴하고 나는 다시 東京으로 가게되엿든것이다。 그뒤에 春谷兄님

亡兄의 遺稿를 出版하면서

혼자서 半年의 時日이나 本著의 印刷 校正 其他에 心血을 費盡하신 그 友誼와 愛護는 오즉 深刻히 銘心하여 둘뿐이거니와 나는 이 機會에서 亡兄의 身後를 爲하여 여러가지로 愛護하여 주신 여러분에게 感謝를 드리는 바이다. 끄트로 내가 한가지 바라고 願하는 바는 本著로 因하야 中國을 배우며 硏究하는 여러분에게 亡兄이 願한대로 便益이 된다면 도라가신 나의 兄님이나 살어잇는 나의 몸까지 滿足을 늦이며 榮光이라 자랑코자 한다.

내엇지 本著에다 이러한 글을 쓸줄을 뜻 하얏으랴! 사람의 生이란 虛無하다 하지만 살어게시다고 여도 아즉 三十五歲가 채되지 못하시는 나의 兄님을 잃을줄을 엇지 뜻하엿으랴! 오즉 呼天泣血할 뿐이노라.

甲戌五月　日

著者의 親弟

李 祐 憲 謹序

發 音

一、外國語를 學習함에는 무엇보담도 먼저發音에 留意함이可함은 누구나다是認하는바어니와 더구나漢語에있어서는 初學時에 發音을 明確淸楚하게 學習함이매우必要함

一、漢語의發音을 初學者는往々 複雜한듯이 생각하지만 其實註音과 또아래에 說明한方式에 依하야 熟讀하면 容易히解得할수있음

一、漢語의發音을 여러가지로 分類한이도 있으나 著者는 初學者를爲하야 下와如히 簡單明瞭하게 分類하였으니 卽齒內音、脣齒音、舌上音齒根音、半喉半舌音、喉舌音等六種인바 齒內音、脣齒音、舌上音齒根音等의 發音이 頗히困難하고 互相各異함으로 그各異한것을 區別하기爲하야 下記의符號로써 列擧함

發音表法

一、齒內音

1、齒內音은 혀(舌)끗을 입천정에 대일락말락하고 音을發하는것이니 例컨대 卽「쓰」音을 發하자면 上記의方式대로 스音을發하면 그것이 곳齒內音아되나니 (英文에 SHIH音과恰似)餘도 다此에倣함

2、齒內音… ㄸ、ㅊ、ㅉ、ㅈ、ㅊ、ㅊ、짠、쌍、짱、쭈、쩍、척、서、저、쳔、변、젼、쳔、영、쳔、졍、안、쟌、찬、재、쟤、채

一、唇齒音 「ㅱ」

1、唇齒音은 웃니를 아래입설웅에 대이고 音을 發하는것이니 例컨대 即「뿌」音을 發하자면 上記의 方式대로 푸音을 發하면 그것이곳 唇齒音이되나니

2、唇齒音… 뽜、뙁、뽠、뗭、뗜、뗴、뗘、뿌

一、舌上音 「▲」

1、舌上音은 혀끗을 아랫니 안에 밧삭대이고 웅니로 혀바닥을 긁으며 音을 發하는것이니 例컨대 即「쯔」音을 發하자면 上記의 方式대로 주音을 發하면 그것이 곳舌上音이되나니 (英文에 T音과 恰似) 餘도다此에 倣함

2、舌上音… 쭈、쫜、쫜、뚱、쭝、쭌、쭌、뗘、쉐、쭹、췩

一、齒根音 「ㅿ」

1、齒根音은 혀끗을 웅니 안에대이고 强하게 音을 發하는것이니 例컨대 即「쓰」音을 發하자면 上記의 方式대로 즈音을 發하면 그것이곳齒根音이되나니 (英文에 TSU音과 恰似) 餘도다 此에 倣함

2、齒根音… 쯔、쌰、쨋、쨰、짠、쨘、쟝、쌍、쨘、쟝、쨩、쪈、졘、쉐、뗘、쪄、쭈、쭈

一、牛喉半舌音은 혀를입천정에 대일락말락하고 强하게「으리」의音을 發하는것이니 例컨대即쑈셩식等音도「으라」「으리」「으리」의音을發하고 各字下를보아「ㅗ」「ㅇ」等을加하면 그것이곳牛喉半舌音이되나니

牛喉半舌音…싀、쇼、샹、셩、쉰、셔、붜、수、완、숭、쓘、쉬、쉐

一、喉舌音은 혀를입천정안에 대어서「르리」의音을 發하는것이니 例컨대即란령티等音도「르라」「르러」「르려」의音을發하고 各字下를보아「ㅗ」「ㅇ」等을加하면 그것이곳喉舌音이되나니 (英文에ㄲ音과恰似)餘도다此에倣함

喉舌音…리、랴、랸、량、라、랃、랑、렌、링、린、레、릭、루、룽、룬、롼、뤼

一、「식」와「리」의 二字를 簡單하게 說明하면 「식」는「으리」의合成한輕音이고 「리」는「르」는 「리」의 合成한重音으로 解得하여야함

一、本書에 註音한 한글의 二字合音法은 左와如함 「간」는가오 「낞」는나오 「닫」는다 이며 「걱」는거우 「덕」는더우 먹는머우二字로 合成하는것인바 此는詳細한說明을要치아 니하여도 學者가自解하겟기 玆에省略함

一、兒字가 名詞下에있을때에 兒字옹의字音이 우리한글字의子音「ㅇ」音을發할時는「兒」

字가 原音「얼」그대로 發音이되나 不然할時는 「兒」字가 「ㄹ」音으로 變하야 그웋의 字의

音과 合하야 發音하나니 例컨대

原音　　變音　　　　　原音　　變音
花兒　　꽃。　　　　　小盒兒　　小盒。
화얼　　　　　　　　　쌰헐얼　（쌰헐）
鷄子兒　鷄卵。　　　　月芽兒　　초사흘달。
지쯔얼　（지쯜）　　　웨야일　（웨얄）
胡蝶兒　나뷔。　　　　烟捲兒　　捲烟。
후데얼　（호삗）　　　앤젠얼　（앤젤）
茶盤兒　茶盤。　　　　茶舘兒　　喫茶店。
차판얼　（차판）　　　차괄얼　（차괄）
小門兒　小門。　　　　牙籤兒　　니쑤시개。
쌰먼얼　（쌰멀）　　　야첸얼　（야첼）

原音　　不變音　　　　原音　　不變音
杏兒　　살구。　　　　肩髈兒　　억개。
싱얼　（싱얼）　　　　젠방얼　（젠방얼）
山頂兒　山頂。　　　　屋頂兒　　屋頂。
쌴띵얼　（쌴띵얼）　　우띵얼　（우띵얼）

等따위니 學者모름적이 이에注意할진저

一、其外의 各音은 註音한 우리한글대로 똑똑하게 發音하면 錯誤가없으리라고 생각함

四聲

四

一、四聲이라는것은 西洋語學에 「액쎈트」와 如하야 그 高低를 分別하는것인바 漢語는 一層더 複雜하야 長短强軟을 表示하는 四種의 區別이 各字마다 相異하야 學得하기 難하니 斯學의 硏究者는 四聲에 注意함이 可함

一、그러나 四聲이 漢語初學者에게 가장 複雜하고 困難한즉 初學者로서 四聲을 배혼다고 聲의 高低强軟으로 因하야 도리혀 音의 本體를 誤錯케하는 事가 往往히 있으니 萬一聲의 拘束으로 音을 誤錯케한다면 그는 차라리 四聲보다 音에 置重함이 可함

一、理論上으로 말하면 長聲을 短聲으로 軟聲을 强聲으로 混同하야 發音하면 語聲이 相錯되여 通話하기 不能하다하지만 外國語學이란 첫재로 音을 淸朗하게 熟習하며 둘재로 그나라사람이나 또는 先學者와 자조 만나서 通話하여 그 錯誤된 音句를 校正하는 것이 가장 좋다고 생각하였으니 該新語(生字)의 四聲 符號를 注意하여야 함

一、著者는 四聲보다 發音을 注重하지만 每課의 新語(生字)를 選出하야 該頁頭에 四聲으로 表記하였으니

一、四聲은 우리 朝鮮에서 作詩의 參考로 使用하는 奎章全韻에 揭載한 平聲、上聲、去聲、入聲의 四聲을 指稱함이아니오 漢語『官話』에 獨有한 四種의 聲을 稱함이니 即

上平　下平　上聲　去聲

의 區別인바 圖面으로써 說明하자면 下圖와 如함

```
        ○上聲    ○去聲
           ┌──┐
           │聲 │
           └──┘
        ○下平    ○上平
```

四聲을 發하는 法 ●●

1、 上平(第一聲)은 聲을 平常으로내되 長短强軟과 高低上下가없이 그音그대로 順하게 發하느것

2、 下平(第二聲)은 聲을 처음은 上平과갗이 發하다가 끚을强하게 擧하는것

3、 上聲(第三聲)은 聲을길게하되 初聲과終聲은 同一로 順하게發하나 中聲을 아조細弱하게 發하는것

4、 去聲(第四聲)은 聲을 强促하게 發하는것이니 初聲은 强하고 終聲은 促하게發하는것

等을 稱함이니 上平、下平、上聲、去聲等의 聲을 上記圖面대로 注意하야 發하면 容易함 으로 此에 省略함

四聲變化法 ●●

一、四聲은 各文字마다 있어서 一定不變하는것이라하겠으나 그것도 音調에따러 變하는것이있으니 例를擧하면 上聲이 二字로 重疊하는경우에는 二字의 聲을 다 길게 發하면 듣기에 좋지 아니할뿐아니라 말이 잘되지 아니함으로 우의 上聲字는 下平聲으로 發하고 아래 上聲字는 上聲그대로 發하며 三字로 重疊될때에는 中間字의 上聲만을 下平聲으로 發하며 萬一 四字가 重疊될때에는 二字가 重疊으로 잇는 경우에 發하는 聲과 如히 第一 第三字를 下平聲으로 發하는 것이니 例를擧하면

- ●我○走 뛰뛰 내가간다。
- ○你○給○我 늬께워 당신이나의게주시오。
- ●我○給○你○走 워늬께뛰 내가당신을가게하오。

右와如히 『○』圈의 原聲符가 『●』圈의 聲符로 變한다 此外에도 文字를따러 名詞를 形成하는 『子』『兒』『頭』等의 文字가 上平과 같지 發音되고 或은 會話할때에 音調에 依하야 固有한 聲이 變化하는 경우도 있으니 例를擧하면

- ○法子 팡쯔　　方法。
- ○小○孩兒 쌰해얼　　어린아희。
- ○石頭 쓰터　　石。
- ○舖○子 푸쯔　　商店。
- ○烟○捲兒 옌쥔얼　　捲烟。
- ○碼頭 마터　　埠頭。

等과 如히 各四聲을 달이하야 上平과같지하는것임

一, 本書의四聲은 新語(生字)만 選出하야 本聲대로 符號를表記하였으니 變化되는 聲은 學者의 記憶과 理解에 一任함

目錄

第一課 「數字」和「個字」的用法……1
第二課 人稱代名詞（一）……2
第三課 指示形容詞及所有格、這、那、的……3
第四課 「兒」字的用法……4
第五課 「了」字的用法……5
第六課 「可以」兩字的用法……6
第七課 「是」字的用法……7
第八課 貨幣、度、量、衡……8
第九課 副詞字的應用（一）……8
第十課 這裏、那裏、此地、裏、面、頭、邊……10
第十一課 「的」字的用法……13
第十二課 「不」字的用法……14
第十三課 副詞字的應用（二）……16
第十四課 前置詞（一）在、把、將、拿……18
第十五課 疑問詞（一）還、嗎、呢……20
第十六課 副詞字的應用（三）也、必、就……二三

第十六課 人稱代名詞（二）自己、人……二四
第十七課 接續詞（一）和、與、連、同、並……二六
第十八課 前置詞（二）……二八
第十九課 給、替、教、使、令、被、叫……三〇
第二十課 副詞字的應用（四）那麼、這麼、怎麼……三二
第二十一課 會話（一）學習中國語……三三
第二十二課 疑問詞（二）誰、那一……三五
第二十三課 副詞字的應用（五）頂、最、很、太、或、過……三七
第二十四課 助動詞 得、動、倒。（一）……三九
第二十五課 數量字的應用……四一
第二十六課 把、塊、件、本、部、奪、句、張……四二
第二十七課 成對的形容詞（一）……四三
第二十八課 副詞字的應用（六）已經…了…不了……四五
第二十九課 助動詞、他動詞

目次

第二十八課 會話（二）初次相會 ………………… 四七
第二十九課 「公」「母」兩字的用法 ……………… 四九
第三十課 副詞字的應用（七）相、彼此 ………… 五一
第三十一課 疑問詞（二） …………………………… 五三
第三十二課 幾、多少、若干、甚麼、呢 ………… 五五
第三十三課 數量字的應用（二） …………………… 五八
第三十四課 「頭」字的用法 ………………………… 六〇
第三十五課 數量字的應用（三） 邊、次、頓、回、家、黨、種、路、等、條、隻、匹、頭、口、劑、間、稞、副、科 ……… 六二
第三十六課 會話（三）久違問話 …………………… 六五
第三十七課 疑問詞（三） …………………………… 六八
第三十八課 副詞字的應用（八） 了…沒有…不、答話 ……… 七二
第三十九課 「所」「使」兩字的用法 別、休、不、隨管、憑 …… 七六
第四十課 「的」「得」兩字的用法 的慌、得慌、的布剌拉、得布剌拉、的布漬、得布漬 ………… 八一

第四十一課 副詞字的應用（九）年、月、日 …… 八六
第四十二課 語助詞 罷、剌、啊、哪 …………… 八八
第四十三課 會話（四）請客周旋 ………………… 八四
第四十四課 副詞字的應用（十）都、攏總、大衆、滿渾、合、遍 …… 八七
第四十五課 副詞字的應用（十一）光、只、單、那知、那管、無論、不料 …… 八九
第四十六課 副詞字的應用（十二）不大離、差不離、幾乎、大涼 …… 九二
第四十七課 不過、難道、不成、無…不、不但…而且 ……… 九五
第四十八課 動詞的疊字、疊句 …………………… 九八
第四十九課 副詞字的應用（十四）時間上的 …… 一〇一
第五十課 會話（五）投宿旅館 …………………… 一〇四
副詞字的應用（十五）多麼…高、遠、大。多會兒。多嗑…幾時 ………………… 一〇六

第五十一課 副詞字的應用（十六）	
每、逢、各、又、一⋯二⋯ ……一〇九	
第五十二課 「到」「打」兩字的用法 ……一一二	
第五十三課 接續詞（一）	
雖⋯却。雖⋯也。雖然⋯可是。	
雖然⋯還。然而。但。 ……一一五	
第五十四課 副詞字的應用（十七）	
好多、好大、好沒些少、略略、	
僅僅 ……一一九	
第五十五課 副詞字的應用（十八）	
及、不迭及趕論到。 ……一二二	
第五十六課 副詞字的應用（十九）	
原、根、本、初、到、終、末、尾、	
畢、竟。 ……一二五	
第五十七課 副詞字的應用（二〇）	
既然、已經、既然⋯不必。 ……一二八	
第五十八課 既⋯豈 ……一三一	
第五十九課 會話（六）換錢甑市 ……一三三	
接續詞（二）若或、設使、倘若 ……一三五	
第六十課 副詞字的應用（二一）	
並非、無不、不是、便是 ……一三七	
第六十一課 副詞字的應用（二二）	
却、邻、可、倒、反、乃、是、偏 ……一四〇	
第六十二課 「以」「其」兩字的用法	
「以⋯爲」「爲⋯以」其實、其餘、	
在其 ……一四三	
第六十三課 副詞字的應用（二三）	
許、莫不、庶幾、恐、怕 ……一四六	
第六十四課 會話（七）問病請醫 ……一四九	
第六十五課 間投詞 啊、哦、哎、呀、哑、等字 ……一五二	
第六十六課 擬似字的用法 似、如此、見。 ……一五五	
第六十七課 副詞字的應用（二四）因、爲、所以 ……一五九	
第六十八課 合成動詞（一）	
格 言 ……一六一	
第六十九課 出來、進去、回來、起來。 ……一六三	
第七十課 「到」「開」兩字的用法 ……一六七	
第七十一課 會話（八）火車旅行 ……一七〇	
第七十二課 要正兩字的用法 ……一七三	

第七十三課 「發」「當」兩字的用法……一七六
第七十四課 合成動詞（二）……一七八
第七十五課 副詞字的應用（二三）定、完、成、盡、見、透、破壞。……一七九
第七十六課 副詞字的應用（二四）繞、立刻、現在、往復。……一八〇
第七十七課 副詞字的應用（二五）或、間、或輕。……一八三
第七十八課 副詞字的應用（二六）仍、照、這麼也、那麼也如是、如此。……一八六
第七十九課 副詞字的應用（二七）精、希、透、迸、老、怪、通、溜、……一八九
第八十課 副詞字的應用（二八）忽然、故意。……一九一
第八十一課 會話（九）輪船旅行……一九二
第八十二課 單疊字及重疊字……一九五
第八十三課 願望字的用法……一九九
　　　　　願、愛、肯、應、巴、恨、望。
　　　　　奈、焉、難道、奈何、無奈、……二〇二

第八十四課 比較詞（一）……二〇六
　　　　　更、不如、不及、強似、索性、
　　　　　不得已。……二〇九
第八十五課 比較詞（二）……二一三
　　　　　越…越……二一五
第八十六課 「家」「法」兩字的用法……二一六
第八十七課 會話（十）遊歷中國……二一九
第八十八課 副詞字的應用（二九）……二二一
　　　　　「處」「死」兩字的用法……二二三
第八十九課 副詞字的應用（三十）……二二五
　　　　　極、甚、儘、唯獨、一、專。
第九十課 副詞字的應用（三一）……二二八
　　　　　絕、皎、齁、惡、雪、滾、焦、筆、
　　　　　漆、活。
第九十一課 副詞字的應用（三二）……二三一
　　　　　也未必、也不可却不定、何必、
　　　　　為何、如何、
第九十二課 副詞字的應用（三三）……二三三
　　　　　一共、一概、一同、一色、全然、
　　　　　共盡、皆。
　　　　　副詞字的應用（三四）……二三六

第九十三課 副詞字的應用 務、必、總須、定、準、斷絕、萬、確…………三九

第九十四課 副詞字的應用（三五）「從…到」「起…未」不聞不着、動不動、時常、屢屢、次次…………三三

第九十五課 副詞字的應用（三六）誰料不料、殊不知、那知、此乃、固然、焉知。…………二七

接續詞（二）

第九十六課 「非…不」「離…除…不」外餘…………二一

第九十七課 副詞字的應用（三七）果然、真果、如果、但凡、萬一…………二五

第九十八課 副詞字的應用（三八）雖然…諒來「即便」「本當」「口因」「別說…若是…固然」…………二九

副詞字的應用 三九「寧…也」「寧…不」「寧…莫」「能…不」與「其…不如」…………二三

第九十九課 副詞字的應用（四〇）「也…何況」魯賞。…………二七

第百課 副詞字的應用（四一）而、且、加、又、還、再。…………二一

第百一課 形容詞和副詞（一）疊字…………二五

第百二課 形容詞和副詞（二）疊字「光景」至於」的類語。…………二九

第百三課 光景、情形、局勢、氣派、架子、至於、以致…………二六四

第百四課 成語（一）…………二六八

第百五課 成語（二）…………二九二

第百六課 成語（三）…………二九五

第百七課 巧語（一）…………三〇一

第百八課 巧語（二）…………三〇一

第百九課 巧語（三）…………三〇一

第百十課 猜謎…………三〇六

第一部 單語

數目

| 一이 | 二얼 | 三싼 | 四쓰 | 五우 | 六루 | 七치 | 八빠 | 九랴 | 十쓰 | 百배 | 千첸 |

| 하나 | 둘 | 셋 | 넷 | 다섯 | 여섯 | 일곱 | 여듧 | 아홉 | 열 | 백 | 천 |

第一이	第二얼	一個이거	兩個량거	四個쓰거	五個우거	七個치거	九個랴거	十二個얼거	十六個루거
第三싼	百배
데이	데얼	데삼	한개	두개	네개	다섯개	일곱개	아홉개	열두개	열여섯개
만	일	백

| 十八個빠거 열여듧개 | 十來個러거 近十個 | 十多個되거 十餘個 | 一半兒빤열 절반 | 今年진넨 今年 | 去年쳰넨 昨年 | 明年망넨 明年 | 春天첸 봄 | 夏天쌰 여름 | 秋天칠 가을 | 冬天똥 게을 | 正月쳥웨 正月 |

年月日時

| 好些個 여러개 | 很多헌또 多大 | 許多쒸또 許多 | 多少되싸 얼마 | 一月이웨 一月 | 二月얼웨 二月 | 三月싼웨 三月 | 四月쓰웨 四月 | 五月우웨 五月 | 六月루웨 六月 | 七月치웨 七月 | 八月빠웨 八月 |

| 九月랴웨 九月 | 十月쓰웨 十月 | 十一月이웨 十一月 | 十二月얼웨 十二月 | 臘月라웨 섯달 | 上禮拜쌍리배 前週日 | 下禮拜쌰리배 後週日 | 前星期쳰신치 前週 | 後星期헌신치 後週 | 禮拜日리배이 日曜 | 禮拜一리배이 月曜 | 禮拜二리배얼 火曜 |

冬至 동지

單語

天文・地理・方向

漢字	讀音	韓譯
禮拜三	리배싼	水曜
禮拜四	리배쓰	木曜
禮拜五	리배우	金曜
禮拜六	리배류	土曜
禮拜四	리배쓰	木曜
禮拜六	리배류	土曜
星期幾	신치지	무슨 星期日
星期六	신치류	土曜
星期四	신치쓰	木曜
(禮拜日同一한말임 日이同一한말임)		
今天	진텬	오늘
昨天	쩨텬	어제
前天	첸텬	그제
大前天	따첸텬	그저께
明天	밍텬	래일
後天	후텬	모레
大後天	따후텬	글피
每天	메텬	每日 同上
見天	졘텬	每日 同上
初一	추이	초하루
初二	추얼	초잇흘
初五	추우	초닷새
初七	추치	초이레
初十	추시	초열흘
十一日	쓰이이	열하루
十二日	쓰얼한	同上
二十號	얼쓰한	二十日
三十號	싼쓰한	三十日
上半天	쌍빤텬	午前
下半天	샤빤텬	午後
前半夜	첸빤예	子正前
後半夜	후빤예	子正後
天亮	텬량	날밝게
黑下	희샤	나제
整天家	쩡텬쟈	왼종일
晌午	쌍우	正午
晚上	완쌍	저녁
一秒鐘	이먀중	一秒
一分鐘	이펀중	一分
一點鐘	이뎬중	한時間
一刻鐘	이커중	十五分
現在	쎈재	現今
目下	무샤	目今
立刻	리커	即刻
馬上	마쌍	다음
剛纔	깡재	回頭 이때
已經	이징	這時候 이즈음
上回	쌍훼	前番 발서
向來	쌍래	在來 동안
從來	쫑래	從來
將來	쟝래	將來
太陽	태양	해
日頭	시투	太陽
月亮	웨량	달
雲彩	윈채	구름
陰天	인텬	흐린날
晴天	칭텬	맑은날 日氣
雨	위	비
霧	우	안개
霜	쌍	서리

한자(음)	한글	한자	한글
雪(쒜)	눈		
風(펑)	바람		
大風(따펑)	大風		
順風(쓘펑)	順風		
節季(제지)	季節		
春分(춘뻔)	春分		
秋分(쳔뻔)	秘分		
夏至(샤즈)	夏至		
冬至(둥즈)	冬至		
露水(루쒜)	이슬		
電天氣(뗸텬치)	우박		
好天氣(한텬치)	好日氣		
開天氣(카이텬치)	惡日氣		
星星兒(싱싱열)	별		

한자	한글	한자	한글
地球(띄쳔)	地球		
世界(쓰졔)	世界		
大洋(따양)	大洋		
火山(훠싼)	火山		
旱地(한띄)	陸地		
海面(하이몐)	海面		
海島(하이다오)	海島		
沙灘(싸탄)	沙灘		
砂子(싸즈)	모래		
山峰(싼펑)	山峰		
山腰(싼야오)	山腰		
山嶺兒(싼링열)	고개		
山根兒(싼껀열)	山下		
土坡子(투퍼즈)	언덕		

한자	한글	한자	한글
石頭(쓰터우)	돌		
道兒(따올)	길		
路上(루썅)	陸路	길에서	
街上(졔썅)	거리		
海口(하이커우)	港口		
碼頭(마터우)	埠頭		
衚衕(후퉁)	골목		
池子(츠즈)	못		
水田(쒜텐)	논		
地動(띄둥)	地震		
海嘯(하이쌰오)	海溢		
瀑布(뽀부)	瀑布		
井水(징쒜)	옴물		

한자	한글	한자	한글
橋兒(챠올)	다리		
木橋(무챠오)	木橋		
浮橋(부챠오)	舟橋		
鐵橋(톄챠오)	鐵橋		
棧橋(쟌챠오)	棧橋		
海潮(하이챠오)	海潮		
運河(윈허)			
東(둥)	東		
西(시)	西		
南(난)	南		
北(뻬)	北		
上(썅)	上		
中(중)	中		

한자	한글	한자	한글
下(쌰)	下		
左(져)	左		
右(역)	右		
前邊(쳰볜)	앞		
後邊(허우볜)	뒤		
裡頭(리터우)	속		
外頭(와이터우)	밖		
傍邊(팡볜)	곁		
對面(뒈몐)	對面		
這邊兒(쩌볜열)	여기		
那邊兒(나볜열)	저기		
那邊兒(나볜열)	어의		
拐灣兒(꽤완열)	모퉁이		

人事。身體。

漢語(中國語)	한글 독음	韓語(朝鮮語)
男人	난신	男子
女人	뉘신	女子
女子	뉘즈	女子
姑娘	구냥	處女
父親	뚜친	父親
雙親	솽친	兩親
父親	뚜친	父親
母親	무친	母親
媽媽	마마	엄마
祖父	주뚜	祖父
祖母	주무	祖母
兒子	열즈	아들
孫子	쑨즈	孫子
兄	숑	兄
弟	띄	弟
姐姐	졔졔	누님
妹妹	몌몌	누이
大爺	따예	伯父
叔叔	슈슈	叔父
姪兒	지열	족하
姪女	지뉘	姪女
丈夫	장뚜	남편
夫人	뚜신	夫人
太太	태태	夫人
乾爹	깐뎨	養父
乾媽	깐마	養母
媳婦	시뚜	妻
家哥	쟈거	내형
舍弟	셔띄	내아우
令尊	링쭌	令父親
令堂	링탕	令母親
令兄	링숑	令兄
令弟	링띄	令弟
令郎	링랑	令允
男孩	난해	男兒
女孩	뉘해	女兒
小孩	쌰오해	小兒
孩子	해즈	小兒
丫頭	야투	使喚女兒
姨父	이뚜	姨叔
姨媽	이마	姨母
姨太太	이태태	妾
姑姑	꾸꾸	姑姑
親戚	친치	親戚
朋友	펑유	明友
文官	원관	文官
武官	우관	武官
大夫	때뚜	武士
醫生	이셩	醫生
先生	셴셩	先生
學生	쉐셩	學生
巡警	쉰징	巡查
人民	신민	人民
店東	뎬둥	店主
夥計	훠지	동무
和尙	허샹	중
道士	따오쓰	道士
強盜	챵따오	強盜
花子	화즈	乞人
苦力	쿠리	勞動者
小綹	쌰오류	절도
馬夫	마뚜	馬夫
車夫	쳐뚜	車夫
站夫	잔뚜	驛夫
衙役	야이	廳丁

九

單語

工人꿍신	匠人쟝신	律師리ㄹ스	厨子추ㄹ즈	做官的쭤관디	唱戲的창시디	剃頭的티터우디	掌櫃的쟝궤디	拉車的라처디	管車的관처디	趕班的간빤디	跟信的끈신디	送信的쏭신디	買賣人매매신
勞動者	匠人	辯護士	料理人	官吏	俳優	理髮人	掌財者	車夫	車掌	御者	後從	遞夫	商人

念書人녠쓔신	莊稼人쭹쨔신	鄕下人샹쌰신	身子션즈	腦袋나ㅗ대	眼睛얜징	鼻子삐즈	臉上렌썅	頭髮터ㅜ파	舌頭셔ㄹ터우	耳朵어ㄹ둬	嗓子쌍즈	胳臂꺼삐	骨頭구터우
讀書人	農夫	農村人	몸	頭骨	눈	코	얼굴	頭髮	舌	귀	목	팔	뼈

拳頭찬터우	指頭즈터우	大腿따퉈ㅣ	肚子뚜즈	卵子란즈	脖子뻐즈	腦子나ㅗ즈	奶子내즈	牙齒야츠	門牙먼야	槽牙차ㅗ야	眉毛메ㅣ마ㅗ	鬍子후즈	腮頰쎄쨔
주먹	손가락	大腿	배	囊丸	목뒤	乳房	앞니	음니	눈염	빰

手背셔ㅜ뻬	手掌셔ㅜ쟝	皮膚피푸	屁股피꾸	眼淚얜레ㅣ	鼻涕삐티	指甲즈쟈	腦門子나ㅗ먼즈	眼皮子얜피즈	顎幫시빵	眼球兒얜쳐얼	嘴唇兒쮀이춘얼	肩膀兒쪈빵얼	牙床兒야촹얼
손등	손바닥	皮膚	臀	눈물	코뚬	손톱	額	눈가죽	顎	눈알	닙설	억개	너몸

骨節兒구졔얼	脚掌兒쟈ㅗ장얼	波稜蓋兒뻐렁깨얼	咳嗽커쏘ㅜ	唾沫퉈며	大便따뗀	出恭추꿍	小便쟈ㅗ뗀	下溺쌰냐ㅗ	聾子룽즈	瞎子샤즈	瘤子례ㅜ즈	獸子셔ㅜ즈	麻子마즈
骨節	발바당	膝	기침	춤	大便	大便	小便	小便	귀먹어리	소경	절눔구리	명령구리	얼굼구이

單語

啞吧 야바	健壯 젠장	虛弱 쉬약	頭疼 쉬텅	肚疼 뚜텅	房子 팡즈	屋子 우즈	院子 웬즈	大門 따먼	後門 훠먼	屋房 우팡	臥房 워팡	厨房 추팡
벙어리	健康 건강	虛弱 허약	頭痛 두통	腹痛 복통	家屋 가옥 방	房屋 像伙	庭 뜰	大門 대문	後門 후문	寢室 침실		부엌
감기	發熱 발열	寒戰 한전	出汗 출한		書齋 서재	食堂 식당	客室 객실	마루	樓梯 루제	樓上 루샹	窓 창	판장
感冒 깐마오	發燒 파사오	發抖 파더우	出汗 추한		書房 쉬팡	飯廳 판팅	客廳 커팅	地板 디빤	樓梯 뤄티	樓上 뤄샹	窓戶 창후	隔扇 꺼샨
毛舍(房) 마오셔	澡堂 잔랑	馬棚 마펑	遊廊 여우랑	纏笆 리빠	花園 화웬	房頂兒 팡딩열	桌子 이즈	橙子 뗑즈	扇子 샨즈			帳子 장즈
뒷간	沐浴室 반자	馬廐 행랑		굴뚝 울타리	花園	屋根	桌子	椅子	등상	부채		帳
籃子 란즈	罐子 칸즈	盤子 판즈	碟子 떼즈	筷子 쾌즈	匙 스즈	构子 앝즈	刀子 다오즈	櫈子 떵즈	擰子 잰즈	胰子 이즈	褥子 쉬즈
발	火鍋	소반	접시	筷	匙	肉鋪	칼	도마	터리개	가위	비누 요
氈子 잔즈	鏡子 징즈	攬子 란즈	刷子 쇠즈	秤子 청즈	匣子 쌰즈	飯碗 판완	海碗 해완	茶碗 차완	飯鍋 판꿔	茶盅 차중	茶壺 차후	木桶 무통	弔桶 땨오통
갈담	거울	眞梳 진소	솔		匣	飯碗	大碗	茶碗	가마	차종	茶罐	茶桶	鈞瓶

單語

漢字	한글음	한글뜻
飯桶	판통	밥통
燈籠	덩룽	灯籠
蠟燈	라덩	燭臺
洋燈	양덩	란푸
灯火	덩훠	성양
洋火	양훠	灯火
電燈	뎬덩	電燈
鑰匙	야쓰	열쇠
眼鏡	앤징	眼鏡
硯臺	앤태	베루
鋼筆	강삐	鐵筆
鉛筆	쳰삐	鉛筆
石筆	쓰삐	石筆
信紙	신쯔	편지지

漢字	한글음	한글뜻
壓紙	야쯔	압지
油畵	역화	油畵
圖書	두화	圖章
水缸	셰강	水숲
酒瓶	쥬핑	술병
菜刀	채따	식刀
小刀	쏘따	小刀
笤箒	탸주	비
手巾	쑈진	手巾
振布	잔부	걸네
蚊帳	원장	蚊帳
臉盆	롄펀	대야
臺布	태부	床보
鋪蓋	푸개	이부자리

漢字	한글음	한글뜻
枕頭	전투	베개
尺頭	츠투	尺
包袱	빠푸	보
口袋	컷때	부대
飯桌	판줘	食桌
脚踏子	쟌타쯔	발판
衣裳。飮食。菜穀		
褂子	과쯔	上衣
褲子	쿠쯔	바지
襪子	와쯔	버선
帽子	맡쯔	옷자ㄱ
靴子	쉐쯔	모자
繼子	탸쯔	신
		끈

漢字	한글음	한글뜻
洋爐子	양루쯔	煖爐
刷牙兒	쌰야얼	니솔
燈罩兒	덩쟏얼	灯皮
剃頭刀	티투따	理髮刀
寒暑表	한슈뱌	寒暑計
墨盒兒	머허얼	墨盒
袖子	쇼쯔	단초
鈕子	뷰쯔	소매
馬褂子	마과쯔	마과자
手帕兒	쇼파얼	手巾
砍肩兒	칸쟨얼	족기
汗褟兒	한타얼	딴발기
戒指兒	졔즈얼	반지

漢字	한글음	한글뜻
早飯	잔판	朝飯
响飯	샹판	午飯
晚飯	완판	夕飯
牛肉	뷰로	牛肉
羊肉	양로	羊肉
猪肉	주로	猪肉
鷄肉	지로	鷄肉
醬油	쟝유	淸醬
黃油	황유	빠다
啤酒	삐쟈	麥酒
黃酒	황쟈	약주
白酒	배쟈	백알
點心	뎬신	菓子
麵包	몐빠	빵

單語

[第一行]
- 鷄蛋(지단) — 鷄卵(계란)
- 牛奶(우내) — 牛乳(우유)
- 掛麺(과데) — 素麺(소면)
- 開水(캐쎄) — 끓은물
- 白糖(배탕) — 설탕
- 白鹽(배앤) — 소금
- 芥末(제머) — 芥子末(계자말)
- 胡椒(후쟈) — 호초
- 三便酒(산펀쥐) — 산편주
- 荷蘭水(허란쎄) — 나무네주
- 大米(따미) — 白米(백미)
- 小米(쌰미) — 小米(소미)
- 粳米(징미) — 맵쌀
- 糯(江)米(누쟝미) — 찹쌀

[第二行]
- 玉(包)米(위바미) — 강낭쌀
- 黃豆(황떠우) — 大豆(대두)
- 紅豆(흥떠우) — 돔부팟
- 豌豆(완떠우) — 콩
- 豆子(떠우쯔) — 지장
- 黍子(슈쯔) — 가지
- 茄子(체쯔) — 배채
- 白菜(배채) — 근대
- 菠菜(뽀채) — 미나리
- 芹菜(친채) — 정구지
- 韮菜(쥬채) — 미나리
- 黃瓜(황과) — 외
- 西瓜(시과) — 수박
- 甜瓜(텐과) — 참외

[第三行]
- 倭瓜(워과) — 호박
- 大麥(따매) — 보리
- 小麥(쑈매) — 밀
- 麥子(매쯔) — 麥類(맥류)
- 高粱(까량) — 강양
- 白薯(배슈) — 감자
- 馬(마) — 말
- 象(썅) — 코끼리
- 狠狗(랑꺼우) — 이리
- 公牛(꿍뉴) — 숫소
- 母牛(무뉴) — 암소

走獸. 飛禽. 魚介. 虫子

[第四行]
- 地瓜 — 감자
- 辣椒(라쟈우) — 고초
- 靑椒(칭쟈우) — 풋고초
- 蘑菇(머꾸) — 버섯
- 芝蔴(쯔마) — 참깨
- 蒜頭(솬터우) — 마늘
- 小牛(쑈뉴) — 송아지
- 野猪(예쥬) — 도야지
- 野猫(예마오) — 도야지
- 騾子(뤄쯔) — 노타기(노새)
- 駱駝(뤄퉈) — 낙타
- 山羊(산양) — 山羊
- 綿羊(멘양) — 綿羊

[第五行]
- 獅子(쓰즈) — 사자
- 老虎(라오후) — 범
- 狗熊(꺼우슝) — 곰
- 狐狸(후리) — 여호
- 猴兒(허얼) — 원숭이
- 耗子(한쯔) — 쥐
- 老鼠(라오수) — 쥐
- 尾巴(이빠) — 꼬리
- 鷹(잉) — 매
- 雁(앤) — 그력이
- 鵝(어) — 게우
- 鴨子(야쯔) — 오리
- 鴿子(꺼쯔) — 비들기
- 燕子(얜쯔) — 제비

單語												
鳶 엔나	鴕鳥 뒤냐	仙鶴 션허	鳳凰 펑챵	孔雀 궁챠	老鴉 랴까	老鴣 랴꺼	鸚哥 잉꺼	野鷄 예지	火鷄 휘지	喜鵲 시챠	杜鵑 두졔	黃鶯 황잉	羽毛 위마오
鳶	駝鳥	仙鶴	鳳凰	孔雀	鴉	鸚		野	七面鳥	까치	杜鵑	黃鶯	羽
家雀兒 쟈챠얼	夜猫子 예마으	翅膀兒 츠방일	金魚 진위	鮫魚 챠위	鯉魚 리위	鯽魚 지위	銀魚 인위	甲魚 쟈위	鮑魚 바오위	烏龜 우꿔	海參 해션	螃蟹 파시에
참새	올뱀이	쥭지	金鮒魚	鮫魚	리어	부어	은어	자라	전복	거북	해삼	게
龍蝦 룽샤	蝦米 샤미	蛤蠣 꺼리	撒蒙魚 싸멍위	大頭魚 따투워	烏賊魚 우제위	鱔 샨	蛆 취	螞蜂 마펑	蜜蜂 미펑	長虫 챵충	臭虫 쳐우충	毛虫 마오충	虱子 쓰
大蝦	새우	조개	도미	고등어	오정어	뉘에	구덕이		蜜蜂 벌	長虫 배암	臭虫 빈대	毛虫	이
蚊子 원으	螞蟻 마이	螞蚱 마자	蜘蛛 즈주	蒼蠅 창잉	蛇蚤 꺼쨘	蛤蟆 하머	植物 으우	水草 셰챠	野草 예챠	檀木 탄무	樹木 슈무	小樹 쌰오수
모기	개아미	뫼뚜기	거미	파리	배룩	개고리	草木. 金石.	植物	水草	野草	香나무	樹木	小樹
蛤蟆 까머일	蛐蟮 취샨	蜈蚣 우꿍	蝸牛 꺼뉴	蝴蝶兒 후뎨일	火虫兒 휘충일	蝍蝍兒 꺼꺼일	松樹 쑹수	梅樹 메이수	櫻樹 잉수	桑樹 샹수	桃樹 타오수	柳樹 류수
蛆蛤	지렁이	진에	蝸牛 나비	蝴蝶	火虫	蟋蟀	梅 솔	櫻 梅	뽕나무	桃樹	버들

槐樹 해쥬	楓樹 펑슈	蘭花 란화	草花 챠오화	菊花 쥐화	桂花 꿰화	葉子 예ᄌᆞ	梨子 리ᄌᆞ	橘子 쮜ᄌᆞ	栗子 리ᄌᆞ	李子 리ᄌᆞ	竹子 주ᄌᆞ	梗(挺)兒 졍(팅)열
槐木	楓樹	蘭花	草花	국화	桂花	잎	배	금귤	밤	외얏	대	葉幹

樞兒 션열	棗兒 대열	桃兒 타열	杏兒 싱열	杉松 샨쑹	扁松 뼨쑹	梧桐 우퉁	海棠 해탕	蹢躅 대쥬	藤蘿 텅뤄	蘋菓 핀꿔	芍藥 샨약	芭蕉 빠쟈오	拂手 뿌쇼우
實	대조	북사	살구	杉木	檜木	오동	해당	척쥭	사藤	사과	작약	파초	拂手柑

柘榴 쓰류	胡桃 후타오	玫瑰 메퀘화	蘆薈 루웨	葡萄 푸타오	菖蒲 챵푸	水仙 쉐쎤	人蔘 신셴	蕨菜 쮀채	花朶兒 화둬열	四季樹 쓰지열	爬蔓兒 파만열	樹根兒 슈끈열	樹枝兒 슈ᄌᆞ열
석유	호도	메퀘화	포갈	포도	챵포	수선화	인삼	고사리	花蘖	사게수	면굴	木根	가지

城市各界 상점 錢鋪 쳰푸 전포

牡丹花 무단화	落花生 뤼화셩	無花果 우화꿔	白果樹 배꿔슈	黃銅 황퉁	紫銅 ᄍᆞ퉁	白銅 배퉁	鋼鐵 깡톄	水銀 쉐인	黑鉛 헤쳰	硫黃 류황	玻璃 뻐리	鋪子 푸ᄌᆞ
목단	락화생	무화과	銀杏樹	황동	홍동	백동	강철	수은	黑鉛	류황	琉璃	商店

寶石 바오ᄉᆞ	水晶 쉐징	眞珠 젼주	琥珀 후뼈	珊瑚 싼후	潮腦 챠오노	金子 진ᄌᆞ	銀子 인ᄌᆞ	雲石 윈ᄉᆞ	大理石 따리ᄉᆞ	金剛石 진깡ᄉᆞ	吸鐵 시톄ᄉᆞ
보석	수정	진주	호박	산호	樟腦	金	銀	花崗石	대리석	금강석	磁石

單語

書鋪(부푸) 책사
當鋪(땅푸) 던당국
藥鋪(야푸) 약국
煤鋪(메푸) 석탄점
磨坊(머팡) 제분소
染坊(산팡) 염색소
油坊(유팡) 제유소
洋行(양항) 會社(꿍쓰) 各主 旅館 客店(커뎬) 雜貨鋪(자훠푸) 醬鋪(쟝푸) 綢緞鋪(처우돤푸)
百貨店 회사 여관 잡화점 장점 주단포

洋鐵鋪(양톄푸) 양철포
洋貨鋪(양훠푸) 양화포
靴子鋪(쉬쯔푸) 시롱
磁器鋪(쯔치푸) 사기점
鐘表鋪(즁뱌오푸) 시게포
文具鋪(원쥐푸) 文房鋪 문방구
茶館子(차관쯔) 茶店 차점
戲館子(시관쯔) 料理店 연극장 飯館子(판관쯔) 料理店
照像館 寫眞館 사진관
銀行(인항) 은행
學校(쉬샤오) 학교
病院(삥위안) 병원
海關(해관)

公園 공원
衙門(야먼) 관청
宮殿(꿍뎬) 궁전
城門(청먼) 성문
行政院(싱정위안) 행정원
立法院 리법원
監察院 감찰원
內務部 내무부
外交部 외교부
敎育部 교육부
交通部 교통부
陸軍部(루쥔부) 륙군부
海軍部 해군부
農商部(눙상부) 농상부

司法部 사법부
法政局 법정국
公安局 공안국
郵政局(여우정국) 우정국
巡警局(쉰징국) 순경국
博物館(버우관) 박물관
陸軍。海軍。
陸軍(루쥔) 륙군
軍團(쥔퇀) 군단
師團(쓰퇀) 사단
旅團(뤼퇀) 려단
一團(이퇀) 一聯隊 一대대
一營(이잉) 一大隊 一대대
一連(이롄) 一中隊 一중대

動物園 동물원
植物園(쯔우위안) 식물원
圖書館(투수관) 도서관
公使館(꿍쓰관) 공사관
領事館(링쓰관) 령사관
火車站(훠처잔) 정거장
一排 一小隊
將校 將軍校
上將(상장) 上將
中將(즁장) 中將
小將(샤오장) 小將
上校(상샤오) 大佐
中校(즁샤오) 中佐

單語

小校	쌀잘
上尉	상위
中尉	중위
大尉	대위
小尉	소위
軍旗	군긔
官軍	관치
敵兵	뎍병
憲兵	헌병
本隊	본대
後隊	부대
步軍	마군
馬軍	마군
野營	예영
軍械	쳔긔

小佐	군량
大尉	대포
中尉	속샤포
小尉	폐치
軍旗	폐뎡
官軍	쾌챵
敵兵	자레탄
彈子	딴쯔
地雷	짜뢰
野砲	예챤
山砲	샨챤
宣戰	션젼
開戰	개젼
交戰	교젼
惡戰	악젼

軍糧	내쟌
決戰	꿰쟌
停戰	팅쟌
打仗	따쟝
打勝	따셩
打敗	따빼
白旗	배치
投降	터샹
議和	이허
猛攻	멍꿍
防守	팡셔
隊伍	뒤우
正面	졍면
傍面	슈면

耐戰	내쟌
決戰	결젼
停戰	뎡젼
戰鬪	싸홈
戰勝	전승
戰敗	전패
降旗	항긔
投降	투항
議和	의화
突擊	돌격
防守	방슈
行伍	행오
正面	정면
側面	측면

左翼	줘이
右翼	여우이
先鋒	션덩
險要	쎈야
圍攻	웨꿍
追打	꿰다
陣亡	젼왕
受傷	쇼샹
戰鬪力	쟌떠리
工程隊	꿍쳥뒤
輜重隊	츠쥥뒤
探捎隊	탄샤뒤
軍樂隊	쳔야뒤
電信隊	뎐신뒤

左翼	좌익
右翼	우익
先鋒	선봉
要塞	요새
圍攻	위공
追擊	추격
戰死	전사
負傷	부상
工兵	공병
輜重隊	치중대
探捎隊	정탐대
軍樂隊	군악대
電信隊	뎐신대

現役兵	쎈이빙
常備兵	챵뻬빙
豫備兵	쮀뻬빙
守備兵	쑈뻬빙
志願兵	지관빙
機關砲	끄관모
攻城砲	꿍쳥모
戰勝國	쟌셩궈
戰敗國	쟌빼궈
海軍	해쥔
兵船	삥챤
軍艦	쳔쟌
運船	윈챤
魚雷	위레

現役兵	현역명
常備兵	상비병
豫備兵	예비병
守備兵	수비병
志願兵	지원병
機關砲	긔관포
攻城砲	공성포
戰勝國	전승국
戰敗國	전패국
海軍	해군
兵船	병션
軍艦	군함
運送船	운송션
魚雷	어뢰

單語

일본어 (발음)	한자	한국어
水雷(에레)	水雷	砲擊 / 포격
馬力(마리)	馬力	擊沈 / 격침
吃水(쓰에)	吃水	溺死 / 익사
海里(해리)	海浬	船頭 / 선두
速力(수리)	速力	船尾 / 선미
沈沒(천머)	沈沒	甲板 / 갑판
全滅(찬에)	全滅	信號 / 신호
海戰(해잔)	海戰	烟筒 / 연통
封(口)鎖(엔쳐…)	封鎖	海防艦 / 해방함
水兵(에빵)	水兵	水雷艇 / 수뢰정
士官(쓰판)	士官	報知艦(밧지셴) / 람보선
軍港(헌장)	軍港	巡洋艦(쥰양셴) / 순양함
燈臺(뎡태)	燈臺	鐵甲船(뎨자…) / 철갑선
艦隊(쎈별)	艦隊	司令官(쓰링관) / 사령관
	戰鬪員	전투원
	鎭守府	진수부
	兵船旗	군함기
	開戰旗	戰鬪旗
	舢板船	산판선

中國語大典

第一課 數字。和個。字的用法。
제일과 수자와 개자의 용법

第一課
個。國家。
兩個。國家。
個。民族。
會。四姑
族三社
娘。五學
校。六生
七禮拜。
八銅錢
個銅子（銅錢）。
九小十
個孩子。
堂。是年
月。百軍
人。
莊稼萬
千工零
門口有
好些汽
車。王老
爺

1、一個國家。 2、兩個民族。 3、三個社會。 4、四個姑娘。 5、五個學校。 6、六個學生。 7、七個禮拜。 8、八個銅子（銅錢）。 9、九個小錢。 10、十個學堂。 11、十一個名兒童。 12、十二個月是一年。 13、二百五十四個軍人。 14、四百四十四個莊稼人。 15、一萬兩千三百四十五個工人。 16、三年零九個月。 17、門口有好些個汽車。 18、學堂有好些個學生。 19、王老爺是個好人。

①한나라。 ②두民族。 ③세社會。 ④네處女。 ⑤다섯學校。 ⑥여섯學生。 ⑦일곱週日。 ⑧銅錢여듧닢。 ⑨葉錢아홉닢。 ⑩學堂열。 ⑪열한名兒童。 ⑫열두달은一年이오。 ⑬軍人二百五十四名。 ⑭農夫四百四十四名。 ⑮一萬二千三百四十五名勞働者。 ⑯三年九個月。 ⑰門앞에여럿臺自動車가있오。 ⑱學堂에많은學生이있오。 ⑲王老爺는좋은사람이오。

註…中語는 다른 어느 나라 말보담도 數量을 表示하는 데 使用하는 字가 많은데、먼저、數字와 個字의 用例를 보임。
（老爺는 官人或尊稱에 쓰는 말인데 令監이라는 말과 恰似할、以下仿此）。

第二課 人稱代名詞。(一)

1、我不明白這個事情。
2、我的哥哥 上德國留學去。
3、我是中國人, 你是朝鮮人。
4、你不能不去。
5、你的老婆頂利害。
6、他吃早飯。
7、他的老婆頂利害。
8、他不願意走。
9、我們沒有地方坐。
10、我們是沒有意思。
11、你們可以等一等。
12、你們的府上都好啊。
13、你們不會關那個門。
14、他們不會關那個門。
15、他們的村莊, 實在清雅。
16、他們是不來的。
17、他們正在那裡唱歌兒。
18、妞們的家庭, 狠有規矩〉
19、咱們不必去, 在這裡等著。
20、俺的妹妹 去年出門(出嫁)了。
21、俗們出去逛逛。

註…人你代名詞의 單複數를 보임。

제 이 과 인칭대명사 (一)

①나는 이 일을 뚝々히 알지 못합니다.
②나의 형님은 獨逸에 留學을 간다.
③나는 中國사람이오 당신은 朝鮮사람이다.
④당신은 가지아니치 못하오.
⑤당신의 집은 어느골목에 있오.
⑥그사람의 마누라는 몹시 사납습니다.
⑦그는 朝飯을 먹는다.
⑧그女子는 가기를 願치아니한다.
⑨우리는 앉을 자리가 없오.
⑩우리는 조금기다릴 대서온이 삭람이다.
⑫당신댁은 모도平安하시오.
⑬당신들은 어느때오지지않으시오.
⑭저이들의 農村은 참으로 清雅하오.
⑮저이들은 모도平安하시오.
⑯그들은 오지않이하는 것이오.
⑰그女子들은 지금저기에서 唱歌하오.
⑱저女子들의 家庭은 매우 規模가 있오.
⑲우리는 갈것없이여기서 기다리자.
⑳나의누이는 昨年에 시집갔오.
㉑우리는 나가서 散步하자.

第三課　指示形容詞 及 所有格　這個、那個、的、

1、這個東西 是甚麼。2、這個人會說 中國語。3、這個字 實在難寫。4、請先生寫這個字。5、這個地方 沒有好人。6、這個地方 沒有 個好人。7、這個地方 沒有病要聞。8、那個鉛筆 不大好。9、那個人 有病不能吃飯。10、不要開 那個箱子。11、那個學生 會做文章力。量殼。12、那個人、老說撒謊（謊話）13、他的力量不殼。14、陳掌櫃 還行上。姨掌櫃的話 不錯。15、俗們的學問 還不行。16、我的妹妹 上學去。17、姨太太的衣裳 實在影亮。18、你不該說我的法子 不對。19、誰也不能隨 他的便。20、請先生別生氣。這是我的錯。

註…「這個」「那個」는 指示代名詞（或形容詞）로씨우
也隨便。

제 삼 과　지시형용사와 소유격（一）

❶、이물건은무엇이오。❷、이사람은中國말할줄을안다。❸、이글자는참으로쓰기어렵소。❹、先生님 이글자를쓰어주십시오。❺、이地方에는 좋은사람이없소。❻、이地方에는 한사람도좋은이가 없오。❼、이地方에는 한사람도좋은이가 없소。❽、그鉛筆은 그리좋지못하오。❾、그사람은病이잇어밥을먹지못하오。❿、그箱子를열지마시오。⓫、저學生은글지을줄을아오。⓬、저사람은늘거짓말만하오。⓭、그의힘이자라지못하오。⓮、우리의學問은아직멀었오。陳掌櫃（店主）의말이옳다。⓯、나의누이는글배우러갔오。⓰、작은댁마너님옷은말쑥하다。그르다고, 당신말해서는아니되오。⓱、나의方法이그르다고, 당신말해서는아니되오。⓲、누구나그의便宜대로마르기는不能하오。⓳、先生님別生氣。이것이내그릇됨이요。

註…「這個」「那個」는 指示代名詞（或形容詞）로씨우나그의便宜대로마르기는不能하오。

第四課 「兒」字的用法

「的」는 所有格을 表示하는 「의」字로 用함.

1、這兒有三個工人。 2、那兒有五個莊稼人。 3、這邊兒有一本書。 4、那邊兒沒有姑娘。 5、東邊兒有十個孩子。 6、南邊兒有八個學生。 7、西邊兒沒有人。 8、北邊兒沒有家。 9、你把這本書好好兒看。 10、你往後慢慢兒說。 11、快快兒上學堂去。 12、他一點兒也沒有空兒。 13、這個花兒實在好看。 14、有好些個胡蝶兒。 15、我要瓜子兒,不要那個。 16、他抽(吸)一枝烟捲兒。 17、你有幾個銅子兒。 18、那個老頭兒,是個好人。 19、今兒天氣很好。 20、昨兒颱風太大了。

제사과 아자용법

①여기勞動者세사람이있오。 ②저기農夫다섯사람이있오。 ③여기冊한권이있오。 ④저기處女가없오。 ⑤東쪽에는아이十名이있오。 ⑥南쪽에는學生여덜명이있오。 ⑦西쪽에는사람이없오。 ⑧北쪽에는집이없오。 ⑨너는이책을갖이고잘보아라。 ⑩너는이다음에천천히말하여라。 ⑪빨리빨리學校로가거라。 ⑫그사람은조금도틈이없오。 ⑬이꽃은참으로보기좋소。 ⑭나비가여러마리있오。 ⑮나는수박씨를願하고, 그것은싫습니다。 ⑯그사람이卷烟한개를피운다。 ⑰네게銅錢몇냥이잇느냐。 ⑱저늙은이는좋은사람이오。 ⑲오늘日氣는매우좋소。 ⑳어제는바람이너무많이불었오。

第五課 「了」字的用法 / 제 오과 료자용법

已經 이징 — 벌셔라
父親 뿌친 — 아바지
封信 펑신 — 상 나열 취라
發給送 빠께이 — 화낫이쒸
都忘記 또왕지 — 앗젼
怎賣幹 쩐매 — 뭐라 훠라 간라
丟和 떠 화 — 앗다 와
哭 쿠 — 울다
聽 팅 — 더르라
喝酒 허쥬 — 술마시다
活 화 — 살다

1、他已經走了。2、他的父親昨兒個來了。3、哥哥上那兒去了。4、我把那個語、早已說了。5、門口有人來了。6、他要錢不要飯了。7、那封信我昨天發給他送了。8、先生說的話、都忘記了。9、我的鉛筆丟了。10、她出門不在家了。11、他和你怎麼了。12、你爲甚麽賣了。13、你幹甚麽哭了。14、來了你的哥哥了。15、聽她的話了、說了你的不是了。16、你的哥哥了。17、他在家裏喝了酒了。18、學生在學堂裏寫了字了。19、五個工人做了活了。

❶ 그 사람은 발셔 갓오。 ❷ 그의 父親은 어제 왓오。 ❸ 형님은 어대로 갓오。 ❹ 나는 그 말을 발셔 말하였오。 ❺ 門 앞에 누가 왔다。 ❻ 그는 돈을 달라하고 밥은 願치 아니한다。 ❼ 그 편지를 내가 어제 그에게 發送 햇슴니다。 ❽ 先生이 말하던 말을 모도 잇어버렷오。 ❾ 내 鉛筆을 잃어버렷다。 ❿ 그 女子는 밖에 나가고、집에 없다。 ⑪ 그는 네게 어찌하드냐。 ⑫ 당신이 어찌하여 팔앗오。 ⑬ 너는 무슨 까닭에 울엇느냐。 ⑭ 당신의 兄님이 오섯다。 ⑮ 그 女子의 말을 들엇다。 ⑯ 당신의 兄님의 잘못을 말하였오。 ⑰ 그는 집에서 술을 마섯다。 ⑱ 學生이 學校에서 글씨를 썻다。 ⑲ 勞働者 다섯명이 일을 하였오。

第六課 「可以」兩字的用法

1、你可以 上學堂去。2、他一個人 可以來。3、你可以 叫他來。4、你可以 拿這個去。5、一塊錢 可以買多少 叫他來。6、你可以把那個挪過來。7、這些土、可以撑去。8、先生可以 進去。9、你可以 請他來。10、他的生活、可以過得去。11、你一天 可以寫幾張字。12、他一天 可以走多少里路。13、你可以挑 多少斤。14、你可以給他 三塊錢。15、你可以拿一張椅子來。16、你想 那件事情 可以不可以。17、我想都可以。18、我還不知道 可以不可以。19、到明天來也 可以。20、念書 念得清楚 才可以。

生字

呌 拿 塊
買 多少
挪過 土
還 進
得張
里路 挑
擡
椅想 件
斤
知道 到
念 楚 纔

제 육과 가 이두자의 용법

❶、너는 學校에 가도좋다。❷、그는 혼자서 올수잇다。❸、너는 그사람을 불러올수잇다。❹、너는 이것을 갖어가도괜치않다。❺、一圓에 얼마나 살수 잇을까요。❻、너는 저것을 옴겨올수잇다。❼、이 먼지들을 떨어도 좋다。❽、先生은 들어 가시지오。❾、그 사람의 生活은 지내갈만하오。❿、당신은 하루에 글씨를 몇장이나 쓸수 잇는 지오。⓫、그사람은 하루에 몇리나 갈수는 지오。⓬、당신은 저사람에게 三圓은 주어도 좋소。⓭、너는 당신생각에는 그일이 될터이요 안될터이오냐。⓮、당신이 저사람에게 三圓은 주어도 좋소。⓯、당신생각에는 그일이 될는지 안될는지나는 아직 모르겠소。⓰、나는 다될줄노생각하오 ⓱、來日와도괜치안소。⓲、글을읽으되 뚝뚝히알 어야만된다。

第七課 「是」字的用法　제 칠과 시자용법

1、這是我的、那是你的。2、他是我的朋友。3、你是他的朋友麼。4、俗們是相好的朋友。5、他是我們的同鄉。6、這本書是你給我的。7、那個表是從美國買來的。8、那是你的錯。9、官話是北平的話。10、這個月是三十一天。11、一年是三百六十五天。12、今天是那一天。13、樸大哥是多嚕起身呢。14、聽說他是下月初四動身。15、十畝地是一晌、十晌地是一頃。16、那塊是木頭、不是石頭。17、那是我說的、不是他說的。18、他是坐火車來的、不是坐輪船的。19、我要的是這個、不是那個。20、他是上法國去的、不是上德國去的。21、聽說王三姐要出嫁

① 이것은 내것이고、그것은 네것이다。② 그는 나의 친구요。③ 당신은 그사람에게어쩌 되오。④ 우리는서로좋은친구오。⑤ 그는 우리의同 鄉사람이오。⑥ 이冊은 당신이 내게 준것이오。⑦ 그時計(懷中)는 米國에서 사온것이오。⑧ 그것은 당신의 잘못이오。⑨ 官話는北平 말이오。⑩ 이달은 三十一日이오。⑪ 一年은 三百六十五日이오。⑫ 오늘은 어느날인가요。⑬ 樸大哥는 (大哥는 큰兄이란 말인데、小哥는 적은兄이라는 말인데 오는달 初四日에 떠난다하오)언제떠나는가요。⑭ 그의 말을들으니 오는달 初四日에 떠난다하오。⑮ 十畝(一畝는 略 一百八十坪)는 一晌이오 十晌은 一頃이다。⑯ 그것은 나무요、돌은 아니다。⑰ 그것은 내가 말한것이오、그가 말한것은 아니다。⑱ 그는汽車를 타고온것이오、汽船을 타고 온이는 아니오。⑲ 내가 要하는 것은 이것이오 그것은 아니다。⑳ 그는佛國에가는 것이오 獨乙에 가는 이는 아니다。㉑ 드른즉、王三姐(큰處女를 大姐、적은處女를 小姐、둘재 二姐 셋재를

朋友 펑여우
誰相 쉐이썅
同鄉 퉁썅
誰 쉐이
俗們 쟈먼
表 뱌우
給 게이
本書 번쑤
美國 메이꿔
樸 푸
起下 치쌰
身呢 썬너
是你的錯 쓰니뒈췌
官話 꽌화
天 텐
大哥 따거
起身 치썬
聽說 팅쒀
初四 쭈쓰
動身 뚱썬
畝畝 무무
晌頭 썅퉈
木石 무쓰
火車 훠쳐
輪船 룬촨
姐 졔

第八課 貨幣、度、量、衡

貨幣度
1、這是五毛(角)大洋、那是五毛小洋。2、一塊大洋(現洋)、換銅子兒三十八吊七。3、你給我三十張四分郵票。4、你拿八個小錢去、買開水來。5、我借給他三百八十五元金票(老頭兒票)了。6、這個松樹、可以有七七丈。7、那疋布一共有四十五尺。8、請你再扯(截)給我七寸五。9、你可以量一量這疋紬緞、到底有多少

量衡
毛角洋
郵票
小
現換吊
分郵票
金
元金

眞姣
是不是、她眞、要出嫁麼。是不是啊
借跟來
23、是買的啊、是借的呢。24、是、這是跟老宋借來的。
槪
25、是罷、大槪是他記錯了罷。26、是、是你說的眞不錯。
27、三姐 넷재를 四姐라 稱한다(以下仿此)가시집가려고 한다니、아、정말 가시집가려 하는 말이요。자! 당신말하시오、지사람이하는 말이、옳은가요、안옳은가요。28、네、이것은 老宋(老字를 姓字우에 加하야 부르면 우리말에 이스러 兄나 英語에게서 빌어 온것이오에게서 빌어 온것이오)이됨)。29、그 大洋 一元에 銅錢 三十八吊七百文市勢를 따라 不一定 하지만、略 十二角半이 一元이됨)。아마 그렇지오、대개 그사람이 잘못記憶한것이 겟지오。당신이말하는 것이 참올소。

제 팔 과 화폐 도 량 형

❶ 이것은 大洋五十錢이고、저것은 小洋五十錢이다(毛나 角은 總히 十錢이란 말이오、小洋은 小銀錢이고、大洋이란 一元의 銀貨를 指함이오、小洋은 小銀錢으로서 一元이되려면 略 十二角半이 一元이됨)。❷ 그 大洋 一元에 銅錢 三十八吊七百文(小葉錢 한푼을 十文이라 하고、小葉錢 열닙을 銅錢 한푼이라 하고、銅錢 十枚가 一吊가됨)을 바꾸니다。❸ 당신은 내게 四錢자리 郵票 三十枚를 주시오。❹ 너는 葉錢八分을 갖이고 갓서、끓은 물을 사오너라。❺ 나는 그사람에게 日本돈 三百

樹丈疋尺。10、你不曉得 丈尺寸分的分別麼。11、十分爲一寸
布共尺
再扯截 十寸爲一尺、十尺爲一丈。12、這個大米(白米)、有多
紬緞底
寸。 少(多兒)錢一升。13、一個人每個月 能吃三斗米。14、他
曉 們家去年賣了一百五十石的高粱了。15、一石就是兩斛
米升
爲 一斛就是五斗。16、到底一秉有多少石呢。17、一秉就有
每斗
石高粱 八石。18、她帶的戒指、可以 有七錢五分。19、他不要
秉
就。斛 斤、就要十二兩。20、你說我 還錯了麼、你要八兩、我
牛嘞 就給你 半斤嘞。21、那個飯桶、一頓能吃 三斤乾麨。
帶戒指
頓麨 22、別管他 有幾百斤、請你給我 稱一稱。23、這七包麵、
乾 一共有 七百三十五斤。24、他說一噸煤、準有一千六百
管稱包
噸。煤準 斤。25、八兩是 半斤、十六兩是 一斤、一百斤是 爲一
擔(擔)。

八十五元을꾀어주었소。⑥이소나무는 아마 七八丈이될것이오。⑦이 布木한疋은 都合四十五尺이오。⑧당신은이 紬緞正을재어보시오、⑨당신이 丈과尺과寸과分 의區別을 알지못하는가요。⑩十寸이一尺이되고、十分이一寸이되지요。⑪이白米는 한되(升)에값이얼마요。⑫이白米는한되(升)에얼마면 한사람이한달에、쌀서말(斗)은 먹지요。⑬저이들집에서는 昨年에 수수 一百五十섬(石)을 팔았소。⑭一石은곳 兩斛이오、一斛는곳 五斗이다。⑮一秉이라는것은 대처몇섬인가요。⑯一秉은곳八石이다。⑰그는한근지가일곱돈五分은 될것이오、⑱저女子가갖인반지는곳열두兩重이오、⑲그는한斤을要하지안코、곳여듧兩重을要합니다。⑳당신이 오히려나를 잘못내기에、내가곳당신에게半斤을주는것이오、㉑저밥통(食虫이라는意味)이 한끼에 能히밀가루로서斤을먹습니다。㉒그것이이밀가루이되던지 莫論하고請당신은몇百斤이되던지 당신은 달아주시오。㉓이밀가루일곱包袋는 都合이 꼭一千七百三十五斤이오。㉔그가말하기를石炭한噸은꼭一千六百斤이된다고하오。㉕八兩은半斤이고十六兩이一斤이오 一百斤이一擔임니다。

第九課 副詞字的應用 (一) / 제구과 부사자의응용 (一)

裏、面、頭、邊。

這裏那裏、此地。

1、這裏的事情、很麻煩。2、這裏是公館、不是住家。3、他在這裏、說了半天的閑話。4、你們那裏的年成好嗎。5、木匠師傅的傢伙 總走了。不在那裏。6、在那裏找偏了我的墨水、實在找不出來了。7、老爺在這裏、你們不好在那裏說話。8、這裏熱、那裏冷。9、這裏熱鬧、那裏清靜。10、這裏的生意大、那裏的生意小。11、這個小猫害了怕、這裏藏、那裏躲。12、此地的買賣太不講理。13、此地的成衣鋪、沒有好手藝。14、此地是個安靜的地方。15、她在裏面照鏡子打扮。16、他在裏邊兒睡覺。17、那件衣裳、可以疊在皮箱子裏頭。18、我在百花深處巷、儘裏邊的那個門裏住。19、你們說話、他在外

① 이곳의일은매우시끄럽소。② 여기는官舍고、私家는아니오。③ 그가여기서半나절이나 閑談을하고막갔오。④ 당신네그곳年事가좋읍니까。⑤ 都木手의器具는거기없오。⑥ 거기서나의잉크를두루찾아도、참으로찾아낼수없는하것이좋지못하다。⑦ 老爺가여기계시니、너이들이거기서말 차다。⑨ 여기는떠들고、저기는조용하다。⑩ 이저기의商業은크고、저기의商業은적소。⑪ 이곳고양이가무서웟어、여기감취우고、저기숨는다。⑫ 이곳은安靜한地方이오。⑬ 이곳裁縫所에는바누질잘하는솜씨가없오。⑭ 이곳의商

面都聽見。20、上面是正面、下面是反面。21、前頭走
的那位、不是張先生嗎。22、這是我的座兒、請你上頭
坐。23、後頭有人跟着、不遲。24、先去上邊
開飯、後來擦灯罩也不遲。25、那條狗常在外邊咬鷄
26、大師傳 在東邊厨房裏 做菜。27、你的手棍（文明棍）
兒 在那門傍邊。

註⋯「這裏」、「那裏」、「此地」는 場所의 遠近을 表示
하고。「裏面」、「外頭」、「上邊」 等은 場所뿐만
아니라、事物에까지그 所在를 좀더 指示하는 으로말
하는것인데、裏、外、上、下等字에다가面邊、
頭字等을 加하야 代하나니라。「裏面」、「裏頭」、
「裏邊」에 있어서面、頭、邊等字의 用法의 差異를
證明할要도 있겠지만이는 學者의 精讀과 自解에 맛
기노라。

業은너무나無理하오。 ⑮그女子는 안에서、거
울을 보며단장하오。 ⑯그는 안에서서잡니다。
저옷을 가죽箱子안에개어넣으시오。 ⑱나는 百
花深處巷속에 막바지、그門밖에서모사오。 ⑲당
신들이이아기한것을、그가 밖에서 모 듣엿다。
⑳上面은 正面이요、下面은 反面이다。 ㉑앞
에가는 저분이 張先生이안인가요。 ㉒이것은
나의 자리니、請컨대 당신은 우에안즈시오。
㉓뒤에사람이따르니、큰소리로 이야기하지
마오。 ㉔먼저 옷房에갓어 진지를 올린뒤에
灯皮를닦아도 늣지않소。 ㉕저개는늘밖에서닭
을무오。 ㉖밥짓는사람은東便부엌에서菜를만
드오 ㉗당신의 短杖이、저門녚에있오。

打扮睡。
面都聽見。
覺。
聲皮。
深處。
巷儸。
外見。
反。
前位座。
聲。
擦灯罩。
遲條狗。
常咬鷄。
厨房菜。
棍。傍。

第十課 「的」字的用法 參看第三課

제 십 과 적자 용법

新鮮細
粗黑
合原
嫌再
堆甜
熟麗
蔘
紅蔘
糊塗
聰明
俊醜
樣假
紅淨
舊淨
老實
母
用
若妖
園
死
政局賬
各簿

1、他要買新鮮的、不要壞的。2、細的、粗的、白的、黑的、不好合在一塊兒。3、我原來嫌酒涼、再給我熱的。4、那堆甜瓜不大好、生的多、熟的少。5、高麗紅蔘、也不一樣、有眞的、有假的。6、天下的人不能一樣有聰明的、糊塗的、俊的、醜的。7、那個姨太太、沒有一回穿過舊的、淨穿新的。8、公的是利害、母的是老實。9、他一家人、老的老、小的小、一個中用的也沒有。10、若有現成的餃子、請你不必再做。11、公園裏有高的、有矮的、有大的、有小的、有活的、有死的。12、這郵政局有二十來個送信的。13、管賬的一就是淨管各樣賬簿的人。14、要手藝的比莊稼人、掙的

❶ 그는 새로운 것을 사려고 하고, 썩은 것은 아니갖이려하오. ❷ 가는 것, 굵은 것, 흰것, 검은것을 한데두는 것이 좋지못하오. ❸ 나는 原來 찬술을 싫어하니 다시데웟어 내게주오. ❹ 저한무더기 참외는 좋지못하오, 선것이 많고익은것이 적소. ❺ 高麗의 紅蔘도 한가지가않이니, 참것도 잇고 거짓것도 있오. ❻ 天下의 사람이같기가 不能 하고, 聰明한것, 糊塗한 것잘난것못난것이있오. ❼ 저小室(妾)은 낡은것을 한번도입어본적이없고, 淨 새 것만입소. ❽ 숳것은 사납고, 암것은 順良하오. ❾ 저집사람들은 늙은것이 늙고, 어린이는 어렷어 한사람도알맞은사람이없오. ❿ 만일 들어둔餃子(饅頭) 가잇으면, 請컨대당신 일부러 다시만들지마오. ⓫ 公園안의 나무는 높은것

錢多。15、你要買幾石白薯、該找管家的問一問。16、買米買菜都是當家的事情。17、做莊稼的出力不少、掙錢不多。18、做飯的叫厨子、伺候飯的叫擺卓子的。19、客廳裏的鍾、可以找個修理鍾表的來修一修。20、剛纔薙頭的、從南街上過去了。21、在東四牌樓大街上、跟班的和趕車的打起來。22、在這城裏頭、算命的、拉車的、打水的、打更的、挑擔子的、推磨的、打糞的、打魚的、打圍的、各樣各色人都有。

註…原來「的」字는 所有格을 表示하는 글자인데、여기에는 名詞와같은 作用을 하게되었음으로 「所有名詞」라 命名함。「形容詞十的」…이럴때에는、그 形容詞의 品性이나、素質을가진 物을 가라치나니 「白的」、「眞的」、「新的」따위니라。「動詞十名詞十的」이럴때에는 그 名詞가 代表한 事物을 가지고

⑫ 이郵便局에는 配達夫가 二十여名이있오。⑬ 管賬的는곳 各種賬簿만을、맡은 사람이오。⑭ 「手工業하는사람은、農夫에比하면、돈을 많이 살림말은、이를찾아갖어 불으시오。⑯ 쌀을 사며、반찬거리를 사는것은 모두 살림차지한 이의 일이오。⑰ 農事하는 사람이、힘은 적지않게 들고、돈 버는것은 많지못하오。⑱ 밥짓는 이를 厨子라부르고、밥床심부럼하는이를 客室안의 掛鍾을、時計곳쳐는사람에게 주어 修理하여 오시오。⑳ 方今 理髮匠이가、南街로지나갔오。㉑ 東四牌樓大街에서 後從軍과 車夫가 싸움하오。㉒ 이城안에는 占치는사람、車끄는사람、물길는사람、夜警도는사람、짐매는사람、맷돌가는사람、똥나귀모는 사람、

「不」字的用法

某動作을行하는者를가라치게되나니「送信的」、「算命的」、「修理鍾表的」때위니라.

퍼가는사람、고기잡는사람、사냥하는사람、各種各色의사람이모도잇소.

第十一課 「不」字的用法。

제십일과 불자용법

1、請先生不要生氣,這是我的錯。2、他不還錢又不見面。3、那個卓子擦不乾淨。4、你不可跟他頑耍。5、那些椅子不大結實。6、他不要這樣小房子。7、金玉山的媳婦不會過日子。8、你不用該他的賭錢。9、請你往後小心他,不好跟他說密密話。10、你去告訴他、禮拜五我不能去。11、他是個牛獸子,不必說他好。12、若有不隨心的地方,也不該打人。13、請你留步、不用送。14、這個手表,值不了多少錢。15、他明天考試去,你留也留不住。16、他一個人去,怕他嘴笨說不上來。17、這個水斗子太大,怕你提溜不上。18、這

還又。
頑結。
玉山。
媳婦。
賭心。
密。
默。
留步。
值考。
試。
嘴笨。
提溜。
控津。

①先生님怒여워하지마시오、이것은나의잘못이오。②그는돈도갚지않고、또는얼굴도보이지아니하오。③저桌子는깨끗하게닥지못하였오。④너는그와함게놀지말아라。⑤저椅子들은그렇게튼튼하지못하다。⑥그는이렇게적은집을願치아니하오。⑦金玉山의며느리는、살림할줄을알지못하오。⑧당신은이뒤로그를注意잦지마시오。⑨請컨대당신은이뒤로그와함게秘密한말을하지마시오。⑩당신이갓어、그에게말하되、金曜日에내가가지못한다고하시오。⑪그는牛머저리니、그를말하지않는것이좋소。⑫만일마음에맞지아니하곳이잇드라도、사람을매리지마오。⑬자!더나오실것없음니다 드러가서요〈。

脫鞋。 (패―의 짓으로 쎄와)
陀。
雖。
應依。
如。
眼睛。
針線。
費, 填。
池藥。
苦咽。
虎連喘。
嶺碰隻。
揚腰, 直。
忍胳膊。
擡腿。
站。

塊地、淨有石頭、再挖不下去。19、從天津到上海、坐輪船走的、趕不上坐火車的快。20、你脫着鞋跑、也跟不上他去。21、人多吃多、一個人做不下來。22、你雖然說些好話、也是信不得。23、前天我不應他(不依他)、到如今覺着下不去。24、中國話眞難學、怕你一兩年的工夫、學不上來。25、我的眼睛已經花了、細密針線、做不上來。26、費了好些日子的工夫、還填不起那小池子來。27、這個藥太苦咽也咽不下去。28、我在八大嶺上碰見了一隻虎、怕的連氣也喘不上來。29、王有忍一身的病、胳膊揚不起來、腰直不起來、擡不起來、腿也站不起來。

註…「不」은 副詞字로서 動詞나 形容詞上에 씨워서 否定의意味를 表示하나니「不見」「不會」「不結實」

⑭ 이時計는몇푼자리안될것이다。⑮ 그는明日에試驗을보러가니、당신이挽留하여도하지못할것이오。⑯ 그가혼자가면、그의口才가鈍하여、아마말하지못할것이오。⑰ 이두래박은너무컷어、아마당신이끌어올이지못할것잣오。⑱ 이땅에는맨돌만잇어서、더파지못하겟소。⑲ 天津서上海까지가는데는、汽船을타고가는것이汽車를타고가는것만치빠르지못하리다。⑳ 당신이발을벗고달려도、그를따르지못하오。㉑ 사람이많으면많이먹는다、한사람으로는만들어낼수없오。㉒ 당신이비록좋은말을많이하드라도、믿을수없오。㉓ 그저께내가그의일에應하지못한것이、지금껏마음에未安하오。㉔ 中國말은참으로배우기어려우니、아마당신이한두해동안에배웟내지못할듯하오。㉕ 나의눈은발서、어두웟어、배내질은하여낼수없오。㉖ 여러날동안을虛費하여도、그조마한못을메어내지못하였오。㉗ 이藥이너무

「不乾淨」따위니라。 그러나 合成動詞, 即動詞가 副詞와 合하야 熟語로 된 것에는 動詞字와 副詞字間 에「不」字를 置하나니,「留(不)住」,「學(不)上 來」,「站(不)起來」따위니라。

第十二課　副詞字的應用（二）

上、下。　去、來。

1,『你的狗搶了一塊肉跑去了』2,『書架子上頭有土,可以拿撣子撣去』3,『可以叫擡轎的、擡轎去』4,『你可以撒去零碎東西、搬一張書桌子來』5,『他的薪水已經支去了』6,『他借了我的皮襖去、當了十五塊錢了』7,『拿手巾給小孩兒、擦去眼淚』8,『拿洋火去、上客堂点燈』9,『拿我的名片兒去請他』10,『那牆上有灰、可以拿笤等掃去』11,『說來說去、還是不明白』12,『那件棉衣裳、是從我們鄉裏帶來的』13,『我送給他信,他已經寄了回信』

捨肉。
輲。
撒碎。
撒薪。
支襖。
名片。
巾帕。
墻眉。
灰塵。
簍掃。
棉襖。
寄。
詩脈。
籠接。

第十三課 부사자의응용 (二)

①당신의 개가 고기한덩어리를훔쳐갖이고, 달아났오。②그册榻우에먼지가 잇으니털어버려라。③轎軍군을불러, 가마를메고 가게하여라。④너는허습쓰러기물건을걸우고, 書桌한개를옴겨오너라。⑤그의月給은발서支出하였오。⑥그가나의털두루막이를빌러다가, 十五元에典當잡혔오。⑦手巾을갖어다가어린애의눈물을씻어주어라。⑧성냥을갖이고客室에찾어燈을켜라。⑨나의名函을갖이고가서그를請하오。⑩저壁우에먼지가 잇으니비를갖이어고갓어버리오。⑪말이오고가고하여도, 아직도뚝뚝하지못하오。⑫저솜옷은, 곳우

帽套。
淹冲。
撈。
盖髣。
計。
悠月破。
玻璃按。
攜。
梯掉磕。
腦袋。
菓早。
梨。
孟林田
祖宗。
遺哎嘟。
秋院。
葉落。
哪。

來了。14、這個小姑娘、在花園裏 跑來跑去、實在討厭了、到了黑下、你可以 拿燈籠來 接我。16、你常拿土貨來、當洋貨賣。17、請你給那孩子 提上鞋罷。18、筆頭乾了不好使、該把筆帽兒套上。19、你自己不能上去、我給你推上去（拉上去）。20、那個孩子 奄水冲去、你趕緊去撈上來。21、在樓底下 有我的舖蓋、吋勞計送上來的晚。22、那個窓戶、破了三塊玻璃、叫個玻璃匠 按上去。23、我自個兒 搆不下來、請你給我搆下來。24、他從樓梯上掉下來、磕破了 腦袋了。25、苹菓下來的早、梨子下來的晚。26、孟老哥的樹林子和田地、是他祖宗遺下來的。27、哎喲、已經到了秋天了、院裏的樹葉子、都落了來哪。

（留下）

註．動詞（十）副詞。動詞에副詞用의「去」、「來」、

라．14、쌍그냥 쩨화웬리 판래판취 씌짜이 타오얜. 15、따오러헤썌 니 커이 나덩룽래 졔워. 16、니 창나투훠래 땅양훠매. 17、칭니 께이나해쯔 티쌍셰바. 18、삐토우깐랴오 뿌하오씌 깨빠삐매알 타오쌍. 19、니 쯔거 뿌넝쌍취 워 께이니 투이쌍취（라쌍취）. 20、나거해쯔 얜쒜이 충취 니깐 진취 라오쌍래. 21、짜이로우 띠쌰 여우워더 푸까이 쓰허 지쑹쌍래더완. 22、나거창후 퍼러싼콰이뽀리 쨔오거 뽀리쨩 안쌍취. 23、워 쯔거알 꺼우 뿌쌰래 칭니께이워 꺼우쌰래. 24、타충 로우티쌍 땨오쌰래 커퍼러 나오따이러. 25、핑궈 쌰래더짜오 리쯔 쌰래더완. 26、멍라오꺼더 쑤린쯔 허톈띠 쓰타 쭈쭝 이쌰래더. 27、애웨 이징 따오러쵸톈러 웬리더 쑤예쯔 또우 뤄러 래나.

러시끝에서갖이고온것이오. 13、내가그에게편지하엿드니、그가발서 回答을보냇오. 14、이적은색시가 花園에서 뛰어왓다갓다하여서、참으로성가시오. 15、저녁이되거든、너는 燈籠을갖이고와서、나를 맞도록하여라. 16、당신은늘土貨를、西洋物件으로속여서팔구려. 17、請컨대당신은 저아이에게신을 신겨주시오. 18、붓촉이말으면 쓰기가좋지못하니、반드시붓두겁을씌우시오. 19、당신이홀로올라가지못하면、내가당신을 떠밀어올려주리다. 20、저애가 물에빠졋으니 신을 떠가니、당신은빨리갓어건 전내시오. 21、樓下에나의이불자리가잇으니、下人을시켜올려보내오. 22、저들창에、琉璃세쪽이깨여젓으니、琉璃匠을불러다가 끼우시오. 23、나自手로는나리지못하겟으니、請컨대당신이나를나려주오. 24、그사람은 다라층대에서떨어저서、머리가깨여젓오. 25、林檎은일즉나고、배는늣게나오. 26、孟老哥(尊兄)의園林과田地는、곳그의祖上이

一七

前置詞（一）在。把、將、拿。

「上」、「下」等字를加하야各其熟語를作하나니、「掃去」、「跑來」、「提上」、「掉下」따위니이라。

第十三課　前置詞（一）　把、將、拿。

1、他的父親在客廳裏、和客說話。2、我們在城裏住、他們在城外住。3、他在牀上躺着、我在炕上看書。4、蔣太太在樓上舖牀、馮老娘在樓底下掃地。5、姐姐在屋裏紡線、妹妹在院子裏種花兒。6、閻財主的帽子、放在地下。7、汪老板的舖子、在前門外。8、那些零碎東西、你可以擱在鍋臺上。9、有一個瞎子、在門口要飯的母親在那裏做甚麼。11、我在車站等了一會兒了。12、你10、有人在外頭敲門。13、他在街上等一等、我要就去見他。14、他在學校裏當個英文敎師（敎員）。15、我昨

제십삼과　전치사（一）

①그의아버지는客室에서、손님과이야기를하오。②우리는城안에살고、그들은城밖에사오。③그는寢臺우에눕고、나는溫突우에서册을보오。④蔣夫人은樓上에서자리를펴고、馮夫人은樓下에서땅을쓰오。⑤누님은집안에서꽃을심으오。⑥閻富者의帽子가땅에서놓였오。⑦汪老板(老板은掌櫃와同一한데、南方에서혼이씀)의商店은正陽門밖에있오。⑧저허숩쓰러기家具들을、네가부뚜막우에두어라。⑨소경하나가門앞에서밥을달라고하오。⑩누가밖에와서門을두드리오。⑪나는停車場에서한참기다렸오。⑫에

防範 巴掌 嚇唬 羊吊 伕跳 業跺 伕碰 跌脚 將腹 訴 拳 議嚷 孫牢 豈 神 疼

天在商務印書館買了好些書。16、我告你、不要把火弄滅了。17、那個人冷不防的、把我打了一巴掌。18、你纔放鎗、把兎子嚇跑了。19、把那塊羊腿吊起來。20、他是個伏義疎財的人、把家業踢蹬了。21、那個東洋車碰我一下、把我跌倒了。22、一拳一脚將人打死。23、不要將心腹話、告訴人。24、叫他快走 將這個事 告訴他的丈人。25、你們該將孫先生的意思、牢記在心裏。26、我要將那件事、和他商議。27、你別嚷、將他的說話留神聽能。28、他拿我的書 送人、豈有此理呢。29、拿根子打人、還說不疼嗎。30、你拿他的話、不當話。

註…이「在」、「把」、「將」、「拿」等字가、이課에서 모 前置詞로 使用되는바、朝鮮語에 토「씨」와같음 「在」場所를 表示할때에 使用하는字인데、朝鮮말

어머니가거기서무엇을하느냐。⑬、그로하여금 街上에서좀기다리게하오、내가곳을보 러하오。⑭ 그는學校에서 英文敎師 노릇을하 오。⑮ 나는어제商務印書館에서冊을여러가지 샀소。⑯ 내가게에게말하노니、불을끄이지말어 라。⑰ 저사람이별안간에、내뺨을한번때렸오。⑱ 당신이方수銃을둥아서、토끼를놀래달아나 게하였오。⑲ 저羊의다리(고기)를달아메시 오。⑳ 그는 義를지키고、돈을모르는사람으로 서家産을蕩敗하였오。㉑ 저人力車가나를한번 부드첫어、나를넘어트렸오。㉒ 心腹의말을、남의게 로、사람을따려죽인다。㉓ 心腹의말을、남의게 말하지마시오。㉔ 그로하여금 孫先生의意思를말하게하시오。㉕ 당신들은맛 당히孫先生의意思를銘心하여두는것을、注意하오。㉖ 나는그일을갖이고、그이의말과商議하려하오 ㉗ 너는떠들지말고、그이의말하는것을、注意하 여들어라。㉘、그가나의冊을갖다、남을주엇

疑問詞(一) 還……嗎。呢。

토의「에」「에서」와같음.「把」「將」「拿」等
은目的語의字句가動詞上에쓰이게될때에그字句
가目的語됨을表示하기爲하야, 그字句上에加하
는것인데, 朝鮮말토의「를」「을」과같음.

兄弟。
跟。
敢。
賠。
養性。
賺養。
玩。
奶。
次定。
喜慶。

第十四課 疑問詞(一) 還……嗎。呢。

1、你還不認得他的兄弟嗎。2、廚房裏還有火嗎。3、你弄的(做的)大米飯、還沒熟嗎。4、你看我怕你嗎。5、撒謊還不算罪嗎。6、前天已經給你算賬、你還要嗎。7、你還敢說 不該他 那個錢嗎。8、那個事情 早已賠了不是、他還要告嗎。9、他念了 好幾年的書、還不會做那個文章嗎。10、你沒親眼看見、還敢那樣說嗎。11、他們家裏養了 好些個牲口呢、還來這裏 說個窮嗎。12、人家說我賺錢、可是 還差遠着的呢。13、請太太放心

제십사과 이문사(一)

①당신이아직도그의아우를알지못하오. ②부엌안에아직도불이있오. ③네가짓는白飯이아직도되지아니하얏느냐. ④당신보기에는내가당신을무서워하는줄아오. ⑤거즛말하는것은 오히려罪라고치지아니하오. ⑥그저께발서네게計算을하여주엇는데, 네가또왓더냐. ⑦당신이그래도 敢히그돈을갚지않겠다고말하오. ⑧그일은발서謝過하엿는데, 그래도 가訴訟하려고합니까. ⑨그가여러해동안도그글지읽을알지못하나니까. ⑩당신이친히눈으로보지못하고, 그래도여기와서窮하다고말합니까. ⑪저이들집에서家畜을많이기른다오, 그래도여기와서窮하다고말합니까. ⑫남들은말하되 내가돈을벌엇다하나, 아직도그와는멀기가遠하오. ⑬請컨댄太太는放心

으니, 이럴경우가어데있오. ㉘몽치를갖이고사람을따리고도, 앞으지함으로되라고말하는가. ㉙당신은그의말을갖이고, 말로여기지아니하오. ㉚당신은그의말을갖이고 하

賀。喪幫。助嫂。掛。及。勿論。憂愁。鬼登。取。洗臉。

罷、孩子們都在這裏玩耍呢。14、他叫甚麼名子、老想不起來呢。15、他說家裏忙的開不了眼、留他也留不住呢。16、聽大夫說、大奶奶的這次病還是定不住喜呢。17、有喜事呢、大家都慶賀。18、有喪事呢、大家都幫助。19、可不是呢、當父母的爲着兒孫說的話、都是正經的。20、可是呢、大嫂子常常爲我掛念、我就是趕不上他所費的心來、勿論甚麼時候（何時、多曊）手下人及不費的心來、勿論甚麼時候（何時、多曊）手下人及不上他所費的心。21、正是呢、看起長輩子爲手下人所費的心來、勿論甚麼時候（何時、多曊）手下人及不的。22、你爲甚麼這樣憂愁呢、事情已經壞了憂愁也趕不及。23、他已經成了大烟鬼了、要他回過頭來、比登天還難呢。24、誰說做生意比種莊稼容易呢、依我看做生意還是難的多呢。25、媽媽、新來的姑娘坐不下呢、你進來叫他坐坐罷。26、取燈兒呢、在書桌子底下小櫃

아직도 가면데요. 13、請컨대나님은마음을놓으시오、아이들이모도여기서작난하고논담이다. 14、저사람은이름을무엇이라고부르든지、늘생각하여도생각이나지않는데요. 15、그는말하되집안일이밥어서、눈을뚤수가없는데요. 16、醫師의말을들으면、큰어머니의이번病이、오히려胎氣가아닌지도모르겠다고하는데요. 17、婚事가잇으면은요、여러분이다慶賀할것이고. 18、喪事가잇으면은요、여러분이모도와줄것이다. 19、웨안그렇겠오、父母된이가子孫을爲하야하는말이、모도正當한것이오. 20、그렇고말구요、큰兄嫂께서는늘나를爲하야掛念하시는데、나는그어른의마음쓰시는十分의一도드리지못합니다. 21、옳고말구요、웃사람이손아레사람을爲하여쓰는마음을본다면어느때를勿論하고、손아레사람이밋지못하는것이오. 22、당신이무슨까닭에이렇게근심격정을하는가요、일이이미글러젓으니、근심격정하여도맞을수없오. 23、그는벌서鴉片鬼神이되엿으니、그를回心케하려면、하늘에울라가기보다도어렵지오. 24、누가말하기를莊事하는것이農事짓

離婚。
娶貌。
性。只
耳朵。
聾。句
息。哄
剛。掰

裏頭呢。27、飯己經弄好了、太太叫先生 快起來 洗洗臉呢。28、你來的正好呢、我們正要 上舘子裏去呢。29、你要離婚她、再娶一個 也是那麼個貌樣、那麼個性情、只怕打着燈籠 也沒處去找呢。

註…「還…嗎」는 應當그렇지않을 바에그런한바틀보고서 反話하는 으로뭇는데 使用하고。 呢는그대로是認하면서도疑訝를表示하는데使用하나니라。

第十五課 副詞字的應用 (三) 也。必。就。

1、你要回去、我也回家。2、這位老太太、眼睛也花了耳朵也聾了。3、要跟他說話、也不過幾句。4、這個孩子 真沒有出息、哄也不聽、說也不聽。5、各人有各人的意思、勸他 也是不聽。6、告訴他哥哥、和

十五

裏頭呢。27、밥이 징궁라래 다 되었는데, 내 보기에는 장사가 農事보다 참으로 흠석어려운데요。어머니! 새로온處女가앉이앉는데요。당신이들어와서 그를앉이시오。양말이오、冊床밑작은櫃속에잇는지요。진지가벌서다되엇습니다。28、당신이마참잘왓는데요、우리가 아씨가先生을얼른나서서、세수하시라고하시는데요。當신이마참잘왓는데요、우리가 바로料理店으로가려고하는티이오。29、당신이그女子와離婚하고、다시장가들려고하지만、그만한모양과그만한性情을、燈불을켜갖이고 다니면서찾아도얻지못할터인데요。

제십오과 부사자의응용 (三) 也。必。就。

1、당신이돌아가려면、나도집으로도라가겟오
2、이老婦人께서는、눈도어둡고 귀도먹었오
3、그로더부러말하려하지만、또한몇마대지나지못하오。 4、이아이는참으로 지각이못낫다、늘 그로더부러 달래도듣지않고、말하여도 듣지아니하오。 5、저마다제意思가잇으니、

趕
悔
存
銀
雨
行
瓦
散讓
電
立刻
腥
臭
顧
撓擾閣

告訴他兄弟、也是一樣。7、我劃出拼上(出上)一夜不睡、趕天亮也必送他。8、我看這個法子、必不行。9、你不聽我的話、必有後悔的日子。10、我看這個買賣、必要吃虧。11、我有頭疼的病、必要見他。12、要作好事、必要先存好心。13、已經颳了兩天的東北風、我看必要下雨。14、我看他們的銀行必要關門。15、請你等一等、我就發去。16、天快黑了、瓦匠就要散工。17、讓他先走、我隨後就到。18、用電線打信、立刻就到。19、不用在這裏耽誤工夫、起來就走。20、他就不去也是不要緊。21、雖沒見過那種腥臭的東西、聽說也就惡心來。22、淨顧自己的事情、常常撓擾閣下。23、他一看打起來、就拿起腿跑了。24、就是蠢笨的人、藐視人家。25、你何必瞪眼張聲、我還你的錢就失。

7、나는 하루밤 잠못자는 것을 犧牲하여, 날을 밝히더라도, 반드시 그를 餞送하려하오。8、내가내보기에는 이 方法이, 반드시 안되오。9、네가 내말을 듣지아니 하면, 반드시 後悔할 날이 있으리라。10、자, 보시오, 이 商業은 반드시 밋질것이오、내보기에는 반드시 破産할것이오。11、나는 머리앞은 病이있어 반드시 그를 보려하오。12、좋은 일을 하려면, 반드시 먼저 좋은마음을 두어야한다。13、벌서 이틀이나 東北風이 불엇으니, 내보기에는 반드시 비가 올것이오。14、내가보기에는 그들의 銀行이 반드시 破産할것이오。15、請컨대 당신은 좀 기다리오、내가 곳 發送하리다。16、날이 어둡게 되어, 瓦匠이 곳 散工 하려하오。17、그로 하여금 먼저 가게하오、내가 뒤따라 오。18、電報로 기별하면、卽刻에 곳가오。19、여기서 時間을 虛費하지 말고、일어서 곳갑시다。20、그는 곳 가지아니 하여도 관계치 않소。21、비록 그런 비린내 나는 物件을 보지는 못하였지만, 말만 듯고, 항상 嘔逆질이 나오。22、다만 제 일만 생각하고, 항상 閣下께 시끄럽게 하는것이、다만 失禮올시다。23、그는 싸움이 일어나는 것을 한

第十六課　人稱代名詞（二）

제십륙과　인칭대명사（二）

自己
人

冒失
恭敬
視
瞠
愁求
己
埋怨
歇
最憐
欺

1、先正自己後正人。 2、他自己打自己的嘴巴子。 3、自己不知道自己的毛病。 4、請你拉倒罷、我知道我自己是了。 5、若是你沒推倒他、怎能他自己倒了呢。 6、你不用來在那裏歇着罷、這個事情、我自己也可以做。 7、明明

是了。 26、「我怕你趕不上送他去、就去就回來。 27、在那頭等車裏頭看報的就是他。 28、他看的那本書、是英文、就是法文。 29、我們老百姓、喫不愁穿不愁得了、又求甚麽呢。

註…「也」、「必」、「就」는 모도 副詞로씨 쓰나니 其用法에 特히 留意할지니라。

❶、먼저自己를바르게한뒤에、남을바르게잡아라。 ❷、그는自己로自己의뺨을때린다。 ❸、自己가自己의病痛을알지못한다。 ❹、請컨대당신은고만두시오、나는나의自我를암니다。 ❺、만일내가그를떠다넘기지아니하엿스면、그가어찌하여自己로넘어지겟느냐。 ❻、당신은올일에없이、거기서쉬시오、이일은내自己로도할

번보드니、고만두다리를들고달아났오。 ㉔、바루어러석고미욱한사람이남을업수이여기오。 ㉕、당신이눈을부릅뜨고、소리를지를것이야무엇이오、내가당신의돈을갚으면고만이지오。 ㉖、내생각에는당신이그를錢送하기에不及할듯하니、곳갓다가곳돌아오시오。 ㉗、저一等客車안에서新聞보는이가곳그분이오。 ㉘、우리네百姓들이야、먹을것걱정않고、입을것걱정않으면고만이지그밖에무엇을또求하겠오。

確約 摸
騙 戲
吾儕
敬
影
覓
光累
波笑
體諒
樂
恨傷
根
哼急
狐狸精
巫惑熊

是他自己找着吃虧的、還來埋怨你嗎。8、天下最可憐的就是自己欺哄自己的。9、自己不知眞確、不好約摸着說。10、不用你自己表明、大家早已曉得了。11、他自己覺着不好意思同他看戲（聽戲）去。12、他沒做正經事、淨會騙人。13、你別拿我的話支吾人。14、他這樣欺人、我不能饒他。15、在家不敬人、出門沒有人敬。16、他淨拿沒有影兒的事來哄人。17、你這樣欺負人、有甚麼用處。18、他自己也沒有好的事情光在那裏累人。20、這個小孩兒、常常纒磨人實在討人嫌。21、賈波林眞會耍笑人。22、他那樣體諒人、人家還不樂意照應他嗎。23、哄人和恨人、是一種害人傷己的根本。24、他在牀上淨哼哼的躺着、沒說出那裏疼、眞正燥急人。25、像那狐狸精似的巫婆、光會惑弄人。26、熊先生最喜歡閙

⑦、分明히 그 自身이 損害를 보게 한 것인데、그래도 와서 당신을 怨望하는가요。⑧、天下에 가장 불상한 것은、自己가 自己를 속이는 것이다。⑨、自己가 眞確한 것을 알지 못하고、어림치고 말하는 것은 좋지 못하다。⑩、당신은 自己로 表明할것이 없오、여러분이 발서 다 알었오。⑪、「저사람과 할게 演劇보러 가는 것이、좋지 못한 것인줄을、그는 自己로 알엇오。⑫、그는 正當한 일을 하지 아니하고、다만 남속일을 容恕할수 없소。⑬、당신은 나의 말을 갖이고、다만 남에게핑게 하지 마시오。⑭、그가 이렇게 남을 골나게 하니、나는 그를 容恕할수 없오。⑮、집에서 남을 공경하지 아니하면、밖에서 나를 공경할 사람이 없다。⑯、그사람은 아주 그림자도 없는 일을 갖이고、사람속이오。⑰、당신이 이렇게 남을 속이는 것이、무슨 用處가있오。⑱、그는 自己에게도 좋은 일이 없으면서、다만 거기서 남에게성가스럽게만하오。⑲、이어린애는 줄곳 사람에게만 매달려서、참으로 남에게 싫음을 받는다。⑳、짜푸린는 참으로 사람웃길줄 아오。㉑、그가 그렇게 남을 잘생각하여 주니、남들이 또한 그를 도와주기를 즐겨하지 아니하겠오。㉒、남을 속이는 것과、남을 원수로여

第十七課　接續詞(一)　和、與、連、同並。

1. 雖說不合式、也不可和他打架。 2. 我已經和他說割辮子、也是不聽。 3. 我和他作了一年多的街坊還沒來往。 4. 善人和惡人、天生是仇敵。 5. 你和他不是一路人、不可交往。 6. 先生和學生互相親愛、纔好。 7. 和這種人說到天亮、也是無益。 8. 他的店舖和貨物、也不過能值三千塊錢。 9. 你和他不必相罵相爭、也無益。 10. 你別信他的話、他的嘴依我看還是早一刻說和好。

語彙
- 歇 ː
- 濟人、人家 都稱他 濟公活佛。
- 佛 ː
- 註…「自己」는 쏘한代名詞로그 意味를 強力 있게 表示 할제 使用하나니라。「人」字는 他動詞의 目的語로 씨울때의 不定代名詞作用할을 示한 것임。
- 式 ː
- 割辭子
- 善ː仇
- 敵ː
- 交互
- 無益
- 店物
- 罵爭
- 全ː

제십칠과　접속사

① 비록 不合當하드라도、 그로더부러싸움하지 마오。 ② 내가발서그에게머리채를베라고하엿 지만、亦是듣지아니하오。 ③ 내가그로더부러 一年이나넘어이웃을하엿지만、아직도來往 은업소。 ④ 善人과惡人은、天生의원수오。 ⑤ 당 신은그와한길의사람이아니니、相從하지마시 오。 ⑥ 先生과學生이서로親愛하여야만좋 다。 ⑦ 이種類의사람과날이밝도록말하여도 또한無益하오。 ⑧ 그의廛房과물건이、각하여 야三千元의價値에不過하오。 ⑨ 당신은그로더 부러반드시서로모辱하며、다투지마오、내보기

・興妻
・匪
・普通
・肯
・緣故
・軟弱　黃
・俗語
・躲避
・溝渠
・甲
・志恐
・産
・燒聲

和心裏　全然不同。11、上回我和你說的　他們怎麼先知道了呢。12、與你們　沒關係的、再不用管了。13、從來素不相識的人、爲何與你　結仇了呢。14、你別生氣、不過是我與你玩笑的話。15、你與那等匪類　相交、打算將來怎樣過活呢。16、他與普通人不同、平素不肯說明自己的意見。17、他雖然喝的多、因爲連喝帶吃的緣故、身體倒沒軟弱。18、他的買賣倒(黃)了、所以連手脚也不用了。19、疼倒惱袋疼、就是連媳婦也不用了。20、的麤不少。19、疼倒惱袋疼、就是連手脚也不用了。20、道兒上被汽車躲避不迭、連我帶牲口都跌倒溝裏去了。俗語說、天也不怕、地也不怕、連我也吃不少。21、在22、「我同他　不但同歲(同甲)、同鄉、同學、也是同志。23、你若有事、同我商量、不然恐怕你以後弄出差錯來。24、你也往那裏去、那麼同我走　好不好。25、他的家裏

에는도러어一刻이라도일직이和解함이좋소。⑩、당신은그의말을믿지마오、그의입과마음은아주다르오。⑪、먼저번에내가당신으로더부러말한것을、그들이어떻게먼저알았을가요。⑫、以前붙어서로알지못하는사람이、무슨까닭에당신의게寃讎를맺겟는가요。⑬、당신들과關係없는것에、다시는相關하지마오、내가당신의게弄談한데不過하오。⑭、당신은성내지마오、⑮、당신이그런匪類로더부러사귀면、將來에어떻게살아갈가고생각하오。⑯、그는普通사람과같지아니하여、平素에는自己의意見을說明하기를즐기지아니하오。⑰、그는비록술을많이마시지만、술과밥을한께먹는까닭에、몸은도러혀軟弱하지않소。⑱、그의장사는거판이났으、그까닭에나까지도損本것이적지아니하오。⑲、앞으기는곳골머리가아오。⑳、俗談에말하되、마누라까지도무섭지않고、땅도무섭지않다고한다。㉑、길에서自動車를맞어避하지못하여、나와牛馬까지함게개울에빠젓다。㉒、나는그이와다만同甲、同鄉同學뿐만아

失了大火、把房子財產大小牲口、都燒得磬淨了。26、敬請先生大人、並合家福安（清吉、金安）。27、原來賭博場並娼妓園、是無賴漢（光棍子）所出入的地方（地處）去打掃。

註：「和」「與」「連」「同」「並」等字가接續詞로씨울때의用例를示한것이니留意할지니라.

第十八課 前置詞（二）

給、替、敎、使。
令、被、叫。

1、暫且沒有錢、你賒給我行不行。2、請你給我打個九個字一付的仿格子。3、我有最熱鬧的故事、你坐下我說給你聽。4、你打算倆不找、我不能換給你。5、我在大家面前、把他的醜事（醜行）一一說破、給他害

나라亦是同志오。㉓、당신이만일일이잇거든나와함께商議하시오그렇게할以後에당신이잘못하여틀림이생길가격정이되오。㉔、당신도그러로간다니그려면나와함께가면어떠하오。㉕、저사람의집에는큰불이낫어、家屋과、財產과아울러大小家畜까지모다타워버렸오。㉖、先生大人과아울러宅內가 清福하시기를敬請합니다。㉗、原來賭博場과아울러娼妓집은、곳無賴輩가出入하는곳이오。㉘、너는오늘客室안의둥근桌子와、冊床과簾하여大小家具까지모음겨내여다가掃除하여라。

제二十과 전치사

①、아직은돈이없으니、당신이내게외상으로주는것이어떠하오。②、請컨대당신은내게아홉字한줄의정간을거어주시오。③、내게아주야단법석으로웃을만한넷말이잇으니、네가엽아라 내가네게들려주마。④、당신의생각에는、막바꾸려하거니、나는당신에게바꿔줄수없오。⑤、내

柄智
稍
守
由
受
排擠
攙價
噁錯
瓶蟲
騎蟲
案
攻

臊了。6、傳道的說、耶穌替萬人贖罪。7、你替我祈鞋底、我替你梳楗子。8、你自各兒辦不到、我替你幫個忙。9、你這樣不會安分守己的人、實在敎我丟臉。10、那種事、敎我看、不如由他好。11、不但他自己過不了活、敎我們也受苦了。12、依着他的方法做、敎你沒有甚麼難辦的。13、那麼些人去、恐怕敎他一時不能安排。14、蕭蕭的秋風、把樹葉子都掉下去、實在使人傷心哪。15、我常使你受了幾多的苦、實在對不起得很令我可恨。17、她沒有甚麼美麗、就是那臉上常帶着一16、張麻子那個混賬東西、無故的對人說我的長短、眞團和氣、眞令人歡喜。18、他在門口被門軍擋住了。19、不用跟他玩、怕你被他慣壞了。20、他在南長街上被狗咬了腿了。21、他不會眼色、常說得被人嗤笑。

가 여러분 앞에서、그의 醜行을 잣이고、날날이 說破하여、그에게 부끄럽게 하였오。 6、傳道師 의 말에는、예수가 萬人을 代身하여 贖罪하였다 하오。 7、너는 내게신 바닥을 꿰어매어 주면、나는 네게 운을 꿰어매어 주마。 8、당신이 自己로 할 수 없으면 내가 당신을 도오리다。 9、너 이렇게 安分守己할줄 알 出을 알지 못하는 사람아! 참으로 나로 하여금、낯을 깎이게 한다。 10、그런 일은 나로 보기에는、그 사람에게 맡기는이만 치 좋지 못하 오。 11、그는 自己가 살지 못할게뿐 아니라、우리로 하여금도 한 고생을 받게 하오。 12、그 사람의 方法 대로 하여 가면、너로 하여금 무슨 하기어려울 것 이 없을 터이다。 13、그렇게 많은 사람이 가면、아마도 그에 한 거번에 收容하기 不能할 듯하 오。 14、쓸쓸한 가을 바람이、나무잎을 모도 훌 어떨어뜨리니 참말사람으로 하여금 많은 苦心케 하는 구나! 15、내가 늘 당신으로 몹시 未安하오。 16、張곰보고 받게 하여서 참으로 많은 苦痛을 여려운 것이、까닭없이 사람을 對하여 나의 是非

二九

前置詞 (二) 給、替、敎、使、令、被、叫

擊
言
譭
逃
偸

22、那個醋瓶、被他打破了。23、人善被人欺、馬善被人騎。24、被長蟲咬了的、見了黑索 也害怕。25、他正在說長說短的時候、被我一場攻擊、叫他閉口無言了。26、我叫他打了一拳、他叫我踢了一脚。27、我正在逃跑的時候、叫哥哥拿住了。28、你們的翼猫、常常來偸嘴實在叫人討厭。29、他眞叫人 信不得、他說的 沒有一句實話。

註:「給」「替」가 이 課가에서는 前置詞로 使用되엿고。「敎」「使」「令」等字도 前置詞로 使用하엿으나、各其字下에쓰인名詞(十)動詞를 連絡하여 解釋하여보면 使役動詞의 作用을 한다 할수 잇나니、곳「하게한다」는 뜻임。「被」字도 쏘한其下에쓰인 名詞十動詞를 連絡하여 말할수밖에 업으나、쏘한其下에쓰인 名詞十動詞라 말할수 잇는 것으로 解釋하여 보면 被動의 作用을 하는 것으로 看做됨。

을 말하니、참말 나로 하여곰 忿恨을 품게 하오。⑰、그 女子는 別로히 어뿔것은 없으나、곳 얼굴에 恒常 一團의 和氣를 띄여서、참말 사람으로 하여곰 반갑게 한다。⑱、그는 門앞에서 門직이에게 拒絕을 當하엿소。⑲、그와 함게 놀지 말아라、네가 그들 딿어 못쓰게 될가 무섭오。⑳、그는 南長街에서、개에게 다리를 물엿소。㉑、그는 눈치를 알지 못하고、恒常 말하는 것이 남의 웃김만 받읍다。㉒、그 醋瓶이 그 사람에게서 때려 부서젓다。㉓、사람이 착하면 남에게 속이우고、말이 順하면 사람을 태운다。㉔、배암에게 물린 사람은、검은 줄만 보아도 놀란다。㉕、그가 한참 攻擊을 當하고、그만 閉口無言하엿소。㉖、내가 그에게 한발 길채 엿다。㉗、내가 바루 한 주먹을 맞고 잇을적에、나에게 한마당 攻擊을 當하여、그는 내게 한발 길채 엿다。㉘、당신네 알룩고양이가、 出곳 와서 도적질하여 못하게 하오。참말 얄밉게 귀오。㉙、그는 참말 남이 믿지 못하게 하오。그가 말하는 것이 한마디도 참이 없

第十九課　副詞字應用的 (四)

那麼、怎麼、這麼。

1、那麼大的孩子、還不會講 這句文章嗎。2、若是他那麼樣的欺負朋友、那不算個人了。3、你那麼說的、都是信不得。4、那麼小的孩子、眞會寫字。5、那麼滑的道、不能不打趔趄。…6、那個孩子直哭、這麼哄也不好、那麼哄也不好、到底怎麼辦好呢。7、我這麼教他、那麼說、到底沒有出息的希望。8、他這麼蹧蹋你、你還能助他嗎。9、任誰也想不到 他講的這麼痛快。10、依你這麼說、那隻小驢不能借來。11、請你出一點神、再不要這麼獃着。12、我怕他 排這麼重的擔子、厭壞了他的肩膀兒。13、你怎麼 不去做禮拜。14、你爺爺的身子、怎麼樣呢。15、他怎麼送給她 一副鋼子了呢。16、我早已

제십팔과 부사자의응용 (四)

❶、저렇게큰애가、아직도이글句를解釋하지못합니가。❷、만일그가그렇게親友를속인다면그것은사람이라할수없오。❸、당신이그렇게말하는것은、모도믿을수없오。❹、저렇게적은애가참으로글씨를잘쓴니。❺、그렇게미끄러운길에서는、빗를거더지아니할수없오。❻、저애는달래곳을기만하여이렇게달래도안되고、저달래도안되니、結局어덯게하여야좋겟소。❼、내가그를이렇게가르치고、저렇게도와주어도、結局은出世할希望이없오。❽、그가당신을이렇게결단내여주어도、당신은그를그냥둘수잇겟오。❾、누구든지、그가말하는것이이렇게痛快할줄은생각지못하엿오。❿、당신의이렇게말하는대로하면、그나귀를빌어올수가없오。⓫、나는저이가이렇게말말거거니 뜨고잇지마오。⓬、나는저이가이렇게무거운짐을메니、저이의어깨가눌려서결단날

副詞字的應用（四）那麼、這麼、怎麼。

程瘦
迂滯
品
呀
攤

告訴你、往後、再不要上他家 推磨去、你怎麼 又去了。

17、我們在張家口（口外）發送的皮貨、怎麼 還沒到呢。

18、他這程子、怎麼那樣瘦了呢。19、他是個眼明手快的人、怎麼這点事上、這樣迂滯呢。20、她怎麼這麼 不快樂呢 你可以給她 開開心兒。21、不知道她在學堂裏、品行怎麼樣。22、你不願意念書、也不願意 做買賣、到底 怎麼辦好呀。23、他光說去去、一到開會的時候一回也沒來、到底 怎麼個會事兒呢。24、叫你 洗這雙洋襪子、還沒洗出來、到底 怎麼個緣故呢。

註⋯耶麼、這麼、怎麼는 副詞或은 疑問詞로 用하는 것인데、麼字는（러면、러한、렇게）等의 뜻으로 用하나이라。

13、당신은어찌하여禮拜보러가지아니하오。14、당신할아바지의몸이어떠하시오。15、그는어찌하여서그女子에게팔둑가락지한雙을보내주엇습니까。16、내가발서네게말하되以後에는그사람의집에맷돌질하러가지말라하엿는데、네가어찌하여또갓드냐！17、우리가張家口에서보낸皮物이어찌하여아직도오지아니하엿는가。18、저사람은이즘에、어떻게、저렇게、파리하엿는가。19、저이는눈밧고손빠른사람인데、어찌하여、이만한일에、저렇게遲滯하는가요。20、저女子는어찌하여이렇게喜色이없는가、당신이저이에게마음을풀어주시오。21、그女子가學校에서品行이어떠한모양인지알수없오。22、네가글읽기도願치않고、장사하기도願치아니하니대처어떻게하여야좀겟너냐。23、그가온다온다말만하고、開會만되면한번도오지아니하니、대처무슨일축인가요。24、너다려이洋襪을씻으라고하엿드니、아직도씻지아니하엿으니、結局무슨緣故냐。

［三三］

第二十課　會話（一）　學習中國話。

1、請問　你學中國話的目的　在那處（那邊兒、那兒）。
2、暫不用說遠大的目的、就爲着入學的預備。3、你的口音淸亮、並且說的話　也不錯。4、好說好說、因爲四聲的關係、說也間或　有人家聽不出來的。5、四聲是中國人、也都不能知道的　就在發音上用工夫。
6、然而有人勸我說、比發音　先把四聲　學好、這是甚麼意思呢。
7、那也有理、可是　叫初學的人、先把四聲學好、不但學的困雜、並且因着四聲、反壞了說話、所以　先把發音學好、說出話來、自然而然的　四聲也　分得出來了。
8、若要知道　中國話的發音、其麼書好呢。9、對於發音是「京音字彙」對於官話　是「官話類編」好。10、謝謝、

제이십과 회화 (一) 中語배우는

①뭇사옵나니당신이 中國말을배호는 目的이어데잇소 ②아즉遠大한目的은말할것업고, ③당신의 口音이 똑똑하고, 또한하는 말도괜치아니하오. ④天萬에말슴이외다、四聲의關係로因하야、말은하여도남들이알어듯지못할때가間或잇슴니다. ⑤四聲은中國사람도저마다알기不能한것이니어떠한분은내게힘써勸하기를、發音보다먼저四聲을배호는것이좋다하니、이것은어찌된말일가요. ⑦그것도有理하지만、처음배호는사람으로하여곰먼저四聲을잘배호라면、다만배호기困難할뿐아니라、兼하야四聲으로因하야도로혀말을버릴터이오、그러므로먼저發音을잘배와서、말을하게되면、自然히四聲도분간이되오. ⑧中國말의發音을알여고하면、무슨冊이좋음잇가. ⑨發音에對하야는、「京音字彙」

往後準行 先生的指教、要用工。11、你現在 拿怎樣的方法來、用工呢。21、在白天 單聘一位官話先生、學兩個鐘頭、在晚上往平民夜校去、學三個鐘頭。13、那很好、但是學官話、時常 跟中國人談談、就見長進、你有中國人認識的嗎。14、我也想倒那麼想、却沒有那樣的朋友。15、我在每天下午三點鐘以後沒有公事、請你天天到敝寓來、隨便談談罷。先生的工夫不少罷。17、你學中國話、從甚麼時候起的呢。18、已經過了一年、但是說話、覺着很難了。19、在學校能聽得出 先生們的講話來嗎。20、那裏 都聽得出來呢、不過略略的聽出三分之一來。21、那麼 看書和看報 倒都行罷。22、講義和報紙 倒可以、就在小說書上有許多看不下去的。23、你聽過 上海和廣東話了麼。

教。單聘。位。晚。談長。們識。却倒。午敝。寓。於。就誤。夫。略之。報行。義。廣海。許。似聚。像。便使。

官話에對하야는「官話類編」이좋으오。⑩、고싶읍니다、이뒤로는 先生의指敎를準行하여、공부할여합니다。⑪、당신이 至今에어더한 方法으로工夫하시오。⑫、낮에는 官話先生한분을따로招聘하야두時間을배호고、저녁에는平民夜學校에가서세時間을배움니다。⑬、그것은 매우좋소、다만官話를배호기는 때때로中國사람과談話하면곳進步되는데、당신이 中國人친구가있오。⑭、나도생각하지만、그런친구가없오。⑮、내가每日午後三時以後에는 공사가없으니、請컨대당신은날마다내집에와서、마음대로 談話하시오。⑯、그렇게하면내게는 매우좋지만、다만 先生外時間을 虛費식힘이 不少할가봄니다。⑰、당신이 中國말배호기를、어느때부터始作하였오。⑱、발서 一年이나지낫지만、會話하는것은、매우어렵게 생각되오。⑲、學校에서 先生의講話를 能히알어 듣는가요。⑳、어데요、모도알어듣을수이읍니가、간신히三分의一이나알어듣는데不過하오。㉑、그러면 冊보고 新聞보는것은 모도 能하겟지。

第二十一課　疑問詞（二）

胡琴　麻　牌　案那

1、外頭誰來叫門（敲門、打門）。2、你來叫誰。3、誰在客堂裏拉胡琴。4、剛纔在那屋裏坐的那個麻子是誰。5、這些玩藝兒（玩物）、是誰買給你的。6、誰在家裏看門（看家）。7、那個小孩兒、一点出息也沒有、任誰也不怕。8、他的大襖、不知道誰拿去了。9、誰肯說自己的爪兒苦。10、誰的門口 能掛個 無事牌呢。11、同在一個城裏住、誰也不認得誰。12、我們在這裏說的密密話

24、聽過倒聽過了、却是 好像外國語裏出來喇。25、那倒不要緊、就會說官話、甚麼地方也都可以使得的。

제이십일과　의문사（二）

❶밖에누가와서門을두드린다。❷당신이와누구를찾으시우。❸누가客室에서笑琴타오。❹방금저房안에앉앗든 그곰보는누구요。❺이작난감들은、누가네게사다준것이냐❻누가집에서서집을보느냐。❼저어린애는、조금도싹수가없어、누구든지두려워하지아니하오。❽저사람의두루막을누가갖어갓는지알수없오❾누가自己의외(爪)가쓰다고말하겟오。❿누집門앞에能히無事하다는牌를걸수잇겟오。⓫한城안에함게잇어도누가누구인지알지

못하오。

㉘講義와新聞에는그래도괜치않지만、小說에는、잘알어볼수없는것이많이있오。㉔들어보기는들어보앗지만、맛치外國말같어서、한마듸도알어들을수가없어요。㉕그것은관계치않으오、官話만할줄알면、어느地方에던지도쓸수잇오。

疑問詞（二）誰、那一

・帖
・陽曆
・陰
・簽庫
・螃蟹
・獅野
・獸禽猛
・葡萄橘
・聚蕉
・粟核
・桃杏

管誰也 不要說。13、他們夫妻倆的脾氣、誰也 不肯讓
誰。14、你看不中 這一個、還看中 那一個呢。15、這裏有
好些書、你說那一本書呢。16、還有兩件公案、先辦那
一件好呢。17、孫先生是 那一位、有人電話。18、請你隨
便挑。不管那一個、都不要緊。19、剛纔在你那裏、
說的那位女學生、是在那一個學堂。20、我聽說 他們
早已換過庚帖、到底 那一天娶親呢。21、今天是陽曆五
月十五日、陰曆是四月那一天。22、大家的意思、贊成那
一頭。23、這裏 有三疋庫緞、你要那一疋。24、今天 送你
螃蟹的人 是那一位。25、你看那一塊好、就用 那一塊。
26、獅子、老虎、狗熊、這三種野獸、不論那一種都是最
凶猛。27、這裏有 葡萄、橘子、棗兒、香蕉、小梨、栗子、
胡桃、杏子、桃兒等等、你願意吃 那一樣呢。

못하오。⑫、우리가여기서秘密히말한것을、누
구에게나말하지맙시다。⑬、그들夫妻두사람의
性票은누구든지누구에게지지아니하오。⑭、당
신이 이것을 쓰지못할것이라하면、또한어느것
을쓸것이라고 붉니까。⑮、여기冊들이많이있습
니다、당신이말슴하시는것은 어느冊인가요。
⑯아직 도두가지公事案件이 잇는데、어느 것을
먼저處理하는것이좋은가요。⑰孫先生이어느
분인가요、電話가왓습이다。⑱請컨대당신은
마음대로고르시오、어떤것을勿論하고 아모도관
게치아니하오。⑲、방금당신집에서、이아기하
든그女學生은、어느學校에다니는가요。⑳、대
가들으니 저이들이발서四柱單子를받엇다니
結局은어느날에장가를드는가요。㉑、오늘이陽
曆五月十五日인데、陰曆으로는四月어느날인
가요。㉒、여러분의意思에는어느쪽을贊成하시
는가요。㉓、여기에모본緞三疋이잇는데。당신
은어느疋을쓰려하오。㉔、오늘당신에게게（蟹
를보낸사람이 어느분이신가요。㉕、당신이보
기에어느덩이가좋거든、곳그덩이를쓰시오。

註…「誰」나「那一」가 共히 疑問詞로서、「誰」는 사람을 뭇는 데는 쓰고「那一」는 選擇的 疑問을 表示하는 데 使用하나니라.

第二十二課 副詞字的應用(五) 頂、最、很、至.太.咸.過.

1、老虎是頂利害的。2、這個玻璃瓶頂貴重,你得小心用罷。3、那個漂布頂好,可以做被單兒。4、葉玉泉的心眼兒最詭詐。5、這些藥最利害,至多一天吃三回。6、這裏的水田,一畝地最多值三十多塊錢。7、你定了親的那位姑娘,我看她心裏最喜歡的樣子。8、西洋人的身量很高。9、我看他辦事,很有良心。10、我們走大路好,小路拐彎得很。11、像他那樣的天分,當個外交部的差使、也很可以。12、這本書至早,四月初抄完,至

제이십이과 부사자의응용 (五)

①、범은제一사나운것이오.②、이琉璃瓶은第一貴重한것이니,조심히쓰야만된다.③、그玉洋木은第一좋소,홋이불도할만하오.④、葉玉泉의心보는가장詭詐하오.⑤、이藥들은가장毒한것이니,至極히많아도,하루에세번만자시오.⑥、여기의논은一畝地에가장많아도 三十餘元밖에아니되오.⑦、당신이定婚한處女는,내보기에그의마음이가장기뻐하는모양이오.⑧、西洋사람의키는매우크오.⑨、내가그의하는일을보건대매우良心이있오.⑩、우리는큰길로가는것이좋다,적은길은매우돌아가게되오.⑪、그이와같은그러한재조로서도,外交部의벼

副詞字的應用 (五) 頂、最、很、至、太、或、過。

○牢 晚也不過四月底。13、前兒 偸去了的那個賊、至少也坐
○獄 一年的牢獄(監獄)。14、你那個瘡、該常用 藥水洗、至
○瘡 少一天兩回。15、梁財東送來的 那件禮物、至少 也值五
○絮泡 百塊錢。16、夏天太熱、天也太長。17、他做的 那篇論文
○茶濃 太煩絮了。18、你泡的茶太厚(濃)、往後 要輕一点兒。
○殯 19、宋家出殯的 那一天、街上太熱鬧了。20、因爲我的嘴
○誚逾 太直、人家多半是 厭煩了。21、我今天走了 七十里路、
○ 太乏了。22、我看你譏誚他、太過逾了。23、那溝裏的水
○秦德 或髒了。24、秦德三的 心眼兒、或毒了。25、雖然做的
○ 或快、不大仔細。26、他錯的 是不差的、你也說的 或利
○仁 害了。27、你雖然 過了 七十多歲、辨公的 過於精明
○鬆 太了。28、敎養孩子、不可過鬆、也不可過嚴。29、你雖 這
○凡究 算、也不可 過於打算。30、講究漂亮的人、沒有像你

슬을 하는것도、또한可하오。⑫이冊은至極
히빨라도四月初요、至極히늦어도四月末에는
謄書가될터이오。⑬그적게훔쳐간그盜賊은、
至極히적어도、一年동안은監獄살이를할것이
오。⑭당신의그瘡에는、맞당히藥물을갖이고
씻되、적어도하루에두번씩은하시오。⑮梁
錢主가보낸그禮物은、적어도五百元의價値는
되오。⑯여름은너무덥고、해도너무기오。
⑰그사람이지은論文은、너무煩多하오⑱당
신이만든차(茶)는너무 진하니、이다음에는
좀묽게하오。⑲宋氏집에서出殯하든그날은、
市街가 흠썩버젹하였오。⑳나는입이너무발라
서、사람들이거진 나를싫어하오。㉑내가오늘
七十里길을걸엇드니 너무疲困하오。㉒내보
기에는 당신이그사람을譏弄한것이、너무지나
쳤오。㉓저개울의물은 흠썩더럽오。㉔蔡德
三의마음보는、흠썩毒하오。㉕비록하기는빨
리하지만、그렇게조밀하지는못하오。㉖그사
람이잘못한것은、틀리지아니하지만、당신이말
한것도 흠썩毒하였오。㉗당신이비록七十餘歲
를지냇으나、公事를處理하는데는、너무精明함

樣過分的。31、和熟人交往、不可過於拘謹。

註。「頂」、「最」、「很」、「至」、「太」、「咸」、「過」等字는 總히 本課에서 副詞의 最高級을 表하는 것이다.

第二十三課 助動詞。(一)

得、不得。不動、倒不倒。

1、忍得一時氣、免得百年憂。2、兩脚站得牢、不怕大風搖。3、他說的那句話、也說得過去。4、生得太醜、羞見父親。5、欺得別人、欺不得良心。6、瞞得過人、瞞不過神。7、你的房子邪、住不得、趕快搬去罷。8、遠水救不得近渴。9、逃了王法、逃不得鬼神。10、你把那個事、弄到這個地步、怪不得他生氣。11、了不得了、那個小孩子、跌倒水裏去了。12、敎育是總得少不

제이십삼과 ○ 조동사 (一)

❶、한때의 忿을 참으면, 百年의 근심을 免한다. ❷、두다리로 서기를 튼튼히 하면, 큰 바람에도 혼들릴까무섭지않다. ❸、그가말한 그말은 말하염즉하오. ❹、생기기를너무醜하게하면, 아버지보기도부끄럽다. ❺、다른사람은속일수잇지만良心은속일수없다. ❻、사람은 欺瞞할수잇지만 神은欺瞞할수없다. ❼、당신의집은凶家라살수가없으니, 어서빨리옴기시오. ❽、먼데물은 까운데목마른것을救하지못한다. ❾、國法은逃亡할수잇어도,鬼神은逃亡할수없다. ❿、당신이 그일을이지경까지만들어놓앗으니, 그사람이

니다. ㉘、아이들을敎養하는데에, 너무때버려 두는것도옳지못하고, 너무嚴한것도옳지못하오. ㉙、几事를打算하지아니치못하겟지만, 너무 打算하는것도 亦是옳지못하오 ㉚、맵씨를내려는사람이, 당신처럼이렇게過分이가없오. ㉛、익숙한사람과相從하는데는 너무禮節을차림도옳지못하오。

助動詞 (二) 得不得、不動、倒不倒。

制 得的。13、‹你制不得我、我愛怎麼樣、就怎麼樣。14、‹真
捨 的假不得、假的真不得。15、‹我和你作了六年的同學、
滿 到如今分離、實在 捨不得。16、‹要走嗎。脚下起泡 走不
錐讚 動、雇輛轎子嗎、滿路都滑、轎夫也 擡不動。17、‹這把
牙 錐子 鑽不動、可以拿個鑽子來 鑽一鑽。18、‹牲口走乏了
硬嚼 趕也 趕不動。19、‹在那輪推車、坐了八個人、他要推 也
堅 推不動。20、‹我的牙不好. 硬的東西 一点也嚼不動。
引誘 21、‹拿主意堅定的人、誰來引誘 也誘不動。22、‹他不願意
抓肚 來、我給他拉 也拉不動了。23、‹上回土匪來 搶的時候、
胖迴 那些 跑不動的人、都被 他們抓住了。24、‹那個 大肚子、
駁 胖的實在迴不動。25、‹這是 自然的理、誰能 駁倒了呢。
拐佟 26、‹眞討厭的 孩子們、在道路上拐了 一塊大石頭、夜
裏走的 把我絆倒了。27、‹明明白白的 你推倒了他、到遣

성낸다고 異常히여길것이었오. ⑪、큰일이낫다、
저어런애가、미끄러저물에빠젔오。⑫、敎育은
어떻든지없지못할것이다。⑬、당신이나를抑制
하지못하오내가어떻게하고싶으면、거즛것은참
것이될수없다。⑭、참것은거즛이될수없고、지금에와서離別
하게되니참으로섭々하오。⑮、내가당신으로더부러六年동
안이나同窓으로지내왓는데、지금에와서離別
하게되니참으로섭々하오。⑯、걸어가려하니
발이부르터서걸을수없고、가마를얻어타려하
니、오난걸이미끄러워、轎軍군도메고갈수없
오。⑰、이송곳으로는 뚫을수가없으니、할비비
를갖어다뚫읍으오。⑱、牛馬가疲困하여、몰아도
가지아니합니다。⑲、저외바퀴밀車에여듯사람
이앉아서、저사람이밀려하지만밀지못하오
。⑳、나의이가좋지못하여、굳은것은조금도씹지
못하오。㉑、主意를굳게定한사람은、누가와서
꾀이더라도、조금도께일수가없오。㉒、그는오
기를願치아니하여、내가그를끌어도끌리지아
니하오。㉓、먼저번에土匪가와서 掠奪할때에
뛰지못한그사람들은、모도土匪에게붙잡혔오。

四〇

絆。拌。

裏來 還說他自個兒 跌倒了嗎。㉘、你雖然跟他拐個脚、也摔不倒他。㉙、在年輕的 時侯、失點兒脚、也跌不倒的可是 現在差一点 就跌倒了。

註：「得」字는 本課에서 助動詞의 作用을 하는 때의 例를 示한 것이며。「動」字나「倒」字도 그우의 動詞와 合하야 그 動作의 結果를 强意잇게 表示하는 例를 示한것임

二十四

剪。䤰
匙。鉤
刀
鏟。勺
斧頭

第二十四課　數量字的應用（二）
把、塊、件。
本、部、套、句、張

1、那把錐子、不知道 誰拿去了。2、那把壺的水、開了沒有。3、我在東安市場、買了二把洋剪子了。4、這裏有九把匙子、七把鏟子、五把刀子不知彀不彀。5、廚房裏有 一把刷子、兩把勾子、三把鏟子、一把菜刀、一把斧子。6、上回買的 那塊胰子、不下泥。7、我渴

㉔、저배뚱뚱이는、살이쩌서 참으로걸지못하오、㉕、이것은自然한理致이니、누가能히反駁하겠오。㉖、참으로미끌살스러운아이들이、길에다큰돌멩이를놓아서、밤에가다가걸엿어、나를넘어지게하였오。㉗、分明히네가저이를밀어넘어뜨러고、여기와서는도러어저이가혼자넘어젓다고말하느냐。㉘、네가비록그에게다리는걸어 넘어트리지못한다。㉙、나이젊엇을때에는、발을좀잘못되어도、넘어저지아니하엿지만、지금은조금만틀려도、고만넘어집니다.

제이십사과　수량자의응용（二）

❶、그손뚝을누가갖어갓는지알수없오。❷、그차（茶）罐의물이끓엇소、안끓엇소。❸、나는東安市場에서、西洋가우한개를샀오。❹、여기숫가락이홉개와、三枝鏟일곱개와、칼다쓰개가잇는데자랄는지、모자랄는지알수없오。❺、부엌안에솔 한개와、주걱두개와、鏟子（부침질하는대뒤집는鐵片）세개와、식칼한개와、뚝기한개

數量字的應用 (二) 把、塊、件、本、部、套、句、張。

泥、漉、結婚、終演、廳、聽、歐洲、皮、周趣、味、訂、哲、釋、紅、參、服、儒源、圖、懂、鐵、判

了、切一塊西瓜來。8、在廣東買來的那塊洋布、太桲薄了。9、這塊地正好作菜園。10、結婚是終身的一件大事、不能不慎重考慮。11、不可爲一件小事、斷割了我們的交情。12、你說那件大鱉太貴、我看很便宜。13、我那本『歐洲文明史』不知誰偸去了。14、這一本小說、是周先生編的、很有趣味。15、這本書 大概他拿錯了、我沒有這類書。16、你把那部講義給訂本的、打個套不好嗎。17、先生叫你 把那部『莊子哲學』套起來。18、胡先生釋義的 那部『紅樓夢』是六套。19、兩套衣服、還不好換着出門嗎。20、今天我在『商務印書館』買了一部『儒林外史』、兩套『辭源』、三張歷史地圖了。21、李老師今天 沒講幾句話、就走了。22、你不用躁急、慢慢的我說給你 幾句話聽一聽。23、這本書難懂、請先生給

소. ⑦ 내가 목이 마르니、수박한쪽을 베어 오너라. ⑧ 廣東에서 사온、저 洋布(玉洋木種類의 稱總)는 너무 엷습니다. ⑨ 이 땅은 菜田을 만들기에 참으로 좋을 것이오. ⑩ 婚姻은 一生에 큰일이니、愼重히 考慮하지 않으면 안되오. ⑪ 한가지 조그만한 일을 갖이고、우리들의 交情을 斷絶하는 것은 옳지 못하오. ⑫ 당신은 저 外套가 훔썩 비싸다고 말하나、내 보기에는 매우 싸오. ⑬ 나의 歐洲文明史 그冊은、누가 훔처 갔는지 알수 없오. ⑭ 이 小說한 卷은 周先生이 지은 것인데 매우 趣味가 있오. ⑮ 이 冊은 大槪 그가 잘못 갖어 왔 내게는 이런 冊이 없오. ⑯ 당신은 저 講義錄을 冊매는 사람에게 주어、한 秩매는 것이 좋지 아니 하오. ⑰ 先生이 너다려、그 莊子哲學한 部를 冊匣에 넣으라고 하신다. ⑱ 胡先生이 註釋한 그、紅樓夢、한 部는 六卷이오. ⑲ 옷 두벌이、그래도 밖에 나갈제 가라 입기에 좋지 아니하오. ⑳ 오늘 나는 商務印書館에서、儒林外史 한秩과、辭源 두벌과、歷史地圖 三張을 샀오. ㉑ 李老師가

四二

題藝。
仙藤。
寬窄。
銜護。
紅攔。
低女。
冰厚。

二十五

第二十五課　成對的形容詞（一）

1、這塊鐵、這頭寬、那頭窄。2、這頭大、那頭小。3、這頭粗、那頭細。4、你上衙門去、不要護着這頭、說那頭高、那頭低。6、是男人告了呢、是女人那頭告了呢。7、炕這頭怪熱、那頭冰冷。8、那塊木板子、這邊厚、那邊薄。9、向陽的這邊

我每句点起來。24,這張鐵牀、是在上海四川路買的。25,那張桌子腿、短一点、可以拿小甎頭墊起來。26,我上木器傢具舖去、定做了一張八仙圓桌、兩張籐牀了註：「把」、「塊」、「件」、「本」、「部」、「套」、「句」、「張」等字가 本課에서는 名詞의 數量을 表示하는 陪伴字로 使用하엿나니 各字의 用法에 注意할지니라

오늘은 몇마디 講演을 하지않고, 곳갔오. ㉒당신은 너무 急히 굴지마시오, 천천히 내가 당신에게 몇마디 말을 하여 들이리다. ㉓이 冊은 알기어려우니, 請컨대 先生은 마디마디 句點을 쳐어내 게주시오. ㉔이 鐵寢臺는 上海四川路에서 샀소. ㉕저 桌子의 발이 조금 짧으니, 조고마한 벽돌을 갖어다, 괴여 놓으시오. ㉖나는 木器家具店에 가서 八仙圓桌 한 個와, 藤寢臺 두 個를 마추었오.

제이십오과　대구의형용사（一）

❶이 鐵板은 이 쪽이 넓고, 저 쪽이 좁소. ❷이 쪽은 크고, 저 쪽은 적소. ❸이 쪽은 굵고, 이 쪽을 保護하고, 저 쪽을 쳐서 말하지마오. ❺당신이 官廳에 갓어, 이 쪽을 保護하고, 저 쪽을 쳐서 말하지마오. ❺당신이 맨저선반은, 이쪽을 높고, 저쪽이 낮소. ❻男子이편에서 訴訟하엿는가, 女子 저편에서 訴訟하엿는가. ❼温突이 쪽은 몹시 덥고, 저 쪽은 몹시 차오.

成對的形容詞(二)

向背。
宏。
倜逻。
料。潮
漲退。
勝敗。
兵鼠。
悲。
輪強。
寶貝。
專。
瘋。
萃科。
察整。

兒亮、背陰的 那邊兒黑。10、我看你 是向着那邊兒的、爲甚麽又上 這邊兒來呢。11、這面朝下、那面朝上、12、這正面是平 那反面是窪。13、我聽見 他們兩方面 的話、就是 一正一反。14、他們倆互相 一來一往 乎沒分離的時候。15、近來天氣 一冷一熱、最容易生病 的常事、一贏一輸是賭家的常事。21、他們一强一弱總 些花兒、一紅一白的、實在好看。20、二勝一敗是兵家 一起一倒的、不可逆料。18、海潮是一漲一退的。19、那 16、現今世界、多半是 一夫一妻。17、目下 軍閥和政客、 不是個對頭。22、她一聽 那個話、一喜一悲的、把身 子不知怎樣好。23、那些寶貝、不是專門家、品不出來 一眞一假。24、在城根下 一哭一笑的那個人、好像發瘋 似的。25、那些萃菓樹、一高一矮的、一科也沒有齊整

⑧,이널반지는이쪽이두텁고,저쪽이엷소。⑨,向陽한이쪽은밝고,그늘진저쪽은어듭소。⑩,내가보니,당신이저기로불엇드니,무슨까닭에다시여기로,오는가요。⑪,이쪽은머들리고,저쪽은나려갓다。⑫,이正面은바르고,저反面은 들어갔다。⑬,내가그들이서로말을듣으니,거의分離할때가없소。⑭,저들이로一來一往하여,病나기가가장쉽다。⑮,이지음에日氣가춥엇 다덥엇다하여、病나기가가없다。⑯,現今世界는거진一夫一妻다。⑰,目下의軍閥과政客은 서로일어낫다거꾸러젓다하는것이다。⑱,潮水는밀엇다、셋다하는것이다。⑲,저꽃들 은히고붉고하여,참으로보기좋소。⑳,一勝一敗는兵家의常事요,따고읽는것은노름군의常事다。㉑,그들은하나는强하고,하나는弱하여어떻든지적수가아니오。㉒,그女子는그말을듣드니만,一喜一悲하여서,몸을어덯게갖일줄을모른다。㉓,저런보배들은,專門家가아니면

26、這些傢具一大一小、叫人沒法兒弄。27、這條路實在不好、一平一窪的、叫人怪難（誠難）走。28、那個人的一動一靜、眞叫人模範的。

註　本課에서는 形容詞의 互相反對되는 語句를 疊聚한것인데 더욱 十三節以下의「一」字를 加하야 使用한것에 注意할지니라.

第二十六課　副詞子的應用　（六）已經了。不了。

1、你還不知道嗎、齊家的錢舖已經開市了。2、那個輪船公司的內容、我已經說明白了。3、他已經等了半個多月了。4、張先生的父母、已經死了。5、那個所貨公司的買賣、已經賠本了。6、上回 他在交易公司贏的錢、已經花淨了。7、這一本書我們已經學透了、還念那一

제이십륙과　부사자의응용　（六）

❶ 당신이아직도알지못하오（齊氏의錢舖는돈바퀴는집）는발서營業을始作하였오。❷ 그汽船會社의內容을、내가발서明白히말하였오。❸ 그는발서半달이나더기다렷소。❹ 張先生의父母는발서죽었오。❺ 그百貨店의商業은、발서밋젔소。❻ 그는지난번에取引所에서딴돈을、발서모도써버렷오。❼ 이한冊을우리가발서通讀하였오、또어느冊을읽으리라오。❽ 城안

副詞字的應用（六）已經了，不了。

得。
惡。貧
畢。惜
派。裸畫
酸 盆盛

8、城裏頭的各種學校、已經放了學了。9、已經到了暑暇、學生們都回家去了。10、已經開了飯、他們都吃過了。11、他已經說過了事、我們都明白了、請你不用多費話。12、你別說那個法子好、我們已經使過了。13、客來了沒有、茶已經做好了。14、錯不了、和他商議一定有了好結果。15、你輸不了、難道作個東是由你呢。16、這件事做不了、又做那件、我問你到底怎麼辦。17、怎能了了呢、若交不出底根兒來、那永遠了不了了。18、請你放心罷、不管怎麼樣總得反悔不了。19、勿論拿多少去不碍事、就誤不了我的使喚就得了。20、他用不了、就扔我這裏、實在可惡得很。21、貧苦的時候交的朋友、一輩子也忘不了。22、可惜了兒的、那張祼體畫兒、目下買不了。23、來不了、就派個人送得

二十七

權利(췬리)　挨鎖(애숴)　順(순)

第二十七課

助動詞「着」。
他動詞「挨」、「蒙」、「遭」、「吃」

1、他那樣出風頭、都是仗着他哥哥的權力。2、他的家靠着山、挨着水住。3、不用鎖着那個後門、還有搬東西。4、他是個指着這個、說着那個的人。5、舊代的木船、都是順着風走。6、我想他不認得路、可以找個人

他那樣親自過來呢。24、那盆裏盛不了這些乾麵、再拿幾個好不好。25、罷了罷了、我的腿已經痠疼的、一步也走不了。26、你願意去只管去罷、依我看怕他聽不了。27、你無論說他好話、總得聽不了。

註 「已經」은 過去를 表示한 副詞로서 "그 下에는 「了」字가 반듯이 따라다니니라。 「不了」라는 熟語의 上에 動詞字를 加하야 作用하는 類例를 示한 것임。

제이십칠과　조동사와 타동사

❶ 그가 저렇게 껏득덕대는 것은、모두그兄의 權力을 믿는 것이오。❷ 그의 집은 山을 의지하고、물을 끼고사오。❸ 그 뒷門을 잠그지 마오、아직 도물건을 옮길것이 있오。❹ 그는 이것을 가리치며、저것을 말하는 사람이오。❺ 옛날의 木船은 모도 바람을 맞은 후어단였오。❻ 내 생각에는 그

가난하고 고생스러울때에 사귀운친구는 一生에 잇지못하오。 아까운 일이오、그 裸體畵는、지금살수 없오。 오시지못하겠거든、고만사람을 식혀 보내시면 그만이지오、반드시 이렇게 自己로親히 보내주실 것이 아무엇이오。 저양푼에 이밀가루를 담지못할껏으니、다시 몇개를 갖어오는 것이 좋지아니한가요。 할수없오、나의 다리는 발서 앉었어、한걸음도 걸을수 없오。 내 보기에는 아마 그가 들지아니 할것갓소。 당신이 가려 거든 마음대로 가보시오만、내 보기에는 아마 그가 들지아니 할것갓소。 당신이 아무리 그에게 좋은 말을 하드라도、모지 안들을 것이오。

奉
赴席
宴
罰董
童
蒙恩
恤赦
遭禍
危險
踢
舌

來領着他。7、我在 上海英大馬路、碰着他 幾回了。8、他留着行李、光身子 上奉天去了。9、他穿着 大禮服、上美國公使館 赴席(赴宴)去了。10、守着甚麼、做甚麼。11、好生看孩子、不要跌着他。12、一面躺着、一面說着。13、他帶着孩子、往公園裏去了。14、若是他不願意去、就拉着他走罷。15、他的享福、都是挨着祖宗的遺產。16、古語說『打了不罰、罰了不打』我還能又挨打、又受罰嗎。17、董家的 童養媳婦、每天挨打 挨罵。18、你挨了多少打、還能偸嘴嗎。19、『自古 蒙恩不報的人是沒見過』20、他淨蒙了人家的憐恤。21、他就蒙了 恩赦、纔出監了。22、蒙恩和蒙情 有個分別。得了在上的好處、就說蒙恩、得了朋友的好處、就說蒙情。23、他不聽我的話、就遭了這場

이가 길을 알지못할듯하니、한사람을 불러다그를 引導하시요。7、내가 上海英大馬路에서、그를 여러번만났오。8、그는 行李를 두고、맨몸만이奉天으로갔오。9、그는 大禮服을입고、米國公使館宴會에갔오。10、직히든대로、그대로하거든、고만그를끌고갑시다。15、그사람의 누리는 福은、모두 祖上의遺產을의지할뿐이오。16、넷말에 말하대、매려거든 罰하지말고、罰하거든때리지말라하엿는데、나는그래도 얻어맞고、또한罰까지받겟오。17、董氏집밑며누리는날마다얻어맞고、또한흠쳐먹는다。18、네가그렇게많이얻어맞고도、또한훔쳐먹으려느냐。19、自古로 恩惠를잊고갚지아니하는사람이적지않지만、너처럼이렇게義를등지는사람은 보지못하엿다。20、저이는 다만남의憐恤만받는다。21、그는곳

坊渾
驚 禍

祸了。24、遭了 許多的危險、把錢幾乎搶丟了。25、打官司不是個好事、黃家遭了那場官司、把家產都踢蹬了。26、做了生意就虧本、交了朋友就遭口舌。27、你們倆弄壞了的事情、都推到 我身上、實在吃不住。28、接坊走了水(失了火)叫我們渾家(全家)都吃了 大驚了。

註：助動詞「着」字와動詞「挨」「蒙」「遭」等字의 用例를 示한 것임。

二十八．

第二十八課　會話(二)　初次相會。

領尊貴
答賜印
諱 璋 臺
甫號章
貴處貴府貴縣敝處敝縣
縣河庚

1、沒領敎、尊姓(貴姓)、(答)豈敢、賤姓孫。2、大名(官印、尊諱)呢、(答) 賤名璋。3、臺甫(大號)呢、(答)玉章。4、貴處(貴府)(貴縣)、(答)敝處(敝縣)河南開封。5、貴庚(答)今年痴長(虛度)三十一。6、貴校呢(答)前年在

제이십팔과　初面人事

❶처음뵙(初面입)니다、尊姓이누십잇가、(答)황송합이다、제姓은孫가입이다。❷尊啣은누구십잇가、(答)제일홈은璋이외다。❸字는무엇이라불으십잇가、(答)玉章이라불음이다。❹댁은어메십잇가(答)제집은、河南省開封이외다。❺春秋는얼마나되십잇가、(答)賤한나이三十一歲이외다。❻어느學校에단이십잇가。(答)再昨

恩赦를입어서、方수出獄하엿소。㉔、蒙恩과蒙情이分別이잇으니、윗사람에게신세를짐을蒙恩이라하고、친구에게신세를짐을蒙情이라한다。㉓그사람이내말을듯지아니하다가、이번禍를내엇슴니다。㉔、許多한危險을만나서、하마트면돈을빼앗길번하엿소。㉕、訴訟은좋은일이아니오、黃氏집은그訴訟을만나서、家產을모두탕패하였소。㉖、장사를하면本錢을믿지고、친구를사귀면口說을듯는다。㉗、당신들두사람이결단낸일을 모두내한몸에 밀어버리니、참으로받을수없소。㉘、이웃집에서불이나서、우리는온집안이모두한번크게놀났소。

會話 (二) 初次相會

左側欄 (漢字詞彙 註解)

- 翰諲
- 畢業
- 尊納
- 草享
- 點省
- 答宿
- 處
- 舍
- 混部
- 胞
- 介紹
- 盼望
- 嚴
- 慈荊妻
- 掬內令
- 郞愛

中文本文

北京大學畢了業喇。7、甚麼系、(答)經濟系。8、您納、尊姓大名、(答)賤姓金、名字叫一俊。9、臺甫呢(答)豈敢、草字萬享。10、您貴庚、(答)二十三歲。11、貴處、(答)敝處是朝鮮(高麗)京城。12、啊、是麼、原來口音差一點、諒來當個外省的先生喇。13、您來到敝國多少年喇、(答)已經有三年了。14、貴寓在那裏、(答)就在北京大學第三寄宿舍裏住。15、那麼着、您在學校念書(用工)嗎(答)是的。16、敢問先生在京有何貴幹(公事)、(答)混在外交部胞弟、他也是在北大念書。17、剛纔在這裏出去的那位是誰(答)他就是兄弟的第二胞弟、他也是在北大念書。18、是麼、那麼着、請臺兄給兄們介紹如何、(答)那是自然的,盼望老兄多給他開導纔好。19、豈敢豈敢、我倒受一切的指敎哪。20、金先生府上(家中)都有甚麼人、(答)有家父(家嚴)、家母

한글 번역부

9、年에 北京大學을 卒業하엿음이다。7、무슨 科입닛가、(答)經濟科입니다。8、당신은 尊姓과 尊啣이 누구십닛가、(答)제 姓은 金가요, 名은 一俊이라 불음이다。9、字는 무엇이라 불음닛가、(答)황송합니다、제 字는 萬享이라 불음이다。10、年은 어에 몇이십닛가、(答)二十三歲입니다。11、댁은 어데십닛가、(答)제집은 朝鮮京城입니다。12、아、그렇음닛가、原來 口音이 좀 틀리기로、아마 他省의 先生이라고 생각하였음이다。13、당신이 敝國에오신지가 몇해나 되었음닛가、(答)발서 三年이나 되엇음이다。14、사관은 어데십닛가、(答)바루 北京大學第三寄宿舍안에 있음이다。15、그러면 당신은 學校에서 工夫하십닛가、(答)그렇음이다。16、失禮이만、先生은 서울에서、무슨 公事가 게십닛가、(答)外交部에서지냄이다。方今여거시 나간 분이 누구십닛가、(答)그는 곳 나의 둘재아우인데、그애도 또한 北京大學에서 工夫하오。19、황송함이다、그렇다면、兄長께서 弟等에게 紹介하여 주심이 엇더합닛가、(答)그것이 勿論이지오、바라건대 老兄께서 그애를 많이 敎導하여주시오。19、황송함이다、제가 도로혀 一切의 指導를 받어야하겠음이다。20、金先生、宅에는 누구누구가

輕。
犬·男
女
拘·謹
辭
訪

禽
豼·禽
猪·豭

二十九

(一家慈)、還有一個舍弟、舍妹、荊妻(拙荊)、家內)。21、
令正(令郞)令愛呢(答)還年輕輕的、那有孩子、(問)
您納、(答)有一個小犬(犬子、男孩)一個小女(女孩
兒)。24 兄弟有點事、再不能多談、要告辭、失陪失陪
(答)是麽、那麽着、改日再見(再會)。23 偺們往後
拘謹、有工夫彼此相訪罷。(答)謝謝、雖然於兄弟更好
但不知 於老兄就躭公事。24 這就彀了、不用送 不用送
(留步留步)、(答)好好、不送 不送。

第二十九課 「公」「母」兩字的用法

1、在于人的二性时男女、在于禽獸叫公母。2、獸類的
公母、從生下來的時候、也就分得出來。3、禽類的公
母、從菢窩下來的時候、那就不容易 分得出來。4、小

있읍닛가、(答)父親과母親이게시고、또는아우와
나와누이와、안해가있읍니다。㉔子弟와딸님
은요、(答)아즉아조젊은것이요, 어데자식한아와
잇가、(問)당신게서는요、(答)산애한아가있는아와
집애한아가있읍니다。㉗弟는일이좀있어、다
시더談話하지못하고告別하오니、失禮莫甚이
외다。(答)네、그렷읍잇가、그러면다음날다시뵈
이겟읍니다。㉓우리는이뒤로붙어서름날서름하
지말고、時間잇는대로彼此서로찾읍세다、하
고싶읍니다、但兄長에게公事의 防害가될넌지알수없음
만、다만兄長에게公事의防害가될넌지알수없음
이다。㉔이만하면넉넉합니다、더나가지마시
오、(答)네、네、더나가지아니합니다。

제삼십과 「곰」「모」두자의용법

❶、사람의二性에對하여男女라稱하고、禽獸에
對하여는公母라稱한다。❷、獸類의숫놈、암놈
은날붙어、곳分別할수잇다。❸、禽類의숫놈
않놈은보금자리에서나릴때붙여分別하기容易
않치못하다。❹、작은숫돝은豭이라稱하고、적은

公母

豚秧
滋番
驛
辰鳴
鼠
劇龍
旱
歪啼
絕飛
雌雄
牝牡
其畜
註

公猪叫豴、小母猪叫豚、大公猪叫秧猪（脚猪）、滋生（蕃生）小猪的叫老母猪。5、別人說看家（看門）母狗（驛狗）和公狗（牙狗）一樣、却其力量和利害、母的那能赶上公的呢。6、你們城市的人、有鍾表就知道時辰的早晚兒我們莊稼人、若沒有公鷄打鳴、怎能知道時辰的早晚兒呢7、我再不要養活這種公猫（郞猫）叫牠抓老鼠倒不抓整天家淨赶上母猫、一時也沒在家。8、俗語說『人多亂龍多旱、媳婦多了婆婆做（弄飯、木匠多了蓋歪房、公鷄多了不打鳴（啼鳴）、母鷄多了不下蛋9、人家都喜歡養活男孩兒、就不喜歡、養活女孩兒、爲父母的無論男女都是自家的子孫、若是人人都要養活男孩兒不要養女孩兒這麼一來、將來豈不絕了後代麼。10、飛禽的公母叫雌雄、走獸的公母叫牝牡、雖然書中常見的分別、

암돝은 豚이라 稱하고、큰숫놈은 秧豬라 稱한다、새끼낭는 것을 老母豬라 稱한다。5、다른사람은 말하되집보는대는 암게가나 숫게가 한가지라 하지만、그힘과사나운것이、암것이어찌숫것을 따르겠오。6、당신네城市의사람들은 時計가잇어때틀알지만、우리農村사람들이야、만일숫닭의울음이아니면어찌能히때의早晚을알겟오。7、내가다시는 이러한 숫고양이를기르지아니하려오、저더러쥐를잡으라면 쥐는아니잡으며亂하고、왼終日암고양이만쫏아다니면서、一時도집에잇지아니하오。8、俗語에말하되、사람이많으면亂하고、龍이많으면가물고、며느리가많으면시어머니가밥을짓고、木手가많으면집을짓고、완終日암고양이만쫏아다니면서진집을짓고、숫닭이많으면알을아니낳는다고한다。9、남들은모두男兒기르기를기뻐하고、女兒기르기를하지아니하니父母된이에게男女를勿論하고、모두自己의子孫인데、만일사람이男兒만기르고、女兒는기르지아니하면、將來에어찌後代를絕하지아니하리오。10、飛禽의公母

究其實、也不必盡然、在詩經上又在書經上有 牝鷄司晨的話。⑪所有的活物、有的不分大小、都一樣的叫法、就像小狗、還是叫小牙狗、小母狗還是叫小牙猫、小女猫、但是也有大小不一樣叫法的、就像小牛叫犉子、小羊叫羔子、小馬、小騾子、都叫駒子、小驢和小兔子、有叫羔子的也有叫崽子的。

註 動物의 男女性을 區分하기 爲하야 公母의 字를 用하며 大小에 相隨하는 別稱이 例를 示한 것임。

第三十課 副詞字的應用（七）

1、他們倆人、互相安慰。2、照着各人的相貌、不相似、心裏也不相同。3、他們夫妻倆很相得。4、我來的沒

雌獸이라稱하고、走獸의 公母를 牝牡라稱하는것은、비록書中에서늘보는 分別이지만、詩傳에雄狐라는말이잇고、또書傳에牝鷄司晨이라는말이잇다。

⑪、모든生物에 大小를不分하고、모두한가지로부르는 法이잇으니、곳小狗를통틀러 小牙狗、小母狗라稱하며、小猫를통트러小牙猫、小女猫라稱하는따위며、다만大小에 稱法이한가지가아님도잇으니、곳小牛를犉子라稱하며、小羊을羔子라稱하며小驢、小馬、小騾子를모두駒子라稱하며小驢과小兔子는羔子라稱하는것도잇고、崽子라稱하는것도또한잇다。

제三十과 부사자의응용（七）

❶, 그들두사람은、서로安慰하오。❷、各人의얼굴이서로갈지아니합과같이、마음도서로같지아니하다。❸、그이들夫妻두사람은매우相得하오。❹、내가온것은무슨重要한일이없고, 당

副詞字的應用（七）相、彼此。

杭寧
感怒
匹
迎
仍
遞
呈
勝改
佩
坡圳

甚麼重要的事、不過跟你 相求一点。 5、明天下半天（下午）、在北海公園相會。 6、從杭州到寧波相隔不很遠。 7、照着那個方法去做、怕不相合。 8、你們本來好感情的、到如今爲怎麽怒目相看呢。 9、應該在苦難處互相幫助、才算是個知己的朋友。 10、騎着那匹瘦驢比步行兒、快慢 相差不多。 11、人生在世、和人辦事、不可相欺。 12、狗和猫兒、不論多嗜、不能 相親相愛的 應該相讓總好。 14、那兩個政黨、在表面上 好像相反似的 13、你們的生活、雖然困苦、可不要 因着苦處相爭、應可在裏面仍有相通的。 15、相敬相信的朋友、不可相拘相迎相送的虛禮。 16、咱們是原來 不分彼此的朋友。 17、你們 不必遞呈子、彼此和都好哪。 18、一個東西、你們彼此都要、讓我怎麼辦呢。 19、賸下的 那兩件事情

신에게한가지請하려는대不過하오。 5、내일저녁나절에、北海公園에서서로맛납시다。 6、杭州에서 寧波까지相隔이그리멀지아니하오。 ⑦、그方法대로하여간다면、아마도相合하지못할듯하오。 ⑧、당신들이本來좋은感情이드니、지금와서어지하여反目相對함이잇가。 ⑨、困難한곳에서應當서로와주어야、그것을知己의벗이라할것이다。 ⑩、파리한저나귀를타는것이 步行하는것보다、빠르고더딘것이 서로얼마틀리지아니하오。 ⑪、사람이世上에서、남과합게 일하는데、서무속이는것은옳지못하다。 ⑫、개와고양이는어느때 틀음이고、서로親하기는 不能하다。 ⑬、당신들의生活이비록困難하드라도、苦生을因하여 서로다투지말고、應當서로사양하여야좋소。 ⑭、저두政黨은 表面에서는 마치相反되는듯하지만、裡面에서는 如前히相通하오。 ⑮、서로공경하며、서로밀는朋友가、서로맛주며、서로拘碍됨은 옳지못하다。 ⑯、우리들에는 虛禮에서로 것을가리지아니하는벗이오。 ⑰、당신들은本來에서로狀을드릴것없고、彼此에和解하면좋을것이오。 ⑱、한물건을가지고、너이가彼此에서로갖이려

五四

第三十一課　疑問詞（三）

幾、多少、若干。
甚麼呢。甚麼

改日彼此談論罷。20、我們這些人、像個一家人似的、彼此都是照應。21、你們二位 彼此賠禮和好、我很佩服、22、那兩隻公鷄、在土坡上、彼此對看鬪起來。23、請衆位都坐下、不要彼此推讓。24、不用再多疑惑、把事情的內容、如此如彼都告訴他罷。25、一莊上的人、若有錯處、不可爭嘴、彼此包容忍耐 纔好。26、我看他們彼此懷恨得去、將來必不能彼此相安。27、你還說 他們彼此有仇、若有仇、那能 彼此結親呢。

제삼십일과 의문사（三）

❶ 先生은아들이몇분이잇으며、딸은몇분이나

1、先生有幾位令郞、幾位令愛。2、昨天 你在火車站、

[19]、남어지의두가지일은、다른날彼此에이야기합시다. [20]、우리이農村사람은、한집안사람같앗어、彼此에서로돌보아줍니다. [21]、당신들두분이彼此에서로對하여고맙게지내니、내가매우欽慕합니다. [22]、저숲닭두마리가、언덕우에서、彼此에마주보드니싸움이일어낫소. [23]、請컨대여러분은모두앉으시오、일의內容을、이러저러한것을모두그사람에게일러주시오. [24]、다시더疑惑하지말고、일의內容을、이러、저러한것을모두그사람에게일러주시오. [25]、한農村사람으로、만일잘못된곤이잇드라도、말다툼하는것은옳지못하고、彼此에包容하고、忍耐하여야만좋슴니다. [26]、내보기에는그들이彼此에恨을품고지내니、將來에반드시彼此에便하지못할것이오. [27]、당신이아직도그들이彼此에仇讎가잇다고말하오、만일仇讎가잇으면엇에仇讎가잇는이彼此에結婚하엿겠오.

疑問詞 (三) 幾、多、少、若干、甚麼…呢。

卸了幾噸煤。3、他們八個弟兄裏頭、他是付幾。4、你們家口一共有幾個人。5、他們幾個人、淨顧自己、不顧別人。6、沒有別的事、就是跟你說幾句話 要商量一件事。7、從南京到朝鮮京城、花多少盤費、可以到呢 劉墉說『你看街市上有多少人呢』劉墉說『也不過是名利兩個人』。10、從北京到天津、一共有多少里。11、賬頭上若有多少錢、我就還你多少。12、他雖然有年紀、辦事還不知多少。13、你看蓋這間房、費了若干心血。14、你想編這本書、費了若干心血。15、我費了若干日字、總種了一畝地的菜。16、我到此地、不過要買若干的貨。17、我們的糧食還有若干不殼。18、在那裏做針線的姑娘、是你的甚麼人。19、你們這裡婆媳

잇는가요。2、어제당신은停車場에서、石炭을몇噸이나부리웟소。3、저이들八兄弟中에서、저사람이몇재인가요。4、당신들食口가몇사람이나되오。5、저이들몇사람은、다만自己만돌보지아니하오。6、다른일은업섯고、곳당신과몇마디말을告한가지일을즉商議하자는것이오。7、南京서 朝鮮京城까지、旅費를얼마나쓰면、갈까요。8、당신이사오는그愛國布한尺에、얼마나주엇소。9、乾隆皇帝가劉墉더러물어말하대、街市우에몇사람이나잇는가、한즉劉墉이말하하기를、名과利의두사람에지나지못하오、하엿다。10、北平서天津까지、모두몇里나되는가요。11、文簿上에만일얼마가잇다면、내가그얼마를당신에게갑흐리다。12、그이는비록나이만엇으나、아직도일하는데는쓸을알지못하오。13、당신보가에이집을짓는데、몇날이나虛費하면、能히完成하겟소。14、당신생각하여보시오、이冊을짓는데心血을얼마나虛費하겟오。⑮、나는若干의날을虛費하여겨우一畝地

調治　乖　偏　長　醒

行甚麼禮呢。20、弄壞了 人家的東西、你不賠他、這是甚麼意思呢。21、我纔見你在那裏爭鬧、是甚麼原故了呢。22、上青島去的輪船、爲甚麼不能開呢。23、你那心口疼的病、爲甚麼不早調治呢。24 從前大模大樣的那個人、爲甚麼這樣乖頭傷氣呢。25、你不留心你的病、爲甚麼偏要動身（起身）呢。26、你爲甚麼這樣快活呢、大概是交易所的行市好了罷。27、尊敬長上、不是甚麼難事。28 英國和美國的海軍、不差甚麼。29、他的本事沒甚麼好、我爲他提醒了好些話、就當個耳傍風了。30、你們那屋裏 常冒烟、不知道 甚麼毛病。

註：「幾」、「多少」、「若干」「甚麼」等은 總히 疑問語이며、此를 使用하야 疑問句을 作하되「甚麼」의 下에「呢」字가 달일때는 强意의 質問을 發하게하나니라。

의 菜蔬를 심었오。⑯내가 이곧에 온것은、若干 物件을 사려는 대 不過하오。⑰우리의 糧食은、 아직 도얼가 못자라오。⑱저기서 바느질하는 處女는、당신에게 어찌되는 사람이오。⑲남의 물건을 못쓰게 만들고、내가 그에게 물어주지 아니하니、이것이 무슨 意思냐。⑳내가 방금 당신이 거기서 다투는 것을 보앗는데、그무슨 까닭이엇오。㉑青島로 가는 汽船이、무슨때문에 떠나지 못하는 가요。㉒당신이 그가 슴알음이 病을 어찌하여、일즉이 治療하지 아니하오。㉓제법 뿐내든 그사람이、무슨 까닭에 이렇케 乖頭 傷氣하는 가요。㉔以前에는 病을 돌보지 않고、무슨까닭에、이러케 좋아하느냐、아마도 交易所의 市勢가 좋은 것이지！㉕長上을 尊敬하는 것이、무슨 難事가 아니오。㉖英國과 米國의 海軍이、얼마 틀리지 아니하오 ㉗그의 才能이 別로 좋을것없오、내가 그를 爲하여 좋은 말을 하여 주어도、고만 귀뒤로 듯소。㉚당신들 그방안에

第三十二課　數畫字的用法 (二)

邊、次、下子、頓、遭、回、番、遍、程子、氣兒、陣、會、圈、齣、場。
家、輩樣、宗、黨群、例起、體、種、路、夥兒類、對、家族。

1. 他早已起(動)身了，叫我白跑了一遍喇。
2. 我勸他戒烟、不止一次喇。
3. 我買的那個玻璃管子、在街上跌倒了一下、就砸壞了。
4. 他一喝酒就醉的鬧起來、所以我把他飽打了一頓了。
5. 一遭生、兩遭熟、三遭就是老主顧。
6. 過了一回的失敗，長了一回的經驗。
7. 他很聰明、勿論那一類的書、看了一遍就記得。
8. 這一程子老沒見面，到底你往那裏去來着。
9. 我想這一

제삼십이과 수양자의 용법 (二)

❶그 사람이 발서 떠난것을, 나는 쓸대없이 한번 허탕을 하였오。❷내가 그에게 鴉片을 끊으라고 勸한것이, 한번만이 아니오。❸내가 산 그 유리管은, 거리에서 한번 넘어젓어 고만 바사젓오。❹그 사람은 술만 마시면, 고만 醉하어 떠들어내므로, 내가 한 바탕 흠썩 때렸오。❺한번 보면 生面이오, 두번재는 熟面이오, 세번재는 곳 단골이오。❻한번의 失敗를 지내면, 곳 한번의 經驗이 늚니다。❼그는 매우 聰明하여, 勿論 무슨 글이나, 한번만 보면 곳 記憶하오。❽이 한동안은 늘 못 가보으니, 結局 당신이 어대갓다 왔오。❾나는 이지을에 一定코 그들을 만나 보려고 생각하니, 請컨대 당신은 다시 한번 더 갑시다。❿그 사람은 여기서 한숨에 술 半斤을 마시고, 뒤도 돌

늘 연기가 끼니, 무슨 병통인지 알수 없오。

陣。痘。
諷。詞。
閒。俐。
段。材。
一。衆。流。例。
駝。歹路。

程、一定要遇見他、請你再走一程罷。10、他在這裏一氣兒喝了半斤酒、一溜烟的跑去了。11、不但他一回也沒有來往、連信也沒有接着。12、昨夜颳了一陣暴風、把院裏的花兒都謝了。13、這樣做一會歇一會、不如一氣兒做完好。14、打了一圈牌、看了一齣戲、請了一桌客、喝了一盅酒、打了一場架。15、我和他一家、並且一輩。16、一樣的米麵、各人的手段。17、這一宗鞋子、不但一樣的材料、而且尺寸也一般大。18、他們一流人結成了一黨、把黨務一心一意的辦去。19、這一群牛馬、羊都是我們的、沒有別人的。20、你把家務和公務不可那樣一例講。21、這一起的女人、都是一體的精神人。22、萬性園裏的一種象、是從印度來的。23、請你別說那一樣的好歹、這都是一路的貨。24、這一夥兒趕駱駝的

정 땅 웨 칭 쩨 쭤
빤 지작 류얜 빤 딴
쩨
원에파란
화
한 웨이
수
챈 좌
뭐 쥐 재
떼
빠이
란 챠야
챙 좌
셰
껑 당
란 챠야
베
미몐 꺼런 쏴딴
쟝 쫑 수얜쯔
땐 챠양 얜 처쒼에 반 딴
제링란 땅 우
빤
짜우 궁
마 야양
리장 치 뉘
치허란 쯍일반
중양
완 씽 웬
루쉐
뒈이 간 뤄퉈

아버지한테로 달려갔오。⑪、그가다시 한번도 來往하지 아니할뿐만 아니라、편지까지도 받지 못하였오。⑫、어제밤에 暴風이 한바탕불더니、花園안의 꽃을 모도 떨어트렸오。⑬、이렇게 조금하고 조금쉬는것은、한숨에모도 한이만큼 좋지 못하오。⑭、마작(麻雀)한바퀴놀고 演劇한幕구경하고 한턱내어 손대접하고、술한잔마시고、싸움한바탕하엿다。⑮、나는 그보더부려한 집안이며、아울러한 行列이오。⑯、한가지쌀과 가루에도、각사람의 手段이다르다만한가지의 材料일뿐만아니라 치수도또한일반이오。⑰、이신발들은、다만한가지다。⑱、그들 一流의 사람은、一黨이되엿어、一心과 一意로 黨務를 處理하여가오。⑲、이한무리의 소、말、도야지、羊은 모도우리의것이오、다른사람의것은없오。⑳、당신이집안일과 公務를 一例로이야기하는것은 옳지 못하오。㉑、이한때의 女人들은、모두 一體의 精神이오。㉒、萬性園안의 그一種의 코끼리는 印度에서온것이오。㉓、請컨대당신은 그 어떤것의 好否를말하지마시오、이것

第三十三課 「頭」字的用法。

都是從口外來的。25、這一等人好像毒蛇一類、常給人類社會莫大的害毒。26、在他們家裏遇見了一對雙生(雙抱)孩子、身量和面貌、都是一貌一樣。27、你們都是一宗一族的人、不可互罵相爭。

註…本課에서特히注意할바는、一字가數量을表示하는陪伴字와合하야種種의熟語를作하는것이니라합니다。

1、他拿拳頭、打我的指頭。2、日頭 快要落了、快快的回去罷。3、那雙鞋 不用加楦頭排一排。4、有一隻輪船在碼頭。5、這兩個丫頭、一個伺候老太太、一個伺候老爺。6、中國人愛吃蒜頭、西洋人愛吃芋頭。7、他的病很重、連舌頭也 發黃了。8、波稜蓋兒、是腿節

제삼십삼과 두자의용법

이모도한類의物品이외다。24、이한때의駱駝몰이꾼은、모도張家口에서오는것들이오、25、이한類의사람들은毒蛇와같은一類로서、항상人類社會에莫大한害毒을줍니다。26、그들집에서한雙의雙童이를만나보앗는데、키와얼굴이모도한貌樣됩되다。27、당신들이모도한宗族의사람들이니、서로辱하며、서로다투는것이옳지못한다합니다。

❶、저사람이주먹을갖이고、나의손가락을때렷오。❷、해가未久에떨어지려고하니、어서빨리돌아가시오。❸、저신한雙은신골을끼엿어、골을켜지마시오。❹、汽船한隻이埠頭에서、단지돌만실소。❺、이두게집애는、하나는老영감을모시고、하나는老마님을모시오。❻、中國사람은마눌을잘먹고、西洋사람은감자를잘먹소。❼、그의病은매우重하여、혀까지곱이끼였오。

確臼。
押睛。
轡飯。
鋸。
弓 샹。
箭。
緻戀。
孤。
甜嫌。

中間的骨頭節兒。9、他家裏 有個碓臼、就是沒有碓頭。10、他在銀行借了三千塊錢、把家產 都做押頭了。11、高麗的馬雖小、不帶轡頭、沒法兒騎牠。12、回頭天氣一定晴、請你可以放心。13、這木頭太長、你可以 拿鋸子來 截一半兒。14、他做弓倒有手頭、拉弓（射箭）倒沒準頭。15、此地的景緻雖說有看頭、依我看 沒甚麼戀頭。16、他的口頭話、雖然帶着 許多笑頭、却沒聽頭。17、你說這件事的來頭難辦、叫我 有甚麼去頭呢。18、在這裏也沒甚麼靠頭、往那裏去 也沒大住頭、真是一個 孤苦的人。19、那沒有望頭 盼頭）除了得些工錢以外、沒有一点甜頭（外出息）。20、俗語說『要價不嫌多、還價不嫌少』所以買東西的時候、不好一口 到了數、總要留添頭。21、做這路買賣、沒有 甚麼大賺頭、却好懶閑手有甚麼活頭

8、무릎은 다리 中間의 뼈마디오。9、저사람집에는 절구만잇고、절구공이는 없오。10、그는 銀行에서 三千元를 빗내고、家產을 모두 抵當하였오。11、高麗의 말은 비록 작아도、자갈을 물리지않고는、그것을 탈수없오。12、좀잇다가는 날이 一定 코갤터이니、請컨대 당신은 마음을 놓으시오。13、이나무는 너무기니、請컨대 당신은 톱을 갖이고 왓어 절반을 잘나주오。14、저이가 활맨드는대는 좀 손巧가잇지만 활을 쏘는대는 標準이없오。15、이끝의 景致를 보암측 한것이잇다고 만들음측한것은 없오。16、저이의 口癖이비록 많은 웃음거리를 갖인대만、내보기에는 무슨 戀慕할측한것이없오。17、당신이 말하되 이일의 來頭가 處理하기어렵다하면서、나로하여금 무슨 감측한것이잇겠오。18、여기서 도무슨依支합측한대가없으니、참으로 一個 狐獨한사람이오。19、그것은 바람측한것이없고、工錢조금얻는것을 除한외에는、조금도 감빨엄측한것이없오。20、俗說에 맘하되、값을 달나는 대는 많은것이 싫지않고、값을 깍는 대는 적은것이 싫지않다、하였오、그러므로 물건살대에 한마디로 얼마라 부르는 것이 좋지

添、懶
俱、咸、衛
三十四

呢。22、凡事失了敗也不能不做到盡頭、又成功也不可
做到盡頭。23、他的嘴頭 頂利害、心頭有甚麼就說甚麼
24、這些沒有打趣的話、有甚麼說頭。25、今年這個年頭
也不過是平平兒的、沒甚麼大進頭。26、我們要辦一個
俱樂部、可擺些 那種玩頭好呢？27、我在去年、從威海
衛到烟台、風頭 實在順當、雖坐木船、比坐輪船、還
有滋味。

註：本課에서는「頭」字의 引伸意로 活用된 바를 示함
이니、學者ㅣ 特히 留意할 곳이니라。

第三十四課 數量字的用法 (三)

條、隻、匹、頭、雙、口、劑、間、棵
副、科

1、史家的大哥、眞是一條好漢子。2、這條路是往通縣

제삼십사과 수량자의 용법 (三)

❶、史氏집 大兄은、참으로 한 好漢이다。❷、이 길
은 通州로 가는 것이오、저 길은 豊台로 가는 큰 길
이오。❸、이 여러 行李를 묶으려면、바 한 오리가

21、이런 장사를 하는 것이、무슨 크게든 모을거리
도없지만、손(手)등 고 놀기만 좋아 한다면、무
슨 살아갈거리가 잇겟오。22、凡事를 失敗하엿드
라도 盡頭까지 아니 하여서는 못할 것이며、成功하여
도 또한 盡頭까지 하여서는 안된다。23、저사람의
입은 第一무섭다。마음에 무엇이 잇스면、고만
그것을 말한다。24、이러한 滋味없는 말들은
무슨 할것이랴 가겟오。25、今年의 이 年事도 平
作에 不過하여、무슨 收入거리가 업오。26、우
리가 俱樂部하나를 設立하려는데、어떠한 遊戲
거리를 차려놓는것이 좋겟오。27、내가 昨年에 威
海衛로부터 烟台에 오는데、風勢가 참으로 順하
여 비록 木船을 탓지만、輪船 탄것보다、도리어
滋味가 잇섯오。

豐：펑
捆：큰
裹：리
鯉魚：리위
紬：쪄우
磨泡：야 퐈
鴨：야
鵝：어
賽：싸이
哈：하
駄：뚜어
綽：쿠안 취
靴：쉬에
爹：데
娘：냥
嬭：페에
藥：야오

去的、那條路 是往豐台去的大道。3、捆這些行李、一條繩子不彀、再拿兩條。4、你可以上街、買五條新鮮鯉魚來。5、她的兩隻鞋、紬緞面 繡上花兒了。6、他走不到三十里路、兩隻脚 磨起泡來了。7、有一隻船、在河裏打魚。8、我們家裏養了七隻鴨子、八隻鵝、二十隻小雞、三隻公的 十七隻母的。9、他那匹驢子走的快一天能走二百里地。10、這匹馬 在賽馬大會、賽的眞好能駄好幾百斤。11、那一匹哈巴狗、一天能吃 多少肉呢。12、一隻駱駝能駄多少斤呢。13、馬隆福他有幾頭牲口呢。14、他家過的很寬綽 養着十頭駱駝、十二頭牛、八頭騾子、七頭驢子、一百來頭羊、九十多頭猪。15、一年我穿一雙皮靴、他穿五雙布鞋。16、他們家裏 有爹娘、媳婦、小孩兒、妹妹、連他一共六口人。17、這七劑（包）散藥

❸ 당신은 거리에 갔어、다시두 오너라、新鮮한 鯉魚 다섯마리만 사오시오。❺ 저 女子의 신두짝은 비단바탕에 꽃을 繡하였오。❻ 그는 三十里를 걷채 못갓어、두발이 모두 부르텃오。❼ 배한 隻이 河水에서 고기를 잡소。❽ 우리집에서는 오리일곱마리와、게우 여듧마리와、병아리 스무마리를 養하는데、세마리는 숫놈이오、열일곱마리는 암놈이외다。❾ 저러는 숫놈이오、열일곱마리는 암놈이외다。❾ 저러는 숫놈의 그 나귀는 매우 빨랏어、하루에 二百餘里를 갈수있오。❿ 저 한마리발바리는 하루에 고기를얼마나먹을수있는가요。⓫ 이말은 競馬大會에서 競走를참잘하오。⓬ 駱駝한마리에 몇百斤이나실을수있을가。⓭ 馬隆福꼬이는 牛馬들을몇마리나갓었오。⓮ 그집은 지내기가매우 너그러위어、駱駝열마리와、소열두마리와、노새여듧마리와、나귀일곱과、羊百餘마리와、도야지九

數量字的應用 (三) 條、隻、匹、雙、口、劑、棵、副、科。

多少錢一劑(包)。18、這衚衕裡頭、有八間瓦房招租的
19、十根草有十根草的露水養。20、菓圃裡 有五十棵葡
萄樹、一百六十棵蘋菓樹、二百八十多棵的梨樹。21、那
匣字裡、有四十五副鈒子。22、花園裡 有十科玫瑰、三
十科牧丹、八科月季(月季紅)、六科金銀花。23、從口
外來了 三十多乘駝轎。24、王二山雇三匹驢子、馱了
好幾十疋 綢緞布帛、往新疆 做生意去了。25、山東娶
親 有用兩頂(乘)轎的、有用四頂(乘)轎的。26、那個車
伙裡 有三輛汽車、五輛馬車、十五輛東洋(洋)車。27、福
成棧是個 大米舖、大米、高粱、豆餠、小米、白麵一共
有二百多個堆子。28、定親的時候 定禮陪送的可不一
樣、大概說起來、有三疋紅紗、五疋庫緞、一疋洋布
一副鐲子、兩副戒指、四副耳墜子、三根耳控子、五

十餘마리를養하오。⑮、나는 一年에 가축신한커
리를신고、저사람은형겊신다섯으케리를신소。
⑯、저이들집안에는 아버지어머니와안해와、어
린애와누이와、저사람까지모두여섯食口가잇
오。⑰、이가루藥일醫쳅에、한쳅에돈이얼마식
밧소。⑱、이골목안에여듧間家가貰주는것이
있오。⑲、열포기풀에는、열포기의이삭이잇어
養하오。⑳、果圃안에는포도나무五十株와、사
과나무一百六十株와、배나무二百八十餘株가
있오。㉑、저匣안에는단추많이섯벌이잇오。
㉒、花園안에는薔薇花열포기와、牧丹서른포
기와、月季花여듧포기와、金銀花여섯포기가있
오。㉓、張家口에서駱駝轎子三十餘채가왓오、
㉔、王二山은나귀세匹을얻엇어、
疋疋실고新疆으로장사하러갓오。㉕、山東에서
婚姻하는데、兩乘轎를쓰는이도잇고、四乘轎를

墜 紗 豆餅

根簪子、鍾表、灯臺、牀、大鏡子、大櫃、皮箱、被擱子、舖蓋、枕頭等類、不可一一細說。

註：本課에서도 數量을 表示하는데 있어서 外國人에게 가장 頭痛거리되는것이 들을 示함인데、類似한 動物에 或은「匹」字로、다시말하자면、類似한 動物에 或은「匹」字로、或은「隻」字로 其數量을 表示하는 다 워너라。或은「頭字」로、中語의 精通與否를 이런곳에서 보게됨으로 特히 學者는 留意하고 努力할바이니라

三十五

第三十五課 會話(三) 久違閑話

1、啊、你回來喇、(答)回來喇、久違久違、(應)少見少見(彼此彼此)。2、府上(家中)老世伯、老伯母和令昆仲都納福啊、(答)托福托福(托尊駕的福)、都平安。3、我這幾個月、沒到府上來、現在令堂、還康健麼、(答)承

久遞
彼此彼此
波 世伯
托 昆仲

中國語大典

제삼십오과 회화(三) 오래만에 만난이야기

❶ 아、당신이 도라왓구려、(答)네、도라왔오、오래동안 隔阻하얏오、(答)彼此에 그렇슴니다。❷ 宅에 아재씨와、아즈머니와、兄弟분들이、모도 安寧하심잇가 (答)당신 德澤에 모도 平安합니다。❸ 나는 이 몟달동안에 宅에 오지못하엿는데、至今萱堂게서、一向健康하심잇가 (答)네、고맙음이다、어머니게서 아즉 健康하심이다。❹ 당신

六五

會話 (三) 久違閑話

康健。問承問、現在 家母還好。4、你離京以後、中央飯館的
承
項。那項錢單、我給他們 還清了、(答)那兒的話呢、我吃喝
的還能叫你開錢嗎。5、那不要緊、你我之間、還能分出
你喝我的吃的呢、(答)啊、算了罷、明白了、再多講 就
廢略。關那麼點事嗎、(答)啊、算了罷、明白了、再多講 就
陳窮。是廢話略。6、姓陳的上月娶了一個媳婦、不像受窮的
樣子、你聽見了沒有、她帶了 四千多元的 體己(私房)
私消。來、還不發他的花消(嚼過)嗎。7、我這兩天 請了大夥
組限。吃一頓、要組成 一個有限公司、托你助我 一膀之力、
司
果。(答)那何用說(講)、俗們都是 一身一體、不幫助你、還
奇。幫助誰呢。8、離別以後、咱們一見面、覺着不知 有多
少話要說、及至 果眞見了面、反覺着 無話可說、你看
蛋縣。奇不奇、(答)可不是嗎、我也那麼樣了。9、啊、忘了一

이서울떠난뒤에、中央飯館의 그會計賬은、내
가그들에게淸算하여주었오(答)무슨말이
오、내가먹고、내가마신것을、당신다려돈치트
게할수있읍니까?。⑤ 그것은상관없오、당신
과나사이에、어찌能히 베가마시고내가집에
을分別하여내낼터이오、만일내가집에없다면、
당신도應當그렇게할것인대、그래 고만한일을
관게하겠오(答)아、고만두시오 다 알었오
시더말한대야、❼ 곳쓸데없는 말이 오구려!。
⑥ 陳哥가前月에마누라한나를얻엇는데、困窮
한모양갓지안나하오、당신은、그女子가四千
餘元의제돈을갖이고왔다는 말을듣지못하였
오、그런데그사람의消費가 못자랄것아니요
⑦ 내가이二三日안에여러분을請하여밥이나
한끼먹고、株式會社한아를組織할여하는데、
당신이내게 一臂의力을 도아주기를 부탁하오
(答) 그것이야무슨말할것있오、우리가모두一
身一體인데、당신을돕지아니하고 누구를돕겠
오。⑧ 離別한뒤에、우리가한번 만나기만하면、
할말이얼마나있는지 알수없는듯하더니、及其
정말로 얼굴을보고나니、도로혀 할만한 말이없
는듯한즉、자、여보、이것이이상치아니하오(答)

永
應
遇暑
邢青
島暑
施。
況冬。
濾斷

件、這啓子 你得(生)了 一個男孩兒、我們總要 吃你的 喜麪(喜蛋)、這一回 你躱不了了、(答)那有甚麼難呢。10、你在上海給了永安公司的 那項錢了嗎、(答)俗語說 『不見兎子不撒鷹』我沒看見 他們的東西、還能給錢嗎 (答)那是一定。11、我回來的時候、在火車上遇見了邢老哥、帶着兒孫們、往青島 避署去的、大有 享福的樣子 (答)趕自的(自然是他的大兒子 在輪船公司、每月掙二百元、第二個 在美國公使館、每月 掙一百五十元、第三個 在先施公司、每年掙一千五六百元、有這麼 好兒子、還能 不享福麼。12、過幾天 我要往口外(張家口)去、買皮貨來、不知 你想着如何、(答)那不必、依着現在的 情況、過不了 今年冬天、又打起仗來、若是 交通遮斷的說、那不是 白白兒的 吃虧麼。13、上囘往上

왜안그렇겠오、나도또한그랬오。⑨、아、한가지를잊었오、이즘에당신이得男하엿다는대 어떻든지당신의得男禮를먹을여하오、이번은당신이避하지못할것이오、(答)그것이야무 어어렵을것이 있겠오。⑩、당신이上海에서永安 公司에그돈을주었오、(答)俗談에말하되、토기를보지못하고는매를놓지아니한다는데、그들의물건을、내가보지못하고、오히려能히돈을줄터이오、(答)그것은정말그렇지오。⑪、내가도라올때에、汽車에서邢老哥를만나보앗는데、孫子들을다리고、靑島로避暑를간다니、매우幸福스럽은모양이오、(答)自然이지오、그의큰아들은汽船會社에서每月二百元을벌고、둘재아들은米國公使館에서每月一百五十元을버리、셋재아들은先施公司에서每年一千五百元을버니、어찌能히享福하지아니하겟오。⑫、몟날을지나서、나는張家家口에갓어、皮物을사올여고하는데、당신생각에는어떠하오、(答)그러하지마시오、내보기에는現在의情形이今年冬節을지내지아니하여、또한싸홈이일어날터이니、만일交通이杜絕되면、그것은별정하게보는損害가안이겠오。

疑問詞（三）了沒有…不…答話。

⑬,지난번에上海에간것도、또한돈을좀벌야는意思에不過하얏는데、그것도또한되지아니한즉、將來에어떻게하면좋을가요。⑭,現今의光景으로보면、무엇이던지모도하기가좋치못하니、明年이나기달여서、다시하여보는이만갓지못하오。(答)그것은옳은말이오、매우經驗잇는高見입지오。⑮,또한가지는말할것이본地方에서장사를하여二元의利를남기는것만갓지못하니라、兼하야집안사람들모도한밖에나갓어장사하는것을願하지아니하오。

海去的、也不過 賺些錢的意思、那個也又不成了、將 意思에不過하얏는 來怎麽辨好呢。14、按着現今的光景看起來、甚麽也都 不好做、不如等到明年 再辨好、(答)那是不錯、很有經 鍊的高見。15、還有一種、本來、在外省做商業、掙兩塊 錢的利、不如在本地 掙一塊錢的好、(答)是啊、不用說 損益的關係 並且家下 也不願意 跑外(出外)做生意。

第三十六課　疑問問詞（三）　答話。

1、請的客 來齊了沒有。2、你們那裡糧付（糧食付市）長了沒有。3、他們要設立 一個墾牧公司、到底辨了沒有。4、這程子 你要要 一個小奶奶的話、到底說了沒有。5、這樣冷的天、在外頭做活、手凍了沒有。6、你

제삼십륙과 의문사 (三)

❶ 請한손임들이 모두오섯음니까 아니오섯음니까。❷ 당신뎨거기의米穀市勢는올렸오아니올렸오。❸ 그들이墾牧會社하나을設立하려하드니 結局만들었오아니만들었오。❹ 이지음에 당신이小室하나를 얻는다는말이있으니、정말 그런말을하였오아니하였오。❺ 이렇게추운날

期 沿 極 保 裑

想家不想家。7、你在中國 服水土不服。8、你看 我穿的馬褂子(馬褂兒)合式不合式。9、在你們舘子裡我要請客、方便不方便。10、你若不放心、我找個保人來不行(信不信)。11、大後天 是我父親的壽辰(花甲)你能來帮忙不能。12、趕落太陽、能到不能。13、請先生給我仿本兒好不好。(答)那好啊。14、佾們上青年會舘去看電影好不好。(答)好極了。15、王老哥 現在 窮了到頭。我們幾個朋友、給他帮個助、好不好。(答)對對、那纔禍亂相救的。16、今年陪着老太太、到海沿來、避暑 可以不可以。(答)怎麽不可以呢。17、我看他 太瞧不起人、打他一頓可以不可以。(答)那不可以。18、請老爺再限我一個禮拜的期行不行。(答)再不行。19、我聽說 她的婆婆苦待新來的媳婦 是對不對。(答)不對、那眞正沒有的話。

에、밖에서일을하니、손이열지아니하겠오。⑥당신은집을생각하오아니생각하오。⑦당신이中國에서水土가맞는가요、아니맞는가요。⑧당신보기에내가손님맞이할이中國料理店에서내가입은、馬褂子가맞오아니맞오。⑨당신네料理店에서내가손님을請하려하는데、方便하오아니하오。⑩당신이만일믿지못한다면、내가保證人하나를얻어올터이니、되겠오안되겠오。⑪글피는내아버지의回甲날인데、당신이와서도와줄수있오。⑫해가질때까지到着되겠오못되겠오。⑬請컨대先生은、體帖을내게빌려주면어떠하오。(答)좋소。⑭우리가青年會舘에갓어、活動寫眞을구경하는것이어떠히오。(答)매우좋오오。⑮王老哥가지금窮한것이絕頂에이르럿으니、우리들멧친구가그를도와주는것이어떠할가요。(答)그렇소그렇소、그렇게하여야患亂相救하는것이지오。⑯今年에는老마님을모시고海邊에오서서、避暑하기가되겠오、안되겠오。(答)웨안되겠오。⑰대신보건대、그가남을너무업수이여기니、그

疑問詞 (三) 了沒有不

20、你要娶親、我媒給你丁大姐 中不中、(答)不中、她不能做 村莊的生活。21、早睡早起、那不是 齊家的本嗎、(答)是了。22、這一向 你不辦公事、淨在外邊 打牌、是眞的嗎、(答)不是、沒有那回事。23、你到了長春、找你堂妹妹家去、給我捎個信罷、(答)是罷。24、我說他 不要定了早婚的話、那不是爲朋友勸的嗎(答)可不是呢。25、他有個反覆的毛病、若不和他 立下合同、以後必不應的好嗎、(答)不啊、非得不去不可。27、我要在此地 開個汽車公司、你想怎麽樣、(答)不錯、一定是 賺錢的。

(答)對喇。26、徐來一邊也是不容易的、談談幾天、再走不

註…疑問句을 作함에는 四種의 方法을 用할수있나니
一、動詞에 (十)了沒有、二、肯定字에 (十) 否定字、三、句末에 (十) 嗎、呢等字、四、句初或中間에 疑

를 한바탕 때려줄까요、(答)그것은안됩니다. 請컨대 老爺께서 다시 한週日만 期限주시는것 이 어떠합니까、(答)다시는안된다。19、내가 말을들으니 그女子의시어머니가 새로오며느리를 虐待한다더니、옳은말인가요、(答)안그렇소、그것은참으로 없는말이오。20、당신이婚姻하려면 내가 丁大姐(丁氏집맛處女)를仲媒할터이니 마음에드오、(答)안드오、그女子는 農村生活을 못할것이오。21、일즉자고 일즉일어나는것이、齊家하는 本이아닌가요、(答)응습니다。22、당신이 이지음에 公務는 보지아니하고、다만밖에서 麻雀만한다니、참말인지요、(答)아니오、그런일이없습니다。23、당신이長春가거든、당신의從妹의집을찾아가서、내편지한張을 傳하여주시오、(答)그러하지오。24、내가그에게早婚하지말나고말한것이、그를爲하여 勸한것이아닌가요、(答)그렇고말구요。25、그는反覆하는 病통이잇으니、만일그와契約書를써두지아니하면、以後에반드시應하지아니할것이오、(答)그렇습니다。

問語甚麼等字를 置하는 等인데、本課에서는 第一、二兩種의 方法을 使用한것임。第十三節以下에는 問答體로 된것인데 特히 對答하는데 用하는 普通用語를 示한것이니라。

第三十七課 副詞字的應用(八) 別、休、不。隨、管憑。

1, 請你別生氣、也別揪着我。 2, 你別笑人家的錯, 自己顧自己。 3, 那碗湯要小心提溜着、別洸蕩出來。 4, 別客氣、來來來 別住筷子、好歹吃飽爲止。 5, 他也別嫌你、你也別嫌他、這麼你們倆將來必成個好朋友 6, 別別別、別叫他們進來、直嚷嚷的、真討人嫌。 7, 俗語說『醜婦是我妻、休想美貌』。 8, 又說『聞名休見面、見面大有限』。 9, 又說『只管 自己門前雪、

제三十七과 부사자의 응용

❶ 請컨대당신은성도내지말고、나를붙잡지도마오。❷ 당신은남의잘못을웃지말고、자기가自己를돌아보지오。❸ 그그릇의국을조심하여드러서업지르지말아라。❹ 體面차리지말고어서오시오、저까락을동지말고、배부를때까지먹읍시다。❺ 그도너를싫어하지말고、너도그를싫어하지말아라、이러하면너이두사람이將來에반드시좋은친구가될것이다 ❻ 아니다〈、그들을드러오지못하게하여라、드려오기만하면곳떠들어서、참으로밉게군다。❼ 俗語에말하되、醜한게집이라야 내안

副詞字的應用（八）「別、休、不、隨、管、憑」

雪霜｡ 奸｡ 兇｡ 鼻涕｡ 吐痰｡ 睡｡ 狼｡ 縫｡ 許｡准｡

休管別人瓦上霜｣｡ 10、又說「休入奸邪人的道、莫走兇惡人的路｣｡ 11、這裡是陸軍部辦公處的重地、請你休進來｡ 12、這個孩子還不懂甚麼規矩、冒犯了先生的話、請您休怪他｡ 13、要擤鼻涕、或是吐痰、可以到痰桶去睡、不准弄在地板上｡ 14、你上成衣舖去、告訴他們說、剛纔拿去的那件衣裳、要倒針縫、不要跑針縫｡ 15、在我們的情分上、不可強嘴、也不可生氣、只可商議纔好｡ 16、你們在學堂裡 不許亂坐、也不許隨口亂嚷｡ 17、你不用理他、和那種下流東西爭嘴、反不好先生的體統｡ 18、你若不認得道路、隨着他走、可以順着到｡ 19、衆位到兄弟家來、不要拘禮、隨隨便便的談談話｡ 20、或做用工、或做生意、都得任意辦去、我到現今總不管都隨你了｡ 21、不管大小事、都要謙讓、不可自是一

해다、아름다온얼굴을 생각지말라하얏다｡ 9、또말하되、이름만들고 일굴은보지말아라、얼굴을보면 큰게限度가잇다하얏다｡ 9、또말하되、다만自己집門앞의눈을相關하고、남의집기와우의서리를相關하지말며、凶惡한사람의길을가지말라하얏다｡ 10、또말하되、奸邪한사람의길에들지말라하얏다｡ ⑫、이애는아직철을몰라서、先生의말을거슬엿으니、請컨대어찌생각하마시오 ⑬、코를풀거나、或은침을뱉으려거든、睡器에갓어뱉고、마루바닥에 풀어붓침을不許한다｡ ⑭너는裁縫所에갓어、그들에게말하되、方今갓어간그옷은、바누질을박어짓고、성글게하지말나고하여라｡ ⑮、우리들情分으로말하자면、다만하는것이 옳지않고、성내는것도옳지않은것이다｡ ⑯네이들은學堂안에서 함부로앉이도말고、또는함부로떠들지말아라｡ ⑰、당신음그들相關하지마시오｡ 한下流의놈들과 말다툼을하면、도리어先生의

統
謙
盧桂
仁
餓拖
毀謗
憑

22、盧桂山眞是寬仁大度、不管 人家怎樣毀謗、他總得安然受着。23、他只管 自個兒的便宜、不管父母弟兄的餓死。24、推拖話 家家有、別管怎麼樣、可得給我錢。25、任怎樣勸他、就不聽了。26、若辦到 那件事、除了你沒有別人、管怎麼的請你走一盪。27、若說影亮 也不很影亮 就是管那裏(看那裏)長的不錯。28、憑你去辦公 私兩方面都好、所以我不得不 派你去。29、你上那裏去 就來憑他來多少回、我就不理他。30、你告訴他 要來不要作聲、淨聽着 任憑他說的話來。31、我們 不要多費話 你要 憑着良心想、也能知道 自己的錯。

註…命令文에 主語가없는것은 語學에 共通性이다.
「別」「休」는 禁止的命令文으로 使用하며、「不」字도「准」「許」「可」等字와 合하야 禁止의 意思를 表顯하는것이다.

體統에 좋지못하오。18、당신이만일길을알지못하거든、저사람을따라가면、順路로갈것이오。19、여러분이제집에오시서、禮節을차리지말고 마음대로말슴하시오。20、혹은工夫를하거나、큰일이나、작은일이나는것은、모두謙讓 하시오、저만안다고하는것은、옳지못하오。㉑、이제와서나는總히不關하고、모두네마음대로말긴다。㉒、盧桂山은참으로寬仁大度하오、남들이아무러毀譽를하든지不關하고、그는도무지安然하게받읍니다。㉓、그는다만自己의便宜만相關하고 父母兄弟의 굼어죽는것은不關한다。㉔、핑게할말은집집마다잇다오、어떻든지、내돈을안주면、안되겠오。㉕、아무터그사람을勸하여도 만들지아니한다오。㉖、만일말슥하다면 말슥할것은없고、곳어더보든지 생긴것은그털듯하오。㉗、다른사람이없으니、公事를除하고는 당신을그털듯 하고。㉘、네마음대로處理하든지、어떻게하든지請컨대 한번가시오。㉙、너는거기갓어、아무소리도하지

中國語大典
七三

하나니라。十八節以下의 「隨」、「管」、「憑」等字는 放任的意思로 會話中에 많이씨우는것으로 茲에 活用을 함께 보이노라。

30、당신은그에게말하되 오려거든오너라、그가 몟번을오드라도、나는그를相關하지아니할터이라고하시오。31、우리들이 여러말할것은없오、당신이만일良心대로생각한다면、또한自己의잘못을能히알것이오。

第三十八課 「所」「使」字的用法(三) 「所」…的。「使」、用

1、他所提的東西、不過家常用的。2、雖說他是年輕人、在外洋所經驗的、所見聞的、實在不少。3、依你所說的、他將來一定出洋。4、他所學的有限、却到辦事上很有伶俐。5、他要搬去哈爾濱、把所有的東西、都變賣了。6、你不做你所辦的事情、又來幹甚麼。7、剛纔你所說的那位令孃是她嗎。8、他所應許的、不過看你的面子。9、他們所說的、所見證的、就是那時的光景

제삼십팔과 「소」「사」량자의 용법

①그가말하는바의 물건은、살림살이에 쓸것에 不過하오。②그는비록나이어린사람이지만 外國에서 經驗한바와、보고들은바가、참으로 적지아니하오。③당신의말하는대로하면 그가將來에一定코外國으로 나아갈터이지오。④그가배우는바는 限度가있지만、일을處理하는대는 매우恰悧하오。⑤그는哈爾賓으로 移寓하려고、갓엇든바의物件을、모두競賣하였오。⑥너는네가 할바의일을하지않고、또 서무엇하려느냐。⑦방금당신이말한바의 색씨는、저女子인가요。⑧그가許諾한바의

・欠債。
・聖賢。
・積攢。
・僅。
・機。
・鉋。砍。
・竹。
・劈搓。
・柴。
・球。

10、你們家所入的少、所出的多、那能不欠債呢。11、我所算的數、和你所算的有甚麼差頭呢。12、他所積攢的、就是不看實地、淨講理論的緣故。13、他所積攢的、不過僅僅的毅花。14、天下沒有無所不知的聖賢、也沒有無所不能的英雄。15、你所做的事、又快當又仔細、所以人家都信服你。16、捨不得使好筆、怎能寫好字呢。17、種莊稼的不使糞、怎能長出好莊稼呢。18、我愛打字機寫信、她不愛使那個。19、不用推鉋(鉋子)推一推(鉋一鉋)用斧子砍一砍。20、學校裏使鉛筆、沒用毛筆。21、我要使竹笘等、不用木枚。22、現在中國的政治家和軍閥鬧出事來、用慣了報上通電。23、南京城裡的房子、大槪用石頭蓋的多。24、我想有病的人、外科該用西藥、內科該服中國藥好。25、她的父親一看她、一

10、당신의 얼굴을 보는대、지나지못하오。는당신의顏面을보는대、지나지못하오。9、저이들의말하는바와、證據서는바는、곳그때의光景이외다。10、당신들집에들어오는것은적고、나아가는바가많으니、어찌能히빗을지지아니하겠오。11、내가따진바의數와、당신이마진판자리른쎈구자의光景이와다 ... 12、그가失敗한바는實地를보지않고、다만理論만을캐든緣故이지요。13、그가貯蓄한바는 근근히쓰는데不過할뿐이지요。14、天下에無所不知한聖賢이란 無所不能할英雄도없다。15、당신이한바의일은快하기도하고、또는仔細도하니、그러므로남들이모두당신에게信服하오。16、좋은붓쓰기들아까와하면、어찌能히글씨를좋게쓰겠오。17、農事하는사람이걸음을쓰지않고、어찌히좋은 곡식을길러내겠오。18、나는타이부라이트모편지쓰기를좋아하고、그女子는그것쓰기를하지아니하오。19、대패를깃이고끼로 뚫지말고도끼를갖아갂으시오。20、學校에서는鉛筆을쓰고毛筆은쓰지아니하오。21、나는대비싸기를願하고、넘가래는쓰지않겠오。22、現在中國의政治

面說話、一面用手摩搓廻的頭。26、北平的人、用劈柴、新聞紙上に通電하는것이버릇이되엿다。23、南京城의집은大槪돌로지은것이많음니다。24、내생각에는病的少、用煤球兒的多。27、北平的生活 比上海便宜、一個月用不着五十元。28、從前的先生、打學生多用戒尺、內科에는맛당히中國藥을쓰는것이좋소。25、저現在多用訓話。29、如今的人 有錢就有功名、你看 他用女子의아버지가 저女子의아버지로보시오、저사람은돈만있으면꼿功名이있오、당신은了些錢、捐了一個縣知事。

註……所字는 關係代名詞로 其下에 動詞와 的字를 加入하야 名詞句를 作하나니라。곳「所(十)動詞(十)的」의 公式이다。「使」「用」兩字는 動詞字로서 그 用例를 示한것이다。

第三十九課 「的」「得」兩字的用法

……的、……得。
的챵、得헝
得的부라라、的부뇨
得布剌拉、得布漬

石炭(炭球)을쓰는이가많소。26、北平사람은上海에비하면싸서、한달에五十元을쓰지않소。27、以前의先生은學生을때리는데 戒尺을많이쓰드니、지금은訓戒하는말을많이쓰오。28、이지음사람은 돈만잇으면꼿功名이있오、당신은이돈으로 장작을쓰는이가적고나를볼넜오。

제삼십구과 「뎍」「득」양자의 용법

1、여름에오는비는 매우많음니다。2、저식칼은잘갈지못하였오。3、林風眠先生의저裸體西洋畫는、그린것이 어떡하오。4、노露

眠。我。
翻。溫。
穩。
遊荒。
唐煮。
爛。羅
湊。
慌。
悶。蛇。

風眠先生的那個裸體畫兒、畫的好不好。4、俄國的文學翻的不容易。5、小學生們學的多、自然是溫習的不熟。6、從師範學校來的那位女教員、如意不如意。7、這個衣架子、安的不穩當。8、我年輕的時候、家裡有錢、吃的是好的、穿的也是好的。9、外頭直嚷嚷、打電話聽得不清楚。10、那一部『西遊記』都是說得荒唐。11、他弄的那個猪肉、煮得不爛。12、那個姑娘長得實在俊。13、羅白蓮的洋樓、蓋得實在體面。14、我們正說請你的時候、來得眞湊巧了。15、我們做莊稼的、實在窮的慌。16、在夏天不下雨、就是悶熱、實在臥人的慌。17、這屋裏有蛇蛋、臭蟲、夜裏實在咬的慌（叮的慌）。18、今天我走了五六十里路、實在累的慌。19、他一出陣、放甚麼大的礮、也從容容的、不怕震的慌

❺、小學生들은 배우는것이 많으면、自然復習을 잘못하오。❻、師範學校에서온 그女敎師는 合意한가요、아니한가요。❼、이衣거리는 놓인것이 穩當하지못하오。❽、내가 젊엇을때에는 집에 돈이 잇어서、먹는것이 좋은것이오、입는것도 좋은것이엿오。❾、밖에서 자꾸떠들어서、電話하는것이 뚝뚝히 들리지아니 하오。❿、저、西遊記한 秩은、 모두말한것이 荒唐하오。⓫、그가 맨든 그猪肉은、잘익지않엿오。⓬、그處女는 생긴것이 참으로어여쁘오。⓭、羅白蓮의 洋屋은、지은것이참으로얌전하오。⓮、우리가正히당신을請하려고하는데、오기를 마침잘하엿오。⓯、우리 農事、짓는사람은 참으로窮하기가 견딜수없오。⓰、여름에비가아니오면、곳찌는듯이더워서 참말사람으로하여곰 흠석괴롭게하오。⓱、이房안에는 벼룩과 빈대가잇어서、밤에무는것이 참으로견딜수없오。⓲、오늘내가 五六十里를걸엇

副詞字的應用（八）的得、慌、布刺拉、布漬。

蛋叮噹亞聲關剌暖漬惹睡

20、西伯利亞的天氣、怪冷、在屋裏燒洋爐也 覺得凍的慌。21、他接了 母親病重的電報、早一刻要起身、就急得慌。22、他究竟上了 劉太太的當、現在就氣得慌。23、你使得慌、就歇一歇、悶的慌 就出去開開心、餓的慌 就去吃飯、渴的慌 就去喝水、睏的慌（眭的慌）就去睡覺。24、我看他 不但胖布刺拉的、也獸布刺拉的。25、一個是兇布刺拉的、一個是惡布刺拉的、打起來 誰能說得開。26、你吃得 飽布刺拉的、穿得 暖布刺拉的、還有甚麼愁呢。27、那些男孩子 鬧布刺拉的 淨禍害人（野布漬的光作害人）。28、他說近來的過日子沒甚麼大窮、不過是 天天累布漬（累布刺拉）的。29、他的脾氣太壞、你不要惹他了、他就 睡布漬的 打人。

註⋯本課에서는 「的」字와 「得」字의 用法이 區別

19、그는 한번戰場에 나서기만 하면、무슨 大砲를 놓드라도、從容하여 매우 震動되는것을 무서워하지 아니하드니、참으로 흠석 疲困하오。20、시베리아의 日氣는 몹시 추어서、房안에 暖爐를 피어도、흠석 추운것을 感覺하오。21、그는 母親의 病重하다는 電報를 받고、一刻이라도 빨리 떠나려고、곳 갓어 보빨리오。22、그가 畢竟은 劉太太의 속임을 當하고서、지금에는 곳 흠석 氣가 났오。23、너는 일하기가 견딜수 없거든、곳 좀 쉬고、흠석 답답하거든、곳 나갓어 消風하고 흠석 배가 곯으거든、곳 갓어 밥을 먹고、흠석 목이 마르거든、곳 나갓어 물을 마시고、몹시 졸이거든、곳 갓어 자거라。24、내 보기에는 그가 非常히 똥똥할뿐 만 아니라、非常히 愚鈍도 하오。25、한 놈은 흠석 凶하고、한 놈은 흠석 惡한것이 싸우니 누가 能히 和解시키겠오。26、네가 먹기를 非常히 배불리하고、입기를 非常히 따뜻하게 하면서、그래도 무슨 걱정 있느냐。27、그 아이들은 非常히 작란하

七八

四十

第四十課　副詞字的用詞(八)　年、月、日

하기難하지만、한가지顯著한것은「的」字下에 名詞가붓게될때에는 得字가아니고 的字니라。만일 우리말로써 區分한다면、的字는「한것이」라는 意味로、得字는「하기를」이라는 意味로使用되었다 할수있나니라。語尾에 慌字나、布剌拉、布漬等은「매우」或은「흠석」이란意味니라。

제사십과　부사자의응용(八)

하기가 매우 不過하다하오。그가말하되、이지음 生活은무슨 窮이없고、날마다 非常히수고 하는대 不過하다하오。저이의 性味가너무납 브니、당신은저이를 건드리지마오、건드리면 고만눈을부르뜨고、사람을때리오。

며、오직 남만禍害하오。

1、今年是西曆一千九百三十二年、後年是三十四年。2、今年的 年成(年頭兒)、比去年(上年)的好些。3、目下的買賣沒有甚麼進入、可到明年(下年、過年)賺點兒錢罷。4、舊年、去年有了閏六月、大前年(老前年)有了閏二月。5、我們在前年夏天、往外蒙古探險去回來了。6、你這樣 殷勤用工、來年(轉年)一定考上中學。7、本

❶今年은西曆一千九百三十二年이오。後年은 三十四年이다。❷今年의年事는昨年에비하면 조금좋소。❸지금의장사는 무슨 利益이없시 만、明年만되여면돈을좀 몽을터이지오。❹昨年 엔閏六月이잇고、그러께는閏二月이잇었오。 ❺우리는 그러께여름에、外蒙古에探險갓다왓 오。❻네가이렇게부지련히工夫하면、來年에 는一定코中學에試驗보아들겟다。❼이달스무 날에、나는집으로가려고하오。❽말을들으니

副詞学的應用（八）年、月、日、

染 擇 遣 收 咳嗽。 舘 舅 蒸。

月(這月、今月)二十號、我要回家去。8、聽說上月在上海有了傳染病、死了好些人了。9、張小姐擇了下月(來月)十五出嫁。10、今天(今日)很清亮、天氣也暖和今兒(今天)起、正好收割莊稼。13、爺爺的咳嗽病、從明天(明兒)好一點罷。14、明兒他要請客、上舘子定席咱們今天(今兒個)上山去、消遣一天怎麼樣。12、從後兒(後天、明日)再說罷。16、明天(明兒個)是禮拜六(定桌)去了。15、若是那個章程·明天·明兒不能定規下牛天 我們上中央公園打盤球去。17、俗語說『今朝有酒今朝醉、明日愁來明日當』。18、我們昨天(昨兒、昨兒個)在菜市場、買了七斤黃花魚了。19、我的肚子昨兒疼了牛天、不能考書去了。20、他昨兒定了官艙、早已起身了。21、他不是昨天來、是前天(前兒個)來的

진달에、上海에傳染病이잇어、많은사람이죽엇다하오。9、張小姐는來月十五日에出嫁하기로擇日하엿오。10、오늘은매우淸明하고、日氣도溫和하오。11、우리는오늘山에올라갓어하루틀消遣하는것이어떠하오。12、오늘불어秋收하기가정히좋소。13、할아버지의기침병은、내일불어좀나을터이지오。14、내일 그가손님을請하려고、料理店에料理마추라갓오。15、만일그規則이、내일로完定되기不能하면、모래다시말합시다。16、明日은土曜日이니、午後에우리들이中央公園에갓어、玉突을칩시다。17、俗談에말하되、오늘아침에술이잇으면오늘아침에醉하도록마시고、내일에근심이오거든내일當하자하엿다。18、우리는어제菜市場에서조기(石魚)일곱斤을샀오。19、나는배가、어제牛날이나앉아서、試驗보려가지못하엿오。20、그는어제官艙(汽船三等에마로사는寢室)을定

鹽餡。
橋班。
饞枯。
贈枯。

四十一

22. 舅舅有信說、他後天又要上南京去。23. 後天(後兒個)我先來拜壽、大後天(大後兒個)再來赴席(叨擾)。24. 前天蒸的饅頭(饝饝)、已經吃完了。25. 大前兒個(大前天)我在天橋遊逛、差一點兒叫絡賊(小絡)把錢袋兒搶去了。26. 我們所做的事、恐怕這禮拜完不了罷。27. 上禮拜是一號、下禮拜就是十五喇。28. 大前日(大前兒個)到大後日(大後兒個)是七天的工夫、大前年到大後年也是七年的工夫、但是大上禮拜(上禮拜)到大下禮拜(下下禮拜)却只有五個禮拜的工夫。

第四十二課　語助詞　罷、喇、啊、咧、哪。

1. 改日再見罷。2. 你瞧他那樣黑瘦枯乾的、必癮了大烟了罷。3. 隨你罷、這裏的事情、我不明白、勿論甚

21. 그는어제온것이아니라、그저께온것이오。22. 外叔이편지하되그는모레또南京으로가겟다하였오。23. 나는모래와서먼저生辰에祝賀하고、글피다시와서筵席에참녜하겟습니다。24. 그저께내가天橋에서구경할제조금하엿드면 쓰리도적에게 돈지갑을읧어버릴번하엿오。25. 그그저께찐饅頭는발서다먹었오。26. 우러들이하는일이아마도이禮拜에마추지못할듯하오。27. 그저께로부터그글피까지는、곳七日동안이지만、再昨年으로부터來來週日까지도또한七年동안이나、다만前前週日로부터來來週日까지는 단지五週間동안밖에안된다。

제四十一과　어조사

❶다른날다시뵙시다。❷당신보시오!처사람이저렇게시검엉게되고、말럿으니、반드시鴉片癮이박엿는가보오。❸당신의말대로합시다、여

語助詞 罷、咧、啊、哎、嗎

牽雜　　咧　　舉薦　　油燈　　何苦　　擠　　幾乎

藥都牽着我罷。4,他去年開個 洋廣雜貨舖、必許賺多了罷。5,「不用送、不用送、請大家都回罷。6,他很聰明 做官做商都可以罷。7,「罷了罷了、火車已經開了、跑也趕不上咧。8,「罷呀、你若推脫不了、舉薦他就是罷也救不了。9,拉倒罷、你幹你自個兒的罷、拿你一個人的力量去罷、又怕他不來。11,你說借就借、不能借就說不能借罷了、何必這樣說窮呢。12,点煤油燈(洋燈)、滿屋的煤油聞兒、實在聞不得、快去買 幾枝洋燭來罷、13,罷了、已經死去的人、再不能活過來、悲痛 也是無益。14,糢糢糊糊過得就罷了、何必拼命去幹呢。15,罷罷罷我不能了、你們的滑拳、比我強多了罷。16,他找個保人來咧。17,攢他們 出去就得咧、又爲甚麼打呢。18,他

기의事情을 내가알지못하니 모두나를引導하여주시오。勿論무엇에든지 그가 지난해에 洋廣(西洋과廣東)雜貨店을버리드니、아마도 반드시돈을많이남졌을터이지오。④더饋送할것업오、請컨대여러분은 모두도라가시오。⑤그는매우聽明하여서 벼슬을하거나、장사를 하거나、모두可할터이지오。⑦할수업다 할수업다、汽車가발서떠낫으니、뛰어가도및지못할것이다。⑧고만두시오、그를薦擧하면 고만이지오。⑨고만두시오、당신이만일일빼어날수업스면、당신은 당신한사람의力量을갓이고는、내가기다려더지아니하자 그가올듯하고、그를기다려기不能하거든、꺼여주기不能하다말하고、꺼어주기不能하다말할뿐이지、반드시이렇게、說窮할것은무엇이오。⑫石油燈을켜면、房안에石油기烈어 참으로밤을수없으니、빨리갓어 洋燭멧자루를사오시오。⑬고만두오、이미죽

劃.
伸摘
脇膊
濕.
織袾.

去年夏天、害了癨亂病、幾乎死喇。19、此地電車公司的計劃、講給他 好幾回喇。20、啊李先生、府上都好喇21、天還早喇、忙甚麼再喝一碗茶走啊。22、在車房裏的馬車是你們的啊、是他們的呢。23、你伸手摘脇膊、做甚麼啊、眞是 丟臉哪。24、這個屋子、太朝濕、木箱裏的衣裳、都長了 白毛喇。25、你別那樣妄想啊、誰也沒有那麼大的 福氣喇。26、不用說娘兒們的俊醜、就會過日子罷咧。27、他在我們店裏、買了好多的綢緞布帛去咧。28、這不是中國織的杭紬、是個日本織的唾沫緞哪呍。29、你還在這裏玩耍啊、還是跟我走啊。30、有個帶鬍子的老爺 坐汽車來、找您哪。31、誰找我哪、請他到客廳裏 歇一會兒罷。

註…本課에 씨운單語들은 語助詞로서 文末에 置

은사람이 다시살아올수없으니、悲痛하여도無益하오。⑭아무렇게나 지나가면고만이지、何必목숨을내대고할것은무엇이오。⑮아、아니오、나는다시하지아니하겠오、당신들의화환은 (술마실때에장겐브시와같이하는내기) 나보다격수가 가세오。⑯그사람이 보증하나를얻어왔소。⑰그들을몰아냇스면고만이지、또무엇하러대려오。⑱그는지난녀름에 癨亂에걸여서、거긴축을번하하였소。⑲이곰電車會社의計劃을、여러번 그에게이야기하여주었소。⑳아!李先生、댁은다安寧하시오。㉑날이아직도일은데、무엇이밥으이오、차나한잔더마시고가시오。㉒車庫안에잇는馬車가당신네것이오 저들의것이오。㉓당신이말독을꺾이오며、손을내밀면 무엇하려오、참으로낯이깎이오구려!。㉔이房은너무濕하여서、木箱안의衣服에、모도곰팡이가 났오구려!。㉕당신은그렇게妄想하지마오、누구나그러한큰福이없다쇼。㉖女子들의곱고미운것을말하지마오、살림할줄이나 알면고만이지。㉗그는우리商店

에서 씨운單語들은 語助詞로서 文末에 置
廳裏 歇一會兒罷。

第四十二課　會話（四）　請客周旋
제사십이과 회화（四） 손님접대

1、李先生請客的屋子在那兒、（答）請您隨我罷、就在樓上南邊第八號。2、李老哥幾來嗎 我們等一會子了、（答）遲一點兒了、對不住衆位請坐請坐。3、天氣太熱了、先擦臉、喝一碗茶罷、（答）磕頭磕頭。4、這裏、也有爪子兒、請你隨便磕喝罷、（答）謝謝。5、怎麼見不了夏先生呢、（答）夏先生有電話 說就來。6、啊、來了、我們剛說着你了、請你這裏坐、（答）這怎麼說的、我不敢、請李

❶ 李先生이손님을請하신房이어데있오 （答）請컨대 당신은나를따라오십시오、곳樓上南便第八號室임이다。❷ 李老哥! 인제야오십니가。우리들이한참기달렀오、（答）좀늦었음니다、여러분께未安합이다、請컨대얼골씻고、차한잔마십시오。❸ 여기도한수박씨가있으니、請컨대당신은마음대로까십시오 （答）감사합니다。❹ 어찌하여夏先生이보이지아니하는가요 （答）夏先生이電話하되곳오신다하오。❺ 아、왔음이가、우리들이方수당신의말을하였오、請컨대당신은여기안오지오（答）이젠、무슨말슴

遲(츨)遲。
榮(융)賞。
杯(뻬)
淡(딴)蒲(푸)
蘭(란)
啤(피)
賞(샹)興(싱)
戴(따)冠(쒸)
壽(쎼)巧(챠오)
涼(량)

老哥坐坐。7、那兒的話、你若不肯這麼坐、叫我們沒地方坐了。(答)若是大家罰兄弟遲到、就不客氣、遵衆位的命罷。8、衆位先生 都來齊了、慾納、(答)都來齊了、就開桌罷。9、夏先生！我給你敬一杯、(答)不敢當、請衆位一齊喝罷。10、李先生今天 太過費喇、(答)好說沒有甚麽 可吃的菜哪。11、請大家嘗嘗、這菜口味 倒不錯、(答)很好很好、你不用客氣、咱們隨便自取 倒好。12、那麼我就不拘了、請諸位隨便、(答)是了、這些菜 都是清淡的、眞好吃。13、請大家嘗嘗、這蒲蘭的酒 好不好、(答)再不能喝那酒了、拿幾瓶啤酒罷。14、夏先生 你要喝甚麽酒呢、(答)賞給紹興酒罷。15、倘們這樣 單喝酒、也沒趣不如滿倒了 滑幾拳好。1、那好、我們倆、先滑幾拳

오、弟는 不敢합이다、請컨대 李老哥가 앉으시오[7]어찐말슴이오、당신이만일여긔앉지 안이하면、우리로앉을자리가없게하는것이오、(答)만일여러분이 늣게왓다고罰을쓰신다면、사양치않고、여러분의命令대로하리다。[8]여러先生님께서 모다오섯음잇가、(答)모도오섯으니、곳飮食을갖어오너라。[9]夏先生 내가당신게한잔올이지오、(答)천만의말슴이오、請컨대여러분 함께마십시다。[10]李先生께서 오널너머費用을쓰십니다、(答)천만의말슴이오、무슨잡수실만한飮食이없슴니다。[11]請컨대여러분은맛보시오、이菜맛이 오히려관치않으오、(答)매우썩좋음이다、당신은사양하지마시오、우리가마음대로먹는것이도로혀좋슴니다。[12]그러면、나는고만겸양아니할더이니、請컨대여러분도마음대로잡수시오(答)그러치오、이菜들이모도清淡하여、참으로먹기좋슴니다。[13]請컨대여러분은、이쌀란대酒를마시기不能하오、麥酒나몟여러분은、다시는그술을마시지는것이어떠하오、麥酒나몟병가저오시오。[14]夏先生！당신은무슨술을마실여오、(答)弟에게紹興酒를주시오。[15]우리가

話 (四) 請客周旋

絲稽
激
枉駕

罷。(答)滑甚麼拳呢。17、咱們來 戴冠兒的罷、(答)好。
18、滿堂全福壽的 七巧、滿堂全福壽的倆好、(答)呀、你
輸了、快喝一杯罷。19、菜都涼了、就不好吃、諸位
請吃一點再喝罷、(答)請請、再不能吃 別的喇。23、請諸位先
飯怎麼樣、(答)請請、再不能吃 別的喇。23、請諸位先
喝一碗綠豆稀飯 好不好、(答)那好喝那個。22、諸位喝稀
位吃飯罷、(答)好、咱們吃一碗罷。21、李老哥 若不吃飯
漱口擦臉。24、今天 沒甚麼可吃的、枉費了 諸位的光駕
實在 吡兄弟 難過、(答)豈敢 豈敢、實在 叨擾的很。

이렇게單純하게술만마시니、趣味가없오、가득
히써라갖이고滑拳이나 멧번하는것이 좋을듯
하오。⑯ 그것、참좋으오、우리둘이먼저滑拳
멧번을합시다、(答)무슨滑拳을하시려오。⑰
우리는寇詞가있는것으로합시다、(答)좋습니
다。⑱ 滿堂全福壽의七巧 滿堂全福壽의倆好
(答)아、당신이젔오、샐이한잔마시오。⑲ 菜가
모도식으면、잡수시기좋지아니하니、請컨대
좀잡수시고、다시마시오、(答)우리가발서많
이마셨읍니다。⑳ 그러면、請컨대 여러분은
진지를잡수시오、(答)좋읍니다、우리、한공긔식
먹습니다。㉑ 李老哥、당신이만일 진지를아니
잡수라면、綠豆죽한그릇을 자시는것이어떠하
오、(答)그것、좋읍니다、죽을주시오。여러분
!죽을잡수는것이 어떠하오(答)어서 당신、잡
수시오、다시는달은것을먹기가不能하오。㉓
여러분、請컨대양추하고洗手하시오。㉔오늘
무슨잡수실만한것도없는데、여러분을枉臨케
하여서、참말弟는未安합니다(答)천만의말슴
이오、참으로폐를많이끼쳤읍니다。

第四十三課　副詞字的用法（九）
都、攏總、大衆、滿、渾、合、遍。

灌蜜。　齊菡。　井。　尾攏。　醸。　釣貪。

1、他們都愛吃懶做、一個也沒有中用的。2、他家裏都有甚麽人呢。3、你的哥哥 做官做商都可以。4、你別聽她灌蜜湯的話、那都是假的。5、那地方的人 都是各菡。6、從前北平城裏的人 喝了井水、現在都喝 自來水了。7、天下人 都不能一樣、十個指頭 還有 一般兒齊嗎。8、現在我們國家的事、從頭意尾、都是 亂七八嘈的。9、中國攏總 有四萬萬人口。10、從北平 到奉天攏總有一千八百多里路。11、那陣風颳的 翻了船把船上的人、攏總都淹死了。12、他開報舘、不是 爲釣名貪利的、就爲大衆的福利。13、他是個犧牲私利 謀圖大衆的公益。14、俗們快走罷、滿天風雨 要將下起來了。15、他們家裏

제사십삼과　부사자의 순법（九）

❶그들이 모두 먹기만 좋아하고, 일하기를 싫어하여서, 하나도 쓸만한 사람이 없오。❷그 사람 집에는 모다 무슨 사람들이 있는가요。❸당신의 兄님은 벼 슬을 하거나、장사를 하거나, 모도 可하오。❹당신은 그 女子의 꿀담아 붓는 말을 듣지마시오、그것은 모도 거즛 이오。❺저 地方의 사람은 모도 各菡하오。❻以前에는 北京城안의 사람들이、모도 움물의 물을 먹더니、지금은 모도 水道물을 먹소。❼天下사람이 한결같기는 能치못하니、열손가락이 오히려 한결같은것이 있오。❽니 地方의 일은、머리로부터 꼬리까지、모도 混亂하기 千萬이다。❾中國에는 總히 四億의 人口가 되오。❿北平서 奉天까지는 總히 一千八百餘里가 되오。⓫그 바람이 불어서、배를 뒤집어 배탄사람을 모도 물에 빠더 죽게하엿소。⓬그가 新聞社를 經營하는 것은 釣名과 貪利를 爲한 것이 아니오、大衆의 福利를 爲하는 것이오。⓭그 사

副詞字的應用(九)都攏、總、大衆、滿、渾、合、遍。

犧牲 謀
湊 韓
饑
渴悶
澡
陡
達化
世界

老老少少都快快樂樂的、滿堂和氣 眞令人可羨。16、我們韓軍長不得意的時候、也做飄流、滿處(到處)打饑荒來、滿地直滾。18、你有甚麽悶的事、滿臉都是憂愁、沒有從前的和氣呢。19、養孩子家不能講乾淨、他們玩嚷起來、滿屋裏起土。20、看不得她外面老實、滿心裏是個鬼。21、這個孩子髒的太難見了、你可以帶他澡堂去、渾身都給他洗一洗。22、渾家都平安、就是老人家愁你不早回家來呢。23、我們合族、蒙了他的照應不少了。24、陡然來了一團土匪、搶了合村的財產了。25、我們合家倒好、府上都好啊。26、我們合縣的青年、組織一個靑年會、謀圖文化的普及 和工業的發達。27、有理走遍世界、無理寸步難行。28、我們南邊兒、這

(打野食吃)。17、接坊的孩子、發了心口疼的病、哭起

람은 私利를 犧牲하고、大衆의 公益을 圖謀하오。⑭、우리빨리갑시다、온하늘에바람과비가將次오려고합니다。⑮、그들집에는、늙은이들、젊은이들할것없이、모두喜喜樂樂하야、온집에和氣가가득차서、참말사람으로하여곰欽慕케하오。⑯우리韓軍團長도得意하지못하여엿을때에는、또한飄流하야、到處마다、굶주렷오。⑰이웃집어린애가、가슴앓이病이나서、울면서、온땅에궁굽니다。⑱、당신은무슨답답한일이잇어、온얼굴에모두근심이고、以前의和氣가없습니까。⑲、아이를기르는집에서는말할것도없오、그애들이뜰란것은 말할것도없오、온집안에 문지가 일어나오。⑳、그女子의外面이純實한것만불수가없다、너의 처애를 沐浴집에더러고갓어、몸을 모두씻어주어라。㉑이애는너무더러워서볼것이곳怪惡뿐이오。㉒、온집안이 모두 平安하신데、곳당신이 일즉 돌아 오지 아니하여 걱정하십데다。㉓、우리들 一家族이、그의돌보아줌을 입은것이적지아니하오。㉔、갑작이土匪한때가와서、온동리의 財産을 모두빼앗아갓오。㉕、우리온고을靑年이靑年會하나를組織터의 온집안은 좋습니다마는、宅은 모두安寧하십니까。㉕、우리온고을靑年이靑年會하나를組織

四十四

第四十四課　副詞字的應用法 (十) 　제사십사과　부사자의응용법 (十)

光、只、淨、單。
光、只、淨、單……無論、那知、那管、不料。

1、光你一個人來、恐怕辨不到。2、他光會挑眼、不會真假。3、馬先生講演光重、好像結巴講演似的。4、他們家裏掙錢的少、光吃的多。5、姜之山 他說的話、沒有甚麼頭緒、光吹鬍子瞪眼的。6、沒有的話、我是個只顧私利的人。7、人交朋友、只在信義二字。8、他身上只帶着二百來塊錢。9、凡事不求有功、只求無過。

❶ 다만당신한사람만와서는、아마도處理하지못할듯하오。❷ 그사람은다만끝을줄만알지、참과거줄은알지는못하오。❸ 馬先生은講演을다만곱씹기만하여서、마치반벙어리가講演하는것같소。❹ 그들집에는돈벌이하는이가적고、놀고먹기만하는이가많소。❺ 姜之山그가말하는것은무슨頭緒가없고다만수염만쓰다듬고、눈만부릅뜨오。❻ 천만에말슴이오、나는다못私利만보는사람이오。❼ 사람이친구를사귀는데는、다만信義二字에있다。❽ 그는몸에다만二百餘元을갓엇을뿐이오。❾ 凡事에功이

勞顯詞 辛艱

10、他淨說好話、不做好事。11、年輕的人、不講實力、淨講理論。12、做官的淨勞心不勞力、做工的淨勞力、不勞心。13、他辦事 淨顧眼前、不顧背後。14、大家都願意、怎麼 單顯着你不肯呢。15、若說 人家的是非、不可單聽 一面之詞。16、你單喝 這種酒、怕你生病。17、把那件重要的事、不可單單托他。18、現世做買賣的人、光顧自己的利、那管人家的吃虧呢。19、光看他 是個誠實無詐的人、那知凶惡到頭的人了呢。20、小孩子 光知好吃好穿、那知父兄的辛苦艱難呢。21、光知道 生前的快樂、那管 死後有個天堂、極樂、地獄等等的話呢。22、只要你拿定主意做去、無論誰也 制不了你。23、我只當他在巴里用工、那知帶了洋媳婦回來了呢。24、高三離家七八年、沒有音信。他的老婆 只當他死了 嫁了人、不料

⑩ 잊기를求하지말고, 다못허물없기를求하라.
⑩ 그는다만좋은말만하고, 좋은일은하지아니한다. ⑪ 나어린사람들은, 實力은말하지않고만理論만말한다. ⑫ 벼슬하는이는다만마음만쓸뿐이요, 힘은쓰지아니하고, 勞動하는이는다만힘만쓸뿐이요, 마음은쓰지아니한다. ⑬ 그는일을處理하되 다만눈앞에것만보지, 뒤는돌보지아니하오. ⑭ 여러분이모도願하시는데 어찌하여다만당신만不肯하거든, 다만一面의말만듣는것은 옳지않다. ⑮ 만일남의是非를말하려거든 당신이단지이런술만마시나, 당신은病이날가무섭소. ⑯ 당신이단지이런술만마시나, 당신은病이날가무섭소. ⑰ 그重要한일을, 단지그에게만付托하는것이옳지못하오. ⑱ 現世에장사하는사람은, 다만自己의利만돌보지, 어다남의利害를相관하오. ⑲ 그를誠實한사람으로만보앗지, 어찌兇惡이極度에達한사람인줄이야알앗겠오. ⑳ 아이들은다만잘먹고, 잘입을줄만알지, 父兄의辛苦와艱難을어찌알겠오.
㉔ 다만生前의快樂만알지, 死後에天堂、極樂、

劍。

他又回來喇。25. 只得自己的男人 看好(看中)就得了、
那管 公婆怎麽樣。26. 現在他們 淨幹自己的事、也忙
不過來的、那管 人家的閑事呢。27. 我勸你淨拿好心
待人家、管保人家 也拿着好心 對待你。28. 昨天我
人、那知笑裏藏劍了呢。27. 單請 幾個人來吃
的誰料 來了 那麼些個人了呢。

註…「光」、「只」、「淨」、「單」、는 總히 但只 一部에 局
限된것을 表明할때에 使用하는 字들이니라。그러
고 이네글자下에는 其活用을 隨하야「那知」、「那
管」、「誰料」、「不料」、「不管」「保管」等字로써 連續
되게하는 수가있나니라(十八節以下)。

地獄等等이잇다는것을, 누가상관하겟이오。㉒
다만 당신이 主意를定하여갓이고갈것같으면,
勿論누구든지당신을, 抑制하지못할것이오。
㉓「나는 단지저애가, 巴里에서 工夫만 하는줄로
알앗지、西洋며느리를더리고돌아올줄을 어찌
알앗겟소。㉔高三이 집떠난지 七八年에 音信
이없어、그의마누라는 다만 그가죽은것으로여
기고, 남에게시집을갓드니、뜻밧에그가다시돌
아왔오。㉕다만自己의 男便에게잘보이면그만
이지、어디시아버지、시어머니의 어떠한것까
지 상관할수있오。㉖지금 그이들다만自己의 閑
일을하는대도, 밥어지낼수없는데、어찌남의閑
事를상관하겟오。㉗내가당신에게말하노니、
다만좋은뜻을갓이고남을對하면, 擔保코남도
좋은뜻을갓일것이고, 당신에게對할것이오。㉘단
지그가 좋은사람인줄만 믿엇지、어찌웃음속
에 칼을품은줄이야알앗겟오。㉙내가어제다
만 몟분을請하여먹자든것이、누가 그렇게많은
사람이 올줄이야 알앗겟오。

第四十五課　副詞字的應用（十一）

不大……離、差不……多、幾……乎、大……槪

- 不大……離　離經　差不……多
- 幾……乎　　　　　点兒　多少
- 大……槪　　諒　略　半　約

1、昨天 我上協和醫院去、看他的外貌、病得不大離。
2、這疋紬子 太花了、那疋還不大離形兒（不大離形）。
3、別的莊稼都不離（不離形兒）就是小麥瞎了。4、不能隨大家的意思、也得 不大離經兒（不大離經）5、他的那門親事、若不是 有人說破了、就算不離（不離經）的。6、直隸話和山東話、差也差不（幾多）多 7、這塊地的價錢、比那塊地 差不多。8、我打算 他昨天贏了 差不多三百塊錢。9、天下 眞有些(會說話的人、差(離)多

제사십오과　부사자의응용（十一）

❶ 어제내가協和醫院에갓어、그의外貌를보니、病이관게치아니합데다。❷ 이비단正은너무亂雜하고、저正이도러어近似하오。❸ 다른곡식은 모도 관게치아니하고、오직밀만이凶作드면、곳을이지아니하여엿을터이오。❹ 여러분의意思를따라가기不能합니다만、또한크게을이지는아니할터이지오。❺ 저사람의 그婚姻은、만일안되게말한사람이얼마를틀리지아니하오。❻ 直隸(現今河北)의말은山東말과 틀려도많이을이지아니하오。❼ 이 土地의價格은、저土地에비하여얼마를틀리지아니하오。❽ 내생각에 그사람이어제진것三百元돈을 맛오。❾ 天下에참으로말을、그더려할줄을아는사람이 있오、거진갓은말을、그더려한번하라면、그말이서오。❿ 氣船이 烟臺近海에막이르자、風浪이일어나서、조금만 하엿드면 배우의사람들이、모도멀미가나서 쓸어질번하

浪費

的話、叫他一說、就說活了。10、輪船一到烟臺近海、鬧起波浪、差不點兒把船上的人、都暈倒了。11、海參威的氣候和哈爾濱的差不多。12、他氣恨恨的把自己的兒子打的、幾乎死了。13、我昨天在『北京飯店』喝醉回來的時候、把眼鏡幾乎丟了。14、若你沒提那件事、幾幾乎忘了。15、再等幾天看一看、大諒沒有甚麼大事去、己經過了七八年、一回也沒有信、大諒死了罷。16、大諒他不上南洋去、就是回來的。17、金老五上俄國18、外國有名的政治家和學者、大略是六十多歲。19、念書不能都一一背下來、大略是會着意思就得了。20、此地的風俗到了節下、大略是都淸賬。21、大略有錢就有勢力、有勢力就有錢了。22、人生是靠不住的、過了四十歲大約血氣漸漸的衰弱了。23、德國人是大約都念過

⑪、海參威의氣候는哈爾濱에比하여얼마였오。⑫、그는골이잔뜩나서自己의아들을때려서、거진죽게하였오。⑬、나는어제、北京飯店에서술이醉하여、돌아올때에眼鏡을하마트면잃을뻔하였오。⑭、만일당신이그일에말을내지아니하엿드면、거진잊어버릴뻔하였오。⑮、다시몇날더좀기다려봅시다、아마도무슨큰일이야없겠지오。⑯、아마도그가南洋을가지아니하면、곳돌아올것이오。⑰、金老五(金氏집다섯재)가露國에간지가、발서七八年이지넷는데、편지한張도없으니、아마도죽엇는가보오。⑱、外國의有名한政治家와學者는、大略은六十餘歲입니다。⑲、글을읽는데一一히背誦할수는없고、大略뜻이나알면고만이지오。⑳、이끝의風俗은名節이되면、大略은셈음을맑힙니다。㉑、大約은돈이잇으면곳勢力이잇고、勢力이잇으면곳돈이잇다。㉒、人生이란믿을것이못

副詞字的應用（十一）不大…離、差不…多、幾・乎、大…諒。

勢。
漸。裏。

書、差不多 人人能看報。24、世上的邪事、大概都能戀得住人。25、城市的人、大概是都詭詐、村莊的人大概是都樸實。26、有錢有權的人 一到夏天、大概都找個海沿避暑去哪。27、你別愁心、這世上的人、大概都是利己的。28、這個地方的人、大半是 打魚過活的。29、他們那裏 沒有一等的財主、也沒有很貪窮的、大半是 都平平兒的。30、他平常 沒有失信的人、到如今沒來、大半是 講理的少。31、看他們 那個貌樣、大半是 來不了的罷。

註：「不大離」、「差不多」는「관계치않다」「얼마않된다」의意味이며、「幾乎」는「간신히」「하마터면」、「거의」의意味이며、「大諒」等字는 大概의意味인데 總히「거의다」의意味의 類語이니라。

되오、四十歲가지나면大約은血氣가漸漸衰하여진다。23、德國사람은大約모도글을읽엇어、거진사람사람이新聞을본다。24、世上의妖邪한일이、大概는모도 사람을반하게한다。25、都市의사람은大概가모도奸詭하고農村의사람은大概가모도諄實하다。26、돈잇고權力잇는사람은 여름만되면、大概는모도 바다가를찾아避暑하러가오。27、당신은근심하지마시오、世上사람은、半이나 고기를잡아살아가는것이오。28、이地方사람들은거기에는一等富者도없고、또한몹시貪窮한사람도없어、居半은모도平平한것이오。30、그는平常에失信한것이없는사람인데、이때까지오지아니하니、아마도오지아니하는것이면이가적습니다。31、그들의그모양을보건대、大部分이경우캐는이가적습니다。

才　殺　愚

第四十六課　副詞字的應用 (十二)

…不過、　　還…
難道…不成、非…不可、非…不行
連……
不但……而且、不但……就。
並且、　　反。

1、他沒有特別的才能、就是最老實不過。2、他畵的畵兒、和寫的字、不怎麼好、却淸楚不過。3、馮家的新媳婦可不知才德的如何、只看外貌和行動、最淸雅不過。4、起初聽你的勸話倒好、事到如今、最後悔不過。5、他無論有多大的軍權和財權、還能殺無罪的人不成6、從早到晚、誰也並沒來、難道一個好好的手表、還能長上腿、自己跑了不成。7、這一向你爲怎麼無故的不上我家來、難道我家裏有殺人的老獅子不成。8、像你聰明人能學書、像我這樣愚笨人、連書也、不能學不

제四十六과　부사자의 응용 (十二)

❶ 그는 特別한 才能은 없지만、溫順하기는 여간이 아니요。❷ 그가 그린 그림과、쓴 글씨는、그렇게 좋지못하지만、分明하기는 여간이 아니요。❸ 馮氏집의새로 온새아씨는、才德의 如何는 알수없지만、外貌와 行動을 보면、여간 淸雅한것이 아니요。❹ 當初에 당신의 勸하는 말을 들엇드면、좋을것을 일이이렇게 되엿으니 후회하기여간 아니요。❺ 그가 얼마나 큰 軍權과 財權을 가졋는지는 못할것이오。❻ 아츰불어저녁까지、아무도 오지아니하는데、어잿든 멀졍한 손목時計나가、그래、能히 다리가생겨서、自己로 달아낫단말이오。❼ 이자음에 당신이 어찌하여 無故히 내집에 오지아니하오、어잿든 내집에 사람을 잡아먹는 老獅子가 잇단말이오。❽ 당신같이 聰明한사람만큼을 배우고、나와같이 이렇게 愚鈍한사람은 오히려 글까자도 배우지못한단말이오。❾ 내

副詞字的應用（十二）……不過、難道……不成、非……不、不但……而成、

非

運鑒

飾陶

徐

既

成。9、我告你 往後加点小心、王團長說我、這麼說你
也不成、那麼罵你 也不聽、從今以後 非打不可。10、今
年你賺了那麼多的錢、並且娶了 一個小奶奶、還有生
了一個男孩子、這麼開的運、你非請幾桌客不可。11、饋
老婆懶修飾、專聽門外 賣東西、東家跑、西家闖、不會
針線只會浪、這樣老婆、非休（退）了她不可。12、今日
碰見徐小三、他說『這裏找你 也找不着、那裏找你 也
找不着、今天叫我碰見、非給我錢不（中）行』。13、你去
告訴他 前天準來、叫我眼巴巴的 等了一天、今天無論
如何、不來不行。14、若是將好話說、不賠也 不要緊、你
既然說出 這樣喪盡天良的話來、錯過（除非）賠我不行
15、那樣不識高低的 混賬東西、非壓着（強着）他不行。
16、吃大烟不但破了家產、蹧蹋身子、並且那個害毒傳

가네게이르노니、이뒤로는춤더注意하여라、
王團長이내게말하되이렇게말하도베가듣지
않고、저렇게꾸짖어도베가듣지아니하면今後
에는때리지아니하겠다고하드라。⑩
今年에당신이그렇게많은돈을남기고、兼하여
小室을엇고、또한아들하나를낳았으니、運이이
렇게열녀는대、당신이몇교자상의한턱을내지
아니하면아니되오。⑪貪食하는게집은修飾하
기도게을리하고、東家로갓다、西家로갓다、전혀문밖의물건과는바느질을
알지못하고、오직放浪만한다、이러한게집은그
것을버리지아니하면안된다。⑫오늘徐小三을
만낫는데、그가말하되、저기서찾아도당신을찾
지못하엿고、여기서찾아도당신을찾지못하엿
다가、오늘은나로하여금만나보게되엿으니、내
돈을안주면안된다고、하드라。13、내가갓어그
에게일으되、그적게꼭온다고하여서、나로하
여금눈이빠지도록 하루를기다려계하엿으니、
오늘은如何를勿論하고、오지아니하면안된다、

股 簡 淵 鑣 冤解 纂

及兒孫。17、若是有一個銀付倒了、不但股東吃了虧損、並且那個影響、流及全國。18、你若不願意學政治學和軍事學、我想學醫學好、因爲學好了、不但能利己、而且、也能濟世。19、他在說話、和做文、不但簡要、而且、有深淵的意思。20、你眞會辨事、無論甚麽難事、叫你一辨、不但、辨得淸楚、而且、圓滿得很。21、她光懶也好、或者光饞也可、這個不但是懶、而且又饞、你說怎麽過日子呢。22、若能編一部好書、不但當世有了益處、就是於後世、也有益處。23、俗語說『酒肉朋友、柴米夫妻』、所以人到過於窮了、不但、朋友看不起、就是自己的妻子、也看不起。24、法國和德國的冤仇不但不輕、越發越見重、所以現在 中西醫生、都束手無策了前幾輩子解不開就再一輩也解不開。25、他的病不但不

고하여라。14、만일좋은말을찾이고말한다면、들어주지아니하여도괜게치아니할지만、당신이기위이렇게良心을喪盡한말을할진대、어짯든내게불이않으면안되오。15、그것을누르지아니하여게하는더러운놈들은、하는더러운놈들은그것을누르지아니하여놓면家產만破할뿐아니라、몸까지도결단내며、아울러그害毒이또한子孫에게까지傳及하나가亡됩니다。16、鴉片烟을먹는것은家產만破할뿐아니라、몸까지도결단내며、아울러그害毒이또한子孫에게까지傳及하나가亡됩니다。17、만일銀行이만일政治學이나軍事學을배우기를願치않거든、醫學을배우는것이내생각에종소、醫學을잘배우면、自己를利케할뿐아니라、때라서能히濟世도하는까닭이오。19、그는말을하든지、글을짓든지다만簡要할뿐아니라、또한深淵한意思가있오。20、당신은참으로處事할줄을아오、어떠한難事를勿論하고、당신으로한번하게하면、또한圓滿하오。21、저女子가게으르기만하여도관게치아니한데、기것은말하시오、或은貪食만하여도관게치아니한데、기것은말하시오、當身은말하시오、또한貪食하니、당신은어떻게살림을하겠는가요。22、만일能히좋은冊한秩을編纂한다면만、當世에利益이될뿐아니라

中國語大典

九七

㉖、你不必去討情、依我看、他不但不給你、反倒討了個無趣。

註：「不過」가 文末에 있을때에는(여간…아니라)는 뜻이며。「不成」은 그 윗에 「難道」의 字를 合하야 「그럴理가萬無한일에」對하야反詰의 뜻으로 묻는데 使用하나니라。「不但」에는 「並且」、「而且」가 相隨하며 또는 「就」나 「反」이 連用되나니라。

第四十七課 動詞 疊字、疊句。

1、上房的鐘、早已停了、你不去上上弦嗎。2、偺們去望望錢老師的病好了沒有。3、做菜的時候、爲甚麽沒嘗嘗醎不醎了呢。4、他爲甚麽怪着我呢、一定去問問他。6、把你的刮臉刀、借給我使一使、刮刮我的鬍

49 停牝 醎 刮

곳後世에도 利益이 있오。㉓、俗說에 말하되、술과 고기에랴야 親舊오、쌀과 나무에라야 夫妻라하였오、그러므로 사람이 너무지나치게 窮한즉다 만親舊가 업수히 여길뿐만아니라、곳自己의 妻子도 또한업수히 여긴다。㉔、한代에서풀이지못하는다 만一代를 자나도풀이자못할것이다。㉕、그의病은 다 만輕하여자지아니할뿐만아니라、더重하여자 지므로、지금은車手無策이오、내가보기에는 그가 당신에게주지아니할뿐만아니라、도로혀無顔한 것을 받을것이오。

제四十九과 동사

❶、上房의 掛鐘이 발서쉬엇는데、네가갓어 엽을감아주지아니하냐。❷、우리는 錢老先生님 의病患이 낫엇는지、아니낫엇는지 갓어問病합시다。❸、반찬을 만들때에、당신은 어쩌하여 짠지、승겁은지、맛을보지아니하시오。❹、그가무슨 까닭에 나를 異常히 기여길까요、一定

吞 忸
梳粉
噴
灑烙
趨竪
尋噓

子。7、你不用 這樣生大氣、可以吞氣兒罷。8、你不用在家裡淨忸怩坐、該出去逛逛、散散心罷。9、林飯桶受了許小姐的欺負、還是戀戀不捨的。10、晨早起來、洗洗臉、梳梳頭、擦擦粉、吃吃飯 換換衣裳、噴噴香水兒 然後逛逛去、這就是一套兒的工課。11、你不必在那裏 橫說竪說、最要緊 略略的題一題罷。12、那頭厚一點兒、可以用刨子(推刨)、輕輕的刨一刨(推一刨)、再加烙鐵、重重的烙一烙。15、我們上那樹林子去風灑、13、你上那裏去探探、要緊早早的囘來。14、先用水灑一凉風凉(凉快凉快)罷。16、若有個機會、請你舉薦舉薦(吹噓吹噓)他。17、我怎樣尋思尋思(思想思想)也沒那樣說過的。18、成不成 再一次試驗試驗。19、天太冷了、進屋裏暖和暖和罷。20、我找你來的 是有一件事、要和

中國語大典

⑤、당신의面刀를 코갓어그에게물어불터이오。⑥、당신은이렇게 큰성을내지말고、성을새기는것이可하오。⑦、당신은집안에만 파뭇여있지말고、맞당히밖에나아갓어、구경도하며、消風도하시오。⑧、林밥桶은許小姐의업시여김을밧고도、오히려戀戀하여 놓지못하오。⑨、일은아침에일어나서、얼굴씻고、머리빗고분바르고 밥먹고、옷갈아입고、香水뿌리고、그런뒤에 놀러다니는것이、곳그날의一種課程이오。⑩、당신은반드시거기서橫說竪說할것은아니고、略略히 提議하는것이가장必要하오。⑪、저쪽이좀두터우니、대패틀갖이고、若干미시오、⑫、당신은저기갓어알아보고、일즉이돌아오는것이緊要하오。⑬、먼저물을좀뿌리고、다시 국국눌러다리시오。⑭、우리들은저게갓어쉽시다。(땀들냅시다)。⑮、만일機會가잇거든、請컨대당신은그틀薦舉하시오。⑯、내가아무리생각하여도、그렇게말한적이없오.

九九

動詞 疊字、疊句字

⑰、成不成間에다시한번試驗하여보시오。⑱、날이너무추우니、방안에들어가녹입시다。⑲、내가당신을찾아온것은、일한가지가있어서당신과商議하려합이오。⑳、져뜰아래房에먼지가많으니、너는비를갖이고갓어掃除하여라。㉑、우리는여기서 답답하게지내지말고、城南遊藝園에갓어 散步합시다。㉒、우리、집떠난사람들은、만일마음에 맞지않는 일이있드라도、좋든지、낮브든지그대로참고 지내야하오。㉓、그애가 萬一 잠이 깨거든、그애를토닥토닥하여주면、곳자오。㉔、우리들商店의大小事를請컨대당신은 나를대신하여 整理하여주오。㉕、孫將軍이이번에戰勝하여서、돈을갖이고全軍을犒勞하오。㉖、이張兄은좋은親舊이니、請컨대여러분은서로인사하시오。㉗、내가오늘저녁車로發程하려하니、저여러가지行李를收拾하여주시오。㉘、別일은없고、先生님面前에와서、비읍는데 不過합니다。㉙、당신이이렇게得意한때에도、오히려能히당신의親舊들을拔薦하

你 商議商議。21、那間廂房裏土太多、你可以拿笤箒去打掃打掃。22、咱們 不用在這裏發悶、往城南遊藝園去溜打溜打(遊逛遊逛)。23、我們出門的人、若有不對心的地方、也得將就將就。24、那個小孩兒若醒了給他拍拍打打就睡(睏)喇。25、我們舖子裏的大小事情、請你替我整理整理。26、孫將軍這次打勝了、拿錢把全軍犒勞犒勞。27、這位張兄 是很好的朋友、請乘位認識認識。28、我要 今天晚車起身、那些行李 都給我 收拾收拾。29、沒有別的事、不過是先生面前來拜望拜望。30、你這樣得意的時候、還不能 提拔提拔你的朋友嗎。31、我對於此地的風俗、不大懂得請先生 指敎指敎(指點指點)。32、火車開的還早、再坐再坐 喝碗茶 歇息歇息罷。

註…이動詞의疊字는同一한行動을連해數次한다는意

意味이니라。그리하야 한글자로된 動詞는 혼이 兩疊間에 一字를 加하나니라。그리나 두자로된 動詞는 그양 重複할따름이니라。

第四十八課 副詞字的應用 (十三)

1、我也這早晚兒(這咱子)剛到的、2、現今的國際情形、免不了一場大戰。3、你別賣鷄蛋(鷄子兒)、現在正好菇窩(菇蛋)。4、他來倒來、不過當下(時下)沒有空兒。5、這一向他們買賣很熱鬧、每天能掙幾百元。6、這會兒(這會子)莊稼人、種地很忙的時候。7、目下不但銀錢鬧饑荒、并且粮衤艮也落、兗粮很凶難。8、咱們等一會兒走罷、這個當兒(當口)他們正會議哪。9、這孩子剛磕破了腦袋、帶他病院去 看看縴行。10、若

여주지못합니다까。31、내가이 地方의 風俗에 對하여、모두 알지 못하니、請컨대 先生은 指導하며 가르쳐 주시오。32、汽車가 떠나려면 아직 일으니 좀더 앉아서 차나 마시며 쉽시다。

제사십팔과 부사자의 응용 (十三)

❶ 나도 亦是 지금 막 왔오。❷ 現今 國際形便으로는 一場의 大戰을 免하지 못하겠오。❸ 너는 鷄卵을 팔지 말아라 지금은 닭을 안기기에 꼭 좋은 때다。❹ 그 사람이 오기는 오겠지만、지금은 틈이 없다는 말이요。❺ 이 지음에는 그들의 장사가 매우 繁昌하여、每日 몇 百元을 能히 남긴다 하오。❻ 이때는 農事하는 사람이、밭 갈고 심으기에 매우 奔忙한 때다。❼ 目下에는 단지 錢慌할 뿐만 아니라、兼하여 穀價까지 떨어저서、納稅하기가 매우 困難하오。❽ 우리는 좀 기다려서 갑시다、이때는 그들이 바루 會議합니다。❾ 이 아이가 부두처서 머리를 깨트렷으니、곳 이 애를 더리고 病院에 갓어 보여야 하겠오。❿ 目前의

副詞字的應用 (十三)

攝 刁 爹 楝 樑 恭 付
裾 居 髮

說出眼前(眼時下、眼時間)的 苦境來、眞是 上天無路、入地無門了。11.兄弟此刻 沒別的事、不過在家 看書攝養而已。12.刻下 我要使些錢、請你給我借一借。13.現下出世的人、十之居八 都是刁鑽古怪的。14.如今的男女結婚 雖講自由戀愛、依我看、得了父母的承認 纔好。15.脚下 婦女們、剪了髮、穿了短裙子、這就是時興。16.我們若不在那樹林子下 乘涼乘涼、這時候早到了。17.那樣的方法、我們早頭 使過的。18.呀啊、來的 遲一点兒了、你的爸爸往那裏去喇。19.我從來看見過 好些個美人、却像廻那樣的俏俊 是頭一次所見的。20.他是個先前紅鬍子(土匪)的當頭、現在是 成個國家的棟樑。21.主人沒來以前(以先)、該早收拾、纔可免得 一場煩話。22.他向來 受苦的時候、對我 很恭敬、現在掙點兒

困境을만일 說破한다면、참으로 上天하재도길이없고、入地하재도門이없오。11.저는 目下에別일이없고、집에잇어서 冊보고攝養하는대지나지못할뿐이오。12.當場내가돈을좀쓰려고하니、請컨대당신은나에게借貸하여주시오。13.이지음에 出世하는사람들은、十의八이나모두 陰謀하고、이상야릇한것늘이오。14.지금의男女結婚은 비록自由戀愛를말하지만、내보기에는 父母의 承認을얻어야만좋겠오。15.現今의婦女들은 머리깍는것이、곳新式이오。16.우리가만일 그숲에서、땀을들이지아니하여더면、지금발서다아간겠오。17.그러한 方法은、우리가발서써 본것이오。18.아、아、조금늦게왓다 、너의아버지는 저기로가섯다。19.내가 前부터많은美人을 보앗지만、저女子갈은 그렇게 어엽은것은 처음보앗오。20.그는 以前에 馬賊의 頭目으로서、지금은 國家의 棟樑이되엇다。21.主人이 오기前에、일즉이 收拾하여야、그렇게어엽은것은 한밧탕성가신말을 免할것이오。22.그가 귀왕

錢、對付着過去、連面也瞧不見了。23、我早已勸過三囘、你總不聽、就遭這次失敗了。24、民國以前咱們中國人都有辮子、目下多半是都薙了。25、先前我在軍艦上做個軍人的生活。26、南家的弟兄倆、早前看破中國人抽紙烟（香烟）、開了個烟草公司、現在瞧的眞好大財神了、27、我要開個製鐵工廠、所以前頭往歐洲考察囘來了。28、先頭你上街 買菜去的時候、在你先頭走的是誰。29、氣派是往年的氣派、家道却不是往年的家道了。30、他的一切家產、早已讓給兒子管着、過了幸福的日子。31、請您不用過慮、依您的話、從早都辦好了。32、我與你往日無冤、近日無仇、何必你要謀害我呢。33、釋迦牟尼、老子、孔子、耶蘇、摩哈默德、這都是

에苦生할때는、내게對하야매우恭敬하드니、지금은돈을좀못얻어서지내갈만하니、얼굴도볼수기없오。⑬내가발서일즉세번이나勸하여도、당신이도무지듣지아니하다가、고만이번失敗를맛났오。㉔民國以前에는우리中國사람이모두머리채를갖엇드니、지금은半이나남아깎엇오。㉕맨먼저내가軍艦에서三年동안使喚을다니고、그뒤에海軍學校에들엇고、現在는軍中國人이卷烟피울것을看破하고、烟草會社하나를맨들어、지금은못할것이흠썩큰富者가되였오。㉗나는製鐵工場을經營하려고、前番에歐羅巴에갓어視察하고도라온것이다。㉘아까당신이반찬사러 거리에나갓을때에、당신앞에가든이가누구였오。㉙氣勢는往年의氣勢이지만、家道는아들에게맛기여管理케하고、幸福스럽은晩景을누립니다。㉛請컨대당신은過慮하지마시오、당신의말슴대로、발서모두處理가

第四十九課 會話 (五) 投宿旅館

1、請問、從這裡到正陽門車站、有多少鐘頭可以到呢。(答)你頭一次來北平嗎、不過一點鐘、就有三刻來鐘。2、是的、到北平得要住店、不知那一個旅館好、你要那一種。3、我敎指敎、(答)有中西好幾種的旅館、(答)你要長住、或要暫住呢。4、我要長住、還要靜雅的地方好、(答)既是這麼着、你往米市大街『北京公寓』就很安當、待客怎麽樣、(答)我也住過、很不錯的。6、住那裏交通

註…本課에 主로된 單語들은 現在나 現在完了의 時間을 表示하는데 使用하는 副詞들이니라。

古時(古年)有名的聖人。

제사십구과 회화 (五) 旅館에드는이야기

①여보시오、여기서 正陽門驛까지、아죽도 멧時間이나 갓이면可히 到着하깃쇼(答)당신이처음으로 北平에오시오、한時間은 채결이지아니하고、곳四十五分(一刻은 十五分)좀 남깃오。②그렷읍니다、北平에 가서 不得不客店에 들어야 할터인데、어느 二旅館이 좋은지 알지 못하니 請컨대 당신은 가라쳐주시오。(答)中西(中國西洋)式의 各種旅館이 있는데、당신은 어떠한것을 要하시오。③나는 西洋料理는싫고、中等으로 中國料理하는 旅館을 要합이다。(答)당신은 오래留할여 오或은 暫時留할여오。④나는 오래留할여 하며、또는 閑靜한곳을 要합니다。(答)거뤄그럿진

釋迦牟尼、老子、孔子、耶蘇、마호메트、이는모두녯날 有名한 聖人들이다。

잘되엿슴니다。③② 내가당신으로더부러、往日에 冤이 없었고、近日에仇가 없었는데、반드시 당신이나를 謀害하려는것은 무엇인가요。③③

掉。
須。微。
捎。

方便不方便、就是電車道的傍邊、並且青年
會館的對面。7、在那裏一天得多少錢呢、(答)有好幾等
往那裡跟櫃房、隨便定妥好。8、車快到喇、咱們預備
下車罷。(答)下站是甚麼站、(應)東便門、再下站 就是正
陽門喇。9、今天 叫你受累、眞是領敎的 多了。(答)好說
沒有甚麼。10、洋車!往米布大街『北京公寓』、(答)先生
這些行李、連坐帶裝擱不開了、再叫一輛罷。(應)那好
11、你們留神、把行李別掉了。(答)是、掉不了、請您放
心。12、先生!到了、請下車。(答)你們把行李搬到櫃房
裡罷。13、先生!有一位客來了、(答)請您進去、暫且隨
便坐坐。14、你們這裏、有可住的閑房沒有、(答)有請
隨便住。15、好、若住過覺着不中意、就可以往別的屋
子裡挪一挪罷。(答)那個沒有不可以的。16、先叫夥計打臉

대、당신은米市大街、北京公寓로가는것이、매
우適當하오。(答)나도있어보앗는데、매우팬게치아니하
오。⑥그곳에留하시면、交通이方便한가요아니
한가요、(答)便利하지오。곳電車길엽이며、兼하
여青年會舘越便이외다。⑦거긔서하루에얼
콤식하오、(答)여러等이있는데、거긔갓어事務室
과、마음대로商議하여定하는것이좋음니다。
⑧車가거진다아와오、우리는下車할것을預備
합시다。(答)다음停車場이무슨驛인가요、(應)東
便門驛인대、그다음이곳正陽門驛이오。⑨오
늘당신에게累를많이찢이고、가라침을참말
많이받엇음이다。(答)천만의말이오、괜게치아니
하오。⑩人力車!米市大街北京公寓로가셔
先生님、이行李들을갓이고、타시자면좀을수가
없으니、人力車한채를더불으시오、應그렇게하
지말어라、(答)네、더러트리지아니합니다、請컨
대당신은마음을놈으시오。⑪너희들이조심하여서、行李를써러트리
지말어라、(答)네、더러트리지아니합니다、請컨
대당신은마음을놈으시오。⑫先生님、行李를꺼려드리
음이다、請건대車에서나리십시오、(答)請컨대
行李를事務室로음게오너라。⑬先生님、손님
한분이오섯오、(答)請너희들은들어갓어、暫
時便할대로앉으시오。⑭당신네여긔에留할만

水來。(答)是、我出去發他們伺候。17、這裡打來了、先生要開飯嗎。(答)好、須微的等一等。18、夥計！給我開飯以後、捎這封信罷。(答)是是、這就捎。19、此地甚麼地方熱鬧、還有可逛的呢。(答)有好幾處、勸業場、青雲閣、中央公園、北海公園、或者東安市場等等的。20、那裡頭、有清靜的地方 是那一處。(答)就是北海公園好。21、你給我雇一輛車來罷。(答)是、這就到了。22、你給我鎖門罷。(答)是、幾點鐘可以囘來您納。(應)沒準兒。23、夥計！開門。(答)先生纔囘來您納。

第五十課　副詞字的應用 (卤)

1、你還說他沒有力氣、你看他的那個擔子多麼(幾多)多麼、…高、…遠、…大、…長、…短。多會兒、…會子、…倖、幾時。

한 뷘房이 잇오、(答)잇슴니다、請건대 당신은 마음에 맛이 아니시마 대로 留하십시오. ⓯ 네、만일 잇어 보아서 달은 房으로 옴길수 잇지요 ⓰ 그것은 안될것음이다. 먼저 씻이를 불너 서洗手물을 떠 오시오. (答)좋다. 조곰만더기 내심부림하게 하려람이다. ⓱ 여긔떠 왓음이다. 先生넌진지를 차려 람이 잇가、(答)좋다. 내게진지를 차려 춘뒤에、편지를 불어라. ⓲ 씻이、내게가 나 갓어 그를 보내여라. ⓳ 이곳에 어느地方이 繁華하며、또한 可히 놀만한 대 가 잇느냐、(答)여러 곳이 잇는데、城南遊藝園、勸業場、青雲閣、中央公園、北海公園、或은 東安市場等이외다. ⓴ 그中에、清靜한 地方이어 느곳이 좋음이냐. (答)곳北海公園이 좋음이다. ㉑너는 내게 人力車 한채를 불너오너라. (答)네、곳옴니다. ㉒너는내게 門을 잠거다 오너라、(答)네、멧時 즘 하여서 도라오시겟심잇가、(應)대충이 없다. ㉓씻이、門열어라、(答)先生、인제 도라오 십잇가.

❶ 당신이 오히려 저사람을 힘이 없다 고、말할터 이오、당신은 저 사람의 저 멜짐이 얼마나 무겁은

搞折　礦採　淋灑　扶艇乍棚
　　　　曲杖　　　　

重 2、今天天氣也清亮、風頭也不大、從海路走多麼順便 3、你看王先生的少爺在家裏多麼用工。4、你想特別快車多麼快啊、一天能走二千多里路。5、在院裏玩玩笑笑的那些孩兒們、摘草折花的樣子、何等快樂、多麼和平呢。6、你別看他何等的吃穿好、就看他做事多麼體面。7、在煤礦裏用電氣採礦、比我們手採的多麼省事呢。8、不像樣子的那個韓小奶、多麼會說話、講點嘴的男子、也趕不上她。9、他們做官的風也吹不着雨也淋不着、太陽也曬不着、比我們莊稼漢多麼自在呢。10、我看那個井水很深、到底有多麼(多丈)深。11、掉了牙、曲了腰、扶了手杖走的那個老人家、多麼老了呢。12、看那隻飛艇(飛機)飛的多高、在上頭的人還不發暈嗎。13、我乍來此地、不曉得路的遠近、你家

것인가보시오。2、오늘은日氣도淸亮하고, 風勢도크지아니하니、海路로가는것이얼마나順便하겠오。3、너는王先生네少爺(도령님, 서방님의總稱)가、집에서얼마나工夫를하는가보아라。4、당신은생각하여보시오, 特別列車가열마나쌀은가、하루에能히二千餘里를가오。5、뜰안에서놀며웃는저兒孩들은、풀을싸며꽃을꺽는모양이、어떻게快樂하며、얼마나和平한가를보지말고、너는그가어떻게먹고입는것이얼마나얌전만한가를보아라。6、곳곳이가어떻게먹고입는것이얼마나얌전한가를보아라。7、石炭鑛에서電氣를갖이고石炭을캐는것이、우리들이손을갖이고캐는것보다얼마나일이쉬운가요。8、꼴갓지않은韓小奶가、얼마나말을잘하는지、입을좀놀인다는男子도、또한그를딸으지못하오。9、저、벼슬하는이들은바람도쐬이지아니하고、비도맞이아니하고、햇빛도쬐이지아니하니、우리農군들에게비하면、얼마나호사스럽오。10、내보기에、이우물이매우깊은데、結局몇길이나되는가요。11、이싸지고、허리굽고、집팽이집고가는저늙은이가、얼마나늙엇는가요。12、저飛行機를보시오、얼마나높이나는가、올에잇는사람

副詞字的應用（十四）多麼、多會兒、幾時

完：깨란 잰마평
購：꽝 훼쓰
絲：쓰
蔴：마

離這裏 多遠。14、你蓋了那間馬棚、花了多大錢、費了多大工夫。15、拿個尺頭來量一量、那一個有多長 或是多短 16、你別忙、多會兒（幾喒）淸賬、多會兒 就給你請客。17、你若 多會子回家、要緊給我來說一聲。18、那是已經過了 十多年的事情、到如今說不上多會兒起多會兒完的。19、我們從上海商務印書館 定購的那些科本、多會兒能到。20、他要開個製絲工廠、多會兒開呢。21、你們在芝蔴點的事上、費了那麼些工夫、到底多喒（多會）纔做完呢。22、他還欠我三百多元、不知他多會兒 多喒搬到那裏去。23、他多喒送來、我就多喒 捎你去、暫且不用過慮。24、我信了他是個眞正的朋友、說了心腹話到如今反成個仇人了、這麼一來、我多喒想起來、多喒傷心。25、你別說 多喒還錢、只求不論多喒 虧不了我的本

이그래도眩氣가나지아니할까요。⑬、나는이양에方今왓음으로、길의遠近을알지못하오、당신의집이여기서얼마나멈엇가。⑭、당신이지은저馬厩間은돈이얼이나들고、時間은얼마나걸였오。⑮자를갖이고와서자여보시오、어느것이얼마나길고、或은얼마나젎은지。⑯、당신은밧버마시오、언제던지빗을갚으면、그때에당신에게한턱내리다。⑰、당신이만일언제집으로갈여거던、곳내게와서말한마듸하시오。⑱、그것은발서十餘年이나 지난일이라、이제와서는、언제던지 언제맞엇다고말할수없오。⑲、우리가上海商務印書館에서注文한그敎科書들은、언제始作하는가하더니、언제到着될는지오。⑳、그사람은製絲工場하나를經營할여고하더니、언제生겻다가、언제알만한지요。㉑、당신들이깨알만한時間을쓰니、結局언제나곳을맞울터인가요。㉒、그는아즉도내게三百餘元을빗젓는데、어느때、어데로移寓하여갓는지알수없오。㉓、그가언제보내면、나는곳그때에당신게보낼터이니、아즉은너무생각마시오。㉔、나는그사람을眞正한친구로밋고、心腹의말을하엿더니、이제와서는도로혀寃讎가되엿으니、이럼으로나는언

補缺

26、從漢口 到四川的 交通很不方便、到底 川漢鐵路的 工事、幾時（多咱）動工。27、請你不用忙、幾時得了機會 我跟他商量、找給你 一個差使。28、自從漢口 失敗以後、彼此離了 五六年、幾時能得 團圓呢、七萬來塊錢、幾時 能補缺款呢。31、我那場官司還沒打完、所以不能說 幾時出京。

29、你去問他、幾時起身、幾時回來。30、我去年 虧了

註…本課의 「多」字는 「많다」는 뜻이 아니고 「얼마」라는 疑問意를 表示하는 例이고、「幾時」字는 勿論字義대로 「언제」라는 뜻으로 使用됨。

第五十一課 副詞字的應用(十五) 每、逢、各。又、又。二。

제오십일과 부사자의응용(十五)

❶ 그는 卒業한 後에、해마다 무슨 特別한 일을 하는것이없고 다만 光陰만 虛送한다。❷ 每月 五十餘元을 버는데 지나지못한다。❸ 現在 그는 날마다 일즉일어나서、들에서 일하오。❹ 많이 쓰지

1、他畢了業以後、每年沒做 甚麼特別的事、淨白過了

제던지새 각만나면、곳마음이 傷하오。㉕、당신은언제 내돈을갚겟다고 말하지마시오、다만 언제든지莫論하고、나의本錢만損치아니하면 곰이외다。㉖、漢口서四川가는 交通이매우 不便한데、結局川漢鐵路의工事가는언제나 始作할가。㉗、請컨대 당신은밥버 하지마시오 언제나機會를얻으면 내가그와 相議하여 제던지한자리를얻어주리다。㉘、漢口서失敗한 後에、彼此에 五六年을 離別하였오 그에게일한 團圓하게될는지오。㉙、당신이갖어 에게무되 언제떠나며、언제나 오겟는가하시오。㉚、나는 지난해에 七萬餘元돈을 믿젖으니、언제나 그 損害를 봉창할는지오。㉛、나의그 訴訟은 아즉 끗이나지아니하였오、그럼으로 언제서울을 떠나겟다고 말할수없오。

副詞字的應用（十五）每、逢、各、又…又、一…二、

逢。迷廟。歸時。啞。

光陰。2、每月 掙不過 五十多塊錢了。3、現在他每天 晨早起來、在野裏 種地（種莊稼）。4、用不着多少、每樣挑稱三斤罷。5、他們兩個人、每逢 遇見的時候、捨不得開手（分離、分開）。6、先生叫你 逢來的時候、該當敲門。7、她淨講迷信、上娘娘廟去 燒香、就知道逢求必應。8、你們貴莊是 逢一六趕集、我們敝莊是逢四九趕集。9、他有過喝的病、逢喝酒 就喝醉了。10、各人盡 各人的本分。11、這頭有各式各樣的花布、那頭有各歸各色的 綢子。12、各人說出各人的意思、與你有甚麼相幹呢。13、可惜 日頭（太陽）快落了、我們 就分手、各走各路罷。14、他生得 又聾又啞、女人是 嘴又拙 心又笨、這就是 天生的 一對夫妻。15、你又不按理過活、又說着人家給你 沒照應麼。16、我們這裏 家家又不缺吃、

아니하겟오 가지마다끌나오. 5. 그둘두사람은, 만날때마다 세斤만달어주시오. 6. 主人이 너다려 올때마다 기름엇갑어하오. 7. 그女子는다만 맛당히門을두다러라하더라. 8. 당신네村은 하루 엿새마다 장이서고, 우리들村은 아흐레마다 장이서오. 9. 그사람은過飮하는病이 잇어、술마실때마다 곳醉하오. 10. 各人은맛당 히各人의本分을다하여야하오. 11. 이쪽에는 各式各樣의花布가잇고, 저쪽에는 各歸各色의비단이 잇오. 12. 저마다 제意思를말하는데, 당신에게 무슨相關이잇오. 13. 可惜합니다、날이 未久에너머가겟으니、우리는 여기서作別하고, 各其제길을갑시다. 14. 저사람은생기기를귀먹고 또벙어리고, 女子는 입이拙하고또마음이蠢하니, 이는곳天生의 一雙夫妻오. 15. 당신은規則잇게 生活하지아니하고, 또한남이 당선에게周旋하여 주지아니한다고 말함잇가. 16. 우리들

術。

左右。

星

夾袍

則

讀

嘩嘰

智。

又不缺穿、而且孩子們也 都好好的養活。17、人家看她 的外貌、又有德、又有才、却其心術 又恨又毒、又詭詐 18、你又要好的、却(而)又捨不得錢、那有 又好又賤的 貨呢。19、事到這個地步、 行又不是、止又不是、實在 叫我左右(進退)兩難了。20、你又來 要做甚麽呢、几事 不要買豐德號的粮米、又潮(濕)又黯斗。22、你別愁辦 又好出頭、又沒實行的、那有 人家信你嗎。21、你們再 事爲難、若請 南星壽來、托他替辦、又省力 又快當。 23、你要做一件夾袍、不用花大錢、做緞衣裳、若做個假 嘩嘰、一則體面、又省錢、二則結實又合時興。24、你來 得正好、一則有幾條鮮魚、要喝幾盅酒、二則 與你商 量幾件事。25、這樣閑居無事的時候、不如讀書寫字好 一則 安心養氣、對于身體上 也好、二則 廣智博識、對

여기는 집집이면; 을것도 걱정없고, 또입을것도 걱정업고, 따라서 兒孩들도 모도 잘갈너넘니 다。⑰、남들은 저女子의 外貌를 보고, 德도 잇 고, 자조도 잇다고 하겟지만, 그 心術은 惡毒하 고, 또한 詭譎도 하오。⑱、당신은 좋은 것을 要求 하면서도, 또한돈을 앗갑어 하니, 물건도 좋고 값도 헐한것이 어데 잇겟소。⑲、일이 이境遇에 되여, 참말나로하여곰 進退가 兩難캐하오。⑳、 당신이 또 와서 무엇을 하겟소, 几事에 또한 出頭 하기는 좋아하고, 그러고 實行하는 것은 없으 니, 어대 당신을 밋을 사람이 잇겟소。㉑、당신들 은 豐德號의 糧米를 다시사지마시오, 누지고, 또한 말(斗)도 차지아니 하오。㉒、내일 南星 壽를 請하여서, 그에게 부탁하여 代身處理 하기가 어렵다고 격정하지마시오, 또快當도 할 힘도 덜고, 또快當도 할것이오。㉓、당신 이 겹두루막이 한벌을 만놀여 거던, 돈을 많이 여 비단옷을 짓지말고, 만일 假 세루로 짓는다 면, 첫재는 점잔코도 또한 돈이 적게 들고, 둘 재는 든든하고도 또한 新式에 맞소。㉔、당신은 오기를 맞춤 잘 하였오, 첫재는 생선 멧 머리가 잇

第五十二課 「到」字和「打」字的用法

于學問上 也好、三則可以免得胡行亂說。26、你別怪他、喝幾杯酒吧，二來、你與他雖然一不係親（沾親）二不係故（帶古）、時時照應他、所以人家都說你 那親熱的心了。

今年在家庭上 不得已離婚的關係了。27、你與他雖然一不係親（沾親）二不係故（帶古）、時時照應他、

時常歪頭傷氣、一來 他在去年虧了一萬多元、二來

註…「每」、「掌」、「各」等字는 同一한 意義의 語類이며 「又…又」와 「一…二」는 一種의 公式이니라.

1、小孩兒的時候 做個要飯的梁麻子、到如今成個大財東、誰能料到 人的貧富呢。2、做到老學到老、還有三分學不到。3、我買的那個貨、說給你們掌櫃的（老板）、可以發到 營口去。4、說到這裏、實在傷心、不如

제오십이과 「도」자와 「타」자의 용법

❶ 어린兒孩때에 밥빌어먹던 梁곰보가、이제와서큰富者가되엿으니、누가能히사람의貧富를헤아리겠오。❷ 늙도록일하고、늙도록배워도 오히려三分이나배호지못하는것이있다。❸ 내가산그물건은、당신들掌櫃에게말하여 營口로보내도록하시오。❹ 말이여기까지일으러서는

當 暗 礁 狀 臨 光 如
蔣 閃 袴

不說好。5、在那裏把我弄的死也死不了、活也活不了。6、你敬我一尺、我敬你一丈。你敬我一丈、我擡你到天上。7、勞駕勞駕、不用再送、送到這裏可不敢了麽。8、你走的時候務必到俺家裏來、因爲給王先生有幾封信捎到。9、這不是你的錯、誰能想到那隻輪船、在那裏坐礁了呢。10、李太太有電報說、今天晚車到站、你早一點兒上車站去、迎到她來。11、我聽說他病到死頭、慌張張的去看、剛剛免了死了。12、你先去打聽他們的情狀、可別提到那個事。13、讀書有三到、就是眼到、心到、口到。14、俗語說『到了河邊再脫鞋』就是事情臨到眼前、再打算怎麼辦的意思。15、還有三十里地、俗們在這裏打尖罷。16、你打場回來了嗎、快去打一挑水來。17、妹妹！你打扮

참으로 傷心되니、더말하지아니함만갓지못하오。❺거긔서는나로하여곰죽을수없고、살여하여도살수없는것이오。가만히한자만잇는곳으로달여온것이오。❻당신이나를한길만치恭敬한다면、나는당신을한길만치恭敬합니다。당신이나를한자만치恭敬한다면、나는당신을한자만치恭敬하고、이제매우고맙습니다、여기까지餞送하고도不足하다합니가。❽당신이갈때에곳우리집으로餞送하지마시오、여기에곳우리집으로餞送하지마시오、이것은당신의잘못이아니오、누가능히그汽船이거기서暗礁에걸닐줄이야알엇갯소。❿李夫人이電報하되、오늘저녁車로오신다하니、당신은좀일즉이停車場에가어그를迎接하여오시오。⓫내가말을듯으니、그가病들어죽게되엿다기에、慌忙히갓어본즉、겨우죽기를免하였음이다。⓬당신이먼저갓어그들의情狀만알어보고、그일은말내지마시오。⓭눈에말에하되、글읽는데는三到가잇스니、곳眼到、心到、口到입니다。⓮俗語에말하되、일은곳일이目前에다달음을기달엿어라、함은곳일이目前에다달음을기달엿어、다시어떳케處理할것을생각하라는뜻이다。⓯

的不如沒打扮的好。18、我們明天要裱糊、晚上可以打
糨子（糨糊）。19、看這打閃 打雷的光景、天將下雨
的樣子、俆去 快快的 收場罷。20、人家說坐船、騎馬、
打韆鞦 危險、我可說 打牌、喝酒、打茶圍 比以上所說
的更危險。21、不知道 他們倆說的話、昨晚整夜裏打着
的喳喳說（耳喳）。22、俆若不信、咱們倆可以 打個賭（賭個東）
呢。23、俆昨天 做甚麽來着、繞打起 草稿來
敗是兵家的常事、一見打敗、何必這樣傷心呢。25 俗語
說「打人休打臉、罵人 休揭短」就是謹慎言語動作的意
思。26、不打緊、誰說俆打攪來的嗎。27、俆們中國的打
把勢（打八式、打拳）自古以來 可以褒讚的一種武藝
人可愛啊。29、昨天 我上北海公園去、看那些娘兒們捽
28、俆瞧那麗桑花兒 前晚剛剛打包、今朝就開喇、眞叫

아직도 三十里길이되니、우리는여기서점심을
먹읍시다。⑯、네가 마당질을 하고 도라 왓느냐、
빨니갓어서 물한지게를 길어오너라。⑰、누이야 너
는 粉발은 것이 粉발으지아니한 것만 치못하
다。⑱、우리가 來日塗壁할여 하니、오늘저녁에
풀을 쑤시오。⑲、이번개치매、비가 將次올터이니、너는 빨이갓어마당
을보니、그네뛰는 것이 危險하다고하지만 나는
것、그네뛰는 것이 危險하다고하지만 나는
도혀 말하되 麻雀노는 것、술먹는 것、妓生房에
갓어 노는 것이 以上에 말한바에 比하면、더욱危
險하다 하겠다。㉒、그둘두사람이 한말은 알수
업고、어제밤 온밤을소근소근 말하더라。
⑳、남들이 말하되 너는 빨이갓어마당
시오。㉓、당신이 만일 밋지아니할진대、우리두
당신은 어제 무엇을 하고서、인제야 原稿를 草하
을때려지말고、남을 辱하거던、短處를 들지말
나한 것은、곳言語와 動作을 삼기라는 뜻이다.
㉕、俗說에、사람을 때리거던 얼골
이무엇이오。㉕、俗說에、사람을 때리거던 얼골
㉔、勝敗는兵家의常事인
대、한番敗戰하 고서、사람이 이렇게傷心할것
사람이 내기를합시다。
너왓다고 말함닛가。㉗、우리中國의十八技(拳
㉖、관게치아니하오、곳言語와動作을삼기라는뜻이다.

嚆. 鏜. 滴. 滅. 朱.

打擇打走的, 實在叫人難看。30. 我的這個瘡, 大概是作膿的樣子(光景)。昨夜呼打呼打(咕嘟咕嘟)的疼了一夜、睡不上覺了。31. 這把茶壺(茶罐)、直外滴打滴打的流、把火淋滅了。

註... 本課에서는「到」字가 그우에 動詞字를 置하야 活用하는 頭語를 보였고,「打」字가 其下에 달은 글자를 合하야 活用하는 바와 其上에 달은一字 들게하야, 副詞로도 使用하는 例를 示한것임

第五十三課 接續詞(一)

「雖...却」,「雖...也」,「雖然...可是」
「雖然...還」.「然而」.「但」.

1. 他雖然年輕、却講體面。2. 他雖然沒表顯、却心裏要幫助你。3. 朱老爹雖然辦事伶俐、却是脾氣不好。

門)는 自古로 잇는것인데, 可히써 褒讚할만한 一種武藝입니다。㉘ 當身은 저몇폭이 꽃을 보시오 제저녁에 봉어리 가지더니、오늘 아츰에 고만 피엿오구려、참말 사랑스럽오。㉙ 내가 어제 北海公園에 갓어、그 女子들이 한들한들 하고 단이는 것을 보니、참말 사람은 꼼짝게 하거라. ㉚、나의 이헌데는、아마도 골믄 모양이오。어제 밤에 홀둑홀둑하며 하루밤을 앞어서、잠을 자지 못하엿오。㉛、이 茶罐은 풀덕풀덕 밖으로 넘어 흘너서、불을 꺼트렷오。

제오십삼과 접속사(一)

❶ 그는 비록 나희 젊지만、體面을 차립니다。❷ 그는 비록 밖으로 말을 들어내지 않으나、마음 속으로는 당신을 매우 도와려합니다。❸ 朱老哥는 비록 일處理를 伶俐히 하지만、性味가 좋지 못합니다。❹ 내가 비록 너이들을 때리자면 곳 몇十名이라도 때릴수 잇지만、네의 主人의 面

接(一)續(二) 詞(一)「雖…也」却」「雖然…可是、還」然而、但。

揶揄 貴 燕窩 揶揄

4、我雖然要打你們、就打得了幾十個人、却見了你們主人的面子 忍着了。5、她雖是一個女子、却有千古大英雄的度量。6、雖是富貴掀天、却也得 心地乾淨、方能叫人敬服。7、他雖然有了不是、你也有點兒過錯。8、燕窩、魚翅、雖然 最高貴的海味、沒有鷄湯和肉調和起來、也是不怎麼受吃。9、他雖然 沒有那麼些錢、可是羨不了財主的過活。10、他說的話在外面雖然有理、可是 欺負了人、是氣不忍的。11、你拿着 朋友的交情、責備他是 雖然不錯、可是 不知他的爲人 是你的錯。12、吃大烟的人、雖然 父母停亅妹、他還要過癮了。13、母親對小孩兒、口裏雖說說嫌惡、還是用手樓抱、用嘴親熱他。14、張山雖然是沒有特別的口才、就是說着這個、讒誚着那個。15、俗語說的好、『說着容易、做着難』。

5、그는비록 一個女子 이지만、千古大英雄의 度量이있오。6、비록 富貴가 하늘을 흔든다할지라도、心地가 깨끗하여야사람이 敬服된다。7、그가비록 몹지못한 點이 있지만、당신도 좀 너무지내찬點이 있오。8、燕窩와 魚翅가 비록 가장 高貴한海物이지만、鷄湯과 고기를 調和한 것이 없다면、그렇게 맛이 없다。9、그는 비록그렇게 많은돈은 없지만、도로혀 富者를 부렵지않게 生活하오。10、그가 하는말이 비록 外面에는、有理한듯하지만、도로혀 사람을 속이는 때야、忿怨을 참을수 없오。11、당신이 친구의 交情을 갖이고 그를 責하는 것이、비록 잘못은 아니지만、그 사람의 爲人을 알지 못한것이 곳 당신의 잘못이다。12、鴉片먹는 사람은 비록 父母를 찰성 板에 높이고도 그는 오히려 癮을 풀여 고한다。13、어머니가 어린애에게 對하여、입으로는 비록 싫음 고맙다 고하면서도、도로혀 손으로 안어주며、입으로 입맞운다。14、張山은 비록 特別한 口才가 없지만、곳아

一一六

周考。　鹿茸。　勁。　評。　局。　決。　乙。

你雖然那麼說、那能這麼做得來呢。16、我看你雖是笑在臉上、然而心裏愁苦得很。17、你們說是他的心裏很詭詐、然而知道他的根底、就是很誠實。18、兒女固然應當孝順、然而爲父母的也 不要惹兒女的氣來。19、人蔘和鹿茸是個一種仙藥、然而不能救活 要死的人。20、喝白湯吃窩頭、莫非是個粗食、然而能救活萬民。21、勿論甚麼事 都願意做去、然而 沒有對勁的人。22、在社會的公益上不能不說 眞正評論、但不能過逾。23、馮如心甚麼事都很會起起、但是他自己 完不了結局。24、這点事上、你如何 勸他照應、但他決不出頭。25、甲的童天分比乙童次些、但甲童是 很殷勤、就趕上他了。26、我對于老哥的話、一点也沒疑惑、但你手下的人我就不能放心了。27、他的文章 和名聲在中國可算第一、但是他

⑮ 俗談에 말한 것을 말하면서、저것을 諷喇한다。한 것이 옳다、말하기는 쉽고、行하기는 어렵다。
⑯ 내 보기에는 당신의 얼골과 갓치、당신이 비록 이렇게 말하지만、어찌 能히 이렇게 하여 낼터이오。내 보기에는 당신의 얼골에 비록우슴빗을 띄었으나、그러나 마음 속에는 근심과 걱정이 많은 모양이오。
⑰ 당신들은 말하되、그 사람의 마음이 매우 奸詐하다 하지만、그러나 果然 맛당이 그 根底를 알고 보면、곳 매우 誠實하오。
⑱ 子女가 果然 맛당이 孝順하여야 하지만、父母된 이도 子女의 性味를 건드리지 말어야 한다。
⑲ 人蔘과 鹿茸이 一種의 仙藥이지만、그러나 能히 죽을 사람을 살여내지는 못한다。
⑳ 좃쌀 가루 떡을 먹으며、白沸湯을 다시는 것이、곳 粗食이 아님이 아니지만、그러나 能히 萬民을 살인다。
㉑ 勿論 무슨 일이던지 하기를 願하지만、그러나 마음에 맞는 사람이 없오。
㉒ 社會의 公益上에 對하야 不得不 眞正한 評論을 할 것이지만、다만 너무 지나쳐서는 안 된다。
㉓ 馮如心은 무슨 일이나 처음에는 매우 잘하지만、그러나 自己로 結局은

接續詞 (一)「雖…也」「雖然」「可是」「還」「然而」「但」。

淨愛錢、往往變了主意。28.你別小看他、變了主意的、但是他自己羨不了陶朱翁。29.汪老弟的度量和理論是倒不錯、但他的氣概和年紀還不夠。30.咱們中國現在的財政、很貧窮、但是得到關稅自由的時候、就算富了。31.家裡有點兒事 不能抽身來的、但是他來拉牽我 不得已 隨他來了。

註…「雖…却」「雖…也」、「然而」「雖然…可是」、「還」等은 一種接續詞로 된者임으로 서로 不可離의 關係를 갖엇으며。「雖然」「但」은 그우에 말한바를 是認하면서도 反對의 意思를 表할제 使用하는 接續詞이니라。

맞우지못하오。㉔요만한일에、당신이그다지도라보아달나고如何히勸할지라도、그는決코出頭하지아니할것이오。㉕甲童의天才가乙童보다조곰못하지만、다만甲童이매우부즈런히工夫하므로、그를따라가오。㉖나는兄님말슴에對하여조곰도疑惑이없슴니다만、다만당신의手下의사람을곳내가放心하지못하오。㉗그사람의文章과名聲이中國에서第一이라하지만、그는다만돈을사랑하여、往往主意를變합니다。㉘당신은 그가主意를變한다고蔑視하지마ㅣ 소다만그의自身은陶、朱(古代富者)兩人의姓名을부려워하지아니하오。㉙注老弟의度量과理論은도로혀옳지만、다만그의氣概와나이아직도不足하오。㉚우리中國은現在의財政이、매우貧窮하지만、關稅의自由를얻는때에는、곳豊富할것이오。㉛집안에일이좀있어서、몸을빼여낼수없는것을、다만저사람이와서나를끄으니 할수없이딸아왔오。

第五十四課　副詞字的用法 (卅)

데 오십사 과　부사자의 응용 (卅)

好、多……幾……些……大口氣、大膽子、
　罵、混帳……沒。
些、小、微、微微、將將、略略、絲來毫去、
須、稍微、僅僅、一星半点、略略。

1. 好說 不敢當、我沒有那樣好多的本事 先生太過獎了。2. 他在那裏 淨費了好多的光陰、也辦不了那件事。3. 這池子裏的魚、實在好多、可惜沒有網子。4. 容易找給你一個事頭兒、你還不甘心嗎。5. 好錢哪、他在嫖賭上、柱費了好幾萬塊錢了。6. 好傢伙、下了好幾天的雨、恐怕我們鄉裏就出了洪水罷。7. 那個倒好說、就是這好些個東西沒有地方交代。8. 昨天我看見你們家的門口站了好些個人、有甚麼事了呢。9. 老聽着也不

❶ 천만의 말슴、不敢當임니다、제에게 너무 過獎하심은 才能이 없음니다、先生께서 너무 過獎하심이다. ❷ 그는 저기서 많은 光陰만 虛費하고도 亦是 그일을 處理하지 못하얏소. ❸ 이 못안에 눈 고기가 흠썩 많으나、可惜한 것은 금물이 없소. ❹ 간신히 네게 일거리를 얻어주엇는데、너는 그래도 甘心하지 아니하느냐. ❺ 끔즉이 많은 돈이다、그가 놀음을 놀고게 집질하여 몃萬元을 내여버렷다. ❻ 이런제엑이、비가와 러날왓으니、아마도 우리시골에는 洪水가 낫겟 슬전은 交代할곳이 없오. ❽ 내가어제보니、무슨일이 있 신네집門앞에여러사람이 섯으니、 ❾ 늘들어도 시시부려한말인즉、우 러는 그를 相關하지아니하는것이 어떠하오. ❿ 林掌櫃는 참으로 좀쌩이오、몃푼돈도 쓰기를 앗갑어하오. ⓫ 그는 다만흠썩큰 소티만할뿐

副詞 (十六) 好多、好夬、好没、些少、略略、僅僅、貼補

過好些個、漓溜囉唆的話、俗們不理他。好不好。10、林棠櫃真正是好小器、拿幾個錢 也使不得咷。11、他不但說好大口氣、並且有 好大膽子。12、他在這裏、受了一頓好罵就去了。13、你是個不知好歹的好混帳人。14、好體面的一個女兒、就是裏了脚了。15、他真 好沒眼色、常在那邊 討人嫌。16、當時的人、有三塊兩塊錢的 結交、些小(略微) 富一点兒、眼裏就瞧不起人唎的。17、不碍事、錯賬 也不過些小差錯、拿這個我們倆何必計算。18、你們別嚷、那個多、把多的些須旬一點兒、那不公道麼。19、先生你是 我們的老主顧的那個價兒 實在不够本、些微的添、就賣給你。20、可惜把一條好新鮮魚、做得微微的發酸了。21、那張膏藥最好不過、昨天夜裏 貼在瘡口上的 時候、稍微有點疼、

아니라, 아울러흠썩 큰膽力도있오。⑫, 그는 여기서, 많은辱을한바탕먹고, 곳갓오。⑬, 너는 곳皂白을알지못하는, 더럽은놈이다。⑭, 흠썩 얌전한女兒를 고만발을 조렸다。⑮, 그는참으로눈치가없어, 恒常거기서 남에게믭음을받으오。⑯, 이즈음사람은, 二三元돈갖인者가, 二三元돈 갖인者와사귀지아니하며, 조곰만富하면, 눈에 곳사람을업쉬이여기오。⑰, 상관없오 賬簿가를 여도, 些少한틀임에 不過할것이니, 이것을갖이고우리둘이반듯이計算할것이무엇이오。⑱, 너이들은 떠들지말어라 내가어면것이 많은것을보아서, 많은것을좀난흐면, 그것이公平하지아니하겟늬。⑲, 先生당신은우리의 오랜顧客 단골이지만, 그값은참말 本錢이못자라오, 조곰만더보면, 곳당신에게쌀것오。⑳, 可惜하다, 아조좋고新鮮한생선한머리를, 좀쩌저만들엇다。㉑, 그膏藥은 가장좋다, 어제밤에瘡口에 붓칠때에 略干좀앞오더니, 오늘일은아츰 붙어는 고만앞으지 아니하오。㉒, 華榮紬緞舖는

二一〇

華榮. 頗 吳 潦. 燙 氷.

從今天早晨 就不疼了。22、華榮紬緞舖、眞正不給尺頭 前天我扯(截)二件馬褂子、給成衣舖做、將將(僵僵)兒 殼材料。23、上回你們直說 還早還早 就叫我喝酒、一到 車站將將(僅僅)的上車喇。24、你先給他略略(頗頗) 的提一提、看他動靜 再說也不遲。25、已經潦了一個 多月的雨、昨天僅僅的 晴了半天、又下起來了。26、昨 天吳先生對我說、他念了 二十多年的書、求親托友、 得了個敎員、僅僅的過活、這麼一來、他再不叫孩子 們念書。27、你說我稱的 這包分量還少、請你放心、絲 毫去、一點也沒差錯。28、你光聽他的話、說我的錯 若是有了 一星半点(些來小去)的錯處、我就馬上去、 給你認錯的。29、略熱一點兒、你說燙得很、略冷一点 兒就說 氷得很、到底叫我 怎樣伺候。

참말로자머리를아니주오、前日에내가馬褂子 (덧조고리와同)한감을끊어서、裁縫所에주어맨드는데、곳간신히(僅僅)감이자랐오。㉓、前番에당신들이줄곳말을하되、아즉일으다하면서、고만나를술먹이더니、막停車場에갓어、간신간신히車에올났오。㉔、당신은먼저그에게略略히提議하여서、그의動靜을보아간즉、이렇며면、다시말하여도늣지아니하오。㉕、발서한달이나남어 장마가지다가、어제간신이半日개고는、또다시비가옵니다。㉖、어제吳先生이내게말하되、그는二十餘年의글을읽고서、求親托友하야、敎員한자리를얻어、간신간신히살어간즉、이럼며면、그는다시兒孩들로하야곰글을읽이지아니하겟다하오。㉗、당신은내가 다 룬이布袋의分量이、오히려적다고말하치만、請컨대당신은安心하시오、絲毫만치도 틀이지아 너하오。㉘、당신은그의말만듣고、내가잘못이 라고말하지만、만일조고마한 잘못이라도잇다 면、내가곳갓어、그에게잘못한것을말하겟오。

註…十五節까지는「好」字의 熟語의 活用을 示하고、以下는 些少의 類語를 用한 것임。

第五十五課 副詞字的用法(十七) 及、不及、不及趕、至於、至及趕、論到。

1、他若後天動身、衣裳和行李、怕預備不及。 2、那樣冷不防的時候 出來的事、連諸葛亮也 不能料及。 3、年輕的時候不用工、到老 後悔也不及。 4、這件事 拿我的才幹去辦不及、請你 替我辦罷。 5、這些 亂七八糟的東西、叫我一個人 收拾不及。 6、你看着 這個事情危險要躱避、可已到了那分兒上、就躱避不及。 7、你別說 我冷眼、反過來想一想 那樣大欵 我還能湊得及嗎。 8、他剛走了、若趕着去、還趕得及。 9、我今天早起還沒穿及衣裳、就被他們起來了。 10、不知下了 多大雨的、河

예 五十七課 부사자의 응용 (十七)

❶ 그가 만일 모래에 날아면、衣服과 行李가 아마도 預備될것같지 못합니다。 ❷ 그렇게 갑작이 생기는 일은、諸葛亮도 能히 생각하여 및이지 못하겠다。 ❸ 나이젊었을때에 工夫하지 아니 하면、늙어서 後悔하여 도 및이지 못한다。 ❹ 이일은 나의 才幹을 갖이고는 處理하기에 및지 못하니、請컨대 당신은 나를 代身하여 處理하여 주시오。 ❺ 이렇게 混亂한 物件들을、나 한사람으로는 및어 收拾하지 못하겠지오。 ❻ 당신이 그일의 危險을 보고 回避할여 하지만、발서 그러한데 일으러서는、곳 回避하여 지지 못할것이오。 ❼ 당신은 내가 冷情하다고、말하지 말고 뒤집어서 한번생각하여 보시오、그런 巨額의 돈을 그래도 내가 各히 및어 變通하겠오。 ❽ 그는 方今좃아 아가면、오히려 좃아 및을것이오。 ❾ 나는 오늘 아츰에 및어、옷도 입지 못하고、고만 그들에게 일

㉙、좀덥으면、당신은 고만 뜨겁어 견딜수 없다고말하고、좀차그면、고만차서 견딜수 없다고말하니、必竟은 나로 하야곰 어둡게 侍從하라하오。

水流不迭、就漫(漲)出 河堤來了。11、你爲怎麼這樣急性、說話不迭、就打起來呢。12、蓋廂房得要等 你父親回來,再說、現在你一個人辦迭不的(辦不及)。13、那些客的吃喝、怕你一個人伺候不迭、再找王二來。14、請你別怪我 這不是故意沒照應的、實在忙不迭的 原故。15、昨天我在四馬路上 躲也躲不迭、就被了洋車(東洋車)碰到了。16、我勸你 是以盡朋友的本分、至於聽就在你的心頭。17、像我這樣人、就顧 眼前的事情、至於十來年以後的事,那就顧不及。18、我說你只求人的資格、結親就得了、至於家道貧富 絕然(決然)不說好。19、他在小的時候、很有出息的樣子、及至搬到省城就壞了。20、你當初(起初)滿口應許的、及至要的時候、爲甚麼 說沒有呢。21、你們倆的爭執、可以拿着交

으키었오。⑩、비가얼마나많이왔는지알수없으나 河水가믿어흘으지못하여、고만堤防을넘처흘으되옷하여쩌는性急하오、말도믿어하지안하여、고만때리는가요。⑪、뜰아래ㅅ房짓는것은、당신의아버지게서도라오시는것을기달여、다시말합시다、至今당신한사람으로는믿어處理하지못할것이오。⑫、저많은손님의먹고마시는것을、너한사람으로는믿어심부름하지못할듯하니、다시王二(王氏집둘재)를다려오너라、實로밥어서 믿으지못한緣故이외다。⑬、請컨대당신은나를잘못녁이지마시오、이것은故로돌보아주지아니한것이아니라、實로밧어서 믿으지못한緣故이외다。⑭、어제나는四馬路에서、避할여하여도믿어하지못하여서、고만人力車에부두처넘어젔오。⑮、내가당신에게勸告함은、朋友의本分을다하는것이고、듣고않듣는것은 곳당신의마음에있오。⑯、나같은이런사람은、곳目前의일만돌아보지、十餘年後의일에일으러서는、곳單只사람의資格만求하여結婚하면곳그만이지살임의貧富에일으려는決코말치아니하는것이可하오。⑲、저사람은어렷을때에는、매우싹수

副詞的應用(十七)及、送、趕、論到。

撕
巡警
痔疔
臟腑

情解開而已、若是論及就是非、那就不願意聽了。
22、聽說 他們在那裏 開會、及到那裏 他們就剛散了。
23、宋家的狗 最利害、聽見從背後裏、炊的一聲、及我
回頭、已經咬撕了 我的大褂兒了。24、趕快 收拾行李
(東西)送到車站去、我們及趕 吃了飯、隨後就去。
25、趕我們到車站、火車站、火車已經(早已)開了。
26、可惜 我走的遲一点兒、趕我去、他已經 起身了。
27、他們昨天 打架的所因、我一概不知、一聽話趕到那
裏去、巡警早已來、押他們帶署去了。28、那裏的話、你
要用、可以拿去罷、論到錢上、咱們倆斷不可提。29、大
概西醫 調治痔瘡、疔瘡、這一切外科 還算可以、若論
到內科、臟腑裏的病、却是不大通。
註 ·「及」、「失」、「至於」、「趕」「到」等字의活用의

갓잇는것갓더니、省城(省政府所在地)에搬移함
에일으러고만버렸오。⑳、당신이當初에滿心歡
喜로許諾하더니、쓸야고하는때에일으러서는、
무슨까닭에없다고말하는가요。㉑、당신들들의
爭執은可히써交情을갖이고풀뿐이지、만일論
爭하기에、막거기다달으니그들은고
기서開會한다기에、方今헤여졌오。㉒、宋家에게는가장사납소、내가막돌
뒤에서별안간에소티가들이기에、내가고
아보니、발서나의周衣를물어찌졌오。㉔、빨
이行李를收拾하여停車場으로보내시오 우리
는밥을먹고、뒤따라곳가겠오。㉕、우리가停車
場에일을때에、汽車는발서떠나났오。㉖、可惜
하다、내가조곰늦게갓다、내가간때에는、그가
발서發程하였오。㉗、그들이어제 싸흠한所因
을、나는 一切몰으오、그들을잡어署에로 다려갓
가 발서와서、押他們帶署 去하였오。㉘、무슨말이오、당신이 쓰려거던갖어가지
오、돈에言及하여서는、우리둘이決코말하지맙
시다。㉙、大概西醫는痔疾、疔瘡、이런一切外科
를治療하는데는、그래도可하다할터이지만、만

內科、臟腑의病、却是不大通。

第五十六課 副詞字的應用 (六)

原、原來、原根兒、原底子、原本、起根兒、起先、起頭、起初、起前、本、本來、本情、當初、太初。到底、終、到了兒、始終、到了兒、末々了、末々、末尾、終久、至終、歸根兒、期根兒、畢竟、究竟

1、我辦這事原爲你的、誰想到反爲害了你了呢。2、此地原是荒地、現在都開了水田了。3、我原打算回村莊去種地過活、到如今那也成不了了。4、他原來(原起)是個好人、可惜跟那些無賴漢交往、現在竟成了壞人了。5、原來她是七月七生的、因此小名叫巧雲。6、這個東西、原根兒(原底子)是從你借來的、何必不拿去呢。7、無怪他們夫妻倆的打架、原本脾氣不相合。

제 오십륙과 부사자의 응용 (六)

❶ 내가 이 일을 하기는、原來 당신을 爲하야 한 것인데、누가 도로혀 당신에게 害가 될 줄이야 알엇겟오。❷ 이 땅은 原是 荒地이더니、至今은 모도 논을 풀엇오。❸ 나는 原來 農村에 도라갓어 農事나 짓고 살어갈까 하엿더니、이제 와서는 그 것도 되지 아니 하오。❹ 그는 原來 좋은 사람이더니 至可惜한 것은、저 無賴輩들과 사귀어 단이기 始作한 後로부터 이 숨은 못된 놈이 畢竟 되고 말엇오。❺ 그 女子는 原來 七月 七日에 낫다、그러므로 兒名을 巧雲이라 불느오。❻ 이 물건은、原來 당신게서 빌어 온 것인데、갖어 가지 아니 할 것이야 무엇이오。❼ 當初에는 이곳 사람이 그를 欽慕 하얏지만、그 後에 그가 官廳의 權威를 갖이고 일을 하는 故로、모도 그를 排斥하오。❾ 맨 처음에는 내가 그를 싫어 하얏오。❿ 맨 먼저 내가 그 곳 나를 싫어 하니고、

일 內科로 臟腑 속의 病에 論及 한다면 그렇게 能通 하지 못 하오。

副詞字的應用（十八）原、起、本、初、終、末、畢竟。

8、當初此地人、欽慕他了、後來他仗着衙門的權威做事、因此都排斥他了。9、起根兒 不是我厭惡他、是他就厭惡我了。10、起先 你打我、我何必白受打呢。11、起頭難些、往後熟了、沒甚難的。12、他初起 拿一点兒錢做生意、到這時候兒 成個大財主家了。13、起前(起根兒)你自己曉得、往後 大家都知道了。14、你別嚷、這本不是 你該管的事。15、他們高麗人、到中國來 入了籍、已過四十多年了。16、他的本心 不是那樣做的、到那頭、他想着 很對不住你。17、那個店舖當初 我要托你買給我的、誰想到你要買了呢。18、我聽說 這個地球 太初是一個火球、所以 地裏還有火、不知道 對不對。19、你在這裏 破口大罵、若沒指着我、到底指着誰呢。20、「善惡到頭終有報」是一種勸善懲惡的金言。21、你說

⑧ 저이들은 本來高麗사람으로서、中國에와서 入籍한지가、발서四十餘年이지낫오. ⑨ 그의本心이그렇게하자는것은아니지만、공교히일이이지경에일으어서는、그가당신에게對하여매우未安하게생각하오. ⑩내가당신에게付托하여는내가살아고하는줄이야누가달나고하엿더냐. ⑪내가말을들으니이地球가、太初에는한개불덩이엿다. 그러므로땅속에는아즉도불이잇다고하니、옳은지 아닌지 알수없오. ⑲당신이여 기서 是非하고 辱한것이、만일나를가릇친것이아니라할진대、結局누구를가릇친것이오. ⑳善惡이마즈막에 일으어서는 맛츰내갚음이잇다 한것은、곳善을勸하고 惡을懲하는 一種의金言이다. ㉑당신은누구네집은빗싸

나를에리니、내가반듯이거저맞을것이야무엇이냐. ⑪첫머리에는어렵지만以後에익으면무슨어려울것이없오. ⑫그가맨첫음에는돈을조끔꿋이고장사하더니、이제와서는큰富者가되였오. ⑬맨앞서는다만당신이알엇고、그뒤에는여러분이모도알앗오. ⑭너는떠들지말아라、이것은本래내가맛당히상관할일이아니다. ⑮저이들은本來高麗사람으로서、中國에와서入籍한지가、발서四十餘年이지낫오. ⑯그

戀始　
鸞末　
糖潑　
焙　
疵　
症劇、

誰家貴、那一家賤、我看先施公司 到了賤（始終必便
宜）一点兒。22、你依你的、他依他的、我依我的、各
人都依自各兒的法子 去做、到了兒 一個也成不了。
23、不論怎麼去做、末了 沒有成功的希望。24、你別說
他的本事好、拿一篇文章 三天也沒做出來、末了 我替
給他做了。25、罷了々々、終久 我們的眼力 趕不上他了
26、我講給你做鷄蛋饍的法子聽一聽、就是用鷄蛋九兩
白糖九兩、白麵五兩、先把蛋黄和糖、使勁 攪和起來
後加上麵、攪和匀了、末尾 再把蛋清（蛋白）打起沫
烤。27、當初 打算利己交的朋友、至終 不能長久。28、你
（起潑）來、都合在一塊兒、輕輕的 攪和起來、立時就
勸勸他 正道些、瞞哄人家是歸根兒（期根兒）使不上的
29、他們好幾年彼此吹毛求疵、畢竟演出一場大血劇來

고, 그어느집은싸다고말하지만, 내보기에는先
施公司가結局은조곰싸오。㉒、너는너대로하
저이는저이대로하고, 나는나대로하여간다면, 各
人모두自己方法대로하여서, 結局은한아
도되지못할것이오。㉓、엇떻게해가던지간에
終末은成功할希望이없오。㉔、당신은그의才
能이좋다고말하지마시오、글한篇을갖이고, 사
흘에도지어내지못하고, 乃終에는내가그를代
身하여지어주었오。㉕、고만두오고만두오終
局은우리의眼力이그를따라가지못하오。㉖、내
가당신에게（雪饍（鷄蛋饍）만드는方法을말하
여듣니라, 곳鷄卵九兩重과, 白糖九兩重과
밀가루五兩重을갖이고, 노란자우와白糖을석
어, 힘껏젓고, 그뒤에밀가루를넣고, 골고로석
고, 맨끗으로다시흰자우를갖이고, 거품을일켜
서모도한데合하여두고, 가만가만히석거서, 即
時굽는것이오。㉗、當初에利己를생각하고사귀
는朋友는乃終에長久하기不能하오。㉘、당신
은그에게좀正道로하라고勸告하시오、남을속
이는것이, 곳結局은못쓰는것이오。㉙、그들
은여러해채비이에吹毛覔疵하더니、畢竟은一
場의大血劇을演出하였오。㉚、좋은사람은좋

了。30、好人 跟好友相交、壞人 與壞人交往、究竟可說 氷炭不相容的。

第五十七課 會話 (六) 換錢逛市

1、你來到北平 有多少日子喇(答)已經過了五天 爲甚麼 不找我了呢(答)頭一次來 不認得道路 所以不能找你了。3、你現在 不想出門嗎(答)可不是呢 出門還要換錢。4、若要換錢 前門外去好(答)那麼着 一同出去罷。5、老頭票的 付市怎麼樣(答)是你的麼(答)是我的 6、你要換多少 不多 不過有 二百來塊錢。7、那麼 你換大洋麼(答)是 就是大洋。8、現在的付市 老頭票一百元 換大洋 二百零七塊。應再不能 多一點兒麼。9、我們這兒 對那一百零七塊。應再不能 多一點兒麼。9、我們這兒 對那

제오십칠과 회화 (六) 돈박구고 거리구경

❶당신이 北平에온지가 몇날이 되였오。(答)발서 五日이나지낫소。❷발서 五日이나 되였오 (答)처음으로 서 어찌하여 나를찾이 아니하였오、(答)처음으로 와서、길을 알지못하는 까닭에、당신을찾기 不能 하였오。❸당신은 至今밖에 나갓어 구경하고 십지 아니하오(答)왜 안그렇겠오、또 한나갓어 돈도 박구어야 하겠오。❹돈을 박구려면、가는 길에 前門박에 가는것이 좋소、(答)그러면 함께 나갑시다。❺日本紙幣의 市勢는 어떠하오。(答)당신이얼 마나 박구하시오、(答)나의 것이오。❻당신이 얼마나 박구하시오、(答)나의 것이오。❼그러면 당신이 大洋(中國銀貨) 에 不過하오。❼그러면 당신이 大洋(中國銀貨) 을 박구려오、(答)네、곳大洋이오。❽至今市勢로는 日本돈 百元에 大洋二百零七元이오、懸다

餘戲・集

護國寺

位都一樣交易 錯不了(答)得了 往後 常來寶號 換錢 豈不多了 一個小主顧麼。10、你說得眞好 多給你三塊 再不能多添 這就見 你的大面子喇(答)好 換給我罷。11、一塊現洋 換多少銅子(答)現在 換三十八吊五。12、你都要 現洋呢 或要現洋票呢(答)給我 十塊現洋 其餘的都給我票。13、請你 數一數(答)不錯 但是 現洋和票都是好的嗎(答)請你放心 打這個戳子的 沒有一個不好的、若有個假的 戳號可以 管保來換。14、我們上那裏去好、(答)今天剛好 偺們上護國寺的 趕集罷。15、偺們坐電車去好、是坐洋車去好呢(答)還是 坐電車去快。16、集上都有甚麼東西呢(答)你上那裡去看 就明白了 任甚麼也都有。17、啊! 不但東西多人也太多喇(答)雖然人

시좀더하지못하겠오。우리여기는여느분에게對하야던지모한가지로박구고틈이없음니다(答)그만두오、뒤로는당신집에와서 늘박구면、어찌조고만한단골한아가며많어지는것이 아니겠오。10、당신이하는말이참그럴듯하오、당신에게三元을더주노터이니、다시는더하지못하오 이것도곳당신의面目을크게보는것이오、(答)그리합시다、내게박구어주시오。11、大洋一元에銅錢은얼마식박구는가요、(答)至今三十八吊半(北平의一吊는銅錢十枚)이오。12、당신이모도大洋을要하시오、或은大洋의紙幣를要하시오、(答)내게大洋十元을주고、其餘는모도大洋의紙幣를주시오。13、請건대당신은헤여보시오、(答)들이지는아니하오만、이大洋과紙幣든모도 眞正한것인가요、(應)請건대당신은安心하시오、이圖章을찍은것은한아도좃지아니한것이업소、만일假錢이잇으면、敝店에와서다시박구는것을擔保하오。14、우리가어데로가는것이좋음인가(答)오늘은맛츰좋습니다 우리가어데로가는것이좋을가요、우리는護國寺에장(市)보는데로갑시다。15、우리가電車로가는것이좋을가요人力車로가는것이빨을것이오。(答)電車를타고가는것이빨을것이오。16、장보는데 무슨물건들이있오(答)당신이거기갓어보면곳알

129 中國語大典

會話 (六) 換錢顧市。

多 也不能都買東西的 不過是 男看女女看男 你看我 我看你 而已。18、你這花瓶多少錢（多兒錢）答這對是二十塊現洋。19、你說到那兒去了 那有 那麼大的價錢（答）您別說 價錢大 這就是 貨眞價實 您給多兒錢罷。20、我說你一句 可別生氣了（答）做買賣的 生氣還了得呢 的價錢 給我十五元罷。21、我給你 五元罷（答）不成不成 那兒 能差那麼些個呢 22、好 多給你 五毛（五角）賣不賣（答）別處也 買不出來 塊錢 賣不賣 不賣拉倒（答）眞是 不夠本兒哪。23、那麼 再添五毛 通共六 俗們走罷（呼）您回來 回來 再添三元 就拿去得了。24、好了 告你 多了一個大錢 也不要（答）得了 賠本兒（折本兒）讓你賣罷 實在便宜得很

⑱여보,이花瓶값이얼마요,（答）당신이어떻게말할런지모르겠지오,二十元이오。⑲,당신이어데그렇게많이를이겟음이잇가。이것은곳물건은眞品이고,비록사람이많을뿐만아니라,사람도또한많으오구려（答）비싸다고말하지마시오,이것은곳물건은眞品이고,값은實價임니다。당신이얼마주시겠오。⑳,내가당신에게한마되로말할터이니,골을내서야쓰겟음이가。㉑,내가당신에게五元을주지오,（答）안됨니다 어데그렇게많이를이겟음이잇가。㉒,내가당신에게五十錢을더줄터이니살수없는값이오,내게十五元만주시오。㉓,그렇다면,다시五十錢을더하여주면고만이오,앗팔터이오,앗팔터이오,암팔터이오,암팔터이도못됨니다。㉔,그렇오,우리는갑시다,（答）참으로本錢도못됩니다,내가당신에게말하지오,엽전한푼이더하여도사지아니하겠오,（答）그러하오,本錢을밋지면서당신게말지오,참말로매우쌈니다。

第五十八課　副詞字的應用 (元)

旣、旣然、旣是。
再、己經：索性、旣然：索性、不必、旣…豈。

1、他旣輸了、作個東 是由他罷。 2、你旣約定了、到這時候 後悔也無益。 3、你旣然 親眼看見、請你快去 做個見證罷。 4、「旣無遠慮、必有近憂」 5、你旣定了主意、不必 就誤工夫、照樣做去 就得了。 6、我看他 在小事上 旣有誠實、對大事也 不碍事。 7、他說 自己都知道、爲何 沒實行。 8、你旣然 不能替人家 努力就得了、又管 人家的閑事、這有何意思呢。 9、你 旣然對他 有個好意思、幹麼 不給他 幫助呢。 10、你 旣然 曉得那件事的底細、快去給他 說破好。 11、他旣

제 오십팔과　부사자의응용 (元)

❶그는 말서 젓으니, 한턱내는것은 그에게 맛이시오. ❷당신이 발서 約定하얏스니, 이제 와서는 後悔하야도 無益하오. ❸당신이 旣往親히눈으로 보앗으니, 請컨대 당신은 빨니 가서 立證하시오. ❹이미 遠慮가없으면, 반듯이 近憂가 잇다. ❺당신이이미 主意를 定하얏스면, 그대로 하여가면 고만이오, 그에게큰 일을 맛여 주는듯이 時間을 虛費할것이 아니고, 그대로하여 가면고만이오. ❻내가 보기에는 그가적은 일에 잇서서이미 誠實하니, 큰 관게치아니 할터이오. ❼그는 말하되 自己도 모다안다고 하니, 그렇게이미, 어찌하여 實行하지 아니하오. ❽당신이이미 알진대고만이지, 또 다시 남의 閑事를 상관하기가 不能하오. 이것은 무슨 意思가 잇는 가요. ❾당신이 旣往 그에게 對하여 좋은 意思를 갓엇을진대, 어찌하여 그를 幇助하여 주지 아니하는가요. ❿당신이 그렇게이미 그일의 詳細한것을 잘알면, 빨니 가서 그에게 說破하여 주는것이 좋음이다. ⓫그가 旣往 당신의 親戚이면, 당신은 나를 爲하여 이자리로 곳갓어, 實際

副詞 字的應用（十九） 既、既然、已經…再、既…豐、

況搜、 睦、 致裕、 懊、

是你的親戚、你爲我爲上去、說個實在的情況聽一聽。12、古語說『日月如梭、光陰似箭』、既是光陰這樣快、一刻也不能疎忽。13、材料既是預備好了、就着辦罷。14、你們既是知己的朋友、不可對人說非、直接的和他說好。15、今天 已經過了辦公的時候、再等到明天去罷。16、你的飯碗、已經被他打（砸）壞了索性你和他拼命（對命）也是無益。17、請你放心、這場官司、就着老大哥的調停、已經說和了、往後索性和他親睦。18、『萬事已經 水流雲空了、諒來他也往下的生意（營業）也是不錯、大諒 他過日子、比從前成、必定成功的。20、他去年賺了兩千塊錢、並且目再不提罷。19、我和他 商議了三四回、諒來 大家都贊富綽（富裕）。21、李先生是個言行一致的人、他已經當

情況을 말하여들여주시오。⑫、넷말에하되、日月은북과갈고、光陰은살과갇다、하얏으니、既히光陰이이렁게빨나도또한疎忽히할수없소。⑬、材料가既往모도預備되얏으니、곳그대로일합시오。⑭、당신들은知己하는朋友인以上에는、남을對하여잘못을말치말고、直接그로더러말하는것이좋소。⑮、오늘은발서勤務時間이지나갓으니、다시來日을게달여서가시오。⑯、당신의밥사발（일자리）은、그로더려목숨내기를한다하더라도亦是無益하오。⑰請컨대당신은放心하시오、차라리당신이서그에게때려부사젓으니、以後에는 차라리그로더부려親睦할여하오。⑱、萬事가발서 水流雲空이되얏으니、짐작컨대그도또한以後에는다시、말하지아니할더이오。⑲、내가그로더부러三四次를 相議하얏으니、아마여러분이모도贊成하면반듯이成功할것이오。⑳、그는 昨年에二千元돈을남기고、아울러目下의장사도、또한관게치아니한즉、아마도고가살어가는것이、以前에비하면녁녁할것이오。㉑李先生은곳言行이一致한사람으로고가발서 當面하여당신에게말하얏으니、생각

面說了你、諒想 不能失信。22、你跟大家 不合作倒罷、既然合作、索性誠實的 做去好。23、他幾個人、既然都懊悔口爭、你索性 勸勸他們 和好不行麼。24、因爲他上回的錯、旣是 心裏難過、你又去俏皮(打趣)他、豈不是 火上添(加)油麼。25、從古道『名不虛傳』諸位旣然都讚成他、諒來(諒想) 必是好人。26、你旣然知道他們是 幫虎吃食的人、不必 再跟他們講理 早一刻斷絕了他們。27、他的心思 旣不肯 聽人指使、我們要他 當這個差使 豈不是個難事麼。28、你當初不會敎養、使他旣慣了 這種壞蛋、到如今叫他改過來、也斷乎 改不得。29、我心裏 旣自(旣已)糊塗、你又給我 這些糨糊吃、豈不叫我 越發糊塗麼。

註: 十四節까지는「旣」字의 普通用例를 示하고 以

건대 失信하지아니할터이오。㉒ 당신이여러분과 合作을아니한다면고만이지만既往合作 하는데는、차라리 誠實하게하여가는것이좋소。㉓ 그들몇사람이、既往모도말다툼한것을後悔한것이 옳지아니합잇가。당신은차라리그들을 勸하여和解를 히키는것이 옳지아니하냐。㉔ 그는前番의 잘못을因하야、발써마음속에지내기어려워하는데、당신이 또한갓어그의 脾胃를칠것을이니、 어찌불옹에길음을친것이아니오。㉕ 네로부터 일으되、일홈이 虛되히傳하지아니한다하얏 데、여러분이 모도 既往그를讚成할제는、아마도반듯이그들은 범을도아 먹을것이는사 람인줄로알엇을진대、반듯이 그들과함께다시 그렇게그들을 어버리는것이좋지아니한가요。㉗그의 心思가발써남의 指揮를듯지아니하는 理由를얼것이아니라、一刻이라도일즉히 그들을끈어버리는것이좋지아니한가요。㉗ 당신이當初에 敎養할줄을알지못하야、그로하야금此種의惡習 이버릇이그에게이버슬을 하라고한다면、이 쩌어려온 일이아니오。㉘ 당신이當初에 敎養할줄을알지못하게하고、이제와서그로改過식히랴하 지만、또한決코곳치지못하오。㉙ 나의心理 가발서스사로糊塗하엿는데、네가또한내게풀

接續詞 (二) 若、設著、或、如果、設使、假使。

下의「已經」「旣然」等字에는「再」「索性」「諒來」。「不必」「豈」等字가 相隨하는 一種公式을 示한 것임.

第五十九課 接續詞 (二)

若、若是、倘若、如若、設若、設或、設使、設如、如若、如或、如果、或是、假使、假設、假若、假或。

1、你若能 把吃喝嫖賭的事 一槪 除掉(禁掉)了、年富似一年。 2、你若 不重看妻子、就怎能 這樣尊敬 岳父岳母(丈人、丈母) 呢。 3、你看 那騎小驢走的女人、若不是王三姐、就是 李大姐。 4、他惹的亂子不少、你若是 不給他 調說調說(調處々々)必得 鬧出事來。5、若是成不了博學大家、就必賺了 大財好。6、幸虧你來的好 若是你 今天不來、這個事情 必定弄壞了。 7、你目下 雖然受苦、不必灰心、若是 五更起 半夜眠

데륙십일과 접속사 (二)

❶당신이 만일 酒色雜技等事를、能히 一切禁除한다면、해마다 富할것이오。❷당신이 만일 안해를 重히 보지아니한다면、어찌能히 이렇게 丈人과 丈母를 尊敬하겟는가요。❸당신은 저나귀타고가는 女子를 보시오、만일 그가 王三姐(王家의제재딸)가아니면、곳 李大姐이겠오。❹그가야 단치기를 적지않게 하얏오、당신이 만일 그를 調停하지아니하면、반듯이 事變을 낼것이오。❺만일 당신이 博學大家가 되지못할진대 반듯이 큰돈을 버으는 것이 좋소。❻當幸이 당신이 잘왔오、만일 당신이 오늘 오지아니하얏더면、이일은 반듯이 꼭 잘못될것이오。❼당신이 目下에는 비록 苦生하지만、반듯이 傷心할것은아니오、만일 五更에 일어나고、밤中에 잠자지며、적게먹고 적게쓴다면、自然能히 좋은 結果를얻을

慘劇。
哀鴻遍野。
嘆氣。

(起五更眠半夜)少吃減用、自然 能巴結到好處。8、若是你們對我們好、我們也自然 待你們好呢。9、連他也 沒有錢就罷、若是有了、可以 借一点兒來。10、倘若 他不肯去就攆出去。11、倘若你 不信戰爭的慘禍、就到我們的河南、可以看得出 十室九空 哀鴻遍野的 慘形了。12、無論誰有了 家庭的不平、凡待人接物 自然帶着愁傷的氣味。13、如若世上 沒有欺負的人、誰肯打架呢。14、設若 年青的時候、用工也不做、錢也不挣、趕到老大、嘆氣 也是無益。15、設若 沒有輪船、不能不坐火車起身(動身)。16、在夫妻之間、設若 一面有錯、一面忍耐些、可不順當麼。17、設或 老人家 有了不是年少的人 也得恭敬。18、事頭兒 早已壞了、設使你去

⑧、만일 당신들이 우리를 잘待遇한다면 우리도 또한 自然히 당신들을 잘待遇하겠지만, 당신들이 또한 우리를 잘待遇하지아니하는데、우리도 또한 어떠히 당신들을 잘待遇하겠오。⑨、그이까지도 돈이 또한없다면그만이나、만일잇거던 곧 꾸어주시오。⑩、設或 그가 가기를 즐기지아니하더라도、곳떠밀어내보내시오。⑪、만약당신이 戰爭의 慘禍를믿지아니하거던、우리의 河南에 가면곳可히써 十室에 九空하고、哀鴻이 遍野한 慘形을 알어볼것이오。⑫、勿論누구던지家庭의 不平이잇으면、大凡 待人接物하는데、自然愁傷하는 氣分을띠는 것이다。⑬、만약世上에 속이는사람이 없을진대、누가 즐겨싸홈하겠는가요。⑭、만약靑年때에 工夫도하지못하고、돈도벌지못한다면、늘어서嘆息한대도 또한 無益하오。⑮、만약汽船이없으면、不得不汽車로떠나겟오。⑯、夫妻사이에서、設或한쪽이 잘못하면、한쪽은 忍耐함이, 도로혀順當하지아니합닛가。⑰、設或老人들에게음치못함이잇더라도。年少한사람은 또한 恭敬하여야한다。⑱、일은 발서 이미 잘못되얏으니、設或당신

接續詞（二）者、設著、或、如果、設使、假使。

耐。瑕。恕。淸。論段。

也 不過白勞。19、這件事 設如於你 不隨心、也可以
看大家的面情、將就罷。20、設或 他請你赴席、不是
要借錢 就要作保。21、設如 糧米付市 太貴的話 只可
買一包米。22、如若 你不在這裏 投店（投宿）、我們只
得跟你 再走幾里。23、你 別欺負他軟弱、如或他發
了潑（撒了潑）、誰也 未必勝他。24、如果 心裏沒有、
口裏自然 說不出來。25、你不用 那樣憂愁、如或有個
辦不了的事、俄們替你辦。26、玉石裏頭 也有瑕、何況
人呢、所以他 或是有了過、也得 寬恕寬恕。27、你別
說 淨我有不是、假使有了 你的身上、還能怎樣辦呢
28、假如 那個事情 在我身上、諒來 萬不能 那樣辨錯
29、我想 在大家面前 早一天 說破討情好、假若往後
走漏風聲、再求情也 趕不及。30、用了 陰凶譎詐的手

이간대 도 또한 헛수고에 지나지 못하오。19、이 일
것은 設或 당신에게 마음이 맞이 아니 하더라도、
또한 여러분의 面情을 보앗어 참으시오。20、만일
그가 당신을 請하여 燕會에 오라 한다면、끈 돈을
借用 할야는 것이나 保證人이 되야 달나는 것일것
이오。21、만일 米穀時價가 너무 빗쌀것 갓으면、다
만 쌀 한 푸대만 사시오。22、만일 당신이 여기에서
客店에 들지 아니 한다면、우리는 다만 당신을 따
라서 몃里를 더 갈여여 하오。23、당신은 그 사람을 軟
弱하다고 업수이 여기지 마시오、만약 그가 發作
한다면 누구던지 이기지 못할 것이오
24、만일 果然 마음 속에 업스면、自然 말이 나오지
아니하오。25、당신은 그럿케 근심 정하지 마시오
만일 或 時處理하지 못할 일이 잇다면、우리가
당신을 代身하야 處理하리다。26、玉돌 속에도 또
한 틔가 잇거던、하물며 사람 일까요、그러므로
그가 或은 잘못 한일이 잇더라도、또한 容恕하고、
恕하시오。27、당신은 다만 내가 잘못 하엿다고 말
하지 마시오、假令 당신의 몸상에 가 잇섯다면、
히려 능히 어떠케 處理 하겟소。28、假如 그일이
나의 몸상에 잇섯다 할진댄、아마도 決코 그러
게 잘못 處理하지 아니 할 것이오。29、나는 생각하
여 여러분의 면전에서 하루라도 일즉히 說破하고
되여러분의 面前에서 하루라도 일즉히 說破하고

一三六

段 假或得了 一時的地盤、那不算 真正的榮幸（幸榮）

註…以上接續詞等은 모두假設을할때에 使用하나니라

第六十課　副詞字的應用（下）

不、並、沒、
並非、無、非、
便、便是、便罷了。

1、現今的 貴人們 光曉得（知道）吃穿、並不知道 米布的艱難。2、這並不是 我防害了 他的事、乃是他自己弄錯的。3、他有点脾氣、並不能 騙哄人家。4、孔雀並不會唱（會噪）可愛的 就在牠的 一個尾巴。5、他就是 沒有錢的所因、並非 冷情對待你的。6、你拿個雀並摸不着的事、和人商量、那還 能成功嗎。7、那匹布 這裏擱着也 並不用着、請大哥 帶回去罷。8、這

❶現在貴人들은다만먹고입을줄만알지、米와布의艱難은통히알지못하오。❷이것은決코내가그의일을妨害한것이아니라、곧그가自己로잘못만든것이오。❸그는性味가조곰사납을뿐이지、남을속이지는못하오。❹孔雀은잘울줄은알지못하지만、可愛한것은그의꼬리한아에있오。❺그는끈돈이없는所以이지、당신을冷情하게待接한것은아니오。❻당신이 어림칠수도없는일을갖이고、남과相議하니、그것이어찌能히成功하겠오。❼저한正布木은여기두어도쓸데없는것인즉、請컨대兄님은갖이고가시오。❽여기에外人이잇는것도아닌데、당신이

제륙십과 부사자의응용（下）

副詞字的應用（二十）並、非、無…不、便、便是。

裏並沒有外人、你何必這樣拘謹呢。9、從前的督軍、一切民政方面也無不干涉、好像古代的皇帝一樣。10、你別信他曰國家、曰民生而捨命、無非爲自己的略。11、他們無非是此地紳商各界的人、請你同席也無妨。12、你說的話 無非是壞的、但是人家 都認他 是個好人 怎麼辨呢。13、蘇杭兩州的姑娘、無非是俊美的。14、他做的事 無非是不錯、却是 人家不理會、的、便趕緊打發人 安慰她 纔好。15、從來說『男子有德 便是才、女子無才 便是德』就要誠實順直的意思。16、我想她 必是在家 死去活來若吵這個、鬧那個、就是家裏 有点兒寬綽、也不舒坦是遭了這樣 左右兩難的時候、就得了 先生的搭救、便是重生父母、生死難忘的鴻恩。19、食言失信 和貪

이렇게生듯이禮를차릴것은무엇인가요。9、以前의督軍은、一切民政方面에도干涉하지아니함이없어、古代의皇帝와한가지이였오。10、當신은그가曰國家、曰民生하며목숨을버린다는것을믿지마시오、自己를爲하지아니하는것이없지오。11、저들은모도이곳紳商各界의人士가아님이없으니、請컨대당신은同席하야도無妨하오。12、당신이말한것이모도욺지아니한것이지만、그러나남들이알어주지아니하는데야、어떻게處理하겠지요。13、蘇杭兩州의處女는、俊美치아닌것이없오。14、그가하는일은모도못쓸것이않음이없지만、다만남들은모도그를좋은사람으로認定하오。15、前불어말하되、男子는有德이곧才오、女子는無才가곧德이라、한것은곧誠實하고順眞함을要하는意思입다。16、내生각에는그女子가반듯이집에서、죽네사네할터인즉、끝뺄이사람을보내여、그女子를慰安하는것이좋겠오。17、平安이곧福이다。만일이것을格정하고저것을떠든다면、끝집안에좀裕足한것이있더라도또한不便할것이다。18、이러한左右兩難할때에、곧先生의救助를얻엇으니、곧重生父母로生死에難忘할鴻恩이외다。19、食言失信

烈
衝演

生惡死、便不是個大丈夫。20、你 不賠錯便罷、怎麼
倒怪着我們 橫鼻子豎眼的呢。21、你不願意 留他一
夜 便罷了、何必 倒攆他去呢。22、你還沒 仔細看 就
說假的嗎、請你 再細細看、便知道 是眞是假的了。
23、世上會說話的 兩頭瞞、不會說話的 兩頭傳、便
知道 把壞話傳人、反不如瞞人。24、他 念不過幾本書
就以爲飽學、便知 他將來 沒有多大的進益。25、凢與
人共事、若沒有忍耐和寬諒的心、不過爲 一点小事
便失了和氣。26、我給他 讓過這一遭 倒不難、萬一從
這事上讓給他、下回 在別的事上 便來欺負我喇。
27、我應當 打你幾拳 幾脚的、便看你主人的面子、只
饒這一次。28、請你小心、我知 你是 性如烈火、不
能忍耐的脾氣、倘或這一回 對他說了、一言半語 衝

과貧生惡死는、곧大丈夫가아니다。20、당신이
잘못햇다고謝過하지안흐면고만이지、어찌하
야도리혀우리를怪常이역이며、코날을세우며
눈알을굴일것이오。21、당신이그를하루밤머물려재
우지안으면고만이지、반듯이그를밀어서내보
낼것이야무엇이오。22、당신이아즉仔細히보지
도앗고、곧假자라고말합닛가、請컨대당신은
다시仔細히보시면、문득眞인지假인지를알것이
오。23、世上에말할줄아는사람은두쪽에숨이고
말할줄몰으는사람은두쪽에傳한다、남에게말
을傳하는것보다、도로혀남을속이는것만갓지
못할줄을알수잇다。24、그는冊몇卷을닑은데지나
지못하되、곧써飽學이라한만일이번한일
을爲하야、문득和氣를失하게되고마오。25、무릇사
람으로서그더러부려일을함게합에、조고만한일
를爲하야、만일忍耐와寬恕의마음이없으면、무릇
그에게이번한번일을讓步하여주기는어렵지
만、만일이일을이에게讓步하여주게되면、이다
음에닥은일에서서나를업수이역일일이다。27
내가應當 너를멧주멧밝길로때릴것이
로되、곧너의主人의얼골을보앗어、다만이한번
만容恕한다。28、請컨대 당신은 注意하시오내가

第六十一課 副詞字的應用 (三)

却、郤可、倒、反、乃是、偏。

1、外頭有風、却不涼快。 2、那個孩子 從前 給他講理 倒還聽着、却到如今 就不聽了。 3、他們 明明白白 知道袁聾子 是壞蛋子、却不肯閙出去。 4、崔矮子的 相貌 沒甚麽看頭、却他的學問和天分、人家趕不上 我的面前 還敢討情嗎。 5、他們平常 慇懃做活、遇了荒年、却不愁過日子。 6、你好的時候 逍遙自在、好懶閑手、郤到如今 來了 沒事情的 7、大家想一想 那公欵 一文 也沒剩下、不是 他呑了、郤是誰啊。 8、沒本事 郤生

제륙십일과 부사자의 응용 (三)

① 밖에는 바람이 잇지만、선선하지는 않소。② 저 兒孩가 이전에는 理致를 캐여 일러주면、그래도 오히려 듣더니、이제 와서는 고만듣지 아니하오。 ③ 그들은 明白히 袁귀먹어리가、怪惡한 놈 인줄을 알면서도、도로혀 몰아내지 아니하오。 ④ 崔난쟁이의 얼골은 무슨불것이 없지만、그의 學問과 才操는、남들이 딸아갈수 없오。⑤ 그들은 平素에 부즈런히 일을 하엿어 兇年을 만낫서도 도로혀 살어 가기를 걱정하지 아니하오。 ⑥ 당신 이좋은 때에는 逍遙自在 하야、손싸매고를 기종 아하다가、도로혀 이제는 나의 面前에 와서 敢히 사정하는 가요。⑦ 여러분은 생각하여 보시오、그 公金이 한푼도 남지아니 하얏으니、이것을 그가 먹지아니 하얏으면、그래 그누구이겠오。⑧ 지난 才幹이 없으면 도로혀 일을 저즐으고、일을 저즐 으면 才幹이 없는 것이다。⑨ 말을 들으니、

事、生出事 無本事。9、聽說 那場雨、他們的地方 比我們這裏 下的多 水災 鄧不及此地大。10、你願意 去 我不擋你、鄧有一宗、往後 別埋怨我。11、看臉 上、很願意的樣子、可怕羞的 沒說出來。12、你若要 請我們一桌客、我們走倒走、可不要 過費了。13、你 那事情上、我有個法子、可不知 行不行。14、誰也說 話之中、不知不覺的 容易有了錯、他那昨天的話錯 倒錯 可不要 過逾責備他。15、我可以看 你的面子、跟 他說和、可怕他 反復的毛病。16、你要害人、倒先害自 己、千萬 別那麼想。17、你別小看 他外貌、學問和志 向、倒不錯。18、他自己犯了 那麼大的罪、倒拉扯別人哪 裏去 做買賣掙錢倒掙錢、可有賊患的 住不得。 19、依你的要求 去倒去、却想着 不隨心的樣兒。20、往

번비가 그들地方은 우리여긔보다 많이 왓지만, 水災는 도리혀 이곳만치 크지 못하얏다 하오. ⑩ 당신이 가기를 願한다면, 나도 막지아니하겟오 만은, 그러나 한가지 있으니, 以後에나를 怨망하지마시오. ⑪그女子의 얼골을 보면매우 願하는 모양이지만, 부끄럽어서 말을 하지못하오. ⑫ 당신이 우리를 請하여, 한턱낸다면, 우리들이 가기는 가겠오만, 너무 費用을, 쓰지마시오. ⑬ 당신의, 그일에, 對하야, 내게方法은 잇지만 은, 그러나 될넌지아니될넌지 알수 없오. ⑭ 누구던지 말하는 가운데, 그사람의어제 그말이를 엿지만 은, 不知不覺으로 잘못됨이잇기 를 너무지나치게 責하지는 마시오. ⑮ 내가 당신 의 얼골을 보앗어 그로더부러 和解는 하겠지 만, 그러나 그의 反覆하는 病痛이 무섭소. ⑯ 당신이남을 害코자하면, 도로혀 먼저自己를 害하나니, 千萬에 그렇게 생각하지 마시오. ⑰ 당신은 그의 外貌로써 업수이녁이지 마시 오, 學問과 志向은 도로혀 그럴듯하오. ⑱ 그는 自己로 그렇게 큰罪를 犯하고, 도로혀 남에게 떠민다.⑲ 당신의 要求대로 가기는 감니다 만은, 그러나 생각건대 마음대로 못될 모양이 오. ⑳ 거기 갓어 장사하면, 돈벌이라면 벌이

副詞字的應用（二二）却、郤可、倒、反、乃是偏。

21、他不愛 可愛的、反愛 不可愛的人、這正是 與我 相反了。22、當說的不當說、反說了 許多廢話。23、我 求你 跟他要說和、反倒挑撥他 打官司了嗎。24、我們 給他說 安慰的話、反加他憂愁、寧可不說好。25、我 看他 分明是為你 庇護的、反說 他害你嗎。26、起先 我看着 好顔色的綢緞、而且 價錢也很便宜、所以要 買牠、後來細細看、乃是唾沫緞哪。27、他在公私上 很 講 和平相愛的精神、乃是人所不及的。28、古人交友 很淡薄、今人交友 很親熱、却古人 乃是一片眞心、 今人 乃是一片假意。29、你擋住我來 也偏要來的 何 況 你請我的嗎。30、你做的那件事、不論叫誰看 也都 說你的錯、還偏要 混矯强（咬扯）嗎。31、你該做的偏 不做 不該做的偏做、這是甚麼心眼兒呢。32、我叫你不

21、그는 사랑할만한사람은 사랑하지아니하고、도로혀 사랑하지아니할사람을 사랑하니、이것 이바로나와는 相反됩니다。㉒、맛당히 말할것 은 말하지아니하고 도로혀 그와和解 하여달나고要 求하 엿더니 도로혀 그를꾀이여 訴訟하게하였 오。㉔、우리가그에게 安慰하는 말을하엿더니 도로혀 그에게도로혀근심걱정이 되게하엿으니 차라 리 말하지아니하는것이 좋겟다。㉕、내보기에 는 그가 당신을爲하여 斗護하는 데 도로 혀그가 당신을害한다고 말합니까。㉖、내먼저 는그가 染色이 좋은비단으로 보앗고、 또한값이 매우 헐함으로 그것을사여 고하엿더니、그뒤에 仔細히본즉、고만人造絹이 엿지요。㉗、그가 公私에서 가장公平과 相愛의 精神을 主張하 는것은、곧 남이 밋지못할것이외다 ㉘、넷사람 은 벗을사귀되 매우 淡薄하고、至今사람은 곧 벗을사귀되 매우 親熱하지만、그러나 넷사람은 곧 한쪽각 眞心이오 至今사람은 곧 한쪽각假意 다。㉙、당신이내가오는것을 막어도 올터인데 한물며 당신이 나를請하는것이겟오。㉚、당신이 하는그일은勿論 누가보던지 모도당신이 잘못하

要和他相交、偏跟他交往、受了這遭苦、還來說甜說苦呢。

第六十二課 「以」「其」兩字的應用

以、以⋯爲、爲⋯以。
其⋯實、中、餘、在其

1、你以此殷勤做業、若不成功、誰能成功呢。2、他拿着權柄、以大壓小、以强壓弱、你單以口舌與他相爭、有何益處呢。3、你別以自己的私心、反對我們的話。4、你告訴他、賺點兒錢的時候積攢些、以備年老花費。5、不可以外貌取人、又以無事爲福。6、你以公道爲主、他以貪利爲主、豈能合作呢。7、城市的人以商工爲重、鄉村的人以農桑爲重。8、你們這些

엿다고 말할터인데、그래도오히려 앙탈할여하오。㉛당신은맛당히 할일은하지아니하고、맛당히하지아니할것을 도혀하니、이것은무슨마음보인가요。㉜내가당신다려 그사람을서로 사귀지말나고하되、도로혀그와사귀여단이다가、이번교롭음을當하고서 오히려와서쓰다달다 말하는가요。

뎨륙십이과 이긔량자의응용

❶당신이이렇게、부즈런히 作業하고、만일成功치못한다면 누가능히 成功하겠오。❷그는權勢를갖이고 以大壓小하며 以强壓弱하는데 당신은단지 口舌로써 그로더부러 相爭하면 무슨利益이잇음니까。❸당신은自己의私心으로써、우리의말을反對하지마시오。❹당신은그사람에게일으되、돈을좀벌때에 쓸것을預備하라하시오。❹당신은그外貌로써사람을取합이 不可하고、또는無事로써福을삼는것이 不可하다。❻당신은公道로써爲主하고 그는貪利로써爲主하니어찌能

「以」「其」兩字的應用

慶桑　螞蟻　蜂　恥　效　優棋　沉

懶惰的人、應當 以螞蟻和蜜蜂 為榜樣、效法牠們的殷勤纔好。9, 漢昭烈 遺勅後主的『勿以惡小而為之』眞是一句勸善懲惡的金言。10, 你們作兒女的、不可以父母的拘束(拘管)為仇。11, 你喝了一吹酒、鬧一點事來、豈為羞恥呢、這不是世間常有的事麼。12, 人的見識 不能一樣、常有這人以為是的、那人倒以為非。13, 我初次 上北平的時候、進了永定門、以為是 進了城略、他們還說城外、再進了前門、那纔進了城略。14, 我聽說 張希明 這瑪子 往堡村去 每天圍棋讀書 以為消遣。15, 你不可為惡所勝 應當以善勝惡。16, 初次見面的人、一見他 沉默無言的 好像 有學識似的、其實 不會條理說話的關係。17, 學生們 愉閒調鬼、就覺得 哄先生、其實 自己哄

히 合作하겠오。7, 城市의사람은 商工으로써 爲重하고、鄉村의사람은 農桑으로써 爲重한다。8, 너이 이懶惰한사람들은 應當 개아미와 꿀벌라로써 標榜을삼어서、그들의부즈런을效則하는것이좋다。9, 漢昭烈이 後主에게遺勅하되 善이적다고、하지아니치말며、惡이적다고하여、하지말나、하였으니、참으로善을勸하고惡을懲하는 한마듸의金言이다。10, 子女가된 너이들은、父母의拘束으로써 원수를삼지말어라。11, 당신이술한번마시고、조곰떠든일에 어찌羞恥라하겠오、이것이世間에恒常있는 일이아닌가요。12, 사람의見識이 한결갓기不能하야、이사람은 옳다고하는것을 저사람은 도로혀그르다고 함이늘있다。13, 내가 첫번 北平올때에永定門에 들어온것으로 생각하였더니、그들은 그래도 城밖이라하고、다시前門에들어와서야、그것이비롯오城에들어온것이지오。14, 내가말을들으니 張希明은、이즈음에村落에갓어、날마다바독두고글읽는것으로써 消遣을삼는다하더라。15, 첫번보는사람은 惡으로勝하든바가되지말고 應當善으로써惡을勝하라。16, 첫번보는사람은 한번보기에 그가沉默無言 한것이 맛치學識이나있

調
潛복
觀관위
廊하廈하
故고亦역

伏복
度탁
眸모자

自己。18、你別說那群裡的人,不中用,其中也有好的
19、他昨天說得妥妥當當的,今天忽然又反復、誰能
知道其中的緣故呢。20、你是淨管你該做的事情、其
餘的都歸於你的哥哥辨罷。21、我告你、衣服箱子搬
到屋裡來、其餘零碎的擱在廊廈罷。22、有書說觀其
眸子、人焉瘦哉、大概人的善惡、在其面貌上表顯
出來的意思。23、我們只能知其當然、不能知其所以
然、他倒知其所以然。24、你們對於此事、不用橫說
堅說、我看你們單知其外的表顯、可不知其裡的潛
伏。25、他的講演、好像有深遠的意思似的、究其內容
不過空殼而已。26、常言道『近朱者赤、近墨者黑』、言
其不可胡交、只可擇交的。27、各人有各人的長短、棄
其所短、取其所長、可以作個人上人了。28、火車站

는 뜻하지만 其實은 條理的으로 말할 줄몰으는
것을,곧 先生을속였다고 생각하지서 작란하는
것을,곧 先生을속이는 것이다。⑰學生들이 틈을타서
자기가 자기를속였것이다。⑱저이가어제
말할때에는 모도사람이 막도못쓸것이있오。
妥當하게 말하더니 오늘은 忽然히 다시
反覆하니、누가能히 그가운데의 緣故를알
오。당신은단지 당신이맛당히 할일을하고
그남어지것은 모도당신 伯氏에게 맛겨서 處理하
시오。⑳내가아게 일으노니、衣服箱子는 房
안으로 옴기고 其餘의 소소한것은 모도 廊下
에두어라。㉒書에말하되、그눈자위를보면、사
람이어찌속이랴! 함은 大槪사람의 善惡이그
面貌에表顯되여나온다는 意思이다。㉓우러
는다그當然한것만알지 그所以然을알지못하
나、그는도려혀 그所以然도안다。㉔당신들은이
일에對하야 橫說竪說하지마오 내보기에
는 당신들이 단지그밖에 表顯된것만알고그
속에 潛伏된것이 있는듯하지만、그內容을알
맛치 深遠한 意思가있는듯하지만、그內容을알
고보면、빈껍덕이에 지나지못하오。㉖常言에
朱에 近한者赤하고、墨에 近한者黑한다。

第六十三課　副詞字的應用 (三)

許、莫不、庶幾。
恐、恐怕。

註…「以」「其」字의 活用을 보였나니라.

亂顯忠臣」這言其貪亂、如同忠孝的 試金石一般。

蘗一來不如隨其自便好。30、俗語說「家貧出孝子、國

臺。29、我們是拿交情 勸他的話、他反看待仇敵、這

的章程、几一切逢迎的人、拿着月臺票、准其進去月

1、我到此地 辨甚麽事、許是 你知道了罷。2、這裏

剛有三塊肉、缺了一塊、許是 貓兒又吃去了。3、他

在蒙古 好幾年、許品得出馬的 好歹來。4、若是這話

他聽見了、也許發怒。5、他說的話不錯、許(料)得是

함은、亂交함이 不可하고、擇交하는것이 可
하다함이다。27、사람마다 各各 그 長短이 있으
니 그 短處를 버리고、그 長處를 取하면、何히써
사람을 의심하는 사람이 될것이다。28、停車場規則에、
무릇逢迎하는사람은、入場券을 갖어야、푸렛트
홈에 들어감을 許한다。29、우리는交情을 갖이
고 그를 勸한말이지만、그는 도로혀 仇敵으로
看做하니、이렇다면 그 自便할대로 하게 만
갖지못하오。08、俗談에 말하되、집이 가난하여
야 孝子가 나고、나라이어즐어워야忠臣이난다
하였으니、이는 그 貪과 亂이 忠孝의 試金石과 맞
치한가지인것을말함이다。

데륙십삼과　부사자의응용 (三)

❶내가이곳에와서 무슨일을하는지、아마당신
은 알겟지요。❷ 여기方슈 고기세뎅이가 있엇
는데、한덩이가없어젓으니、아마도고양이가 먹
어버렷나보다。❸ 저사람이 蒙古에 여러해잇
엇으니、아마도 말의 好不好를 品定하여낼것
이오。❹만일 이말을 그가 들으면、또한 아마怒
할것이오。❺그가하는 말이 옳소、아마 當身
이 잘못記憶 한듯하니、다시 생각하여 보오。❻

底叙。 契。

你記錯、再想一想。6、若坐火車 早到了、這時候還沒到。想許(橫翌)是 坐輪船來。7、我進去 找一找、許想還有倒有、可不多罷。8、朋友之間、這還算甚麼過、我去和他 透說透說、許他也誤會。9、倒許啊、剛繞那裏 有了一條猫、多半是 牠吃去了。10、這三更夜裏、誰來敲門呢 莫不是 林先生來了嗎。11、他昨天來、急的對我 要借五千元、莫不又上 折白黨的套了嗎。12、他見天出來的人、已經三天 沒見面、莫非他家裏有了事。13、段先生 近來只喝酒、淨園棋、前天我託他的事、莫非忘記了罷。14、離了校門、再經歷幾年、庶幾叙論 天下國家的大事。15、當時的人 非常詭詐、我們現時 雖是十分投契(相投)、中途不變初意、也不中人的反間、那庶幾乎 保全交情了。16、立借字

만일 汽車를탓으면 발서 왓을터인데、이때까지 오지아니하니、아마도 汽船을 타고오나보。⑦ 내가 들어가 찾어보지오 잇겟지만、많지는 못할것이오。⑧ 친구사이에 이것이 무슨 過失이오、내가 가서 그와 說明하면 아마그사람도 誤解하지아니하겟지요。⑨ 아마그런가보오 方今거기 고양이한머리가 있었으니、必是 그것이 먹어버렷나보오。⑩ 이 三更 밤中에 누가와서 門을두다리는가요。그가어제와서、急하게나다려 五千元을 借貸하여달나하니、또한 詐欺團의 魔手에 걸인것이 아닌지요。⑫ 날마다 出入하던 사람이 발서 낯을볼수없으니、그의 집안에 무슨일이 잇지아니한지요。⑬ 段先生이 近日에 술마시고 바둑만노는데、前日에내가 그에게 付託한일을、잇어버리지나 아니하엿는지요。⑭ 校門을떠나서서、다시 맻해를 經歷하고야、거이 天下國家의 大事를 議論할것입니다。⑮ 現時의 사람은 非常히 詭譎하야、우리가 至今은 비록 十分相合하지만、中途에 初志를 不變하고、남의 反間에 빠지지 아니하여야、거이 交情을 保全할것입니다。⑯ 契約을 作成하는 金王魁는、至今 李福興의 돈 三百五

副詞字的應用(二二) 許、莫不、庶幾、恐怕。

(立欠帖、立欠據)人 金王魁、今借到 李福興錢、三百五十元整、言明 月利一分五厘、三年 本利還清、恐後無憑、立此字(帖據)存照。17、他借 人家的錢、開了雜貨舖、看他的生意、恐其虧本。18、若不請他、往後生氣、請他 又恐 喝酒醉鬧。19、你快去 催他上車站來、憑他自己、恐怕趕不及。20、她嘴裏雖說守寡、恐怕不是 從心田(本心)出來的。21、你爲怎麼 不吃穿、還怕 錢不夠用嗎、我恐怕 你的餘年不夠。22、這匹馬 不吃草、恐怕是渴了、可以 牽到河邊 飲飲她。23、我不能 回家去、若不走、恐怕老的兒(老兒的)不放心(常掛念)。24、咱們中國 婚喪祭禮 柱費錢財的斃害、恐怕 從今以後 都輕一点兒罷。25、他正在氣頭上、恐怕你不去、開不了他的心。26、你在嫖賭場、

十元을 借用하고, 利子는 每月每元에 一分五厘로하야、三年에 本利錢을 償還하기로 契約하는때、以後에憑據가없음을 가두려워하야 契約을 作成하야 保存함。17、저사람이 남의 돈을 借用하여、雜貨店을 내엿는데、그장사를보면、아마本錢을 밀질듯하오。18、만일 그를請하지아니하면、以後에 골을낼것이오、그를請하자니、또한 술마사고 주정할가두렵소。19、당신은 빨니가서 그를재촉하여 停車場으로 오게하시오 그와自身대로 한다면 時間에 맞이못할가 말하지만、아마도이것이 本心으로 守節한다두렵소。20、저女子가입으로는 비록守節한다말하지만、아마도이것이 本心으로 불어나오지아니하는듯하오。21、당신이어찌하야 먹고입지않으며、오히려돈이 쓰기에 不足할가두려워하시오、나는당신의 餘年이못자랄가 두려워합니다。22、이말이풀을 먹지아니하니가 아마도갈한듯하니 河邊에끌고 가야물을 먹여라。23、나는不得不 집으로도라가야하겠오、만일가지아니하면、아마도늙은이들이放心하시지못할것이오。24、우리中國의 婚喪祭禮가、돈과財物을 虛費하는 斃害가、아마從今以後로는 모도조곰輕하여질것이오。25、그는바로 氣가난때인즉、아마도당

淨嫖賭喝醉、恐怕 你的太太 不依罷。27、他待人接客 就是恭恭敬敬、不論和誰 惟恐不及。28、你別恐 說話 趕不上人、就恐 做事趕不上人。29、我今天 聽你的話 很佩服、只恐和實際 不一樣。30、別的我都不怕、就怕 衆位的 同牀異夢。31、這樣 熱鬧的地方、我怕你 難 養孩子們。32、忍倒不難、若不制他、只怕他 越慣越壞 33、不用怕、你怕甚麼、這裏都是 我們家裏的人。

第六十四課 會話 (七) 問病請醫

1、你們的老爺 躺在那屋裡(答)在廳房裡。2、你去告 訴老爺說 我聽了 不舒服的話 故此 特別探訪來的(答)

신이 가지아니하면、그의마음을 풀지못할것 이오. ㉖ 당신이오입과 잡기판에서 다만오입 하며、잡기하고、술마시니、아마도당신의 부인 이 不應할것이오. ㉗ 그는 待人接客에、곳恭々 敬々하야、누구를勿論하고 惟恐不及하야오. ㉘ 당신은말하는것이 남을따러 가지못할가두 려워하지말고、곳일하는것이 남을따러 가지못 할가두려워하시오. ㉙ 내가오늘당신의 말을 듯고、매우悅服하지만、다만實際가한가지가아 닐가두려워하오. ㉚ 단것은내가 모두두려워 하지않고、다만여러분의 同床異夢을 두려워 합니다。㉛ 이렇게繁雜한곳에서、나는당신이 兒孩들을 養育하기에어려울가합니다。㉜ 참끼 는도저히 어렵지아니하오만、만일그를 制御 하지아니하면、다만그가 더욱물들수록 더욱 버릴가무섭소. ㉝ 무서워하지말라 내가무 엇을 무서워하느냐、여기는 모두우리집안사람 이다.

제륙십사과 회화 (七) 問病하고 醫師를불음

❶ 너이영감께서어느房에누어게신냐(答)正寢 에게심이다. ❷ 네가갓어 영감게엿줍되、편치

會話（七）問病請醫

嘔
筋
診
熬粥
損

請您在這兒坐坐 這就去回。3、你夜來怎麼病得那樣 (答)費你掛念 不很利害 覺点不舒服。4、你那兒疼了呢 (答)肚子疼些 還有惡心 也嘔不出來。5、夜裏睡点覺了沒有 (答)那兒睡覺 瀉了五六回 趕到現在一点筋也沒有。6、發燒不發燒(答)現在不發燒 還覺点兒冷。7、請大夫 吃点藥了沒有(答)昨夜回來的 差不多十二点鐘 還不知 那一個大夫好手 所以 沒請了。8、我舉薦你 一位大夫瞧瞧 你想怎麼樣呢(答)是那一位。9、姓李的 不但同我熟識 而且出名的(答)啊紅十字病院的 那位大夫嗎。10、是 就是那位 頂出名的高手。此地人 沒有不信服他的。11、可不知道 那位出診不出診(答)在上午 竟門診 趕到下午 纔出診。12、那麼叫我等到下午 不成(答)并不是 我給他打電話 或者是

못하시다는 말을 내가 듣고 일부러 찾어 왔다고 하여라。(答)請컨대 당신은 여기 暫時 앉어 계십시오, 곳 단여 오겠읍니다。3、당신이 밤사이에 어찌하여 病이 그렇게 들었소。(答)당신게 念慮를 식히다, 몹시 앓으지는 아니하오。조곰 不便한 듯 합니다。4、당신이 어데가 앞으시오。(答)배가 좀 앞으고, 도한 속아이 끔을 찾오, 토할여 도나오지 아니하오。5、밤에 잠을 좀 잣오。(答)어데 잘수가 있오, 설사를 五六回나 하고, 至今은 기운이 조곰도 없오。6、熱熱하지는 않은가요。(答)至今은 熱熱하지않고, 도로혀 조곰춥은듯하오。7、醫師를 請하여 藥을 좀 자시엿오。(答)어제밤에 도라오기를, 거진 열두時나 되엿고, 請하지 못하엿소。한지 알지 못함으로, 請하지 못하엿오。8、내가 醫師한분을 당신게 擧薦하야 病을 보게할여는데, 當身이어찌색각할넌지요。(答)어느분인강요。9、姓은 李氏인데, 나와 親熱할뿐아니라, 兼하야 有名한분이오, (答)아 赤十字病院의 그 醫師말이오。10、네, 곳 그분이오, 가장 有名한 高手인데, 이 地方사람이 그를 信服하지아니하는이가 없오。11、그분이 往診을 하는 與否를 알수 없오。(答)午前에는 門診만하고, 午後가 되여야 往診을 하오。12、그러면 나다려 午後까지 기다리라는 말

一五〇

症。
泄瀉。

打發人去 可以特別的來。13、那就當個 特別往診 多要錢 怎麼辦呢（答）不碍 沒有那麼個事。14、你吃過甚麼沒有（答）還沒吃了。15、熬点兒 稀粥吃 不好嗎〈答〉不但不想吃 等到大夫來 再說罷。16、有電話 請孟老爺就來〈答〉預備一点兒 點心好罷 應不必、預備点兒茶 就得了。18、啊 你來喇 費你勞駕〈答〉你這一向 好啊 應我倒好 就是這位 不舒服一点兒。19、先生 從甚麼時候疹症候怎麼樣〈答〉勞先生的駕 昨兒晚上喝多了酒夜裡泄了 五六回肚子就是四肢 無力喇。20、讓我診診脈看看舌頭 揣這兒 疼不疼〈答〉稍微疼些。21、不要緊 就是過飲傷肚 胃風不眠的原因 調治一兩天 就好〈答〉服甚麼藥 沒有〈應〉也得 吃幾副。22、孟大哥 回頭送給

이오〈答〉決코그런것이아니오、내가그에게電話를하던지或은사람을보내면、特別히올수있오。⑬그것을特別往診이라고하여서、돈을많이要求하면어찌하오、〈答〉相關없오、그럴일은없오。⑭당신이무엇을잡수었오〈答〉아즉먹지아니하였오。⑮미음을좀쑤어서자시는것이어떠하오〈答〉다만、마음이고십지아니할뿐만아니라、醫師가오기를기달여서다시말합시다。⑯누가電話로孟老爺를찾습니다그이불을단게서음으로덥으시오、내가電話를받고오더라。⑰李醫師가말하되、곳온다고하오〈答〉菓子를좀準備하는것이좋겠지오。〈答〉그럴것없오、차나조곰預備하면만이지오。⑱아、당신이왓음에、이분이조곰편치못하오。⑲先生、어느때붙어앞으시며、症候는어떠하시오〈答〉先生을수고롭게하였음니다、어제저녁에술을많이마시고、밤에五六次설사를하고、四肢가無力합니다。⑳내게脉을좀보이시오、고만四肢를좀봅시다、여기를눌으면앞음이가、〈答〉略干앞음니다。㉑관게치아니합니다、過飲하야胃가傷하고、바람쐬이고잠자지못한原因이니、一二日만調理하면、곳낫음니다。答

ー五ー

第六十五課　間投詞

你幾副散藥給他吃就好了（答）還有藥水沒有（應）有
那不過是吃東西有點兒香的。23、是那藥忌口
不忌口呢（答）總得忌酒和生凉的總好。24、打發人去
取藥啊是怎麼樣呢（答）若有人送一個更好。

哦、哎、哎呀、嗐、噁、呸、呱、哎喲、啊唷、喂、
咦、嘻、叱、呀、嘘。
可、知、嘆、痛、贅、取、惱、巧、托、敬、愛、
原、疑、怕、惡、殺。

1、啊咱們有多少年沒見面呢。2、哦是呀、我沒想
到那件事、那樣早完了。3、哎呀、她接了母親死去
的凶報、那樣號天泣地哪。4、嗐、那兒有給你的分

무슨 藥음 을것 잇음가 (應) 不得不 맺첩은 잡
수셔야 합니다。22、孟大哥、 좀 잇다가 당신에
게가루藥 몇첩을 보낼터니、저이에게주여자신게
하면잇 낫음니다。(答不용藥은 또 하 잇소、 應) 잇기는
잇오만、 그것은飮食자시는때、口味가 조끔잇재
하는데지나지 못하오。23、그렇오、 그 藥은飮食
을 忌하지 아니하는가요、(答) 도모지술과 生凉한
것을 禁하여야 좋음니다。24、사람을 보내서 藥을
찻어 오럇가어떻게 하럇간、(答) 만일사람이 잇겨
던 한사람보내면 더욱 좋소。

뎨륙십오과　간투사

❶아―우리가 몇해 동안이나 얼골을 보지 못하
엿는가요。❷어―그러오 나는그 일이 그렇게
일즉히 맞울은 생각하지 못하엿소。❸아이
구 저女子는 어머니가죽엇다는 訃告를 받고
저렇게하눌을불으며 땅을두다리며 구―
어메 당신을 줄둯이 있오 나의 몫까지도
ㅡ어데 들으면 무엇할터이냐。❺뒤! 철몰으
는 이더럽은 놈아、네가
여기와서 떠들면 무엇할터이냐。❻뭐 만일
나의 兒名을네게 가라처주면、그래敢히불너

兒、連我的分兒也沒有哪。5、哦、不知好歹的混帳東西、你又來這裏吵閙幹甚麼、若敢給我的小名、你還敢叫得起嗎。6、呸、若敢給你的媽呀、要了我的命喇。9、啊、今天禮拜六、晚上孩兒們、應該大人面前小小些纔是了。8、哎喲、我真光電影院開了俄國跳舞會哩。10、你好生看他、別他跌倒啊唵。11、嘿、我們已經不中用了、不過叫我打碎了一個好好兒的大鏡子了呢。13、哼、你給我怎樣呢、還敢打我嗎。14、咳、好孩子、這纔是將來必有出身的希望。15、嚇、我若是再到賭錢場、我就是個四條腿的狗。16、哎、不但這一次、老給他講個理總不聽、我往後再不管他了。17、嘛、人家的孩子吡. 嚛. 天. 懰.

快快的要學、你在這裏 打擾做甚麼。18, 吡、去罷、你若不再去、可我 就不饒你了。19, 呀呀呸、你爲甚麼 跟我要呢、反正 我給你 弄壞了嗎。20, 噫、眞奇怪啊 前天要來 打電報的人、怎麼 到今天 也不來呢。21, 俗語說『大事不如小、小事不如無』在這句話、可知 俗們中國人的 一種消極的 毛病。22, 南先生的 德行和文章、可以爲 當世的師表、不幸夭壽、思想起來 眞是 令人 可嘆可痛。23, 馮胖子 好像 老公猪似的 那個東西、不是 明明欺壓人、就是 暗暗的謀害人、眞是 人人可恨。24, 他的天性 嘴太快、有時候 叫人可惱、然而 有可取的地方。25, 我和他商量 幾乎辦妥的時候、可巧 從他家裏 來了一張 母親病重的 電報、把事頭 打斷了。26, 他是個 萬命可托的人、把這樁事 交給他

주엇다는 말이오。⑳, 히、참으로奇怪하오 그젼에온다고電報한사람이 어찌하여 오늘도오지 아니하는가오。㉑, 俗談에말하되、큰일이 갓지못하고、적은일이 없으니만 갓지못하다、하니、이말한마듸에서、우리中國사람의、消極的인 一種病通을 可히써알겟소。㉒, 南先生의德行과文章이、可히써 當世의師表가되 더니、不幸히夭壽하야、生각하면 참말사람으로하야금 可嘆可痛케한다。㉓, 馮뚱뚱이 맛치늙은숫도야지 갓튼것이니、明明히남을 欺壓하지아니하면、고만暗暗히남을 謀害하니 참으로人人이 含怨한다。㉔, 그의天性이 입이 너무빨러서、어떤때는 사람으로可히 怒(惱字는此境遇에 煩悶으로 怒하는意味)하게하지만 그러나 可取할곳이있오。㉕, 내가그로더부러 商議하야 거진妥當하게 處理되는때에 공교히그의집에서 母親이病重하다는 電報가와서 일을中斷식겼오。㉖, 그는萬金을 可托할사람이오、이일을그에게막여주는것이 千妥萬當하오。㉗, 당신의아우가 비록年少하지만 聰明과 才能이 있을뿐아니라、兼하야溫和와謙遜을 갓추어서 참말사람으로하야금 可敬可愛케하오。㉘, 그일은果然 그가당신으로하야곰 損害를當

椿。柔遜。
沙漠。
彷彿

六十六

千妥萬當的。27、你的兄弟 雖然年輕、不但有了 聰明和本事、並且帶着 柔和謙遜、眞令人 可敬可愛。28、那件事 他固然 敎你吃虧、其實 也有可原、不過 事上沒有 多大的經驗、並不是 出於故意的。29、我也知道 那些話 無根的流言、雖不可憑、却究反面、也有可疑 30、天下 最可怕的、父母 熱愛子女、不知敎導、反領導他們壞處。31、你還說 你的平生 見了可惡的不少、可是 我的平生 多見了 可殺 不可有的 東西。

第六十六課 擬似字的用法 似、如、比。見。

1、『胡地無花草、春來不似春』、這句就是 指着蒙古沙漠、沒有花草的意思。2、母的愛情 是 人類和禽獸類似(彷彿)。3、美國氣候的冷熱、類似乎中國。4、從

其實은또한 可히容恕할만한것이 있으니、그가그렇게 큰經驗이없고 兼하야야故意에서 나온것이 아니와다。㉙、나도그말들이無根한 流言인줄을알고、비록可憑하는것은아니지만、그러나反面을追究한다면 또한可疑한 것이있오。㉚、天下에가장可畏한것은 父母가子女를 溺愛하야、敎導할줄을몰으고、도리혀그들을 그릇된곳으로 領導하는것이다。㉛、當신은그래도당신의 平生에는 可惡한놈을 적지않게보앗다 말하지만、나의 平生에는 可殺이오 不可有할물건을 많이보았오。

예륙십륙과 응사자의용법

❶ 되땅에 花草가없으니 봄이와도봄갓지않다 한 이글句는、곧蒙古沙漠을가라처、花草가없다 는意思이다。 ❷ 母性의愛는 人類와禽獸가類似하다。 ❸ 米國氣候의寒熱은 中國과類似하다。 ❹ 以前에는 그가 自己의權勢를믿고、다만

擬似字的用法（一）似、如、比、見。

前 他仗着 自個兒的權柄、淨講強理、現在說的、似乎有理。 4、二人的面貌 雖然相似 却心理 很不相似。 5、他的眼光 彷彿閃光似的、聲音 好像雷聲似的（一樣）。 6、古語說『世事如路 錢爲馬』、就是 人在世上、若有錢 甚麽也 都辦得到的。 7、又說『銀錢如糞土、義氣值千金』、即是 仗義踈財的意思。 8、懶怠人做活、如同 脚上帶着 脚鐐走的一般。 9、用德律風（電話）達信 即如 瞎子 領着瞎子 走路的。 10、胡獸子 跟夏優子 和同作事 正如 對面說話 一樣。 11、你們 爲人家 犧牲自己的 發誓（起誓）譬如 猫兒對老鼠前邊 說和一樣。 12、好生氣的人、比如 一個炸彈、一扔就響的一樣快。 13、人若 慣了嫖賭、好比癮了 抽大烟的一樣、末了 斷也斷不了。 14、你說我 不會辦事、比方你辦這件事、

無理를 行하더니、至今말하는것은、有理한듯 도하다。 4、두사람의面貌는 비록相似하지만 그心理는 훨쩍 서로같지아니하다。 5、그의 眼光은 번개불과彷彿하고、聲音은 맛치우뢰같 갓소 6、넷말에하되、世事는 길과갓고 돈은말（馬） 이된다、함은、끝사람이 世上에서、만일돈이있 으면 무엇이던지 모도할수잇다、는 것이다。 7、또말하되、銀과錢은 糞土와갓고、義氣는 千金 갓다、함은、끝 義를仗하고 財를踈히한다、는意 思이다。 8、게을은사람이 일하는 것은 한다리에에足 鎖에을차고 가는 것과 한가지이다。 9、電話로 기별하면、바로 넛을對하여 말하는것과갓소。 10、胡머저리와 夏바보와 合同作事 하는것은、 끝소경이소경을 이끌고갈가는것과갓소。 11、 당신들이 남을爲하야 自己를犧牲한다고 盟 誓하는것은、 고양이가 쥐에게對하야 和親을 말하는것과갓소。 12、끝을잘내는사람은 炸彈 과같아서 끝던지면끝 소리나는것과 한가지로 빨으오。 13、사람이만일오입과잡기에젖으면、

諒來你也是照那樣辦的。15、他的腦袋小、脖子很長、並且性情老實、所以把他比作一個駱駝。16、你在此地見死見活（要死要活）、不如在老爺面前求下來。17、有書說『士別三日、刮目相對』、就是不錯、我看你的文章大見長進了。18、大哥怎麼這樣見老了呢、不過離了三年的工夫、天頂（腦門子）上帶些皺紋、連鬍子也都白了。19、那個變戲法（耍手藝）的、實在見神見鬼、他說紅就紅、說白就白。20、吃那劑（那副）藥、別說見輕、倒見重咯。21、你若吃那副（劑）藥沒見好、我再給你出個藥（處）方。22、謝謝先生、昨天給我的那粒丸藥、一吃就見効了。23、他的生活、前年也沒見強（見好）的、從今春以來覺些寬綽、24、你看用摩托機作活、比我們手工、多麽見功。25、大嫂子、請你別

맛치비컨대 鴉片煙먹는者와 한가지로、終末은끔을야야 도끔지못하오。⑭ 당신은내가일處理할줄을 알지못한다고말하오。아마당신도또한 그대로處理하리라。⑮ 그사람의머리는적신이 이일을處理한다고 하더라도、아마당신도또한 그대로處理하리라。⑯ 네가여기에서 죽너너사너고, 목은길고、兼하여性情이 溫順하므로그를 駱駝라比한다。⑰ 글에말하되、선배가離別한지三日 에는、눈을씻고 相對한다합이、옳다、내가당신의 文章을보니 많이進步되였오。⑱ 大哥! 어찌 이렇게 늙어보이오、離別한지三年에지나지 못하는데이마에주름살이 잡히고、수염까지모 도희였오。⑲ 저妖術쟁이는 참으로神出鬼沒 하오、그가붉으라고 말하면곧붉고, 희라고말 하면 끝희여지오。⑳ 그藥한첩을 먹으너조곰 낫은것은 말도말고、도로혀더重하오。㉑ 당신 이만일 그藥한첩을 먹고낫지아니한다면、내가 다시 당신에게 藥處方한아를 내여주리다。㉒

擬法用似字的用法。（ ）似、如、比、見。

見怪、我打算 早來的、忽然家裏 有點事、到這時候 纔到了。26.那裏的話、我們鄉家裏的過活、那家不是這個樣兒 誰能見笑呢。27.你們見天（見天見的）淨在家裏 做文寫字、不嫌膩煩（絮煩）嗎。28.你那個生意 看着容易、却眞見做（禁做、經做）。29.你說這條路 看走（禁走）呢。30.他現在 不但 有吃有穿、並得了 一個差使、一點兒也 不過（不禁過）。31.那些劈柴（柴伙） 都乾好了、一點也不見燒（不禁燒、不經燒）。

註…十五節까지는「비슷」하다는 類語이고、十六節以下는見字의 特別活用을 보이엿나니라。

膩絮。

阻。

고맙슴니다 先生님！어제내게주신 그九藥은、한번먹자 곳效를보앗슴니다。23.그의生活은 그럭게까지도 낭은줄을물으겟느니다、今春붙어 좀넉넉한것갓소。24.당신은보시오、모타機械를 곳이고일하는것이、우리들시골살 얼마나神効하오。25.兄嫂님請컨대 당신은怪異하게 생각하지마시오、제가일즉이 울녀 한것이、忽然집안에 일이좀있어 至今에야 한참말슴어립슴니다。26.무슨말삼이오、우리들시골 님이、어느집이나 그럿지않겟오 누가能히 허물보겟음니가。27.당신들이 날마다 집에서글 짓고글시쓰니、성가시고 厭症이나지않소。28.당신의그장사는 보기에는 容易하지만、하기에는참말어렵소。29.당신이말하되、이길은멀지도않고、險하지도 않다고하더니 어찌이렇게 가기가어렵소。30.그는至今 다만먹고 입을것이 있을뿐아니라 兼하야벼슬한자리를얻어서 지내가기에 조금도어렵지아니하오。31.저장 작들은 모도잘말너서 때기에조금도어렵지아니하오。

第六十七課 副詞字的應用（三）〔因、爲。所以。〕

1、因她的面子、不能不去照應他。2、今日中國不振興的缺点、不但因着政客和軍閥的翻弄、也因着人民吃大烟。3、我們等你半天了、爲甚麼這樣遲了呢。4、老人家辛辛苦苦的做了家務、不是爲了自己、就是爲着兒孫們。5、他爲的是敎訓小孩兒們、不是爲着釣名貪利的。6、人爲財死、鳥爲食亡。7、不可爲個蒼蠅破個扁食。8、我們應當愛惜光陰、光陰不能爲我們留得住。9、不可因爲一點小事生氣、不用招起百年的憂來。10、在街上東跑西迹的那些人、都不過因爲吃穿二字。11、不能說我賺的錢少、因爲我們家裏的花消太多。12、勿論甚麼事情、不可因爲一時不順心、就說

대륙십칠과 부사자의응용（三）

❶ 그女子의 面目으로因하야、不得不돌아보아주어야하오。❷ 오늘날中國이 振興하지못하는 缺點은 다만政客과 軍閥의 翻覆에만因한것이아니고、또한人民이 鴉片烟을먹는데도因하였다。❸ 우리가당신을 半日이나 기달엿느데 무슨까닭에 이렇게더듸뇌。❹ 늙은이들이 집안일에 辛辛苦苦하는것이 自己를爲함이아니오、곧子孫을爲하는것이다。❺ 그어린兒童들의 敎訓을爲하는것이오 釣名이나 貪利를爲하는것이아니오。❻ 사람은財를爲하야죽고、새는食을爲하야亡한다。❼ 파리까닭에 間食을破함은不可하다。❽ 우리는應當히光陰을愛惜하여야하오、光陰이우리를爲하야머물기는不能하오。❾ 한가지조끔한일을爲하야 怒을내여서、百年의근심을 招來함은不可하오。❿ 街上에서 東奔西走하는저사람들이、모도먹고입는 두가지를爲하는데 지내

副詞字 的應用（三）因爲、所以。

13、你們不可因爲誤傳的話、就失了和氣。14、因爲拌嘴的關係、他不上我家裏來。15、我們所以在外邊做生意的緣故、住了一莊上也老沒囘見。16、昨天晚上我在跳舞會趕到天亮總囘來、所以甚麼也懶做、淨要打吨17、我們原來曉得他是個很公道的人、所以來見證他。18、我在公司裏跟經理有些不對勁兒的事、所以脫離他們的關係了。19、我聽說杭州的風景、算在中國第一、所以特意的來到此地遊歷遊歷。20、世上的人、多半是嘴甜心苦、所以不可輕易相信。21、你這幾天、光喝酒不吃飯、所以生了酒病了。22、我們倆就是一心一氣的、所以同做了三十多年的買賣、沒打過一囘架。23、他在公私兩方面都和平公道的、所以人人都會敬他了。24、我聽說你的母親、老惦記

13、내가버흔돈이 적다고 말하기는 不能하고, 우리집안의 用度가 너무많은까닭이지못하오。⑫、勿論무슨일이나 한때에 마음대로 되지아니함을 因하여 고만두겠다 말하는것은 올지못하오。⑬、당신들이 誤傳한말을 因하여 和氣를 失하는것은 不可하오。⑭、말다툼한關係로 因하여、그는내집으로 오지아니하오。⑮、우리 外方에서 장사하는 까닭에、한村에살면서도、늘만나보지못합니다。⑯、어제저녁에 나는 舞蹈會에서 날이밝을때에 겨우도라온까닭에 무엇이나 하기가싫고、다만앉어서 졸이기만하오。⑰、우리는 原來저사람이 公正한사람인줄을 아는까닭에、와서 그를證據합니다。⑱、나는 會社에서 支配人과 맞이아니하는 일이있음으로 그들의關係를 脫離하였오。⑲、내가말을듣으니 杭州의風景이 中國에서 第一이라함으로 特別히이곳으로 구경할여왔음니다。⑳、世上사람이 太半이나 입은달고 마음은쓴으로 輕率히서로믿는것이 不可하오。㉑、당신은이즈음

着你眼淚流乾、所以幾乎把眼睛瞎了。25、告了你的那個人、本來無所不爲的惡性、所以官民都知道誣告的。26、你在平常的時候、好好的接待人、所以你有苦難的時候、人家都願意來幫助。27、古人評論說『這個和尙眞是利害』、所以蘇東坡道『不禿不毒、不毒不禿』。28、去年 我們地方、遭了 水旱兩災、所以目下 都沒有粮食的了。

第六十八課 格 言

1、佔小便宜 吃大虧。 2、丈八灯臺、照遠 不照近。 3、人是舊的好 衣裳是新的好。 4、倚墻墻崩 倚壁壁崩。

에、다만술만마시고、밥은자시지아니하는 까닭에 술病이 난것이오、우리두사람은 아조한마음한뜻인까닭에、함께 三十餘年을 장사하얏지만、한번도 다투지 못하였오。㉓그사인에、사람은公私兩方面에서 모도和平公正한 까닭에、사람사람이모도 그를恭敬합니다。㉔내가말을듯으니 당신의어머님께서 늘당신을 생각하시고、눈이머러 한엿울 많이홀녓슨 까닭에、하마트면 실변하엿다하오。㉕당신을 告訴한 그 사람은、無所不爲 하는惡種임으로、官民이모도 誣告인것을 잘 알아오。㉖당신이 平常時에 남을 아조 잘 接待하는 까닭으로、당신이 困難한때에 남을 아조도아 주기를 願하오。㉗、녯사람이 評論하여 말하되、이 중(僧)은 참으로 사납다、하얏음으로 蘇東坡는 말하되、중이아니다、毒하지 않고 毒하지 않으면 중이아니다、라고 하였오。㉘昨年에 우리地方은 水旱兩災를 맛낫슴으로 至今에 도粮食이 없오。

계륙십팔과 격 언

❶ 小利를 貪하면、大害를 본다。 ❷ 一丈八尺의

格言

倒。 5、家貧 莫言 曾祖貴。好漢那怕 出身低。 6、遠親
不如近隣。 7、揚湯止沸、不如釜底抽薪。 8、握耳
朶偸鈴鐺。 9、亡羊補牢。 10、獨木架橋 眞難得過。
11、矮人肚子裡 三把刀。 12、坐吃山空。 13、賊走了 關門
14、戴首飾 也遮不住醜。 15、打着騾子 馬也驚。 16、說
他胖、他就喘。 17、脖子折了 往袖裏藏。 18、沙土井越
掏越倒。 19、不恨繩短 只怨井深。 20、別人屁臭 自家糞
香。 21、杯水車薪。 22、飽漢 不知餓漢飢。 23、寧走一步
遠、不走一步險。 24、念完了經 打和尙。 25、木匠多蓋
歪房。 26、貓兒去後 老鼠伸腰。 27、盲人騎瞎馬、夜半
臨深池。 28、臨陣磨槍、臨渴掘井。 29、良醫之子、多死
於病 良巫之兒、多死於鬼。 30、過了河、就折橋。 31、關

曾․祖
鬵沸․
釜抽․
柚掏․
飢․
尙和․
言謠․
槍․

① 燈臺가면데는 빛이우되、가깝은데는 빛이지
못한다。 ③ 사람은 오란사람이 좋고、옷은새옷
이 좋다。 ④ 담에기대이면 담이문어지고、壁에
기대이면 壁이씨러진다。 ⑤ 집이가난할에 曾
祖때의 貴를 말하지말고、好漢이어찌 出身의
나즌것을두려워하랴。 ⑥ 먼데親戚이 가깝은이
웃만못하다。 ⑦ 끌는물을 굿이게하려면、숫밑
의섭(薪)을 끄어 내니만 갓지못하다。 ⑧ 귀를
막고 외양을곳친다。 ⑨ 羊잃고 외양을곳친
다。 ⑩ 외나무다리는 참으로지나가기가 어렵
다。 ⑪ 키작은사람의 배속에는 칼세자루가잇
다。 ⑫ 앉어먹기만하면 山도 없어질것이다。 ⑬
도적이간뒤에 門을닷는다。 ⑭ 首飾을끅어도
醜한것은 가리지못한다。 ⑮ 노새를때리면 말도
놀난다。 ⑯ 그를살졋다말하면 그는곤헐덕거린
다。 ⑰ 팔둑은 불어저도、소매속으로 감추
모래흠읍물은、팔수록 더욱움파진다。 ⑲ 줄이
젊은것은 恨하지않고、다만움물깊은것만怨
한다。 ㉑ 남의방귀는 치냄새가난다지언정、自己의똥은 香내
난다。 ㉑ 한잔물노 車薪의불을끈다。 ㉒ 배불은
놈은、주린놈의배곱은것을 알지못한다。 ㉓ 차
라리한거름먼것을 갈지언정、한거름險한대는
가지아니한다。 ㉔ 佛經을다읽고、중을때린다。

網斬　門養虎、虎大傷人。32、口說 不如身逢、耳聞 不如目見。33、割雞 焉用牛刀。34、鋼刀雖快、斬不了無罪。
揖盜　35、幹大事 而惜身死 見小利 而忘命。36、開門揖盜。
擒　37、上山擒虎易、開口 告人難。38、人見利 不見害、
龜測　魚見食 不見鉤。39、人貪志短、馬瘦毛長。40、以蠡測
窺　海、以管窺天。41、一人傳虛、百人傳實。42、禍從口
出、病從口入。43、黃犬吃肉、白狗當罪。44、話是開
鑰匙　心的鑰匙。45、貪多嚼不爛。46、瞎子打灯籠。47、瞎貓
進耗　遇死耗子。48、好事不出門、壞事傳千里。49、腹中有
劍、笑裡藏刀。50、惡妻破家、蹟馬破車。51、船中老鼠
蹟　艙內覓食。52、穿鞋的 不知 光脚的 苦。53、初生的犢
犢珠　兒 不怕虎。54、球玉 不如善友、富貴 莫如仁友。55、處

第六十九課 合成動詞 (一)

出來、出去、過來、過去

回來、回去、起來。

1、你進去 問問他、把那個 拿出來。 2、他說的 湖南口音、一句也 聽不出來。 3、靛缸裏 拉不出白布來。
4、抓出心來 給他吃了、也討不出好來。 5、要把好的

處老鴰 一般黑。 56、酒逢知己 千杯少 話不投機 半句多。 57、巧媳婦 做不出 沒米的飯來。 58、江山可改 稟性難移。 59、家花 不及野花香。 60、平時 不燒香、急來 抱佛脚。

계륙십구과 합성동사 (一)

❶ 1、당신이 들어갔어 그에게 물어 보고、그것을 2、그 사람이 말하는 湖南口

⑯、소경이 燈籠을 든다。 ⑰、눈먼 고양이가 죽은 쥐를 맞난다。 ⑱、좋은 일은 門밖에나 지아니하고、납쁜 일은 千里나 傳한다。 ⑲、배속에는 劒이잇고、우슴에는 칼을 감추엇다。 ⑳、惡한 안해는 破家하고、쓰러진 말은 술레를 깻친다。 ㉑、배안의 쥐는 船艙속에서 먹을것을 깻는다。 ㉒、갓난 송아지는 범을 무섭어 하지안는다。 ㉓、곳곳마다 가마귀는 한가지로 검다。 ㉔、珠玉이 善友만 갓지못하고、富貴가 仁友만갓지못하다。 ㉕、술은 知己를 맛나면 千盞도 적고、말은 投合치않으면 半句도많다。 ㉖、자조 잇는 메누리 도 쌀없는 방을 지어내지못한다。 ㉗、집의 꽃의 들의 꽃만치 香氣가 못난다。 ㉘、江山은 可히 곳어도 稟性은 음기기어렵다。 ㉙、平時에는 香을 피우지아니하다가 急하여와서 부채의 다리를 깨안는다。

❶ 1、당신이 들어갓어 그에게물어 보고、그것을 2、그 사람이 말하는 湖南口

揀　旁　奪

揀出來、把壞的丟出去。6、你趕快跑出去、說他不用再來。7、把那些啤酒瓶、給我拿進來。8、老爺有話說、請諸位進來。9、這裏沒有外人、請進來談一談。10、門房(號房)裏沒有人、你的信恐怕傳不進去。11、這個旁門兒太窄、搬不進去。12、他受了她的迷惑、把自己弄的 出不來、進不去的。13、新做的砍肩兒瘦三分、拿回去改過來。14、那頭不中用、可以倒過來。15、那面的字、看不清楚、給我飜過來看々。16、十個京油子 說不過 一個衛嘴子。17、他說過來、說過去、到底 沒說出個 青紅皂白來。18、這把大搖椅子、不好放在這裏、請你 挪過去。19、你上蘇州去的時候 托你把這封信 帶過去。20、那個像賊似的、奪了去的、你不能 奪回來。21、他早已 回過頭來了、現在 喫

③、染色물 音은、한마듸도 알어들을수 없오。④、心臟을 끄어내서 그에게 먹여도 好意를 끄어내지못한다。⑤、좋은것은 끝나맥이고、납뿐것은 버려 다시 올것없다고 그에게말하라。⑥、내가 빨리 뛰여나갓어。⑦、저 麥酒瓶들을、내게드려다 주시오。⑧、老爺께서 말슴하시되 請컨대 여러분은 들어 오시라하십니다。⑨、여기 外人이없으니、請컨대、들어와서 좀합시다。⑩、小使室에 사람이없어서、아마 도당신의 편지가 傳하여들어가지못할것이오。⑪、이옆門이너무 좁아서、음겨들어 갈수가 없오。⑫、그사람은 그 女子의 迷惑을 받어서、自身을 갓이고 나올수도、들어 갈수도 없이되였오。⑬、새로지은 족기 (周衣 웃에 입는)는、三分이적으니、도로 갓이고갓어 곳어 오시오。⑭、그쪽은 쓰지 못하겟스니、돌여 놓으시오。⑮、그쪽의 글字가 뚝々지 보이지아니하니 뒤집어 뫼여 주시오。⑯、北京의 열놈이 天津

合成動詞（一）出來…去、近來、過來、去、回來…去、起來。

喝嫖賭 匪類的事 一概不做。22、請你回來、我給你說兩三句 要緊的話。23、你把這張畫兒、可以經他的手送回去。24、不用拿他的 自來水筆（水筆）做你的、趕緊給他 送回去。25、這部書 從上海中華書局 發錯了給他們 發回去。26、我們鄉裏的 小學堂、早已蓋起來了。27、屋裏太冒烟、可以把窗戶 支起來（撐起來）。28、這碗紅茶、該用角糖 和起來喝。29、我的小賬、請你通共給我 算起來罷。30、前天定的 那張書架子 做起來了沒有。31、那件旗袍 給我穿起來。32、那些梨子落在地上、請你給我 拾起來 33、那些瓶頭 挪到這裡 祿起來。34、巡警 在東交民巷、把一個强盜 押起來了。35、他沒錯處、你何必 罵起來呢。36、昨兒 下半天忽然下起暴雨來了 37、那些衣裳 該疊的 疊起來 該捲的

의 한놈을 말로當하지못한다。⑰、그사람은說往說來하여도、結果는靑紅黑白을 말하지아니하오。⑱、이安樂椅子는 여긔둥아두는것이 좋지못하니、옴겨가시오。⑲、당신이蘇州갈때에、이편지를당신에付托하니、갓이고가시오。⑳、그도적놈갓은것이 빼앗어갓으니、당신이 能히다시빼앗아오지 못할것이오。㉑、그는밭서悔過하여서、至今은酒色 雜技等 一切로하지아니합니다。㉒、請컨대、당신은筆을갖이고 그사람의萬年筆을갖이고서 그그림한張을 도로오시오、내가당신에게두세마듸 손을하겠소。㉓、당신은 이그림한張을 그사람의要緊한말을하겠소。㉔、그사람의萬年筆을、어서서빨리그에게돌여보내주어라。㉕、이冊은 上海『中華書局』에서 잘못보낸것이니、그들에게마듸보내주시오。㉖、우리시골의 小學校는밭서 建築되였오。㉗、房안에너무내가끼니、들窓을몿어놓으시오。㉘、이잔紅茶는、맛당히角砂糖을타서마서야하오。㉙、나의잔세음을、請컨대당신은都合으로내게 計하여주시오。㉚、그전에맛치

第七十課 「開」「住」兩字的用法

註…本課는 動詞의 熟語即合成動詞인데 動詞下에 副詞 「出來」、「進來」、「過來」、「回來」、「起來」 等을 加하야 熟語를 作함

捲起來、後來、用包袱 包起來。

1、颳了 一陣大風、把雲彩 散開了。 2、把西瓜切開擱点兒 蜂蜜來。 3、借光借光、請老爺們 躲開(離開)一点兒。 4、那個木箱子 鎖着了、拿鑰匙來 開一開。 5、你若 討了 我們的情分、應該、丢開 拍馬屁的習慣。 6、這些 小孩兒、在屋裡 直嚷嚷的 打起來 你給我拉開罷。 7、幾來的 那封信、折開 念給我 聽一聽。

제 칠십 과 개자와 주자의 용법

❶ 큰바람이 한바탕 불더니, 구름을 모두 흩어 버렸오。 ❷ 수박을 써럿으니 꿀을 좀처、갓어 오시오。 ❸ 容恕하시오、영감들께서 조곰 비켜주시오。 ❹ 저 나무箱子가 잠겻으니、열쇠를 갓어다 열으시오。 ❺ 네가 만일 우리들의 情分을 求할 여거던、맛당히 보비우하는、習慣을 버려라。 ❻ 이、어린애들이 房안에서、줄곳 떠들고 싸홈하니 당신이、좀、끄으러 내시오。 ❼ 方今 온 그 편지를 떼여서、내게 읽어 들여주시오。 ❽ 그대

冊欌은、만들어내였오 아니하였오。 ㉛ 저 旗袍(滿族의 周衣)를、내게 입여 주시오。 ㉜ 저 배들이 땅에 떠러젓으니, 請컨대 당신은 내게 주어 주시오。 ㉝ 저 벽돌들을、여기다 옴겨서 싸어라。 ㉞ 巡査가 東交民巷에서、强盜한아를 잡었오。 ㉟ 그에게 잘못한 것이 없는데、당신이 어찌하여 辱을 하오。 ㊱ 어제저녁 때、忽然暴雨가 쏘다 젔오、㊲ 저 衣服들을 개일 것은 개이고 말것은 만뒤에、보자로 싸시오。

開住兩字的用法

8、那根竹竿子嫌長、你拿鋸子來截開(鋸開)。9、他的父親分開家產、一一的給他們三個弟兄過日子。10、你我之間 有甚麼 難爲的事 就說開 總是了、何必放在心裏呢。11、那把新買的洋剪子、甚麼布也鉸得開。12、我的洋服褲子 有些摺紋 拿烙鐵可以烙得開麼。13、那架橋很寬 兩頭來車 也可以走得開。14、家口多 房子窄、實在 住不開。15、水是 開了以後喝、若是喝了 沒開的水 就容易鬧肚子。16、這麼小的桌子 擺不開這些菜。17、這個木頭箱子 釘的太緊 打也 打不開。18、這個孩子 太認生 一時也、離不開 他媽。19、在洛陽 打仗的時候 我的同窓 胡古月在槍林彈雨之中 躱不開子彈 可惜戰死了。20、上回有一團士匪 要搶此莊來、被官兵 擋住 都逃散了。

나무한카지는 너무기니、당신이톱을 갓이고와서 잘너주시오。9、그사람의아버지는 家產을나누어、낫낫이 그들三兄弟에게 주어서살님하게하오。10、당신과나사이에 무슨어려운일이있으면、곳말하여버리면 고만이지、반듯이마음속에두어둘것이야 무엇이오 11、새로산그洋가새는、무슨필목이던지 버혀낼수가있오。12、나의洋服바지에 줄음들이잡혓으니 다림으로 다려서 펴낼수있오。13、그다리는 매우넓어서 兩쪽으로 오는車도、또한避하여 단일만하오。14、食口는 많고、집은적어서、참으로 살수없오 15、물은끓은뒤에 마셔야좋지、만일 끓지않은물을 마시면、곳배탈나기쉽소。16、이럿게적은 桌子에 이많은 반찬을 버려놓을수없오。17、이나무箱子는 못을너머단단히 박어서 뗄내도뗄수가없오。18、이어린애가 너무낫을 가리여서 一時도 그어머니를 떠러지지 아니함이다。19、洛陽에서 戰爭할때에、나의同窓 胡古月이 槍林과 彈雨가운데서、彈丸을避하지못하여、可惜하게 戰死하얏오。20、먼저번 土匪

簾　持

21、耍馬戲的 告帖、貼在那墻上了。22、能塔住 河水的 汛流、不能塔住 老百姓的 嘴頭。23、他的力氣 比我強、那能 揪得住嗎。24、已經和他 說了的、還能藏得住嗎。25、她有口才的人、一聽 她說的話、誰也戀得住。26、你若 靠不住我、還能 靠住 那一個人呢。27、我看 他的買賣 已經吃了虧、再支持不住。28、用工的人 一時也 閑不住。29、花点兒錢 打個棚好、拿簾子遮不住日頭。30、你看晚報了 沒有、錢團長 究竟守不住縣城 就跑了。31、你別想、對不住我、我淨盼望你 回過頭來。32、國家 若自相爭 國必站立不住。33、他是個 知一捨二的人、究竟 交不住朋友。34、若眞有喜樂的事、誰也 禁不住笑、眞有悲傷的事、誰也禁不住哭。

한때가 우리農村을 掠奪할여 오다가 官兵에게막혀서、모도도망하여돌어젓소。21、曲馬團의 놀음廣告가、저담벽옹에붙어잇소。22、河水의 汎濫하는것은 能히막을수잇지만、百姓의입은 막을수없오。23、그사람의힘이 내게比하면 强하니 어떻게붓들수가잇음잇가。24、발서그에게더부러 말한것이잇는데、그래도 能히감출수가잇겟오。25、그女子는 口才가 잇는사람이다、그의말을 한번듣기만하면 누구던지 모다 戀戀하여하오。26、당신이 만일 나를믿지 못한다면、오히려 能히 그어느사람을 믿겟는가요。27、내보기에는 그사람의장사가、발서미쩌서、다시더、벗틔여나가지、못할것이오。28、工夫하는 사람은、一時도 閑暇롭지 못하오。29、당신、夕刊新聞을、 해빛을막지、못할것이오。30、당신을좀드려서、遮日을치는것이、좋음니다、발(簾)을갓이고는、해빛을막지、못할것이오。31、당신은錢聯隊長은、畢竟縣城을、 직히지못하고、고만달어났소。31、당신은내게對하여、未安하다고、생각하지마시

一六九

註：二「開」와「住」는 副詞字로 動詞와 合하야 合成 動詞의 熟語를 成하는데 可能의 意味를 表示하려면 該 動詞와 副詞字間에「得」字를 加하고 不能의 意義를 表示하려면 該兩字間에「不」字를 加하나니라。

第七十一課　會話（八）　火車旅行

1、朴先生 今年暑假 不想回家麼（答）原來打算今年暑假 要往長江一帶 遊歷 想不到 從家裡叫我回家 沒法子 要回家哪。 2、打算那一天 起身呢（答）陽曆七月十號 準要起身。 3、那好 我也那時候 要往貴國京城去（答）是嗎 那就好了 一個人旅行 覺着很悶喇。 4、那麼 那天下午六點半 一定會站能（答）好 那麼着能。 5、朴先生 你把那些行李 叫脚夫搬去（答）是哪 脚夫！你把

제칠십일과　긔차려행

❶ 朴先生 今年 夏期放學에 집으로 갈여 고생각 하지아니합니가（答）原來 今年 夏期放學에는 長江一帶에 갓어 遊覽할여 고하엿더니 뜻밧에 집에서 나를집으로 오라하니 할수업이 집으로갈여 하오。 ❷ 어느날 發程할여고생각하심잇가（答）陽曆七月 十日에는 꼭 發程할여고하오。 ❸ 그것좋소 나도그때에는 貴國京城에갈여고하오（答）그럿음닛가 그것참좋소 혼자서 旅行할여면매우 갓갑하오。 ❹ 그러면 그날下午六時半에 停車場에서 꼭만납시다。（答）朴先生 你把

購　食　臥　擠
票　鈴　　　

這些行李　挪到二等車裏頭。6、王掌櫃！你起票了沒有（答）還沒起了　售票處人多　擠不開　等一會兒　再買罷。7、朴先生　你買二等票了嗎（答）是啊　三等車房坐不下哪。8、是啊　我也買二等　可買了睡車（臥車）票沒有（答）那倒沒買了　上天津　再說罷。9、你去買票罷（答）你瞧　給我行李罷。10、王掌櫃　請這兒來　這兒有座　並且凉快（答）好　費心費心。11、朴先生　你們的行李　都來齊了嗎（答）都來齊了　你可以查一查。12、啊　打鈴了　晚報買不了（答）買不了　拉倒罷。13、一開車　就凉快喇　伱們睡覺罷（答）你要睏嗎　一過豐臺　也不遲。14、朴先生　天亮了　起來洗臉罷　快到山海關了（答）是　不錯　就見長城了。15、洗完了　伱們往飯車（饡車）裡去　吃点早飯罷（答）好　早已等你睡醒了。16、快到日

先生　당신은저行李들을　집군을식혀옴겨가라하시오（答）그러하지오　집군！너는이行李들을二等車안에옴겨다놓어라（答）아즉사지아니하였오。6、王掌櫃　票를사지아니하였오（答）아즉사지아니하였오　표파는곳（出札口）에사람이많어서끼일수가없으니　곰기달여서삽시다。7、朴先生！　당신은二等票를샀음이잇가（答）네　三等車室에는앉을수없오。8、그렷오　나도二等票를사섯지만　寢臺票는사지아니샀오（答）나도그것은사지안었오　天津갓어다시봅시다。9、車가떠날여하니　당신은갓어票를사시오（答）당신은내行李를보아주시오。10、王掌櫃　이러오시오　여기자리가잇고凉하여서늘하오。（答）그리지오、너무수고하섯소　11、朴先生우리의行李가　모두왔오（答）모두왔오　그러나당신은시됴사하여보시오。12、아鐘을치오。夕刊新聞은사살수없오（答）살수없거든고만두시오。13、車만떠나면곳서늘하오、우리잡시다（答）당신은줄이시오、豐臺를지나서늘하오。14、朴先生날이밝었오、일어나서洗手하시오하오。（答）네、그렷음이다、곳萬里長城이보이시요（答）네、그렷음이다、곳萬里長城이보이진왔오.（答）네、그렷음이다、곳萬里長城이보이

稅 塘 蛤蟆 妙 搭伴

本(奉天)站了 伱們 收捨行李 預備下車罷(答)好 你不 覺点累麽。17、朴先生 俗們 下車投店 吃一頓飯 再走好不好(答)可不是麽 俗們投店 歇一會兒 買打票 行李都托櫃房罷。18、朴先生 打這兒起 買三等票 進隊車睡罷(答)那管多兒錢 仍舊買二等罷(應)咳 隨你罷 19、朴先生 咱們明天早起 過橋的時候 所帶的東西都被海關稅員受驗 帶甚麽 上稅的沒有(答)是啊我也知道 却沒有 上稅的東西。20、昨天夜裏 沒甚睡覺 咱們進睡車 躺一躺罷(答)好 我也睏了。21、過高麗門了沒有(答)早過了 快到蛤蟆塘了。22、這就到鐵橋了 就是 新義州(答)就是 朝鮮地略。23、王掌櫃 你到過平壞沒有(答)去過好幾回了。24、你瞧 朝鮮山水的景緻 比你們貴國 怎麽樣(答)好極了 到處山明水麗 風景很

오。⑮、洗手를다ᄋᆞ한뒤에우리가 食堂車에갓오。朝飯을좀먹음시다、(答)그럽시다、발서당신이잠깨기만기달엿오。⑯、거진日本停車場(奉天驛)에와스니 우리行李를收拾하여갖이고下車를準備합시다。⑰、朴先生(答)그럽시다、당신이말하는것이좋지아니하오(答)왜안그래요、우리가旅舘에들어서밥한끼사먹고 좀잇다가는것이좋지아니하오。⑱、朴先生 여긔서물어서 旅舘事務室에付托합시다。그것은돈이얼마나상관되깃으니 우리잠시들어가잠시잠쉬고 票를사며 行李를붓치는것은모도旅

二等票를삽시다、(答)그리합시다。⑲、朴先生 우리가來日아츰에 鐵橋를건널때에 所持品을모도海關稅吏에게檢查를받는데 무슨稅金물만한것은갓이지아니하엿오。(答)그 음니다、나도알지만稅金을 낼만한物品은업오。⑳、어제밤에잠을누어마자지못하앗으니、우리寢臺車에들어가좀누음시다(答)네그리합시다、나도졸임니다。㉑、高麗門을지낫오、거진蛤蟆塘에왓오。㉒、이제곳鐵橋에일으럿는데、다리를건너면곳新義州임니다。(答)발서지나고거진蛤蟆塘에왓오。㉓、王掌櫃、당신은

是絶妙。

25, 啊! 到京城站了、這次同王先生搭伴兒、一點也覺不出乏累來了。(答)好說好說、彼此彼此、咱們有工夫時常會見罷(應)好好好、改日再見。

第七十二課 「要」「正」兩字的應用
제 칠십이과 요 정 량자의 응용

1, 皂班的、要洗手、你給他召一点熱水。2, 我跟他要利錢、還對我說、再借一点兒呢。3, 我跟他要的時候、該沒有的、也說沒有、她要的時候、該有的、也說有的。4, 你要甚麼東西、請上樓去隨便看看。5, 這洋付裏甚麼也都有、要甚麼有甚麼。6, 給你那麼些個錢還不彀、淨在這裏吵嚷、到底你要多兒錢呢。7, 你要牢籠人家、人家沒有落了你的圈套。8, 這麼着也

平壤에 들여보았오, (答)여러번들엇오。24, 자! 당신보시오, 朝鮮山水의 景緻가 貴國에 비하면 어떠합잇가 (答) 極히 좋읍니다, 到處에 山明水麗하여 風景이 매우 絶妙합니다。25, 아 京城驛에 왔읍니다, 이번에 王先生과 同伴하여서 조곰도 疲困한 줄을 알지 못하였오, (答)彼此에 그렇읍니다 우리는 서로 時間이 잇으면 늘만납시다. 다음날 다시봅시다.

①下人이 손을 씻고저 하니, 너는 그에게 덥은 물을 좀떠다가 주어라。②내가 그다려 利子를 달나고 한즉 도로혀 나다려 좀더 구여달나고하오。③내가 그에게 달나고 할때에는 맛 당히 잇을것도, 업다 고 하고, 저 女子가, 달나고 할때에는, 맛 당히 업을것도 잇다 고 말합니다。④당신은 무슨 물건을, 要하시오, 請건대樓 上에, 올너갓어마 음대로 보시오。⑤이 洋行(商店)안에는, 무 엇이던지, 모도 있오, 願하시는대로 다 있읍니다。⑥. 네에게 그만치, 많은 돈을 주어도, 그래

「要」「正」兩字的應用

不好 那麼着 也不好、這眞是 左右兩難、到底你們要怎麼辦呢。9,'有人說 要知心腹事、但聽口中言、可是 依我說 但聽 口中言、也不能知道 心腹事。10,'若要 這場事、知道 我和他 都沒有益處、除非他 親自來認錯 不可。11,'你若要 不受 人家的譏誚、該不做 受譏誚的事。12,'又若要受 人家的恭敬、先給人家 恭敬 纔行了。13,'你若要(待要)他 知道禮貌(禮性)總得(總要)長到十五六歲。14,'你若要成這門親事、必得叫他 親自去談々。15,'他在金陵大學當個英文教員 將近十來年了。16,'我們 昨天晚上睡的早、所以 今天早晨、天將亮的時候 醒起來了。17,'那件事 將成未成的時候、被探偵 查破了。18,'他們 正在那裏 兔三去四 吆喝的時候、不料巡警 暗地裏 跳

도不足하냐、다만여기에서、떠들기만하니、結局네가、돈을얼마나、要하느냐。⑦당신이남을 弄絡하려고하지만、당신의魔術에、떠러질사람이없오。⑧이렇게하여도、좋지않고、저렇게하여도、좋지아니하야、참으로左右兩難하니、結局 당신들은、어떻게處理할여는가요。⑨마음가운데의일을、알여면、다만입가운데 말하는사람이있지만、다만입가운데말한다면 말을들어알기가不能하다할더이오。⑩만일이번일을 告訴한다면、그러나、내나그가모도 利益이있는줄을 알지만、그가親히와서 잘못한것을 自服하지 않으면안되오。⑪당신이만일 맞당히嘲笑받을 일을 하지마시오。⑫또는만일남의恭敬을 받을야거든、먼저남을 恭敬하여주어야만올시다 ⑬,당신이만일 저해가禮節을알게할야면、總히十五六歲쯤 長成하여야할것이오。⑭당신이만일 이婚事를成立케할야면、반듯이그사람으로하야곰 親히갓어 面談하도록 하야할것이오。⑮그는金陵大學에서 英文教員

一七四

撤 汗

進來、把賭錢的 和看熱鬧（看眼兒、看邊局）的、都拿了去嘍。19、昨天夜裏 正在 睡覺的時候、有人在外頭 喊的聲 把我醒起來了。20、你這個丫頭 真可惡、孩子正要 睡覺的時候、吵嚷嚷的 又叫他醒了。21、昨天我在公園裏 正要 打球的時候 忽然拼見他、把我弄個進退兩難了。22、咳 你別問我 好不好、昨天夜裏 正要 出汗的時候、不料 把被窩 都掀了、所以 不但不見效、倒越發見重了。23、他在 上回的買賣 虧了一萬多元、一時心窄、正打算 自害（自殺）的時候、就得了勸業彩票 七萬多塊的頭獎、這真正 好運氣。24、你來的真好、我們正打算 找你去了。

註…本課에는『할야고』한다는 意味를 表示하는 類語니라。

노릇한지가、거진十年이가까워요。⑯우리는 어저저녁에 일즉이잣음으로、오늘아츰에、날이밝을여할때에 깨어낫소。⑰그일이 될여 말여할때에、바로興也라 偵探에게 查出되엿소。⑱그들이거기서 뜻밖에 巡査가 만히뛰여들어와서、판에、뜻밖에 바로興也라 賦也라하고 떠드는판에、바로興也라 賦也라하고 떠드는판이거게집애、어제집애 나는 깨엿소。⑳너、이게집애 도는 소리 博軍과 구경군을 모도 잡어갓소。⑲어제밤에 바로잠을자는때에、밖에서 사람이 불으는 소리에、나는 깨엿소。⑳너、이게집애（丫頭는 下女로 흠이 意味함）참말고약하다、어린애가、떠들어서 또한 그애의 잠을 깨라려고하는때에、㉑어제 내가公園에서 突을칠여할때에、갑작히 그女子를 만나게되여서、나로하여곰 進退兩難케하얏소。㉒、해！당신은 내가 病이낫은與否를 뭇지마시오 어제밤에 바로 딴을낼야고할때에、뜻밖에이불을 모도 차던젓음으로、낫지못할뿐만아니라、도로혀더욱、더하게되엿소。㉓、그가먼저번장사에 萬餘元을 밑진지고、한때는 마음이 좀 어서바로 自殺할여고 하는때에、곳 勸業彩票에 七萬餘元의 一等獎을 得하엿으니、이것은 참말 좋은 運數이외다。㉔、당신 참 잘왓오 우리가 바로 당신을 찾어갈여고 생각하엿오。

曹 昇 漆。　怯。　酵。
　　　　　　　浑抖

第七十三課　「發」「當」兩字的用法

1、俗語說的好。外財 不發家、你看曹家的 那樣窮鬼子。2、恭喜恭喜、今年 昇官發財、萬事都得如意。3、西洋的漆色、比中國的 很發亮。4、他真好運氣、每逢發壞的地方、都沒有他。5、你別笑他 裏發亂、有了 那些 麻煩的事、怎能 不發亂呢。6、他在老婆跟前、好像 老鼠拼了 小貓似的 發怯。他 聽了 你說的罵、就發怒的 渾身都抖戰了。7、我昨天擱了 一點發酵(蘇打)、今天的饅頭 就發好了。8、俗們 不用發誓、彼此守着情分兒 做去總好。10、人老了 手腳發笨、眼睛也 發花。11、那個人是好大膽子、拼了 非常的難事、一點也 不發慌、消停着

제 칠십삼과　발자와당자의 용법

❶俗語에、橫財로 富者가 못된다고 한말이 잘한말이다、당신은曹氏집이 저렇게窮한鬼神처럼 된것을보시오。❷祝賀합니다、今年에는 벼슬이올너가고、돈을많으며、萬事가모도 뜻과마음대로 된다지요。❸西洋漆빗은 中國것에比하면 매우번젹거리오。❹그사람은 참말運數가좋소、결단나는곳마다 도모지 이만난것처럼 怯을내지아니하오。❺당신은그사람의마음이 散亂한다고 웃지마시오、그렇게시끄러운일이많이잇고야 어떻게 散亂하지아니하겠오。❻그사람은 마누라앞에서 맛치취가 고양이 만난것처럼 怯을내오。❼그사람은 당신이 말하던 辱을듯고서 곳怒氣가나서 全身이 벌떨더이다。❽내가어제 소다를죰두엇더니 오늘은饅頭가 아조잘부풀었오。❾우리가! 盟誓할것은없고 彼此에情分만 직히여가면그만이지오。❿사람이늙어지면 손과발이鈍하여

•媚。
•狂僵。
•瘧疾
•痲脹
•役

辦去。12、她 老給他 發媚、把他 發糊塗了。13、病名上 有發黃的、發狂的、發瘋的、發悶的、發僵的、發虛的、發飽的、發酸的、發涼的、發暈的、發熱的、發乾的、發瘧的（發瘧疾）、發麻的、發脹的等等。14、一身 不能當二役。15、我們 彼此交了 十來年的朋友、你還拿我 當客待嗎。16、咱們有話、不要 背地裡說 應該 說在當面。17、當場 不讓父、擧手 不留情 18、正當 怪熱的時候、不好 上南洋去 遊歷。19、當家 不得不儉、待客也 不得不豐。20、你自己的 苦處也 當不起、還要管 別人的閒事呢。21、我們 在這危機 的時候、不要 彼此推讓、要互相擔當。22、昨日 你當

지고 눈도 어두워진다。⑪、저사람은 참말 大膽한사람이오 非常히어려운일을 만나도조금도 慌忙하지 아니하고 아조조용히 處理하여나 아가오。⑫、저女子가 늘그에게 아양을 부려서 그로하야곰 더욱 糊塗하게만들었오。⑬、病名에 는 황달病 질알病 癎疾 답답症 뻣뻣한症 虛弱症 헛배불은症 瘧疾 痲痺症 脹症等이 있다。熱症 조渴症 瘧疾 痲痺症 脹症等이 있다。⑭、한몸에 兩役을 當하지못한다。⑮、우리가 彼此에 사귀운지 十餘年의친구로써 나를손으로 역여 待接하려 하시오。⑯、우리가 할말이 있으면 뒤에서말하지말고 當面하여 하는것이 맛당하오。⑰、科擧場에 當하면 아버지에게도 사양하지아니하고 손을들면情을 두지아니한다。⑱、바로몇시 덥은때를當하여 南洋遊覽을 가는것은 좋지못합니다。⑲、살님사리에 當하여서는 不得不儉素할것이오 손님을 待接하는데는 不得不豐厚히할것이다。⑳、당신이自己의 苦生도當하여 내지못하면서 오히려남의 閒事를相關할여 고하는가요。㉑、우리가 이렇게危險한때에 있어 彼此에밀으지

「發」「當」兩字的用法

衆人面前、所起的誓(發的誓)、今日 就忘記了嗎、23、我若 早知道 他那樣的品行、當初誰肯 擧薦他 呢。24、勿論那宗事、當時詳細說明、免得 以後麻繁。25、昨天 會議席上 東邊當中的 那個老人家 不是孫先生嗎。26、他眞把心眼兒 活動不了、我勸了他半天的話、只當作個 耳旁風(馬耳東風)27、他喝了過量的酒、所以 說甚麼 不中聽的話、總得 別管他、權當沒聽見好。28、他們弟兄倆、在衙門裏當差、一個是 當火夫、一個是 當更夫。29、古語說、當官應當愛民如子、現今當官 反成 虐民如敵。30、要上當舖去當當、沒有甚麼 可當的、請你借給我 當頭 當當、改日 給你贖當 好不好。

註．「發」「當」二字의 活用例를 示함。

22、어제당신이 여러사람의 面前에서 盟誓한것을 오늘은 잇어버렷읍닛가. 여러사람의面前에서 서로擔當합시다。23、내가만일 그사람의그런 品行을 알엇스면 當初에누가 그를 薦擧하기를 즐겨하엿겟소。24、勿論어떤일이던지 當時에 詳細히 說明하여야以後에 시끄러움을 免할 듯이다。25、어제會議席上에 東쪽으로 한가운데 앗은 그늙은이가 孫先生이아닌가요。26、그사람은참 늙은이가마음을 變通하지못하여 내가그에게 半날이나 勸하는 말을 다 귀뒤로 들어버리는이는 그는 참 量에지나치는 술을 먹엇스니 어떻한 듣을수업는 말을 일부러 할지라도 도모지 相關하지말고 일부러 못들은체하는것이 좋소。28、그들兄弟두사람은 官廳에서일을 보는데한아는 火夫노릇을하고 한아는 更夫(夜警)도 는노릇을하오。29、넷말에일으되 벼슬하는이는 百姓을應當 아들같이 사랑하라 하엿는데 이즘에 벼슬을하는 이들같이 虐民하기를 仇讎같이한다。30、典當舖에갓어 典當을잡이랴하나 무슨잡일만한것이없으니 請컨대당신은내 게典當감을 빌여주워 典當을잡이게하면 날당신에게 典當한것을 불여주면어떻겟오。

第七十四課 合成動詞 (二)

定、完、成、盡。
見、透、破、壞。

1、我們議定的 那個章程、還有 沒仔細的地方、下會 再補罷。 2、他跟三豐米棧、不但講定了 穀子的價、 給他下個 一千元的 定錢了。 3、宋小姑娘 過了二十多歲、她的母親、很懊悶、聽說昨天 跟姜旅長 說定了親了。 4、凡在 危急的時候、辦事 總得決斷、不可猶預不定。 5、古語說、黃泉路上 無老少、誰能保定 自己必要 活到明天呢。 6、若是 拿定了主意、雖有困難 也得直進、至死不改好、何必成個搖搖不定、惜皮愛肉的人呢。 7、我打算 考完以後、坐着 平漢鐵路的 火車 到漢口、又在那裏 坐輪船 要往成都去。 8、我在這事情的內容 大概說完了、請大家 再討論討論

제 칠십사과 합성동사 (二)

❶우리가 議決한 그 規則은 아즉도 仔細하지 못한곳이 있으니 다음번에 다시더만듭시다。 ❷그는 三豐米棧으로 더부러 다만穀物값을 定할뿐아니라 그에게 一千元의 契約金까지 주었오。 ❸宋氏집적은處女는 二十歲가지낫음으로 그어머니가 매우 懊悶하엿더니 듯즉 어제姜旅團長과 定婚하엿다 합니다。 ❹무릇危急한때에는 일을處理하되 도모지決斷하는것은 不可합니 猶豫未定하는것은 不可합니다。 ❺넷말에 일으되 黃泉으로 가는길에는 老少가없다고 하엿으니 누가능히 지반듯이살겟다고 꼭定하겟오。 ❻만일主意를 定하엿거든 비록苦生이잇지말 듯이가야 할것이며 죽더라도 꼭지지말아야 할것이다。 반듯이搖搖不定하야 皮肉을 愛惜하는사람이 될것이야 무엇이오。 ❼나는 생각하 試驗을 다친뒤에 平漢(北平漢口)鐵路의 汽車를타고 漢口에갔어 거기서 다시汽船을 타고 成都로같여 고합니다。 ❽내가이일의 內容을 다아말하거던 請컨대 여러분은 다시討論하

9、原來說定 三天以內 做完的、到如今 也沒做完、是甚麼個 意思呢。10、我們現在 酒也 喝完了、飯也 吃完了。從來說。客去 主人安、我們不如 告辭散了罷。11、你卿本「世界近世史」都念完了罷、我再給你一本「希臘哲學史」好不好。12、原來 假的 真不了的、却這世間 就是假也 弄成真的 不少。13、誰能敢保先知道 這件事的 成不成呢、都是 辦成以後 纔知道的。14、看見 你們孩子的 長成了 大漢子、自然而然的知道 我們的老。15、從來說「有個 說盡了 死去的墳墓、却沒有個 做完了 死去的墳墓」所以 少說話、做點兒事 纔對。16、他是 為國家、民生 費盡了心血的人、所以我們 都尊敬他。17、你不是個 喪盡天良的人、怎能惹出 這樣 臭事來呢。18、我有點事、要瞧見

시오。9、原來3日안으로 모도 하기로 約定한 것을 至今까지 다하지못합은 이것이 무슨 意思인가요。10、우리가 이제는 술도 다아먹엇고 밥도 다먹엇는데 예로부터 말하되 손님이 가야 主人이 平安하다 고하엿으니 우리는 告別하고 간이 만갈지못하오。11、당신이 그 世界近世史를 다아 읽엇지오 내가 다시 당신에게 古代希臘哲學史 한册을 주면 어떠하오。12、原來 거즛이 참것으로 되지못하는것도 不少하되 거즛이 참것으로 變成되는것도 이세上에는 不少하오。13、누가 能히 이일의 되고 안될것을 미리 알고 敢히 말하겟오 도모지 하여본뒤에라야 비로소알것이오。14、너이아孩들이 자라서 壯丁이된것을 보면 自然中우리의 늙은것을 알겟다 이것이오。15、예로부터일으되 말을다아하고 죽은무덤은 잇어도 일을다아하고 죽은무덤은 없다고 그럼으로 말은적게하고 일을좀더하야 옳읍니다。16、그는 國家와 民生을 為하야 心血을費盡한사람으로 우리는 모도 그를 尊敬합니다。17、당신이 良心(本心)을 喪失한사람이 아닌데 어떻게 이런더러운일을 만들어내엿겟오。18、나는 조고만한일잇어 그를볼여고갓더니 그가집에없어 만나보지못하였오。19、당

參 滲（撕）

他去、他不在家 沒遇見了。 19、你沒看見 萬壽山了嗎、一上西直門 就望見了。 20、這眞恰巧、好多日 我要見你、就在這裏 碰見了。 21、咳、這是 甚麽聞兒 就要惡心哪、你們 沒聞見嗎。 22、在跳舞會上、和她 見面了一次 以後離了幾年、所以好像夢裡看見似的。 23、「在南邊 時常下雨、若不帶傘出門、往往 被雨淋透了。」 24、現在 我們中國的政局、朝變夕改、連老天也 不能參透了。 25、你認不透 那個人、還說 管保他 不犯罪嗎。 26、他在 經濟學史上、不但說透、並且講透。 27、「話 不說 不知、木 不鑽 不透」、把話說開了、就和 木頭鑽透的 一樣。 28、那隻黑狗、把花子（要飯的）的腿 咬破了。 29、你不倒去 那個 玻璃瓶的水、就凍破了。 30、張三李四 在打缸酒店（舖）裏、喝了醉 互相撕破了。

신이 萬壽山을 보지못하였오 西直門에 올너가면 곳바라볼것이오. 20、이것은참으로 공교하오 여러날채 내가당신을 볼여고하엿더니 만여기서맛다들여보구려. 21、해、이것이 무슨 내암새오 고만嘔逆이 나오구려! 당신들은내 암새를 맛지못하오. 22、舞蹈會上에서 그女子와한번인사한뒤로 몇해를離散하얏음으로 치꿈속에 본것같소. 23、南方에는때때로 오는故로 만일雨傘을 갓이고出入을아니하면 往往비를맛어 옷을완용적신다. 24、至今우리 中國의政局은 朝變夕改하여서 하나님까지도 通透하게알기는 不能하오. 25、당신이그사람을 通透하게알지도 못하면서 그가犯罪하지 아니할것을 擔保한다고 오히려말하시오. 26、그는 經濟學에 對하여 다만말을通透하게할뿐만아니라 兼하여 講演도하오. 27、말은하지않으면 알지못하고 나무는뚫으면뚤여지아니한다 하엿으니 말을말하여버리는것이 곳나무를뚤는것과 한가지다. 28、저검정개가 거

合成動詞 (二) 定、完、成、盡、見、透、破壞

殿鬪、把衣裳 都撕破了。31、這個孩子 淨淘氣、把衣裳 沒有穿破、就先撕破。32、你若查破了 他們的詭詐、就跟大家面前 說破了總行。33、你們所管的事 他沒有自己的損益、就預先 說壞了。34、他的爲人、事不足、敗事有餘、好事也他 能辦壞了。35、我在車站、叫苦力 提了 兩件行李、他一跌 就跌(摔)壞了。36、不講理的 那個壞蛋、跟娘兒們 打架、打壞了 她的眼鏡。37、你若不小心、做去、不論何事 就容易弄壞了。

註…「定」、「完」、「成」、「盡」、「見」、「透」、「破」、「壞」等字가 動詞下에 在하야 各其動詞의 意味를「完成」하게、或은「明白」하게 或은「强力」이 있게만드는 用例를 示함。

어지의무릎을 물어 傷케하였오。㉙、내가 琉璃瓶의 물을 버리지않아서 고만얼어깨여젓다 ㉚、張三과 李四가 선술집에서 술이醉하여서로 때리며싸웟어 옷을모두 찢어버렸오。㉛、이애는 작난하여서 옷을입어 해어트리는 것이아니라 곳먼저 찢어 버린다。㉜、당신이만일 그들의 詭計를 알어내엿거던 곳여러분面前에서 말 못되게하였오。㉝、당신들이하는 일에 그사람은 自己의 利害가없는 곳미리먼저 말하여 敗事하기에는 不足하고 그는 能히납브게 만들어버리오。㉟、내가 停車場에서 짐군을불너 行李두가지를 들여갓이고오다가 그가넘어저서 곳깨트렸오。㊱、경우를몰으는 저놈이 女子들과 싸웟어저 女子의 眼鏡을 때려부섰오。㊲、당신이 만일 조심하여하지않으면 勿論무슨일이던지 곳못되게만들기쉽소。

第七十五課 副詞字的應用 (四)

纔、剛、立時、立刻、登時隨即
隨趕、馬上
現在、往後、先(後)頭、向後、

1、纔演了「天女散花」一齣戲的那個坤角(伶)、就是梅蘭芳。 2、他從德國剛回來、在德華銀行常個經手的。 3、請你坐坐、我們的先生剛剛纔起來了。 4、眞奇怪、剛纔在這裏、又跑那兒去了。 5、方剛在這裏 看報的、就是「北京大學」經濟系的馬敎授。 6、請諸位先生 都坐下、所叫的菜、立時就得(就好)喇。 7、王先生來了、可以領到客廳裏等一等、我立時 就回來。 8、你們 在這裏 爲何、淨講空話、白費工夫呢、若是 給他 打電報 立刻(立卽)來到的。9、

제칠십오과 부사자의응용 (四)

❶ 方今 天女散花라는 演劇한幕에 女俳優노릇을 하던이가 곳梅蘭芳이오。❷ 그는 德國에서 方今도라왓는데 德華銀行에 支配人이되엿던물건이 또어데로 달아낫다。❸ 請컨대당신은 앉으시오 우리主人이 方今여기서 新聞보던이가 곳北京大學 經濟科의 馬敎授입니다。❻ 請컨대여러분은 모도앉으시오 식히신料理가 卽刻에곳됩니다。❼ 王先生이 오시거던 客室로引導하여 좀기달이게하여 내가곳도라오겠다。❽ 당신들은어찌하여 기서뷘말만 이야기하고 時間만虛費하는가요 만일 그에게 電報를처주면 卽刻으로올것이오。❾ 당신이 그렇게 親口로 應諾하엿거던곳 때로남에게 處理하여주는것이 맛당하고失信하지안는것이 좋소。❿ 당신은참으로 거즛말

副詞字的應用（二四）纔、剛、立、刻、馬上、瑞在、往復

你旣然 親口應承了、就是登時（即時）給人辦、不要失了信好。10、你眞是 會說 瞎話的人、昨天我們隨卽往那裏去看、莫說老虎、連牠的影兒也沒有了。11、你趕緊 上郵政局去、把上回存的 那項活欵、隨時就找囘來。12、她一聽 你出門的話、連坐倒沒坐、隨赶着（隨跟之、隨跟身）就走喇。13、你所提的條件、他旣然 應承了、隨就立下合同、不好嗎。14、我們的 情分上、有甚麽話、馬上 說出來 就是了、何必這樣的。15、現在的 吃苦、就是過後 的享福。16、望你往後 別做嫖賭、得要 專心過活、保牛吐牛咽（牛舍牛吐）呢。17、我看 糧食的忓市、再往下去 有長無落的樣子、請你 再買些二 好。18、還沒到 那個分上、再過幾天 看他的光景、說給他 也不誤。19、兄弟有點兒

하는사람이오 어제우리가 당신의말을듣고곳 거기갓어 보니 벌은 말말고 그림자도없오。⑪、당신은빨이 郵便局에갓어 먼저번의 그貯金을卽時 찾어갓이고 도라오시오。⑫、그女子는 당신이 出입하얏다는 말을듣고서 앉이도아니하고 곳선자리로갓오。⑬、당신이 提出한 條件을 그가임이 그렇게應諾하얏은즉 곳契約을成立하는 것이 좋지않은가요。⑭、우리의 情分으로 무슨 말이 잇으면即時말하는 것이좋지반듯이이렇게 牛吞牛呑할것은 무엇이오。⑮、現在에當하는 苦生은 곳이뒤의 享福이다。⑯、당신은이뒤에 오입과잡기하지말고 專心으로살임하여 가며 妻子를保全하기를바라오。⑰、내보기에는 糧食市勢가 앞으로올을지언정 떠러지지않을 모양인즉 청컨대당신은좀더 사는 것이 좋소。⑱、아즉 그程度까지 일으지않엇으니 다시몃날을 지낸뒤에 그의 光景을 보아서 그에게말하여 주어도늦이지않소。⑲、弟는 조곰 要緊한일이잇어 먼저告別합니다 닭은날

嚼啪、降、煎瘆

要緊的事 先告辭、改日再見(再會)罷。20、我囑咐你一句話、就是 萬不可 先頭(起先)殷勤、後頭(後來)懶怠(懶惰)。21、若不憂愁 後日的吃穿、今日一個也沒有辛苦去做的。22、衆位 先去茶店裏 喝茶罷、兄弟 隨後就去。23、再往前去 天就冷起來了、坐一個洋爐子罷。24、從來說「禍不雙降 禍不單行」所以 大亂之後、常有荒年、荒年之後 常有瘟瘆。25、我說你啊、向後不可 信口胡說(任口胡言)、不要 被人挨嘴巴子 這一次 倒可以 饒給你、往後就慣了 怎麽辦呢。27、西洋人(西國人) 多半是吃午飯後 睡点覺、這是講衛生的哪。28、莊稼都是 先發苖、後長稭、再後秀穗、末後 穗上纔結子粒。

註…本課는 不確實한 現在、過去、未來의 時間을 表示하는 語類의 用例니라。

다시 뵈이겠읍니다。⑳、네가 당신에게 한마디 囑托하노니 곳음에는 부즈런하고 뒤에는 게을은것은 萬萬不可하다합이오。㉑、만일 後日의 衣食을 근심걱정하지않을진대 오늘날에 辛苦스럽게 일할사람이 한아도없다。㉒、여러분은 먼저 茶店에가서 차를마시오 弟는 뒤따라 곳가리다。㉓、다시 앞으로 가면 日氣가 곳추울터이니 暖爐한아를 놓으시오。㉔、傳來로 일으되「禍은 雙으로 나러지않고 禍는 單으로 行하지안는다 고하엿다 그럼으로 大亂의 後에는 항상 凶年이 잇고 凶年뒤에는 항상瘟瘆이 잇다」㉕、내가 네게말하노니 이뒤로는 입놀이는 대로 함부로하여 남에게 뺨을 얻어 줄수잇다 다만 이한번은 오히려 네게 容恕하여 줄터이나、 이뒤에 곳버릇이되면 어찌 할터이냐。㉗、西洋사람은 居半 점심밥을먹은뒤에 조곰자는것을 衛生하는것이라하오。㉘、農作物은 모도 처음에는 싹이나오고 뒤에대가자라고 다시그뒤에 이삭이나오고 맨뒤에 비로소 結實이된다。

第七十六課　副詞字的應用（五）

或、間或、輕易。

1、你空口 光說空話 不行、必得 拿出現欵、或是 有了個 可憑的 股票 纔好。2、慾耍 照那一樣 像片兒呢、全身 或是 半身。3、你別催逼他、他是個 很軟弱的人、或是這麼着、或是那麼着、還沒拿定主意了。你問問他、願意吃 中菜呢、或者是 吃西菜呢。5、他是個 從來沒有 失信的人、到如今不來、必是病了、或者是 忽然有了 要緊的事 也未可知。6、他們的 賭頭兒 實在大得很、或贏或輸還不能 看出來。7、他說的話、或東或西、叫人 分不出 皂白來。8、請你 不必跟他 說費話、或多或少 不過給他 点兒 脚錢 就是了。9、我看你是個、也不冷 也不熱的人、

뎨칠십륙과　부사자의응용（五）

❶ 당신이뷘입으로 뷘말만 하여서는 안되겟오 반듯이 현금을 내여놋던지 或은 밋을만한 有價證券을 내여놋던지 하여야하오 ❷ 당신은어떤寫眞을 박이시려오 半身인가요 或은이렇게할까 全身인가요 ❸ 당신은 그를 催促하지마시오 매우 軟弱한사람이여서 아즉主意를 定하지못하엿음이 或은 이렇게할넌지 或은 저렇게할넌지 이때까지 오지않을제는 반듯이 病이 들엇거나 或은 以前에 失信한것이 있는 사람이 물어 보시요 ❺ 그사람은 西洋料理를 먹겟는 가 或은 中國料理를 먹겟는지 작작이 무슨 要緊한일이생겻는지 지도알수 없오 ❻ 그사람들의 노름은 참으로매우커서 或은 일흘지 或은 얻는지 아즉알어 낼수가없오 ❼ 그사람이말하는말은 或東或西하야 아모사람이나 黑과白을 가려 낼수가없오 ❽ 請컨대 당신은 반듯이 그로더부러 或은 람던지 或은 적던지 그에 할것이 아니고 或은 람던지

盼望你 或冷或熱 纔好。10、那件事 太久了、間或(偶爾)老人家 知道以外、年輕的人 沒有知道的。11、這都是 好甜梨、輕或(即或)有了個 發青的、也都好吃。12、我們鄉裏 年年收割 好莊稼、並且沒有 大匪患、間或有也 不過小竊、少有失事。13、往後 我再不上他家去、間或去 就是外貌 歡歡喜喜的、吃飯的時候、竟端上 一碟醃蘿蔔、拿人幾塊窩頭、他還 花言巧語的說、我們彼此 不用虛套子、全是 實實落落的、可是苟他 沒有錢 就罷、他過的 寬寬綽綽的 待我、豈不是 小看我了嗎。14、我們鄉裏會客熱鬧、不是 常有的事、間或有的話、就是大節。15、從營口 到烟台、該坐輪船 便宜、間或 起了風浪、也沒危險。16、俗語說。「寡婦門前 是非多」如今 他雖然 孤單冷

⑨、내가 보기에는 당신이 차지도 않고 덥지도 않은 사람이니 당신에게 바라건대 或은 차던지 或은 덥던지 하여야 하오. ⑩、그 일은 너무 오래서 젊은 사람은 아는이가 없오. 이것을 除한 以外에 間或 늙은이들이 아는것이 가 있오. ⑪、이것은 모도 좋은 돌배(梨)오, 間或 풀은 빛이 나더라도 또한 모도 좋소. ⑫、우리시골은 해마다 秋收도 잘하고 兼하야 큰 賊患도 없고 間或 잇다 하여도 좀 도적에 지나지 못하야 失物한대야 小數오. ⑬、이뒤로는 내가 다시 그의집으로 가지않겠오 間或 간다면 곳外貌로는 아조 집버하고 반기는체하면서 밥먹을 때에는 단지 무우장앗지한 접시를 갓다 놓고 좁쌀떡몇개를 갓이 오고 도 오히려 花言과 巧語로써 虛飾을 차리지 말고 모도 切切實實히 하자고 하지만 그것도 만일 그가 돈이 없으면 지오마는 그는 지내기가 흠씩넉넉한데 이렇게 나를 待接하는 것은 이어찌나를 蔑視하는 것이 아니겠오. ⑭、우리들 시골에서는 손님을 請하고 잔치를 하는 것이 늘 잇는 일은 아니고 間或 잇다 하더라도 곳 큰 명절(元霄端午中秋)뿐이지오. ⑮、營口에서 烟臺로 가는데는 汽

副詞字應用 (二五) 或 間或 輕易。

趁 珍綾

情的過活也不好、輕易 往她家裏去。17、他沒錢沒權力的時候、人家 都小看他、却到現在 誰也不能輕易待他的。18 那些 大洋行和銀行(雖然發市 發利市)、或者賠賬(虧空) 也不能 輕易看出來。19、你們這裏 眞是個 好僻靜的地處、整天家 輕易見不着人的來往。20、李大哥您 從來輕易沒生氣的、今天這樣生大氣、有何難過的嗎。21、身體軟弱的人、若不小心、容易生病、身體健壯的人、如何居住、也輕易生不了病。22、要飽 總得家常飯、要暖 還得粗布衣、我家裏 並非沒有 山珍海味、和綾羅綢緞、只是輕易吃不着、也穿不着

船을타는것이 便利하오 間或風浪이 일어난다하여도 또한危險은 없오。⑥俗語에말하되 寡婦집門앞에는 是非가많다고하엿으니 그女子가 비록孤單冷情하게 지내지만도 한 忽然히그女子의집에 가기가좋지못하오。저사람이돈없고 權力도없을때에는 남들이모도 저사람을없이여기더니 至今에와서는 누구던지 또한저이를 輕忽하게 待遇하지못하오。⑱저모든大洋行과 銀行들은 비록繁昌하거나 或은損害를보거나 그리쉽게알어내기가不能하오。⑲당신네의오고가는것은 참으로靜僻한地方이오、왼終日가도사람의오고가는 것을 보기가쉽지아니하오。⑳李大哥! 당신이以前에는 좀처럼골을내지 않엇는데오늘은이렇게크게골을내니 무슨참아지내기어려운일이잇음을잇가。㉑身體가軟弱한사람은 만일조심하지않으면 病이나기가容易하고 身體가健壯한사람은 如何하게居住할지라도 또한좀처럼病이나지아니한다。㉒배가불으랴면 도모지家常의飯이아니면 안되고덥으랴면 오히려粗布의衣가아니면 아니된다 내집에 山珍과海味이며 綾羅와綢緞이없는바가 아니지만 다만 좀처럼 먹지않고 또한입지아니하오。

第七十七課　副詞字的應用（六）

有、又、是、仍舊、照樣。
仍舊、然。

着……也、着……也
這麼的……也、還、那麼……？這樣……也、不如、
一來……不如、的……也
如是、如此。

1、有道的人、雖然受苦難堪、仍有他的快樂。2、我和他從小同窓、所以有時候撒扭、過了不多的時候、仍又親熱。3、你到如今、仍是受窮、還沒得到寬綽的生活 是甚麼緣故呢。4、我們 作子弟的人、就是長到五六十歲、也在父母跟前、仍舊是個孩子。5、你若依舊的過活、我就是仍舊的難過。6、勿論如何責備他 成個人、他仍舊 改不過來。7、你告訴

제칠십칠과　부사자의응용（六）

❶道가잇는사람은 비록難堪의 苦生을當할지라도 그래도그의快樂이잇다。❷내가그와어릴때붙어 同窓임으로 間或을틀일지라도 오래가지않어서 그대로또親密하오。❸당신이 至今까지 그대로困窮하여서 아직도넉넉한生活을하지못하게됨이 무슨까닭이오。❹子弟된우리로서는 곳五六十歲가 될지라도 父母의앞에서는 그대로 한어린아희이오。❺너는前과같이 잘지낸다할지라도 나는依舊하게 내기어렵다。❻勿論어떻게 사람이되라고 그를責하여도 그는그대로벽기지말나고일너늘저녁에 나는그대로가겟다。❼네가 그에게 그말의자갈을벽이지말나고 일러도 그는 그대로 또갓어 노름을합듸다。❽나는 많은賭博군을 보앗는데 그뒤에 그대로 또다시갓는 사람은아니라 오盟誓하고도 일어나먼곳뜰을쓸고桌子을닥고 솟을닥어밥짓고 來日도 일어나기만

副詞字的應用 (二六) 仍、照、這麼、那麼、這樣、如是。

盆 뻰펀
攣 롼
貌 맹

他、那匹馬 不要 卸了轡子、今天晚上 我仍然要走。8、我看有 許多 賭錢的人、已經 賭咒發誓的 再不賭、以後仍然 還去賭。9、睜開眼、就得掃地、擦桌子、刷鍋、做飯、明天起來、照舊還是 那一套。10、剛纔 買來的 一盆水仙花 不好、照舊送回去。11、宋狐狸精那個 說話 帶媚的毛病、照舊 那麼個樣。12、若是他們 暴虐的 權柄 照樣去、貧窮到頭的 我們 老百姓、除了死以外 沒有別路。13、今日我們 特來磕頭老哥、因爲 老哥的教導、我們照樣好了。14、今天也 照樣下雨、眞叫人 悶得慌。15、正在開會的時候、你們 各各兒 都走、這麼着 我也不必 再提議 要走了。16、若是 失敗了一次、再做二次、失敗了二次、再做三次、這麼樣 還有 做不到的 事嗎。17、還給他

하면그대로또하는것이 一種의例가되오. 10、方今사온 한盆水仙花가 춍지못하니 그대로 돌여보내시오. ⑪、宋여우의 말할때에阿諂하는버릇은 그대로그모양이오. 12、만일 그들의暴虐한權力이 그대로간다면 貧窮이 極度에達한우리百姓들은 죽는것을 除한外에는 다른길이업소. ⑬、오날우리들이 特別이와서절하고뵈는것은 兄님의敎導로 因하야 우리가 그대로 좋게지내는까닭임니다. ⑭、오날도그대로 비가오니 참으로사람이 답답하여견듸지못하겟오. ⑮、꼭開會한때에 당신들이 各各 다 가니 이렇다면 나도다시 提議할것도 없이 지낼고하오. ⑯、만일한번失敗하면 다시두번하고 두번失敗하면 다시세번하여라 이렇게 한다면 그래도하지못할일이 잇겟느냐. ⑰、그에게돈을 갚어주마하여도 듯지않고 또한그와 和解하자하여도 不應하니 이렇다면 以後에나도다시 커關하지 아니하겟오. ⑱、工夫를하자니 學校는 同盟休學이되엿고 장사를

一九〇

錢、也不依、又要他說和、也是不應、這麼的、以後我也再不管了。18、要做用工、學校罷課、要做買賣、就是外行、這麼一來、不如回家看書好。19、你說這正布四塊五毛點兒本、這麼、給你五塊、還不行嗎。20、聽大夫說、他的病忌了、有人探訪、那麼着、我們也不必去了。21、依他的話、這塊地質、栽櫚菓樹、和梨樹不合式、那麼樣、栽栗樹好不好。22、常常下着雨並且沒有草地的地方、不能牧羊、那麼來、我們的莊上飼牛和養豬、好了罷。23、原打算、咱們五個人合作的事業、到如今、他們倆不願意、那麼的、我們也再商量辦罷。24、我想、按着那樣做去好、可是你要商量、那麼、我也隨你的意思罷了。25、我要和你一塊兒出洋、忽然丁了憂、這樣我一個人去。26、他有了急

자네 곳서를으니 이렇다면, 집에 갓어 讀書하는 것같이 좋음이 없겠오. ⑲ 당신이 아무명한 필에 四圓五十錢이면 믿진다고말하겟오. ⑳醫師의말을들으면 이땅의 地質이 林檎나무와 배나무를심는것이 不適合하다하니 그렇다면 저의 말대로하면 우리도같것이잆오. ㉑저이의病은 사람의 尋訪을 忌한다하니 그렇다면 이양도 다시그의病을 무를심는것이 어떠하오. ㉒恒常비만 오고 兼하야 草原이 없는곳은 羊을치지못한다니 그렇다면 우리의 農村에는 牛와 猪를 飼養하는 것이 좋겠지오. ㉓ 原來는 우리 五人이 合作하려고 預定하엿든事業이 이제와서는 저이들두 사람이 願치않으니 그렇다면 우리도 다시相議하야 處理합시다. ㉔ 나의생각에는 그대로 하여가는것이 좋을뜻하지만 당신이 相議하자 하니 그렇면 나도 당신의 意見대로하면 그만이지오. ㉕ 내가 당신과함께 外國에 갈여고하엿 더니 忽然親喪을 當하엿으니 이렇다면 나 혼

副詞字的應用 (二六) 精、希、透、迸、老、怪、通、溜。

難、我出上工夫衛護他、我有了事他連面也不照、這樣的朋友絕了他、也是不要緊。27、他在這裏、不論怎樣努力、也沒有多大的布望、這樣不如早一天走好。28、屈了原告也不好、屈了被告也不好、如是換上靑衣小帽暗暗去私訪。29、不撒謊對不住朋友、撒謊對不住良心、如此他早早就躱開了。

註⋯上半段은 仍舊、照舊의 類語이오、下半段은 接續詞로 所用된 이謹、那麼의 活用인데 有時로는 愛字下에「着」、「樣」、「來」、「的」等字 中의 一字를 隨意로 加할 時도 有하니라

第七十八課 副詞字的應用 (二七)

精、希、透、迸、
老、怪、通、溜。

1、這盅咖啡茶精稀、不甚好喝、再要厚一點兒。

자가겟오。29、그가急難한 일이 잇을때에는 내가틈을내여서 그를擁護하여 주엇더니 내가일이 잇슨즉 그가얼굴도 뵈우지않으니 이러다면 그와絕交하여도 관게치않소。27、그가여기에서 勿論어떻게 努力하더라도 얼마나 큰希望이없으니 이럴면 하로빨리 가는 것만 종치못하오。28、原告를 抑屈하게하여도 종지못하고 被告를 抑屈하게하여도 종지못하이러합으로 變服하고 가만이갓어알에 보아야한다 29、거즛말을 아니하자니 親舊에게 未安하고 거즛말을하자니 良心에 未安한으로 그가일즉이 곳避身하였오。

제칠십팔과 부사자의응용 (二七)

1、이 카피茶가 너무묽엇어 그렇게마시기가 좋지못하니 다시좀 진한것을 주시오。2、이는은

灑 灑 鈍　　　圓 另 爍
（시 시 둔）　　（원 령 쇄）

2、這匹老馬、走的精慢（希慢）、就是一步一鞭子、趕不上駱駝。3、大家不用動身、昨夜下的雨、路上精灑（希爛）、一步也不好走。4、你怎麼這樣精瘦了呢、不是抽大烟、就有老病罷。5、別說他的門戶低、房屋小、精窮、看他的內容、却是灑掉呢。6、請你借給我小刀子、修修指甲、我的小刀兒希鈍、修不下。7、這個孩子、成日家淨淘氣、新做的棉衣、穿得一個冬天希破了。8、你這髒壞的丫頭、昨天也破了一塊玻璃、今天又把圓圓的一個大花瓶打的希碎了嗎。9、此地要賣的房子、大概是希矮（精矮）、還帶着精窄、不如另蓋個大些的好。10、大概貼身的衣裳、不可漿得太硬、必得希軟、纔穿着舒坦。11、他不但知道民間的情形、並且也能講話、

말이 대단이 느리여서 곳 한발작에 한번식채질하야도 駱駝를 따러가지못하오。3、여러분은 發程하지 마시오、어제저녁온 비에 道路가 대단이 즐어서한거름도 것기가 좃치못하오。4、당신이어찌하야 그러케 파리하엿오 아편을먹지않으면 곳宿病이잇는 모양이오。5、저이의 門戶가 낫고 집이 적다고 極窮하다 말하지마오 저이의 內容을 보면 富餘하다오。6、請컨대 당신은 나에게 손톱을 각게 주머니갈을 빌여주시오、나의주머니갈은 도모지들지 아니하여 각을수없오。7、이아희가 왼終日작난하여서 새로지은 솜옷을 한겨울입으면 원통해여지오。8、너 이눈이 게집애（어린下女）도 홀용한 한쪽 유리를 깨트리더니 오늘도 야어재도 새로 동그란 큰 花瓶을 원통밧우지게 깨트렷느냐。9、이곳에서 파는 집은 大概 흠석낫고 또 흠석좁아서 따로좀 크게짓는 것같이 좃치못하오。10、大概살에닷는옷은 너머빳빳하게 푸리 먹여서는 아니된다 반듯이 흠석부드러워야

（192）

副詞字的應用(二六) 精、希、透、旺、老、怪、蓮、溜

扇　　旺　　　脆　　　揦腫

所以一聽他的講話、各各心裏就透亮、如同開了兩扇門一般。12、火爐裏的火還是透旺、暫且不用添煤、等到要滅的時候、再添一添。13、我昨天在半路上、忽然下了雨、把衣服透濕了。14、聽說他娶個媳婦、迚俊俏(絶俊、元俊)身體也中用、這不是好福氣嗎。15、秋天的黃瓜從科上摘下來的時候、吃着也是迚脆、味道也是迚鮮。16、他們是相好的朋友、但是相隔老遠、不能時常遇見。17、啊、王老哥!這一向老沒見、到底上那兒去回來的。18、你已經長的這樣老大、可見光陰的快過。19、你老這樣瞎說(胡說)、傍人不信、連你的父母也恐怕不相信罷。20、他的拇指頭上、長了一個毒疔、連手背都腫的老厚、胳膊也腫的老粗、還有老長的一道紅

입기에便하다。⑪、저이가民間의 情形을알뿐만아니라 兼하야講談에도 能하므로 저이의講談을 듣기만하면 各自의마음이 通明하야맞이두쪽門을 열어놓은것과갓소。⑫、火爐에불이아측도좋으니 아측石炭을더넣지말고지려고할때에 다시넣으시오。⑬、내가어제中路에서별안간 비가와서 옷을왼통적시엿소。⑭、들으니 저이가흠석어엽부고 身體도알마진女子에게장가를 드럿다하니 이것이좋은복력이아니오。⑮、가을의외는뵭이에서 먹기도흠석生生하고 맛도흠석新鮮하다。⑯、저이들이 서로좋아하는 親舊이지만 相距가흠석멀어서 자조만나지못하오。⑰、아王老哥!이즈음에 늘보지못하엿으니 結局어데갓다왓오。⑱、네가발서 이렇게흠석컷으니 光陰이빨이감을 가히알겟다。⑲、네가늘이렇게거즛말를하니 다른사람이 不信하는것은그만두고 너의父母까지 아마밑지않게지!。⑳、저이의 엄지손가락우에 毒腫이나서 손등까지

覇。販。肥
漢。筷。

線、真叫人難看。21、天氣這樣怪冷、想必是那一個地方、下了雪了罷。22、王家的二姑娘 怪害臊（慢怕醜）、若問她 一句話、臉上發紅 就低頭無言了。23、這俗子 就我一個 在家裏 害怕倒不害怕、很覺着怪孤單（希冷清）了。24、你們別說 上海的天氣 怪熱、一到我們 廣東去、比你們上海 更熱。25、院裏的菊花滿開了、並且 月亮也通亮（爭亮、慢亮）、我們可以到那裏去、再喝幾盅酒、談談話罷。26、大概是販豚肉的、各各通肥（爭肥、精肥）、開烟舘的、各各通瘦。27、他一喝酒 滿臉通紅、所以 不敢多喝了。28、這個粥 熬的通爛（希滑） 實在好吃。29、那塊冰 不但溜滑（希滑）而且 不甚硬固、非得 留神過去 不可。30、你看她 梳的頭髮 溜光（油光）、穿的衣常 也湛新（簇新）

모두둥둥이뭇고 팔둑도훔석굴근데 도훔석긴한줄기紅線이잇서 참말사람으로하야금 보기에어려웁듸다。㉑、日氣가일펑케 참즉으니 아마어느地方에 눈이왓나보오。㉒、王家네둘재閨秀가 퍽붓 꾸럽어하야 만일그에게 한마데말을뭇으면 얼골이 붉어지면서 곳머리를숙이고 말이없오。㉓、이즈음에는 매우孤單한생각이나오。무섭지는아니하나 매우나혼자집에잇는데 무섭지는아니하오。㉔、당신들이 上海의日氣가 퍽덥다고말하지마오 우리廣東에만가면 당신네上海보담더덥소。㉕、뜰앞에菊花가 활작피엿고 兼하야 달도흠석밝으니 우리들이 저곧으로옴겨갓다다시 술몃잔마시며 談話나합시다。㉖、大概猪肉을파는者는 모도흠석肥大하고 烟舘（鴉片먹는집）을開設한者는 모도흠석수척하다。㉗、저이가술。먹으면 원얼골이 모도붉음으로 감히많이먹지못하오。㉘、이죽은 흠석붉으지게 숨엇어 참으로먹기좋소。㉙、저어름이 흠석미끄럽고 兼하야 그렇게 堅固하지못하니조

第七十九課　副詞字的應用 (元)

忽然　故意

註…「精」、「希」、「進」、「老」、「怪」、「通」、「溜」等字가 이 課에서는 副詞作用으로「지내치게」의 意味를 갖이고 形容詞와 合成함。

1、你有甚麼 急忙的事、這樣 忽然去來、脚不離地呢

2、他聽了 老婆的話、忽然 改了主意了。 3、猛然（忽拉巴）起的 事情、叫我 還沒抓頭緒了。 4、他好像 在那裏見過似的、遽然 想不起來。 5、我的母親 去年冬天 偶然得了病、一連 二十多天 不能起來了。 6、你把那件消息、不要徒然 跟他說、再等 看他的情景 說罷。 7、昨夜 我正在 睡覺的時候、猝然 接坊叫喊

管那裏看 都好、就是 兩隻小脚（裏脚）怪醜。

猝…喊

제 칠십구과　부사자의응용 (元)

❶ 네가무슨 急한일이잇어 어떻게忽然忽來하며 足不離地하느냐。❷ 저이가마누라의 말을 듣고 별안간主意를 變更하였오。❸ 별안간생긴일이되여서 나로하야금아즉도頭緒를 차릴수없게하오。❹ 그는맛치 어데서 본것같은데 갑작이 생각이 나지아니하오。❺ 나의어머니께서 昨年겨을에 갑작이病患이나서 二十日동안을 누어서이러나지 못하셨오。❻ 당신이二消息을 별안간그에게 말하지말고 그의形便을 보아말하시오。❼ 어제저녁에 내

심하야 건너가지않으면 아니되오。⓯ 당신보시오 저女子의머리 비슨것이 흠석반칠반질하고옷입은것이 꾀훌융하여서 언에로보든지 다 좋으나 곳발을 조린것이 흠석 醜하오。

隊雲突驚門

失火的聲、把我嚇急的 連門也 摸不着咯。8、冷然間(猛孤丁) 槍子兒飛來、從左邊的 耳朶穿過去、差一点兒 就死了。9、半点兒雲彩也 沒有的天、驟然(一時、頭刻)間 下起大雨來、不過 一轉眼的工夫 滿街上有一尺多深的水。10、我在天津總站 上車的時候、突然(猝然)在後邊 推我一下、回頭看 就是吳大哥。11、他冷不防的(冒不通的、猛過地裏) 闖進去、把他們 嚇了一跳。12、霎時間(一霎時、登時間) 颳的風 很緊、把樹根 都颳倒了。13、昨天 我的妹妹家、抽冷子(偸冷的、打不瞧) 來了 幾位女客、預備幾樣菜、眞忙不過來了。14、今天晨早兒 冷地裏(冷打驚、打冷) 槍礮的聲音、把全家 都嚇了、往後打聽 就是軍隊 野外演習的光景。15、你這個壞蛋、緊裏(穿

가꼭잠잘때에 별안간불을넛다고 떠드는소리에 나를갑작이놀내여서 문빗장도찾어 붓잡지못하였오。8、별안간彈子가 날러와서 왼쪽귀를 뚤코나갓어 조금하더면 곳슥을번하였다。9、半點의구름도 업든하늘에서 별안간 큰비가와서 不過瞬息間에 온거리에서 尺餘의 깊은물이 되엿다。10、내가天津總站(停車場)에서 車에 올을때에 갑작이뒤에서 나를한번밀기에 돌아다보니 곳吳大哥입듸다。11、저이가 별안간 뛰여드러와서 그들을 한바탕놀내였오。12、삽시간분바람이 매우急하여서 나무를모다 뿌리채 씨러트렷다。13、어제나의 누이집에 안간몇분 안손님이와서 몇가지菜를 準備하느라고 참으로밥부게 지내엿오。14、오늘새벽에 별안간槍과 大砲소리가나서 온집안을다 놀내게하엿눈데 뒤로探問하니 곳軍隊가郊外에서 演習하는 情形이였오。15、너 이괘약한놈이 女子를보면 곳傲慢하게 몸을갖이고 목을길게빼여영멀성얼소

副詞字的應用 (二八) 急然、故意、

紮)的和個 四不像子(四不像)一樣、見了女人 就大搖
大擺、伸着頸脖子、唧唧呐呐(鎧着頸脖子喝喝咧咧)
的唱、故意的粧模做樣 給人家看。16、昨天 他來以
前、恰巧 有點事出門 沒遇見他、他就說 我故意的
躲避、是何等 冤枉呢。17、我特爲 給你作揖、你故意
的不答應、這豈不是 有心(誠心)藐視我嗎。18、明知
故問 是 自己知道的、就向 人 問探的 意思。19、在天
下自己是 明明無意 做的事、往往 人家說 有意做
的。20、請太太 寬恕(原諒)、我實在 沒看見、把你碰
倒(拐倒)了、並不是 有心(處心)做的。21、謝謝大哥、
既是特意 爲我預備的、只得 盡量吃 就是喇。22、你
這不知高低 的人、還能 特特爲自己、改了 大衆의
規矩嗎。23、文老哥 眞喜歡朋友、這麼緊冷的夜裏、

터블하며 일부러 모양을 내여 남에게 보이느
냐。⑯어제그가 오기前에 공교히일이 좀잇
서出他하야 그를만나지 못하엿더니 그가곳
나더러 일부러避身하얏다고 말한다니 얼마
나 역울한말이겟소。⑰내가 特別히 당신에게
인사를 하얏는데 당신이일부러 答禮를않으
니 어찌故意로나를 蔑視한것이아니오。⑱明白
하게알고 일부러뭇는것은 自己가알고도 남
에게 探問한다는意思이다。⑲天下에自己는 남
에게 分明히 無心中한일을 往往남들이 故意로하
엿다고 말한다。⑳請컨대夫人은 容恕하여주
십시오 내가참으로 보지못하고 당신을넘어
트린것이지 決코故意로 한것은아니오。㉑大
哥感사합니다 거위特別히 저를爲하야準備
하신것이니 다만量것먹으면 ㅎ그만임니다。㉒
너이皂白을몰으는者야 獨特히自己를爲하
야 大衆의規則을 끗이겟느냐。㉓文老哥는 참
으로 親舊를좋아하오 이럼한酷寒인밤에 特
히손수을 받어갖이고와서 저이들로하야금
먹고놀게하오。㉕어떤사람을 못사귀여서어

特特親自打酒來、讓他們喝玩。24、什麼人 不好交 怎麼特特兒(偏偏)交往一個 無賴子呢。25、我們是 要跟他 和平過日、他就是 滿(打)心裏 跟我們結寃 怎麼辦呢。26、我說這些話、並不是 嘴上(牙外)出來、 滿(打)心裏 出來的。27、時你拿水來、你偏拿火來、時 你打狗、你偏打雞、那是 甚麼個 心眼兒呢。28、你不 時我來、我偏要來、何況 你請我呢。

第八十課 會話(九) 輪船旅行

1、孫老兄 我聽說 你這次 要往上海去 是打旱路走 呢 或者是 打水路走呢。2、在夏天 比火車還是 坐 輪船 就覺着涼快。3、涼快 倒涼快 那麼着 我也打 算 同你 坐輪船去 請問那一天 動身呢。4、那真好極

───

특특히 전달을 사귀느냐。25、우리들은 그 와 和平하게 지내려고하는데 그가 곳 眞心 으로 우리들과 結寃을하니 어찌하겠오。26、내 가이말을 하는것이 決코 입설에서 나오는 말 이아니라 眞心에서 나오는 것이오。27、너로하 야금 물을떠 오라면 기어코불을 갖어 오고 너 로하야금 개를 때리라면 기어코닭을 때리니 그 것이무슨 心腸이냐。28、당신이나를 오지못하 게하여도 기어이 올터인데 하물며 당신이나 를 請하는데이겠오。

제팔십과 회화(九) 긔선려행

1、孫大兄 내가말을들으니 당신이이번에 上海 로가신다는데 陸路로가시는가요、或은 水路 로가시는가요。2、夏期에는 汽車보다오히려汽船 을타는것이 서늘하지요。3、서늘하기야매우 서늘하지요、그러면당신과함게 汽船을타고갈 여고생각하는데、어느날發程하시랴오。4、그것

了、我要明天早起　九点鐘　坐『招商公局』的輪船　起身。5、那麼者　明天早起　在『招商公局』的碼頭　再見罷。(答)好　錯不了時刻罷。6、孫老哥　這纔來麼　半個鐘頭以後　要開船呢　我等你半天了　快來罷。7、啊黃先生　早來了嗎　因爲　纏麼家常的事　纏要抽身來的　二等五號房　是　在那兒。8、跟我來罷　我是暫且　占十二號　我想俗們　一塊兒住好　但不知　老兄的意思　怎麼樣。9、那是一定　我們　一處住下　談談可不好嗎　你知道　我逕的東西　擱在那兒呢。10、行李啊　都堆在官艙外頭　請你點一點（查一查、撿一撿、數一數）叫夥計　挪到船房裏來罷。11、好　七件行李　都有了　我們進五號房去罷。12、一切貼身的東西　擱在這裏　出去艙頂(艙板)上　倒好　又是　快要開船　俗們　和送行的朋友們　碰

은 잠말 흠씩 좋소、나는 來日아츰 아홉時에 招商公局汽船으로 發程할여하오。⑤ 그러면 來日아츰에 招商公局埠頭에서 다시만납시다。(答)그러합시다 時間은어기지않겠지요。⑥ 孫大兄인제야게우 오시오、半時間以後에는 배간떠난다하오、내가당신을半日이나 기달렸오얼는오시오。⑦ 아、黃先生、발서 왔읏가 집안일에얼거매어서 이제야겨우 抽身하여왔오、二等五號室이어데있는가요。⑧ 나를싸라오시오 나는 暫時 十二號室을차지하였오、내생각에는 우리가한곳에있는것이 좋을듯한데 다만大兄의意思는어떠하시오。⑨ 그것은勿論이지오 우리가한곳에있서서 談話하는것이 좋지아니하오 당신이알으시니가보낸물건이어데있는지。⑩ 行李말이오、모도三等客室밖에싸어놓앗으니 請컨대당신이혀여보고 쏠이를불너 船房속으로옴겨오게하시오。⑪ 네、行李 七件이모도 있오、우리는 五號室로들어갑시다。⑫ 一切隨身行李는여기다두고、甲板우으로나가는것이

沽漁搖

頭罷。13、汽笛兒響 船也已經 離了碼頭 衆位 還在那裏站着了。14、請衆位 都回罷 我們 也給他們 擺手巾罷。15、船走的很快 已經 看不見碼頭了 你瞧海鳥捕魚吃着呢。16、眞是呢 這隻船 一點鐘 可以走多少海里。17、聽說 這隻船 每個鐘頭 走十五海里。18、這隻船 有多少噸 看着不很小。19、說是四千來噸已經 過了大沽 剛出了海洋咯 你瞧那個 漁船 很不少。一切的設備 都是完全 還有使喚的 很是恭敬。20、哦，少了。31、沒甚颱風 浪倒高起來 船也搖勳起來了。22、你的臉上 帶些刷白 並且 沒有力氣的樣子 大概是暈船罷。23、我不很暈船 可是 浪高了 就是 免不了 有点兒不舒服。24、你說不暈船 那就是暈船的進去躺一躺罷。25、是罷 就很惡心 幾乎要吐哪 少微躺

배는 좋고, 또한 배가속이떠나려하니, 우리는 친구들에게 인사합시다. 배는 발서 埠頭를떨낫는데 여러분은 아즉도 기에 있오. 14、請컨대 여러분은 모도 도로 가시오 우리도저이들에게 手巾을 흔들어줍시다. 15、배가매우쌜너가오, 발서 埠頭가뵈이지 아니 하오 보시오海鳥가 고기를 잡어 먹는 쭈려. 16、참그렀오, 이배는 한時間에 몃海里나 감닛가. 17、이배는 한時間에 열다섯海里를간다 말을 듯으니. 18、이배가 몃 뿐이나되오. 19、말은 四千 餘噸이라 합하오. 보기에 그다지 아니 하오. 이배에 그리 적은 設備도 모도 完全 하고, 또한 使喚 도 매우 恭遜 하오. 20、어、별서 大沽를지나서, 方今海洋 에 나왔소, 자, 보시오 漁船이매우 不少하오. 21、무슨바람은 없는데, 물결은 도로혀 일어나, 배도搖動하기를 始作하오. 22、당신의 얼굴에 蒼白色、잇고 兼하야氣力이 없는모양이니, 大概는 배멀미를 하는가 보오. 23、내가그리 배멀미를 하는것은 아니 하지만 물결이 놉으면 곳조곰 不便함을 免치못하오. 24、당신은 배멀미를 하는것이 아니라고 말하지만, 그것이곳 배멀미니 들어가누어 좀눕읍시다. 25、그럿합시다 곳속이매우 안이 곱아서 거진 吐할듯하오 조곰 눕겠오. 26、당신의 배

第八十一課 單疊字及重疊字

제팔십일과 단첩자와중첩자용법

1、你別誇海口,那樣的本事,人人都有。2、人人不曉得自己的短處,却曉得人家的短處。3、俗語說『天老沒有靈』可不是 天天下的雨,把今年的年頭,都淹瞎了。4、這些畫兒 張張都好,現買也值不少錢了。5、孫先生講的那些話,句句都叫我們奮鬪。6、你月月的薪水 掙了一百塊錢,年年還說拉饑荒嗎。7、醜事 家家有,不漏是 好手,千萬不要張聲。8、這條魚 比那條魚 大些、價錢也 條條不一樣。9、凡在回

一鵝罷。26、你暈的 今天怎麼樣了。27、謝謝 還是全身沒有力氣了。28、已經過了青島 大概是 明天上午九点鐘 可以到上海罷。

❶ 당신은힌소리를그만두오 그럼은技能은사람마다다있오。❷ 사람마다自己의 短處는몰으지만 남의短處는아오。❸ 俗談에하늘도늙으면 靈이없다더니 왜안그래! 날마다오는비에 今年年事도 다물에치여결단났오。❹ 이그림들은 張張이 모다좋아서지금사자면 값이적지않겠오。❺ 孫先生이講演한그적지않은 한말이句々마다 다우리들로奮鬪하라는것이다。❻ 당신이달마다 月給을百圓식별면서 해마다 그래도 窘塞하다고말하오。❼ 醜한일은 집마다다있다。漏說치아니하면 上策이라고千萬에소리를내지마오。❽ 이한마리고기가저한마리고기보담 좀커서 값도 마리마다 갈지않소

멀미가 오늘은어떠하시오 ㉖ 고닯음니다 아즉도全身에氣力이없오。㉗ 벌서靑島를지났으니 大槪來日上午아홉時에는上海에到着할것이오。

教的人、個個 不吃猪肉。10、他眞是個 博學多聞的人 對於工商界的見識、一一說明。11、我們 這個地方、年年 不但有了 荒年、並且被了 土匪的搶亂、家家 都是虧了空。12、俗語說『件件（樣樣）通、件件（樣樣）鬆』就是說 人要精於那一樣 必得 專於那一樣。13、他在『左傳』書上 很有精通、把節節 都背下來。14、你別說 道兒遠、步步走 必有走到 的時候。15、你別說 我們的情分兒 怎麽樣、就是 時時也 忘不了。16、這就是 個 實實在在的事情 你爲怎麽 沒說出 老實實的話來呢。17、這個賬目 雖然說是 清清楚楚的 再我們算詳詳細細的罷。18、一進 和和睦睦的家去、眞叫人歡歡喜喜的。19、你把這件 明明朗朗（明明白白）的事情、爲怎麽 說個 含含糊糊的呢。20、那事有了 順順當當

⑨、무릇回回敎人은 사람마다 猪肉을먹지아니하오。⑩、저이는참으로 博學多聞한 사람이오 工商界의見識에 對하여서도 一一히說明하오 ⑪、우리 이地方에는 해마다 흉년만들뿐아니라 兼하야 土匪의 掠奪을 當하여서 집마다 텅 비였오。⑫、俗談에 件마다 通하면 件마다 疎하다는것은 곳 사람이어떠한데 專門하려고하면 어떠한데에 반듯이 疎한데에 반듯이 到着할때가있오。⑬、저이가 左傳에 매우 精通하여서 마디마다 다외어내오。⑭、당신은길이 멀다고말하지마오 한거름식거르면반듯이 를한거름식거르면반듯이 到着할때가있오。⑮、당신은 우리들의 情分이어떠하다고 말하지마오 곳時時로 잇을수있오。⑯、이것은아조切實한일인데 당신이어찌하야 아조眞實하게말하지아니하오。⑰、이賬簿가비록 아조淸楚하다고말하지만 우리가다시 아조詳細하게 計하여봅시다。⑱、아조和睦한집에만 들어가면 참말사람으로하여금 아조歡喜하게하오。⑲、당신은 이明明白白한 일을갖이고 어찌하

鄙。 爽。
憛。劼
兢。
哓。哓。
諄諄。

的、請你 不要懆急、從從容容的 辦去罷。21、你這個 人、誠誠實實的事情 是一點也不做、老這樣 哔哔叨 叨（絮絮叨叨）的 真叫人 氣死了。22、找個 安安穩穩 的地方、睡一回覺 纔好。23、你把這些 零零碎碎 的東西、可以 搬到屋裏去、穩穩重重（安安頓頓）的 擱着罷。24、你丟不了 那個 鄙鄙俗俗的 毛病、叫人看 着連我們也 不大方（官樣）了。25、敎他 平平安安的 回去、我們在這兒 痛痛快快（爽爽快快）的 喝幾盅酒 和和平平的 散罷。26、他是個 很害怕（懼怕、吃劫）的 人、每撞這種事、就戰戰兢兢的 躲避了。27、你別看 他 哓哓唻唻（禿禿攦攦）的 說話、就學他 安妥當當的 辦事。28、你必得 諄諄切切（懇懇實實）的 囑咐他、往 後千萬不要 在衆人面前、看着 小小器器的。29 咳呀

아 糊塗朦濃하게 말하오。20、그 일이 아조 順順 하게되었으니 請컨대 당신은 懆急히 굴지말고 아조 從容하게 處理하여가시오。21、너는 아조 誠實한 일은 조금도 하지않고 늘 이렇게 야불 거리며 空談만하니 참말 사람으로 氣막혀 죽 겠네。22、아조 安穩한 곳을 찾어서 잠깐 숨자야만 좋겠다。23、당신은 이시시부러한 物 件을 집안으로 옴겨다가 아조 穩當하게 두시 오。24、당신이 그 아조 鄙俗한 병통을 버리지않 으면 남이볼때에 우리들까지도 점잔치않게 된다。25、그를아조 平安히 돌여보내고 우리 들은 여기서 아조 痛快하게 술 몇잔마시고 아 조 和平하게 헤어집시다。26、그는 매우 겁내는 사람이라 每番이렇한 일만닥드리면 곳벌벌 떨며避身하오。27、당신은 그가 아조 떠듬떠듬 하게 말하는것을 보지말고 곳 그가 아조 妥當 하게 處事하는 것을 배호시오。28、당신은 반듯 이 그에게아조 諄切하게 付托하되 이뒤에는 千 萬에 여러사람앞에서 아조 좀팽이로 뵈 칠말나

我到此地 已經過了 七八年、不知家裡 完全全的都好、一想起來 傷心得很。30、孔先生講的 那些話、都是要人正直 不要 彎彎曲曲的、要人誠實 不要詭詭詐詐(謊謊詐詐)的、要人、爽快 不要齷齷齪齪的。31、我說你 坐得應當 端端正正的、不可 歪歪扭扭的

註…疊字는原來좀더分明하려거는、좀더強力있다는意味를表示하기爲하여使用하는것인데一字로된單語는勿論其字를重疊하거나二字로된單語도一單語로重疊하지않고字字히重疊하나니例를들건대『實在』를實實在在라하지않고、實實在在라한다는 말이라。

고하시오。㉙아!내가이곳에 온지가발서七八年이 지낫는데 집에서야조 完全하게다잘 잇는지 알지못하니 생각만하면 매우 傷心하오。㉚孔先生이講論한 여러가지말은 다사람으로 正直하여서 彎曲하지말나하엿고 사람으로 誠實하여서 아조奸詭하지 말나하엿고 사람으로 爽快하여서 아조악착하지 말나하엿다。㉛나는너에게 말하노니 앉기를응당아조端正히할것이오 不正(삐둘삐둘)하게하여서는 옳지못하다。

第八十二課 願望字的用法

願、愛、甘、肯、應。
願、巴、恨、望。

1、世上的人、沒有一個 不願意 做福榮的。2、你跟我

제팔십이과 원망자의용법

❶世上의사람은 한사람도 幸福과榮光을 願하지않는사람이없다。❷당신이나와함께 牧事業하기를 꼭願하오 願치아니하오。❸나는政界의 關係를 버서나서 다만淸靜한 地方한곳을찾어갓어 낙시질이나 하기를願하오。

願童字的用法。願、愛、甘、肯、應、巴、恨、望。

辦個 墾牧公司、情願不情願 3、「我願意。脫離政界的關係、只找一個 清靜的地方去 釣魚。」 4、他不愛吃 好的、也不愛穿 好的、淨愛念書。 5、我愛 坐輪船 海洋旅行、她愛 坐火車 大陸旅行。 6、我們聽說 你在香港 賺了五萬多元、要你做 一桌東、甘心 不甘心 7、你辦的 材木公司、目下 沒甚麼 大紅利、可是 甘心做去、將來必有 發大財。 8、我雖然 費了多少心血庇護他、可惜 他把我 非得不蹧蹋 不甘心。 9、你出去 撞騙人、不用掛 我的幌子、若是 再指着 我的名子去 撞騙、我一定不肯。 10、世上人 若不爲吃穿住三字、誰還肯幹活。 11、你那樣懶手、地也不種、商也不做、光愛嫖賭的、還敢說 你的父母 肯不肯呢。 12、你不改毛病、只來 討我的情、也不應。 13、我在街

⁴그는 좋은것을 먹기도 좋아하지아니하고 좋은것을 입기도 좋아하지아니하고 다만글읽기만을 좋아하오. ⁵나는 汽船을타고 海洋의旅行하기를 좋아하고 저女子는 汽車를타고 大陸의旅行하기를 좋아하오. ⁶우리가들으니당신이 香港에서 萬餘圓을 벌엇다하니 당신이 한턱을 먹을여야 甘心하오아니하오. ⁷당신이 經營한 木材會社가 目下에무슨큰 利益이 없다하지만 甘心으로하여가면 將來에반듯이 큰돈을 볼것이오. ⁸내가비록 許多한心血을 虛費하야 그를保護하엿지만 그는 나를줏밥板을 걸지마오 만일나가어사람을 속이는데 나의일홈을 가라치고 詐欺를한다면 내가 一定코 容恕하지 아니 하지않으면 누가그래 즐기여 일하겟오. ⁹당신이봐에 나가어사람을 속이는데 나의일홈을 가라치고 詐欺를한다면 내가 一定코 容恕하지 아니 하지않으면 누가그래 즐기여 일하겟오. ¹⁰世上사람이 만일衣食住三字를 爲하지안하면 누가그래 즐기여 일하겟오. ¹¹당신이 그렇게 懶怠하여서 農事도아니하고 다만오입과 賭博만 좋아하면서 그래도 敢히 당신의父母가 肯하느니 不肯하느니 말하오. ¹²「당신이 그병통을 고치지아니하고 다만나에게와서 哀乞하여도 不應하오.」¹³내

劈

上 撞他見禮、光瞧不答應、這是一定 看不起我的。
14、你那場官司、跟他要說和、到底 他答應 不答應 呢。15、他有信 勸我們說、願你們 一家和睦、並且各 種事 都要 順意隨心。16、我們中國的 老百姓、不但 願望 年年雨順風調、沒蟲災、也願望 軍閥和政客、不及鬧出戰事 纔好。17、當個父母的 沒有一個 不願 自己的子孫 巴不得結好、然而 却不能 個個都好。18、他巴不得（望不能）和我們 協心合意的、辦個 教育 的事業。19、我雖然 巴不得 討大家的歡喜、但他們 不符我的意見 怎麼辦呢。20、若是他們還是 互相反目 我巴不得、給他們 說熨貼了。21、看他的樣子、嘴裏雖 然說是 巴不得、却是心裏 不喜歡。22、你巴不能 和 他搭伴兒去、這些 零些事情、今天 都辦完了 纔好。

가 路上에서 그를만나 禮를하였더니 보기만 하고 答禮를하지않으니 이것은 꼭 나를멸시 하는것이오。14、당신의 그訴訟을 그와 和解 하려고하던가요? 結局 그가 應하던가요? 不應 하던가요。15、그가편지로 우리들의게 勸한말 이 당신들의 온집안이 和睦하며 兼하야 各種 事業이모다 뜻과마음대로 이루기를 願한다고 하였소。16、우리中國百姓은 年年히 雨順風調 하고 蟲災가없기만 願할뿐아니라 軍閥과政 客이 戰事를造出하지아니하여야만 좋지 않이됨으로 自己의 子孫이좋 좋겠다。17、父母가된이로는 自己의 子孫이좋 은곳으로 奮發하여 가는것을 願치않음 은이가한 사람도없지만사람마다 다아좋기는 不能하오 18、저이가우리와같이 協心合力하야 教育의事 業을 하기를 願하오。19、내가비록 여러분 의歡喜를 願하지만 저이들이 나의뜻과맞이 않으니 어찌하겠오。20、만일저이들이 아즉 互相反目한다면 내가그들에게 말하여 풀어 주고싶소。21、저사람의 모양을보면 입으로는 비록 願한다고말하지만 마음에는 반가워하지 아니하오。22、당신이그와 同伴하여 가기를 願 하지만 여려가지 小小한일을 오늘모도 完結 하지아니하면 여여러가지 小小한일을 오늘모도 完結

願望字 的用法 願、愛、甘、肯、應、巴、恨望。

23、我巴不能 說他們好、但是 照實話講、說不出好來呢。24、今年也 快到年底、掙錢也不多、照他的性兒 恨不能 一步到家。25、你別胡吵、若是王順 聽了這話 恨不得 一口吞了 你呢。26、我聽說 宋少姐 實在想你 她恨不能 現在就面對面。27、世上的人 護己的多、有了好處、都說 是自己的、有了壞處、恨不得推的乾乾淨淨的。28、望你 趕緊回來、於公於私 都得商量量、吅我們 互相倚靠。29、我們 走路餓又餓、渴又渴、急忙(緊慢)也 到不了站上、望老兄 買點吃東西來 好不好。30、他來到 我們家的時候、甚麼也 沒接待他、若是 你上他家去、望你替我 說一說。

註…本課에서는 願하다는 意思를 表示하는 諸種의 語類의 用例를示한것임。

㉓내가그들과 좋다고말할 수있지만、實地대로말하면 좋다고할수도없오。㉔今年도발서 年末이되엿는데 그의性味대로하면 한거름에 도도많이몯으지못하여서 歸家못하는것을 恨한다。㉕네가함부로 떠들지마라 만일王順이 이말을들으면 너를 삼키지못함을 恨할것이다。㉖宋少姐가실노당신을 생각한다오。그女子가지금 서로마조앉어 잇지못함을깨한것이라고말하오。㉗世俗의사람은 護身者가많어서 좋은일이있으면 다自己가 한것이라하고 납분일이있으면 제앞을 꿋하게하고 떠다밀지못하야 恨한다。㉘바라건대당신이 빨리돌아와야 於公於私에모다商議하고 우리가길을 걸끼에아조배가꿈으고 아조목이말러서 急하지만 停車場에도 着할수없으니 이말러서 急하지만 停車場에도 着할수없으니 바라건대老兄은 좀먹을것을 사갖이고오는것이좋지아니하오。㉚그가우리집에 왔을때에 아무것도 그에게待接하지못하였는데 만일당신이 그의집에가거든、바라건대당신은 나를代身하야 말을하여주시오。

第八十三課　副詞字的應用 (元)

豈、焉、難道。
奈何、無奈、不得已。

1. 「喪盡良心、謀害朋友、雖得一時的富貴、豈能長久麼。」 2. 「雖然自古道『自過不知』、這原是我一生的毛病、豈能不知道呢。」 3. 夏天悶熱的時候、同幾個朋友、到海水澡場去、在澄清的海水、潔白的沙場上浮浮水、打打滾、豈不快活嗎。 4. 蘇長魁已經過了四十歲的人、迷了妖精的妓女、把老婆攆出孩兒們哭哭泣泣的散了街、豈不是喪心病狂麼。 5. 「人各都有各人的便宜、豈肯不顧自己的便宜、還有給人家的便宜麼。 6. 那件事明明是他的錯、所以昨天要我說和、今天又告官、豈有此理呢。 7. 常

제팔십삼과　부사자의응용 (元)

❶ 良心을喪盡하고 親舊를謀害하야 비록一時의富貴를得할지라도 어찌能히長久하겠오. ❷ 비록自古로말하기를 自己의허물을알지못한다 하엿지만 이것이原來내一生의병통인데 어찌能히알지못하겠오. ❸ 여름날이찌고덥은때에 몇親舊와함께海水浴場에갓어 맑곤海水와깨끗한沙場우에서 헤염치고 뒹구는것이어찌快活하지않겠오. ❹ 蘇長魁는이미四十歲가념은사람으로여호같은기생년에게迷惑하야안해를親庭으로쫓어보내서 아해들이온통울며불며 거리로헷터젓으니 어찌喪心狂하지않은것이겠오. ❺ 各人은다 各人의便利가잇는데어찌 自己의便利를 不顧하고 남의게便利를 줄者가잇겠오. ❻ 저일이 分明히 저이의잘못한것임으로 어제나를보고 和解하자하더니 오늘은또告訴를하엿다하니 어찌이런경우가잇겟오. ❼ 恒常죽는것도 무섭지않않고 목숨도사랑하지않는다고말하든 王中隊長이 戰線에나서서 아측兵及이相接하지않엇는데 다만몇방총과 대포소리만듣고 膽

副詞字的應用（二九）豈、焉、難道、奈何、無奈、不得已。

說不怕死、不愛命的 王連長、一到火線上、還不及兵及相接、只聽着、幾聲鎗礮的音響、寒了膽子、就拿起腿跑、這豈算 眞正的軍人麼。8、蛟龍豈是池中物、他雖然 暫時不得意、將來必有 達成的日子。
9、「自己不正、焉能正人」就是 先正自己、後正人的眞理、焉有 勸善懲惡的眞理呢。
10 你們旣然 几事都外着我、我焉能不 不能不服從的呢。11『旣在矮簷下、焉能不低頭』就是在下的人 不能不服從的。12、那一種的宗敎都是 勸善懲惡的眞理、焉有 勸善懲惡的 眞理呢。13、那件事上 有王老哥 和幾位朋友 替辦、雖我不去 也難道 不能不辦的。14、那個姑娘、難道 只好十七八歲、這位老太太 八十來歲、難道 六十多歲 還生產了麼。15、人人都往廟裏 燒香祈禱 壽富貴多男、我問他們 和尙道士難

이서늘하야 뒤도돌보지않고 다러나니이어찌 眞正한 軍人이라고하겠오。8、蛟龍이 어찌池中의물건이랴 저이가비록 暫時에는得意치못하나 將來에는반듯이 達成할날이 잇을것이오。9、自己가 바르지못하고 어찌能히 남을 바르게하랴는말은 ㉟곳먼저自己를 바른뒤에 모두나를 除外하는 것이다。㉞당신들이 거위위 几事에 모다나를 除外하지않는데 내어찌 自己로서 自己를 預備하지않겠오。⑪낯은簷下에잇고야 어찌能히 머리를숙이지않겠느냐라고한말은 곳아래에잇는사람이 能히服從치아니하지못한다는 뜻이다。⑫어떠한宗敎이든지 모다勸善懲惡의 眞理이지 어찌 勸善懲惡의 眞理가잇겠느냐。⑬그일에는 王老哥와 몇분親舊가잇서서 代身處理하면 비록내가아니가더라도 處理를못하지않을것이오。⑭저閨秀가 다만十七八歲밖에 아니되엿을것이오 그렇다면 어찌 어른이 八十餘歲가되엿을터인데 六十餘歲에生產하엿다는말이오。⑮사람마다 都 절에갓어 香불을 피우며 壽富貴多男하기를 祈禱하니 내가 그들에게뭇노니 僧과道士는 어째 個人마다 모두 福을받는가요。⑯大槪는 老人들이 少年을 좋아하는데 어찌하야 少

210

道、各各都受享麼。16、大概是老人家愛好年少的、奈何年少的 不愛老人家。17、長子是書獃子、次子是還沒成年、家道不是從前的家道、此將奈何。18、你別譏笑自殺的人、天地間還有愛死的人嗎、不過無可奈何而尋死的。19、你說那件事無計奈何、依我看却有一計、可以辦得到的。20、誰願意不顧風寒暑濕、東跑西逛呢、那也一身一家不得生計、沒奈何的事。21、誰能不願意吃好穿好的麼、無奈沒錢吃粗穿粗的。22、我也願意照樣守着祖宗的遺產、但是我的情形無奈賣的。23、原來我不願意給他作保的、無奈因為朋友的面子作保、如今受了這樣虧損。24、「治得了病治不了命」我看他不能回復過來、無奈早一天預備死後的事情。25、每年的年成很不好、又加上家裏不

년는 老人들을 좋아하지안는가。17、맏아들은글벌레이고 다음아들은 아직成年이못되엿는데 家計는 그前家計보담되지못하니 이일을 장차어찌할가。18、당신은自殺하는사람을嘲笑하지마오 天地間에 그래도 죽기를좋아하는사람이잇겟오 할수없어 죽기를찻는것이오。19、당신은 그일을 할수없다고 말하지마오 나로서보기에는 한計가잇서서 가히處理할만하오。20、누가風寒暑溫을不顧하고 東奔西走하기를願하겟으 도 一身一家의生計를일치못하야 도 一身一家의生計를일지못하야 는일이다。21、누구던지 좋은것을먹고 좋은것을입기를願치안겠오만은 돈이없어 할수없이 납분것을먹고 납분것을입는것이다。22、나도依舊하게 先祖의遺業을 직히고싶지만 다만나의事情이할수없어 파는것이오。23、原來 내가그에게保證서주기를 願치않엇지만 舊의面目으로因하야 保證을서주엇더니 지금에 이러한損害를받엇오。24、病은곳칠수잇지만 목숨은곳칠수없다고 나보기에는 그이가回生하여나가기가 不能하니 할수없이 하로빨이 死後의일이나 準備하시오。25、해마다年事도매우 좋지못하고 또는 兼하야 집안에병이떠나지않으니 만일마음대로한다면 곳집을떠나고싶

副詞的的應用(二九)豈、焉、難道、奈何、無奈、不得已。

斷的、有病、若要任性、馬上離家、無奈因爲老弱、勉强過去。26、當初他 拒絕的事情、我們 再三勸他 不得已的 應承了。27、那是不得已略、我雖然滿心不願意、看大家的面情、將就罷。28、朋友家賀喜、親戚家弔喪、並不是 不得已、那是 人類社會上、應該應酬的。29、誰愛打愛罵 自家的孩子、其實 這麽敎 那麽哄 也不聽、不得已 罰棍的。

으나 할수 없이 老弱으로 因하야 역지가 내가 강하게 지내오。㉖當初에 그가 拒絕하는 일을 우리가 不得已 承諾한 것이오。㉗그것은 不得已 한 것이오 내가 비록 眞心으로 願치 아니 하지만 여러분의 面目을 보아서 그대로 하지오。㉘親舊의 집 婚禮에 祝賀하는 것과 親戚의 집 喪禮에 慰吊하는 것이 決코 不得已 한 일이 아니라 그것은 人類社會上 맛당히 酬應할 것이다 ㉙누가 자기의 어린아희를 때려 고욕하기를 좋아하겠나 其實은 이렇게 가라치고 저렇게 달내는 여도 듣지 아니함에서 不得已 매를 때리는 것이다。

第八十四課 比較詞(一)

更、不如、不及、强似。
索性、越……越、越、越。

1、你糊塗 他更糊塗。2、做官的 更不可犯罪。3、客嗇的財東、比要飯的 更窮。4、你看財帛、比你的心血 更重、去你一個大錢、比割你身上一塊肉 更疼。5、釜

제팔십사과 비교사(一)

❶ 당신이 糊塗하다면、저이는 더욱 糊塗하오。
❷ 벼슬하는 너는 더욱 犯罪하여서는 아니된다。
❸ 客嗇한 富者는 거어지보담 더욱 窮하다。
❹ 당신은 財物알기를、당신의 心血보담 더욱 重하게 하야、당신이 돈한푼써버리는 것을、당신몸의 고기한점을 버여내는 것보담 더욱 앞으게 역이오。
❺ 아버지께 잇고 어머니께 잇는 것보담 自己께

婿。
鳳凰。
踏。
撥擱

有娘有 不如 自己有。 6、打他不如 拿個理去 和他講。 7、生病吃補藥、不如沒病不喫藥好。 8、像這樣沒良心的人、眞正 不如禽獸了。 9、出門喫好的、不如在家喫粗的。 10、俗語說『十賖 不如一現』、又說『十鳥在樹、不如一鳥在手』。 11、兒子孝 不如媳婦孝 女兒孝 不如女婿孝。 12、得利的饞貓 歡似虎、失時的鳳凰不如鷄。 13、上泥的緞衣服、不及 漂白的 布衣裳好。 14、騎脚踏車(自行車)的、不及 坐汽車去的快。 15、火棍兒短、強似手撥擱。 16、可以多做一點飯 膁下 強似不殻。 17、見人有錯、在背地裏 告訴他、強似 在衆人跟前說出來。 18、後到的人、還强似 沒有來的。 19、他要撈本錢、不聽我的話、索性 再上賭場去、輸了不少錢了。 20、一不做、二不休、我和他 已經鬧擰了、索性

잇는 것만갓지못하다。 ❻、저이를때리는것보다 리치를찻이고 저이와말하는것만갓지못하다。 ❼、병이낫어 補藥을먹는것보다는 애이니먹는것만갓지못하다。 ❽、이렇게 良心이없는 사람같으면 참으로 禽獸만도 갓지못하오。 ❾、밖에나갓어 좋은것을먹는것이、집에서 납만갓지못하다。 ❿、俗說에、열번을 외상으로 파는 것만갓지못한 한번을現金으로파는것만갓지못하다 또말하기를、나무에잇는 열마리새가 손에잇는한마리새만못하다고하엿다。 ⓫、아들의孝가 머누리의孝만가지못하고、딸의孝가사위의孝만갓지못하다。 ⓬、得利한알뜰고양이가 닭만갓지못하다、失時한 鳳凰이 닭만갓지못하다。 ⓭、때뭇은비단옷이 깨끗한무명옷만갓지못하다。 ⓮、自轉車를타고가는이만치 自動車를타고가는이만치 速하지못하다는것이。 ⓯、불집개가 짧어도、손으로 허치는것보담은 낫다。 ⓰、가히서 밥을좀많이지어 남기는것이、不足되는것보다 낫다。 ⓱、남의잘못을보고 남몰래그에게말하여주는것이、여러사람앞에서 말하는것이보담낫다。 ⓲、끝으로오는 사람이、오히려 오지않는 사람보담낫다。 ⓳、저이

持　綿　誼　刺　盧　興　拖　慫
　　撬　　　撓　謬　　　露　恿
　　　　　　　　選

比較詞 (一) 更、不如、不上、強似、索性、越…越。

跟他 分個高低就罷。21、若是 拿山東紬 扯(撦)個袍料那樣貴的話、索性、多花幾塊錢 扯(撦)個綿紬的 何等體面呢。22、凡人做壞事 不但越做越貪、越慣越壞。23、寃仇是 越結越大、情誼是 越交越深。24、熱的時候、越喝越渴、癢的地方 越撬越刺撓。25、愛的人越吃越饞、不愛做的人 越閙越懶。26、俗語說『差之毫釐、謬之千里』、就是 越差越遠的意思。27、蘇文卿她生的 實在俊俏(標緻)、眞叫人 越看越愛。28、念『紅樓夢』越看越有滋味。29、小孩兒們 越打越糊塗、醜事越掩越露出。30、我給他 越讓越發逞强(逞能)、這是甚麽理呢。31、樂笑的人 越叫他別笑、越笑起來、哀哭的人 越叫他別哭、越哭起來。32、看看人家的 孩子們伶俐 就看俺的孩兒 眞糊塗、越發怨氣。33、從今年春天

가본錢을찾으랴고、나의말을듣지않고、繼續하여 또賭博場에가더니 적지아니한 돈을 읽어버렷다오。⑳、한번을못하면 두번을캐고말겟다말나고(내나장、어찌하엿든지)내가그와아미를인바에는、차라리 잠잔코좃다것갓으면、차라리 몃원을더써서綿紬를끈는것이、얼마나좃켓은으냐。㉑、만일山東紬로周衣감을끈는일을하면、할수록더욱조흔른일이될수록、더욱버린다。㉒、무릇사람이그른일을하면、할수록더욱貪할뿐만아니라、버릇이될수록더욱버린다。㉓、원수는매질수록더욱크고、정의는사귈수록더욱깊어진다。㉔、덥은때에는 물을마실수록 더욱목말으고 가려운곤은 긁을수록 더욱가렵다。㉕、貪食하는사람은 먹으려할수록 더욱먹으려하고、일하기싫여하는사람은 놀수록더욱놀고 일하기싫어한다。㉖、俗言에、호리의틀임이、千里가어긋난다는것은 곳子는 참으로어엽부게생겨서、참말사랑으로 여금하야금 불수록더욱사랑스럽고、하야금 불수록더욱사랑스럽고、夢을읽으면、불수록더욱부러자미가있오。㉘、醜한일은가릴수록더욱糊塗하고、㉙、어린아희들은매릴수록더욱부러자미가있오。㉘、醜한일은가릴수록더욱糊塗하고、㉙、어린아희들은매릴수록더욱부러자미가있오。록 더욱自誇(힘있는대로뻐틘다)하니 이것이

二一四

失了大火以後、越發小心（留神）喇。34、胡大哥那樣忽然死去、人家雖有表明的話 却叫我 越發疑惑。35、我看他很殷勤 並且 有點兒掙錢的樣子 可越發窮、想必是 他的太太 不會過日子罷。

註…比較級에關한用語의類들이니라。

第八十五課 「家」「法」兩字的用法

1、昨天我等他 到半天家 不來、所以我 白費了 整天家的工夫。2、請大家別管 人家的皂白、各人管 各人的事。3、他們從前 是個相好的 乾親家、到如今 彼此冷眼相看了。4、咱們年輕家 沒甚麼 憂愁的事、彼此知道底根兒 是個大財主家。5、你別看他 外面的窮鬼子、若老人家 就不放心了。6、王小哥的妹妹 爲甚麼

제팔십오과 가자와법자의용법

❶ 어제나는 그를 半日이나 기달녀도 오지아니하였음으로 온終日의 時間만虛費하였오。❷ 請컨대여러분은 남의黑白을 相關하지말고 저마다제일을 하시오。❸ 그들이 以前에는 서로좋아지내든 義親家이더니 이즈음에와서는 彼此에冷情한 눈으로서로보오。❹ 우리젊은 사람들은 무슨근심걱정할일이아닌데、큰이들은곳마음을 놓지못하오。❺ 당신은저사람을 外面이窮하야 鬼神같은것만보지마시오、만일그

「家」「法」兩的用法

率 僧

不在婆家、老在娘家 過日子呢。7、人的福星兒 誰敢
推量呢、你看李省長 是個我們 小時家的同窓。8、現
在賺些錢 過活的、就是我們東家 照顧的恩德。9、如
今的官家 沒有一個 不發財的、就是我們 老百姓家
窮的要命了。10、你們孩子家 應當 用心做工、不要 在
大人跟前搶嘴。11、新姑爺（女婿）帶新奶娘、坐了汽
車 上丈人家 磕頭去了。12、你們 結了寃家 是受了
人家的恥笑、不可 彼此相爭。13、管家的 是 大戶人家
使的、我們這路人 用不着。14、東莊的張家 和北莊的
李家、不但 這次結親、是個七八代的 老親家。15、薙
頭當和尙、就叫出家、自稱爲僧家、稱人家爲俗家。
16、現代的國家 若沒有 相當的海軍力、算不了強國。
17、儒家的功夫 是率性、道家的功夫 是煉性、佛家的

根本을알면 큰富者이오。⑥王小哥(적은兄
의누이는 무슨까닭에시집에는잇지안코,늘親
家에서歲月을보내는가요。⑦사람의分福을누
가敢히推測하겟오,당신은李省長이 우리兒子
가한同窓이던것을보시오。⑧지금돈을좀
벌어 살님하는것이,곧우리主人이 돌아가보아
준恩德이오。⑨이지음의官吏들은 한사람도
돈을 몯으지못하者가없는데 곧남의百姓들은
窮하야죽게되였오。⑩너이어린아희들은
應當마음을드려工夫할것이지 어른들앞에서
말깃을듣지말어라。⑪새서방님은 새앉어서
다리고自動車에앉어 丈人집으로 인사하러갔
오。⑫당신들이寃讐를맷는것은, 곧남의恥笑
를받는것이니, 彼此에서로 다투는것이不可
하오。⑬살님사리보군이라는것은, 크게잘사
는집에서나 부리는것이지, 우리처럼이러한사
람은 쓰지못하오。⑭東村張氏집과北村李氏집
은, 이번만婚姻한것이아니라 七八代가되는
오란姻戚家이오。⑮머리각고 중이되는것을
곧出家라불으고, 自身을불을때는 僧家라하
고남을불을때는 俗家라고한다。⑯現代의國
家로서 만일相當한海軍力이있으면 強國이라

煉 慾 維 摢 刑 憲
　　　　　訟

功夫 是見性、這都是 性理上 清心寡慾的 意思。18、文章 不但有了 各人的做法、筆法 也有了 各人的寫法。19、軍法 是維持 軍人的紀律、兵法 是攻守作戰的 計劃。20、我總得 怎樣要法 他常常摢拖、實在沒有法子。21、這個 要戲法的手法 實在巧妙、好像有甚麼邪法似的。22、你別說 學生的 聽法和記法 不好,也改點講法 纔好。23、過日子 要儉省 是不錯、但若太儉省 也不是個 正經過法。24、人少東西多、眞是叫我們 沒有 怎麼個拿法。25、總得、辦事的方法、不要定有一種慣法。26、各人的說法 不但表題 自各兒的口才、也有些 那就難了。27、敎師的講法 雖說好、學生的學法 差死法子。28、中國字 有好樣的念法、也有好幾樣的講法。29、現在的法律 有民法、刑法、商法、

功夫는 性을牽하는것이고, 道家의功夫는 性을煉하는것이고佛家의功夫는 性을見하는것이니, 이것이 모다性理上에서 마음을맑게하며 欲心을적게하라는意思이다。⑱글에만 各人의쓰는法이잇고、⑲軍法은軍人의紀律을維持하는것이고、兵法은攻守作戰의計劃이다。⑳내가아모리 어떻게 달나고하여도、그가늘미대니、참으로巧妙하여서맛치무슨邪法이잇는것같다。㉑이妖術軍의손才幹는 참으로巧할수업오。㉒당신은學生들의듣는 法과 記憶하는法이 좋지못하다고말하지말고、당신도講演하는法을 좀곳처야만하지오。㉓살임사리에 節儉하는것이 옳지만 일너무節儉한다면 또한正當히살임하는法이아니다。㉔사람은적고 물건은많어서 참말리들로서 엇게갖이고 갈方法이없오。㉕도대처일을處理하는 辦法에죽은方法을定하지말어라、㉖사람마다말하는法이、各自의口才를 表顯할뿐만아니라、또한一種의慣習된法도있오。㉗敎師의가리치는法이 비록좋더라도、學生의배호는法이 좋지못하면 그것은곧어렵다。㉘中國글字는 여러가지로읽는法도잇고도

第八十六課 「處」「死」兩字的用法

憲法、訴訟法、行政法 等等以外 還有好些個法 30、從前的問官司 就用嚴緊 非道的打法、現在的就用委曲婉轉的問法。31、西洋的樂法 是用兜、類、米、乏、叟、拉、替七個音 編成的、中國的是用 凡、工、尺、上、一、四、合七個音編成的。31、俗語說『家有家法、國有國法』、就是家人 要守家規、國民 要服國法的。

1、各人有 各人的 長處、短處、好處、壞處。2、自古以來 稱個聖人 或是 英雄的人、大概都是 經過好些個難處、險處、苦處然後 纔達到目的。3、你們暫且不算小處、先算大處罷。4、你說 這條路是 上通州去的大道、那條路是 什麽去處。5、俗語說『人往高處走、水

제팔십륙과 「쳐」자와「사」자의 용법

① 各人은 各人의긴곳、짤은곳、좋은곳、납은곳이잇다。② 自古로聖人이나 或은英雄이라고稱하는사람은、大槪모다여러가지의어려운곳、괴로운곳을지낸뒤에라야、目的을到達하엿다。③ 우리는 아즉적은곳을、지지말고、먼저큰곳만따집시다。④ 당신이 이 저길은어

華聚

往低處流』就是叫人要提拔的意思。6、你又來找我的害處（損處）、有甚麼益處呢。7、有用處的物品是貴一點 也得買、無用處的 雖賤 也不用買。8、得意的人是到處樂處、失勢的人是到處悲處。9、『俗語說出處 不如聚處大』多半是 叫人儉省 不用過費的 10、那個地處（地方）的風俗、真是 浮華到極處了。11、明天你若有個工夫、請我們的寓處（下處）來、找給你一個地處。12、不懂得那國的話、要遊歷那國、自然有好許多不方便的 地處。13、飛艇（機）在天空飛、潛水艇在海底裏走、那沒有甚麼奇處兒、不過是 應用科學發達的。14、我嗎、今天在這裏、明天又在那裏、沒一定的住處。15、他是個 安分守己的人、小錯處 故然不能沒有、若說 他的大壞處、我却不信。16、哎呀、我

대로가는곳이오。⑤俗語에 사람은 높은곳으로向하야가고、물은 낮은곳으로向하야흘으다고말하야금向上하라는뜻이다。⑥당신이또와서 나의害롭은곳을 찾어내면 무슨利한곳이잇겟오。⑦쓸곳이잇는物件은 좀비싸더라도不得不사실것이고、쓸곳이없는것은 비록싸더라도사지말어라。⑧得意한사람은 到處마다 즐겁은곳이고 失勢한사람은 到處마다 슯은곳이다。⑨俗談에내여보내는곳이 모혀드는곳보담크지못하다고한말은 대개 사람으로하여금 節約하고너무奢華하기가 極度에達하엿다。⑩저곳風俗은、참으로만일틈이잇거든、請컨대우리의處所로오시면당신에게일자리한아를얻어주리다。⑪來日당신이말을알지못하거든、자연히不便한곳이많이잇다。⑬飛行機가天空에날고潛水艇이물속에다니는것이、그것이무슨奇異할것이없다、科學의發達을 應用하는데지

「處」「死」兩字的用法

的媽呀、叫他們都關去、人家要疼死的、還要笑我了。17、曹家的那個新娘、受不了公婆的虐待和男人的冷待、就出去吊死了。18、人的生死 就在轉眼間 趙萬福的祖父、昨天在院子裏、跌了一脚、就跌死了。19、昨天我在海水澡場、洗澡的時候、跌了一脚、不會浮水、拐導我深處、機乎淹死了。21、你沒聽過王獸子的話了嗎、他說 只當是他（醫生）出好心、給我父親治病、誰料一副藥、把我父親 藥（毒）死了呢。22、若是有臉有皮的人、做了那樣的事、就要羞死的、你這不要臉的東西、還在人家跟前說三道四嗎。23、蘇二郎在武昌死去、實在可疑的、有人說 不是病死、就是害死的。24、接坊的老婆 對我說 今年冬天 連破棉衣也 穿不了、幾乎凍死、所以 我買給她 幾斤棉花和

나지못하는것이다。⑭、나말이오 오늘여긔잇다、來日저긔잇게되여、一定하게 머무는곳이업소。⑮、그는安分守己하는사람이라、만일그의 못된곳이야 果然잇지못하겟지만 조곰잘 크게잘못된곳을말한다면 나로서는 밋지안이하오。⑯、아야、어머니、저이들을 모다모려 내여주시오、남은앞어죽겟는데、도려혀나 를놀여준다오。⑰、曹家네그새댁이 시아버니 와시머니의虐待와 남편의冷待를받을수없어 곳나가 목매여죽엇다하오。⑱、사람의生死가 곳瞬息間에있오 趙萬福의祖父가어제뜰에서 한발작을잘못드듸여 고만미끄러저죽엇소。⑲、어제내가海水浴場에서 沐浴할때에그들이 내가헤염치지못합을업수이역여죽을번하였오。⑳、당신이王머저러의사가좋은마음을내여서 의父親의病을곳어주는줄알엇더니 藥한첩에 우리아버지를 죽일줄을누가아럿겟소。

一定 布 送去了。25、所謂 自稱文明的敵兵 進了城 見
人就殺、遇着小孩兒 就扯着(擰着)腿 摔死了。26、昨
天晚上 我們院子裏的 一棵老樹、忽然 被打了霹靂、
我們家的人 差一點兒 震死了。27、他說不是故意打
死、王三 先拿刀來砍我、所以 他被我 一脚一擋、就
踢死了。28、我現在 沒有別的病、就是喉嚨(嗓子)腫
的、喘不上氣來、叫我癟死了。29、今天 在天壇開了
爲國家戰死的 軍人追悼會、我們可以去 看一看。

註‥本課第十五節까지는 (處)字의 活用을 示하엿고
以下는「死」字가 其上에 다른 字와 合하야 各其不同한
種種의「死」의 方法、手段을 表明함을 가라침。

霹靂。
嗓子。
壇道。
悼。

㉒、마일面皮가잇는사람이 그럼일을하엿다
면곳붓그럽어죽으랴고할터인데 너이羞恥를
몰으는물건이 그래도남의앞에서 너멀거리느
냐。㉓蘇二郞이武昌에서죽은것은 참말可可
히심스럽소 어떤사람은病에죽는것이아니라
곳被殺하얏다 ㉔이웃집마누라가나가
에게말하되 今年겨울에는 떠러진솜옷도입을
수없어 거의얼어죽겟다함으로 내가그女子에
게솜멫斤과무명한疋을사서보내주엇소。㉕所
謂文明하얏다고 自稱하는敵兵이 城안에들어
와서사람만보면곳죽이고 어린아희를맛나면
다리를비트러부듸처죽인다。㉖어제저녁에우
리집앞의古木한주가 별안간벼락을맞어서우
러뜰집사람들이 깜작이 맛하였
오。㉗그의말이 일부러때려죽인것이아니고王
三이먼저갈을갓이고와서 나를찍으려하다가
그는나의 발길을갓이고 곳목구멍이부어서숨
을쉬지못하야 나로하여금숨이막키여죽게하
오。㉘오늘天壇에서 國家를爲하야戰死한軍人
의追悼會를연다하니 우러갓어구경합시다。

第八十七課 會話 (十) 遊歷中國

1、先生 你去年春天 往南方去的時候 到過杭州沒有。
2、可惜 在上海 坐了輪船 暫進福州 經過香港 直到廣州的緣故 進不了杭州了。
3、那麼着 在這兒 坐了火車 通過南京 到上海了麼。
4、若是 坐了津浦鐵路的話 一定進了杭州的 在此地 坐了平漢鐵路 火車略略的 看過開封、洛陽、鄭州 進了漢口去的。
5、啊 那麼着 在漢口 坐了長江的輪船 看過蕪湖和九江 去了麼。
6、也不是 那麼去的 打漢口 到重慶 坐了輪船 到成都 在那裏 再坐了木船去的。
7、啊啊 那眞是 不但外國人(西洋人)就是 中國人也 稀罕的 遊歷。8、是 趕到四川 旅行雖說 是不容易 自從中國古代以來 雖稀罕容易 매우 有名한 地方까닭에、

제팔십칠과 中國遊覽

❶先生、당신이 昨年 봄에 南方에 갓을때에 杭州에 들니섯소。 ❷可惜합니다、上海에서 汽船을 타고、福州에 暫時 들엇다가 香港을 지나、廣州에 直行한 까닭에 杭州에 들니지 못하얏소。 ❸그러면 여기서 汽車를 타고、南京을 지나、上海에 到着하얏소。 ❹만일 津浦鐵路로 갓다면、여기서 平漢鐵路의 汽車를 타고、開封과、洛陽과 鄭州를 略略히 보고、漢口에 갓소。 ❺아、그러면 漢口에서 長江輪船을 타고 蕪湖와 九江을 보고 갓오구려。 ❻또한 그럿게 간것이 아니고、漢口서부터 重慶까지는 輪船을 타고、成都까지는 거기서 다시 木船을 타고 간것이오。 ❼아아、그것은 참으로 다만 外國 사람만이 아니라、곳 中國사람이라도 稀罕한 遊覽이오。 ❽네、四川에 旅行가는 것이 비록 容易하지 안타고 말하지만、中國古代以來로 歷史上에 한번 遊覽한 것이오

古代以來 在歷史上 很有名的地方 所以 遊歷過一次了。9, 那麼着 打四川到上海 長江一帶 重要的地方 盡皆看過了罷。10, 是 得要看洞庭湖 到過岳州和長沙 再走到南昌 看過 潘陽湖了。11, 那是不容易的 從來 我也愛看古蹟 却沒走過那裏了。12, 好說好說 西洋人(西國人)是 往往有了 探險蒙古和沙漠 或者 西藏等等的地方哪。13, 在南京 住了多少日子 還遇見宋子春 大兄了麼。14, 那時候 宋老兄 恰巧 往普陀山避暑去 沒遇見 竟我一個 住了三天 又在蘇州 住了兩天 往後到上海了。15, 後來 走過廣州 回北平了嗎。16, 不是 再經過安南 到雲南昆陽 看遍了銀鑛和猿類來的時候、又看過那裏了、沒有。17, 你瞧 先生、走過雲南是、夢裏也想不到的, 回喇。18, 在上海 再坐輪

9、그러면四川서上海까지오는데、長江一帶에重要한地方은거진모도보왓소구려。10、네, 不得不洞庭湖를불여고, 岳州와長沙를단여서、다시南昌에갓어、潘陽湖도보왓음이다。⓫그것은容易하지아니한것이오、從來에古蹟보기를나도좋아하얏지만、거기까지는 가지못하얏오⓬천만의말이오、西洋사람도往往히蒙古와沙漠과或은西藏等地를探險하는이가잇는데요。⓭南京에서멧날이나留하얏으며、또는宋子春大兄을만나보앗오。⓮그때에宋大兄은공교히普陀山으로避暑를갓어만나보지못하고、나혼자만三日을留하고、또蘇州에서二日을留하고、그뒤에上海로왓음니다。⓯其後는廣州를단여서北平으로도라왓음이가。⓰아니오、다시安南을經由하야雲南昆陽에갓어 銀鑛과猿類들을두로구경하엿오。⓱자、저것보오、先生이雲南까지가실줄은꿈에도생각하지못하엿오、도라올때에는 또한어데를 구경하지안엿음이가。18、上海에

船、到青島登陸、打膠濟鐵路、經過濟南 來的。19、那
麼着 從濟南再坐了、津浦鐵路、回京了嗎。20、是在
那裏、同着齊魯大學的 蔡敎授 看過泰山和曲阜地方
再暫看黃河沿岸 回來的。21、先生 明年暑假 再要想
着 甚麼地方 遊歷去嗎。22、在前年 東三省重要的城
鎭 略略的遊歷過了 所以明年夏期 要往內外蒙古地方
遊歷去。23、那更好了 在張家口 看看 長城的偉蹟和
蒙古的 人情風俗 是 很好 却不騎着駱駝 不行的。
24、是原來 駱駝的性質 最柔順不過的 旅行的時候總
比坐火車和輪船 還是 坐駱駝去 可以 詳細的看得出
一切的風景來。

13、上海에서다시汽船을타고、青島에서上陸하
여 膠濟鐵路로濟南을단여왓슴니다。19、그러면
濟南에서다시津浦鐵路로 北平에돌아왓슴잇
가。20、네、거긔서齊魯大學의蔡敎授와함게泰
山과曲阜地方을구경하고다시黃河沿岸을暫時
보고돌아온것이오。21、先生、明年夏期에는또
다시어느地方을 遊覽하여볼까합니다。22、前
年에 東三省의重要한城鎭을略略히遊覽하엿음으로 明年夏期에는 內外蒙古地方
을遊覽하여볼까합니다。23、그것은더욱좃소張
家口에서萬里長城의偉蹟과蒙古의人情風俗을
구경하는것이매우좋지만 駱駝를타지아니하
면안될것이오。24、네、原來駱駝의性質이가장
柔順할것뿐이고、旅行할때에汽車나汽船을타
는것보다 오히려駱駝를타면一切의風景을詳
細하게볼수있오。

第八十八課 副詞字的應用 (三)

極、甚、儘。惟、獨、一、專。

1、你這孩子眞可惡極了、整天家不上學、淨在學裏打擾、一見賣東西的就跑到懷裏討錢。2、你說得痛快極了、若不那樣利害、說他一百年也沒改過的希望。3、我看你新買的馬好極了、在家騎也妥當、若上賽馬大會去、也準得頭獎的。4、我這些年是靠山山倒、靠海海乾、思想起來、眞是悲嘆極了。5、雖然誇張歐洲文明的發達、一到巴黎和倫頓、誰也看得出自從太古以來、沒有那樣淫亂極的時代和地方。6、你別說他辦的事、極妥當、極公平、據我看不甚穩當。7、那座廟雖不甚華麗、然而所佔的地處(地方)、却極其

제팔십팔과 부사자의응용 (三)

❶너、이자식! 참말可憎하기짝이없다。온終日글배호려는가지아니하고、왼통집에서만성가시게굴다가、물건파는사람만보면、곳품앗으로돈달여들어、돈만달나고하느냐。❷당신이말한것이痛快하기짝이없오、만일그렇게毒하게하지아니하면、그에게百年을두고말하여도、허물을곳일希望이없오。❸나보기에당신이새로사온 말이흠석좋음즉되나、집에두고타다가말으니 생각하면참으로슯으기짝이없오、만일競馬大會에갈지라도、꼭一도適當하고、내가이몇해에는、山을의지하면 山이문어지고 바다를의지하면 바다이몇해에는、等獎은엇을것이오。❹내가이몇해에는、山을의지하면 山이문어지고 바다를의지하면 바다이말으니 생각하면참으로슯으기짝이없오。❺비록歐洲文明의發達을자랑하지만 巴黎와 倫頓에만가면、누구던지太古以來로그러한 濫亂이짝이없는 時代와곳이없음을곧發見할것이다。❻당신은저이의하는일이 極히適當하고、極히公平하다고 말하지마소 나로서보기에는 매우穩當치못하오。❼저寺院이비록그렇게 華麗하지는아니하나 그러나터를잡은것이 極히淸雅하오。❽우리朝鮮京城에

副詞字的應用極、甚、儘、唯、獨、一、專。

清雅。8、我們朝鮮京城 有極好的山、就叫南山、所以叫做南山公園。9、謝謝諸位 這樣枉顧、兄弟 病得不甚重、過了幾天、可以回拜。10、他的兄弟 在中學考在儘末了、又在大學也 考在儘末了、却在社會上佔了儘上頭的地位。11、這一次失敗 不甚要緊、看他儘末了的光景、再說罷。12、李老哥的家 離這裏不遠、一出胡同(衚衕)對面的 那儘巷裏就是。13、要走快走、要住就住能、別這樣儘之就誤工夫。14、梅武郎的妹妹 很會音樂、唱的那個聲兒(調兒)儘合着鋼琴、實在好聽。15、你別說 運命的好不好、我想 禍福無門、惟人自招。16、現今的世上 那些輕薄的年輕人、動不動要離婚、惟你一個人 和和平平的過日、眞叫人模範的。17、自古以來、惟有 爲着天堂 和極樂信服的、沒聽見

極히좋은山이있어 일홈은南山이라하고그山을南山公園이라부릅는다。❾、여러분이이렇게찾어주심이感謝합니다 아우의病이그렇게重하지아니하니 몇을지나서 가뵙겟읍니다。⓾、저의아우가 中學에서도 시험에는맨끝이엿지 만大學에서도 시험에는맨끝이엿고、도대體社會에서는 맨웃자리를占領하였오。⓫、이번한번失敗한것은 그렇게重要하지아니하오 그의맨뒤의光景을보고서 다시말합시다。⓬、李老哥의집은 여기서멀지안나하오 골목만나가면 마즌便그골목맨끝안에사오。⓭、갈여거던 곧가고 있을여거던곧있을시다 이렇게왼통時間만보내지맙시다。⓮、梅武郎의누이가매우音樂을할줄아오 唱歌하는그소리가모다피아노와맞어서참으로듯기에좋소。⓯、당신은運命의好不好를말하지마오、내생각에는 禍와福이門이없는데、오직사람이스사로불으는것이오。⓰、現世의그輕薄한少年들은 건뜻하면離婚을 할여고하는데、오직너하나가아조和平하게지내니、참말사람으로하여금 模範하게한다。⓱、自古以來로오직天堂과極樂을爲하야 믿는이는 잇지만 죽은뒤에갓다는 것은 듣지못하엿다。⓲、中國의情形은 참으로 어지럽기가 훗터

二三六

過死後到的。18、中國的情狀 實在亂如散麻、若講整頓的方法、武力統一已屬夢想、和平統一惟此一路。19、我看你 任誰也不怕、惟獨怕你老婆、還說人家點老婆的話、怎樣 使得不使得呢。20、你的哥哥 和朋友們、都在社會出風頭、惟獨你 讀書過日、有何意思呢。21、你想你是個既長成的樣子 獨自來來往往、我却不放心。22、他說 讀書不獨消遣（消閒）而且又長學問、那話是 不錯的。23、您的兒孫 都在家裏 做甚麼、怎麼獨獨 叫您老人家 磕磕絆絆的來呢。24、你們欺負他 孤門獨戶、外省人怎能 搬到貴處（貴地）來住呢。25、請大家 到此會議上來的、是為公衆 講理討論一功的 為何這樣 一味的拿出 各人的偏性來 爭論呢。26、我對他 好幾次忍耐、倒以爲我 是無能、一向

진삼마같아야 만일整頓할方法을 講究한다면 武力으로써統一한다는것은 이미 夢想으로밧게 치고 和平으로써統一하는것이 오직이한길뿐이다。19、내가보기에 당신이누구던지무섭어 아니하는데 오직당신의夫人만 무섭어하면서 그래도남이마누라의말을좀듣엇다고 어쩌하 쓰겟느니 못쓰겟느니말하오。20、당신의伯氏와親舊들이 모다社會에서 웃줄거리는데 오직당신혼자 글읽는것으로날을보내니 무슨뜻이오。21、내는생각에 네가이미長成한듯이 무엇을 혼자싸다갓다하지만 오직나로서는 마음을놓지못하겟다。22、그가말하기를 글읽는것이 오직消遣만될뿐아니라 兼하야또學問이 는다고하니그말이옳소。23、당신의子孫들은 모다집에 서무엇을하기에 어찌하야오직老人인당신으로하야금 넘어질듯넘어질듯(빗을빗을)하면서 오시게합닛가。24、당신사람이어찌孤門獨戶라고 업수이역이어 他省사람이가 이곧에다곤에다옴기어살겠오。25、여러분을請하야 이會議席上에오게함은 公衆을爲하야 講究討論하자함인데 어찌하야이렇게 갓이各自의偏性을 갓이고爭論하시오。26、내가그에게對하야 여러번을참엇더니 도려혀내

二二七

如此欺負我、這怎能饒他呢。27、叫你做用工倒不做、專一在外淘氣、往後非重打罰不可。28、我看現今的人 在社會 出力做事、大概是 爲務名、不顧公衆的增褔。29、請大家 別誇獎、兄弟 在教育界的獻身、不過專圖 自己的趣味 從事而已。

註：「極」、「儘」—即極端、終末의 意味를 示하는 字들이며、「唯」와「獨」이 一類語이며、一味와 一向이 又 一類語로、專一과 專爲가 亦 一類語이니라。

第八十九課 比較詞 (二)

絕、皎、駒。
惡、雪、滾、焦、筆、涂、活。

1、你別誇張 你們杭州的 風景好、說起 我們金剛山 天然的景緻來、實在 絕妙無比。2、你趕緊搓 一根絕

가 無能한줄알고 一向이와같이 나를 업수이 역이니 이 어찌 能히 그를 容恕하여 줄 것이오。㉗너이들께 工夫를 하라고 하여도 도리혀 하지않고 專혀 밖에 나가 작난만 하니 以後로는 重하게 때리고 罰을 주지않으면 아니 되겠다。㉘내가 보기에는 現世의 사람들은 社會에서 힘을 내여 일하는 것이 大槪는 自己의 일홈만 힘쓰고 公衆의 增褔은 돌보지 않는다。㉙請컨대 여러분은 칭찬하여 주지 마시오 아우가 敎育界에 獻身하는 것이 專혀 自我의 趣味를 圖謀하야 從事하는 것이 不過할 따름이오。

제팔십구과 비교사 (二)

❶당신은 당신네 杭州의 風景이 좋다고 자랑하지 마오、우리 金剛山의 天然한 景致를 말하면 참으로 絕妙하기 짝이 없오。❷당신은 빨이 아조 좋은 어자귀를 한 타래를 꾀아서 이 小包를 異으시오。❸내가 마고자 한 감을 지으려 하는데 請컨대 당신은 나게 어느 裁縫所가 이 조곰게 바

皎。酪。 鞫氈。 喬眉。腐

細的 麻繩子、 捆起這些郵包來。 3、我要做一件馬
褂兒(馬褂子)、請你說給我 那一家的 成衣舖、做絹
密針線呢。 4、蒙古人 都愛穿 皎黃(密黃)皎紅的大襖
愛喫羊肉和酪。 5、你不用穿 這樣皎黃的衣裳、穿不
過一年就掉色、拿牠染坊去 再染也不好看。6、今天
晚上月亮也皎白、風頭也爽凉、我們上北海公園、坐
坐船 談談話 開開心 開開悶、散散心 好不好。 7、給
你肉吃 就嫌牠鞫羶 若給你魚吃、叉嫌牠
鞫腥(喬腥、活腥)、那麼着 給你幾塊醬蘿蔔(醱菜)吃
好不好。8、這眞倒眉 這醱菜鞫釀(喬醱、生醱)的吃
不得、再給我 八寶菜 或是醬豆腐吃 好不好。9、南
方(邊)的人 都在屋裏 用毛桶、雖然天天刷去、還是
鞫臊鞫臊的。10、他拿着 一條鞫臭的魚來、明明說是

시 마셩 쿤치쎠 쪄위 빠오
細的 麻繩子、捆起這些郵包來。3、我要做一件馬
꽤ㄹ 마꽤즈   쩽 꾸 쩨 이 쨔
褂兒(馬褂子)、請你說給我 那一家的 成衣舖、做絹
미쩐쎈   애 촨 쨔 황 미
密針線呢。4、蒙古人 都愛穿 皎黃(密黃)皎紅的大襖
                    쌍 ㄹ
愛喫羊肉和酪。5、你不用穿 這樣皎黃的衣裳、穿不
        따딴 쌔   싼 예
過一年就掉色、拿牠染坊去 再染也不好看。6、今天
완 썅 쨔   배
晚上月亮也皎白、風頭也爽凉、我們上北海公園、坐
쭨   카이 카이   먼   싼 싼
坐船 談談話 開開心 開開悶、散散心 好不好。7、給
쌍   ㄹ산 뒨
你肉吃 就嫌牠鞫羶 若給你魚吃、叉嫌牠
시   쩐 빠 메ㅡ
鞫腥(喬腥、活腥)、那麼着 給你幾塊醬蘿蔔(醱菜)吃
                                    왠
好不好。8、這眞倒眉 這醱菜鞫釀(喬醱、生醱)的吃
         빠   모ㄹ
不得、再給我 八寶菜 或是醬豆腐吃 好不好。9、南
            우리 만듕   촨
方(邊)的人 都在屋裏 用毛桶、雖然天天刷去、還是
                 땸 촨
鞫臊鞫臊的。10、他拿着 一條鞫臭的魚來、明明說是

누질을 하는지 말하여주시오。❹蒙古사람은
모도 眞黃色과 眞紅色의 周衣입기를 좋아하고
羊고기와 羊酪(乳로맨든食料) 먹기를 좋아하
오。❺당신은 이러한 眞黃色의 옷을 입지마시
오 一年을 입지못하야 곳 退色이 되여서 그것
을 染色집에 갓다가 다시 染色하여도 보기가 좋
지못하오。❻오늘저녁에 달도 흠석밝고 바람
결도 흠석맑으니 우리들이 北海公園에 갓어 배
도타고 이야기도하며 마음이나 풀어버리는것
이 어떠하오。❼당신에게고기를먹으라고주면
곧그것이몹시 비리다싫여하고 누리다싫여하고
당신에게 불고기를。으라고주면 도그것이 몹시
醬蘿蔔 (간장에담근무우장앗지)을먹게줄터
이니 어떠하오。❽이醱菜 (醬蘿蔔과同類이나
소금에저린것)이 當한것 어떠하오。❾아주
시나에게 八寶菜 (醬蘿蔔나 醱菜보담맛이 다
에當한것) 이것참경첫고나 (不運
이 다)ㅋ 이지독히짜서먹을수없으니 다
시 醬豆腐
上나가는것 (고초장類에)나 或은醬豆腐
             담근드부 을주

柹柿。 疤。 酗。 烏。 冬。

比較詞 (二) 絕、皎、嗣、惡雪、撰、集、筆、漆、活。

新鮮的咯。11、病人的屋子 常常刷掃 不得骯髒 若不然 屋裏的齁氣息(臊氣息)真叫人難聞。12、你在那裏買 這些 沒漤透的 柹子來了呢、咬在嘴裏漤澀(活澀)的 實在吃不得。13、你若惡苦嫌(烈苦、活苦) 吃不下這個 藥、怎能吃 狗熊的膽子呢。14、爲父母的 不知兒女的 醜貌、王家的兒子 那等惡醜惡醜(烈醜烈醜)一臉大黑 麻子(疤)、又帶着 是個羅鍋子(羅鍋腰、駱駝腰)還要 給他配親咯。15、此地的氣候、惡冷惡熱、若不加上小 心、就容易 發生疾病。16、你看他 漆黑(墨黑、烏黑) 的頭髮 漂白的臉、看我這細皺的臉、雪白的鬍子怎 樣呢。17、溫泉的水、就是在冬天 也是滾熱。18、發癢 的子人、在夏天也 滾冷的不得了。19、北平的井水沒 滾開 喝不得、一喝凉水 不但容易生病、就覺着醎點兒

는것이어떠하오。9、南方사람은모두방안에다 똥통을두고大便을보기때문에 비록날마다 닥 거버린대도 그래도몹시냄새가나오。10、저이가 한마디 지독히썩은 물고기들갓이고와서 明白 하게生生한것이라고말하오。⑪、病者의방은 掃除하여서 더럽게하지말어야한다 만일그렇 지않으면 방안에지독한냄새를 참말사람으로 는맛기어렵소。⑫、당신이어데서 아조침이 들지아니한 이감을사왓오 입안에넣고먹으랴 면몹시떫어서 참으로먹을수없소。⑬、당신이 쓴것을싫어하여이藥을먹어내지 못한다면 어찌能히熊膽을먹겠오。⑭、父母가 되는이는 子女의醜貌를알지못한다 王家네아들 이그렇게 몹시醜하야 왼얼굴이검고얽은데다 또兼하야 곱사등이인데 그래도 또 장가드 리려한다。⑮、이곧의氣候가 몹시춥고 몹시덥 어서 만일注意를아니하면 곧疾病이發生되기 가쉽소。⑯、당신이저이의 아조검은 머리와흰 얼굴을마음에든다니 나의이가는 주름살에아 조샛하얀수염은 보기에어떠하오。⑰、溫泉의

焦. 翔董. 繹.

20、這幾天的潦雨、把劈柴（柴伙）淋得焦濕、實在弄不了火了。21、因爲這月的旱災 田地焦乾、甚麼也種不了。22、我要住南邊 怕焦熱 要住北方 怕焦冷、所以搬到山東來住。23、你在這樣 筆直（順直）的大路上、騎自行車（脚踏車）怕倒、往後 彎彎曲曲的路上、怎能騎得呢。24、好材料的凉菜、做葷菜、淡了固然不好 焦釅（苦漬）也不好。25、勿論做素菜 做葷菜、弄的焦酸（苦漬酸）乾辣。26、這樣陰的太黑 連對面的人也 見不着的夜裏、怎能走路呢。27、有說『吃黃連活苦』、現在我的生活、比吃黃連更苦。28、怎麽理呢、這些杏兒（杏子）看着皎黃（蒼黃）吃着却焦酸（活酸）。29、月季紅 有好幾種、有赤紅的、有喬白（雪白）的、還有粉紅（水紅）色的。30、從前的學生們、穿着絳紫

물은 곧 겨을에도몹시덥다. ⑱瘧疾앓는사람은 여름에도 몹시춥어서견대지못한다. ⑲北平의움물은 몹시짭이지아니하면먹지못한다. 찬물만먹으면 病이생기기쉬울뿐아니라곧 먹기에도좀짠맛이나오. ⑳이몇을피우지못하야 밥이몹시타서 참으로먹을장마에 아모것이흠신젖어서 ㉑이달에旱災로因하야 밭이몹시타서 아모것도심을수없다. ㉒내가南쪽에서살자니 너무덥고 北쪽에서살자니 너무춥은고로 山東으로搬移하야사오. ㉓당신이이러한 굽은큰길에서 自轉車를타면 쓰러질가무섭어하니 以後로 굽은길에서는 어찌能히타겠오. ㉔좋은재료의凉菜를곧 초와마눌을많이처서 지독히시고 몹시맵게만 ㉕勿論素菜（고기를넣지않고만드는菜）나葷菜（고기를넣어만드는菜）를만드는데 너무시기만하여도과연좋지않고 너무감감하야 흐린것이너무감감하야 ㉖원의사람까지도 보이지안는 밤에 어찌能히길을가겠오. ㉗말하기를黃連을먹으면몹시쓰다더니 지금나의 生活이 黃連을먹는것보담더쓰다. ㉘엇젠지 치냐？이살구들이 보기에는 흠신누른데먹기

(血紫)的袍子、密黃的套褲、就算合時派的。

註…本課에主로活用한單語들은 比較語即即普通에서 지내친바를말할때에 使用하는것이니라。

第九十課 副詞字的應用（三）

也未必、也不可、却沒…定、不必。
何必、用、至、不到、為何、如何、何如。
苦、等、管、難、足、

1. 你別說 做着容易、我看這個法子、也未必 行得了 （行得去）2. 雖是 父母的心腸 也未必能盡信、况且 別人的心呢。3. 你還沒到 那種情形說的、若遇着那 種情形、也未見得 你敢說 這些活氣（硬郎）話龍。4. 拿着 今日的禍福、不要斷定明日、今日的禍、也未 必 知道明日福、今日的福 也未必 知道明日禍、所以

제구십과 부사자의응용 (三)

❶ 당신은하기가쉽다고말하지마시오 나보기 에는이方法이 반듯이 될상부르지아니하오 ❷ 비록父母의마음도반듯이 能하다 밋지못 하겟거든 하물며다른사람의마음이겟소。 ❸ 당신이아즉 도 그러한境遇를만나지못하고 하는것이지 만일그러한경우를만나면 반듯하 당신이감히 이여러가지大膽(勇爭)한말을하 지못할것이오。❹ 今日의禍福을갓이고 來日 을斷定하지말어라 今日의禍도반듯이 來日의 禍가될는지도알지못하고 今日의福도반듯이 來日의禍가될는지도알지못하는데 人生이세상 에사는 謹愼하게일을하여가는데不過할뿐 이다。❺ 聖賢도반듯이허물이업지못하거던

恍惚。
葫蘆。

人生處世 不過謹愼做去而已。 5、聖賢也 未必無過 何況我們普通人呢、望求老兄 只饒我這一次。 6、念書人也 未必都有良心、沒念書人也 未必沒有良心、所以人的良心、在乎人 不在乎書。 7、國民黨的黨員 都說實行 三民主義、其實能行 不能行 也未可知。 8、說是前天 準來的人、到今天也沒來、身上 有甚麽 不舒服、或是 家裏有甚麽事 也未可知。 9、依着你的 話 與他商議倒商議 成不成是 也未可知。 10、你眞說 得的確了麽、若你說得的確、那時候 我聽得恍惚 也 未可知。 11、往交易公司去 買空賣空的事、誰也不可逆料、因爲那個買賣、與賭博 一點也不差。 12、在葫蘆 島 已開築港的工事、却不一定 那一年準工(完工)。 13、他說 月底以內 準起身、那一天起身 却沒說定。

물며우리들普通사람이겠오 다만나를 이번한번만容恕하여주시오。❺글 읽는사람이라고 반듯이모다良心이잇지아니하고 글안읽는사람이라고 반듯이모다良心이업지아니함으로 사람의良心이란것은 사람에게잇고 글에잇지않는것이다。❼國民黨의黨員이모다 三民主義를實行한다고말하지만 其實은능히 行하는지 아니하는지알수업다。❽말하기는 그적게꼭온다고하던사람이 오늘도오지아니 하니 몸에무슨不便합이잇던지 或은집에무슨 일이잇는지도알수업소。❾당신의말대로그와 相議는 하겟오 만은 되는지 안되는지 알수업 소。❿당신이참말로的確하게말하엿오 만일당 신파 的確하게말하엿다면 그때에내가 황홀하게 들엇는지도알수업소。⓫取引所에갓어리빈것을 사고 빈것과는일을 누구던지 逆料하지못하는 것은 그買賣가賭博과 조금도틀이지안는 까닭이다。⓬葫蘆島에이미築港의 工事를開始 하엿지만 어느해에準工될는지 작정할수업다 하엿지만 어느해에準工된다고하지만어느날에

13、그가 今月金안에 꼭떠난다고하지만어느날에

中國語大典

二三三

副詞字的應用（三一）也未…也不…抑不、何必、如何、奈何。

14、不必然、有多少 還我多少、多幾元 少幾元 都不要緊。15、請你 不必傷心、今年若不賺 明年一準賺、到明年 又不賺 再等後年、反正 有吃有穿 就是了、何必這樣愁呢。16、大哥 既是親身來 就是了、何必又送這些東西呢。17、你也知道『有麝 自然香、何必迎風站（何用 大風揚）』的、既然 你有這等學問、何愁不能立身呢。18、咱們時常 見面的人、何用 這麼多禮（周旋）。19、你們原來 相好的朋友、說了幾句笑話、何至這樣反臉呢。20、你是常常 有空的人、何不到這裏來 談一談。21、按着 你的本事去 甚麼也能做的、何苦 這樣灰心呢。22、你看過 凱旋軍 遊街的光景了嗎、那轟轟烈烈的聲勢、何等雄壯呢。23、我做我的事、與你何管。24、現在的針線 又何難之有、拿着 裁縫機做

떠날는지는 『言定하지아니하오。⑭그럴것이아니오 얼마가잇든 나에게얼마를갚어주오 몇원이던하거나 틀하거나 모도相關없소。⑮請컨대당신은 반듯이傷心하지마시오 今年에 만일남기지못하면 明年에꼭남길것이고 明年에이르러 또남기지못하면 다시後年을 기다릴것이지어째던지먹을것과 입을것이있으면 그만이지어찌하야 이렇게근심하시오。⑯大哥 지어째 親身오시면그만이지 어찌하야또이러한 物件을 보내섯음닛가。⑰당신도 『麝香만이지 自然히香내날터인데 어찌立身하지못할가근이러한學問이잇는대에어찌하야 立身하지못하겟지오 거위당신이이러면 거위몸소오시면그만이지 어찌하야 또한이적지아니한 物件을 보내섯음닛가。⑱우리들이늘만나보는사람으로서 어찌이렇게禮節을 차리시오。⑲당신들이原來서로좋아하던親舊로서 몇마듸弄談을하고 어찌하야이렇게 낯을붉키는데까지이르오。⑳당신은늘이잇는사람인데 어찌하야여기에와서談話도아니하오。㉑당신의技能을갖이면 무엇이던지능히할터인데 어찌하야이렇게落

練足戲

轉眼間 針起一件 好體面的 衣裳來。25、你若說 我的
這件事容易、你的那件事 更何足爲難呢。26、人人做
自己的事也 都忙不過來的、你吃你的 爲何管 人家的
閒事呢。27、你從何處來的 混賬東西、我問了半天、你
一味的 吞吞吐吐、支支吾吾的、你把我 作何等看呢
28、你在平素 溫柔的人、喝了 幾盅酒、不分親疎 就動
手、那如何 使得呢。29、於你們 沒有損益的事、叫我
聽他的話 看他的樣子 倒不錯、但不知 他的本事何如
這樣吃虧、若有良心 問你們自己的心、如何過得去。

註⋯本課는 第十五節까지「也未必」、「也不可」와 및
그 類의 語類를 話用한 것이오、그 以下는「何必」과 및
그 類語의 活用을 示한 것임。

心하시오。㉒、당신은 凱旋軍이 遊街하는 光景
을 보았오 그 轟轟烈烈한 聲勢가 어찌 그렇게(얼
마나) 雄壯한지오。㉓、내가 내일을 하는데 당
신에게 무슨 相關이 있오 裁縫針으로지으면 순식
간에 한가지 아조 훌륭한 옷을 박어내오。㉔、당
신이 만일 나의 이 일이 쉽다고 말하면 당신의 그
일은 더군다나 무슨 어려움이 있겠오。㉕、사람
마다 제일 하기에도 모도 밥버서 헤여 날수 없는
데 당신은 당신의 것을 먹으며 어찌하야 남의 쓸
데없는 일을 相關하오。㉖、너는 어데로 불어 온
뜰이 엄을 엄을 하며 내가 반나절이나 물어도
너는 나를 어떻게 보는 것이냐。㉗、당신은 平素
에 溫柔하든 사람으로 술몇잔만 먹으면 親과 疎
를 分間치 못하고 곳 때리니 그어데 쓰겠오。㉘、
당신들에게 損害와 利益이 없는 일을 나로하야
금 이렇게 損害를 보게하니 만일 良心이 있거던
당신들이 자기의 마음에 어덯게 지나 가겠는가 물
어보시오。㉚、그의 말을 듣고 그의 모양을 보면
도리혀 그럴듯한데 다만 그의 技能이 어떠한지
몰르겠오。

副詞字的應用（三） 一概、一共、一同、一色、全然、俱全、共、盡皆。

一共、概、同、統、連、切、
堆、處、併、色、總。
全然、俱全、共、盡、盡皆、皆可。

第九十一課　副詞字的應用（三）

1、上海一共有三百多萬的人口。2、這件事的責任一概我擔負、只求你帮助我罷。3、那個嶺上強盗時常鬧害走道的人、我們在這裏湊些人一同過去罷。4、不要光他一個人去講理、不如咱們一統去 和他評個理好。5、他們兩軍一連打七天、也沒分出個勝負 究竟停了戰了。6、我在法國留學的時候、一切的學費都是他發給我的。7、場上的麥子曬喇 你去把那個收拾一堆兒、預備往家裏搬來。8、我和他不但常在一處兒、並且一切的行動、也是沒有互相欺

제구십일과　부사자의응용（三）

❶、上海에는　都合三百餘萬의人口가있오❷、이일의責任은　내가모도擔負할터이니　다만당신은　나를좀도아주기를바라오。❸、그嶺上에는　强盗가매때로　길가는사람을害하니우리여기에서　사람을좀모아갓이　합게넘어갑시다。❹、저이환사람만갓어　그와경오를캐여보는것만갖이못하니　우리가모도갓어　그와경오를캐여보는것만갖이못하다　우리가모도갓어　그와싸와도 勝負를갈느지못하다　結局은싸홈을停止하였다。❻、내가佛蘭西에서留學할때에　一切의學費를모도저이가내게보내주었오。❼、마당에밀이다말럿으니　당신이갓어　그것을한무덕이로몽쳐어집으로옴겨오도록預備하오❽、내가저이와　늘한곧에잇을뿐만아니라彙하야　一切의行動도　서로속이는것이없오。❾、우리가果然서로좋아하는親舊이지만내가꾸어쓴그돈을이때것本利를合하야　값지못함은참으로未

倂。　華操。　苑。

9、我們固然是 個相好的朋友 我借的 那項錢 到如今本利一併沒還、實在對不起。10、西洋(西國)的姑娘 出門(出閣)的那一天、從頭到脚 一色是白的 咱們中國 一色是紅的。11、來了一夥兒土匪、把莊上一切的財貨 一總搶去、光剩了一群半死不活的人了。12、雙十節 那一天、看操式的光景、眞合人可贊、好幾萬人的陸軍 都到南苑、軍服 一概是灰色、穿的是一色皮靴、一切的走法 和作法、一起一落的 都是整治好像 一個人的 動作一樣。13、你若沒提醒我、那些人的譎詐、全然不知。14、我們堡村的 一切事情、全在他 一個人的 身上、所以 比自己的家務 更愼重考慮〉15、看他的外貌 聽他的說話 倒以爲眞實(誠實)、却其 使心做事 全是假虛的。16、近來 開雜貨舖的、

안하오。❿西洋의 處女는 시집가는 그날에머리로발까지 一色으로힌것이고 우리中國은 一色으로붉은것이다。⓫土匪한떼가와서村의一切財物을왼통빼아서가고 다만반이나죽엄되고살지못할사람만 남겨두엇소。⓬雙十節(武昌革命紀念節) 그날에 觀兵式하는光景은 참사람으로하야금 稱贊할만하니 여러萬名의陸軍이 모다 南苑에갓어 軍服은一切灰色이오 一色의가죽신을신고 모다整齊하여서맞이한사람의 行動과같음되다。⓭당신이만일나에게 이깨워주지 안엇더면 그사람들의 詭譎한 것을 全然알지못하여겠오。⓮우리村의 一切의일이 專혀저한사람몸에달렸음으로 自己의 집일보담 더욱愼重하게생각하오。⓯저이의 外貌를보고 저이의 말을듯으면 진실한것같으지만 그用心作事하는것은 왼통거즛이 오。⓰요새 雜貨店을내는 이가 문앞에다가『專혀 西洋과廣東의 雜貨를設備한것이 全部가具備

副詞字的應用（三二）一概、一共、一同、一色、全然、俱全、共、盡、皆。

門口都貼個『專辦洋廣雜貨、一應俱全』等等的字樣、看其內容一概是空虛的。17、從來說『福善禍淫』那話也不對、你看閔英榮家、輩輩殘忍積惡、如今他的子孫俱以發達、這麼看來那有天理呢。18、他在東街上新開了一個醫油店(醬坊、醬園)油、鹽、醬、醋、棗子、白糖、生薑、辣椒、胡椒、茶葉等等俱全。19、這個事情是人所共知的、光你一個人遮避還行嗎。20、聽說四書上有 二千三百二十八個字、五經上有 二千二百二十六個字、共有 四千七百五十四個生字、是錯沒有錯。21、這是共有 利害(損益)的事情、怎不共同努力、獨獨他 一個人去辦呢。22、這是雖然 書上的話、也不可盡信、因爲孟子明明的說『盡信書 不如無書』。23、你對我 問那件事的 細微曲折、我雖不能盡情知道

하다」는 等의글자를써서 붓첫지만그內容을보면 一切로 비였오。17、以前붙어 말하기를 善한자에게福을주고 淫한자에게禍를준다고 한말도맛지안소 당신도보시오 閔英榮의집은 代代로殘忍과 積惡을하엿서도 지금그의子孫이모도發達되니 이렇게본다면 어대天理가 있아오。18、저이가 東쪽거리에서 반찬가가 를새로내엿는데 기름 소곰 醬(간장과된장에總稱) 초 대조 설탕 생강 고초 호초 차엽 이俱備하오。19、이일은 남덜도 모도아는바인대 당신한사람만 가리우다면되겠오。20、듯으니 四書에 二千三百二十八個字와 五經에 二千四百二十六個字로 都合四千七百五十四個의 生字가잇다하니 맛는지 아니맛는지요。21、이것이다같이 利害가잇는 일인데 어쩌하여 共同으로 努力하지않고 獨特히저이가 혼자갓어 處理하오。22、이것이비록 글에잇는 말이지만다 밋을것은못된다 孟子도明白하게말하기를 굴을다밋을진대 글이없는 것만같지못하기를 굴을다밋을진대 글이없는 것만같지못

却依着知道的 說給你聽罷。 24、倉猝之間 他把此事 辦個盡善盡美的、眞有本事的人。 事 眞皆順利、從去年以來 連些小的事也 都纏手磨脚 這不是 倒運了嗎。 26、別的(旁的)毛病 皆可將就、惟 獨手不老實(穩)、這是 斷不可使得。

註⋯上半段은「一」字가 다른 字와 合하야「總括的」의 類語 意味를 表示하는 類語이며 下半段은「全然」의 類語 니라。

第九十二課 副詞字的應用 (三)

務、必、總、須。
定、準、必、斷、絕、萬、確。

1、你不要想着 小本錢的懶做、務必 勤儉積攢總對。
2、聽說你的兄弟 常喜歡嫖賭、務必叫他 開導用工。

하다고 한것이다。 23、당신이 나에게對하야그 일의 細微曲折을 물으니 내가비록이 알지 못하지만 아는대로는 당신에게 말하여들이 겠오。24、벽안간에 내가무슨일을하던지 다 順順 하게잘되더니 昨年붙어는 些小한일까지도모 도손과발에감기기만하니 이것이결단난것이 아니오。⑳、다른병통은 다그력저력 지내지 만惟獨손이거친것은 斷定코못쓰오。

제구십이과 부사자의응용 (三)

❶ 당신은적은資本의 장사라고 게을이하지 말고 반듯이 (꼭) 勤儉하며 貯蓄하여야만하 오。❷말하는것을들은즉 당신의 아우가恒 常 오입과잡기를 좋아한다니 반듯이 그를引 導하야 工夫하도록 하시오。❸勿論어떠한일 이던지 다만남의말만 듣지말고 반듯이自己 가 먼저 뜻을세워야한다。❹천만에 남의糊塗 한것을 웃지말고 반듯이먼저 自己의短處들

副詞字的應用（三三）務、必、總、須、定準、斷絕、萬、確

3、不論怎樣事情、不要光聽人家的話、務要 自己先立志。 4、萬不可說笑 人家的糊塗、務須 先顧自己的短處。 5、你的年紀也不少、切不可 說話作事 犯了光棍子、必向 正經道上做去。 6、因爲你的錯 把事弄壞了 這場的損虧 必得 你賠出來。 7、遇着這點難事、千萬不可 垂頭傷氣、必須 振作精神、打開進路去好。 8、我很感謝 衆位的留情、却老人家 在家裏 眼巴巴的等着 必要 不囘去不可。 9、在家裏 待婦女兒孫 和在社會 待人交友、總不要 客嗇刻薄。 10『吃了 人家的桑葉 子、總得 給人家 做個繭』、就是 有恩必報的。 11 我敎你 受了這場困難、雖是我的錯兒、可是見了朋友的面子、總須原諒 這一次罷。 12、請你萬不可 輕看仇敵、總要 留神忍耐、和我們商量。 13、養孩子 不可嚇

도라보이야한다。 決코말하는데와 일하는데 건달의行動을 하지말고 반듯이正當한길로 밟어야하오。 ❺당신의잘못으로 因하야 반듯이 당신이물어내지안으면 이番損害는 반듯이 당신이물어내지 안으면 아니되오。 ❼요만한 어려운일을 맛나갓이고 머리숙이고 마음을傷하게하는것은 千萬에不可하오 반듯이精神을 차려갓이고 나갈길을 해처서나가는것이 좋소。 ❾나는여러분의 붓잡는情을 매우감사하게 생각하지만 늙은이 들이 집에서 눈이빠지도록 기달이시니 반듯이 도라가지 않으면 안되겠소。 집에서婦人과子孫을待하며 社會에서사람을사귀는데 도모지(決코)客嗇하고刻薄 하여서는 아니된다。 ❿남의뽕잎을먹어거든 반듯이 남에게 고치틀지어주어야한다』함은 곳恩惠를 입엇거던 반듯이갑으랴는것이다。 ⓮『내가 당신으로하야금 이番困難을 받게한 것이 비록나의 잘못이지만 친구의낯을 보아서도모지이번한번만 容恕하여주시오。 컨대당신은 千萬에 원수를 輕視하지마오 모지조심하고 참어서 우리와함께 相議합시 다。 ⓭兒孩를養하는데 號令하고 놀내이며에

豪傑

移

呼打罵、須用 哄導養氣的方法。14、你的太太 雖不是 新女性、却孝順父母 又善會過日子、不用對她離婚、須當『疼愛些她』纔亨福呢。15、俗語說『要為人上人、須受苦中苦』、就是自古 英雄豪傑、都是備嘗了 千辛萬苦的。16、在家裏 須得聽着 父兄的話、在學校 須要守着 先生的敎訓。17、看他的貌樣 聽他的說話、一定 以了結。18、他要跟我打架、我也定不讓他。19、那件事 幾日以前 還可以辦得妥、到刻下 定準難以了結。20、我們若辦 個材木公司的話、定然有利的。21、現今 我們的國家 貧弱到頭、却將來的富強 定然不移的。22、忽然 轉了東南風、滿天是黑雲、我看必定下雨。23、我看他 黃瘦臉 流鼻涕、必然 是個烟鬼罷。24、待人酬客 準必要和平恭敬。25、若叫他 知道這個

副詞 字의 應用 (三三) 务、必、總、須、定、準、斷、絕、萬、確。

錯兒 準成(行)不移的。26、你說 要照本價賣 還可以 將就、可要虧本兒賣 那斷不行的。27、若在 利己害人 的事、我就斷然(斷斷)沒干涉。28、在家常事 還可以 隨隨便便、就在公衆事、斷乎不能 那等女人的話、雖有千萬好話、他絕然(決然)不聽。 萬不可的。30、他不但是個出風頭、也就是個滑頭、我絕對不能信 31、叫他做官 還可以 說得過去、說他做生意 那就萬 (鑿鑿)可據 的事。32、他們兩個、對你有個害心 是確乎 不移

註⋯本課에 活用된 單語들을 만일 外國文法에 看做한 다면、곧 助動詞로 解釋함이 可하나、中語組織上으 로는 副詞로 解釋함이 便宜함。

24、물을 흘이니 반듯이 鴉片中毒者인가보오。사람을 待하며 손님을 接應하는데 반듯이 和平하며 恭敬하여야한다。25、만일 저이에게 이 잘 못을 알이게한다면 꼭 용서치 아니 할것이오。㉖당신이 본값에 팔나고말하면 그래도 생각할餘地가 잇겟지만 본전을 밑지고 팔나면 그것은 단정코 아니되오。㉗만일 自己가 利롭고 남을 害하게 하는 일이라면 내가 곧 단정코 干涉을 아니하오。㉘家事에는 오히려 아무렇게하여도 相關이 없지만 곳 公衆의 일에는 단정코 그러저럭 하지못한다。㉙저러한 女子의 말같으면 비록 千萬마듸의 좋은 말이 잇다할지라 도저이가 決코 듯지아니하오。㉚그가 건들거리기만할뿐아니라 곳 狡猾(詐欺)한者이므로 내가絕對로 밋지못하오。㉛저다려 벼슬을하라고 말한다면 오히려 말합즉 하지만 저이로 장사를하라고 말한다면 그것은 곳 萬番이나 不可하오。㉜그들두사람이 당신에게 對하야 害롭게할 마음이 잇는 것은 確實히 틀임이 없는 일이오。

第九十三課　副詞字的應用 (三)

從…起…到…止、初…末了。

打、住口、住子、
不閉着、離的、
不斷的、
動不得、整天家、時常、時時、屢屢次次

1, 打上海起 到美國止、不但用 海底電線打通、也可以用無線電。 2, 地球上南北線、名爲經線、就是從南極起 到北極爲止。 3, 在北平琉璃廠起 各書店以及街上開了圖書展覽會、從每年正月初一起 到本月十五止。 4, 現代的 世界各國、各衙門、各公司、每禮拜一起 到禮拜六止辦公、禮拜日 就歇一天。 5, 聽說 王賭鬼的家、每天從下午兩點鍾起 到翌天 上午九點鍾止、老打牌(打麻雀)。 6, 我聽着 看報的說、從德

제구십삼과　부사자의응용 (三)

❶, 上海로붙어 米國에이르기까지 海底電線으로써 通信할뿐만아니라 無線電信으로도할수잇다。 ❷, 地球上의南北線을 經線이라 稱하는데 그곳南極으로붙어 北極에까지를 말함이다。 ❸, 北平琉璃廠에서 붙어 그달十五日까지 各書店으로 골목에까지 圖書展覽會를연다。 ❹, 現代의世界는 各國各官廳 各會社에서 每月曜日붙어 土曜日까지 執務하고 日曜日은 곳하루를 쉰다。 ❺, 내가 新聞 보는이의 말을듯으니 王哥賭博常習者의집에서 每日午後두시붙어 그잇흔날 午前아홉시까지는 麻雀을논다하오。 ❻, 내가 新聞 보는이의말을듯으니 飛行機(飛行船)를타고 하늘로날어오는 이의말이 참말인가요。 ❼, 그가처음에는 사람이잇다니 上海에이르기까지 公衆의利益을 爲한다고 말하더니 나종에는 公益을짤엇어 私利를채 利益을 爲하지삶고 自己의

副詞字的應用（三四） 打…到、起…末、不聞着、時常、屢々次々。

愈　扣廉　扣　謂

國到上海止、有個坐飛艇的過了天空來、這話是眞的嗎。7、他起頭說 不爲私利 就爲公益、末了不過憑公營私。8、蓋瓦房 起頭是多花錢、末了 比蓋草房還是算便宜。9、這以來 做買賣的人、起頭門口兒貼張一大紅紙、又在報上 寫的甚麼『放盤扣賣、七八扣大廉賣』等等字樣的廣告、其實 不但從來價錢、末了還是貴些。10、應當起初這樣 末了還是這樣、方可謂有一定主意的人。11、他當初對我 很恭恭敬敬的說借錢、以後不應 末了罵我一頓 就跑了。12、你當初不應 就好喇、到如今 說不行、末了這不是 叫我白吃虧的嗎。13、那些吃大烟的人、起初不肯吃、以後越吃越肯、末了就是 願意吃 也沒有吃的。14、他的太太聽見他娶了 一個姨太太的話、臉色兒 起初紅喇 以後

우는(데) 지나지아니합듸다。 기와집을 짓는 것이 처음에는 돈이많이 듯지만 나종에는 草家짓는것보담 그래도싸다고 할것이다。 요즈음 장사하는사람은 처음에는 문앞에 한장 큰붉은조희를 붙이고 또는 新聞紙上에 무슨 珠盤도 막집어덧이고 割引하야팔고 二三割의大廉價로 판다는 等의 글자를썻어 廣告하지만 其實은 以前의 값대로 할뿐만아니라 나종에는 오히려비싸오。 應當처음에도 이렇게 하고 나종에도 또이렇게하야바야흐로가히 一定한主意가잇는 사람이라고 이를러이다。 그가처음에는 나에게對하야 매우恭遜히굴며 돈을꾸여달나고말하더니・뒤에는 들어주지아니한즉 나종에는 한바탕 욕을하고 곳달어납듸다。 당신이애초에왓 諾하지아니하얏으면 곳좋을것인데 지금에와 아니되겠다고 말하니 結局은 이것이나로 하여금 공연히 손해만보이게 합이아니오。 저 鴉片먹는사람들이 애초에는 잘먹으려

串。

青喇末了又發黃喇。15、給了小孩們玩意兒(玩物)、起初好拿着末了就扔了。16、我沒看出你們做活、只看見不閑着抽烟。17、你們不要不住口的說白話、就要不歇氣的用工罷。18、王賭鬼那個下蛋、常在外邊不住手的(不閑着)賭錢、一回家時刻尋事、好不好(弄不弄)摔盆摔碗、打老婆罵孩子。19、雖然不斷的有信、時時刻刻的想着他、就難過。20、人家串門子(闖門子)都有時有刻、你就是不離的串(闖)真正沒眼色喇。21、你得不得(常不常)就罵人、還要人家對你說好話嗎。22、你動不動(值不値)就打人、那一遭打出禍來、後悔也不及了。23、你這樣血氣方剛的時候動不動就說腰疼腿疼是甚麼緣故呢。24、韓先生整天家愛替古人擔憂、每看時事愁傷。25、你不用跟人家半

하지 아니하지만 그뒤로는 먹을수록 구슬어하다가 나종에는 곳먹구싶어도 먹을것이없다。⑭져이의夫人이 져이가 妾한아들을 얻엇다는 말을 듣고 얼굴빗이 처음에는 푸르고 나종에는 붉더니 그뒤에는 푸르고 나종에는 또노래집듸다。⑮어린아희에게 작난감을 주면 처음에는 잘갖이나 나종에는 곳내여벌인다。⑯나는 너이들이 쓸데없는 곳에일새없이 먹는 것은 불수없고 다만쉬지않고 담배 먹지말고 곳쉬일새없이 工夫를하여라。⑰너이들은 입이쉬일새없이 하지말고 곳쉬일새없이 工夫를하여라。⑱王哥賭博常習者 그못된놈은 늘밖에서 손을놀이지아니하고 노름만하다가 집안에만드러오면 때때로말성거리를 차젓어 건뜻하면자박지를 부시고 사발을부시며 계집을때리고 자식을욕질한다。⑲비록끈임없이 편지는 잇으나 때때로 그가 생각낫어 곳견딜수없오。⑳남들의마을 단녀는것은 모도 다 때가 잇는데 당신은 끈임이없이 마을을 단녀니 참 말로 눈쳐가없오。㉑당신은건뜻만하면 곳 남

副詞字的應用（三）（四）供、到、起、末、不關、者、動不動、時常、屢次。

天的工夫 拉閑聒兒(說閑話)、誰有那些工夫 跟你坐着愛聽呢。26、從來說『家賊難防』、他的兒子這樣摸摸擦擦的、誰能時常 防備他呢。27、西鄰舍的門太太在炕上 時常伸開兩條腿、張着瓢口哭、大概是 有了甚麼難受的事了罷。28、古語說『久病牀前 無孝子』 你若是父母 病的久了 孝子也難 時時對付心思。29、屢屢次次 喝起酒來、倒地上直滾、好像羊角瘋的(癲)病的、不知水火似的哪。

註…「從…起、到…止」と一連的作用을갓인者로서 一種的公式이며「起頭(起初、是初)…末了」는곳 음에는……、내終에는 意味와同一한故로또한 帶作用을갓인公式이니라。「不住手的」、「不住口的」、「不閒着」、「不住口」、「不歇氣的」、「不住手的」、「不斷的」、「不離的」은곳 「쉬지안코、출곳」等의意味를갓인一類語이며、「得

보고욕하면서 그래도 남들이 좋은말하여 주기를바라오。㉗、당신이잇척만하면 곳사람을때 엿어禍를낸다면 後悔하여도 어느때든지사람을 밋지못할것이오 ㉓、당신이 이렇게血氣가方剛할때에 다리가아프니 무슨까닭이오。㉔、韓先生은 왼終日넷사람의곳 허리가아프니 하는말을하니 代身하야 근심을메기 매양時事를보고 근심한다。㉕、당신은남과절대로 만만하지마오、누가 나절동안이나 쓸데없는 말을할만한 그렇게 많은時間이 잇섯어당신과 앉엇어 말하기를 어어게 좋아하겟오。㉖、以前부터 말하기를 집안도적은 막이가 어렵다 하엿소。저이의 아들이 이렇게 훔처내니、누가능히 恒常그를 防備하겟오。㉗、西쪽이웃집의 門夫人은 방바닥에서 늘두다리를뻣고 나팔입을 벌이고 울기만하니 大概는무슨 견듸지못할일이 잇나붐니다。㉘、녯말에일으기를 오래된病앞에는 孝子가없다고하니 만일父母의 病이오래가면 孝子도 때때로마음을 맞우기가어렵다。

㉙ 당신이여러번 술만먹으면 땅우에 씨러젓어 바로등구럿어 맞치 간질하는 者가 불과 불을 알지못하는것같소。

「不得」、「動不動」은「걸핏하면」意味의 一類語며 其他가 亦 一類語니라。

第九十四課　副詞字的應用 (三)

제구십사과　부사자의응용 (三)

誰料、不料、殊不知、那知。
乃是、此乃、固然、焉知。

1、昨日也 活活的人、誰料(誰知)夜裏死去了呢。2、我原來拿着好意思 勸他的、誰料他反想着 寃家似的呢 3、起初小點兒事、誰料 今日結了 這麼大的好果了呢 由此而想 凡事應該 在小事用心好。4、我打算 投了他去、他必然 有些幫助、誰料(竟不知)他竟反臉無情了呢。5、看他小的時候 蠢又笨的孩子、誰料(豈不知)到 今日 那樣出世了呢。6、看他所穿的 和所說的、好像很有學問、誰料他是一個 吊髒(吊髒子)的人 了

❶ 어제도 멀정하던 사람이 밤사이 죽을줄이야 누가 뜻이나 하엿겟오。❷ 내가 原來 조흔 마음을 갖이고 그를 勸한것인데 그가 도리혀 원수같이 생각할줄이야 누가 뜻하엿으랴。❸ 애초에 조고마한일이 오늘에 이렇게 큰 좋은 結果가 잇슬줄을 누가 뜻하엿스랴! 이로써 생각하여보면 凡事가 맛당이 적은일에 着心을 하여야 좋겟다。❹ 내가 그에게 가서 그가 반듯이 도와줄것으로 預想하엿더니 그가 맞음내 낯을 붉기고 冷情하게할줄이야 누가 생각하엿겟소。❺ 그가 어렷을때에 미련하고 또둔하던 아희로 오날에 그렇게 出世할줄과 말하던 것이 마치 매우 學問있는것같이 마듯이 뜻하엿겟소。❻ 그의 입은것과 말하는것 이이는것(者) 인줄이야 누가 생각하엿겟소。❼ 마님未安합니다 請컨대 容恕하여 주십시오 車

副詞字的應用(三五) 誰料、殊不知、乃是、固然、焉知。

霸殊。

7. '對不住太太、請你原諒、因爲上車的時間太忙、跑過來、不料踭了 太太的腳了。8. 我說給他一切的內容、就是望着點兒幫助的、不料 反受他的愚弄。9. 別人欺負我 倒罷了、不料 連你們倆 也這樣委屈了我。10. 張二魁 淨仗着 權柄和財產、强行氣壓(橫行霸道)無所不爲、殊不知 天外有天 人外有人 따라 韓黎明來 壓倒了。11. 他們實在不知 莊稼人的甘苦 固然 逢買幾疋布、那知買幾升米 幾尺布 也是不容易的。12. '當初 我給他照應 也不放心、他們有錢的人 買米(糴糧)固然 逢買幾石米、買布固然 逢買幾疋布、那知莊稼人 就是買幾升米 幾尺布 也是不容易的。13. 罷了罷了 我從多年 和你交往、就比我還大了呢。沒多大的經驗、那知實地辦事的手段、是個年輕 沒多大的經驗、那知細密的事、也這樣誠實的呢。知道 寬厚長大的、那知細密的事、也這樣誠實的呢。

⑧내가그에게 뜻밖에마님의 발을밟엇음니다。⑧내가그에게 一切의內容을 말하여준것은 곳좀도아줄가바랏 던것이 뜻밖에도리혀 그의欺瞞을 받엇다。⑨다른사람이 나를欺瞞하여도 오히려관계치않 겟다 너이들까지 이렇게나를 抑屈하게할 줄은뜻하지 못하엿다。⑩張二魁는 원통權勢 와財産만믿고 無理하게 壓迫하며 橫行覇道 無所不爲 알지못하고 하늘밖에 하늘이잇고 사람웋에 사람이 잇다고 韓黎明이와서 꺽굴트렸줄은 별노 알지 못하엿다。⑪저이들은참으로 農軍의 辛苦를알지못하고 몇섬식사고 과연살적마다 몇필의필육을 사지만 農軍이 곳몇되쌀과 몇자필육을 사는것도 쉽지못 하줄을 어찌알꼬。⑫애초에 내가저이를 보삷여주어도 그가年少하고 얼마經驗이 없음을 安心치못하엿더니 實地에서 處事하는手段이 나보담오려여 단니면서 곳寬厚하고 長大한줄은 당신과사괴만 알엇지 만 細密한일에도 이렇게 誠實한줄이야 어찌알엇겠오。⑭아츰의 日氣를보면 매우맑고象

研究。 否。

14. 看着早晨的天氣 很清亮、並且 也沒有風絲兒、所以在船上 喝喝酒 快快樂樂的、那知到了下半天 忽然颳了風、把船 幾乎翻倒 弄我們嚇死了呢。16. 我看他們倆打架、不是 拉洋車的滋事、乃是 推車的 先招惹的。17. 你別對他講 甚麽貴 甚麽便宜、他不是個打算利害的人家、乃是研究深奧學問的書香子。18. 有人說『夫妻不算兩個人、乃是一體』、就是對 相好夫妻們說的。19.『此乃他們 兩相情願的親事、傍人 不必反對、只求叫他們 不許反悔。20.『此乃 軍政兩界 爲着自己的勝負、不是爲我們 莊戶人的勝負。21. 你別在這裏 說長說短、日可日否、此乃 你們家庭的事、我們不願聽了。22.『正經話 固然要聽、就是 街市上那些閑雜人等的話、也是 要放長耳朶 聽一聽。23.『要結親

16. 내 보기에 흠은 人力車軍이 먼저 일을 시작한것이 아니라 곳孤輪車 (외박퀴차)軍이 먼저 말성을 낸것이오. 당신은저이에게 對하야 무엇이싸니 말하지마오 저이가利害를 打算하는사람이아니라 곳深奧한 學問을研究하는 文翰家의子弟이오. 18. 어떤사람은 말하되 夫妻를두사람으로 따질것이 아니라 곳한몸이라한것은 바로서로좋아하는 夫妻들에게對하야 한말이다. 19.『이것은 곳저이들 둘이서로 원하는 婚姻이니 달은사람은 반듯이反對할것이 없다 다만그 後悔하지아니 하기를 바랄뿐이다. 20.『이것은 軍政兩界가 自己들을 爲하는 勝負이고 우리村사람을 爲하는 勝負가아니오. 21. 可하니否하니는 當身들의 家庭일이니 우리는 듣기를 願치 아니하오. 22.『正當한말은 當然히 들어야 할것이오 곳市街에서 노는 雜된그사람들의 말

副詞字的應用（三五）誰料、殊不知、乃是、固然、焉知。

固然看其人物 如何而定的 可是也不能不看其 貧富 和門第。㉔「人辦紅白（婚喪）大事、固然不可 過於奢華、總得量力而行。㉕我固省、但是也不可 過於儉 然和你老人家 不可拌嘴、但是 你也不該胡說不講體面的話。㉖「爲父母的 固然有嚴格、孩子們纔肯守規 但若沒有愛心、就喪了 天性的恩情。㉗凡事固然 再三再四 深思而定 是不錯、但是多心慮 猶預不定、也是不成。㉘你別瞧不起他、雖然 當下很貧窮、焉知 後來不富。㉙雖然 衆位都說 他是個好人、若是仔 細查問、焉知 他是鄉愿一類的呢。㉚人的 壽數長短 雖能推量、雖然 今日沒還（尚未）死、焉知 明日還活 着。

이라도 귀를기우리고 들어야야한다。㉝「結婚을 하려면 當然히 그사람의 如何를보앗지는못할것 이지만 그貧富와門閥도 아니보지는 못할것이다。㉔「사람이婚喪의 큰일을하는데 單只너무奢侈 하는것도 不可하으로 단지너무힘을 省略하는것도 不可하지만 果然너무奢侈 하는것도 不可하므로 도모지힘을 생각하엿 서行하지아니하면안된나。㉕나도當然히 신갈은 老人과 말다톰하는것이 不可하지만當 신도합부로 體面을 보지못하는 말을하는것도 맛당하지않소。㉖父母로서當然히 嚴하여야 아희들이 規則을 직히지만 만일사랑하는마음 이없으면 곳天性의 恩情을 傷한게한다。㉗凡 事를當然히 再三再四로 깊이생각하여 決定을 못하여도 아니된다。하고 너무多心하여 움울춤 하고 決定을 못하여도 아니된다。㉘당신은저 이를 멸시하지마시오 비록지금은 貧窮하지 만 將來의 富하지아니할줄을 어찌알겠오。 ㉙,비록 여러분은 모두 저이를 좋은사람 이라고만말하지만 만일자서히 알고보면저이 가小挾雜輩의 一類인줄이야 어찌 알엇겠오。 ㉚「사람의壽限의 長短을누가가능히 推測하겠소 비록오늘은아즉 죽지아니하엿지만 來日에 그대로 살것을 어찌알겠오。

第九十五課　接續詞 (三)

非…不、非離…不、離了…不、除了…不、
還、除非…不、非錢不能過、老。

以外、分外、另外、之外、額外、餘外、多餘、浮餘。

1、要渡海 非船不能渡、處世 非錢不能過。2、他的本性兒 很堅固、勿論甚麼事、非達到目的 斷不肯歇休(撒手)。3、于老哥 現在生了大氣 死去活來、我看非你去 說開說開、他不能消氣的。4、我到此地 遇了這樣難事、非你給我出力 還有第二個人嗎。5、要開鎖、必得 找合式的鑰匙、我看這事、非離(除了)你去 辦不成的。6、他們要辦的事、並不是 沒有希望 却有幾個 憑公營私的人、若要成功 除非 那種人革出去 不成。7、他仗着 衙門的威勢、強霸(霸佔)我的家產

제구십오과　접속사 (三)

❶ 바다를건느랴면 배가아니면 건느지못하고 세상에살랴면 돈이없으면 지낼수없다. ❷ 저이의本性이 매우堅固하야 勿論무슨일이던지 目的을이루지못하면 決코그만두지않는다. ❸ 于老哥가지금 크게성이낫어 죽을 등살둥하는데 당신이갓어풀어 주지아니하면 그의성이 까러앉이 아니할것이오. ❹ 내가이곧에왓어 이러한어렵은 일을 만낫는데 당신이아니 힘을써 주지아니하면 누가이맛는 열쇠를찾이야 아니될것이오. ❺ 잠을쇠를열랴면 반듯이맛는 열쇠를찾이야아니하면 아니된다고 내가이일 을보기에 당신이가지아니하면 處理하지못할 것이오. ❻ 저이들이 하려는 일은 決코希望이 없는것이 아니지만 만일 成功하려 는 사람이 몃사람이있오 만일일 成功하려 면 그種類의사람을 모라내지아니하고는 안 될것이되오. ❼ 그가官廳의 勢力을밋고 나의

接續詞 三）非不、離了不、除了不外、餘。

除非把我結果（頭殺）了、但凡有我一條命、他不能由得。8、除非我不在這裏就罷、我既然在這裏怎麼不聽你的指使（指派）呢。9、那件事的內容太複雜、離了（非離）你給他說透、他總得不明白。10、小孩們大概白天（白日、天裏）是隨便遊玩、但是一黑了天一晚了離了媽不行。11、離了莊稼漢吃不了飯、離了織布的穿不了衣服、這都是人生過活的根本。12、我昨天上你們開會席上去看看、除了（非離）你們三四個人、都不是糊塗的就是詭詐的。13、我聽說這程子、你除了吃飯的時候、老在辦公處是眞的嗎。14、錯過老兄、誰能像你這樣救活我們呢。15、錯過濟公活佛、誰能有此高見敎導我呢。16、現在的政經兩界、都是朝變夕改、錯過老兄時常提醒怎能應順呢。17、老兄是

家產을 強制로 빼앗으려하고다만나의한줄기목숨어불어잇고는그가마음대로못할것이오。8、내가이곳에잇지아니하면그만이지만내가이곳에잇고야어찌당신의 指導를듣지 아니하겟소。9、그일의內容이너무複雜하엿어당신이그에게똑々히알려주지않고는그가도모지뜩々히알지못할것이오。10、어린아희들이 大概낮에는마음대로뛰고놀지만단지날이어둡기만하면어머니가아니고는아니된다。11、農軍이없으면밥을먹을수없고베짜는사람이없으면옷을입을수없는것은 이것이모도 사람이살어나가는根本이다。⑫、내가어제당신들이開會하는席上에갓어보니 당신들三四人을除하고는모도糊塗한者가아니면곳詭譎한者입듸다。⑬、내가말을들으니 이즈음에 당신이밥먹는시간을除하고는 늘事務所에잇다니 참말이오。⑭、李老兄이아니고야 누가능히이러한高見이잇엇除하고는 늘事務所에잇다니 참말이오。⑮、濟公活佛이아니고야
어나를 指導하겟오。

先生 說這件事、除你以外 沒有人可辦。18、你別問我 這喈的過日、吃飯睡覺以外 沒有別的事。19、無論那 一家的老人家、除了 照管家常零碎的事 和養活孩兒 們以外 沒有特別的快樂。20、老哥無論何時、爲我這 樣格外的費心、不知 怎樣報情好。21、這並不是格 外預備的、不過是 平常所吃的菜、衆位何必 這樣謝 情。22、他的身體 此別人軟弱、冷熱的時候 格外的 怕冷怕熱。23、一樣的故事（故典）若你講 分外有滋味 一樣的材料 若你做 分外有味道。24、今天晚上風頭 也淸冷、月亮也 分外的明亮、這一夜 怎能送去。25、你 們的家口多、隨之 房子也窄、往往有客來 覺着難爲些 依我看 另外蓋一座 牛中牛西的 房子好。26、慕東家 實在 是個寬厚人、把王仲三的兒子 送到外洋留學去

누가능히 당신과같이 이렇게우리들을 救助 하여 주겠오。⑯지금에 政經兩界가— 모도朝變 夕改하는데。老兄이때대로 일깨워주지아니하 고야 어찌능히맛추어가겠오。⑰先生님의말 슴에 이일은 당신을 除外하고는 가히 處事할만 한사람이 없다고하시오。⑱당신은 나의 이지음 날보내는것을뭇지마시오 밥먹고 잠자는 이외 에 다른일이 없오。⑲어떤집 老人을勿論하고 집만의 小小한일을보삷이고 아희들을 養育하 는것을 除外하고는 特別한快樂이없다。⑳老 哥가 어떤때를 莫論하고 나를爲하야 이렇게 特 別히마음을 써주시니 엇더케뜻을 갑어야 좋을 는지알지못하겠오。㉑이것이 決코特別히 預備 한것이 아니고 平素의먹는菜에 不過한데 여러 분은 어찌이렇게 감사하다고하시오。㉒저이 의身體가 다른사람에 比하면 弱하여 춥고덥 은때에는 特別히추이을타고 더위를타오。㉓、 같은녯말을 갖이고 만일당신이말하면 特別히 滋味가 잇고 같은감을 갖이고 만일당신이 맨들

接　續　詞 (三五) 非…不、離了…不、除了…不、外、餘。

額

每月送 一百五十元的學費 另外送他 五十元 花零費
27、凡聰明過人的天才很少、在我們學堂 一千多個學
生裏頭、除了七八個人之外 都是平平常常的。28、你
給這位先生 謝謝（磕頭、作揖）、這是 額外賞你 一塊
錢的。29、不要多派人去、只有三個箱子、餘外還有我
的兩個皮箱子。30、我們淨預備 家口的糧食 一点兒
也沒有 多餘（餘浮）的。31、你不用傷心、在我也有浮
餘（餘浮）五十多元、若你不够用 只管拿去。

註…本課의 上半段은 「그밖엔…더없다」는 意味요
語를 의엿고、下半段는 「그밖엔…아니된다」는 것의 類
語요、格外等을 의엿음。
「除外…以外、另外、沒有」를 쓰고「그밖에도」의 類

면 特別히맛이있이오。 ㉔ 오늘저녁에는 바람세
도맑고 달도特別히밝으니 이하루져녁을어떻
게보내겠나！。 ㉕ 당신들의식구가많고 집이좁
아서집도좁엇어、 왕왕히손님이오면 좀困難하게
되니 나로서보면 따로 半製洋屋한채를 짓는것
이좋겠오。 ㉖ 慕主人은참으로 한寬厚한사람
이오 王仲三의아들을 外國으로 留學보내고
달마다 一百五十圓의學費를보내고 ㉗ 무릇
에게 五十圓을보내여 雜費를쓰게하오。 또따로그
聰明이過人한天才가매우적소 우리學校 一千
餘名學生속에 七八名을 除外하고는 모도普通
이오。 ㉙ 너는이先生에게감사하다고엿주어라
마또 나의가족箱子두개가잇고 다만세개箱子와
우리가집안식구의 량식만預備 하여두엇고조
곰도남는것은없오 ㉛ 당신은傷心하지마시오
나에게도 五十餘元의남은것이잇으니 만일당
신이쓸데 不足되거든 그냥갖어가시오。
이것은다로너에게 一元을賞給하시는것이다。
㉙ 사람을많이보낼것이없오 ㉚、

二五四

第九十六課 副詞字的應用 (늿)

果然、果眞、眞。
如果、眞果、但凡、萬一。

1、不但是他 連我也半信半疑了, 後來聽說 果然他是個壞人。 2、他往後 果然 安分守己, 實在有 財翁的希望。 3、人果然 不知道 禮儀和羞恥 那就是 衣冠禽獸了。 4、自己果然 待人和平 辦事公道 那不和平不公道的人、也就跟着 學他的 和平與公道了。 5、人都說馮胖子 是個人面獸心的 往後 看他的行事 果然不錯。 6、你的哥哥 跟我談過話 是眞確的 至於談到那種事情 是果眞沒有的。 7、他果眞 在這裡種地、所需用的東西 我都供給他。 8、有經驗(經歷)人的話 到底該聽、梁財神前幾年 對我說 不過三四年以內、經

제구십륙과 부사자의응용 (늿)

❶ 그이뿐만아니라 나까지도半信半疑하엿더니 뒤에말을들은즉 과연그가납은사람입듸다 ❷ 그가이뒤로 과연安分守己한다면 참으로부자집늙은이가될희망이있오。 ❸ 사람이과연禮儀와수치를알지못하면 그는곳衣冠을한禽獸이다。 ❹ 自己가과연사람을 待합에和平하고 일을處함에公正하면 그和平치안이하고 公正치아니한사람이 곳그의和平과公正을 따라 배호게되오。 ❺ 사람이모도말하기를馮哥뚱뚱보는 사람얼골에즘생마음을 갓엇다고하더니 뒤로 그의일하는것을보니 과연임이없오。 ❻ 당신의伯氏가나와 이야기한것은 과연참없오。 ❼ 그가과연참 이곧에서農事를짓는다면 쓰는바의물건은 내가모도대여주겠오。 ❽ 經驗잇는사람의말을 結局은맛당히들어야하오 梁富者가 몇해전에 나를對하야말하기를 三四年

副詞字的應用（三六）果然、果眞、如果、眞果、但凡、萬一。

濟界 鬧出莫大的饑荒、果眞 到今年 就這樣鬧饑荒了
9、你說 要徃朝鮮去 如果去的話 給我買五斤紅蔘幾刀高麗紙 和幾把扇子來罷。10、我聽說 在西南地方猴兒多 去年徃川邊去、每逢山嶺 果眞有了 好些個猴兒 湊到一塊兒、也有哀鳴的 也有嬉笑的。11、雖有千百個人說 他的計劃不合式、依我看 還是眞不錯。
12、你別問 他的話眞不眞 若是算他是個 眞正的朋友、那有撒謊兒。13、起頭（起初）你不信我的話、遭了這場失敗 還是改不了 那個毛病 眞是個糊塗人了。
14、聽說有個大夫（醫生）到你們家來、甚麼病也都能治得好、這話是眞的嗎。15、從兩三個月以前 報上登了 南北開戰的消息 當眞 從昨天 兩軍打起來了。
16、你到南京 找孫兄弟去、如果 看他在政界、沒有多

經濟界의莫大한恐慌이생긴다고하더니過然今年에와서곳이러한恐慌이생겻오。9、당신이朝鮮에간다니、만일참말로갈터이면 나에게紅蔘五斤과朝鮮조희몃卷과붓채몃자루를사다가주시오。10、내가말을듯기에 西南地方에는 원숭이가많다고作년에川邊（回川省打箭爐西方이니 現稱特別區域）에갓더니 산고개마다 과연참 원숭이여러머리가 한끗에몽엿어 우는놈도잇고작란하는놈도잇읍듸다。⑪、비록千百의사람이 저이의計劃이틀인다할지라도 나로서보기에는 참으로옳소。⑫、당신은저이말이참말인가아닌가를뭇지마오、만일저이를 眞正한친구로칠것갓흐면 어데거즛말을하겠오。⑬、애초에당신이나의말을밋지아니하야 이번失敗를當하고도 그病통을곳이지못하니 참말로糊塗한사람이오。⑭、말을들으니 醫師한분이당신댁에와서무슨病이던지모도능히잘곤친다고하니 이말이과연참말이오。⑮、二三個月前붙어新聞紙上에 南北이싸흠을싸운다는 消息이記載되엿더

大的把握、你勸勸他、回到此地來、和我們一塊兒在商工界謀事好。17、她的面貌雖醜、如果 沒有大過對付着過日子就得了、何必 鬧出離婚 招人笑話呢。18、這個事情的底細 別人都不知、如果 你沒露出話來的 誰能知道呢。19、人家都說 成萬金 發大財、我却不相信、如果 他賺了 那麼些個錢、穿戴還能 彷彿花子一樣嗎。20、街上傳說 黃占魁 在湖南長沙、害了病死去、我看 這必是訛傳、如果是眞話 他家裏 怎能不發孝呢。21、但凡另有生計的方法、誰肯 不避冷熱 拉洋車做活呢。22、除了你一個人 但凡有良心的人、不能這樣 敢行背恩忘德、殘忍暴行的舉動。23、張三哪但凡有本事的人、誰不願意 在樓閣廊厦、吃好穿好 帶着妻子血的人、再沒有 像你窮苦的喇。24、但凡有心

너 정말로 어제불어 兩軍이싸호기를시작하엿 오. ⑯ 당신이 참말로 그가 政界에서 그러케큰把握 이엄는것이보이거던 당신이 그더러 이끝에와 서우려들과갓치 商工界에서 일을하여여보는것 이좋겟다고 勸告하시오. ⑰ 그 女子의얼골이 비록 醜하지만 만일참말로 큰허물이업스면 그 대로 살림이 하여 가면 곳 그만이지 하필離婚 일의 根底는 다른사람이모도알지못하는데 만 일 참말로 당신이 發說하지 아니하엿으면 누가 능히알겟오. ⑲ 남들이 모도成萬金이가 큰財物 을 은 몽앗다 고 말을 지만 나는 조금도 밋지 아니하 오. 만일 참말로 그가 그러케 만흔 돈을 몽앗다 면 衣冠이 그래도 거어지와 恰似 할리가 잇오. ⑳ 거 리에서 傳하는 말이 黃占魁가 湖南長沙에서 病 을 알어 죽엇다 고 하는데 나 보기에 이것이 반듯 이 訛傳인것 갓소. 만일 참말이라면 그집에서 어찌 능히 發喪을 아니하 겟오. ㉑ 다만 따로 生活 할 方法이 잇다면 누가 즐겨 춤고 덥은 것을 避치 아니하고 人力車를 끄럿어 살어나가 겟오. ㉒ 너 한사람을 除하고 다만 良心이잇는 사람으로

副詞字的應用（丟）果然、果眞、如果、眞果、但凡萬一。

饒倖。
綻矣。

做團圞的生活呢、他也不得已 向人討窮的。25、謝謝老哥的提醒、請您不用惦記、但凡有利的事 誰肯不爭着去做呢。26、無事 防備有事、萬一久後 再發了、你想 有甚麽法子治呢。27、你不可 一味的圖饒倖 萬一露出破綻 豈不悔之晚矣。28、這樣旱天 颳風的時候、火是應當小心的 萬一有個失手差脚、不但 燒了房子 連生命也 大有關係。29、萬一與你沒有相干 爲何那樣 跑忙的 走來走去了呢。

註：「果眞、果然、眞、眞果」等은「참말、정말」의類語이고、如果、但凡、萬一은「만일」意味의類語니라。

서는 이러한 背恩忘德과 殘忍暴行의 擧動을 감히 行하지못하야엿을것이다。㉓張三아 다만技能이잇는사람오로서 너갓치困窮한者가 다시는 업을것이다。㉔다만마음과피가잇는사람으로서 高樓巨閣에서 好衣好食하며 妻子를 다리고 團樂한生活하기를 누가願치안으랴만은 저이도할수업시 남의게向하야 說窮하는것이 야누가즐기여 다토워갓어하지아니하겠오。㉕老哥가일깨여주심이 감사합이다 請건대 당신은掛念을마시오 다만利益이잇는 일이라면 당신은꼿꼿내 饒倖을바라지마오 만일破裂이露出된다면 어후悔한들 쓸데잇겟오。㉘이러한감은는날 바람불때에 불이라는것은、맛당히조심 할것이다 만일실수가되면 집만불살을뿐아니라 生命에까지도크게關係가잇다。㉙만일당신과相關이업다면 어찌하야 그럿게밧부게 오락가락하오。

第九十七課　副詞字的應用 (三)

別說…即便…就是…
若是…本當，若是…但、
就、本當、若是…固然。

1、別說(莫說)他給你幫助的少、即便不給你幫助、還能把他仍(丟)了。 2、你說 他拿軍官的勢力來嚇我嗎、別說 他是個團長、即便 是個師長、把我無罪無錢的人 怎能辦呢。 3、像他那樣的糊塗、別說他是大學出身、即便 得了博士的學位也辦不成。 4、別說 上海去的遠、如今的世界 就是上倫頓和華盛頓 去、也不過幾天能到。 5、別講(莫講)你的小老婆餓死、就是 你的母親餓死、也沒有個人幫助 像你那樣匪類的。 6、別講 爲祖宗 跪香拜祭的沒有就是 爲活

제구십칠과　부사자의응용 (三)

❶ 그가당신에게 도아주는것이적다고말하지마오、곳당신을도아주지아니하면 당신이또한능히 그를버리겠오。 ❷당신은 그가軍官의勢力을갖이고와서 나를威嚇한다고말하지마오、내가 그이갖이 그만두고 곳師團長이라고말하여도 돈없는 나를어떻게할터이오。 ❸、저이갖이 그렇게糊塗하면 저가大學出身은그만두고 곳博士의學位를얻어드라도處理를못할것이다 倫頓과 華盛頓에 가는것이멀다 고말하지마오、지금世上은 몇을아니되여능히 到着되오。 ❺、당신의妾이굶어죽는다고말하지마오、곳당신의母親이 굶어죽는다 하여도 당신갖이 그러한 匪類(無所不爲하는者)에게는 도아줄사람이하나도없오。 ❻、祖上을爲하야 곳香불피고 祭祀지낼것이없다고말하지마라 애초에뜻맛는 친구의情誼이엿는대 다만그의後妻가우리의交情을離間합으로 할수없이갈려젔오。 ❽그가오늘맛당히親히와서祝賀할것이로되 다만어제
匪類的。 6、別講爲祖宗 跪香拜祭的沒有就是 爲活

副詞字的應用 (三七) 別說…卽便…本當…只、因、雖然…諒來、若是…固然。

着人吃的 也沒有法兒籌備。7、我和他 做個搭夥兒買賣、本當 投契朋友的情分、只因 他的後妻 播弄我們的交情 所以不得已分開喇。8、他說今日 本當親自來道喜、只因 昨夜偶然傷風 不能親來、托兄弟替呈這些禮物。9、這場官司 本該 我打贏的、只因 官界沒有熟認的、並且沒有錢 所以打輸了。10、衆位這樣盡情 留住兄弟、本該(本當) 多住幾天總是、只因 家裡有点兒事、還有老人家 時常不舒服、實在對不住。11、雖然 我沒親眼看見、諒來必是 你先罵他、你若不先罵他、他還能打你嗎。12、昨天 我在你令妹家 見過的那個人、雖然 頭次見面 諒來 他也是我們同類人。13、到如今思想起來、眞是懊悔不及、雖然 我沒有天分高、依遵父母的命 再念幾年書、諒來

저녁에별안간감긔가들엇서 親히오지못하고 弟에게付托하야 여러가지禮物을代身하야 올인다고말합듸다。9,이번訴訟은原來맛당히내가勝訴할것이지만 다만官邊에잘아는사람이없고 兼하야돈이없음으로 敗訴하였오。⑩,여러분이이렇게盡情으로 弟를挽留하시니 原來는맛당히몇을더留하여야만 옳을것이오나 다만집안에일이좀잇고 또는老人들이때때로 便처아니한까닭으로 情을能히받어드리지못하오니 참말로未安합니다。⑪,비록내가 내눈으로보지는못하엿지만 아마반듯이 네가먼저그를욕을하엿을것이다 네가만일먼저 너를매리지아니하엿으면 그가어찌능히 너를때리겟느냐。⑫,어제내가 당신妹氏宅에서본그사람 이비록 츠음인사를하엿지만 아마그도우리와 同類의사람이겟지요。⑬,지금와서생각하면참 後悔莫及이오 비록내가재조는 많지못하지만 父母의命令에順從하야 몇해동안글을 읽엇으면 아마 이러한無識은免하엿을것이오 ⑭,내가비록海岸에갓어 避暑하기를마음것좋아하지만다만 家事에감기여 뜻을이루지못하오。⑮,그는비록능히處理하지만 다만公事가

國. 遂. 恁. 趂. 諢諼.

免了這樣粗鹵。14、我雖然滿心歡喜 到海沿去避暑、只因家常事務纏磨 不能遂心。15、他雖然能幹、只因公事太多、再不能托他了。16、你去若有事、再住幾天、沒有事就回來、也是不碍事。17、你不用憂愁、若是有些富裕能幫助我更好、就是沒有也照樣過去。18、若是看他那樣惡怪性、憑我的心思 趁此機會 該當懲治他、就是想到『千金置產、萬金置鄰』特別饒他一次 原諒反爲給他照應。19、孟老哥 眞有大人的氣象、對于誹謗自家的人、不但不能來 那倒不要緊、若是有了賊患、或者病了 那就不放心。21、我告你 這次格外留神、若是不看你哥哥的面子 本當拒絕的。22、若是 看我們原來的交情、不關事頭的成不成 本當去給他幫助、但是 有人厭惡我、關事頭的成不成 本當去給他幫助、但是 有人厭惡我、

너무많음으로 그에게더付托할수업소。 16、당신이갓어 만일일이잇거든 더몃을留하고 일이업거던곳도라와도 相關이업소。17、당신은 근심하지마오 만일좀餘裕가잇어 능히나를도아주면 더욱좋고 곳업더라도 그약토살어갈것이오。 18、만일그의그러한아괴한 셩미를볼때에 나의마음대로한다면 이機會를타서 맛당히 그를懲治할것이나 곳千金을주고 세간을사며 萬金을주고 이웃을산다는 말을생각하엿어 特別히容恕하여 한번容恕하여준다 19、孟老哥는 참으로 大人의氣象이잇오 自己를 毁言하는사람에게 對하야容恕만 하여줄뿐아니라 도리혀 그가中路에서 비에떠키여못온 의말대로하면 그것은도리혀相關이업으나 만일賊患이나 或은病이잇다면 安心치못하겠오。 21、내가너에게일으노니 이번에는 特別히注意하여라 만일네형의面目을보지안는다면 맛당히拒絕하엿을것이다。 22、만일우리의原來交情을본다면 일의되고 아이되는것을不關하고 맛당히갓어그에게 도아주려이나와 다만 나를실여하는 사람이잇는데야 어찌하겠오.

副詞字的應用（三七）別說卽便、本當…只因雖然…諒來若是…固然

亥
櫛・叔

奈何。

23、若聽你的話、他本來 靠着你發財的、現今的人都知道 你靠着他過活。24、你不顧妻子 有錢就花的習慣、若是 早一天改不了、不但你一個人 成個窮鬼子、連你妻子也 都成餓死。25、若看現今的情況 就糊塗度日好、但爲將來的希望、人人這樣 勤效幹去。26、若看他的外貌、身體很健壯的樣子、但聽他的話 有了癆病了。27、若是 你的叔叔 眞正搬到此地來住、固然買妥那塊田莊好。28、這門親事、徃後若合 他們的意、固然咱們都好、萬一不合他們的意、豈不受了一輩子的埋怨。29、若是 他沒忘舊交 固然是照應你、但是 人情刻薄的現代 那也靠不住。

註…本課에서는 某種의 單語下에는 반듯이 或種의 單語가 相隨하야 上下가 關聯되는 一種의 公或을 示한것임。

㉓、만일당신의말을들으면 저이가原來당신으로因하야 돈을벋앗는데 지금의사람은모다당신이그로말미암어生活을하는줄로만아오。㉔、당신이妻子를不顧하고 돈만잇으면곳쓰는버릇을 만일하루밥비 곳치지못하면 당신의妻子까지도모도굼어죽한窮한鬼神이될뿐아니라 당신한사람만窮한鬼神이될뿐아니라 당신한사람만窮한鬼神이될뿐아니라。㉕、만일지금의形便을본면곳아무렇게나날을보내는것이좋지만、다만將來의希望을爲하야 사람마다이렇게勤懇하게하여가는것이다。㉖、만일그의外貌를본다면身體가매우健壯한것같지만 그의말을들으면肺病이있오。㉗、만일당신의삼촌이참말이곳로移舍하야온다면 當然히그田莊을사두는것이좋오。㉘、이婚姻이이뒤로 當然히우리도모도좋지만 만일저이들뜻에맞는다면 當然히우리도모도좋지만 만일저이들뜻에맞이아니하한다면 어찌一生의원망을받지아니하겠오。㉙、만일그가舊交를잊지아니하얏으면 當然히당신을도아주겠지만다만 人情이刻薄한現世이라 그것도믿을수없오。

第九十八課 副詞字的應用 (元)

寧可…不、寧肯…也不、免、
還、寧…也、寧肯…也要、還、
能…不、能可…還、也不、能肯…也要、與其…不如。

1、他說寧可 出去討飯吃、也不能受 繼母的打罵。
2、寧可做善事 受十日的苦、不可做壞事 亨一日的樂。
3、但聽過 寧可捨財救人、不可圖財害人的話、總沒有 看過那種人。
4、我爲你 勸他說和、他就說 寧可同你 打官司、把錢都花在衙門裏、也不肯 和你說和。5、依 我的意思 打官司本不是個好事、無論輸贏 總得花錢 的、寧可 找個一百五六十元、跟他說和、免得去跪 官跪廳。6、我願意 寧可 富而樸實、不肯貧而奢華。
7、寧可 健壯吃窩頭、不肯 有病吃人蔘鹿茸。8、她說

제구십팔과 부사자의응용 (元)

❶그가 말하기를 차라리 밖에나 갓어 밥은 비러 먹을지라도 繼母의 虐待는 밧을수 없다고 한다
❷차라리 착한일을 하고 十日의 苦生을 바들지 언정 못된일을 하고 하루의 樂을 밧을것은 아니 된다.
❸다만 차라리 재물을 흣터여 사람을 救濟할지언정 재물을 圖謀하야 사람을 해롭게 하 엿어는 안된다는 말만 들엇어 도모지 그러한 사 람은 보지못하엿다. ❹내가 당신을爲하야 그에 게 和解하라고 勸告하엿더니 그가 말하되 차라 리 당신과 訴訟을하야 돈을 모다 官廳에다 써 내버릴지라도 當身과 和解하기는 不肯한다. ❺나의마음 같으면 訴訟하는것이 本 來좋은 일이 아니오 勝敗를 勿論하고 도모지 돈을 쓰는것이니 차라리 一百五六十圓을 찾고 와 和解하는것이 官廳에 갓어 꿀어 앉는것을 免 하게되오. ❻나는 차라리 富하야 儉素하고 싶 지 貧하야 豪奢하고 싶지는 않다. ❼차라리 健康 하야 좁쌀떡을 먹을지언정 病이 있어 人蔘과 鹿 茸 먹기는 싫다. ❽그女子가 말하되 간번에 산 그 비단 正이 빛갈도 시체에 맞지않고 兼하야 아조

副詞字的應用 (三八) 寧…地寧…不寧…莫能…不與其…不如

上回買的那正綢緞、顏色也不合時樣、並且不很結實、這回寧可 多花幾元 也要頂好的。9. 我們 寧可 多走 二十來里路、也上老田的家去 見見面、若是他以後聽了 我們這過門不找的話、可不生氣嗎。10. 古人說『寧爲太平犬、莫作亂世犬』、11. 『寧隔千層山、不隔一層板』、就說人的骨肉至親 和投契的朋友、雖是活隔千山萬水、還强似死隔一口棺材。12. 他雖然我的朋友、這樣寧肯甘心受屈、不肯叫我被害、眞是 不可多得的朋友。13. 遇着大荒年的時候、有人說 『寧肯 父子離散各自逃命 還强似 都在一塊兒餓死』、又有人說 『寧肯 彼此離散』、這樣看起來、人心互相大不相同。14. 『這件事 不但有了 我一身一家的關係、就

즐기지도 아니하니 이番에는 차라리 몇元을 더 쓰더라도 제일 좋은 것을 요구한다 하오. 9. 우리가 차라리 二十餘里를 더 걸지라도 老田에 집에 갔어 만나 봅시다 만일 그가 이 뒤에 우리가 過門不入 하였다는 말을 들으면 골내지 아니 하겠오. 10. 古人이 말하되 차라리 太平時의 개가 될지언정 亂世의 百姓이 되지 말나 하였지만 나는 말하되 차라리 太平時의 鬼神이 될지언정 亂世의 개도 되지 말나고 한다. 11. 차라리 千겹山에 隔할지언정 한겹나무쪽에 隔하지 말나 합은 곳사람이 骨肉至親과 뜻맞는 친구가 비록 살엇어 千겹山과 萬구비물에 隔하엿드라도 오히려 죽어 한쪽널에 隔하는 것보다 낫다고 말한 것이다. 12. 그가 비록 나의 친구이지만 이렇게 甘心하야 차라리 억울함을 받을지언정 나로 하여금 害를 보게합은 不肯하니 참말로 많이 엇을지 못할 어떤 사람 친구이오. 13. 큰凶年을 맛낫을때에 어떤 사람은 말하되 차라리 父子가 흩어져서 各其 逃命하는 것이 오히려 모두 한곳에서 굶어죽는것 보다 낫다고 하고 또어떤 사람은 말하되 차라리 합하야 굶어죽을지언정 各自로 흩어지기는 싫다고 하니 이렇게 보면 사람의 마음이 서로 크게 같지 아니 하오. 14. 이 일이 나의 一身一家에만 關係

是我們全縣人民 生死的關係、寧肯傾了家 要和他拚一揑、也不能白受他的愚弄。15,'我聽有經練 還有年老的買賣家說、寧肯 少貪點兒利、還是 賣現錢上算 16,俗語說『能上大廟去 作鬼、不上小廟去 作神』。17,'能可(能肯)給他幾元盤費 叫他快走、還勝似叫他老在這裏白住。18,你不用想僱着人、能可 自己受點兒忙、還強似 僱一個不聽說的人。19,錢掌櫃 真是個愛錢不愛命的人、他常說 能可 割自己身上的一塊肉給人吃、也不肯 比心血更重的 一文錢 給人花。20,能肯(能可)拔刀自殺(自刎)、也不肯 受你們的打罵欺負。 21,'算了罷、我在這頭上 能肯吃點兒虧、也不肯和他們爭鬥。22,馬大哥 眞是個豪傑、他吃早飯愁晚飯的、但每逢朋友的時候、能肯 把靴押了 也要喝一

곳우리全縣人民의 生死에關係가되는것이므로 차라리家産을다하야 그와닥듸려볼지언정 그냥그의欺瞞을밧지는못하겟오.⑮내가經驗도잇고 年老한 商業家의 말하는것을들으니 차라리利를좀적게남기고 現金으로파는것이 오히려利라고한다.⑯俗言에말하되능히(차라리)큰절에갓어 鬼가될지언정 적은절에갓어 神은되지말라고하엿다 ⑰차라리그에게몃원路資를주어서 그가속히가게하는것이 오히려그를늘이 곳에서 無端히 생각하지마시오 차라리 말을듯지않는 것이 오히려 기지않소. 그보담낫다. ⑱당신은 사람이 밧븜을 조곰맛보는 것이 늘 말 안듯는 사람을 둘으로 돈만액기고 목숨은 액기지않는사람이오 ⑲錢掌櫃는 참으로 돈만액기고 自己몸의 한첨살을 베혀 남을줄수잇다고하오。 ⑳차라리칼을빼여 自殺을할지언정 당신들의때리며 욕하고 罵수이역이는것은 밧기싫소 ㉑그만두오 내여기에서 차라리좀損害을불지언정 그들과싸홈하기는싫소。 ㉒馬大哥는참말호걸이오、아츰을먹고 저녁을걱정을하는사람이지만 朋友를만나면 능히 靴를典執하고래도

副詞字的應用 (三八) 寧…也寧…不寧…莫能…不如其…不如

寧。酌。僅。辛祀。

23、我想、與其借給他 終久不能領、不如白給他 作個人情好。24、與其 事情壞了後憂愁、不如 事前多 加斟酌。25、不可輕易打仗 總得 量力而行、與其 到 底勝不過他 求和、還不如起頭 不打仗好。26、與其在 家 辛辛苦苦的過活、不如上南洋去 做一個 小本生意 好。27、看孩子的天才如何 纔給他念書好、與其 念書 而不成、不如早早的下書(退校)做莊稼好。28、與其在 城市 當個苦差 僅僅過日、不如 挫鄉下去 做莊稼 享 了個清雅的快樂好。29、與其 等父母死了去、殺猪宰 羊的祭祀、那趕上 趁着父母活的時候、不虧他的口腹 依順他的心願呢。

註::本課도 前課와 同一한 一種의 公式으로서「차라 리…지언정」의 類語가 或種의 單語와 相聯되는 바의 諸例를 示한것임。

다만 친구를 맛날때 마다 차라티구두를 典當잡 혀서라도 술한잔은 먹으려하오。23、내생각에는 그에게꾸어주엇다가 結局받지못하는것보담 그에게그냥주어 人情을쓰는것만같음이없 겠오。24、일이결단난뒤에 근심하는것보담일 이결단나기前에 좀더酌量하는것만같지못하 다。25、輕忽하게써 홈할것은아니고 도모지힘 을헤알여어 行하여야 求和하기론 오히려애초 에싸홈하지않 는것이좋을것이다。26、집에서아조辛苦스럽 게살림살이하기론 南洋에갓어적은資本으로 장사하는것만같지못하다。27、아희들의재조가 어떤것을보아서 그에게글읽기는 것이좋다、 못하야 成功하지못할터이면 일즉이글 을그만두고 농사짓는것만같지못하다。28、城 市에서적은벼슬을하야 僅僅히지내기론 시 골에갓어 농사를짓고 淸雅한快樂을누이는 것 만같지못하다。29、父母가죽은뒤에 猪와羊을잡 엇어 祭祀지내는것이 어찌父母가生存할때에 그에게배를주리지않고 그의마음대로 順應하 는데밋이느냐。

二六六

第九十九課　副詞字的應用 (完)

也…何況　曾、嘗。

1、若辦這件事情、連他們也不能的、何況(況且)是我們。
2、銀錢這樣鬧饑慌的時候、他也僅僅過活、何況幫助你麼。
3、凡事總得殷勤、而且小心也難成功、何況像你這樣疎忽、還又懶惰豈不失敗。
4、那本哲學書是專門究攻的人也不容易理會、何況(況又)你們中學生的程度呢。
5、你上王姑娘跟前、做個使喚也說不定準、何況和她說結親。
6、對于人家的是非就是親眼看見、親身聽見也不好作證、何況風聞聽來的呢。
7、請你別見怪、我們應當爲你榮、也吃得的、何況家常現成的幾碗(碟)菜幾盅酒呢。
8、人在社會上、言行一致、也不容易過得去、何況⋯

제구십구과　부사자의응용 (完)

❶ 만일 이일을하려면 그들도못하는데 하물며우리들이겠오。 ❷ 돈이이렇게恐慌한때에 그도僅僅히生活하여가는데 하물며당신을도아주겠오。 ❸ 凡事를도모지 부즈런하고 또조심하여도 成功하기가어렵은데 하물며당신갖이 疎忽하고 또懶惰하고야 어찌失敗를아니하겠오。 ❹ 그哲學冊은專門으로研究한사람도 게알수없는데 하물며당신들中學生의程度이겠오。 ❺ 당신이 王處女앞에갓어 심부름을하여준다하여도 꼭된다고말할수없는데 하물며그處女와結婚을말하오。 ❻ 남의是非에對하여 곳제눈으로보고 제몸으로들어도 證人서기가좋지못한데 하물며風便에 듣는것이겠오。 ❼ 請컨대당신은 흉보지마시오 우리가맛당히 당신을爲하야 料理店에갓어料理도식혀먹을터인데 하루며집에서普通으로맨드러놓은 몇그릇料理와 몇잔술이겠오。 ❽ 사람이社會에서 言

副詞字的應用（三九）也…何…況…會…

像他胡說亂行 誰能信他。9,我們莊稼人、小米飯藍粗布 也是難得的、何況 吃洋菜（西菜）穿洋服（西服）的話呢。10,你別誇海口 連你家眷也 難以養活的、何況 為人家照甚麼應呢。11,別人受了 像你那樣的苦也當幫助的、何況 我們村莊人、都蒙了 你的恩了呢12,不但中國人 欽慕他的偉蹟、連外國人也都 讚揚他、何況 我們有了 同志的關係。13,血汪汪的年輕人 也在這樣緊冷的天 不能來的、何況 像您羸布剌的老人家親來的 叫我們實在 不敢當了。14,為甚麼、上廟燒香求福、那神 連自己也 保佑不了的、何況 保佑人呢。15,法律學校 畢業以後 當個敎員的人們、一時有了官司 也依靠律師、何況像我們 沒有見識的人呢16,我被他吃了 這麼大的虧空、眞是夢裡也 想不到的

行이 一致하여도 지내기가 쉽치못한데 하물며 그와같이 합부로말하고 란잡히 行動을하면 누가능히 그를밀겟오。9,우리農軍들은 좁쌀밥과 藍色粗布 洋服도연기가어렵은말이고 洋服을입는 말이 될것이오。9,당신은 흰소리를 하지마오 당신에식구도살기가 어렵으면서 ⑩다른사람이 당신같이 그렇게 苦生하여 도당히 도아줄터인데 하물며우리 동내사람이 당신의은혜를입음이겠오。⑪中國사람만그의偉蹟을 羨慕할뿐아니라 外國사람까지도 그를稱讚하는데 하물며우리는 同志의關係가잇음이겠오。⑫血氣가注汪한靑年도 그몸시추은날에 오지못할터인데 하물며당신 게몸시허석衰弱하신老人으로서몸소오시니저이들로하야금참으로敢當할수없읍니다。⑬무엇하려절에갓어 香불피고 祝福하느냐고 그神이 自己도保佑하지못하는데 하물며남을保佑하여주겟오。⑭法律學校를卒業한뒤에教師가된 너들도 한때에 訴訟이잇으면 辯護士에게依賴

戲

若是早知道一點、未曾防備了呢。17、他還未曾說完、你們裏頭也有 躺在地下放子(放賴)的、也有出去 跑去跑來的、這是甚麼體統。18、那是完全的謊話、那有未曾聽本人的口供、先定人的罪呢。19、我也明明聽了 那樣的話、却怕他們 互相反目、因此假粧 未曾聽見。20、我從前 連這些小的東西也 未曾丟過、昨天在車站 忙的不留神 把錢包丟了。21、你爲甚麼不相信、我在平常的信未曾打過圖書(戳子)、這次特別的 署名戳印了。22、他說從來不曾有 這樣的病、前天吃了 新下來的甜瓜、泄了幾回肚 以後得的。23、我也頭前 脅吃過這樣的虧、一直的徃前幹去、總有得到的日子。24、你曾發過大財、就置下產業罷、若不然 像你那樣 好花的手、不過幾年 就落了空了。25「看他的擧動 和聽他的說

하는데 **물**며우리들같이 見識이있는사람이겠오。15、내가그에게이러한 큰 損害를본것은참 말꿈에도생각하지못하였오、만일일즉이알엇더면어찌하여야 防備하지아니하엿겠오。16、저이 가아직도 말을다하지아니하엿는데 당신들은中 에땅에누어둥굴고 또밖에나갓어오라 가락떠 여다니는너도 잇으니 이것이무슨體統이오。⑰、그것은完全한거즛말이오 어데일즉이本人 의口供을듣지아니하고먼저사람에게罪를定하는것이잇겠오。⑱、나도그러한말을分明히듯 지만 그들이서로反目이될가무섭어함으로 일 부러 일즉이듣지못한체하엿소。⑲、내가前 붙어 小小한물건까지도 일즉이잃어버린일이 엇는데 어제停車場에서밥엇어 注意를아니하 엿더니돈지갑을잃어버렷오。⑳、당신이어찌 야밀지아니하오、내가普通편지에 일즉이도 장을찍지아니하엿는데 이번에特히일홈쓰고 도장을찍엇오。㉑、그의말이그전붙어 일 즉이이러한 病이없엇는데 그젼에새로난참외 를먹고 몇번泄瀉한뒤로 얻은것이라고합니 다。㉒、나도앞서일즉이 이러한損害를보앗지 만 한결같이앞으로하여나가면 도모지目的을

269

副詞字的應用（三九）也…何況…曾…嘗

話、曾受過大苦 也曾享過大福。26、他曾在清朝 做了一個大官、又在南北兩政府裡 都做過大官、更在黨裡頭 也算一個元老、這麼看來 元老是 真算 有名的元老 略。27、當時你勸我的 何嘗不是好話、何嘗不願意了呢、依我的情形 非做那樣不可、因此南遷北跑的。29、當現在的情形 就沒法子喇。28、何嘗不怕冷 不怕熱 初我不聽 你勸的話、未嘗不後悔的、無奈 事到這個景況、後悔也 趕不及。30、事情已到急頭、打電報 也 趕不及、我們替他辦也 未嘗不可。

註…本課의 上半段은 亦是前課와 如히「也……何況」은 一種의 上下關聯的公式이오、下半段은「曾」「嘗」二字를 活用하는 類語니라。

到達하는날이잇지오。㉓、당신이일즉이큰돈을 못앗거던 땅을사두시오만일그렇게하지아니하면 당신같이 그렇게 돈잘쓰는 솜씨에 뗄해 가지나지아니하여 곳한푼도없을것이오。㉔、저이의 擧動을보고 저이큰苦生을보 으면 일즉이른苦生도하여 보왔 으며 일즉이큰호강도하여 보왔 소。㉕、저이가일즉이 아로따지니 南北兩政府에서 大官도지냇고 더욱黨안에 元老는 참말로有名한元老로 따지니 이렇게본다면 元老는 참말有名한元老로따지지다。㉖、그때에당신이나에게勸告한말이 어찌말이아니며 어찌일즉이願하지아니하엿오만 신이나에게勸한말을듣지아니한것을 일즉이이지경에 아니하여엿오。㉗、어찌일즉이추운것을무서워아니하며 덥은것을무서워아니하 오만 지금이形便이 그렇게아니하면아니됨으로 東奔西走하는것이오。㉘、애초에내가당신의勸한말을듣지아니한것을 일으려서는 後悔하여도밀지못하오。㉙、일이이미急한데當하엿으니 電報를놓나도 밀지못할것이니 우리가그들代身하야 處理하는것도 그리아니될것은없오。

第一百課 副詞字的應用 (四)

而、而且、且又、並且。
加點兒、還帶着、又搭着、再者。

1、大家 不用上當了 她的 似是而非的話。 2、我從來 看過 學而知之的、沒看過 不學而知之的、所以 生而 知之的話、是沒影兒的瞎話。 3、你就不當說而說、當 說而不說、誰能和你講理呢。 4、『說着容易、做着難』 的意思、就是 能說而不能行的。 5、別愁 倘們暫時的 分離、合而分、分而合者、自古以來 天下常有的事。 6、我看他 天分也高、而且 用工也很殷勤、後來必有 出息。 7、你這個人 不老不少 而且 也不是個殘疾的 怎麼這樣 討飯吃呢。 8、你還說 我昇官發財、現今的

제일백과 부사자의응용 (四)

❶여러분은 그女子의옳은것같고도 글은말에 넘어가지마시오。❷내가前부터배워서아는사 람을 보앗지 배호지않고 아는사람은보지못하 엿다 그럼으로 生而知之라는 말은 그림자도없 는거즛말이다。❸당신은곳맛당히말하지아니 할때에 말을하고- 맛당히말할데는 말을아니하 니 누가당신과능히경우를따지겠오。❹말하기는 쉬어도 하기는 어렵다는 뜻이 곳말하기는 能 하면서行하기는 能치못하다는 것이다。❺우 리가暫時間分離하는것을 격정하지맙시다、合 하면흩어지고흩어지면合하는것이自古以來로 天下에恒常있는일이오。❻내가보기에는 저 이가재조도많고 兼하야工夫도매우勤懇하게 하니 將來에반듯이 希望이있오。❼너이것 아!늙지도않고 젊지도않으며 또는疾病도없 는것이 어찌하야이렇게 밥을빌어먹느냐。 ❽당신은그래도 나더러벼슬이오르고 돈도모

副同字的應用（四〇）而・且・加・又・還・再

翼亮
渡姻
鍊

薪水 每月領了三四成、實在說起來 不過糊口而已。
9、你不必推讓、快點兒出頭（出馬）罷、因爲你有閑着的工夫、而且也有 辦事的才幹。10、舒青山那個人、原來有了聰明和資格的、而且賺了十多萬元這就是老虎添翼了。11、像他一種拉（邋拉渡、拖渡）的人、不但是不能成事、且又徃徃誤事。12、你淨拿 匪類的事做去、把家業 竟弄了 水盡鵝飛、不但對不住 親戚朋友、更對不住 自己的良心罷。
且更對不住 父母兄弟、又不但對不住 父母兄弟、且更對不住 妻子兒女、又不但對不住 妻子兒女、且更對不住 自己的良心罷。13、他們倆的親密、不但朋友的、交情、並且有了 姻戚的關係。14、你的身體 沒甚康健、並且有了那種病、望你特別的調治罷。15、此地方 不但是荒年、並且有了 年年的匪患、弄個老百

薪水를 每月에 三四割밖에받다고말하오、지금月給을 달마다 三四割밖이에받지못하야 참으로만하자면 입에풀칠하는데不過할뿐이오。9、당신은반듯이 ⑩밀며사양할것이아니라、속히나섯이오、당신은時間와 여유도잇고 또는處事에才幹이잇는까닭이오 ⑩舒青山 그사람은 原來에聰明과資格이잇는 의것은곳범데다 또 十餘萬元의돈을못앗스니 의것은곳 범에게날개를더한것이오。⑪그와같이 一種懶弛한사람은 成事치못할뿐이오 또는徃徃히 일을그단내오。⑫당신은원통옵을줏만하엿어 家業을竟에는破産을벗으니 親戚과親舊에게부끄러울뿐만아니라 또한父母兄弟에게부끄럽고、또妻子에게도부끄러울뿐만아니라 또妻子에게도부끄러울뿐만아니라 또한더욱自己良心에도부끄러울것이오。⑬저이들둘의親密은 親舊의 交情뿐만아니라 兼하야또姻戚의關係가잇오。⑭당신의身體가매우健康하지못하고 겸하야 또 그러한病이잇스니 바라건대 당신은 特

二七二

姓們 死也死不了、活也活不了了。 16、天氣太熱了 拿碗雞絲兒拌粉皮、多加點兒 黃爪。 17、先生 實在不殼本價(本兒)、請您 加點(添點)兒錢 就賣。 18、我這陪送了 一個女兒、又娶了 一個媳婦、再加上 蓋幾間房子。 19、起頭太旱 末了 又加上洪水、今年的年頭、比去年 也沒有 十分的希望。 20、你年老的人、又帶着病了感冒、怎能 今天起身呢、再住幾天治好 再走也不遲。 21、你是個 沒像人家的 天分好、還帶着懶工夫、將來怎能成事呢、再照這樣下去、反為 趁早拉倒好。 22、這城裡 本來 不講衛生、又搭着天氣 乍冷乍熱(忽冷忽熱) 的、所以就容易 發了傳染病。 23、他的體格本來也好、又搭上 穿着軍服 帶着軍刀、又騎上 一四

別히 治療하시오。 ⑮이끔은 凶年뿐만아니라兼하야또해마다 土賊의 患이있어 百姓들을죽을야도 죽지못하고 살야도살수없이한다。⑯날이너무덥으니 양장피에 닭고기를가늘게써러넣되 외를좀많이넣엇어 한그릇갖어오너라。⑰先生 참말로본값도되지않으니 請컨대 당신이 돈을좀더주시면곳팔겠오。⑱내가이동안시간도없고 남은돈도없오、이一二個月안에 딸한아를시집보내고 또며누리한아를얻고 또몇간집을지은까닭이오。⑲처음에는너무도 감을더니 나종에는또洪水를加하엿어 今年의年事도 昨年에比하면 十分의希望이없오。⑳당신! 나이많으신네가 또兼하야感氣까지드시면서 오늘어찌能히 길을떠나시겠오 몇일을더하시고 完治가되거던 다시가서도늦이아니합니다。㉑너는 남의재조만치 좋지도못하면서 게다가또工夫를싫여하니 將來에어쩌能히成功을하겠느냐、다시이대로나아간다면 도리허일즉이 그만두는것이 좋겠다。㉒이城內에서는 本來 衛生을아니하는데다가 또

副詞字的應用（四〇）而、且、加、又、還、再。

大馬、走的實在羨慕。24、你別說 監裡的生活、帶着手烤、脚鐐、又被鐵鍊捆鎖這些刑罰既經受的、再搭上臭蟲咬、蚊子叮、連抓也抓不着（攟攟也摸不着）眞是苦惱極了。25、前天晚上 我們的莊上 失了火、又搭上起了暴風、火勢猛烈的時候 忽然間下了一陣大雨 把火都滅了、再不然 差一點兒 合村的房子 都燒成一片灰土了。26、你比他 多了十幾歲、應當愛如親弟、再者 打狗看主人、他就是 得罪了你、你也該 告訴我 纔是、何必好動手 打他呢。27、你說外國人 來到中國 傳敎、是我們中國人的好處、我一點也不信、一來他們當初 仗着槍砲和軍艦的勢力 進中國、二來 傳敎是不過 外面粉飾的、究其內容 就是 探偵我國的情形、鬧起話柄 勒締條約 占領國土、再是 他們各處

兼하야일거가 갑작이추엇다 갑작이더웟다 함으로 곳傳染病이發生되기가쉽다. 23、그의體格이原來 좋은데다가 또兼하야軍服을입고軍刀를차고 도튼말한匹을타고 가는것이참말로 부럽더라. 24、당신은監獄의生活을말하지마시오、手匣과足鎖를채우고、또쇠사실로묶엇어 여러가지刑罰만하야도 이미넉넉히하는을만한 데도兼하야가믈고 모기가물어서금 을여하여도금을수업스니 참말로흠석괴롭소 25、그젓에저녁에 우러마을에서불이난는데 겸하야暴風이불어 火勢가몹시猛烈할때에 련히큰비가 한바탕와서 불을다꺼것엇오、그럿 지아니하엿더면 왼마을의집이모도탓을 춤재가될벗하얏오. 26、네가저애보담 十餘歲 를더먹엇으니 맛당이 사랑하여야 할것이고、또는개를때려도 主人의낯을본다 고 저애가곳너에게罪를지엇으면 너도맛당히 나에게말하여야만옳지 어찌반듯이 저애를때리느냐. 27、外國사람이中國에와서傳敎하는것이 우리中國사람에게좋을일이라고

第百一課　形容詞和副詞(一)疊字

立學校、開醫院、他們還能 白花錢、白出力嗎、無非是巧奪民心 養成自家犬鷹、占奪我們 四萬萬同胞的 性命和財產 就是了。

註…本課에서는 「또한」、「다시」、「아울러」等의 類語를 活用하는 例를 示한 것임。

1. 這一向 天氣不好、昨日霧騰騰的、今日忽然冷颼颼的、叫人容易生病。 2. 人家說 天橋熱鬧鬧的好、依我看 街上亂轟轟的、家家鬧嚷嚷的、並且臭轟轟的、實在叫人難過。 3. 我要吃 這新玉米(包米)餅子 甜甘甘(甜絲絲)的、硬爭爭(艮硬硬)的、給我熱騰騰

제백일과 형용사및부사(一)첩자

당신이말하지만 나는 조금도 믿지아니하오 첫재로 그들이애초에 槍과 大砲와 軍艦의 勢力을 믿고들어왓고 둘재로 傳道는 外面의 修飾에 不過하고、그內容을 보면 곳우리나라의 情形을 偵探하야 말거리를 맨드러 엿어 强制로 條約을 締結하야 國土를 占頷하고 또는 그들이 各處에 學校돈을 세우고 病院을 내는 것이 오히려 헛돈을 쓰고 헛힘을 드리는 줄로아오 모도가 民心을 巧妙하게 빼아 自己의 鷹犬을 養成하야 우리 四億萬同胞의 生命과 財產을 빼앗는 것이오。

❶ 이즈음日氣가 좋지못하오 어제는 안개가 흠석끼더니 오늘은 갑작이 바람이몹시차어사람으로하여금 病이나기쉽게하오。❷ 남들은 天橋가 흠석繁雜한것이 좋다고 말하나 내가보기에는 거리가너무벅을거리고 집마다몹시떠드는데 또惡臭가몹시도甚하야 참말사람으로하여곰견듸기어렵게합니다。❸ 나는 이새로난강냉이(옥수수)떡 말랑말랑(보드레)하고 쫄깃쫄깃한 놈으로 뜨뜻한

形容詞和副詞。(一)疊字

嫩。 亨。 護。 嫩。 餞。 醃。 醯。癡。

的飯、也不換。4、我看 這個海參 燉的不好、吃一口沒有別的味兒、就是醃律律(醃湛湛)的、還帶些苦參參的。5、這小點點的孩子 真愛唱、整天家 嘴裡唱謳謳(哼唧唧)的。6、這塊肉 到底硬剌剌(硬爭爭)的沒煮好、怎能吃得來呢。7、亨子(涼亭)前邊 那裸白梅花素淡淡的、不及那裸紅牧丹 現活活。8、你已經過了 五十多歲的人、還紫裏的 現活活(華奢奢)的、又臉上嫩俏俏(嫩和和)的、彷彿年輕人喇。9、這種蜜餞菓子 酸溜溜的、甜絲絲(甜蜜蜜)的、實在好吃。10、他愛吃辣辣辣的、名擱辣椒麵 也吃得。11、哼、你說他有聰明、我看他 肉餒餒的一個臉、癡獃獃的兩個眼睛、半點也不帶聰明。12、他 新蓋的 房子 不但、院子 廣濶、並且高亮亮(高梢梢)的、寬綽綽

양떡을먹으려구화오 달콤하고좀 젓々한것이나에게뜨근뜨근한 밥을주어도 싫우지않겟오。❹나보기에 이海蔘을 삶은것이 좋지않소 한입을먹으니 다른맛은없고 곳몹시잔데 또醃하야몹시쓰오。❺나조적은아희가 참말노래하기를좋아한다 終日입안으로 무가만가만어 소리를하는구나!。❻이고기덩이 結局은 매우질긴것이 잘삶지못하엿으니어쩌能히먹어낼수있오。❼亭子앞에白梅花는너무나素淡하엿어 그紅牧丹의華麗한것만못하오。❽당신은이미五十餘歲가지난사람으로 아즉도옷맵드림이가 흑석華麗하고 또얼골이흑석곱읏엇어 젊은사람과彷彿하오。❾이러한蜜물에재인 菓物이흑석시고도 흑석달엇어참으로먹기좋소。❿저이가흑석매운것을잘먹으니 고초가루를더쳐도먹소。⓫흥 당신은저이가 聰明하다고말하지만 내보기에는저이가 살이흑석찐얼골에 흑석멀둥한두눈이 半點도聰明이잇어보이지아니하오。⓬그가새로지은집이 但、院子 廣濶하고 멋붓한두집이 이잇어 보이지아니하오。

相敵　暢　詠　敦　挺　森　喘噓

（寬敞敞）的、人住着　極暢快。13、買給你　紫微微（英英）的　嫌牠少帶一點　紫色、若買給你　紫烏烏（紫夠夠）的、就嫌牠太紫、到底敎我　買甚麼樣的呢。14、她來的時候　冷淡淡的、去的時候　笑眯眯的、臉上紅鋪鋪的、是甚麼緣故呢。15、看她的孩子、長的胖敦敦的、成天家在家裡　死挺挺（死獸獸）的、一個指頭也　不動彈、那能有飯吃的。16、你還說他窮嗎、成天家在家裡　死挺挺（死獸獸）的、一個指頭也　不動彈、那能有飯吃的。17、天氣太熱　別的不想吃、就給我　凉森森（凉陰陰）的、綠豆稀飯來罷。18、我說你　往後老實實的罷、不要動不動　睜睜的動手動脚。19、你有甚麼急忙的事、這樣喘噓噓的　還又汗津津（汗露露）的跑呢。20、你既然做的話、要麻俐俐的、不要　帶作不（推前擦後）的。21、我剛在這裡　眼睜睜的、看見你的

마땅만넓을뿐아니라 氣하야 높고,도밝으며 흠석넓엇어 사람이居住하기에 極히快暢하오。⑬당신에게엷은紫色을사다주면 그紫色이좀적다고싶여하고 만일당신에게 眞紫色을사다주면 곳그것이너무眞하다고싶여하니 結局은 나다려어떠한것을사오라하오。⑭그女子가올때에는 몹시도쌀々하더니 갈때에는 얼골이흠석붉어 자란것웃으니 무슨까닭이오。⑮그女子의아이를보니살이흠석 뚱々하고 이조곰도病이없오。⑯당신이그래도 저이가窮하다고말하오、완全終日집에서죽은놈처럼 뻬뻬하게한손가락도 놀이지아니하니 어찌能히밥먹을것이있겠오。⑰日氣가너무덥어서 다른것은먹고싶지않으니 곳나에게 흠석쌰늘한 綠豆로쑤은죽을갓다주오。⑱내가에게말하노른것은 이뒤로는좀흠석溫順하여라 시척하지말어라 부릅뜨고 手足을움직이여가며 때려지말어라。⑲당신이무슨急한일이잇기에 이렇게숨을헐덕어리고 또땀이뺄뺄나게다니나오。⑳네가

形容詞和副詞。(一)疊字

搗砂。
屁沁。
炒焗。
矜。
蹂褡。
鼓彭。

二嫂子 快搗搗(勵搗搗)的過去、你還翻眼說 我謊嗎。22、你稱給我、高拉拉的、稱了這樣 低拉拉的、不殼一百、僅僅殼九十五斤罷。23、你年年 淨乾乾(淨立立、淨落落) 的 得了兩千多塊錢、怎麼這樣 孤單單(孤伶伶)的 過活呢。24、南莊上 朱家的 老人家死去、全家發孝、眼裡酸拉拉的 哭起來、一進屍身的屋裡、就覺着毛沁沁(勝巴巴)的咯。25、你小心做這個菜、不要炒焗了、炒的黃嫩嫩(黃生生)的 就得了。26、上回在你這裡 拿去的白麵、調起來(和起來)青須須、黑咻咻(的 一點也不白。27、權先生 還是壯實實的,說起話來、不慌不忙(不矜不蹂) 慢騰騰的、真是教人欽慕。28、你看他的褡褟(褡子)那樣長山山 長拖拖(的)還裝甚麼東西 鼓膨膨(飽鼓鼓)的呢。29、昨天 我跟湯朋善

거위할양이면 흠석빨이하고 할등말등하지마러라。21、내가 方今여기서·눈을똑똑이뜨고·당신의둘제兄嫂가 흠석빨이지나가는것을보앗는데 당신은그래도 도리혀 나다려거짓말을한다고하오。22、당신은나에게 흠석세게달아시오, 이렇게흠석처지게달면 百斤이不足되고 간신이 九十五斤밖에아니되겠오。23、당신이해마다 아모費用도없이 二千餘元을벌면서어떻게이렇게 흠석孤單하게 生活하오。24、南村朱哥네老人이죽어서 완집안이發喪하고 눈이시도록흠석우는데 屍體房에드러가면 곳머리곳이쭙벅쭙벅하게 무섭습되다。25、너는이菜를조심하여만들어 복는데 태우지말고 누른누른하거던 곳그만두어라。26、간번에당신네이끌에서 밀가루가 반죽을 하면매우검어서 ·초곰도희지아니하오。27、權先生은아직도 매우健壯하고 말을하면急하지도않고·밥브지도아니하여 듣는듣은말하는것이 참말사람으로 欽慕하게하오。28、당신이

第百二課 形容詞和副詞(二) 疊字

註…本課에서는 疊字下에 반듯이 的字를 添하며 其上에는 名詞或은 動詞其他의 字를 加하야 形容詞或은 副詞를 만들어 使用한것인데, 第十節까지는 形容詞이고 第二十五節로부터 末節까지는 形副兩品詞로 活用이니라.

1、昨天夜裡 亮堂堂的月亮、走路倒很好、就是衣裳濕糊糊的 覺着不好一點。 2、謝謝你、昨天送給我 新下來的黄瓜、脆生生的、鮮溜溜的、實在好吃。 3、車老三的外貌、雖然詭詐詐的、他的心裡 是直巴巴的、一點轉彎抹角的 地方也沒有。 4、你們這裡 添煤太多

一塊兒 回來的時候、有一隻狼、忽然跑出來、把他咬一口 血淋淋的、到如今想起來 驚慌慌的肉蔴了。

제백이과 형용사와부사(二)첩자

❶ 어제저녁에 달이 흠석 밝어서 길가기에매우좋으나 곳옷이몹시척척하야 좀좋지못하엿오。 ❷당신께감사합니다 어제나에게새로 온외를 보내주어서 흠석生生하고 흠석新鮮한것이 참으로먹기좋앗습니다。 ❸車老三의外貌가 비록몹시詭譎한것같지만 그의마음은 몹시正直하야 조금도 變通이 없오。 ❹당신들

보시오、저이의전대(자루)가 처럼게흠석긴대 또무슨물건을담어서 흠석불는가요。❷어제내가湯明善이와 갖이올때에 이리한마리가 별안간뒤여와서 그를한번물어서 피가 뚝뚝흘으든것이 지금에 생각을하여도 놀내고 무서워서 살이저려오。

形容詞和副詞。(三)疊字

肯 態․․ 揆擇 茂․․ 顢․․
  鄉

1、一進屋裡 熱呼呼的哪。 2、他的病 還沒有好、淨喝稀溜溜的粥、不能吃 爛糊糊的肉。 3、原生不是白生生(白肯肯)的娘兒們、雖然時時擦粉、也更不好看了。 4、這張紙太寬、快去再裁(切)一張 窄溜溜的來。 5、夏天的飲食、若不留神拾掇 酸漬漬的(酸滋滋的)就吃不得。 6、誰不知 睡覺的時候、鋪着 厚敦敦的褥子、蓋着軟和和的 被窩好呢。 7、你說于大不合式。 8、那個女人 富態態的身體、穿着 緊綁綁的衣裳、實在不大合式。 9、大哥、他現在 真好福氣、也不缺吃 也不愁穿、兒長的 齊整整(茂堂堂)的、並且身體 健康康的了。 10、你的媽媽 在家裡眼巴巴的 淨等你、到底你跑顛顛的 往那裡去呢。 11、人家雖說我 今年賺錢、却其內容 累巴巴的 賺不了多少了。 12、你別小看他 不會說話、

이여기에 石炭을넣 무담니넣어서 방안에만드러서면 환근거리오。 2、저의病이 아측도다 낫지못하였오 다만흠석물은 고기는먹지못하오。 3、原來 흠석희지못한 女子들은 비록때때로 분을발너도 더욱보기싫소。 4、이죠희가 너무넓으니 빨어갓어 다시 흠석좁게 한장잘너 갓어고오시요。 5、저女子가흠석富大한몸에 몹시좁은옷을입어서 참으로맛지아니하오。 6、여름飲食은만일注意하야 건우지아니히면 몹시쉬여서 먹지못하오。 7、잠잘때에누가 흠석둑겁은요를갈고 부드럽은 이불을덥는것이 좋은줄이야알지낫하겠오。 8、당신이 于大哥말을하니 그는지금 참으로禍이많소 먹는것도걱정이없고 입는것도근심하지아니하며 子孫들이모도튼튼자라고 謙하야 몸도흠석健康합듸다。 9、너이 어머니가집에서 눈이빠지도록 너만기다리는데 結局너는몹시急하게 어메로가노냐。 남

廖嘻昏潤
　　沈

就是他不輕易說、若說出來　乾巴巴(煞巴巴、重巴巴)的、誰也說不過他。15、王掌櫃　昨天夜裡　睡覺的時候　接坊失了火(走了水)、夢裡一聽見　叫喊的聲　就起來　赤條條的　在院子裡　張羅開了。16、下雨的天　自己出去、把衣裳　都叫濕拉拉(濕漬清)的淋了、還罵唧唧說人呢。17、廖仲三的家裡　樂孜孜(樂嘻嘻)的、就帶着笑嘻嘻的。18、到底你有　甚麼見識說出話來　霧罩罩(雲張論老少、臉上不帶着張、霧騰騰)的　一點也　摸不着準頭。19、他也不知道自己的病、他說不過幾句話　覺着昏沈沈的　頭發暈(發頭暈)。20、人若生的　俏皮皮(俏生生)的　不但好看、就是做活　也是爽俐(麻俐)。21、會做飯(弄飯)的、做(弄)的、油汪汪　油潤潤的、眞是好吃、那些不會做

들은 비록 내가 今年에 돈을 뭇앗다고 말하지만 內容으로는 흥석에만 쓰고 돈은 얼마 몽으지 못하였오. ⑭ 당신은 저이가 말을 출물은 다고 멸시하지마오, 곳 저이가 輕忽하게 말을 아니함이지 만일 말을 한다면 매우 鄭重하여서 누구던지 저이를 말하야 익이지 못하오. ⑮ 王掌櫃가어제저녁에 잠을 잘때에 이웃집에서 불이 낫는데、꿈속에고함질으는 소리를 듯고 곳일어나서 빨간 몽이로마당에서 도라다니였오. ⑯ 비오는 날제가 나갓서 옷을 모도흠신적시고 도리혀 중얼거리며 남을 욕하오. ⑰ 廖仲三의 집은 참으로 매우 和平하게 살임살이를 하여서 老少를 勿論하고 얼꼴에 매우 快樂한빗을 아니띄우면 곳병글벙글웃는빗을 띄웁듸다. ⑱ 結局은 당신이 무슨 識見이 있오、말을 하면 흐리명명하여서 곰도 標準을 잡을수 없오. ⑲ 그도 自己의 病을 알지 못하오 그는 말이 몇마듸를 아니하야 매우 昏暗하여저 머리가어즈럽다고하오.

中國語大典

二八一

形容詞和副詞。(二)疊字

狠^{헌}螫^{자}。
晃^{황}。

（弄）的不是做（弄）的、就是 水漬漬的、並沒有正經飯味。22、你若拿着 那樣的手藝 跟我去、一年吃穿以外、可以穩當當的 能挣三百元。23、這個獸子、爲甚麼 眼淚汪汪的哭、口裡不住的 絮絮叨叨 數黃道白呢。24、錢家的小老婆（姨太太）、雖然外貌老實 却心裡很巴巴、毒螫螫的昨天跟接坊（隔房）拿芝麻點兒的事、就惡狠狠（惡巴巴）的 罵起來。25、這樣明晃晃的日頭（太陽）竟下起雨、並且尖溜溜的 颳起風來了。26、他不關我 在家 不在家、快當當（快溜溜）的 做活的孩子、可惜 一害了瘟疫、頭髮竟掉了 光禿禿（光溜溜）的。27、他挑着 一百多斤的 沉重重（沉顚顚）的 擔子、怎能那樣 輕生生的走呢。28、天氣這樣 暖和和的天、不上公園散散心、有甚麼急事、這樣慌張張的

20、사람이만일어엽브게생기면 보기에만좋을뿐아니라 곳일을하는데도 시원스럽고 靈敏하여서 참오로먹기죵고 그지을줄몰으는이들은 흠석되게짓지아니하면 곳일을줄으는이들은 조곰도正當한밥맛이없오。21、밥지을줄몰으는이는 지은것이부들부들하여서 참오로먹기죵고 그지을줄몰으는이들은 흠석되게짓지아니하면 곳일을줄으는이들은 조곰도正當한밥맛이없오。22、당신이그러한손재조를갓이고 나를따러가면 一年에衣食以外에 極히穩當하게三百圓은남길것이오。23、이머저리가무엇때문에 눈물이찰찰흘으게울고 압으로쉬지않고 충얼충얼거리며 이러니저러니하느냐。24、錢家에妾이 비록外貌는順實하지만 마음은몹시毒하여서 어제이웃집과참깨에 極히흠석사납게욕을합디다 알만한일을갓이고 곳흠석사납게욕을합디다。25、이렇게喜석明朗한날에 비만오고 또도흠석猛烈하게바람이분다。26、저애는내가집에잇던지 없던지 相關하지않고 極히敏捷하게 일을하던아희로서 可惜하게한번瘟疫을앓며 머리털이왼통빠저서 아조빤질빤질하게되였오。27、저이가一百餘斤의 몹시묵어운짐을

第百三課 「光景」「至於」的類語

註…本課도前課와同一한者로서第十節까지는形容詞의疊字이고其餘는副詞의疊字이니라.

光景、景況、情形、形勢、局勢、樣子、或樣、氣派、行動、舉動、架子。

不至於、甚至於、甚至、以致。

1、這樣冷天、五六個孩子 餓的直找吃、產後的老婆 病的躺在牀上、這個光景、實在 叫人難看。2、你別問昨天省議會的光景、對于民政 不值一文的問題、甲論乙駁的 一件也沒議定喇。3、年來每逢 開國際會議的時候、雖然盟約 日軍備縮少、日不戰協約、却其各國 擴張軍備、預備戰爭、看此景況、一定免不了一大血戰。4、他近來 不上烟舘裏去 就上妓院、不上賭博場에가니 그形便을보면 그가발서망종이

제백삼과 「광경」「지어」의 유어

❶ 이렇게치운날에 五六名의아희들은 배곪엇어먹을것을찾고 產後의女子는 앞엇어자리에누엇으니 이情形은참말 사람으로하여금보기가어려웁다. ❷ 당신은어제 省議會의 情形을뭇지마시오 民政에 對하야 一文의價值도되지안는問題를 甲論乙駁으로 한가지도議定하지못하였오 ❸ 年來로國際會議를열때마다비록軍備를縮少하느니 不戰을協約으로 盟約은하지만 各國이軍備를擴張하며 戰爭을準備하니 이情況을보면 꼭一大의血戰을免하지못하겟다. ❹ 그가近來에아니가고 鴉片먹는집에 가지아니하면 곳妓生집에가고 妓生집에가지않으면 곳賭博場에가니 그形便을보면 그가발서망종이

披 筵

「光景」「至於」的類語。情形、局勢、氣派、架子、以致。

妓院去 就上賭場、看那情形 他早已成了下流（馬流、匪類）了。 5、我們每逢 請他的時候、不是家裏 有甚麼病、就說忙的 得不着空兒、看這樣 擤拖的情形、他早已不願意 跟我們交往的。 6、你退一步 他就趕萬步、也是白讓的。 7、原來請他們 軍政兩界的要人赴筵（席）、就是謀圖 息事寧人的、看其局勢、沒有一個披露良心和平統一不過夢想而已。 8、你這好搪拖的人、昨天 應了今天、今天 應了明天、明天 應了後天、看這個樣子、你原來 沒想還我的錢。 9、看他穿的樣子 好像窮鬼子、其實 怕吃怕穿的 一個財主。 10、他上鄉裏去 已經住了三年、看其式樣 他再不願意回到城市過日。 11、門旁有個汽車房 並有電話、看那

되었오。 5、우리가ㄱ를請할때마다 집안에무슨病이아니면 곳밖엣일을엄만수없다고 말을하니 이렇게미대는形便을보면 그가우리들과相從하기를 벌서붙어 願치아니하였오。 6、당신이한거름을물어서면 그는곳한거름을좇어나서고 당신이다시두거름을물어서면 그도또두거름을좇어나서니 이形勢를보면千萬거름을讓步하더라도 헛된讓步를하는것이오。 7、原來그들軍政兩界의要人을 請하야宴會에恭席하게함은 곳일을없이하며 사람을便케하기를圖謀한것인데 그局勢를보면한사람도 良心은披露하는者가없으니 和平統一은 夢想에不過할뿐이다。 8、너、이미대기찰하는者야 어제는오늘로말하고、오늘은來日로말하고 또모레로말하니 이러한모양을본다면 네가原來나의돈을 갚지아니하려고 생각하는것이다 9、그의옷입은모양을보면 窮한鬼神과恰似한대 其實은 먹고입기를 무서워하는 한개富者이다。 10、그가鄉村에갔어 이미三年이나살었다 그모양을보면 그가다시 城市로와서 살가

個氣派。他必定賺了 很多的錢。12、你別看 住宅的氣派說他有錢、若是查問底細 就是個債鬼子。13、那個人的 言語穩重、舉止端正、看這個行動 必是學界出身。14、他們兩個 原來很相投契、而且孩子們 都長好看其舉動 必是結了 兒女親家罷。15、他當初 說出一獻地 四十元賣、現在又說出 五十元、看這個架子必是 不願意賣的。16、他雖然 窮倒窮、尙不至於 餓死凍死的地步、我們在此時 給他幫助倒好。17、我昨天上 他那裏去看看、他的病 雖然見重、却不至於 外頭傳的話。18、患難 生忍耐、忍耐 生老練、老練 生盼望、盼望 不至於羞恥 纔好。19、去年遭了 空前的大荒年、不但 三天五夜 沒有飯吃的、甚至於 出個餓死的人了。20、昨天在那裏 人多尾窄、炕上擠不開 就打

를願치아니하오。⑪、大門옆에自動車倉庫가있고 兼하야電話도있으니 그氣勢를보면 그가 반듯이 돈을흠썩많이맛앗나보오。⑫、당신은 住宅의氣勢를보고 그가돈이있다고말하지마시오、만일根底를仔細하게물으면 곳빗쟁이오。⑬、저사람의말하는것이穩重하고 行動하는것이端正하니 이行動을보면 반듯이學界의出身인가보오。⑭、저이들이原來 心意가매우相合하고 또아희들도모도잘자라니 그擧動을보면 반듯이 사돈을맺으려는가보오。⑮、그가애초에는한뙈기 四十圓式팔겟다고말하더니지금에는또 五十圓을말하니 이形便을보면 반듯이팔기를願치아니합이오。⑯、그가 비록窮하기는 窮하지아니하지만 아즉굶어죽고얼어죽을 地境에는 이르지아니하엿으니 우리가이때에 그를 도아주는것이 도리혀좋소。⑰、내가어제그에게갓어보니 그의病이비록重하나 밖에서傳하는말까지에는 이르지아니하였오。⑱、患難에서忍耐가생기고 忍耐에서老練이생기고、老練에서希望이생기는데 希望에서羞

「光景」「至於」的類語。 晴形、局勢、氣派、架子、以致

個地鋪、連地鋪也 擠不開、甚至於 在院子裏也 睡的地方沒有。21、我在北平 住過十來多年、究竟 離了北平以後 實在老想着、不但 夢裏常見過、甚至於 一閉眼也 在腦帒裏。22、去年 我們的城裏 起了火、也有焦頭爛額的、也有 跳墻跌斷了腿的、甚至 婦人們急的認錯了 抱孩子 跑外邊來的 也有燒死的。23、晚上開船的時候 直迎順風 走倒不慢、那知 五更夜裏、忽然轉了北風、越颳越緊 浪如山倒、甚至 船要沈的樣子、幾乎 要死的時候 老天爺有眼 風靜浪平、叫我們縂保住了。24、我們的主人說、這月以內 叫你快還錢、甚至 不然鬧出打官司 也未可知。25、你若 強逼勒（	）他要錢、萬一叫他 或至於 變賣家產的地步、豈不是 平素熟識的 交情呢。26、几事固然 是當般苦、然

恥에이르지아니하여야만좋다。
前에없든든凶年을만나서三日이나 五夜를 밥먹을것이없을뿐만아니라、甚至於굶어죽는사람까지있었오。⑳어제그끝에서 사람은많고 땅은좁어서 온돌에서모다끼일수없음으로 곳땅에자리를까렷는데 甚至於마당에까지도 끼여서 잤끝이었었음으로。㉑내가北平에서十餘年을있다가 北平을떠난以後로는 참으로늘생각이났으나 結局에만틀보일뿐만아니라、甚至於눈을맛감어도 머리속에어리우오。㉒昨年에우리의城內에불이났어 머리를그실이고 이마를덴人者도있엇고 이담을넘다가미그러저서다리를부치러트린者도있엇고 甚至於婦人들은急하여서 아희를잘못알고박구어안고 밖에나오고또는 타서죽은이도있었오。㉓저녁에배가떠날때에 바로順風을만나서 가기는도리혀더듸지아니하였으나 밤은五更이나되여는데별안간北風으로도라저 불수록더욱猛烈하야 물결은산덤이같고 甚至배가까러앉을야고하늘님도늣이있서 風靜浪息하야 우리목숨을 겨우保存할줄이야 어찌알엇겠오。㉔우리의

而 也不可殷苦過度(過分) 以致累壞了身子。27、藥是不過有病人 吃幾副的東西、我的朋友 吃補藥太多、如今 倒以致傷了 元氣喇。

註…本課의 上半段은「景況」、「情形」等의 類語요、下半段「至於」、「以致」等의 類語를 活用한 것이니라

第百四課 成語 (一)

1、你別說他 鬼頭鬼腦(神頭鬼臉)的、就是甚麼事、也敢作敢當(敢爲)的人。2、我對你們的事 無是無非(無涉無于)的、不過 好心好意祝你們成事的。3、他們俩 不但在外 自由自在、也家裏 絕情絕意、沒有一點兒 夫妻的快樂。4、去年的光陰也 糊裏糊塗的 逝去 但是渾家 無災無病的 就是僥倖。5、那時 你滿心應

主人이말하되 이달안에당신 더러속히돈을갚으라고하오 만일그렇지아니하면 訴訟을하게 될는지도 알수없다하오。㉕당신이만일그게 強迫하게 돈을달나고하여서 家産을變賣하는 경우에까지에이르게한다면 어찌平素에 熟親하던 情分이겠오。㉖凡事에 果然맛당히 勤懇하여야한다。한것이니 무지나처서몸이 疲困하게 하여서는 옳지않다。이약이라는것은 病잇는 사람이 몃첩먹을 物件에지나지못할것이오。나의 親舊가補藥을 너무많이먹더니 도리혀元氣를傷하는 데 이르됬오。

제백사과 성어 (一)

❶당신은그가鄙劣하다고말하지마시오 곳무슨일이던지 確斷하야 일을하는사람이오。❷내가당신들일에 對하야 是非가없지만 당신들의 成事되기만 좋은마음 좋은뜻으로 誠祝합니다。❸저이들들이 집안에서만 自由自在 할뿐아니라 밖에서만 情誼가 疎遠하야 조곰도 夫妻의 快樂이없오。❹昨年의 光

許（滿口應許）的 給我還那筆賬、到如今怎麼一個大錢也沒還、那不是狂言狂語麼。6,「我和他平常無寃無仇、他這樣 無綠無故的 要誰毀我來、這是怎個意思呢。7,「他(捻)(捏)手捻(捏)脚的 聽了半天、末後就是 把自己的錯處、心服口服」。8,雖然 他的外貌痴頭痴腦(憨頭憨腦)的、却他的說話 有條有理、有情有趣(有滋有味)的。9,「事情是 順情順理(順絲順綹)的好辦、說話是 有頭有尾(有根有梢)的愛聽。10,「你告訴他 一舉一動 總要謙卑、不要那樣 大模大樣。11,「你淨說 風言風語 好生滋事的東西、勸也不聽勸、打也不怕打 眞是叫人懆死。12,他的度量 好像那蒼天一樣、沒有一定的界限、乃是 無邊無涯。13,當今的世 實心實意的 朋友能有多少、大槪是 假仁假義

陰도곳아무렇게나보냇지만 왼집안이災와病이 없은것만 곳僥倖이였오。5,그때에는입이 있는때로 나의그賬簿의돈을 갑어주마고應諾하더니 至今에와서어찌하야 葉錢한푼도갑지 아니하오、그것이미치광이말이아니오。6,내가그와平素에원수 가있엇는데 그가이렇게까닭이없이 나를毀謗하려하니 이것이무슨뜻이 오。7,그가손과발을비비며반나절이나들다가 나종에는 곳自己의잘못을 조곰도異議없이 白服하였오。8,비록저이의外面은 흠썩어리석지만 저이의말하는것은 매우條理가있고趣味가 있오。9,일은順情順理하여야 處理하기좋고 말은頭尾가잇서야 듣기좋다。10,당신은 그더러 一擧一動을 도모지謙遜하고 그렇게誇張(虛飾)을 하지말나고일으시오。11,「너는왼종일바람등이말만하야 건뜻하면일을내는것아 람으로도들지않고 때려도무서워아니하 하여도금답답하야죽겟한다。12,그의度量은맞아저蒼蒼한하늘갈아며 一定한界限이없 아곳꼿이없오。13,지금世上에참마음

奔° 恒° 吁° 沒°

的。14、我們店鋪 言無二價、童叟無欺、就是公理公道的 做賣買。15、旣然 得不了富貴 得過且過 就好、何必那樣傷心呢。16、人人都說 他有個 神出鬼沒的才能、依我看 就是個貪生怕死 有名無實的人。17、莊稼人 都是起早睡晚的做活、那些懶漢們 淨在茶館裏、整天家說了些家長里短的話。18、老兄 何必這樣長吁短嘆呢、不但 他一個人 都是嘴甜心苦的。19、她專謀 損人利己、老上廟裏去 求福免禍、萬一佛爺大發慈悲心 幫助她、世上吃虧的 不可勝數喇。20、在几事使人、大材小用 是害少、却是 少材大用的 毒害大的很。21、這個人不能 成全大事、無論做甚事 有始無終。22、你是比我還好、你哪東跑西顚（東奔西跑）掙幾元的紅利、我呢、連粮食也不殼、一點常性（恒心）沒有。

의親舊가能히얼마나잇겟소、大槪는假仁假義외사람들뿐이오。⑭우리商店에는에누리가업고 인터니와늙은이도속이지아니하고 公明正大하게 장사를하오。⑮그위富貴를얻지못할바에는 지내는대로 지내는것이곳좋소。⑯사람마다모다그를神出鬼沒하는才操가잇다고말하지만 나로서보면貪生畏死하고 有名無實한사람이오。⑰農軍들은모도일즉이일어나고 늦게잠자며일하는데 저無賴漢들은 喫茶店에서왼終日空談(是非의評判)들만하오。⑱老兄은어찌이렇게긴한숨과 젊은이답은달고 마음은쓴사람뿐이오。⑲저女子가專혀남을害톱게하고 自己를利롭게하기만圖謀하면서 늘절에갓어福을빌고佛供을하니、萬一부처님이慈悲의마음을크게내여서 저女子를도와준다면 世上에損을볼사람을 이로혜아릴수가없을것이다。⑳几事에사람을쓰는것이 大材를小用하는害는적지만 小材를大用하는害毒은매우

289

全仗着 東扯西拉의 過日。23、在去年做買賣 賠了幾
千元、在今年、兩個多月 害了病、到如今 左思右想 就
是沒有投奔（投路）。24、夫妻們應當 你敬我愛 纔好、
何必整天家 吵吵鬧鬧的、好像寃家 過活似的呢。
25、萬一天道眞正 大公無私、的話 不可不信 賞善罰
惡、所以改惡從善 就是轉禍爲福的。26、這明明是 有
憑有據的事情、他竟改頭換影（換面）、說出一種 似是
而非的理來、把人弄得 疑疑惑惑（二二忽忽）的了。
27、沙大夫說 這副藥 能以補血、乃是一種 有益無損
的好藥。28、你在几事上 就是推前擦後（辭前挨後）的
邊做甚麼的事。29、他是個 口是心非的人 不可交往、
萬一交往 也得 時常小心他、以免 後來的禍。

註…上述한 「鬼頭鬼腦」「左思右想」等은한데 뭏어

㉒, 이사람은 큰일을 일우지 못하오、無論
무슨일이고 시작은 하되 結末이 없어 조금도
心心이 없오。㉒, 당신은 나보담 그래도 없소, 당신
은 東奔西走하면서 異元의 純利益을 몹으지
만 나는 粮食하기도 不足하야 곳 依托
할 곧이 없오。㉔, 夫妻는 맛당히 너는 恭敬하고
나는 사랑하여야 맞이 원수끼리 生活하는것같이
하야 되겠소。㉕, 이것이 明白히 證據가 있는 일을 그가
마춤내 원통변을 하여 갖이고 一種 그럴듯 하고
옳지안은 말을 하야 사람을 매우 疑惑하게 하오
㉖, 沙醫師가 말하되 이 藥이 能히 補血하는 것
임으로 곳 一種의 有益無損한 좋은 藥이라 하오.
㉗, 당신은 几事에 곳 앞뒤를 재니 그래도 아무런 일을 하겠오。㉘, 그 가입은 옳으나 마음은 그른
사람이니, 相從하는 것이 옳지 안소 만일
相從하더라도 때때로 그를 注意하여야
하느니라。

二九〇

第百五課 成語 (二)

1. 你別說 他太執拗(拘板)、一點也沒有 三澫九轉(三繙九轉)的、却我倒怕你 隔三跳兩(丟三歇五)的 大毛病。 2. 他看這塊木頭 七歪八扭的、就嘴裏 說甚麼 念三道四(言三語四)的。 3. 當家三日 狗也嫌、你還能免得 七言八語的嗎。 4. 他總沒守 規規矩矩、七抓八拏的花淨、如今 三番兩次的來 纏磨我 眞討人嫌 5. 不用懆急 沉着氣兒去辦、這雖然 千思萬想、也不能 三天五日 了結的事。 6. 我昨天晚上 特別的尋他去、背地裏 問他的來歷、還是 橫三竪四的 沒說出清楚話來。 7. 我想這個 沒有差錯、倘若有個 三差兩

❶ 당신은그가너무愚鈍하야 活用性이없다고 말하지마시오 나는도리혀당신의 건너뛰는 병통을두려워하오。 ❷ 저이가이나무토막의 삐둘삣둘(오불꼬불)한것을보고 곳입안으로무슨말인지 중언부언하오。 ❸ 살임살이맡은지 三日이면개도싫다는데 당신은오히려 말성많은것을 면하게하겠오。 ❹ 저사람이도모지規則 은것을 直히지않고 손에잡이는대로집어서 모도써버리고 至今에는두세번와서 나를성가시게하니 참으로귀치않소。 ❺ 懆急히굴지말고 마음을가만히처서處理하시오 이것이비록 萬番생각하여도 三日이나五日에 結末날일이 아니오。 ❻ 내가어제저녁에 特別히그를차저갓어 가만이그의來歷을물으니 그래도横說竪說하고 뚝뚝이말을아니하오。 ❼ 내생각에이 것이틀입이없을터이나 만약춤을이거던 당

錯（一差二錯）、你可以來找我罷。8、人老了 就沒有法兒、有那等聰明的 田老先生、到如今說的 顚三倒四（七頭八倒）的。9、無論甚麼 總要有常性（恆心）、能以長久忍耐。10、你別惹他的脾氣、將來沒有進益。倘若三日打魚、兩日曬綱、像你武秀才是 打不過 三拳兩脚 就死。11、他生了氣、管人家的閑事呢、但他來 再三再四的央求、只得 我給他調說的和解。12、近來的 發薪水 不過二成三成的、所以東家借、七拼八湊僅僅的過日。13、家裏雖有千口 該要一人管事、若是七嘴八舌的 還能行嗎。14、這幾年 他們家裏出了個 連三疊四 不祥的事、家道 不如從前的家道。15、聽他的口氣、事情壞了 十之八九、往後再不用 跟他合作。16、南莊的米老說、三綱五常 和三從四

신은나를찾어오시오。8、사람이늙으면곳할수없오 그렇게聰明하던田老先生이 지금에와서는 함부로말을하오。9、無論무엇이고 도모지恆心이잇서야 能히써永久히忍耐하오 萬一사흘을고기잡고 이틀을그물말인다면 將來의進取를못하오。10、당신은저이의성미를근의리지마시오 萬一저이가곰만나면 당신에게말하야 三番손길과 발길에 지나지못하야 곳죽소。⑪、누가남의쓸데없는 일을 相關하거늘말하랴오、三四次나와서懇求하니、곳저이에게말하야 和解하게한것이오。⑫、近來에月給을주는것이 二三割에 不過합으로、東쪽집에와서간신히生活하오。⑬、집에비록千名이잇엇도 맛당히한사람이管理하여야한다 萬一여러사람이 말하고 된다면 엇지될수있오。⑭、이몇해에그들집에 連續하야 不祥한일이생겨서 家道가前者에 家道만못하오。⑮、그의말눈치를들으니일이十의八九가결단낫으니 뒤로는다시그와合作을하지마시오。⑯、南村의米老가말하되 三綱五常

德、雖然 不合現世、其中 也有守頭的。17、一生一死 總得免不了、你也不能 長生不死、在你的一代 緊做 你的事業罷。18、你有甚麼 難過的事、大家 都快快樂樂的、就你一個人 垂頭傷氣 沒有一言半句呢。19、徐家的雙抱孩子、不但 面貌和身體 一貌一樣、連衣服 也穿得一色一齊的、誰也看不出 那個是 那個來。20、昨天 心裏悶得慌、出城在草地 散散心的時候、恰好城裏的 女學生們 三三五五的 作隊來、在平原草地上也有躺着放賴的、也有唱歌的、也有跳舞的、看那個景況 叫人自然起了 和平快樂的氣象。21、我們的村莊 原來住了 三百多戶、都安居樂業的過活、一到這幾年來、不是遭了 水旱兩災、就是遭了 兵禍或者匪患、又加上瘟疫、所以現在 十室九空 無人可住。22、'我告

과 三從四德이 비록 現世에 不合하나、그中에 도 直힐만한것이 잇다고하오。⑰一生一死는 도 모지 免치못할것이오、당신도 長生不死는 못 할터이니、당신 平生에 빨리당신의 事業을 하 시오。⑱、당신은 무슨 원통한일이잇기에 여러 분은 모두 흥썩 快樂하는데、곳 당신한사람만 垂 頭傷心하야 一言半辭가 업오。⑲徐家네 雙童이 는 外貌와身體가 한모양일뿐만아니라、옷까 자도 한빛갈로 모다갖이입어서 누구던지어느 것이어느것인지알어낼수업소。⑳어제마음이 답답하야 견댈수업어서 城밧에나아가 풀밧에 서 消風할때에 공교히城안의女學生들이 三三 五五로떼를지어 와서들과풀밧에서누어서둥 구는이도잇고、唱歌하는이도잇고舞蹈하는이 도잇서서 그景況을보니사람으로하여곰 自然 히 和平과快樂의氣分이생깁듸다。㉑、우리의村에 原來 三百餘戶가살고 도모도各各 제業에편 히지내더니 이몃해에와서는 水旱兩災를만나 지않으면곳兵禍나或은 賊患을만나고 또瘟疫

你們把屋裏　乾乾淨淨的打掃、總得不聽　時常弄的
七亂八蹧、實在叫我討厭。23、我看這近來　會議的情
形、初頭　很有誠實的、就是末後　七零八落的　這是甚
麼緣故呢。24、佛經和聖書　若有宗敎上　敎訓的價値、
就是　四書五經　也有那等的價値。25、把天下人的　千
辛萬苦、總而言之　就是　生存競爭　四個字而已。26、現
代人的　交朋友、大槪　不尊重信義、然而　朝三暮四、
這不是　交友之道。27、原來他們倆　鬧擰　彼此沒有來
往的、這程子　又互相　一來二去　有甚麼事麼。28、那
個人　不但不肯認錯、而且　嘴裏還是說　不三不四的。
29、快給他　點兒飯　打發他走罷、叫他儘自　呌三喝四
（呌呌喝喝）的　做甚麼。

註…이 課에는 數字가 다른 글字와 合하야 되여 잔 成語
임으로 暗誦하여 둘 必要가 有하니라。

이 있음으로 至今에는 열집에 아홉이 비여서 살
만한사람이 없소。㉒ 내가저이더러 방안을 깨
끗하게 掃除하라고 일너도 도모지듯지아니하
고 늘함부로 어질러놋으니 實로나로하여금
귀치않게한다。㉓ 내가 이近來 會議의 形便을
보면 始初는 매우 誠實하게하다가 곳 終末은 七
零八落하니、이것이 무슨 까닭이오。㉔ 佛經과
聖書가 萬一 宗敎上敎訓의 價値가 잇다면 곳 四
書와 五經도 그러한 價値가 잇다。㉕ 天下사람
의 千辛萬苦를통틀어 말하자면 곳 生存競爭에
글字뿐이다。㉖ 現代사람의 親舊사귀는 것은 大
槪로 信義를 尊重이아니하오、그런데 朝三暮四
는 이것이 친구를 사귀는 道가아니다。㉗ 原來 그
들이 닷투어 들너서 彼此에 來往이 잇슴이이 지
음에 또서로왓다 갓다하니 무슨일이잇는가
요。㉘ 그사람이 잘못하엿다고 할뿐만아니라
또는 입안으로 오히려 중얼중얼말하오。㉙ 빨니
그에게 밥을 좀주어、그를 보내오、그로하여금
제멋대로 떠들게하엿서 무엇하오。

第百六課 成語 (三)

1. 蘿蔔不但是 能以消食化痰、也可以 治得熏煤。
2. 你雖然 推聾粧啞、人家都知道 你對于她 痴心妄想的。
3. 他們那裏 今年又豐收 又太平、眞是雨順風調、國泰民安、家家都是 歡天喜地的。
4. 從早晨忽然 眼跳心驚、不料聽他 指鷄罵狗的話、就是勉强的 忍呑了。
5. 我倒樂意交 嘴快心直的人、却不能共事 心驕氣傲的人。
6. 他在平常的時候、不知那樣捷活、昨天他就 眼明手快(眼光手快)的 打他 魂飛魄散了。
7. 她光帶着 搽胭抹粉的 修飾具、幷沒帶着 收拾針頭線腦的 針線筐籮。
8. 昨天那場大雨、下的溝滿壕平的 不能回家、仍舊在于大哥家 連吃帶喝的、眞是.

제백륙과 성어 (三)

❶ 무우는 消食化痰될뿐아니라 石炭불의 毒氣를 맞고 어지러운것도 가이써 굳인다 당. ❷ 당신이비록귀먹 고벙어리인체하지만 남들이 모도 당신이 그女子에對하야어리석은 마음과 부질없은 생각을갖인줄을아오. ❸ 저이들 今年이豊作이고、또太平하여서 참으로兩順風調하고、國泰民安하야、집마다 모도歡天喜地하오. ❹ 아츰불어 갑작이 눈가죽이 씰눅거리고 마음이두군거리더니、뜻밖에 그의 諷罵하는 말을듣고 마음이곤은사람은 참역지로참었소. ❺ 나는 도리혀 입이 빨으고 마음이 곧은사람을 즐겨사귀지만 마음이驕慢한사람과는 갗이 일하지못한다. ❻ 저이가平時에는 그렇게 敏捷한줄을몰으겠더니 어제 저이가 꼿눈밝고 손빨으게 저이를때렸어 혼이 달아나고、넋이 떠어지게하였오. ❼ 저女子가완통 연지을찍고 분을발으는 修飾具만갖이고、針線을건우는 바누질그릇은 조곰도갖이

醉且飽焉了。9、若是我和他打架、人家必說是坐家欺客、所以虛心下氣的 不如與他說和好。10、趙春山是個 循規蹈矩、接事就辦的人、幷不是摸不着底細光會望風撲影的人。11、奉三魁那個人 受了他的提拔反將他害了個 家破人亡、誰不說 姓奉的是個 忘恩負義的東西麽。12、他當初來的時候 很有名的、往後漸漸丟了信用、究竟暗暗的 高飛遠走喇。13、他常那樣 動刀動槍的、不但妻子兒女（老婆孩子）擔驚受怕、就是父母也 常爲他 提心吊膽的。14、你若替人辦理、不可順水推舟、也不可 强言奪理、總得按理按情、纔能辦到好處。15、我聽說 高麗的紅蔘、眞是一種 起死回生的 仙藥。16、羅盤針（羅經針）是 船在大洋 航行的時候、分出東西南北的 一種必要東西。17、人若不知

지아니하였오。9、어저그큰비에개천과 護城河가갓득찻서 집에도라오자못하고、于大哥의집에서 그대로먹으며마시어서、참으로醉하고배불렀오。9、萬一내가그와싸홈하면、남들이반듯이主人이손을 업수이여기엿다고 그와和解하는것만치좋지못하다고하였오。10、趙春山은規律을쫓어서일대로곳處理하는사람이지 決코根底를생각하지아니하고 捕風捉影하는사람이아니오。⑪、奉三魁그를害하게하여 破家亡身하게하였는데 도리혀그를害하는놈이라고누가말을암겠오、姓奉가가 背恩忘德하는놈이라 일홈이매우놉더니 뒤로漸漸信用을일어서 必竟⑫、그가當初에올때에는 그의拔薦을받엇섯으니、⑬、그가늘그렇은暗裏에매 高飛遠走하였오。⑭、당신이萬一 남을代身하야處理할여면 順水推舟도옳지않고 强言奪理도옳지않고 남갈을번듯기고 총을번듯기여서 妻子가겁근심뿐만아니라 곳父母도 늘그를爲하야흠석근심하오。⑭、당신이萬一 남을代身하야處理할여면 順水推舟도옳지않고 强言奪理도옳지않고 도모지事情과事理대로하여야만 좋게處理하

鱗
鱗殿 証
植 賦 鑑

道是非曲直的、那不過酒囊飯桶。18、他不但 能於現代的科學、也就明於詩詞歌賦、所以 中外人士 都讚揚他的學識。19、黿鼉蛟龍 魚鼈鰕蟹、這都是 屬於鱗介的東西。20、地球上的生物 固然多得 不可勝數、但要分類言之、也不過是 飛潛動植而已。21、「禮義廉恥」觀念、雖然 隨着古今東西 各自不同、却在其根本大同小異。22、人的生死禍福、由天不由人、和生死由命、富貴在天 等等的話、完全是 欺人的謊話。23、你這木頭人似的、無論何時 總得看不出 喜怒哀樂的、這還算大人嗎。24、人在開運的時候 就容易開、黎愛生 六七年以前 還是貧窮、如今 到他家去看、吃的就是 山珍海味、穿的就是 綾羅紬緞、又在院子裏 養着鷄狗鵝鴨的。25、「現代的 所謂文野强弱的 分別、完全靠着

는것이오。⑮、내가들으니 朝鮮의紅蔘이참으로 起死回生하는 一種의 仙藥이라고하오。⑯、羅盤針은배가大洋에서航行할때에 一種의必要한物件이오。⑰、사람이 萬一 是非曲直을모르면 그것은술주머니밥통에지나지못하오。⑱、그사람이 現代科學에만能할뿐아니라、곳詩詞歌賦에도 明瞭합으로 中外人士가모도 그의學識을讚揚하오。⑲、원어별하해는이것이모도鱗介에屬한것이다。⑳、地球웋의生物이 果然많어서헤아릴수없지만分類하야말한다면 飛潛動植에不過할뿐이다。㉑、禮義廉恥의觀念이 비록東西古今에따라교롱어별하지아니하지만 그根本에있어서는 大同小異하다。㉒、사람의生死와禍福 이하늘에있고 사람에게있지않다는것과 生死가命에있고 富貴가하늘에잇다는 等等의말은 完全이사람을속이는거즛말이다。㉓、당신은허수아비같다서 어떠한때를勿論하고、도모지喜怒哀樂을 볼수가없으니 이것을그래도 大人이라고할가요。㉔、사람이運數가터질때는 곳싑게터지는것이오、黎愛生이 六七年前에도

第百七課 巧 語 (一)

註…이 課의 成語는 對語로 되여 진것인데 文語에 가까운 말이니라.

仁義禮智信 爲五常、酸甜苦辣醎 爲五味、宮商角徵羽 爲五音、東西南北中 爲五方、君臣、父子、夫婦、昆弟、朋友 爲五倫、年高、富足、康寧、有德、壽終 爲五福、詩經、書經、易經、禮記 春秋 爲五經。

爲五臟、金木水火土 爲五行、青黃赤白黑 爲五色、耳目口鼻心(膚) 爲五官、心肝脾肺腎

陸海軍備的 如何、和 槍砲彈藥的 多寡而定、這不是 傷心痛嘆嗎。26、

제백칠과 교어 (一)

❶、現代의 所謂文明과 野蠻과 强과 弱의 分別은 完全이 陸海軍備의 如何와 槍砲彈藥의 多寡에 依하야 定하니 어찌 寒心하고 痛嘆스럽지 아니하오。㉖、耳目口鼻心은 五官이오、心肝脾肺腎은 五臟이오、金木水火土는 五行이오、青黃赤白黑은 五色이오、宮商角徵羽는 五音이오、酸甜苦辣醎은 五味이오、仁義禮智信은 五常이오、東西南北中은 五方이오、君臣、父子、夫婦、昆第、朋友는 五倫이오、年高、富足、康寧、有德、壽終은 五福이오、詩經、書經、易經、禮經、春秋는 五經이다。

1、單仗着 能說不行、鸚鵡嘴巧、却 說不過潼關去。2、注水清 就是能以 吹毛飛疵 挑人家的錯、自己脖子後

❶、단지 말에 能한것만 믿어서는 아니된다 앵무 가 주둥이는 伶敏하지만 말로는 潼關을 넘어가 지못한다。❷、注水清은 곳 能히써 吹毛覓疵만 하야 남의 잘못만 끌어내고 自己 목뒤의 때는 조

郭 昂 鷹 桂 每

的灰、一點也看不見。3，已經有現成的樣子、照着葫蘆畫影（依着葫蘆畫瓢）還有畫不出來的嗎。4，單巴掌怕不响、若只一個人的不是、那能打起架來呢。5，他若山上叫的好、我們就山下應的好、他若沒有好吹、能有好打麼6，人都是這山望着那山高、其實地方、也不一定 就能多弄錢。7，郭高雲 不過是騎着人的馬、架着人的鷹、所以說話 怪氣昻昻的、其實也不是個咬狠的狗。8，我還能叫你墊錢麼、總是汗從病人身上出、還把送殯的埋在墳裏麼。9，如今的世界是墙倒衆人推、所以 人到倒運的時候、是鬼也望着（朝着）厲颳風。10，這可不是誇嘴、咱們的孩子 從來不做這樣 半吊子事情、（答）你筐裏 那有爛杏兒、你的麥子 那裏有黑麵呢。11，高天柱那個人、成天家 陳穀子爛芝蔴的、也不知那裡來的 那麼些話、還帶着說

中國語大典

곰도보지못한다。❸，이미맨드러놓은 標本이 잇는데、飄箪의畵影대로하면 그래도그려내지못할것이 잇겟소。❹，孤掌은難鳴이다、萬一한사람의잘못으로、어찌能히싸홈하겟소。❺，그가萬一山옹에서 불으기를잘하엿으면 우리도곳山아래서 對答을잘할것이고 그가萬一잘불지못한다면 우리만 장단을 잘처겟소。❻，사람은모도이山에서 저山이높은것만 바라본다、其實로따로일자리를엇어도 곳돈을 많이몬은다고는 꼭말할수없다。❼，郭高雲은남의말을타고、남의매（鷹）를갖임에 不過한데 말하는것이 怒氣가騰騰하나 其實에 내가어쩌면 그도狠을咬殺하는개는아니다。❽，내가어찌能히당신으로돈을불어놓게하겟소、도모지알는사람으로돈을불어난다고、그래！能히당이무너질제衆人이떠다넘김으로 사람이會葬하는者를무덥속에무덥겟소。❾，지금世上에는 담이무너질제衆人이떠다넘김으로 사람이會葬하는者를무덥속에붙겟소。❿，이것이자랑하는말이아니라、우리이부분다。前불어이러한바보（머저리）의일은하지아니하였오、（答）당신의광주리에 어데썩은살구가잇으며 당신의밀에 어데검은밀가루가잇겟오。⓫，高天柱그사람은 완종일쓸데없는子爛芝蔴의、也不知那裡來的、那麼些話、還帶着說

賜 𠵛 河彌

的 驢唇不對馬嘴、𠵛人聽着 眞不入耳。11、若看他 說
話的樣子、眞是滿臉的 天官賜福、但看他 所作的事
情、却是一肚子 男盜女娼。12、我已經 上船付去 打
聽明白了、前日壞的 那號船 名叫凌雲、咱們的孩子
坐的船 名叫飛龍、所以 只管放心罷(答)阿彌陀佛、
別管怎麽樣 咱們的孩子 沒跟了龍王爺去 就好。
去 動土呢、(答)我剗上 拿着雞蛋 碰石頭、也要碰他
13、俗語說『好漢不吃 眼前虧』你怎麽 單上太歲頭上
一下。14、醜媳婦 免不了 見公婆、你光覺着 沒有臉
去。早晚 還脫得了賜。15、這是 他的正管、必得 先
商議他、水大還能 漫過橋去麽。16、這是 會上的捐錢
我若是 於中花下點、到了 水落石出的 時候、叫衆人
一口唾沫、就淹死了。17、老虎不吃 回頭食、我旣然

잔걱정의 말이 엇에로부터 그렇게 많이 나오는
지알수도없는데 또는東西에 닷지도않는 말을 하
야 사람오로듣기에참말 귀에들어가지 않소。
⑫「萬一그이의 말하는 모양을보면 참오로완얼
골이 점잔(홀융)치만、그의하는 일은 보면마음
이가장 납부다。⑬「내가 밝서 배會社에 갓어 명
백히 探問하였오、前日에 결단난 배는 일홈이
雲이고 우리의 아히가 탄배는 일홈이 飛龍이라
함으로 마음대로 安心하오、(答)南無阿彌陀佛、
勿論어떻든 지우리의아희가 龍王님에게
가지아니하엿으면 곳좋겟오。⑭俗語에 好漢
은 目前의 損을보지 않는다、고말 하엿는데당신
이 가만히 歲神머리에 갓어 흠을 달으시오、(答)내
가 계란을 갓이고 돌에 때려 버리더라도 그와한번
하여보겟오。⑮醜한 며누리 때려 버리더라도 姑舅보기를 免치
못한다고 당신이가가 未安해 하다니 早晚에
그래도 버서나겟오。⑯이것은 그가 當然히 할일
인데 먼저 그와 相議하지 않으면 아니되、물이
많다고 다리를 넘어 갑듸까。⑰이것은 會席上에 捐
서거든 돈인데 내가萬一 그 중에서 좀 쓴다면發
覺이 나는 때에는 여러시람이 한번식 침을 빼어
도 곳빠저 죽겟오。⑱범은먹。을것을 두엇다가
아니 먹는다고 내가 거위 그와 세음을 모도다 쩟

淺叢鞭

和他算了賬、就不能再回去了。19、水淺養不過魚來。他光留我、不添錢還行嗎。20、你這樣關着門起國號就是不行、必得和我到大街上去講一講(說一說)。21、總要因才施敎、光這樣恨鐵不成鋼的催逼、倒越發把他催糊塗了。22、他正是雨後送傘、我不領的空頭情。23、叢萬茂那個人、就是喜歡戴高帽兒(帽子)。24、說話不可單打瘡疤(踢瘡疤)叫人走不動。25、事情既經做了、還有不透風的牆麽。26、這一回、我和他不是魚死、就是網破。27、他是欺負我老虎沒有牙啊、那知道騎驢的不中(不濟還有掌鞭的(趕脚的)呢。

第百八課 巧 語 (二)

1.這張告狀、雖是他寫的、却是胖子的褲帶、希鬆平常。2.雖然 不可和而流、但是 當今的時勢、也不可

는 곳다시 가기는 不能하오。19、물이열으면養魚할수없다고 그가나만붓잡고 돈은더울여주지아니하니 어찌되겠오。20、당신이이렇게이불안에서활개춤을추어서는 곳아니되오지재조대로 나와大路上에갓어 따저봅시다。21、도모지 재조대로 가라처야한다、이렇게무쇠가鋼鐵이아니된다고 恨嘆하게하는것이냐 그를督促하야야糊塗하게되였다。22、그는 꼭비가다온뒤에 兩傘을보내는 格이니、나는그러한 빈생색은 아니받깃오。23、叢萬茂그사람은 곳外飾(名譽)를좋아한다。24、말한는데 다만短處를들어 말하여서는 못하게하여서는아니된다。25、일이이미다되였는데 상거도 바람통치않는담이 있겠오。26、이번에나와그는 고기가 죽지아니하면 에누리가 아니되면 싸저진다。27、그는 나를업수이여기되 범이 니없는것갓이알지만 나귀탄사람이아니되면 도 경마꾼이 있는줄을어찌알겠오。

第百八課 巧語 (二)

❶ 이告訴狀은비록그가썻지만 살찐사람의허리띠이다、헐개눅기가平時와같다。❷ 비록남

巧語(二)

癲 培栖
杠栖
杠枷
擀麪
菩薩

太板澀了、總得八仙桌子 盖井口、隨的方 就的圓 纔行。3、孫廣培那個樣子、還想着說 蔡家的姑娘、那不是癩蝦蟆 想吃天鵝肉、枉費了心思嗎。4、他指望花幾百元、打官司 能轉轉臉、究竟花了錢、還輸了官司、真是 大姑娘下館子、人錢兩丟。5、昨天 我上衙門、看見官坐堂 逼問王兒的口供、又跪鎖(跪鍊子)又壓杠子(跴栅子)壓的(跴的)兩回 沒有氣兒、看着眞可憐、(答)他那是 木匠杠架 自作自受、誰叫他 偺人家的了呢。6、人那能 都是伶俐 沒有蠢笨的呢、但蠢笨也得不大離經、這個是 擀麪杖吹火、一竅不通。7、纔有了幾個錢、他就 鬧這架子、看起來 總是 小廟的神(菩薩)、(問)怎麼講、(答)從來沒見過 大香火。8、連三是個 眞不會活動、不管做甚麼、就是 老虎入山洞

둘과같이섞기여 나가는것도움지않지만 단지 當今의形便이 너무固執(愚鈍)만부려도옳지않고 도모지圓形食桌으로 움물아갈지를덮는것갖이 모진것은모친것으로 둥근것은둥근것으로하여야만된다。❸孫廣培그꼴이 그래도 蔡家에處女를생각하고말하니、그것은病든맹꽁이가 기럭이(鴻)고기먹기를생각임이다마음만空然히虛費 하는것이아니오。❹그이가 幾百圓만쓰면 裁判에能히생색이 던것이、必竟에는돈만쓰고裁判은 날로바랏오로 큰處女가妓生집으로간것이다、사람과 돈을兩失하얏다。❺어제내가官家에갓어 官吏가正廳에앉어 王兒의口供을逼問하는데 꽁이만채고 또곤갈을씨웟서 두번을눈은 이없는것을보니、참말로보기에可憐합니다。(답)그의 그것은 木手가칼을쓴것이니、自作自受라、누가그더러남의불건을도적질하였오。❻사람이어찌能히모도 伶俐만하고 愚鈍한者가없겠오만 愚鈍한것이 도어지간하여야지 이것은밀가루이 막댁이로불을분다、한구멍도 터지지아니하얏다。❼겨우돈몇푼잇다고 그가곳이러한外飾을부리니 보기에도모시 적은절위苦薩이요、(問)어떻게하는말이오、(答)前

顧前不顧後的。9、我這不是當面奉承你、我看你現在如同甕中之鼈、不久就要出頭喇。10、到對詞的時候、我也不能格外厚着你、也不能厚着他、我是竈王爺上天、有一句說一句。11、我們交人是單論心術不論貧富、他却不然、他是單上老虎頭上抓虱子(抓癢)最好攀大頭子。12、人家待他不好、那是他脚上的泡、自己走的還埋怨誰呢。13、這家子是怕那家的堂口好、那家子就怕這家子的門路、所以他們是麻稭棍兒打狠、兩頭兒害怕。14、他任甚麼不會做倒罷了、還要好吃、又好穿、你說將來怎麼過日子呢(答可不是、那繞是鷹嘴鴨子爪、能吃不能拿的東西。15、那樣的事還能辦好麼、依我看那是鷄爪鴨子、枉費了心。16、若他不好、有他父親的敎訓、你這不是狗

❽連三불어큰香火를보지못하엿다는밀이오。❾、내가當面하야당신에게諂하는것이아니라 내가당신을보기에뒤는도라보지안는다。❿、말을물을(물음맞임할)때에 내가당신도特別히더爲하지아니할것이고、그이도特別히더爲하지아니하고、나는조왕님이하늘로올러가는것과같이 한마듸를말하는것이오。우리가사람을사귀는것은 다만心術만보지 貧富는의논하지않지만은 참으로變通할줄을몰으오、勿論무슨일을하던지 곳범이산골로들어가는것이오、앞만보고뒤는도라보지안는다。❾、내가當面하야당신에게諂하는것이아니라 내가당신을보기에 곳出頭할것이오❿말을물을(물음맞임할)때에 내가당신도特別히더爲하지아니할것이고、그이도特別히하지아니하고、나는조왕님이하늘로올러가는것과같이 한마듸를말하는것이오 우리가사람을사귀는것은 다만心術만보지 貧富는의논하지않지만 그는그럽지아니하야 다만범머리의이만잡소 가장대두 미러와交際하기를좋아하오。⓮、남들이그를잘못待遇하는탓이아니고 自己가걸은탓이니 그래도누구를원망하겟오、⓭、이집은저집이廷法에서저집은곳이집의勢出을무서어합으로그들은삼매로이리를때린다、兩便이모다무서어한다。⓮、그가무엇이던지 잘입으라고 하시오 將來의어떻게지내겟오、(答)왜안그렇이지만그래도잘먹고 잘입을이야 매주둥이의오리발롱이겟오、그것이야말로매주둥이의오리발롱이다、먹기는하여도갖이지는못하는물건이오。

捉老鼠(狗拿耗子)、多管閑事嗎。17、這個事情、非馬先生辦不成。(答)你把我誇獎的、眞是一張紙畫了個鼻子、好大臉哪。18、你當是我還和他一槌子買賣。19、他把陳國棟踢蹬的太苦咯、眞是王胖子跳井、下不去的事情。20、哎呀、張大哥、今天穿上新衣裳去咯、這可是大姑娘做媳婦(新娘子)頭一遭(頭一回)啊。21、李洗心那個人、要上俄國去、這可見這次離家、羊肉(牛肉)包了打狗、有去無回。

第百九課 巧語 (三)

1. 那個孩子、實在不成孩子、(答)子孫娘娘(送子娘娘、送神娘娘)破了褡子、纔不盛(不成)孩子咯。2、這

체백구과 교어 (三)

15、그러한 일을 그래도 能히 잘 處理하겠으오、내가 보기에는 그것은 닭이 오리색기를 품는 것이오、마음만 空然히 虛費하오。16、萬一 그가 그르면 그 의 父親의 敎訓이 있을터인데、당신은 개가 쥐를 잡는 것이 아니오、쓸데없는 일에 많이 干涉한다。17、(答)이 일은 馬先生이 아니오、處理하지 못하오、당신이 나를 칭찬하는 것이 참으로 한 張조희에 코만 그렸오、몹시 큰얼골(우ㅅ音)이다。18、당신은 내가 그래도 그와 長久히 지낼줄로만 역이오、질 그릇가마에 마늘을 찟는 것이오、한 마춰에 장사이다。19、그가 陳國棟을 너머나 지독하게 결단내였오、참으로 王뚱뚱보가 움물로 뛰여들어 감이오、들어갈여야 들어갈수 없다。20、아、말로 큰處女가 새색옷 입고 가구려、이것이야 로 갈여고 하는데 이번에 집을 떠나면 羊의 고기로 갈여고 하는데 처음이다。21、李洗心 그 사람은 露西亞를 싸서 개를 때리는 것이오、가기는 하여도 오지는 못한다。

체백구과 교어 (三)

1、저 아희는 참으로 사람이 되지 못하겠오、(答)三神할머니가 자루가 찢어 젔어 아희를 담지

擣碓杵

1、連多少日子、不是下雨、就是陰、總沒有露太陽的時候、今日却是新媳婦哭男人、號天(好天)。 3、做甚麼這麼唧喇呱唧、唧呀呱呀)的、眞是蟹子蓋量棗、什麼升兒(聲兒)。 4、有三個匠人、一塊兒給人說事、木匠說、我們給他一鋸(一句)兩開、鐵匠說、給他一火(一合)成功、石匠說、不然、還是一起一起的來。 5、你說這話、眞是兩手捧壽桃、有禮(有理)。 6、你去可要小心一點、別叫他們毀喇(答我告訴你罷老虎拉車、沒有赶(敢)的。 7、我在他手下、直直成了小爐匠的櫃子、動手就是銼(錯)。 8、咱們說話辦事還是杵頭掉在碓臼裏、石打石(實打實)。 9、我比常年不能多花、也不能少花、還是外甥打燈籠、照舅(照舊)。 10、這個學生一点出息沒有、究竟是兩眼抹石灰、白晴。11、那個人是 牆頭上 種白菜、難澆(難 交)。12、全寶國 在年輕的時候、花錢 就和花泥錢的 一樣、現在 忽然回了頭、不但捨不得花錢、又殷殷勤 勤的 過日子、那眞是 船板做棺材、飄流了 半輩子、 到老來 纔盛人(成人)。 香甜、歸期(歸實)是 薤頭的扁擔、長遠(長軟)不了。13、看不得她 初次交的時候 14、他不自誇、還少点丟人兒、誰不知 他母親是個 巫 婆、和一個衙役 搭夥計、纔有了他呢、(答)這名謂抱 着孩子 進當鋪、自己當人、人家却不當人。15、有一 隻 老虎病 被孫眞人 治好了、從此這虎 就在孫眞人 門下 聽用、有一天 孫眞人打發虎去 下帖請客、客一 位也沒來、孫眞人就問虎說、某先生 怎麽不來呢、虎 回答說、叫我吃了、又問 某先生呢、虎說、也叫我吃

다가白菜를심으오、물주기어렵다(사귀기어 흠과갓이쓰며)。⑫全寶國이졉엇올때에는 돈쓰기를곳 기를앗가워할만아니라、또는勤懇하게살님 하니、그것은참으로船板으로棺을맨드럿오 半 生을飄流하다가 늣에와서야 겨우사람을담이 다(사람이되엿다)。⑬그女子와처음에사괴일때 의달콤한것을 보지마오、長遠(길게혼청거리지) 하지못 하오。⑭그가自誇를아니하면 그의머리는 무당으로서官廳 적거타인데 그는줄을누가몰으겟오、일홈지어말 小使한사람과동무를하여살어서 겨우그를낡 하되 아희를안고典當鋪에들어간다고하오、自 己는사람을典當잡으려하지만 남들은사람을 典當잡지않는다(自己는人체하지만 남들이 사람으로역이지 않는다)。⑮、病이든범한머리가 있서 孫眞人이 곳쳐 낫섯는데、이로부터이범 은孫眞人門下에서 심부름을 하엿다 하로는孫 眞人이범을보내여 손임을請하엿는데 손임은 한분도오자아니함으로 孫眞人이범더러아 무先生이어찌하야오시지안느냐고물으니 범 의對答은내가먹었오하니 또아무先生은하고

作 耕 懇

了 孫眞人大怒、罵那虎說、你這畜性、既不會請客、怎麼去吃人。16、有一個花子 粧啞吧、在街上要錢、常用手指碗、又指口、呀呀的叫、有一天 他拿着兩個錢 去買酒吃、吃完了 說再添些給我、賣酒的說、你向來 不會說話、今天怎麼 說起話來咯、花子說、向來 我沒有錢 怎說能話呢、今天有了 兩個錢 自然就會說話了。17、姓王的 僱了一個夥計、因為多日沒見面(見麵)麪、臉上很不歡喜、東家同他說、你這幾天 怎麼不歡喜呢、他說、我們 離家在外的人、多日沒見麪 那裏那些 歡喜呢。18、'王三耕的 父親和爺爺、都是 當獸醫出身、有一天 他同一個行路的人說、客作什麼生意發財、那客答道、沒有生意、我是個 要手藝的王三耕只當 他說「要獸醫」的、就跳上前去、把那客打

한사람이거짓벙어리인체하면서길에서돈을달나는데 항상손으로사발을가라치고、또입을가 라치며아아하고소리를즈으더니、어떤날에그 二錢을갓이고갓어 술을사먹는데 다먹고즘더달나고말하니、술파는이가네가이전에는 말할줄몰으더니 오늘은어떻게말을하는가 한즉 거어지가말하되、前에는내가돈이없 너머 말할수잇겠오、오늘은二錢을가젓스니 自然히곳말할줄을알오。17、姓王哥가심부름꾼한 사람을두엇는데 여러날밀가루飲食을먹지못 하엿음으로 얼골이매우좋아하지아니 主人이그를보고네가이즘에 어찌하야좋아하는빛이없는사람이냐고네가이즈음에그의말이집을떠낫서밖에잇는사람이여러날만나보지(밀가루을)못하니 어데그렇게좋아하겟오。18、'王三耕의父親과祖父가 한사람에게 모도獸醫出身인데 그가갈가는한사람에게 손은무슨商業을하야돈을못엇느냐고물으니、그손이對答하되나는手藝를하는營業이없고 나른營業이없고

了、一個跟頭、那客連忙爬起來問道、你爲什麼打了、你要我爹爹和爺爺、我還能讓你嗎。
我呢、我說要手藝、還說要你來嗎、你若要我倒還罷

第百十課 猜謎

你們別鬧、我破個(打個)謎兒 給你們猜 1、越洗越骯髒、不洗倒乾淨。(打一物)水。2、身自端方、體堅硬雖不能言、有言必應。(打一用物硯臺。3、猴子身輕站樹梢。(打一菓名荔枝。4、小小諸葛亮 坐在中軍帳、擺下八卦陣、捉拿飛虎將(打一活物)蜘蛛。5、一家分兩院、兩院子孫多、多的 比少的少、少的 倒比多的多。(打一物)算盤。6、荒郊野外一塊材、能工巧匠作出來、讀

王三耕은 다만 그가 獸醫를 놀인다는 말인줄로 역이고 곳앞으로 뛰여갓어 그손을 매력서 한번 곤도박질을 식히니 그손이 빨니 이러나며 뭇되 당신이어 쪄하야 나를 때리오、내가 手藝를 하는 사람이라고 하엿지언제 당신을 놀인다고 하엿오 한측 그는 말하되 네가 만일 나의 아버지와 할아버지를 놀리는데 내가 그래 너를 容恕하겠느냐。

제백십과 수수꺽기

너이들 떠들지 마라 내가 수수꺽기를 말하며 줄터이니 알어내라。①씻을수록 더욱 드럽고 아니 씻으면 도리혀 깨끗하다。物名으로 알어내라。②몸은 스스로 方正하고 體骨은 堅固한데 비록 말은 못하나 말만 잇스면 반듯이 應한다。硯。③원숭이 몸이 갑히워 樹枝에 매달엿다。한菓名으로 알어내라。④조고마한 諸葛亮이 中軍帳에 앉어서 八卦陣을 버리고、飛虎將을 잡는다。한 物名으로 알어라。거미。⑤한집을 두곤으로 分하나、많은것이 적은것은 보다 많기는 하나、많은것이 적은데 비하면 도리혀 적고 적은 것은 많은데 비하면 도리혀

謎猜 쉬미
百十 뵈십
謎猜 미쉬
頑 완
窯 야오
卦 과
郊 쟈오

謎 相 有 佳 籠旅 魎魎

7、兄弟兩個 一樣高、腰裏綑着 黑絲絛、大哥大哥 等等我、我上陰間 走一遭(打一物)水菸。8、小小明光棍 常在繡房混、穿一些綾羅綢緞、陪伴一些 美色佳人 (打一物)針。9、一棵小樹、開花結實又開花。(打一物)棉花。10、高家的頭、李家的脚、陳家的耳朶 反安着(打一姓)郭。11、爲你吃 纔做做了 你又不吃。(打一物)箍嘴 (籠嘴、笊籬)。12、左看三十一、右看二十三、左右齊看 三百二十三。(打一字)非。13、手掌大小 一隻船、紅娘子 在裏邊、一陣霧露雨、船到 水就乾。(打一用物)熨斗。14、二人重疊 高過天、十女共耕 半畝田、我不騎羊 羊騎我、千里姻緣 一線牽。(打四字)夫妻義重。15、目字加兩点、莫非貝字猜、貝字欠兩点、莫作目字。

書的公子 拉一把、他把公子 抱在懷。(打一物)圈椅子

⑥荒凉한 들밖에 材木한株가 能工巧匠에게맨드러내엿는데 금이로단기면 그것이 도령님을품속으로쒸여안는다. 한物名으로알어내라. 算盤。⑦兄弟돌의 키가똑같은데 허리에黑絲絛를잡으매고 형님형님나를기달이오、내가陰間에한번갓다오겠오。한物名으로알어내라. 圓形安樂椅子。⑧조고마한건달이 늘바느질하는새댁房에서 덩구는 홀융한美色佳人만동무한다. 한物名으로알어내라. 바눌。⑨한조고마한 나무에꼿이피엿다 또꼿이핀다. 한物名으로알어내라. 棉花。⑩高가의머리에 陳가의발에 李가의귀가 도로혀 便安하다. 한姓으로알어내라. 郭. ⑪네가먹기爲하야 지엿는늠의 姓이 안가、네가또먹지않는다. 한物名으로알어내라. 조리。⑫左로보면三十一이오 右로보면二十三이다. 한글자로알어내라. 非。⑬손바닥만치큰한隻 배에 紅娘子는 안에 앉엇어 한바탕안개비 한用品으로알어라。두사람이한데 포개면 높기가하늘을쩨뚫고 열계집이찾이한데가는데나 半畝의田을가는데

中國語大典 三〇九

猜、打二字)賀資。16、一個 年輕的婦人、在碾子上碾米、忽然來了 一個人問路、婦人因為 不便答話、就向旁邊路上、把手一擺、那人 就着去了、誰知 無巧不成故事。這婦人的婆婆、恰巧 從家裏 出來、她見媳婦向人擺手、那人也 走得很慌、就疑惑他們 有了私約囬家 告訴她的兒子、她兒子 就把婦人 打了一頓、這婦人説、你打我曉得、必然 有人挑、心裡明似鏡、只為路一條(打一物)燈籠。17、南面而坐、北面而朝、象憂亦憂、象喜亦喜。(打一物)鏡子。18、鑿壁偸光夜讀書。(打三國人名)孔明。19、大爺的牛不吃草(打四書一句)伯牛有疾。20、春讀書、秋讀書、春秋讀書、東當鋪、西當鋪、東西當鋪 當東西。21、氷涼酒 一點兩點三點、丁香花、百頭 千頭 萬頭。22、琴瑟琵琶、八大王一樣頭腦、魑魅魍魎、四小鬼 各別心腸。23.乾隆皇帝 出了一個對兒(對子)說、一大天上 日月明、良月爲朗、何申對的說 長巾張中 子女好、少女爲妙、24.「王先生 病重的時候、知道 父子快要分離、彼此都甚悲傷、就出了一個對子、給他兒子說、蓮子(憐子)心中苦、梨兒(離兒)腹內酸。25.此木是柴 山山出、丁火爲灯 夕夕多。26.有連襟兩個、大的是 書香人、纔是個 官宦家、第二個說、三字同頭 官宦家、穿遍了綢緞紗三字同邊 綢緞紗。大的說第二個是 江湖客、講明各就本業、作對一聯、大的說纔是個 官宦家、第二個說、三字同頭 官宦家、三字同邊 綢緞紗。27.「海水潮、朝朝潮、朝潮朝落、山松長、常常長、常長常青。28.有三個人、定規 各人取 兩個字、貼着 本身的

猜謎

尸（시） 酉（유） 瓦（와） 游（유）床（상） 燭（촉）悟（오） 錫（석） 紛（분）

事業、作對兒、頭一個是木匠說、尸至爲屋、一森三木、木木木、不知蓋了 多少屋、第二個是賣酒說、水酉爲酒、一品三口、口口口、不知吃了 多少酒、第三個是 種莊稼的說、豆頁爲頭、一犇三牛、牛牛牛、不知點了多少頭。29、蘇小妹 把洞房的門 關好、出了一 對兒、給她丈夫 秦少游言道 多會對上 多會纔能開門 她丈夫折開一看、寫的是 閉門推出床前月、把她丈夫、悶了半夜 也沒能對上、後來 蘇東坡願意 觸動他的靈機、就找了 一個甁頭 向花缸裏一丟 水中的月影 紛紛亂動。她丈夫 恍然大悟、立時提筆 對上說、投石沖開水底天。30、有三個人 一同吃酒 定規以對兒 爲酒令、當場 對不上的、罰酒三盃、頭一個說、一個朋字 兩個月、二物一色 霜和雪、一月下霜、一月下

29、蘇小妹가 洞房의 門을 꼭닫고 對句하나를 내어 自己男便 秦少游에게 주고 말하되 對句를 맞추어놓으면 그때에 門을 열어 주겠다 하였다. 그女子 男便이 써논 것이곳 閉門推出床 前月이라하여 對句를 맞추어 보니 나도 對句를 맞추어 내지못할 지니 그女子의 男便이 혼자서 半夜나 답답히 엇어 花缸속을 向하여 번듯던지니 水中에 달그림자가 紛紛히 亂動함으로 그 女子의 男便이 恍惚히 大悟하야 곳 붓을 들어 對句를 채워 말하되 「投石沖開水底天」이라 고 하엿다. 30、세사람이

爻

雪、第二個說、一個出字、兩座山、二物一色 錫和鉛
一山出錫、一山出鉛、來到第三個、他故意的不說、那
兩個 就再三的催他、他回答說、我要對上 只怕二位
見怪、那兩個人說、只要你對上、我們 就不見怪、
如是 他就開口說、一個爻字兩把乂、二物一色你和他、
一乂扰你、一乂扰他。

註：「수수걱기」를 謎語或은 燈謎라고하고 그 수수걱
  거를푸는것을 猜謎라고하나니라。

잇서 갖이 술먹을으며 對句하는것으로써 酒令
을삼기로 規定하되 當席에서 對를맞추지못하
는사람은 罰酒로 三盃를먹이기로하야 엿는대 첫
사람이 말하되 한글자 朋字가 二個의 月인데 二
物이 한 빛으로 霜이오고 一月에는 霜이오고
一月에는 雪이온다、 둘재사람이 말하되 한글자
出字가 二個의 山인데 二物이 한 빛으로 錫과
鉛이라、 一山에는 錫이나고 一山에는 鉛이난
다、 셋재사람에게 當하엿지만 그사람은 故意
로 말을 아니하니、 그두사람이 곳곳再三이나 그
를 재촉함으로 그가 對答하되 내가만일 對를맞
추면 두분이흥을불가 두려워하다만 당신이對만 맞추시오、우
리가곳흥을보지아니할것이다、이렇게하다가 그
사람이 말하되 한글자 爻字가 二個의
乂인데 二物이한빛으로 당신과저분이라 一乂
는 당신을끼고 一乂는 저분을낄다。

第三部 單字

一部 一이 七치 丁띵 丈쌍 下햐 上썅 三산 不부 丕븨 且챠 世솅 丟듈 秊영 並뼁

丨部 丫야 中즁 串촨 、部 丶쥬

丿部 乂예 乃내 久구 么요 之지 乎후 乍자 乖괴 乘씽

乙部 乙잍 九쥬 也야 乾간 亂롼

亅部 了랿(란) 九완

二部 二싈 于우 五우 互후 云운 井칭 些셰 亞야

亠部 交쟈 亨향 京깅 亮량 亭팅

人部 人신 介졔 仁신 化화 仇챦 今긴 仆소 仔쯔 付후 仙셴 仗쟝 令링 仲즁 企치 件졘 份픈 休휴 伏후 伐파 佳갸 位외 住쥬 佩페 侔뮤 仍영 仿방 仕 似쓰 佃뎐 仁인 俢유 信싄 俊쥰 健건 偏편 假갸 價갸 儉젼 儒주 偉외 偵진 做조 像샹 儂농 假갸 價갸 僵쟝 儒유 僻벽 優유 儻당 優우 價제 備뵈 倫룬 俟차 依이 個거 借져 佳갸 倣방 倆량 倫륜 儀이 俄어 候휴 倚의 值쯔 偶우 傅부 傘산 偊우 僚료 倖 價가 傲아 傷상 倉창 倆량 俐리 住쥬 仍앙 作조 低뎌 伸신 伴반 佑우 他타 代대 仙션 伐바 佑우 伶링 仲즁 佛붜 佑우 伺쓰 供궁 來래 使쓰 依이 例리 借져 做조 傳쳔 傚 後휴 僅겅 傳촨 儇현 兒얼 兔투 兜뒤

儿部 元원 兄숑 允 先션 光광 兌뒤 兒얼 兔투 兜더

入部 入싀 內니 全쳔 兩량

八部 八바 公궁 六루 共궁 兵빙 其치 具쮜 典뎐

冂部 冉 冒모 一部 冠관

冖部 冗 冲츙 冰빙 冶야 冷령 凍둥 凉량

几部 凡판 鳳황 凱캐 凳뎡

凵部 凶슝 出추 刀部 刀다 刃신 及비 分퍼

刂部 刊환 刑싱 利리 初추 判판 別빼 到다 刮과 制지 刺차 刷소 剋커 剃
剷 前쳔 則저 剛강 剪졘 剩셩 副후 割화 劇 劉류

力部 力리 功궁 加쟈 劣류 助쥬 效쓔 勁킹 勉몐 動둥 務우 勤친 勞뢰 勝성 勢씨 勤친 勸관 勾部 勾구

勹部 勻균 包바 匕部 匕비 北베 匙쓰 十部 十쓰 千쳔 午우 升영 半빤 卓쪼 卑비 協쎄

匸部 匠쟝 匣쎼 匯훠 匸部 匹피

單字

單字

卜部
南남 博박

卜部
占점

卩部
危위 印인 却각 卸사 卻각 即즉 卿경

厂部
厚후 原원 厭염

厶部
去거 叄참

又部
又우 反반 收수 友우 及급 取취 叔숙 受수 叙서 叟수

口部
口구 司사 史사 台태 同동 吶눌 吁우 吐토 弔조 吸흡 呀아 呐나 含함 吋촌 呈정 呼호 向향 呪주 吧파 各각 吉길 吃끽 和화 命명 周주 呤령 吹취 否부 吾오 君군 告고 右우 叩고 叱질 品품 單단 嘩화 哈하 咧렬 咬교 員원 哄홍 唆사 唵암 哥가 哭곡 哗매 咕고 吟음 名명 吞탄 只지 句구 古고 可가 另령 叮정 叭파 咐부 呢니 呀야 哪나 喊함 噪조 嘲조 嚥인 嘻희 嚅누 噦얼 噸돈 器기 噪조 噢오 嗷오 喉후 嘩훤 唱창 嗌익 喘천 嗇색 嚕로 嚯학 噴분 嘯소 噥농 嚴엄 嚷양 囊낭 囑촉 嚨롱

囗部
四사 回회 因인 囚수 困곤 囮와 圄어 囹령 國국 園원 圈권 圓원 圖도 團단

土部
土토 地지 坊방 在재 坊방 坐좌 坤곤 垒루 埋매 城성 堅견 堂당 執집 堆퇴 堵도 塔탑 培배 報보 堤제 塡전 塊괴 場장 塗도 塘당 塲장 塾숙 境경 墜추 墳분 增증 墨묵 壇단 墻장 壁벽 壕호 壓압 壞괴 壤양

士部
士사 壯장 壺호 壽수

夂部
夏하

夕部
夕석 外외 多다 夜야 夠구 夢몽 夥과

大部
大대 夫부 太태 天천 央앙 失실 夾협 奉봉 奇기 奈내 契계 奔분 套투 奢사 奬장 奪탈 奮분

女部
女녀 奴노 她타 好호 妊임 妄망 妓기 妖요 妙묘 妥타 妨방 妝장 委위 始시 姑고 妻처 妹매 姐저 姨이 威위 姻인 姜강 娘낭 娶취 婚혼 如여 婧청 妊임 姫희 嫂수 嫁가 婉완 嫩눈 媳식 壻서 媽마 嬉희 嫖표 嬾란 嬲료 婆파 娼창 婦부 媚미 媒매 嫂수 嫁가 孀상 孽얼

子部
子자 孔공 字자 存존 孜자 孝효 季계 孟맹 孩해 孫손 孰숙 孫/孼 學학

宀部
字우 安안 守수 宅택 宋송 完완 宗종 宜의 官관 定정 宙주 宣선 室실 客객

單字

宮궁	寺씨	局끅	巡쓘		庫쿠	引인	念녠	悟우	戀렌(롼)	招쟈오
害앤	封펑	屁피	屈츄	工部	常챵	弔댜오	律뤼	悔훼	慇인	拌빤
宴얀	射셔	居쥐	屋우	工꿍	帶대	弟디	快콰이	患환	戈部	打따
家쟈	將쟝	屈츄	屍시	巨쥐	帳쟝	弱뤄	怒누	惟웨이(이)	戒졔	扔러
容릉	尋쉰	屋우	展쟌	巧쵸	座쭤	張쟝	思쓰	悲베이	我워	扒빠
宰쟈이	專쥰	屁피	屢뤼	左쭤	庭팅	強챵	意이	惡어	成청	扭뉴
寄지	尊쭨		層청	干部	康캉	彈탄	得더	悶먼	或훠	扮빤
宿쑤	對뛔이		差차	干깐	庶슈	彎완	得더	悄챠오	戚치	扶푸
密미	導따오		巫우	平핑	廊랑	復푸	循쉰	怪과이	截졔	折져
寃앤	巳部		廚추	年녠	廉롄	徐쉬	徵즁	怨앤	戰쟌	抓좌
寓위	山部			幷빙	廟먀오	從충	德더	怕파	戲시	把빠
寒한	山샨		小部	幹깐	廚추	得더	心部	性씽	戴따이	抄챠오
富푸	岸안		小샤오	幺部	廣광	徑징	心씬	怎쩐	戶部	抖도우
寡과	岳웨		少샤오	幾지	廠챵	彳部	必비	急지	戶후	拇무
寶바오	島따오		尖쟨	巾部	廳팅	彷팡	志쯔	怯쳬	房팡	抄챠오
察챠	峰펑		尚샹	巾진	廿部	役이	忌지	恥츠	扁볜	抱빠오
寬콴	崔췌이			布뿌	弋部	彼비	忍런	恐쿵	扇샨	拙줘
寫셰	崩뻥		就部	希시	弓部	往왕	忙망	恕슈	手部	抹모
寫셰	崇충		就쥬	帖톄	弓궁	後허우	忘왕	恩언	手쇼우	拐과이
寧닝	嶺링		尸部	帛보	式部		忠즁	恨헌	才챠이	扯처
寶바오	巛部		尸시	帝띠	式쓰		忿펀	恍황	扛강	押야
寸部	川촨		尹인	師쓰			念녠	恒헝	扒빠	抽쵸우
寸춘	州죠우		尺츠	帽마오			忽후	息시	抗캉	担딴
			尾웨이	庚껑			忿펀	恰챠	拒쥐	拍파이
				店뎬				慈츠	拉라	持츠
				底띠					投토우	挈나
				度두					找쟈오	拾스
									披피	挖와
									拘쥐	捕부
									拜빠이	挨아이
									拔바	振쪈
									指즈	挺팅

單字

捉제 捐쇄
捧봉
摩머 搓질 捷제
擇셰 擦문 接재
播퍼 揆데 挪뉘
摘제 撈라 提디
擀래 擁귀 拄네
攢지 撲부 掘쿤
擱끼 撑지 揪케
撥버 換화 排패
擺배 揀갠 探쌰
擄루 撤씨 揚양 掛파
攀반 構구 握쥐 掀셰
擦차 撒비 揖이 卷쳡
擾소 摘저 搪쌰 掉탸
攏시 擁승 搬빤 掃쌰
擴커 摘루 搖야 捨쌰
攘반 據쥐 擎쥐 揹큰
攝에 斯쓰 搭마 掌쟝
操차 搗자 揄쟝 授쇼
撤저 損슨 搶챵 探탄
擋당 搶창 揭제
擒치 搉치 掬탁
撞쟝 搶단 掩앤
搞나 擾나 掘줴
撑벤 搭탕 撥쭤

故구 擎녕 摩머
憂경 擇셰 撈라
效쑤 撥버 接재
敍처 擀래 捺네
救쥬 撒비 揪크
敕식 擺배 換화
敦돈 揀갠 探쌰
散싼 攀반 揚양
敢간 擦차 握쥐
敵티 撒비 揖이
敲챠 搖야 搪쌰
敵에 擁승 搬빤
擴커 摘루 搖야
擋당 據쥐 擎쥐
斂렌 攝에 斯쓰
敗배
整징
斂렌

[日部] 日시 旱한 [斤部] 斤근 斧푸 斬잔 [月部] 月웨 [木部] 木무 未웨 [日部] 日웨
旦단 昊한 斧푸 斯쓰 有유 末머
早짜 晏안 昌챵 新신 朋평 本번 曲츄
易이 暑슈 昻앙 斷단 服부 朱주 更컹
昏훈 暈원 旺왕 [方部] 方팡 望망 杂쯔 書슈
明밍 昇승 於위 朝자 李리 曹차오
星싱 春춘 施스 期치 村춘 曾쩡
時스 昭자 旅뤼 杳모
晃황 暂잠 旁팡 [日部] 日웨 最쥐
晨천 曉쇼 族주 日웨
晩완 曆리 旋쉔 曲츄
曬쌔 [无部] 无우 更컹
[文部] 文원 書슈
斑반 曹차오
[斗部] 斗더 曾쩡
料랴 斜세 科커 斟쯘 敍쥬 斂렌
科커 斗더

[支部] 支쯔
[攴部] 收쇼
攻궁
改깨
政쩡
放팡
擊지
攪뇨
擂단
擁앤
掘줴
撥쭤

[木部] 材차이 杖쟝 [木部] 替테 [木部] 智지 普푸
染란 杏싱 會훼이 景칭 晴칭
柱구이 束쑤 月웨 暇쌰 暗안
棺관 杯베이 有유 暑슈 暖놘
根건 東둥 朋평 暢챵 暮무
栽짜이 柿스 服부 暫잠 朝자
殼화 枝쯔 望망 曉쇼 期치
柵쩡 松쑹 朗랑 曆리
森썬 板반 朝자 曬쌔
樸푸 果궈 期치
概카이 杭항
橘쥐 柱주 [木部] 木무 [月部] 月웨
樻쿠이 林린 未웨 有유
欞훼 枕전 本번 朋평
權췐 枯쿠 末머 服부
[欠部] 欠쳰 柳류 朱주 望망
次츠 架쟈 杂쯔 朗랑
欺치 柴차이 李리 朝자
款콴 梗갱 村춘 期치
欽친 柄빙 杳모 曉쇼
歇세 柔러 曆리
歌거 棋치 曬쌔
歐어우 椅이
歡환 查차

[止部] 止즈 樂러 棄치 染란 材차이
正정 樣양 植지 桂구이 杖쟝
此츠 機지 栽짜이 棺관 杏싱
步부 樹슈 根건 棉몐 束쑤
武우 橋챠오 樣양 橘쥐 杯베이
歲쉐이 樸푸 森썬 樻쿠이 東둥
歷리 概카이 棘지 棵커 柿스
歸귀 橘쥐 樸푸 楚추 枝쯔
樻쿠이 棉몐 棧잔 松쑹
[歹部] 歹따이 櫃훼이 橘쥐 楷캐 板반
死쓰 權췐 橙쳉 檀탄 果궈
殊슈 [欠部] 欠쳰 椒쟈오 桌줘 杭항
殘찬 次츠 極지 栗리 柱주
殖즈 欺치 業예 桶퉁 林린
[殳部] 殳슈 款콴 檢졘 梨리 枕전
段돤 欽친 櫸쥐 梳슈 枯쿠
殷인 歇세 魂훈 梯티 柳류
殺쌰 歌거 榮룽 棵커 架쟈
殼커 歐어우 椿춘 梅메이 柴차이
毀훼이 歡환 梭쒀 條탸오 梗갱
毆어우 [止部] 止즈 梁량 棺관 柄빙
[母部] 母무 正정 橫헝 棺관 柔러
此츠 模머 棟둥 棋치
步부 摸머 棗짜오 椅이
武우 槍챵 椶쫑 查차
歲쉐이 樓러우 椅이
歷리
歸귀

母메毎무毒두

比部비 毛部마 氏部민 气部기 水部위
比비 毛털毫한毫한 民인 氣치 水물永길求길江강池디汛범

況광浦개洞동洪한洗시派물沛판津진洋양洲치活活浪물湯물渾물湖호渡도浮우浙서温원滋자淮자准준源원溝구溪완漢한潮초潔일浩일泊치泥늬泄사沫母泰천泉천沿앗泡거泣치法법決결没몰河하治리油유沸비汗천沁신波마沙사注주

滅메漁어澆산清청涙淚涵읾淫淋림深김淡日淵연添日港장湛담渥호澤택淆渴커测측渙혼濠한溫완濟완滴潢쳬潤뉴潮조濠란滴괘滑匂

火部 火재灰재灯명災재炕강炒자炸자炭탄烏우烈메烟

烙란烤굴焉뺠然산焦잘煮주煞煤뫼煙煩현煉단焰설照조煌熊熟열燒세燙단炸한爛

片牌部편爿片 영쑬爐라臘란兌

狂狀疑狐여狸猪裨猫猫猩野獅사灣璃璜

玉部왕玩現珍珠琵琶理琴瑟琢璟瑰

牙部 牛部 牙 牛바牢리牛牧牧特率犦犛犧

爭爬爲蒸煞爭爪部조爪爪

父部 父父爸祖爺

支部支支爽

犬部片部 狀狒片

甘部甘 生部 用部 田部生産用甫田甲由申男界畜畱略

疒部 广部 广部疒疑痢拒痔痛疾病瘧疹痘痛瘻痕瘡溪癌瘍瘭瘤

發登

白部 白매百皂宿

單字

皮部 皮캐 皴쭈글

皿部 皿밍 盃잔 盆동이 盞잔 盒합 盡진 盜도적 盛성 盟맹 盤반 盧두루 目部 目눈

皇황 皎쾨

盲(멍) 直상 相서로 省살필 眉눈썹 看볼 眞참 盼볼 眠잘 眩어즈 眼눈 瞬눈 督볼 睦화목 睡잠 睛동자 睥볼 瞎볼 瞞속일 瞽장님

瞬깜작 瞻볼 瞻볼 瞳눈

矛部 矜궁 矢部 矢살 矣어조사 知알 矩법 短짤 矮난장 石部 石돌 砂모래 砌섬돌 砲대포 破깨질 硯벼루 碎부슬 砒돌 砥돌 碑돌 碣돌 碌돌 磁돌 磨갈 磚벽돌 磬경쇠 礬돌 礒돌

禁금할 稟품할 禍화 福복 禮례 禱빌 禾부 稣 穗이삭 稿고

穩편안 種심을 稱일컬

立部 立설 音소리 站참 章글 童아이 竟마침 端끝 競다툴 竹部 竹대 竿장대 笑웃 笛피리 笨대 苯 窗창 窄좁 窖 窺엿볼 竅구멍 窯가마 竊훔칠

禾部 禿독두 秀빼어 私사사 科과거 秋가을 秧모 秘비밀 稀드물 稷기장 程한정 稅세 秦진 稱짓 穢더러울

示部 社서직 祀제사 祖조 神신 祝빌 祐도울 祟숭 祭제사 祥상서 禱

筋힘줄 筆붓 箸저 策꾀 箱상자 笛관 笺제 算 算셈 筆붓 範범 篁 篆전 簇다닥 簞단 簡간 簾발 籍적 籠 籤 籀 籬
米部 米쌀 粉가루 粒낟 粘끈 粗거칠 粥죽 粱양식 粮 粳 粮량 粨 精정 糊풀 糖사탕 糞똥 糟 糢

羊部 美아름다울 群무리 羨부러울 義의 羞부끄러 着

缶部 缸항아리 缺이지

網部 罔그물 置 罪허물 署서 罷파 罵욕설 罰벌 羅벌 糾 罹

羽部 羽 翁 翌 翔 翱 翦 翳 翮 翼

老部 老늙을 考考 者

糸部 紗 紙 紛 紀 約 純 絲 結 給 絕 細 絢 絲

綏 絕 綯 綠 練 縱 線 繅 繏 絳 緩 繁 繼 縫 縮 繡 繼續

緊 纜 纏 緩 緣 縷 綿 緣 緊 絮 糸 繕 綠

索 綠 絓 綻 締 編 緯 緝 緣

續 纜 辮 繒 繼續 緊 纓

而部 而 耍 耐 耒部 耗 耳部 耳 耶 聆 聡 聖 聞 聘 聚 聰 聲 職 聽 聾

單字

[肉部] 肉육 肯긍 肢지 脣순 胖반 膠교 肚두 肥비 胞포 肝간 胭연 腻니 膽담 臊조 股고 胳각 肺폐 脆취 肩견 脖발 脫탈 腰요 脚각 膊박 膾회 肯긍 腺선 腫종 腎신 舊구 膚부 育육 腦뇌 胡호 腹복 脣순 胖반 膠교 腸장 脹창 能능 膩니 膽담 臊조 膝슬 臍제 腥성 腐부 腿퇴 脚각 膊박 膏고 膨팽 勝승 腎신 舊구 膚부

[臣部] 臣신 臥와 臨림 [自部] 自자 臭취 [至部] 至지 致치 臺대 [臼部] 臼구 舅구 與여 興흥 舊구

[舌部] 舌설 舍사 舒서 舖포 [舛部] 舞무 [舟部] 舟주 般반 航항 般반 船선 艇정 艙창 艦함

[色部] 色색(빛) [艸部] 芋우 芝지 花화 芥개 芳방 苑원 蒙몽 藍람 薩살 菲비 慕모 萃췌 蘆로 藝예 英영 若약 荊형 莊장 莫막 茸용 菩보 葫호 荔려 蒜산 葡포 蕃번 蔘삼 菫근 薑강 蕉초 芋우 芝지 華화 菊국 薺제 葛갈 蔣장 菀원 蒲포 虎호 處처 虛허 號호 麟린 蟲충 蟪혜 蛛주 蚊문 蛇사 蛐서 蚤조 蛇사 鼇오 蛋단 螞마 蛤합 鮫교 螃방 蜂봉 蟹해 蝶접 蠢준 蝴호 蟻의 蠅승

[虍部] 虎호 處처 虛허 號호 麟린

[虫部] 蟲충 風풍 蛛주 蚊문 蛇사 蛐서 蚤조 蛇사 鼇오 蛋단 螞마 蛤합 鮫교 螃방 蜂봉 蟹해 蝶접

[血部] 血혈 [行部] 行행 衒현 術술 衒현 街가 衛위 衛위 補보 製제 裸라 裏리 裳상 裵배 裕유 裙군 裕유 裝장 褓보 袋대 裕유 裔예 袖수 袍포 裁재 裏리 裱표 裕유

[衣部] 衣의 表표 被피 袋대 裳상 複복 褒포 褥욕 襖오 襤람 襟금 裸라 裏리 裳상 裵배 裕유

[西部] 西서 要요 覆복 霸패 [見部] 見견 覓멱 視시 親친 覽람 覺각 觀관 [角部] 角각 解해 觸촉

[言部] 言언 計계 訂정 記기 訓훈 訛와 訥눌 許허 訪방 設설 診진 詞사 訴소 註주 詐사 評평 詭궤 試시 話화 詳상 誠성 誅주 語어 誣무 謂위 諸제 諷풍 謳구 論론 誹비 調조 課과 誰수 誤오 謹근 諱휘 諒량 誼의 誇과 諧해 該해 諦체 說설 詭궤 認인 誓서 誚초

謀모 證증 認인 講강 謊황 謎미 謗방 謝사 謙겸 識식 議의 警경 譯역 諧해 護호 譏기 讀독 變변 讓양 讚찬

[豆部] 豆두 豐풍

單字

豕部
登 덩 豚 둔
豐 풍 象 샹
買 매 豪 호
賀 허 豬 주
貴 귀
資 자 豸部
豹 판
赤部 貌 모
赤 젹 貍 리
赦 서
貝部 베
輪 륜 貝 피
輸 슈 負 부
轎 교 財 재
轉 젼 責 직
轟 훙 貧 빈
販 판
走部 貨 화
走 쥬 貪 탐
赴 부 費 비
起 긔 貼 텨
趕 간
越 웨 買 매
趁 츤 賜 스
趨 례 賦 부
翅 치 賣 매
躯 궤 賤 쳔
趕 자 賞 샹
趙 조 賭 도
賬 쟝
身部 除 여
身 션 賴 뢰
躭 단 質 질
躱 도 賽 세
躬 궁 賠 배
體 톄 購 커
趣 취 賙 턴
賺 잉
車部 贅 졔
車 쳐 贏 영
軍 군 賣 메
軟 연 贖 쇽
輩 배 赤部
輛 랑 赤 치
載 재 蹟 젹
較 갸
輕 깅

...

革部 革쳬 靴훠 鞋혜 鞠귀 鞦취 鞭뼌 韃쳔
韓部 韓한
音部 音ᅙᅳᆷ 響썅
頁部 頁예 項썅 頂뎡 頃칭 須쉬 順쓘 預위
頓둔 頑완 頗퍼 領닁 頸(경)
頭툴 題띠 顔연 額어 類뤼 顚뎬 願원 顧구 顯현
飛部 飛페 飜판
風部 風븡 颯사 飄퍈 颶쮜 颺양
食部 食싀 飢긔 飯뽄 飲인 飼ᄎᆞ 飽방 飾싀 養양 餅빙 餃쟈 餘여 餓어 館관 餞젼 饅만 饌좐 饒ᅀᅸ 饑긔
香部 香샹
馬部 馬마 馮핑 駁버 駄뒤 駙부 駕갸 駱러 騎키 騙펀 騰텅 驟쥐 驢뤼 驗얀
骨部 骨구 骯앙
髟體高다 髙갈 影部 髮파 鬆숭 鬍후
鬥部 鬧낟 鬨훙
鬼部 鬼구이 魁쿠이 魂훈 魅메 魍왕 魎량
魚部 魚위 鮮션 鯉리 鰕햐 鱧판 鱗린
鳥部 鳥냐 鳳봉 鴨야 鴻훙 鵝어 鵠후 鵲지 鷹잉 鷺루
鹵部 鹵루 鹽얜
鹿部 鹿루 麝셔 麗리
麥部 麥머 麴ᅌᅧᆫ 麵ᅌᅧᆫ
麻部 麻마 麼마
黃部 黃황 黍部 黎리
黑部 黑허 默머 點뎐
黨龜部 黿쁴 鼇베 鼓部 鼓구 鼠部 鼠슈

昭和九年十月二十九日　印刷
昭和九年十月三十一日　發行

中語版
大語
全有所權

定價　一圓二十錢

著作
發行人兼

李　祐　憲

京城府勸農洞一七九番地

印刷人

洪　麒　植

京城府壽松洞二十七番地

印刷所

鮮光印刷株式會社

京城府壽松洞二十七番地

發行兼總販賣所

漢城圖書株式會社

京城府堅志洞三十二番地

"早期北京話珍本典籍校釋與研究"
叢書總目錄

早期北京話珍稀文獻集成
（一）日本北京話教科書匯編
《燕京婦語》等八種　　　　　　　四聲聯珠
華語跬步　　　　　　　　　　　　官話指南・改訂官話指南
亞細亞言語集　　　　　　　　　　京華事略・北京紀聞
北京風土編・北京事情・北京風俗問答
伊蘇普喻言・今古奇觀・搜奇新編
（二）朝鮮日據時期漢語會話書匯編
改正增補漢語獨學　　　　　　　　修正獨習漢語指南
高等官話華語精選　　　　　　　　官話華語教範
速修漢語自通　　　　　　　　　　無先生速修中國語自通
速修漢語大成　　　　　　　　　　官話標準：短期速修中國語自通
中語大全　　　　　　　　　　　　"內鮮滿"最速成中國語自通
（三）西人北京話教科書匯編
尋津錄　　　　　　　　　　　　　北京話語音讀本
語言自邇集　　　　　　　　　　　語言自邇集（第二版）
官話類編　　　　　　　　　　　　言語聲片
華語入門　　　　　　　　　　　　華英文義津逮
漢英北京官話詞彙　　　　　　　　北京官話初階
漢語口語初級讀本・北京兒歌

（四）清代滿漢合璧文獻萃編

清文啓蒙　　　　　　　　　　清話問答四十條
一百條・清語易言　　　　　　清文指要
續編兼漢清文指要　　　　　　庸言知旨
滿漢成語對待　　　　　　　　清文接字・字法舉一歌
重刻清文虛字指南編

（五）清代官話正音文獻

正音撮要　　　　　　　　　　正音咀華

（六）十全福

（七）清末民初京味兒小説書系

新鮮滋味　　　　　　　　　　過新年
小額　　　　　　　　　　　　北京
春阿氏　　　　　　　　　　　花鞋成老
評講聊齋　　　　　　　　　　講演聊齋

（八）清末民初京味兒時評書系

益世餘譚——民國初年北京生活百態
益世餘墨——民國初年北京生活百態

早期北京話研究書系
早期北京話語法研究
早期北京話語法演變專題研究
早期北京話語氣詞研究
晚清民國時期南北官話語法差異研究
基於清後期至民國初期北京話文獻語料的個案研究
高本漢《北京話語音讀本》整理與研究
北京話語音演變研究
文化語言學視域下的北京地名研究
語言自邇集——19世紀中期的北京話（第二版）
清末民初北京話語詞彙釋